150 Destinos Turísticos Populares de Norteamérica

Ani Dee

Published by pinky, 2024.

While every precaution has been taken in the preparation of this book, the publisher assumes no responsibility for errors or omissions, or for damages resulting from the use of the information contained herein.

150 DESTINOS TURÍSTICOS POPULARES DE NORTEAMÉRICA

First edition. October 6, 2024.

Copyright © 2024 Ani Dee.

ISBN: 979-8227756183

Written by Ani Dee.

Tabla de Contenido

Prefacio 1
1. La Misteriosa Cueva de Actun Tunichil Muknal 4
2. Ahuachapán: Un Tesoro Escondido 8
3. Ambergris Caye: Paraíso Marino de Belice 12
4. Ambergris Caye: Un Paraíso Caribeño 16
5. Andros: Un Paraíso Inexplorado 20
6. Antigua Guatemala: Historia y Encanto 24
7. Laguna de Apoyo: Belleza Natural y Aventura 28
8. Arecibo: Orgullo Científico y Cultural 33
9. Arenal: Volcán y Naturaleza Majestuosa 37
10. Banff: Belleza Natural en los Rockies 42
11. Baracoa: Tesoro Oculto de Cuba 46
12. Bayahibe: Paraíso Tropical en el Caribe 51
13. Belice Ciudad: Puerta a Maravillas y Cultura 55
14. Bimini: Paraíso Tropical y Cultural 60
15. Black River: Naturaleza y Cultura Jamaicana 65
16. Bocas del Toro: Paraíso Tropical de Panamá 70
17. Boquete: El Valle dc las Flores 74
18. Cabarete: Aventura y Relajación en la Costa 78
19. Cabo Rojo: Un Paraíso Natural en Puerto Rico 82
20. Cabo San Lucas: Paraíso de Aventuras y Relax 87
21. Cancún y Riviera Maya: Paraíso de Aventura y Relajación 91
22. Cat Island: Un Tesoro Escondido en las Bahamas 96
23. Caye Caulker: El Paraíso de Ir Despacio 100
24. Cayo Coco y Cayo Guillermo: Paraíso en el Caribe 104
25. Cayo Levantado: Paraíso Tropical en el Caribe 108
26. Cayo Santa María: Paraíso Tropical en Cuba 112
27. Cayos Cochinos: Paraíso Escondido del Caribe 117
28. Chichén Itzá: Maravilla Maya en Yucatán 121
29. Chichicastenango: Corazón Maya en Guatemala 125
30. Cienfuegos: La Perla del Sur de Cuba 129
31. Cockscomb Basin: Refugio Natural en el Corazón de Belice .. 133
32. CocoCay: Un Paraíso en las Bahamas 137

33. Colón: Historia y Comercio en la Costa Caribeña.......................... 141
34. Constanza: La Suiza del Caribe 145
35. Copán Ruinas: La Joya Maya de Honduras 150
36. Corcovado: Un Paraíso de Biodiversidad 155
37. Islas del Maíz: Un Paraíso Caribeño 159
38. Culebra: Un Paraíso Escondido en el Caribe 163
39. Darién: El Corazón Salvaje de Panamá 168
40. El Imposible: Un Paraíso Natural en El Salvador 173
41. El Valle de Antón: Un Tesoro Natural en Panamá 177
42. El Yunque: Un Paraíso Tropical en Puerto Rico 181
43. Eleuthera: Un Paraíso Natural en las Bahamas 185
44. Exuma Cays: Un Paraíso Tropical 189
45. Falmouth: Historia, Cultura y Belleza Natural 193
46. Flores, encanto en las orillas del lago 197
47. Granada, joya colonial de Nicaragua 201
48. Gran Bahama: Isla de Encanto y Belleza 205
49. El Gran Cañón: Maravilla Natural Inigualable 209
50. El Gran Agujero Azul: Maravilla Natural Submarina 214
51. Gros Morne: Maravilla Natural de Canadá 219
52. Guadalajara: Corazón Cultural de México 223
53. Guanacaste: Tierra de Belleza y Tradición 227
54. Harbour Island: Paraíso de Arena Rosa 231
55. La encantadora ciudad de La Habana 235
56. Hawái, paraíso tropical inolvidable 239
57. Hellshire Beach, Un Paraíso en Jamaica 243
58. Isla Contadora, Paraíso en el Pacífico 247
59. Islas de la Bahía, paraíso en el Caribe 251
60. Jarabacoa: Un Paraíso Natural en la Montaña 255
61. Joya de Cerén: Un Tesoro Maya en El Salvador 259
62. Kingston: El Corazón Vibrante de Jamaica 263
63. La Ceiba: Un Tesoro en la Costa de Honduras 267
64. La Fortuna: Aventura y Naturaleza en Costa Rica 271
65. Belleza y Cultura en la Costa de El Salvador 275
66. La Parguera: Belleza Natural y Cultura Viva 279
67. La Romana: Entre Playas y Cultura 284

68. Lago Atitlán: Naturaleza y Cultura Viva 288
69. Las Vegas: El Corazón del Entretenimiento 292
70. León: Historia, Cultura y Belleza Natural 296
71. Livingston: Un Tesoro Cultural y Natural 300
72. Long Island: Paraíso en Las Bahamas 304
73. Los Ángeles: La Ciudad de los Sueños 308
74. Los Cóbanos: Un Paraíso Costero de El Salvador 312
75. Manuel Antonio: Naturaleza y Aventura en Costa Rica 316
76. Masaya: El Volcán Activo de Nicaragua 320
77. México: Ciudad de Historia y Cultura 324
78. Miami: La Ciudad Mágica del Sol 328
79. Montego Bay: La Joya del Caribe 332
80. Monteverde: Un Paraíso en las Nubes 336
81. Montreal: Fusión de Historia y Modernidad 340
82. Nassau: Encanto Tropical del Caribe 344
83. Negril: El Encanto del Caribe 348
84. Nueva York, la "Gran Manzana" 352
85. Las Cataratas del Niágara: Belleza y Poder Natural 356
86. Las plantaciones de café de Nicaragua 360
87. Oaxaca: Corazón de Cultura y Tradición 365
88. Ocho Ríos: Aventura y Belleza Natural 369
89. Ometepe: Isla de Volcanes y Naturaleza 373
90. Omoa: Historia y Encanto Caribeño 377
91. Orlando: La Capital del Entretenimiento 382
92. La Increíble Península de Osa 387
93. Descubriendo la Encantadora Ottawa 392
94. La Maravilla del Canal de Panamá 397
95. La Vibrante Ciudad de Panamá 402
96. Petén: Historia y Naturaleza en Armonía 407
97. Pico Bonito: Aventura y Naturaleza Salvaje 412
98. Placencia: Un Tesoro Escondido en Belice 417
99. Playa Paraíso: El Tesoro de Cayo Largo 421
100. Ponce: La Perla del Sur 425
101. Port Antonio: Un Paraíso Tropical 429
102. La Esencia de Isla del Príncipe Eduardo 433

103. Puebla: Historia, Cultura y Sabores..................................437
104. Puerto Plata: Belleza, Historia y Aventura 442
105. Belleza Natural y Encanto Mexicano...............................446
106. Puerto Viejo: Un Paraíso Natural y Cultural....................450
107. Punta Cana: Paraíso Tropical del Caribe.........................454
108. Quebec: Historia, Cultura y Belleza Natural...................458
109. Quetzaltenango: Corazón Cultural de Guatemala 463
110. Rincón: Paraíso del Surf y Naturaleza 468
111. Rio Dulce: Aventura y Belleza Natural 472
112. Rivas: Puerta a la Belleza y la Historia............................476
113. Roatán: Paraíso Tropical y Aventura 480
114. Ruta de Las Flores: Belleza y Cultura en El Salvador 484
115. Samaná: El Paraíso Escondido del Caribe 488
116. San Blas: Paraíso Natural y Cultural................................492
117. San Francisco: Belleza, Cultura e Innovación.................496
118. San Juan del Sur: Paraíso Costero en Nicaragua 501
119. San Juan: Entre Historia y Modernidad 505
120. San Miguel de Allende: Arte, Historia y Encanto 509
121. San Miguel: Corazón Vibrante del Oriente Salvadoreño ...513
122. San Salvador: Encanto Urbano y Naturaleza Salvaje 517
123. Santa Ana: Encanto entre Volcanes y Tradición 521
124. Santa Rosa de Copán: Encanto Colonial y Café.............525
125. Santiago de Cuba: Historia, Cultura y Belleza...............529
126. Santiago de Veraguas: Historia y Naturaleza 533
127. Santo Domingo: Historia y Cultura Viva 538
128. Semuc Champey: Paraíso Escondido en Guatemala......542
129. Sierra de Luquillo: El Corazón Verde de Puerto Rico ..546
130. Cañón de Somoto: Aventura y Belleza Natural 550
131. Suchitoto: Encanto Colonial y Naturaleza 554
132. Tamarindo: Paraíso de Playa y Surf.................................559
133. Tegucigalpa: Corazón vibrante de Honduras..................563
134. Las majestuosas Montañas Azules de Jamaica................567
135. El Parque Nacional Tikal 571
136. Tesoro de Historia y Naturaleza 575
137. Toronto: La Ciudad del Multiculturalismo y la Modernidad....579

138. Tortuguero: Paraíso Natural de Costa Rica 583
139. Treasure Beach: Un Refugio de Paz en Jamaica............................. 587
140. Trinidad: Encanto Colonial en Cuba... 591
141. Tulum: Un Paraíso Histórico y Natural.. 595
142. Utila: Un Paraíso Caribeño Escondido.. 599
143. Vancouver: Naturaleza y Modernidad en Armonía...................... 603
144. Varadero: Playa, Cultura y Naturaleza 607
145. Vieques: Encanto Natural y Serenidad.. 611
146. Viñales: Naturaleza y Tradición Cubana 615
147. Washington, D.C.: Historia y Cultura en Cada Esquina 619
148. Whistler: Aventura y Naturaleza en Cada Rincón 623
149. Xunantunich: Misterio y Grandeza Maya 627
150. Yellowstone: Naturaleza y Aventura Inolvidable.......................... 631

Prefacio

En un mundo donde la tecnología y la vida urbana dominan el día a día de muchas personas, existe una necesidad creciente de reconectar con la naturaleza, redescubrir sus maravillas y apreciar la grandeza de los paisajes que han resistido el paso del tiempo. 150 Destinos Turísticos Populares de Norteamérica ha sido escrito con ese propósito: ofrecer a los lectores un escape hacia algunos de los lugares más impresionantes y emblemáticos del planeta, para recordarles que la tierra, en su estado puro, tiene un poder inigualable para inspirar, asombrar y sanar.

Este libro no es solo una recopilación de descripciones geográficas o historias de destinos turísticos. Va más allá. Es un viaje narrativo que explora los rincones de la tierra que han sido testigos de la historia, la cultura y las fuerzas naturales que les dieron forma. Cada lugar mencionado en estas páginas, desde los imponentes géiseres de Yellowstone hasta las místicas ruinas de Xunantunich, tiene una historia que contar. A través de relatos ricos en detalle y emoción, los lectores serán transportados a paisajes exóticos y diversos, donde podrán sentir el calor de la arena bajo sus pies en Varadero o el aire fresco de las montañas en Whistler.

¿Por qué leer 150 Destinos Turísticos Populares de Norteamérica? Vivimos en una época en la que viajar se ha vuelto más accesible, pero a menudo viajamos sin realmente experimentar los lugares que visitamos. Este libro invita a una reflexión más profunda sobre el impacto que estos destinos pueden tener en nosotros y, a su vez, cómo nuestro turismo afecta al mundo natural. Cada destino aquí ha sido cuidadosamente seleccionado no solo por su belleza, sino por su relevancia cultural, ecológica y social. Las historias contenidas en estas páginas ofrecen una nueva perspectiva sobre lo que significa ser un turista consciente, y cómo podemos viajar de manera más respetuosa y significativa.

El lector encontrará descripciones detalladas de lugares icónicos como Yellowstone, el primer parque nacional del mundo, un vasto territorio lleno de géiseres y vida salvaje que ha sido una piedra angular del movimiento de conservación global. A través de las palabras, podrán casi escuchar el rugido de los bisontes en los valles y sentir la tierra vibrar bajo sus pies cuando Old Faithful entra en acción. Pero no todo son destinos de grandes masas. También exploramos lugares más tranquilos y menos conocidos, como Vieques, una isla serena en Puerto Rico donde la bioluminiscencia ilumina las noches y las playas se mantienen intactas, lejos del bullicio del turismo masivo.

Otro aspecto que hace que este libro sea único es la forma en que combina la historia y la cultura local con la belleza natural de cada lugar. Xunantunich, por ejemplo, no es solo un sitio arqueológico maya en el corazón de la jungla beliceña; es un portal a un pasado antiguo, lleno de leyendas y espiritualidad que aún resuenan en los descendientes de los mayas que hoy viven en la región. O Viñales, en Cuba, donde los mogotes imponentes y los campos de tabaco no solo ofrecen una vista espectacular, sino que también cuentan la historia de generaciones de agricultores que han cultivado la tierra con sus manos y su alma.

Este libro también toca los desafíos a los que se enfrentan estos destinos naturales y cómo el turismo, si bien trae beneficios económicos, también puede ser un arma de doble filo. Lugares como Whistler, en Canadá, enfrentan desafíos relacionados con el impacto del turismo en el medio ambiente y la vida de los residentes locales. Pero también hay esperanza, y en estas páginas se destacan los esfuerzos de las comunidades y las organizaciones para encontrar un equilibrio entre el desarrollo y la preservación. En un mundo donde el cambio climático y la sobreexplotación de los recursos naturales son temas cruciales, este libro ofrece una reflexión sobre la importancia de viajar de manera responsable.

150 Destinos Turísticos Populares de Norteamérica no es solo para los aventureros de corazón, sino también para aquellos que buscan una conexión más profunda con el mundo que los rodea. Cada capítulo es una invitación a conocer no solo los destinos, sino también las historias humanas y naturales que les dan vida. Los lectores descubrirán la biodiversidad única que se esconde en los rincones más remotos del planeta y aprenderán sobre las tradiciones culturales que han sobrevivido durante siglos en armonía con la naturaleza.

150 DESTINOS TURÍSTICOS POPULARES DE NORTEAMÉRICA

Este libro es, en última instancia, un homenaje a la Tierra. Un recordatorio de que, a pesar de los avances tecnológicos y el ritmo acelerado de la vida moderna, nuestro planeta sigue siendo un lugar lleno de misterios y maravillas esperando ser descubiertos. Es una celebración de la belleza natural que nos rodea y una llamada a preservarla para las generaciones futuras. En cada página, los lectores encontrarán inspiración para explorar, respetar y proteger los lugares que visitan.

Para aquellos que no pueden viajar físicamente, este libro será una ventana al mundo, una forma de experimentar la majestuosidad de la naturaleza desde la comodidad de su hogar. Y para quienes tienen la suerte de poder explorar estos destinos en persona, 150 Destinos Turísticos Populares de Norteamérica será una guía invaluable para apreciar cada detalle, cada historia, cada paisaje, y entender el papel vital que juegan estos lugares en el bienestar de nuestro planeta.

En un mundo donde la información está al alcance de un clic, este libro busca devolver la magia de la narración, la emoción de descubrir un lugar a través de palabras que evocan no solo imágenes, sino también emociones. Porque viajar, al fin y al cabo, no es solo desplazarse de un lugar a otro; es abrir los ojos, el corazón y la mente a las maravillas que el mundo tiene para ofrecer. Y en estas páginas, esas maravillas esperan ser descubiertas.

—Autor

1. La Misteriosa Cueva de Actun Tunichil Muknal

En el corazón selvático del distrito de Cayo, en Belice, se esconde uno de los destinos más enigmáticos y fascinantes del mundo: la Cueva de Actun Tunichil Muknal, comúnmente conocida como la Cueva ATM. Este lugar es mucho más que una maravilla geológica; es una ventana a un mundo antiguo, a la civilización Maya, cuyas creencias y prácticas se entrelazaban profundamente con la naturaleza y el cosmos.

Para llegar a este tesoro escondido, se parte desde San Ignacio, una bulliciosa ciudad turística que sirve de punto de partida para la mayoría de los visitantes que buscan adentrarse en las profundidades de este lugar sagrado. A solo una hora de viaje, la cueva se sitúa cerca de la Reserva Natural de la Montaña Tapir, rodeada de exuberantes bosques tropicales llenos de vida. El paisaje es tan vibrante como místico, un preámbulo perfecto para lo que espera dentro.

La cueva ATM forma parte de un extenso sistema de cuevas que atraviesa el altiplano de piedra caliza de Belice. Aunque la cueva tiene una longitud de unos cinco kilómetros, los visitantes solo pueden explorar un kilómetro de su interior. Para entrar en este mundo subterráneo, hay que vadear ríos, trepar rocas y atravesar pasadizos oscuros, lo que convierte la travesía en una emocionante aventura. El recorrido no es apto para cualquiera; el terreno es accidentado, la oscuridad envolvente y el agua que fluye por el interior hacen que la experiencia sea tanto física como espiritual.

El clima en los alrededores de la cueva es cálido y húmedo durante todo el año, típico de las selvas tropicales. Las temperaturas oscilan entre los 24°C y los 29°C, y la humedad alta es una constante. Durante la temporada de lluvias, de junio a noviembre, la lluvia puede hacer que el acceso a la cueva sea más desafiante, pero para aquellos que buscan una experiencia más intensa y aventurera, este es el momento ideal para visitar. En cambio, la temporada seca, de diciembre a mayo, ofrece un acceso más seguro y predecible, cuando los ríos dentro de la cueva son más fáciles de navegar.

Una vez dentro de la cueva, la atmósfera cambia radicalmente. El aire es fresco, casi frío, y el silencio es absoluto, roto solo por el murmullo del agua que corre y el eco lejano de gotas cayendo desde las estalactitas. Pero lo más impresionante no es el entorno natural, sino lo que revela el pasado. La cueva ATM es famosa por albergar algunos de los artefactos mayas mejor conservados, incluidas cerámicas, herramientas y, lo más impactante, los restos esqueléticos de sacrificios humanos antiguos. Entre ellos, destaca la famosa "Doncella de Cristal", una joven cuyos huesos, tras siglos de calcificación, brillan con un resplandor cristalino, casi sobrenatural.

La civilización Maya veía las cuevas como puertas de entrada al inframundo, y la cueva ATM no era una excepción. Aquí se realizaban rituales sagrados, incluidos sacrificios humanos, para apaciguar a sus dioses y asegurar buenas cosechas y fertilidad. Los arqueólogos han encontrado evidencia de al menos catorce personas sacrificadas en el interior de la cueva, lo que añade una capa de reverencia y misterio a este sitio ya de por sí imponente.

El viaje hacia las profundidades de la cueva es una experiencia única. Los visitantes deben nadar por las frías aguas del río que fluye dentro de la cueva, atravesar pasadizos estrechos y trepar por rocas resbaladizas. La sensación de entrar en un espacio donde el tiempo parece haberse detenido es indescriptible. A medida que uno avanza, la oscuridad se vuelve más profunda, y solo las luces de las linternas permiten vislumbrar el camino. Este ambiente sombrío y la naturaleza intacta de la cueva contribuyen a una sensación de asombro y respeto por lo que ocurrió allí hace siglos.

El entorno natural que rodea la cueva es igual de fascinante. La selva tropical está viva con una rica biodiversidad. Monos aulladores, tucanes y jaguares se mueven por el dosel forestal, mientras que orquídeas de colores brillantes y helechos cubren los senderos que conducen a la cueva. Este frágil ecosistema es un recordatorio de la necesidad de preservar tanto la naturaleza como el legado arqueológico que la cueva encierra. Dentro de la cueva, los murciélagos revolotean por encima de las cabezas de los visitantes, añadiendo un toque extra de misticismo al ambiente ya de por sí inquietante.

El impacto cultural y económico que la cueva ATM tiene sobre las comunidades locales es significativo. El turismo es una fuente crucial de ingresos para muchas familias en la región, desde los guías turísticos hasta los pequeños empresarios de San Ignacio. Sin embargo, la afluencia de turistas también ha planteado preocupaciones sobre el impacto en el medio ambiente y la cultura local. Para abordar esto, las autoridades beliceñas han implementado regulaciones estrictas. Solo unas pocas empresas de turismo locales tienen permiso para guiar a los visitantes, y los grupos deben ser pequeños para minimizar el impacto humano en el delicado entorno de la cueva.

Además de la aventura arqueológica, la región ofrece una experiencia gastronómica única. La cocina beliceña es una fusión de influencias caribeñas, mexicanas y mayas. Los platos tradicionales como el arroz con frijoles, el pollo guisado y los mariscos frescos son comunes en los menús de los restaurantes locales. Los vendedores ambulantes en San Ignacio ofrecen delicias como tamales envueltos en hojas de plátano y empanadas picantes. Probar estos sabores locales es una parte esencial del viaje, que complementa la inmersión cultural que la cueva proporciona.

Llegar a la cueva ATM desde cualquier parte del mundo es relativamente fácil. La mayoría de los viajeros internacionales llegan al Aeropuerto Internacional Philip S. W. Goldson en Ciudad de Belice, desde donde pueden tomar un vuelo doméstico o conducir hasta San Ignacio. El viaje en automóvil desde la ciudad hasta San Ignacio dura aproximadamente dos horas, y desde allí, es solo una hora más hasta la entrada de la cueva. Diversas agencias de viajes ofrecen excursiones de un día, que incluyen transporte, equipo y un guía autorizado, lo que garantiza una experiencia segura y bien organizada.

La cueva de Actun Tunichil Muknal no solo es una aventura, sino una profunda conexión con el pasado. La experiencia de caminar por los mismos pasillos que los antiguos mayas, de ver las mismas estalactitas y estalagmitas bajo las cuales realizaron sus rituales, es algo que deja una marca imborrable en quienes tienen la fortuna de visitarla. Es un recordatorio de cómo la naturaleza, la historia y la cultura se entrelazan en formas complejas y maravillosas, creando una experiencia que trasciende el simple turismo.

Para aquellos que buscan algo más que una simple excursión, la cueva ATM ofrece una oportunidad única de aprender, reflexionar y maravillarse con el legado de una civilización antigua, mientras se disfruta de la belleza salvaje y virgen de la selva beliceña. Es un viaje al corazón de Belice, a su alma más profunda y ancestral, donde cada paso, cada sombra, y cada gota de agua cuentan una historia que sigue viva, esperando ser descubierta por el próximo explorador valiente.

2. Ahuachapán: Un Tesoro Escondido

Ahuachapán, una pintoresca ciudad ubicada en el occidente de El Salvador, es un lugar lleno de historia, maravillas geotérmicas y paisajes impresionantes. Aunque no es el destino turístico más famoso del país, Ahuachapán ofrece una mezcla única de belleza natural, encanto colonial y experiencias culturales que cautivan a cualquiera que lo visite. Con una población de aproximadamente 110,000 personas, la ciudad se encuentra a solo 16 kilómetros de la frontera con Guatemala, lo que la convierte en un punto de enlace importante entre los dos países.

Rodeada por montañas volcánicas, Ahuachapán está situada a unos 780 metros sobre el nivel del mar, lo que le otorga un clima más fresco en comparación con las zonas costeras de El Salvador. Las temperaturas oscilan entre 18°C y 28°C durante todo el año, proporcionando un respiro agradable del calor tropical que predomina en otras regiones. La temporada seca va de noviembre a abril, mientras que la temporada de lluvias, de mayo a octubre, transforma las colinas y los bosques en un tapiz verde exuberante. Las vistas de los paisajes volcánicos que rodean la ciudad durante esta época son simplemente impresionantes.

Uno de los principales atractivos de Ahuachapán es su actividad geotérmica. La ciudad forma parte de una zona geotérmica y alberga varios manantiales de aguas termales, siendo los más famosos los

"Termales de Santa Teresa". Estas aguas termales naturales, calentadas por la actividad volcánica subterránea, ofrecen una experiencia relajante para los visitantes que desean sumergirse en sus aguas ricas en minerales. Además de ser un lugar de descanso, la geotermia es una fuente crucial de energía para la región. La planta geotérmica de Ahuachapán suministra electricidad a gran parte del país, haciendo de esta ciudad un ejemplo de sostenibilidad energética.

Ahuachapán es una ciudad con profundas raíces coloniales. El "Parque Concordia", la plaza principal, es el corazón de la ciudad, donde tanto locales como turistas disfrutan de un ambiente tranquilo y relajado. Aquí, la arquitectura colonial se exhibe en todo su esplendor. La Iglesia de La Asunción, una impresionante estructura blanca que data del siglo XIX, domina la plaza con su estilo sencillo y elegante. Esta iglesia es un símbolo de las profundas tradiciones religiosas de la ciudad, y cada año, durante las festividades religiosas, atrae a fieles de toda la región.

La vida cultural de Ahuachapán es vibrante y alegre. La música tradicional salvadoreña y las danzas folclóricas se celebran durante todo el año. En la plaza central, las bandas de marimba y los grupos de baile folclórico a menudo animan las tardes con sus presentaciones. Las Fiestas Patronales, celebradas en agosto en honor al santo patrón de la ciudad, son un momento de gran alegría y celebración. Desfiles, fuegos artificiales y música en vivo llenan las calles mientras locales y turistas se sumergen en el ambiente festivo.

La gastronomía de Ahuachapán es otro aspecto que no se puede pasar por alto. Las pupusas, el plato nacional de El Salvador, son un manjar que nadie puede dejar de probar. Estas tortillas gruesas de maíz rellenas de queso, frijoles o carne, se venden por todas partes, acompañadas de curtido, una ensalada de repollo encurtido. Otros platillos tradicionales que se encuentran en la ciudad incluyen tamales, empanadas y yuca frita. Para los amantes del dulce, los mercados locales ofrecen deliciosos postres como la quesadilla salvadoreña, un pan dulce con queso, y el atol de elote, una bebida caliente hecha a base de maíz.

Los alrededores naturales de Ahuachapán son igualmente fascinantes. La región está llena de plantaciones de café, bosques y colinas volcánicas que crean un paisaje diverso y hermoso. La producción de café es una de las principales actividades económicas de la ciudad, y los turistas pueden realizar tours por las fincas de café para aprender sobre el proceso de cultivo y tostado de los granos. El suelo fértil de origen volcánico y el clima suave hacen de Ahuachapán uno de los mejores lugares para el cultivo de café en El Salvador. Muchos consideran el café de esta región como uno de los más exquisitos del país.

La fauna también es rica y diversa. Las colinas y los bosques que rodean la ciudad son hogar de una gran variedad de aves, reptiles y pequeños mamíferos. Los observadores de aves encontrarán en esta zona un paraíso, con especies como tucanes, loros y colibríes que se pueden ver con frecuencia. El entorno natural y la biodiversidad de la región la convierten en un destino ideal para los ecoturistas y amantes de la naturaleza.

El turismo ha tenido un impacto social positivo en Ahuachapán. El flujo de visitantes ha impulsado la economía local, beneficiando a pequeños negocios, hoteles y restaurantes. Sin embargo, a pesar del aumento en la actividad turística, la ciudad ha logrado mantener su autenticidad y encanto. Se han tomado medidas para garantizar que el desarrollo turístico sea sostenible, con un enfoque en la protección del medio ambiente y la preservación del patrimonio cultural de la ciudad.

La ubicación estratégica de Ahuachapán la convierte en un importante enlace entre El Salvador y Guatemala. La ciudad es un punto de acceso clave para los viajeros que desean explorar ambos países. Además, su proximidad a otras atracciones turísticas, como la Ruta de las Flores, un recorrido escénico que pasa por varios pueblos pintorescos, añade aún más atractivo a esta ciudad. La Ruta de las Flores es famosa por sus paisajes coloridos, mercados artesanales y la hospitalidad de sus habitantes.

Aunque Ahuachapán enfrenta desafíos urbanos similares a los de otras pequeñas ciudades de América Central, como la necesidad de mejorar la infraestructura y los servicios públicos, las autoridades locales están trabajando para abordar estos problemas. Se están realizando esfuerzos para mejorar las carreteras, el acceso a la atención médica y la educación, y para promover un desarrollo sostenible que beneficie a toda la comunidad.

Un hecho poco conocido de Ahuachapán es su papel en la lucha por la independencia de El Salvador. En esta ciudad tuvo lugar una de las primeras revueltas contra el dominio español en el siglo XIX. La Batalla de Ahuachapán se conmemora cada año con una recreación histórica que atrae a entusiastas de la historia de todo el país.

Para llegar a Ahuachapán, los visitantes internacionales pueden volar al Aeropuerto Internacional de El Salvador (Comalapa). Desde allí, un viaje de dos horas por la Carretera Panamericana lleva a los turistas hasta la ciudad. También hay autobuses públicos y transportes privados disponibles para quienes viajan desde la capital, San Salvador, o desde Guatemala.

Ahuachapán es una joya escondida que combina historia, cultura y naturaleza. Su belleza natural, sus aguas termales geotérmicas, su arquitectura colonial y su ambiente acogedor lo convierten en un destino ideal para quienes buscan una experiencia auténtica en El Salvador. Ya sea relajándose en los manantiales termales, explorando las plantaciones de café o simplemente disfrutando de la calma de su plaza central, Ahuachapán captura la esencia de la historia y la belleza natural de El Salvador en cada rincón.

3. Ambergris Caye: Paraíso Marino de Belice

Ambergris Caye, una joya del Mar Caribe, es uno de los destinos más espectaculares y llenos de vida marina en Belice. Esta isla, de unos 40 kilómetros de largo y 1.6 kilómetros de ancho, es la más grande del país y un lugar famoso por su barrera de coral, la segunda más grande del mundo después de la Gran Barrera de Coral en Australia. El sistema de arrecifes de coral de Belice, que rodea a Ambergris Caye, ha sido declarado Patrimonio de la Humanidad por la UNESCO. La isla es también el centro neurálgico del turismo marino en Belice.

Situada al norte del país, cerca de la península de Yucatán en México, Ambergris Caye se encuentra a poca distancia en barco del continente. Los viajeros tienen fácil acceso a sus aguas cristalinas y maravillas submarinas. El clima caribeño cálido y suave hace que la isla sea un destino perfecto durante todo el año, con temperaturas que oscilan entre los 24°C y 30°C. La temporada seca, que va de noviembre a abril, es la más popular entre los visitantes, con cielos despejados y mares tranquilos. Sin embargo, la temporada de lluvias, de mayo a octubre, sigue siendo una buena opción para quienes desean evitar las multitudes, con menos turistas en la isla.

Ambergris Caye es famosa por su espectacular reserva marina, que es un paraíso para los amantes del buceo y el esnórquel. A poca distancia de la costa, la barrera de coral está llena de coloridas formaciones coralinas y una amplia variedad de vida marina. Tiburones nodriza, rayas, tortugas marinas y grandes bancos de peces tropicales nadan entre los arrecifes, brindando a los visitantes la oportunidad de explorar un mundo submarino vibrante. Uno de los sitios de buceo más famosos cerca de Ambergris Caye es la Reserva Marina de Hol Chan, conocida por sus aguas cristalinas y biodiversidad marina. Aquí, el famoso corte en el arrecife, conocido como Shark Ray Alley, permite a los buceadores y esnorquelistas nadar junto a tiburones nodriza y rayas en su hábitat natural.

San Pedro, el principal pueblo de la isla, es el corazón bullicioso de Ambergris Caye. A pesar de su creciente popularidad turística, San Pedro ha logrado conservar su encanto de pequeño pueblo. Sus calles arenosas, casas de madera coloridas y un ambiente relajado hacen que sea un lugar acogedor. Los visitantes pueden elegir entre una amplia gama de alojamientos, desde lujosos resorts hasta casas de huéspedes más asequibles, y disfrutar de una variedad de restaurantes y bares donde se puede saborear la cocina beliceña. Entre los platos tradicionales se incluyen los "fry jacks" (una especie de pan frito que se sirve con frijoles o huevos), el ceviche de mariscos y la langosta a la parrilla, especialmente popular durante la temporada de langosta, que va de junio a febrero. Los mariscos frescos son una constante en los menús, con pescados como el pargo, camarones y caracoles como protagonistas.

Además de la gastronomía, la cultura de Ambergris Caye es una mezcla fascinante de influencias caribeñas, mexicanas e indígenas. La población local está compuesta por descendientes de mayas, mestizos y criollos, y esta rica herencia se refleja en los festivales, la música y el arte de la isla. Uno de los eventos más populares es el Festival Anual de la Langosta en San Pedro, una celebración que atrae a visitantes de todo el mundo con música en vivo, danzas y una gran cantidad de platos a base de langosta.

La flora y fauna de Ambergris Caye son tan impresionantes como su mundo submarino. La isla está cubierta de bosques de manglares, que son hábitats cruciales para muchas especies marinas. Las áreas costeras están bordeadas de cocoteros, árboles de uva de mar y flores tropicales, creando un paisaje exuberante que contrasta con las aguas turquesas del Caribe.

Los observadores de aves encuentran en Ambergris Caye un verdadero paraíso, con especies como garzas, fragatas y pelícanos que sobrevuelan la isla. Además, en sus aguas se encuentran especies en peligro de extinción, como el manatí antillano y diversas especies de tortugas marinas, que están protegidas por esfuerzos locales de conservación.

El turismo en Ambergris Caye tiene un impacto económico y social significativo en Belice. La isla es uno de los principales destinos turísticos del país, atrayendo a visitantes que desean explorar sus playas, vida marina y cultura vibrante. El turismo es el principal motor económico de la isla, proporcionando empleos a muchas personas, desde operadores turísticos hasta artesanos locales y dueños de restaurantes. Sin embargo, el rápido crecimiento del turismo también ha traído desafíos. La expansión de hoteles y negocios relacionados ha generado preocupaciones sobre el impacto ambiental en el ecosistema de coral, que es muy frágil.

Con el fin de proteger el entorno marino, el gobierno beliceño y varias organizaciones de conservación han implementado regulaciones para minimizar el impacto del turismo en el arrecife. Esto incluye la creación de áreas marinas protegidas y restricciones en la pesca. Las tiendas de buceo y los operadores turísticos locales también están comprometidos con la conservación del arrecife, educando a los visitantes sobre la importancia de preservar este delicado ecosistema.

Ambergris Caye es de fácil acceso para viajeros de todo el mundo. La mayoría de los visitantes llegan al Aeropuerto Internacional Philip S. W. Goldson en Ciudad de Belice, que está bien conectado con las principales ciudades de América del Norte. Desde allí, pueden tomar un corto vuelo de 15 minutos a San Pedro en una pequeña avioneta o un ferry panorámico que tarda aproximadamente una hora y media. En la isla, el principal medio de transporte son los carritos de golf, lo que añade un toque encantador y relajado al estilo de vida de Ambergris Caye.

El rápido crecimiento del turismo en la isla ha generado algunos desafíos urbanos. La demanda de infraestructuras y servicios ha aumentado, y ha habido preocupaciones sobre el desarrollo excesivo, especialmente en áreas costeras sensibles. La gestión de residuos y la conservación del agua son retos constantes, ya que los recursos de la isla se ven presionados por el número creciente de visitantes. No obstante, la comunidad local, junto con las autoridades, está trabajando para encontrar un equilibrio entre el desarrollo y la preservación del entorno natural.

A pesar de estos desafíos, Ambergris Caye sigue siendo un destino paradisíaco. Curiosamente, antes de convertirse en un centro turístico, San Pedro era un tranquilo pueblo de pescadores. Aún hoy, se pueden ver barcos de pesca a lo largo de la costa y los restaurantes locales continúan sirviendo platos tradicionales que recuerdan los días en que la pesca era el sustento principal de la isla.

La importancia de la Reserva Marina de Ambergris Caye no puede subestimarse. Como parte del Sistema de la Barrera de Coral de Belice, la reserva desempeña un papel crucial en la protección de la biodiversidad marina de la región. Además de proporcionar un hábitat para innumerables especies marinas, el arrecife actúa como una barrera natural contra los huracanes y las tormentas, protegiendo a la isla de los daños. Los esfuerzos de conservación están enfocados en preservar este frágil ecosistema para las futuras generaciones.

En resumen, Ambergris Caye es mucho más que un hermoso destino tropical. Es un lugar donde la naturaleza, la cultura y la conservación se unen. Ya sea explorando los vibrantes arrecifes de coral, disfrutando de una cena de langosta en San Pedro o relajándose en una playa de arena blanca, Ambergris Caye ofrece una experiencia inolvidable. La belleza natural de la isla, combinada con su rica herencia cultural y su compromiso con la sostenibilidad, la convierten en un destino imperdible para los viajeros que buscan aventura y tranquilidad en el corazón del Caribe.

4. Ambergris Caye: Un Paraíso Caribeño

Ambergris Caye, situada en la costa norte de Belice, es la isla más grande y famosa del país. Con aproximadamente 40 kilómetros de largo y 1.6 kilómetros de ancho, esta delgada franja de paraíso combina una belleza natural impresionante, una cultura rica y un encanto relajado. La isla forma parte de la impresionante Barrera de Coral de Belice, la segunda más grande del mundo después de la Gran Barrera de Coral de Australia, lo que la convierte en un destino ideal para los amantes del mar, aventureros y aquellos que buscan un refugio tropical pacífico.

Ambergris Caye se encuentra cerca de la península de Yucatán, en México, separada por las aguas poco profundas del Mar Caribe. Su cercanía tanto a México como al continente beliceño la convierte en un destino conveniente para viajeros internacionales. La isla es un refugio para quienes buscan sol, arena y mar, con sus famosas playas de arena blanca y aguas turquesas cristalinas que atraen a visitantes de todo el mundo. El clima tropical garantiza que la isla esté siempre cálida y acogedora, con temperaturas que oscilan entre 24°C y 30°C. La temporada seca, de noviembre a abril, es la más popular para visitar, con abundante sol y mares tranquilos. Durante la temporada de lluvias, de mayo a octubre, la isla se cubre de un verde exuberante, ofreciendo una belleza única y menos turistas.

El pueblo principal de la isla, San Pedro, es el centro turístico de Ambergris Caye. Con sus coloridas casas de madera, calles de arena y un ambiente relajado, San Pedro conserva el encanto de un pequeño pueblo caribeño. Aunque ha crecido en los últimos años para adaptarse al aumento de turistas, sigue manteniendo su autenticidad y hospitalidad. Los visitantes pueden alojarse en una variedad de opciones, desde resorts de lujo hasta casas de huéspedes económicas, y disfrutar de una amplia oferta de restaurantes, bares y tiendas. La forma más divertida de explorar el pueblo es caminar o conducir en carritos de golf, el principal medio de transporte en la isla, lo que refuerza el estilo de vida relajado de Ambergris Caye.

Uno de los principales atractivos de Ambergris Caye es su proximidad a la Barrera de Coral de Belice, ubicada a solo unos kilómetros de la costa. Este sistema de arrecifes es un sitio declarado Patrimonio de la Humanidad por la UNESCO y uno de los ecosistemas más diversos del mundo. El esnórquel y el buceo son las actividades más populares en la isla, con sitios famosos como la Reserva Marina de Hol Chan y Shark Ray Alley. En Hol Chan, que en maya significa "pequeño canal", los buceadores y esnorquelistas pueden explorar vibrantes formaciones coralinas llenas de vida marina, incluidos rayas, tiburones, tortugas marinas y una amplia variedad de peces. Shark Ray Alley es otro lugar imperdible, donde los visitantes pueden nadar con tiburones nodriza y rayas en aguas poco profundas y claras, brindando una experiencia emocionante y segura.

La cultura de Ambergris Caye es tan vibrante como sus aguas. La isla alberga una mezcla diversa de personas, incluidos descendientes de los antiguos mayas, mestizos, criollos y expatriados de América del Norte y Europa. Esta mezcla de culturas se refleja en los festivales, la música y la cocina de la isla. Uno de los eventos más esperados es el Festival de la Langosta de San Pedro, que se celebra cada junio para marcar el inicio de la temporada de langosta. Este festival de una semana incluye música en vivo, bailes y una variedad de platos a base de langosta, ofreciendo a los visitantes una muestra del espíritu alegre de la isla.

La gastronomía es una parte fundamental de la experiencia en Ambergris Caye, con mariscos frescos como protagonistas. La langosta, el pargo, el caracol y los camarones se preparan a menudo al estilo beliceño tradicional: a la parrilla, guisados o en ceviche con lima y vegetales frescos. Platos populares como los "fry jacks" (masa frita), el arroz con frijoles y el pollo guisado beliceño son alimentos básicos de la cocina local. Los restaurantes de San Pedro ofrecen una combinación de sabores locales e internacionales, lo que permite a los visitantes disfrutar de comidas auténticas beliceñas y platos de todo el mundo.

Para los amantes de la naturaleza, Ambergris Caye es un paraíso. Las playas de la isla están rodeadas de palmeras y vegetación tropical, proporcionando un escenario idílico para la relajación y la exploración. Los manglares son también una característica prominente de la isla, actuando como importantes criaderos de vida marina y ayudando a proteger la costa de la erosión. Las aguas circundantes albergan una rica variedad de especies marinas, incluidos delfines, manatíes y una amplia gama de peces e invertebrados. Los observadores de aves también encontrarán mucho que admirar, con especies como las fragatas, pelícanos y garzas que frecuentemente se ven a lo largo de la costa.

Ambergris Caye desempeña un papel vital en la economía de Belice, particularmente en el sector turístico. La popularidad de la isla como destino turístico ha llevado al desarrollo de numerosos hoteles, restaurantes y operadores turísticos, proporcionando empleo y oportunidades a la población local. Sin embargo, el rápido crecimiento del turismo también ha traído desafíos. Las preocupaciones ambientales, especialmente en relación con la preservación del arrecife y la vida marina, han llevado a esfuerzos para promover un turismo sostenible en la isla. Las autoridades locales y organizaciones de conservación trabajan para proteger el arrecife a través de regulaciones sobre la pesca, el buceo y el tráfico de embarcaciones, asegurando que la belleza natural de Ambergris Caye pueda ser disfrutada por las futuras generaciones.

Un hecho poco conocido sobre Ambergris Caye es su larga historia. Originalmente, la isla fue habitada por los mayas, quienes la utilizaban como un puesto comercial para bienes como sal, pescado y conchas. En tiempos más recientes, Ambergris Caye fue un pueblo pesquero antes de transformarse en el popular destino turístico que es hoy. A pesar de su crecimiento, la isla ha logrado conservar gran parte de su encanto original, con recordatorios de su pasado pesquero aún visibles en los tradicionales botes de pesca que adornan los muelles.

Llegar a Ambergris Caye desde cualquier parte del mundo es relativamente sencillo. La mayoría de los visitantes internacionales llegan al Aeropuerto Internacional Philip S. W. Goldson en Ciudad de Belice, que está bien conectado con las principales ciudades de América del Norte. Desde allí, los viajeros pueden tomar un vuelo rápido de 15 minutos a San Pedro en una pequeña avioneta o disfrutar de un viaje panorámico en ferry, que dura aproximadamente 90 minutos. Una vez en la isla, moverse es fácil, con carritos de golf y bicicletas como los medios de transporte más populares. También hay taxis acuáticos disponibles para aquellos que deseen explorar islas cercanas y puntos de esnórquel.

Los desafíos urbanos en Ambergris Caye giran en torno al equilibrio entre el crecimiento de la isla y la necesidad de proteger su entorno natural. El aumento del turismo ha llevado a un mayor desarrollo, lo que podría poner en peligro el delicado ecosistema de arrecifes de coral que atrae a tantos visitantes. La gestión de residuos, la conservación del agua y la expansión de la infraestructura para acomodar a la creciente población son desafíos en curso que el gobierno local continúa abordando.

A pesar de estos desafíos, Ambergris Caye sigue siendo un destino preferido para aquellos que buscan una mezcla de aventura, relajación y belleza natural. El atractivo de la isla radica en su capacidad para ofrecer algo para todos: ya seas un ávido buceador, un amante de la playa o alguien que simplemente quiere disfrutar del estilo de vida relajado del Caribe, Ambergris Caye tiene todo lo necesario.

En conclusión, Ambergris Caye es mucho más que un simple escape tropical. Es un lugar donde las maravillas naturales y el patrimonio cultural se entrelazan para crear una experiencia inolvidable. Ya sea explorando los vibrantes arrecifes de coral, degustando mariscos frescos en San Pedro o simplemente descansando en una playa prístina bajo la sombra de una palmera, Ambergris Caye ofrece un pedazo de paraíso difícil de superar. Su importancia como tesoro ecológico y centro cultural la convierte en un destino imprescindible para cualquiera que viaje a Belice.

5. Andros: Un Paraíso Inexplorado

Andros, la isla más grande de las Bahamas, es conocida por los locales como "El Gran Patio". A pesar de ser una de las joyas naturales más impresionantes del Caribe, sigue siendo uno de los destinos más intactos y subestimados. Con una extensión de aproximadamente 5,957 kilómetros cuadrados, Andros es un vasto paraíso de belleza natural. Es más del doble del tamaño de todas las demás islas bahameñas combinadas, pero, a diferencia de sus vecinas más famosas, es conocida por su naturaleza tranquila, virgen y su rica biodiversidad. Andros no es solo un lugar para visitar, sino un destino para explorar profundamente, con impresionantes agujeros azules y el tercer arrecife de coral más grande del mundo.

Andros se encuentra en la parte occidental del archipiélago de las Bahamas, a unos 30 millas al oeste de Nassau, la capital. En realidad, está formada por tres islas principales: North Andros, Mangrove Cay y South Andros, separadas por anchos canales. Curiosamente, a pesar de estar a solo 180 millas de Miami, Estados Unidos, Andros se siente como un mundo completamente aparte, lejos del bullicio turístico de lugares como Nassau y Paradise Island.

El clima en Andros es típicamente tropical, con temperaturas que oscilan entre los 21°C y los 32°C durante todo el año. La temporada seca, de diciembre a abril, es el momento ideal para disfrutar de días soleados y explorar sus playas, sitios de buceo y bosques de manglares. La temporada de lluvias, de mayo a noviembre, trae lluvias vespertinas y algunas tormentas tropicales ocasionales, que solo añaden a la exuberancia de la vegetación de la isla.

Uno de los aspectos más atractivos de Andros es su entorno natural inmaculado. El arrecife de Andros, que se extiende por unos 225 kilómetros a lo largo de la costa oriental de la isla, lo convierte en un destino de primer nivel para el buceo y el esnórquel. Este arrecife alberga más de 160 especies de peces y corales. Entre los habitantes marinos se pueden encontrar desde peces loro y ángeles hasta rayas, tiburones y tortugas marinas. Los agujeros azules submarinos de Andros, que son sumideros geológicos de cientos de pies de profundidad, también atraen a buceadores de todo el mundo.

A diferencia de otras islas más desarrolladas de las Bahamas, Andros cuenta con pocos centros turísticos, lo que le da un encanto especial. Los pequeños asentamientos a lo largo de la isla están llenos de lugareños amigables, y las opciones de alojamiento varían desde eco-resorts hasta acogedoras casas de huéspedes. Los turistas suelen hospedarse cerca de Fresh Creek, Andros Town o Mangrove Cay, que son los puntos de partida para explorar las maravillas naturales de la isla. Uno de los lugares más visitados es el Parque Nacional de los Agujeros Azules, donde se pueden recorrer senderos a través de frondosos bosques tropicales hasta descubrir pozas azules ocultas que invitan a nadar o bucear.

La cultura en Andros está profundamente enraizada en las tradiciones bahameñas. El arte de tejer con paja, la fabricación de cestas y la talla en madera son habilidades tradicionales de la isla. Uno de los eventos culturales más importantes es el Crab Fest, que se celebra cada junio en Fresh Creek. Este festival rinde homenaje a la cría de cangrejos, vital para la economía de la isla, y cuenta con música, comida típica y competencias de captura de cangrejos.

En cuanto a la gastronomía, Andros ofrece una variedad deliciosa de platos locales, la mayoría centrados en mariscos frescos. El caracol es un alimento básico en las Bahamas, y los visitantes pueden probar ensaladas de caracol, caracol frito o frituras de caracol en los restaurantes locales.

Otros platos populares incluyen la langosta, el pescado frito y el "boil fish", un plato tradicional de desayuno preparado con pescado, papas y especias. Para los amantes de los postres, el guava duff, un pastel de guayaba al vapor servido con salsa de mantequilla dulce, es una delicia imprescindible.

La flora y fauna de Andros son sorprendentemente diversas, gracias a los ecosistemas intactos de la isla. Andros alberga la mayor concentración de manglares en las Bahamas, que son vitales para la vida marina. Los bosques interiores están llenos de plantas nativas como el pino de Andros, y sus aguas circundantes están repletas de vida marina. La isla es también un paraíso para los observadores de aves, donde especies como el oropéndola bahameña, el flamenco antillano y el gran cuco lagarto encuentran su hogar. La diversidad ecológica de la isla ha dado lugar a la creación de varios parques nacionales y áreas protegidas, como el Parque Nacional del Lado Oeste, hogar de manatíes, tortugas marinas y peces hueso.

Hablando de peces hueso, Andros es conocida como la capital mundial de la pesca con mosca de este escurridizo pez. Los pescadores deportivos de todo el mundo acuden a la isla para pescar estos veloces y ágiles peces en los bancos poco profundos de Andros. La estrecha conexión de la isla con la naturaleza y su compromiso con la conservación la convierten en un punto clave para el ecoturismo, atrayendo a quienes desean explorar sus ecosistemas únicos mediante el kayak, la observación de aves y las caminatas.

Sin embargo, la belleza remota y el subdesarrollo que hacen de Andros un destino tan atractivo también presentan desafíos. La infraestructura es limitada y muchas áreas solo son accesibles por barco o avionetas. El acceso a los servicios médicos y otros servicios básicos puede ser limitado, y la economía depende en gran medida de la pesca y el turismo, ambos vulnerables a los cambios ambientales. Además, Andros enfrenta desafíos relacionados con el cambio climático, ya que el aumento del nivel del mar y la mayor frecuencia de huracanes amenazan sus zonas costeras bajas y ecosistemas frágiles.

A pesar de estos retos, Andros sigue siendo una de las islas más importantes de las Bahamas, tanto cultural como ecológicamente. Sus arrecifes de coral desempeñan un papel crucial en la protección de la isla frente a tormentas, al mismo tiempo que sostienen los medios de vida de los pescadores locales y atraen a turistas de todo el mundo. La conservación de sus recursos naturales es una prioridad para Andros, con esfuerzos en marcha para proteger sus arrecifes y fomentar un turismo sostenible.

Un dato poco conocido sobre Andros es que alberga algunos de los sistemas de cuevas más extensos del hemisferio occidental. Estas cuevas de agua dulce y sumideros no solo son fascinantes formaciones geológicas, sino que también tienen una importancia histórica, ya que fueron utilizadas por los lucayos, los antiguos habitantes de la isla, como fuentes de agua potable. Explorar estas cuevas ofrece un vistazo al antiguo pasado de Andros, a la vez que brinda una emocionante aventura para los exploradores de hoy.

Llegar a Andros desde cualquier parte del mundo es relativamente fácil. La mayoría de los visitantes internacionales vuelan al Aeropuerto Internacional Lynden Pindling de Nassau, que está bien conectado con ciudades importantes de Estados Unidos, Canadá y Europa. Desde Nassau, se puede tomar un vuelo corto en una aerolínea regional hacia uno de los tres aeropuertos principales de Andros: Andros Town, Congo Town o San Andros. También hay servicios de ferry que operan entre Nassau y Andros, ofreciendo una forma panorámica y relajada de llegar a la isla.

En resumen, Andros es un destino diferente a cualquier otro en las Bahamas. Su tamaño y belleza natural se igualan solo con su riqueza cultural y su importancia ecológica. Ya sea buceando en sus profundos agujeros azules, pescando en sus aguas cristalinas o relajándose en alguna de sus playas solitarias, Andros ofrece una experiencia única e inolvidable. Es un lugar donde la naturaleza reina en su forma más pura, y donde los visitantes pueden reconectar con el mundo en su estado más prístino y virgen.

6. Antigua Guatemala: Historia y Encanto

Antigua Guatemala, comúnmente conocida como Antigua, es una de las ciudades más encantadoras e históricamente importantes de América Central. Situada en las tierras altas centrales de Guatemala, esta pequeña pero cautivadora ciudad cubre un área de apenas 77 kilómetros cuadrados y tiene una población de alrededor de 46,000 personas. Sus calles empedradas y su arquitectura colonial barroca española bien conservada hacen que los visitantes sientan que han viajado en el tiempo. Las impresionantes construcciones coloniales de Antigua, enmarcadas por imponentes volcanes, crean una experiencia inolvidable que sigue atrayendo turistas de todo el mundo.

Geográficamente, Antigua está rodeada por tres majestuosos volcanes: Volcán de Agua, Volcán de Fuego y Acatenango. El Volcán de Agua, el más prominente de los tres, se eleva a más de 3,700 metros sobre el nivel del mar y es visible desde casi todos los rincones de la ciudad, formando parte icónica de su paisaje. Antigua se encuentra a unos 1,500 metros de altura, lo que le otorga un clima suave y agradable durante todo el año. Las temperaturas varían generalmente entre 18°C y 25°C, lo que hace que la ciudad sea un destino ideal tanto para explorar como para disfrutar de su tranquilidad. La temporada seca, de noviembre a abril, es la más popular, mientras que la temporada de lluvias, de mayo a octubre, trae lluvias vespertinas que realzan la vegetación verde y exuberante del entorno.

Antigua es considerada una de las ciudades más bellas de las Américas. En su época dorada, fue la capital de Guatemala y un centro político, económico y religioso clave para las colonias españolas en la región. Fundada a principios del siglo XVI, Antigua fue devastada en 1773 por un terremoto que destruyó gran parte de la ciudad. Como consecuencia, la capital se trasladó a lo que hoy es la Ciudad de Guatemala. A pesar de la catástrofe, muchos de los impresionantes edificios coloniales, iglesias y monasterios de Antigua sobrevivieron, y la ciudad fue restaurada con el tiempo, convirtiéndose en Patrimonio de la Humanidad por la UNESCO en 1979.

Uno de los lugares más fotografiados de Antigua es el famoso Arco de Santa Catalina, un ícono de la ciudad. Este arco amarillo brillante fue construido originalmente para que las monjas pudieran cruzar de un convento a una escuela sin ser vistas por el público. Hoy en día, es un símbolo de la ciudad y ofrece una vista impresionante del Volcán de Agua al fondo. La Plaza Mayor o Parque Central es otro lugar favorito tanto para locales como para turistas. Rodeado por la catedral de la ciudad, edificios gubernamentales y encantadoras cafeterías, el parque sirve como el corazón de Antigua, un lugar donde la gente se reúne para relajarse, disfrutar del paisaje y observar a los artistas callejeros.

La arquitectura religiosa es una parte importante del atractivo de Antigua. Las ruinas de la Iglesia y Convento de las Capuchinas, la Iglesia de La Merced con su elaborada fachada amarilla, y la Iglesia de San Francisco son solo algunos ejemplos de las numerosas iglesias y conventos históricos de la ciudad. Estos edificios ofrecen una visión del rico pasado religioso de Antigua y su relevancia durante la época colonial española. Para quienes buscan profundizar en la historia de la ciudad, el Museo Casa Santo Domingo es una visita obligada. Este antiguo convento ha sido transformado en un hotel de lujo y museo, donde se exhiben artefactos coloniales, arte religioso y otros tesoros históricos.

Una de las celebraciones más coloridas y emocionantes de Antigua es la Semana Santa, que se lleva a cabo durante la Pascua. La ciudad se transforma con elaboradas procesiones religiosas, donde los participantes

visten túnicas púrpuras y llevan grandes andas adornadas con imágenes religiosas. Las calles se cubren con alfombras hechas de aserrín de colores, flores y agujas de pino, representando escenas bíblicas y patrones tradicionales. La Semana Santa es uno de los eventos culturales más importantes de Guatemala y atrae a miles de visitantes de todo el mundo.
La gastronomía de Antigua es una mezcla deliciosa de sabores españoles e indígenas mayas. Uno de los platos más populares es el pepián, un guiso espeso y sabroso hecho con pollo o res, verduras y una mezcla de especias. También son populares los tamales, preparados con masa de maíz rellena de carne o vegetales y envueltos en hojas de plátano. Los mercados locales son perfectos para probar frutas frescas como mangos, papayas y el exótico zapote. Además, el café guatemalteco es mundialmente conocido por su sabor fuerte y rico. Los alrededores de Antigua, especialmente las tierras altas, son famosos por producir algunos de los mejores granos de café del mundo.
La flora y fauna que rodean a Antigua son igualmente impresionantes. El suelo volcánico fértil favorece una variedad de vida vegetal, incluyendo plantas de café, pinos y flores tropicales. La región también es hogar de una diversidad de vida silvestre, con aves coloridas como loros, tucanes y quetzales, este último siendo el ave nacional de Guatemala y un símbolo de libertad. Para los amantes de la naturaleza, hay muchas oportunidades de senderismo en las montañas cercanas y los volcanes, siendo el ascenso al Volcán Pacaya una de las excursiones más populares.
El impacto social de Antigua es profundo. El turismo genera oportunidades económicas para muchos residentes locales, desde trabajadores de hoteles y guías turísticos hasta artesanos que venden sus productos en los mercados. Antigua es conocida por sus hermosos textiles, cerámica y artesanías tradicionales mayas. Los mercados locales están llenos de telas tejidas a mano, ropa bordada y joyería intrincadamente diseñada, reflejando la rica herencia cultural de la región.
Sin embargo, el turismo también ha traído algunos desafíos a la ciudad. El desarrollo urbano y el aumento de visitantes han ejercido presión sobre la infraestructura de Antigua, especialmente en su sistema de agua y manejo de desechos. Las autoridades y grupos de conservación, como

la UNESCO, trabajan para preservar los sitios históricos de la ciudad y evitar el deterioro ambiental, asegurando que el encanto y la autenticidad de Antigua no se pierdan con el tiempo.

Un hecho poco conocido sobre Antigua es su importancia en la educación y el aprendizaje de idiomas. La ciudad alberga numerosas escuelas de español que atraen a estudiantes de todo el mundo. Estos programas de inmersión permiten a los estudiantes vivir con familias locales, lo que les da la oportunidad de aprender el idioma mientras experimentan la cultura guatemalteca de primera mano. Antigua es un destino ideal para quienes buscan mejorar su español en un entorno culturalmente rico y hermoso.

Antigua también es un centro para esfuerzos humanitarios en Guatemala. Muchas organizaciones internacionales tienen su sede en la ciudad, y voluntarios de todo el mundo vienen a trabajar en proyectos relacionados con la educación, la salud y el desarrollo comunitario, ayudando a mejorar la calidad de vida de las personas en las áreas rurales circundantes.

Llegar a Antigua desde cualquier parte del mundo es relativamente fácil. La mayoría de los visitantes internacionales llegan al Aeropuerto Internacional La Aurora en la Ciudad de Guatemala, que está a unos 40 kilómetros de Antigua. Desde el aeropuerto, se puede tomar un taxi o un transporte compartido a la ciudad, un trayecto que generalmente toma alrededor de una hora. Las carreteras están bien pavimentadas y ofrecen vistas espectaculares de las montañas circundantes. Una vez en Antigua, la ciudad es lo suficientemente pequeña como para explorarla a pie, con la mayoría de las atracciones ubicadas cerca del Parque Central.

En conclusión, Antigua Guatemala es una ciudad que cautiva a sus visitantes con su mezcla de historia, cultura y belleza natural. Ya sea caminando por sus calles empedradas, maravillándose con sus iglesias coloniales o subiendo a sus volcanes cercanos, los visitantes de Antigua quedan inmersos en un mundo único donde el pasado y el presente coexisten en armonía. Su vibrante escena cultural, deliciosa gastronomía y su compromiso por preservar su herencia hacen de Antigua uno de los destinos más fascinantes y gratificantes de América Central.

7. Laguna de Apoyo: Belleza Natural y Aventura

La Laguna de Apoyo, ubicada en el corazón de Nicaragua, es un lugar de una belleza sobrecogedora y de gran importancia ecológica. Esta reserva natural gira en torno a una enorme laguna volcánica, formada hace más de 23,000 años tras una erupción. La laguna, de aguas cristalinas y color azul intenso, abarca aproximadamente 21 kilómetros cuadrados y es uno de los cuerpos de agua más limpios del país. Rodeada de colinas cubiertas de exuberante vegetación, la Laguna de Apoyo es el destino favorito de quienes buscan la tranquilidad de la naturaleza y la emoción de la aventura. Su ecosistema único está protegido como reserva natural, lo que garantiza su conservación a largo plazo.

La Laguna de Apoyo se encuentra entre las ciudades de Masaya y Granada, a unos 30 kilómetros de la capital, Managua. Forma parte de la cadena volcánica de Nicaragua, y sus aguas provienen de la lluvia y de manantiales subterráneos que llenaron el cráter con el paso de los siglos. Con más de 200 metros de profundidad, es uno de los lagos más profundos de Centroamérica. Sus aguas cálidas y serenas son perfectas para nadar, hacer kayak o disfrutar de actividades acuáticas en un ambiente rodeado de tranquilidad.

El clima de esta región es tropical, con temperaturas cálidas que oscilan entre 25°C y 30°C durante todo el año. La temporada seca, que va de noviembre a abril, es el mejor momento para visitar, con días soleados y cielos despejados. Durante la temporada de lluvias, de mayo a octubre, el paisaje se vuelve aún más verde y exuberante, aunque los visitantes deben estar preparados para algunos chaparrones ocasionales en las tardes. Sin embargo, el clima cálido y las aguas de la laguna la convierten en un destino atractivo durante todo el año.

La laguna en sí es, por supuesto, el principal atractivo de la Reserva Natural Laguna de Apoyo. Los visitantes llegan para relajarse en sus orillas, nadar en sus aguas claras y explorar sus profundidades a través del buceo o esnórquel. El lago alberga una gran variedad de especies de peces, algunas de las cuales son endémicas de la laguna, es decir, no se encuentran en ningún otro lugar del mundo. Para los más aventureros, las rutas de senderismo que atraviesan los frondosos bosques tropicales ofrecen vistas panorámicas impresionantes de la laguna y el paisaje circundante.

La biodiversidad de la Laguna de Apoyo es un verdadero tesoro. Los bosques que rodean la laguna son hogar de una amplia variedad de animales, como los monos aulladores, iguanas y numerosas especies de aves como tucanes, loros y halcones. El área también es rica en vida vegetal, con árboles imponentes, plantas con flores y frutas tropicales que proporcionan alimento y refugio a la fauna local. Los esfuerzos de conservación en la reserva están enfocados en proteger estos ecosistemas y garantizar que Apoyo siga siendo un sitio clave para el ecoturismo en Nicaragua.

Cerca de la laguna, la cultura nicaragüense está muy presente. El cercano pueblo de Catarina, famoso por sus viveros y mercados tradicionales, es el lugar perfecto para vivir la cultura local. Este pintoresco pueblo es conocido por su vibrante comunidad de artesanos, donde los visitantes pueden adquirir cerámica hecha a mano, textiles tejidos y otros productos artesanales elaborados por los lugareños. Además, desde el mirador de Catarina, se pueden disfrutar vistas espectaculares de la laguna, convirtiéndolo en un lugar muy popular tanto para los turistas como para los residentes locales.

La comida en la región es un reflejo delicioso de la cocina nicaragüense. Los visitantes pueden saborear platos tradicionales como el "gallo pinto", una mezcla de arroz y frijoles que a menudo se sirve con plátanos y huevos, o el "vigorón", un plato abundante hecho con yuca, chicharrones y ensalada de repollo. Los restaurantes locales también ofrecen pescado fresco de la laguna, preparado a la parrilla o frito, acompañado de frutas y vegetales frescos. Para los golosos, no se puede dejar de probar el "tres leches", un postre típico nicaragüense elaborado con tres tipos de leche, o los dulces de coco vendidos por vendedores ambulantes.

El impacto social de la Reserva Natural Laguna de Apoyo es notable, especialmente en términos de turismo sostenible y conservación ambiental. El turismo es una fuente de ingresos clave para las comunidades locales, apoyando a pequeñas empresas, hoteles y restaurantes en los alrededores. No obstante, se han implementado medidas para garantizar que el desarrollo turístico no dañe el entorno natural. Muchos de los alojamientos y hoteles de la zona operan con la sostenibilidad en mente, utilizando energía solar, programas de reciclaje y otras prácticas ecológicas. Los visitantes son alentados a respetar las reglas de la reserva, como no arrojar basura y evitar dañar los delicados ecosistemas que hacen de Apoyo un lugar tan especial.

La importancia ecológica de la Laguna de Apoyo es inmensa. Forma parte de la red nacional de áreas protegidas de Nicaragua y desempeña un papel crucial en la preservación de la biodiversidad de la región. Las aguas limpias y claras de la laguna sostienen un ecosistema único, con especies de peces que se han adaptado para sobrevivir en este entorno volcánico. Los bosques que la rodean son hábitat de innumerables especies de aves, mamíferos, reptiles e insectos. Los conservacionistas trabajan arduamente para proteger la reserva de posibles amenazas, como la deforestación, la contaminación y el desarrollo excesivo, con el objetivo de asegurar que las futuras generaciones puedan seguir disfrutando de este paraíso natural.

A pesar de sus muchas atracciones, la Laguna de Apoyo enfrenta algunos desafíos. Uno de los principales problemas es equilibrar la creciente demanda turística con la necesidad de proteger el medio ambiente. La infraestructura de la reserva, como las carreteras y las instalaciones, es relativamente limitada, y a medida que aumentan los visitantes, hay presión para expandir estos servicios. Sin embargo, un desarrollo excesivo podría poner en riesgo los ecosistemas que hacen que Apoyo sea tan atractivo. Las autoridades locales y las organizaciones ambientales están trabajando juntas para encontrar soluciones sostenibles que permitan que el turismo prospere sin comprometer la belleza natural de la reserva.

Un dato curioso y menos conocido sobre la Laguna de Apoyo es que se cree que sus aguas tienen propiedades curativas debido a su alto contenido mineral. Los nicaragüenses han sostenido durante mucho tiempo que nadar en la laguna puede aliviar diversas dolencias, desde problemas de la piel hasta dolores articulares. Aunque no hay pruebas científicas definitivas, no se puede negar la sensación de calma y bienestar que experimentan quienes se sumergen en las cálidas y claras aguas de la laguna.

Llegar a la Laguna de Apoyo desde cualquier parte del mundo es bastante sencillo. La mayoría de los visitantes internacionales llegan al Aeropuerto Internacional Augusto C. Sandino en Managua. Desde allí, el viaje a la laguna es de aproximadamente 45 minutos en automóvil, y hay varias opciones de transporte disponibles, incluidos taxis, servicios de transporte o alquiler de coches. Para quienes llegan desde la cercana ciudad colonial de Granada, el trayecto es aún más corto, tomando solo unos 30 minutos. La proximidad de Apoyo a estas grandes ciudades la convierte en un lugar ideal tanto para excursiones de un día como para escapadas de fin de semana.

En resumen, la Reserva Natural Laguna de Apoyo es una joya escondida en Nicaragua, que ofrece una combinación única de belleza natural, aventura y riqueza cultural. Las aguas tranquilas de la laguna, rodeadas de bosques verdes y llenas de vida silvestre, proporcionan el escenario perfecto para una escapada relajante en plena naturaleza. Ya sea para nadar, hacer senderismo o simplemente disfrutar de las vistas impresionantes, los visitantes salen con una profunda apreciación por la tranquilidad y la belleza intacta de este maravilloso rincón volcánico. Su importancia tanto para la comunidad local como para el medio ambiente la convierte en una parte vital del paisaje turístico de Nicaragua, y su compromiso con el desarrollo sostenible asegura que siga siendo un destino preciado durante muchos años más.

8. Arecibo: Orgullo Científico y Cultural

El Observatorio de Arecibo, ubicado en las exuberantes colinas del norte de Puerto Rico, fue uno de los hitos científicos más famosos del mundo. Con su inmenso plato de 305 metros, alguna vez el radiotelescopio más grande de la Tierra, el observatorio se convirtió en símbolo de los logros humanos en la exploración espacial, la astronomía de radio y la ciencia atmosférica. Situado cerca de la ciudad de Arecibo, a unos 80 kilómetros al oeste de la capital, San Juan, este sitio ha atraído a científicos, astrónomos y turistas de todo el mundo durante décadas.

Arecibo está ubicado en la región de karst de Puerto Rico, un paisaje de colinas ondulantes y vegetación tropical vibrante. El observatorio se construyó en una depresión natural del terreno, lo que lo convierte en un lugar perfecto para instalar un plato de tal magnitud. Además de la impresionante estructura científica, la zona está rodeada de frondosos bosques llenos de vida silvestre tropical, lo que hace de Arecibo un lugar que combina el interés científico con la belleza natural. La ciudad costera de Arecibo también se destaca por sus playas, lo que la convierte en una atracción doble tanto para los entusiastas de la ciencia como para los vacacionistas.

El clima de Puerto Rico es tropical, y la región de Arecibo disfruta de temperaturas cálidas y constantes durante todo el año, que oscilan entre los 24°C y 30°C. La temporada seca, que va de diciembre a abril, es la mejor época para explorar el observatorio, ya que ofrece cielos despejados y clima agradable, ideales para las actividades al aire libre y la fotografía. Durante la temporada de lluvias, de mayo a noviembre, aunque hay más humedad y lluvias, el paisaje se vuelve más verde y lleno de vida.

A lo largo de los años, el Observatorio de Arecibo no solo fue reconocido por sus contribuciones científicas, sino que también se convirtió en un destino turístico por derecho propio. Apareció en películas populares como Contact y GoldenEye, lo que aumentó su fama internacional. El centro de visitantes del observatorio ofrecía exhibiciones educativas sobre el trabajo realizado en astronomía, ciencia planetaria y estudios atmosféricos, atrayendo a familias, estudiantes y amantes de la ciencia. Los visitantes se asombraban ante el tamaño colosal del plato y aprendían sobre cómo el observatorio ayudaba a detectar galaxias distantes, estudiar púlsares y contribuir en la búsqueda de vida extraterrestre.

Uno de los mejores momentos para visitar Arecibo y su observatorio era durante eventos astronómicos especiales, como eclipses o lluvias de meteoros. Estos eventos reunían a la comunidad para observar el cielo estrellado y aprender de los científicos del observatorio, quienes ofrecían talleres educativos que acercaban al público al vasto universo.

La ciudad de Arecibo tiene una rica mezcla de herencia puertorriqueña tradicional y curiosidad científica moderna. Con una arquitectura colonial española bien conservada y festivales culturales vibrantes, Arecibo es un reflejo de la historia de Puerto Rico. Además de la ciencia, la región es conocida por su cocina, en especial platos como el mofongo con camarones, un plato típico de plátano majado con camarones, y el lechón asado, cerdo asado, que es un plato esencial en las celebraciones puertorriqueñas.

Los alrededores del observatorio también están llenos de vida natural. Los bosques cercanos albergan palmeras, orquídeas y bromelias, además de ser el hogar de aves como el loro puertorriqueño, así como reptiles y anfibios que prosperan en el cálido y húmedo clima de la región.

El impacto social del Observatorio de Arecibo fue profundo, mucho más allá de sus logros científicos. Para muchos puertorriqueños, era un símbolo de orgullo, ya que representaba la contribución de la isla a los avances científicos mundiales. El observatorio también generó empleo para los residentes locales, creando un puente entre la comunidad científica y la población de Puerto Rico. Durante años, los niños de las escuelas locales visitaban el observatorio en excursiones, lo que inspiraba a futuras generaciones de científicos e ingenieros.

Sin embargo, Arecibo y su observatorio enfrentaron desafíos urbanos. La región, a pesar de su riqueza natural, sufría de falta de desarrollo, y las oportunidades económicas que el observatorio ofrecía no siempre eran suficientes para sostener la economía local. Además, mantener una estructura de tal envergadura requería grandes recursos, y el observatorio enfrentó dificultades presupuestarias que culminaron en su cierre en 2020, tras fallos estructurales que lo hicieron insostenible.

Un hecho poco conocido sobre el Observatorio de Arecibo es su participación en la búsqueda de vida extraterrestre. En 1974, el observatorio envió el famoso "Mensaje de Arecibo" al espacio, un mensaje codificado en binario diseñado para comunicar información sobre la humanidad, como nuestra ubicación en el sistema solar y la estructura del ADN. Aunque no se ha recibido ninguna respuesta, el "Mensaje de Arecibo" sigue siendo uno de los momentos más icónicos en la historia del observatorio.

La importancia del Observatorio de Arecibo en el campo de la radioastronomía es incalculable. Durante décadas, el observatorio contribuyó a descubrimientos revolucionarios, como la primera evidencia directa de las ondas gravitacionales, una predicción clave en la teoría de la relatividad de Einstein. También fue vital en el seguimiento de asteroides cercanos a la Tierra, ayudando a identificar posibles amenazas para nuestro planeta. En este sentido, el observatorio no solo era un centro de investigación, sino también un guardián de la Tierra, vigilando el cielo para detectar cualquier amenaza futura.

Llegar a Arecibo desde cualquier parte del mundo era sencillo. La mayoría de los viajeros internacionales volaban al Aeropuerto Internacional Luis Muñoz Marín en San Juan. Desde allí, el viaje hacia el observatorio tomaba unos 90 minutos en coche. Los autos de alquiler, autobuses y excursiones guiadas eran formas populares de llegar al sitio. La cercanía de Arecibo a San Juan y otros destinos turísticos importantes hacía que fuera una conveniente excursión de un día para quienes exploraban la isla.

Aunque el Observatorio de Arecibo ya no está en operación, su legado perdura. Se han propuesto planes para reutilizar el sitio como un centro de ciencia y educación, garantizando que las futuras generaciones continúen aprendiendo sobre el universo desde este icónico lugar. Aún en su ausencia, el observatorio sigue siendo un símbolo poderoso de la curiosidad humana y la búsqueda por entender nuestro lugar en el cosmos.

En conclusión, el Observatorio de Arecibo no fue solo un sitio científico, sino también un símbolo de exploración, descubrimiento y orgullo puertorriqueño. Sus contribuciones a la exploración espacial, la astronomía y la defensa planetaria dejaron una huella imborrable en la comunidad científica mundial. Su ubicación única, rodeada de la belleza natural de Puerto Rico, lo convirtió en un lugar de asombro y reflexión, donde los visitantes podían conectarse tanto con el cosmos como con la rica herencia cultural de la isla.

9. Arenal: Volcán y Naturaleza Majestuosa

El Parque Nacional Volcán Arenal, ubicado en la región norte de Costa Rica, es uno de los destinos más visitados y espectaculares del país. Con una extensión de aproximadamente 121 kilómetros cuadrados, este parque alberga uno de los volcanes más famosos del mundo, el Volcán Arenal. Con su forma cónica perfectamente simétrica, el Arenal se alza imponente sobre el paisaje circundante, dominando el horizonte y ofreciendo a los visitantes la oportunidad única de explorar una región volcánica activa. Además, el parque cuenta con una gran diversidad de ecosistemas, convirtiéndolo en un paraíso para los amantes de la naturaleza y los aventureros.

El Parque Nacional Volcán Arenal forma parte del Área de Conservación Arenal, que incluye otras áreas protegidas cercanas como Monteverde y Caño Negro. Se encuentra a unos 90 kilómetros al noroeste de San José, la capital de Costa Rica, y cerca del pequeño pueblo de La Fortuna, que es el punto de entrada principal para los turistas que descan visitar el volcán y sus alrededores. Con una altura de 1,657 metros, el Arenal fue uno de los volcanes más activos del mundo hasta su última gran erupción en 2010. Aunque actualmente está en una fase de reposo, su pasado volcánico ha dejado un paisaje dramático y fascinante para explorar.

El clima en el Parque Nacional Volcán Arenal es tropical, con temperaturas cálidas y alta humedad durante todo el año. Las temperaturas promedio oscilan entre los 20°C y 28°C, lo que lo convierte en un destino agradable para realizar actividades al aire libre. La región tiene dos estaciones bien definidas: la estación seca, de diciembre a abril, y la estación lluviosa, de mayo a noviembre. Aunque la temporada seca es la más popular entre los visitantes, la temporada de lluvias tiene su propio encanto, con vegetación exuberante, menos turistas y la posibilidad de ver el volcán envuelto en niebla, lo que añade un toque místico al paisaje.

El atractivo principal del parque es, por supuesto, el volcán. Los visitantes pueden recorrer senderos bien mantenidos que llevan a impresionantes miradores con vistas panorámicas del majestuoso cono del Arenal y la selva circundante. Uno de los senderos más populares es el Sendero de las Coladas de Lava, que atraviesa el bosque y campos de lava antiguos de erupciones pasadas. En el camino, es común avistar monos aulladores, perezosos y aves tropicales como tucanes y guacamayas. Aunque está prohibido escalar el volcán por razones de seguridad, estos senderos permiten a los visitantes observar de cerca los restos de las poderosas erupciones del Arenal.

El Lago Arenal, situado al oeste del volcán, es otro punto de atracción en el parque. Este lago artificial, creado en los años 70 como parte de un proyecto hidroeléctrico, es el más grande de Costa Rica y ofrece un impresionante telón de fondo para el volcán. Los visitantes pueden disfrutar de diversas actividades acuáticas en el Lago Arenal, como kayak, pesca y windsurf. Además, el lago es un excelente lugar para la observación de aves, ya que muchas especies habitan en sus orillas.

La mejor época para visitar el Parque Nacional Volcán Arenal es durante la estación seca, cuando los cielos despejados permiten ver el volcán en todo su esplendor. El buen clima también facilita la exploración de los muchos senderos del parque y la realización de actividades al aire libre. No obstante, la temporada lluviosa tiene su propio atractivo, con menos multitudes y un ambiente más sereno y natural. Durante esta época, el bosque está más verde y la lluvia suave sobre las hojas crea una atmósfera tranquila.

La cultura local en los alrededores del Volcán Arenal está profundamente arraigada en las tradiciones costarricenses. La Fortuna, el pueblo más cercano al parque, es una comunidad vibrante y acogedora donde los visitantes pueden experimentar la hospitalidad cálida de los locales. El pueblo es conocido por su ambiente relajado y ofrece una amplia gama de alojamientos, desde lujosos eco-lodges hasta hostales económicos. La Fortuna también cuenta con una variedad de restaurantes que sirven cocina tradicional costarricense. Entre los platos más populares se encuentra el "gallo pinto", una mezcla sabrosa de arroz y frijoles que a menudo se sirve con huevos y plátanos para el desayuno, y el "casado", un almuerzo típico que incluye arroz, frijoles, carne, ensalada y plátanos fritos.

La región también es famosa por sus aguas termales, que son calentadas naturalmente por la actividad geotérmica del volcán. Existen varios resorts de aguas termales cerca de La Fortuna donde los visitantes pueden relajarse en piscinas termales rodeadas de jardines tropicales. Se cree que las aguas ricas en minerales tienen propiedades terapéuticas, lo que las convierte en el lugar perfecto para relajarse después de un día de senderismo y exploración.

En cuanto a la flora y fauna, el Parque Nacional Volcán Arenal es increíblemente diverso. Los bosques del parque albergan cientos de especies de plantas, incluidas orquídeas, bromelias y árboles tropicales gigantes. La rica vida vegetal sostiene una gran variedad de vida silvestre, incluidos mamíferos como jaguares, tapires y monos capuchinos de cara blanca. El parque es también un paraíso para los observadores de aves, con especies como el quetzal resplandeciente, la guacamaya roja y el tucán pico iris. Además, los ríos y arroyos del parque son el hogar de anfibios como las ranas arborícolas y reptiles como iguanas y serpientes.

El impacto social del Parque Nacional Volcán Arenal es significativo, especialmente en términos de ecoturismo. El parque atrae a cientos de miles de visitantes cada año, proporcionando una fuente vital de ingresos para la economía local. Muchos residentes de la zona trabajan en empleos relacionados con el turismo, como guías, personal de hoteles y restaurantes. La Fortuna ha crecido considerablemente gracias a la popularidad del parque. Sin embargo, se han tomado medidas para garantizar que el turismo sea sostenible y que el entorno natural se preserve. El gobierno de Costa Rica, junto con organizaciones locales de conservación, ha implementado regulaciones estrictas para minimizar el impacto del turismo en los ecosistemas del parque.

El Parque Nacional Volcán Arenal no solo es importante por su belleza natural, sino también por su papel en la investigación científica. El parque es un laboratorio vivo para vulcanólogos, biólogos y geólogos que estudian el volcán y los ecosistemas que lo rodean. Las erupciones del volcán han proporcionado valiosa información sobre la actividad volcánica, mientras que la diversa vida vegetal y animal del parque ofrece oportunidades para la investigación ecológica y ambiental.

Un hecho poco conocido sobre el Volcán Arenal es que antes de su gran erupción en 1968, el volcán era considerado inactivo durante cientos de años. No fue hasta esa fatídica erupción, que destruyó el pueblo de Tabacón, cuando Arenal fue reconocido como uno de los volcanes más activos del mundo. La erupción cambió drásticamente el paisaje y despertó un gran interés científico en el volcán.

A pesar de su popularidad, el Parque Nacional Volcán Arenal enfrenta varios desafíos. El crecimiento del turismo ha ejercido presión sobre la infraestructura local, y gestionar el creciente número de visitantes mientras se protege los recursos naturales del parque es un reto constante. El uso del agua, la gestión de residuos y la expansión de las instalaciones turísticas son áreas en las que se necesitan soluciones sostenibles para proteger el medio ambiente.

Llegar al Parque Nacional Volcán Arenal desde cualquier parte del mundo es relativamente fácil. La mayoría de los visitantes internacionales vuelan al Aeropuerto Internacional Juan Santamaría en San José. Desde San José, el trayecto hasta el parque dura unas tres horas en coche, y hay varias opciones de transporte disponibles, incluidos autos de alquiler, servicios de transporte y visitas guiadas. Muchos visitantes optan por hospedarse en La Fortuna, que está a poca distancia del parque y ofrece fácil acceso a todas las atracciones de la zona.

En resumen, el Parque Nacional Volcán Arenal es uno de los destinos más icónicos y queridos de Costa Rica. El imponente volcán, los exuberantes bosques tropicales y la rica biodiversidad lo convierten en un lugar imprescindible para cualquier persona que viaje al país. Ya sea caminando por senderos panorámicos, relajándose en aguas termales o simplemente admirando las impresionantes vistas del volcán, Arenal ofrece una mezcla única de aventura, relajación y belleza natural. Su importancia para Costa Rica, tanto ambiental como económicamente, no puede subestimarse, y el parque sigue inspirando y cautivando a visitantes de todo el mundo.

10. Banff: Belleza Natural en los Rockies

El Parque Nacional Banff, ubicado en el corazón de las Montañas Rocosas canadienses, es uno de los destinos más emblemáticos y queridos de América del Norte. Este parque, que abarca 6,641 kilómetros cuadrados, es conocido por sus paisajes impresionantes: picos nevados, lagos turquesa vibrantes y densos bosques llenos de vida silvestre. Fundado en 1885, Banff es el parque nacional más antiguo de Canadá y forma parte del Sitio Patrimonio Mundial de la UNESCO de los Parques de las Montañas Rocosas Canadienses, lo que lo convierte en un destino importante tanto para los amantes de la naturaleza como para los aventureros.

Banff se encuentra en la parte occidental de Alberta, a unos 126 kilómetros al oeste de Calgary. Este parque es una joya dentro de las Montañas Rocosas canadienses, que se extienden a lo largo de 4,800 kilómetros desde la Columbia Británica hasta Nuevo México. El pintoresco pueblo de Banff, que se sitúa dentro del parque, actúa como punto de partida para explorar las maravillas naturales de la región. Este pequeño pueblo se encuentra a una altitud de 1,383 metros, lo que lo convierte en el pueblo más alto de Canadá, rodeado por un paisaje montañoso que quita el aliento.

150 DESTINOS TURÍSTICOS POPULARES DE NORTEAMÉRICA

El clima en Banff es alpino, con inviernos fríos y veranos suaves. Durante el invierno, las temperaturas pueden descender a entre -15°C y -30°C, mientras que en verano oscilan entre 7°C y 22°C. La nieve cubre el parque de noviembre a marzo, creando condiciones ideales para practicar deportes de invierno como el esquí, el snowboard y el patinaje sobre hielo. Sin embargo, la mejor época para visitar Banff y disfrutar de sus senderos, paisajes y fauna es de junio a septiembre, cuando el clima es más cálido y la nieve ha desaparecido, revelando los prados llenos de flores y los lagos cristalinos.

Banff cuenta con varios destinos turísticos imperdibles, entre los cuales destacan el Lago Louise, el Lago Moraine y el teleférico Banff Gondola. El Lago Louise, apodado la "Joya de los Rockies", es famoso por sus aguas turquesas y su impresionante fondo con el glaciar Victoria. Los visitantes pueden alquilar canoas para remar por el lago en verano o patinar sobre su superficie congelada en invierno. Cerca de allí, el Lago Moraine, alimentado por glaciares, es igualmente popular por su belleza escénica, y cuenta con rutas de senderismo que conducen a vistas panorámicas de la cadena montañosa de los Diez Picos.

Para quienes buscan una vista aérea de las Montañas Rocosas, el teleférico Banff Gondola lleva a los visitantes hasta la cima de la Montaña Sulphur, ofreciendo vistas panorámicas de Banff y los picos circundantes. Desde lo alto, los visitantes pueden explorar los paseos marítimos y disfrutar de la impresionante vista desde diferentes puntos de observación.

La cultura de Banff es una mezcla única de aventura en la naturaleza canadiense y hospitalidad alpina. El pueblo de Banff está lleno de acogedoras cabañas, tiendas boutique y restaurantes gourmet que atienden tanto a locales como a visitantes internacionales. Una de las mejores maneras de experimentar la cultura local es a través de la gastronomía, con un enfoque en ingredientes frescos y de la región. Entre los platos más populares se encuentran las carnes de caza como el alce y el bisonte, así como los favoritos canadienses como el poutine, papas fritas con queso y salsa. Los visitantes también pueden disfrutar de pescado fresco, como el char ártico y la trucha, que provienen de los lagos fríos y claros de la región.

Banff es hogar de una impresionante diversidad de flora y fauna. Sus bosques están dominados por imponentes árboles perennes como el pino de corteza roja, el abeto y el abeto Douglas. Durante los meses de verano, los prados alpinos se llenan de coloridas flores silvestres. La vida silvestre abunda en el parque, donde se pueden ver alces, ciervos, osos negros, osos grizzly, lobos y cabras montesas. Los observadores de aves pueden avistar águilas calvas, águilas pescadoras y una variedad de aves canoras durante todo el año. Los ríos y lagos del parque albergan especies de peces como la trucha de garganta cortada y la trucha toro, lo que convierte a Banff en un destino popular para los pescadores.

El impacto social de Banff es significativo, ya que no solo atrae a millones de turistas cada año, sino que también juega un papel clave en la conservación ambiental de Canadá. El turismo es fundamental para la economía local, y ofrece trabajo a miles de residentes, desde empleados de hoteles y guías turísticos hasta guardaparques y personal de restaurantes. No obstante, mantener el equilibrio entre el turismo y la conservación es un desafío constante. Los ecosistemas del parque son frágiles, y la afluencia de visitantes puede ejercer presión sobre el medio ambiente. Por ello, se promueve un turismo sostenible con estrictas regulaciones sobre la protección de la vida silvestre, la gestión de residuos y el mantenimiento de senderos.

Uno de los datos menos conocidos sobre el Parque Nacional Banff es su rica historia en el alpinismo y el esquí. El parque fue uno de los lugares donde nació el alpinismo en América del Norte, con el primer ascenso al Monte Lefroy en 1897, lo que desató un interés creciente por escalar los picos de las Rocosas. Además, Banff tiene un legado importante en el esquí, ya que fue el hogar del primer centro de esquí de las Rocosas canadienses, Mount Norquay, inaugurado en 1926. Hoy en día, Banff sigue siendo un destino de primer nivel para deportes al aire libre, con estaciones de esquí de renombre mundial como Sunshine Village y Lake Louise que atraen a visitantes de todo el mundo.

A pesar de su popularidad, Banff enfrenta varios desafíos urbanos, especialmente en la gestión del crecimiento del turismo. Aunque el pueblo de Banff tiene una población permanente de alrededor de 8,000 residentes, durante la temporada alta de turismo, el número de visitantes puede superar los 30,000. Esto genera desafíos en términos de infraestructura, congestión de tráfico y la necesidad de un desarrollo sostenible. El gobierno canadiense y Parques Canadá trabajan juntos para garantizar que los recursos naturales del parque se conserven mientras se acomoda al creciente número de visitantes.

La importancia de Banff como parque nacional no puede subestimarse. Fue el primer parque nacional establecido en Canadá y el tercero en el mundo, lo que lo convierte en un pionero en el movimiento de conservación global. La protección de los paisajes naturales y la vida silvestre en Banff ha marcado un estándar para otros parques nacionales en Canadá y en todo el mundo. Además, el parque es un importante sitio para la investigación científica, particularmente en los campos de la ecología, la geología y el cambio climático. Los investigadores estudian los glaciares del parque, las poblaciones de vida silvestre y los ecosistemas para comprender mejor el impacto del cambio climático en la región.

Llegar al Parque Nacional Banff desde cualquier parte del mundo es relativamente sencillo. La mayoría de los visitantes internacionales vuelan al Aeropuerto Internacional de Calgary, que está bien conectado con las principales ciudades de América del Norte, Europa y Asia. Desde Calgary, Banff está a unos 90 minutos en coche a lo largo de la pintoresca autopista Trans-Canadá, una de las carreteras más hermosas del mundo. Muchos visitantes optan por alquilar un coche para el viaje, aunque también hay servicios de transporte y autobuses disponibles. Una vez en el parque, los visitantes pueden explorar la zona en coche, autobús o a pie, con una red de senderos y rutas panorámicas que ofrecen acceso a los lugares más famosos del parque.

En resumen, el Parque Nacional Banff y las Montañas Rocosas canadienses ofrecen una combinación incomparable de belleza natural, aventura al aire libre y riqueza cultural. Ya sea caminando por senderos prístinos, remando en un lago turquesa o avistando vida silvestre en su hábitat natural, Banff ofrece una experiencia que inspira y asombra. Su importancia para Canadá, tanto como área de conservación como destino turístico global, asegura que Banff continuará cautivando a visitantes durante generaciones.

11. Baracoa: Tesoro Oculto de Cuba

Baracoa, la ciudad más antigua de Cuba, es un tesoro escondido en el extremo oriental de la isla. Fundada por los españoles en 1511, fue la primera capital de Cuba y sigue siendo uno de los destinos más ricos en historia y geografía de todo el país. Con una población aproximada de 81,000 habitantes y una extensión de 977 kilómetros cuadrados, esta pequeña y aislada ciudad combina arquitectura colonial, paisajes tropicales y una vibrante vida cultural. Baracoa es el lugar ideal para quienes buscan una experiencia auténtica cubana, lejos de los centros turísticos más concurridos.

Baracoa está situada entre el océano Atlántico y las exuberantes montañas de la Sierra del Purial, lo que le otorga una sensación de paraíso tropical aislado del resto de la isla. Uno de los puntos más emblemáticos de la ciudad es El Yunque, una montaña de cima plana que se eleva 575 metros sobre el nivel del mar y es visible desde casi cualquier rincón del pueblo. Esta formación natural, símbolo de Baracoa, ofrece increíbles oportunidades de senderismo y vistas panorámicas de la ciudad, la costa y los densos bosques que la rodean.

El clima de Baracoa es cálido y tropical durante todo el año, con temperaturas que varían entre los 24°C y 30°C. La temporada de lluvias va de mayo a octubre, con fuertes precipitaciones que pueden hacer crecer los ríos locales, mientras que la estación seca, de noviembre a abril, es la mejor época para visitar y explorar los alrededores. Durante esta estación, también se celebran muchas festividades culturales, lo que brinda una oportunidad única para disfrutar del espíritu alegre de la ciudad.

Uno de los principales atractivos de Baracoa es su costa, que está bordeada de palmeras, playas de arena y aguas tranquilas. La Playa Maguana, ubicada a unos 20 kilómetros de la ciudad, es una playa virgen donde los visitantes pueden relajarse, nadar o practicar esnórquel en sus aguas cristalinas. Playa Duaba, conocida por su tranquilidad, está cerca del río Duaba, donde los visitantes pueden darse un refrescante baño en sus frescas aguas. Los ríos de la ciudad, como el río Toa, también son ideales para el ecoturismo, con actividades como el kayak y los paseos fluviales que permiten explorar la rica biodiversidad de la región.

Baracoa también cuenta con varios sitios históricos que reflejan su largo y fascinante pasado. La Catedral de Nuestra Señora de la Asunción, construida originalmente en el siglo XVI, alberga la Cruz de la Parra, una cruz de madera que, según la leyenda, fue traída a América por Cristóbal Colón. Otro punto de interés es el Fuerte Matachín, una fortaleza española que ahora sirve como museo, ofreciendo una mirada al pasado colonial de la región y su papel en la defensa de la ciudad contra los piratas.

La cultura de Baracoa está profundamente arraigada en su herencia indígena taína, así como en las influencias africanas y españolas que han moldeado la región a lo largo de los siglos. Conocida como la "Ciudad Primada" debido a su importancia histórica, la cultura de Baracoa es una mezcla única de tradiciones que se reflejan en su música, arte y festivales. La ciudad tiene una vibrante escena de música afrocubana, que incluye ritmos como el son, changüí y kiribá, que se celebran durante los festivales locales. Uno de los eventos más esperados es la Fiesta del Cacao, que honra la tradición del cultivo de cacao y la producción de chocolate en la región.

La gastronomía de Baracoa es distinta del resto de Cuba debido al uso abundante de coco y chocolate en sus platos locales. La cocina tradicional incluye el "bacán," un plato elaborado con plátano verde, leche de coco y carne de cerdo, envuelto en hojas de plátano. Otro dulce popular es el "cucurucho," hecho con coco, azúcar, miel y guayaba, envuelto en una hoja de palma en forma de cono. El pescado es abundante, y platos como el pescado en leche de coco (pescado con salsa de coco) ofrecen un delicioso sabor caribeño. Los visitantes también pueden disfrutar de productos de chocolate hechos con el cacao local, considerado uno de los mejores de Cuba.

El entorno natural de Baracoa es increíblemente diverso. La región está cubierta de densos bosques tropicales, con ríos y cascadas que atraviesan el paisaje. El Parque Nacional Alejandro de Humboldt, ubicado cerca de la ciudad, es un sitio declarado Patrimonio de la Humanidad por la UNESCO y es una de las áreas con mayor biodiversidad del Caribe. Este parque alberga una gran variedad de especies de plantas y animales, incluidos pájaros endémicos como el tocororo cubano y anfibios raros. Los senderos del parque ofrecen a los visitantes la oportunidad de caminar por selvas tropicales, cruzar ríos y descubrir cascadas ocultas, lo que brinda una experiencia única de la riqueza natural de Baracoa.

El impacto social del turismo en Baracoa ha sido mayormente positivo, proporcionando oportunidades económicas muy necesarias para la población local. Muchos residentes trabajan en la industria turística, administrando casas de huéspedes (conocidas como "casas particulares"), restaurantes o guiando tours de ecoturismo. El aumento de visitantes también ha ayudado a revivir las artesanías tradicionales, como la talla en madera, el tejido y la cerámica, que se venden en los mercados locales y ofrecen una fuente de ingresos adicional para los artesanos.

A pesar de sus encantos, Baracoa enfrenta ciertos desafíos urbanos. Su ubicación remota y la infraestructura limitada hacen que sea más difícil acceder a la ciudad en comparación con otras ciudades cubanas. La carretera que lleva a Baracoa, conocida como La Farola, es una maravilla de la ingeniería que conecta la ciudad con el resto de la isla, pero puede ser peligrosa durante la temporada de lluvias. Los huracanes también son una preocupación, ya que la ubicación costera de Baracoa la hace vulnerable a tormentas que pueden causar inundaciones y daños a viviendas y negocios. A pesar de estos desafíos, el aislamiento de Baracoa ha ayudado a preservar su cultura única y su belleza natural, convirtiéndola en un tesoro oculto para aquellos que se aventuran a visitarla.

Un hecho poco conocido sobre Baracoa es su conexión con la producción de chocolate. La región es una de las mayores áreas productoras de cacao en Cuba, y los visitantes pueden recorrer fincas de cacao locales para aprender sobre el proceso de fabricación del chocolate. El chocolate de Baracoa es famoso por su sabor intenso, y la ciudad alberga una pequeña fábrica de chocolate que produce barras y otros productos de cacao utilizando métodos tradicionales.

La importancia de Baracoa va más allá de su significado histórico y cultural. La región desempeña un papel clave en la agricultura de Cuba, especialmente en el cultivo de cacao, coco y café. El entorno exuberante, el suelo fértil y el clima tropical la convierten en un lugar ideal para el cultivo de estos productos, que son esenciales para la economía local y las exportaciones de Cuba. La combinación de agricultura y turismo ha ayudado a crear una economía sostenible que beneficia tanto al medio ambiente como a la comunidad.

Para los viajeros que deseen llegar a Baracoa, hay varias opciones. La ciudad cuenta con el pequeño Aeropuerto Gustavo Rizo, que ofrece vuelos nacionales desde La Habana y Santiago de Cuba. Para quienes prefieren viajar por carretera, el pintoresco trayecto a lo largo de la carretera La Farola ofrece vistas impresionantes de las montañas y la costa, aunque el viaje puede ser desafiante debido a las carreteras sinuosas. Una vez en Baracoa, los visitantes pueden explorar la ciudad a pie, ya que su tamaño compacto facilita su navegación, y hay autobuses locales y taxis para viajes más largos.

En conclusión, Baracoa es una ciudad que ofrece una rica mezcla de historia, cultura y belleza natural. Su ubicación única, rodeada de montañas, ríos y el mar, la convierte en uno de los destinos más pintorescos de Cuba. Los visitantes pueden sumergirse en la vibrante cultura local, disfrutar de la deliciosa cocina regional y explorar los paisajes exuberantes que definen este paraíso tropical. Aunque enfrenta desafíos debido a su ubicación remota y la exposición a desastres naturales, Baracoa sigue siendo una ciudad resiliente y encantadora que continúa cautivando a quienes la visitan. Su importancia para el patrimonio, la agricultura y el turismo de Cuba asegura que Baracoa seguirá siendo una parte vital del futuro del país.

12. Bayahibe: Paraíso Tropical en el Caribe

Bayahibe, un pequeño pueblo costero en la costa sureste de la República Dominicana, es un auténtico tesoro que combina el encanto de un pueblo pesquero con la belleza de un paraíso tropical. Ubicado en la provincia de La Altagracia, Bayahibe es la puerta de entrada a algunas de las playas más impresionantes del país, aguas cristalinas y una fascinante vida marina. Aunque tiene una población de solo alrededor de 3,000 personas y cubre un área modesta, Bayahibe ha crecido hasta convertirse en uno de los destinos turísticos más populares de la región, atrayendo a visitantes de todo el mundo.

Situado a unos 30 kilómetros al este de La Romana y a unos 140 kilómetros de la capital, Santo Domingo, Bayahibe está abrazado por el mar Caribe. Sus playas de arena blanca y aguas turquesas ofrecen el escenario perfecto para actividades acuáticas como esnórquel, buceo y paseos en barco. Además, Bayahibe es famoso por su cercanía a la Isla Saona, una isla impresionante ubicada dentro del Parque Nacional Cotubanamá, uno de los reservorios naturales más visitados de la República Dominicana.

Bayahibe disfruta de un clima tropical cálido durante todo el año, con temperaturas que oscilan entre los 25°C y 30°C, lo que lo convierte en un destino ideal para los amantes de la playa y la naturaleza. La temporada seca, de diciembre a abril, es la mejor época para visitar, ya que los cielos soleados y las brisas cálidas son perfectos para disfrutar del mar. La temporada de lluvias, de mayo a noviembre, trae lluvias ocasionales y la posibilidad de tormentas tropicales, aunque estas suelen ser breves y no afectan demasiado los planes de los viajeros.

Uno de los principales atractivos turísticos de Bayahibe es Playa Bayahibe, una playa tranquila y de aguas serenas, ideal para nadar y practicar esnórquel. Las aguas albergan una gran variedad de vida marina, incluidos peces de colores y arrecifes de coral. A lo largo de la playa, pequeños restaurantes y bares ofrecen mariscos frescos y platos típicos dominicanos, con vistas inigualables al mar. Playa Dominicus, ubicada a pocos minutos en auto, es otra playa popular, donde los resorts de lujo y los clubes de playa ofrecen una experiencia más exclusiva.

Para muchos visitantes, el punto culminante de un viaje a Bayahibe es una excursión a la Isla Saona. Esta isla paradisíaca es conocida por sus playas vírgenes, cocoteros y aguas cristalinas. Como parte del Parque Nacional Cotubanamá, la Isla Saona está protegida, lo que ha permitido conservar su belleza natural y biodiversidad. Los viajes de un día a la isla son una excursión imperdible, donde los visitantes pueden explorar las playas, nadar en piscinas naturales y hasta avistar tortugas marinas y delfines en las aguas circundantes.

La cultura de Bayahibe refleja su historia como un pueblo pesquero y su estrecha conexión con el mar. El pueblo tiene un ambiente relajado y acogedor, donde se mezcla la cultura tradicional dominicana con la influencia del turismo internacional. La comunidad local está orgullosa de su herencia pesquera, y muchos restaurantes sirven mariscos frescos como pescado, langosta y camarones. Los visitantes también pueden disfrutar de platos típicos dominicanos como el "mofongo", hecho de plátano majado y cerdo, o el "sancocho", un estofado abundante de carne y verduras. Para los amantes de lo dulce, Bayahibe ofrece delicias como el "dulce de coco" y la "batata con leche".

La flora y fauna en los alrededores de Bayahibe son ricas y variadas. El Parque Nacional Cotubanamá alberga diversos ecosistemas, incluidos manglares, arrecifes de coral y bosques tropicales. Las aguas del parque están llenas de vida marina, desde peces loro hasta rayas y tortugas marinas, lo que lo convierte en un destino popular para los entusiastas del buceo y el esnórquel. Además, la zona es hogar de una variedad de especies de aves, como el perico hispaniolano y el charrán real, así como animales terrestres como las iguanas y jutías.

El impacto social del turismo en Bayahibe ha sido significativo. La afluencia de turistas ha generado oportunidades económicas para los residentes locales, muchos de los cuales trabajan en industrias relacionadas con el turismo, operando botes, guiando excursiones o gestionando pequeños hoteles y restaurantes. Además, el turismo ha fomentado la conservación ambiental en la zona, ya que muchas de las actividades turísticas se centran en promover el ecoturismo y la importancia de proteger los frágiles ecosistemas de la región.

No obstante, Bayahibe también enfrenta desafíos urbanos debido a su creciente popularidad. La infraestructura del pueblo, incluidas las carreteras y el suministro de agua, ha tenido dificultades para mantenerse al día con el creciente número de visitantes. Además, hay preocupaciones sobre el impacto ambiental del turismo en los ecosistemas locales. Sin embargo, se están realizando esfuerzos para abordar estos desafíos, con autoridades locales y organizaciones ambientales trabajando juntas para promover prácticas de turismo sostenible y minimizar el impacto del desarrollo en el entorno natural.

Un dato menos conocido sobre Bayahibe es su estatus como uno de los mejores destinos de buceo en el Caribe. El cercano sistema de cuevas Padre Nuestro, que incluye cuevas de agua dulce y salada, es un lugar favorito para los buzos experimentados. Además, las aguas alrededor de Bayahibe albergan varios naufragios, incluido el del barco St. George, un carguero que fue hundido intencionadamente para crear un arrecife artificial. Estos naufragios ofrecen a los buzos la oportunidad de explorar hábitats submarinos únicos y observar de cerca una variedad de vida marina.

La importancia de Bayahibe como destino turístico va más allá de sus hermosas playas y rica vida marina. El pueblo desempeña un papel clave en los esfuerzos de la República Dominicana por promover el ecoturismo y los viajes sostenibles. El estatus protegido del Parque Nacional Cotubanamá y los esfuerzos de conservación en torno a la Isla Saona son fundamentales para preservar la biodiversidad de la región y asegurar que las futuras generaciones puedan disfrutar de la belleza natural de la zona. En cuanto al transporte, Bayahibe es fácilmente accesible desde varias partes del mundo. La mayoría de los visitantes internacionales vuelan al Aeropuerto Internacional de Punta Cana, que está a aproximadamente una hora en coche de Bayahibe. El aeropuerto está bien conectado con las principales ciudades de América del Norte y Europa, lo que lo convierte en un punto de entrada conveniente para los turistas. Desde el aeropuerto, los visitantes pueden tomar un taxi o servicio de transporte hacia Bayahibe. También hay servicios de autobuses regulares desde Santo Domingo y La Romana para quienes viajan desde otras partes de la República Dominicana. Una vez en Bayahibe, el pueblo es lo suficientemente pequeño como para explorarlo a pie, y muchos visitantes optan por alquilar bicicletas o scooters para moverse.

En conclusión, Bayahibe es un destino que ofrece la mezcla perfecta de belleza natural, riqueza cultural y aventura. Ya sea relajándose en sus playas prístinas, practicando esnórquel en sus aguas claras o explorando el exuberante parque nacional, Bayahibe brinda una experiencia inolvidable para los viajeros que buscan una escapada tropical. Su importancia para la industria turística de la República Dominicana, combinada con su compromiso con la conservación ambiental, asegura que Bayahibe seguirá siendo un destino apreciado durante muchos años. A pesar de los desafíos que enfrenta, el pueblo sigue siendo un lugar pacífico y vibrante, donde los visitantes pueden disfrutar de lo mejor del Caribe mientras contribuyen a la protección de sus tesoros naturales.

13. Belice Ciudad: Puerta a Maravillas y Cultura

Belice Ciudad, la ciudad más grande y antigua capital de Belice, se asienta en la costa oriental de este país centroamericano, mirando hacia el mar Caribe. Con una población aproximada de 60,000 personas, es el principal centro urbano y sirve como el núcleo comercial y cultural del país. Ubicada cerca de la desembocadura del arroyo Haulover, un afluente del río Belice, combina su carácter costero y ribereño. Aunque ya no es la capital oficial, título que ahora pertenece a Belmopán, Belice Ciudad sigue siendo la puerta de entrada para la mayoría de los visitantes internacionales, ofreciendo una mezcla de importancia histórica, encanto urbano y acceso a las maravillas naturales de Belice.

Geográficamente, Belice Ciudad se encuentra en una pequeña península que se extiende hacia el Caribe. Está ubicada en la parte norte del país, a unos 75 kilómetros al este de Belmopán. Debido a su posición costera, la ciudad ha sido vulnerable a tormentas tropicales y huracanes, enfrentándose a varios desastres naturales a lo largo de su historia. El más devastador fue el huracán Hattie en 1961, que causó tanta destrucción que llevó a la decisión de trasladar la capital tierra adentro a Belmopán.

Belice Ciudad disfruta de un clima tropical con temperaturas cálidas durante todo el año, generalmente entre los 24°C y 32°C. La temporada seca, de febrero a mayo, es la más popular entre los turistas, con cielos despejados y brisas cálidas. La temporada de lluvias, que va de junio a noviembre, trae lluvias fuertes y la posibilidad de tormentas tropicales. Aun así, el turismo se mantiene estable gracias a la proximidad de la ciudad a numerosas atracciones tanto en tierra como en el mar.

Uno de los lugares más emblemáticos de la ciudad es la histórica área de Fort George, hogar de edificios coloniales, pequeños hoteles boutique y el famoso Puente Colgante de Belice. Construido en 1923, este puente es uno de los pocos puentes colgantes manuales que aún se utilizan en el mundo. Conecta las partes norte y sur de la ciudad a través del arroyo Haulover. El área de Fort George también alberga el Museo de Belice, ubicado en una antigua prisión colonial, que muestra la historia y cultura del país, desde artefactos mayas hasta exposiciones sobre el colonialismo británico.

Otro sitio imperdible es la Catedral de San Juan, la iglesia anglicana más antigua de América Central, construida en 1812 con ladrillos que llegaron como lastre en barcos británicos. Esta catedral es un símbolo del pasado colonial de la ciudad y un importante sitio religioso en Belice. Cerca de allí se encuentra la Casa de Gobierno, hoy convertida en museo, donde los visitantes pueden aprender sobre el papel del dominio británico en la historia de Belice y ver exhibiciones sobre la independencia del país en 1981.

La ubicación costera de Belice Ciudad la convierte en un punto ideal para explorar el cercano Arrecife de Belice, el segundo arrecife de barrera más grande del mundo y un sitio declarado Patrimonio de la Humanidad por la UNESCO. Desde la ciudad, los visitantes pueden embarcarse en tours en barco hacia islas cercanas como Cayo Caulker y Cayo Ambergris, donde pueden disfrutar de actividades como esnórquel, buceo y encuentros con la fauna marina. Los arrecifes están llenos de vida marina vibrante, incluidos peces tropicales, rayas y hasta tiburones nodriza, lo que convierte a Belice en un destino ideal para los amantes de los deportes acuáticos.

Culturalmente, Belice Ciudad es un crisol de influencias, reflejando la diversa población del país. Los habitantes incluyen criollos, mestizos, garífunas, mayas e inmigrantes de varias partes del mundo. Esta diversidad cultural se refleja en los festivales, el arte y la música de la ciudad. Uno de los eventos más celebrados son las Fiestas Patrias en septiembre, que incluyen el Carnaval anual y los festejos del Día de la Independencia. Durante estos eventos, las calles cobran vida con desfiles, música, baile y coloridos disfraces, brindando a los visitantes una muestra vibrante de la cultura beliceña.

La comida en Belice Ciudad refleja la mezcla cultural del país. Los restaurantes locales y los vendedores callejeros ofrecen platos tradicionales beliceños como arroz con frijoles acompañados de pollo guisado, plátanos fritos y ensalada de papa. Los mariscos son un elemento básico, con pescado fresco, langosta y caracol en los menús, especialmente durante la temporada de langosta de junio a febrero. Entre la comida callejera popular se encuentran los salbutes (tortillas de maíz fritas con pollo desmenuzado, lechuga y salsa) y los fry jacks, un tipo de masa frita que se sirve con frijoles y huevos en el desayuno.

Aunque Belice Ciudad es una zona urbana, la fauna y flora alrededor son abundantes gracias a su proximidad a selvas tropicales, ríos y el mar. Los ríos cercanos albergan manatíes, cocodrilos y una gran variedad de aves. A solo un corto trayecto en barco desde la ciudad, los visitantes pueden explorar el Zoológico de Belice, que se centra en la conservación de animales nativos como jaguares, tapires y tucanes. El zoológico es una excelente introducción a la vida silvestre de Belice y es una parada popular para los ecoturistas.

El impacto social del turismo en Belice Ciudad es complejo. Siendo el principal puerto y centro económico del país, la ciudad desempeña un papel vital en el comercio y la economía. El turismo es un gran contribuyente, generando empleos en hoteles, restaurantes y servicios de transporte. Sin embargo, la ciudad enfrenta desafíos como la pobreza, el crimen y problemas de infraestructura. La diferencia entre la riqueza generada por el turismo y las condiciones de vida en algunas áreas es motivo de preocupación, y las autoridades locales están trabajando para abordar estos desafíos urbanos.

A pesar de estos desafíos, Belice Ciudad sigue siendo un centro urbano vibrante. Su puerto es el principal punto de entrada de mercancías al país, y la ciudad es el corazón financiero y comercial de Belice, con bancos, empresas y oficinas gubernamentales concentradas allí. También es un centro cultural, con teatros, galerías e instituciones educativas como la Universidad de Belice, que contribuyen a la vida intelectual y artística de la nación.

Un hecho poco conocido sobre Belice Ciudad es su rica historia de piratas. Durante el siglo XVII, las aguas de Belice eran frecuentadas por piratas que usaban las numerosas islas y arrecifes como escondites. Algunos de los primeros colonos del país fueron antiguos piratas que se convirtieron en leñadores después de que el gobierno británico les ofreciera amnistía a cambio de trabajar la tierra.

Llegar a Belice Ciudad es relativamente fácil. El Aeropuerto Internacional Philip S. W. Goldson, ubicado a unos 15 kilómetros al noroeste de la ciudad, es la principal puerta de entrada internacional al país. El aeropuerto está bien conectado con las principales ciudades de América del Norte, como Miami, Houston y Dallas, y sirve como centro para los visitantes que exploran el resto de Belice. Desde el aeropuerto, los viajeros pueden tomar un taxi o un servicio de transporte hasta el centro de la ciudad. Para quienes llegan por mar, el puerto de Belice es una parada popular para los cruceros, y los pasajeros pueden desembarcar para explorar la ciudad o hacer excursiones de un día a las atracciones cercanas.

Una vez en Belice Ciudad, moverse es sencillo. La ciudad es compacta y se puede recorrer a pie, especialmente en el área del centro. También hay taxis y autobuses disponibles para distancias más largas o para viajes a los suburbios. Para aquellos que se dirigen a las islas o al arrecife, los taxis acuáticos operan diariamente desde la ciudad hasta destinos como Cayo Caulker y Cayo Ambergris.

En resumen, Belice Ciudad ofrece una combinación única de historia, cultura y belleza natural. Su papel como puerta de entrada al impresionante arrecife de barrera de Belice y a las selvas tropicales convierte a la ciudad en una parada clave para los viajeros que exploran el país. A pesar de sus desafíos urbanos, Belice Ciudad sigue siendo una parte esencial de la identidad de Belice, con su arquitectura colonial, festivales culturales y diversa población que ofrece a los visitantes una visión única de la rica herencia del país. Ya sea explorando sus sitios históricos, degustando la cocina local o emprendiendo una aventura en las maravillas naturales que la rodean, Belice Ciudad ofrece una introducción inolvidable a la magia de Belice.

14. Bimini: Paraíso Tropical y Cultural

Bimini, el distrito más occidental de las Bahamas, es un conjunto de pequeñas islas que rebosan encanto tropical y belleza natural. Situado a solo 80 kilómetros al este de Miami, Florida, Bimini es una de las islas bahameñas más cercanas a Estados Unidos, lo que la convierte en un destino popular tanto para viajeros estadounidenses como internacionales. Conocida como "La Puerta de Entrada a las Bahamas" debido a su proximidad a la costa estadounidense, Bimini es pequeña en tamaño, pero está llena de historia, cultura y maravillas naturales que atraen a aquellos que buscan aventura, relajación y una conexión con la vibrante vida marina del Caribe.

Geográficamente, Bimini está dividida en dos islas principales: Bimini Norte y Bimini Sur, junto con algunos pequeños cayos. Bimini Norte, que mide solo unos 11 kilómetros cuadrados, es la más desarrollada de las dos y el centro de la actividad turística de la isla. Alice Town, ubicada en Bimini Norte, es el principal asentamiento y el corazón de la vibrante cultura y estilo de vida de la isla. Bimini Sur, más rural y menos desarrollada, alberga el pequeño aeropuerto de la isla y ofrece un escape más tranquilo con su belleza natural y su ambiente relajado.

El clima de Bimini es tropical, caracterizado por temperaturas cálidas y alta humedad durante todo el año. Las temperaturas oscilan entre los

23°C y 30°C, lo que lo convierte en un destino ideal para los amantes de la playa y los entusiastas del agua. La temporada seca, de noviembre a abril, es la más popular, con cielos soleados y temperaturas agradables. La temporada de lluvias, de mayo a octubre, trae lluvias ocasionales y la posibilidad de huracanes, aunque son poco frecuentes. Incluso durante la temporada de lluvias, los visitantes pueden disfrutar de abundante sol y actividades al aire libre.

El turismo en Bimini gira en torno a sus playas espectaculares, aguas cristalinas y oportunidades excepcionales para practicar deportes acuáticos. Radio Beach, ubicada cerca de Alice Town, es una de las playas más populares, conocida por su arena blanca y aguas tranquilas de color turquesa. Los visitantes pueden relajarse en la playa, nadar o participar en actividades acuáticas como kayak o paddleboarding. Además, Bimini es famosa por sus increíbles lugares para esnórquel y buceo, gracias a los vibrantes arrecifes de coral que rodean las islas. El naufragio de Sapona, un barco de concreto parcialmente sumergido, es uno de los sitios de buceo más famosos de la región, donde los buceadores y esnorquelistas pueden explorar este trozo de historia mientras nadan entre coloridos peces y vida marina.

La pesca es otro gran atractivo de Bimini, que es conocida como la "Capital Mundial de la Pesca Deportiva". Pescadores de todo el mundo vienen a Bimini para capturar especies valiosas como el marlín, el pez vela y el atún. Ernest Hemingway, el famoso escritor estadounidense, pasó gran parte de la década de 1930 en Bimini y dejó inmortalizada la cultura pesquera de la isla en sus novelas. Su amor por la isla y su legado pesquero se conmemoran con el Torneo de Pesca Hemingway, que sigue atrayendo a entusiastas de la pesca hasta el día de hoy.

Además de sus atractivos naturales, Bimini cuenta con una rica herencia cultural. La población de la isla, en su mayoría descendiente de esclavos africanos, colonos bahameños e inmigrantes estadounidenses, ha cultivado una mezcla única de tradiciones bahameñas e influencias internacionales. Esta mezcla cultural se refleja en la música, el arte y los festivales de la isla. El Junkanoo, un vibrante desfile callejero bahameño lleno de trajes coloridos, tambores y baile, se celebra durante las fiestas de Navidad y Año Nuevo. La cultura local es relajada, con un énfasis en disfrutar los placeres simples de la vida, ya sea en una parrillada junto a la playa o en una conversación casual con los amigables lugareños.

La gastronomía en Bimini es un reflejo de su conexión con el mar. Los mariscos frescos dominan los menús, con platos como ensalada de caracol, langosta a la parrilla y pescado frito que son los favoritos de la isla. El caracol, un tipo de molusco, es un alimento básico en las Bahamas y se prepara de diversas formas, como el conch empanizado y frito, o las croquetas de caracol. Otro manjar local es el pan de Bimini, un pan dulce y suave que es perfecto para hacer sándwiches o disfrutar por sí solo. Los visitantes pueden probar estos platos en restaurantes locales o chiringuitos junto a la playa, donde los sabores del Caribe cobran vida.

La flora y fauna de Bimini son típicas de un ecosistema isleño tropical. Las playas de la isla están bordeadas de cocoteros, uvas de playa y otras vegetaciones tropicales, creando un entorno exuberante y pintoresco. En alta mar, los arrecifes de coral albergan una deslumbrante variedad de vida marina, incluidos peces loro, pez ángel, rayas y tortugas marinas. Los delfines y tiburones también son comunes en las aguas alrededor de Bimini, y la isla ofrece varios eco-tours que permiten a los visitantes experimentar de cerca a estas criaturas marinas en su hábitat natural. El cercano sendero natural de Bimini, ubicado en Bimini Sur, lleva a los visitantes a través de manglares y ecosistemas costeros, ofreciendo la oportunidad de avistar iguanas y aves exóticas.

Socialmente, el turismo desempeña un papel fundamental en la economía de Bimini. La población de la isla depende en gran medida del turismo para el empleo, con muchos residentes trabajando en hoteles, restaurantes, charters de botes y otros negocios relacionados con el turismo. El flujo de visitantes trae beneficios económicos, pero también plantea desafíos en términos de infraestructura y sostenibilidad ambiental. A medida que se construyen más resorts y desarrollos en la isla, surge la necesidad de proteger los recursos naturales de Bimini y evitar que el desarrollo excesivo dañe sus delicados ecosistemas.

Uno de los desafíos urbanos que enfrenta Bimini es encontrar el equilibrio entre el desarrollo y la conservación. En los últimos años, ha habido controversias sobre desarrollos a gran escala, incluidos un mega-resort y un muelle para cruceros, que algunos lugareños y grupos ambientalistas consideran una amenaza para la belleza natural y los hábitats marinos de la isla. Se están realizando esfuerzos para promover prácticas de turismo sostenible que prioricen la protección del medio ambiente mientras se apoya la economía local.

Un hecho poco conocido sobre Bimini es su conexión con la legendaria carretera de Bimini, una formación rocosa submarina que algunos creen que es parte de la ciudad perdida de la Atlántida. Esta misteriosa estructura, ubicada frente a la costa de Bimini Norte, ha fascinado a buceadores e investigadores durante décadas. Aunque sus orígenes siguen siendo objeto de debate, el sitio atrae a visitantes curiosos que esperan vislumbrar lo que algunos consideran restos de una antigua civilización.

La importancia de Bimini como destino turístico es indiscutible. Su proximidad a Estados Unidos y su reputación como paraíso para la pesca y el buceo la convierten en una opción popular para escapadas cortas, especialmente para los viajeros de Miami. El papel de la isla en la historia de las Bahamas, su importancia cultural y su belleza natural la convierten en una pieza clave en la industria turística del país. La combinación única de aventura, relajación e intriga histórica de Bimini asegura que siga siendo un destino favorito para los visitantes que buscan una experiencia isleña auténtica.

Viajar a Bimini es relativamente fácil gracias a su proximidad a Florida. Muchos visitantes llegan en ferry o barco desde Miami, con servicios regulares de ferris rápidos que tardan unas dos horas en llegar a Bimini. Alternativamente, los viajeros pueden volar directamente al aeropuerto de Bimini Sur desde Fort Lauderdale, con varios vuelos diarios. Una vez en la isla, desplazarse es sencillo, con carritos de golf, bicicletas y pequeños taxis como los modos de transporte más comunes. Las islas son pequeñas y fáciles de recorrer, lo que permite a los visitantes explorar Bimini a su propio ritmo.

En conclusión, Bimini es un paraíso tropical que ofrece una combinación inolvidable de belleza natural, riqueza cultural y aventura. Ya sea buceando en sus aguas cristalinas, lanzando una caña en busca de grandes peces o simplemente disfrutando del sol en una de sus playas prístinas, Bimini ofrece el escenario perfecto para la relajación y la exploración. Su importancia para las Bahamas como centro turístico y su legado cultural como capital pesquera aseguran que Bimini seguirá encantando a los visitantes por generaciones. A pesar de los desafíos que enfrenta con el desarrollo, la isla sigue comprometida con la preservación de su entorno natural mientras da la bienvenida a los viajeros para que experimenten la magia de este tesoro bahameño.

15. Black River: Naturaleza y Cultura Jamaicana

Black River, una pequeña pero histórica ciudad en la costa suroeste de Jamaica, es conocida por su tranquilo río, exuberantes alrededores naturales y rica herencia cultural. Con una población de alrededor de 4,000 habitantes, Black River es un destino más silencioso en comparación con otros lugares turísticos de la isla, pero ofrece una experiencia jamaicana auténtica e inmersiva para quienes buscan explorar su belleza natural e historia. La ciudad está centrada en el río Black River, el río navegable más largo de Jamaica, que serpentea a través de humedales tropicales y alberga una gran diversidad de vida silvestre.

Geográficamente, Black River se encuentra en la parroquia de St. Elizabeth, una de las más grandes de Jamaica. La ciudad se asienta sobre el mar Caribe, y el río proporciona un ecosistema acuático único que atrae a los interesados en el ecoturismo y la naturaleza. El río Black River mide aproximadamente 53 kilómetros de largo y gran parte del área circundante está formada por manglares, humedales y bosques de tierras bajas, lo que crea un hábitat rico y próspero para aves, peces y los famosos cocodrilos jamaicanos. Estos paisajes exuberantes hacen de Black River un destino atractivo para los amantes de la naturaleza y los aventureros por igual.

El clima en Black River es tropical, con temperaturas cálidas durante todo el año. Las temperaturas promedio oscilan entre 24°C y 30°C, lo que lo convierte en un lugar cómodo para visitar en cualquier estación. La temporada seca, que va de diciembre a abril, es la más popular entre los turistas, ya que ofrece cielos soleados y poca lluvia. La temporada de lluvias, de mayo a noviembre, trae lluvias ocasionales, pero esto no desalienta a los visitantes, ya que el entorno natural se vuelve aún más vibrante y exuberante durante estos meses.

Una de las atracciones turísticas más populares en Black River es el Safari por el río Black River. Este tour en bote permite a los visitantes navegar por las tranquilas aguas del río, donde pueden observar la rica biodiversidad del área. El safari ofrece una vista cercana de la fauna local, incluidas aves nativas como garzas, martinetes y martines pescadores, además de los famosos cocodrilos jamaicanos que habitan el río. Los guías brindan información fascinante sobre la ecología del río y la historia de la ciudad, haciendo de esta una actividad imprescindible para quienes visitan Black River.

Otra atracción notable en la zona es YS Falls, una impresionante cascada de siete niveles ubicada a poca distancia en coche de Black River. YS Falls es uno de los sitios naturales más bellos de Jamaica, y ofrece a los visitantes la oportunidad de nadar en piscinas cristalinas, columpiarse en lianas y disfrutar del hermoso entorno. Las cascadas están situadas en una granja de ganado y caballos en funcionamiento, lo que añade un encanto rústico al lugar. Para quienes buscan relajarse, las piscinas naturales y la atmósfera tranquila de YS Falls proporcionan un escape sereno del ajetreo de otros destinos turísticos más concurridos.

Black River también cuenta con una fascinante historia. Durante el siglo XIX, la ciudad fue una de las más prósperas de Jamaica debido a su papel como puerto principal para la exportación de azúcar, ron y otros productos cultivados en las plantaciones cercanas. De hecho, Black River fue la primera ciudad de Jamaica en tener electricidad, y también fue una de las primeras en el Caribe en contar con vehículos motorizados. La rica historia de la ciudad se puede explorar a través de sus edificios coloniales, muchos de los cuales aún se mantienen en pie. Al recorrer las calles de Black River, los visitantes pueden admirar la arquitectura georgiana y visitar sitios como el antiguo juzgado y la gran casa Invercauld, que reflejan el pasado próspero de la ciudad.

La cultura de Black River está profundamente arraigada en las tradiciones jamaicanas, con un fuerte énfasis en la comunidad y la herencia. Los habitantes de Black River son conocidos por su cálida hospitalidad, y los visitantes pueden disfrutar de la atmósfera relajada de la ciudad mientras experimentan la auténtica cultura jamaicana. La música desempeña un papel importante en la vida local, con géneros populares como el reggae y el dancehall sonando en los bares y restaurantes del pueblo. Las raíces agrícolas de Black River también son evidentes en su cultura, ya que muchos de los residentes trabajan en la agricultura, la pesca y otras industrias relacionadas con la tierra y el mar.

En cuanto a la comida, Black River ofrece un verdadero sabor de la cocina jamaicana. Los mariscos frescos abundan, con platos como el camarón al curry, pescado al vapor y pargo frito siendo favoritos locales. Uno de los platillos más famosos de la región es el camarón picante, preparado con camarones frescos cocidos en una mezcla ardiente de pimientos Scotch bonnet, ajo y especias. El pollo y cerdo al jerk son también imprescindibles, acompañados de arroz y guisantes, plátanos fritos y festival, un tipo de masa frita. Los restaurantes y puestos de comida de la ciudad ofrecen estas deliciosas opciones, permitiendo a los visitantes saborear los sabores audaces de la cocina jamaicana.

La flora y fauna de la región de Black River son realmente notables. Los bosques de manglares que bordean el río son esenciales para la salud del ecosistema local, proporcionando un hábitat para innumerables especies de aves, peces e invertebrados. Los humedales también son hogar de uno de los animales más icónicos de Jamaica, el cocodrilo americano, que a menudo se puede ver tomando el sol en las orillas del río o nadando en sus tranquilas aguas. Para los observadores de aves, Black River es un paraíso, ya que el área alberga numerosas especies de aves, incluida la amenazada cerceta silbadora antillana y el tody jamaicano, un pequeño y colorido pájaro endémico de la isla.

Socialmente, Black River tiene un impacto significativo en la región circundante. La ciudad actúa como un centro para las industrias agrícolas y pesqueras locales, proporcionando empleo y oportunidades económicas para los residentes de la parroquia de St. Elizabeth. El turismo también juega un papel crucial en la economía local, con los safaris por el río, las cascadas y los sitios históricos atrayendo visitantes de todo el mundo. El flujo de turistas ha ayudado a apoyar pequeños negocios, como casas de huéspedes, restaurantes y operadores turísticos, que contribuyen al desarrollo general de la ciudad.

A pesar de su encanto y belleza natural, Black River enfrenta algunos desafíos urbanos. La infraestructura de la ciudad ha tenido dificultades para mantenerse al día con la creciente demanda del turismo, y hay preocupaciones sobre el impacto ambiental del aumento en el desarrollo en el río y los humedales circundantes. La preservación de los bosques de manglares y la protección de la vida silvestre, particularmente los cocodrilos americanos, son esfuerzos continuos que requieren una gestión cuidadosa. Además, Black River es vulnerable a inundaciones, especialmente durante la temporada de lluvias, lo que representa un riesgo tanto para los residentes como para los visitantes.

Un dato poco conocido sobre Black River es que una vez fue un importante centro para la industria maderera. El río Black River se utilizaba para transportar troncos desde el interior de la isla hasta la costa, donde se exportaban a Europa y América del Norte. El nombre de la ciudad proviene del color oscuro del río, que se debe a la turba y los taninos presentes en los pantanos de manglares que lo rodean. Aunque la tala ya no es una industria principal en la región, la conexión histórica de la ciudad con el río sigue siendo una parte clave de su identidad.

Llegar a Black River desde cualquier parte del mundo generalmente implica volar al Aeropuerto Internacional Sangster en Montego Bay, que es el aeropuerto más cercano. Desde Montego Bay, los visitantes pueden disfrutar de un pintoresco viaje de dos horas por la costa sur de la isla para llegar a Black River. Una vez en la ciudad, es fácil recorrerla a pie o utilizando taxis locales. El tamaño pequeño del pueblo y su comunidad acogedora lo convierten en un destino ideal para quienes buscan explorar los tesoros naturales y culturales de Jamaica.

150 DESTINOS TURÍSTICOS POPULARES DE NORTEAMÉRICA

En conclusión, Black River es un destino que ofrece una mezcla única de historia, cultura y belleza natural. Desde sus tranquilos safaris por el río y sus impresionantes cascadas hasta su rica herencia y cocina tradicional, Black River brinda a los visitantes una experiencia jamaicana auténtica y relajante. Su importancia como centro de ecoturismo y su papel en el apoyo a la economía local lo convierten en una parte vital del paisaje turístico de Jamaica.

16. Bocas del Toro: Paraíso Tropical de Panamá

Bocas del Toro, un pintoresco archipiélago en la costa caribeña de Panamá, es un paraíso tropical conocido por su vibrante cultura, impresionante belleza natural y ambiente relajado. Ubicado en la parte noroeste del país, Bocas del Toro está compuesto por varias islas, siendo la más poblada Isla Colón, donde se encuentra la ciudad de Bocas del Toro, que sirve como el centro principal de la región. Con una población de alrededor de 8,000 personas, la ciudad es pequeña pero bulliciosa, ofreciendo una mezcla de vida local, turismo e historia rica.

Geográficamente, Bocas del Toro está cerca de la frontera con Costa Rica y sus islas están rodeadas por las cálidas y cristalinas aguas del mar Caribe. La región es famosa por sus densas selvas tropicales, arrecifes de coral y playas impresionantes, lo que la convierte en un destino principal para el ecoturismo y los buscadores de aventuras. Isla Colón, la isla principal, alberga Bocas Town, una colorida ciudad conocida por sus casas de madera sobre pilotes, sus amables lugareños y su animada atmósfera.

El clima en Bocas del Toro es tropical, con temperaturas cálidas durante todo el año. Las temperaturas promedio oscilan entre 24°C y 30°C, lo que lo convierte en un lugar ideal para actividades de playa y exploración de las islas. La lluvia es común a lo largo del año, siendo los meses más lluviosos de mayo a noviembre. Sin embargo, incluso durante la temporada de lluvias, las tormentas suelen ser cortas y el sol brilla durante la mayor parte del día. La mejor época para visitar Bocas del Toro es durante la temporada seca, de diciembre a abril, cuando el clima es más predecible y favorable para actividades al aire libre.

Uno de los centros turísticos más populares en Bocas del Toro es la famosa Playa Rana Roja en Isla Bastimentos, una isla vecina. Esta playa debe su nombre a las pequeñas ranas rojas brillantes que se pueden avistar en las selvas cercanas. Playa Rana Roja es conocida por su arena blanca y sus aguas cristalinas, lo que la convierte en un lugar perfecto para nadar, tomar el sol y hacer esnórquel. Para quienes buscan aventura, la playa ofrece oportunidades para surfear, deslizarse en tirolinas a través del dosel del bosque y explorar calas ocultas.

Otro atractivo destacado de la zona son los Cayos Zapatilla, dos islas deshabitadas ubicadas dentro del Parque Nacional Marino Bastimentos. Estos cayos son considerados algunos de los más hermosos de la región, con playas de arena blanca, aguas turquesas y una abundancia de vida marina. Los arrecifes de coral que rodean los Cayos Zapatilla los convierten en un destino popular para el buceo y el esnórquel, permitiendo a los visitantes encontrarse con peces tropicales, tortugas marinas y rayas en su hábitat natural.

Bocas del Toro también es conocida por su rica mezcla cultural, con influencias de los pueblos indígenas Ngäbe-Buglé, comunidades afrocaribeñas y colonos europeos. Esta mezcla de culturas se refleja en la arquitectura de la ciudad, sus festivales y su gastronomía. La Feria del Mar, un importante evento cultural anual en Bocas del Toro, celebra la conexión de la región con el mar con carreras de botes, música, bailes y puestos de comida que ofrecen delicias locales.

Hablando de comida, Bocas del Toro ofrece una experiencia culinaria diversa, influenciada por los sabores caribeños y latinos. Los mariscos frescos son una base en la dieta local, con platos como langosta a la parrilla, ceviche y pescado frito siendo comunes en los menús de los restaurantes. Uno de los platos locales más populares es el rondón, un guiso abundante de mariscos hecho con leche de coco, plátanos y pescado fresco. Los visitantes también pueden degustar la gastronomía tradicional caribeña como el pollo jerk, arroz con frijoles y pan de coco. La comida en Bocas del Toro refleja la historia y la diversidad cultural de la región, con un énfasis en ingredientes frescos y de origen local.

La flora y fauna de Bocas del Toro son increíblemente diversas. Las selvas tropicales de la región albergan una variedad de vida silvestre, incluidos perezosos, monos y coloridos pájaros tropicales. Los arrecifes de coral que rodean las islas están llenos de vida marina, desde coloridos bancos de peces hasta tiburones nodriza y delfines. Una de las especies más notables que se encuentran en Bocas del Toro es la tortuga laúd, en peligro crítico de extinción, que anida en las playas de las islas entre marzo y septiembre. La biodiversidad de la región la convierte en un destino ideal para ecoturistas y conservacionistas.

Socialmente, el turismo ha tenido un impacto significativo en la región, proporcionando oportunidades económicas para la población local. Muchos residentes trabajan en la industria del turismo, operando hoteles, restaurantes y compañías de tours. El ecoturismo, en particular, ha desempeñado un papel importante en la promoción del desarrollo sostenible en Bocas del Toro, con esfuerzos para proteger los frágiles ecosistemas de las islas. Los programas de conservación dirigidos a preservar los arrecifes de coral, las selvas tropicales y la vida silvestre están respaldados por negocios locales y organizaciones ambientales.

A pesar de su popularidad como destino turístico, Bocas del Toro enfrenta varios desafíos urbanos. El rápido crecimiento del turismo ha puesto presión sobre la infraestructura de la ciudad, incluyendo el suministro de agua, la gestión de residuos y los sistemas de transporte. También han surgido preocupaciones ambientales, particularmente en lo que respecta al impacto del desarrollo sobre los arrecifes de coral y las selvas tropicales de la región. Las autoridades locales y las organizaciones ambientales están trabajando para abordar estos desafíos promoviendo prácticas de turismo sostenible e implementando iniciativas de conservación para proteger los recursos naturales del área.

Un dato menos conocido sobre Bocas del Toro es que una vez fue una importante región productora de banano. A principios del siglo XX, la United Fruit Company estableció plantaciones de banano en las islas, lo que contribuyó al desarrollo económico de la zona. Sin embargo, el declive de la industria bananera a mediados del siglo XX llevó a un cambio hacia el turismo como principal fuente de ingresos para la región. Hoy en día, la historia de la ciudad como centro exportador de bananos todavía es visible en su arquitectura y sitios históricos.

La importancia de Bocas del Toro como destino turístico va más allá de su belleza natural. La región desempeña un papel clave en los esfuerzos de Panamá por promover el ecoturismo y los viajes sostenibles. Las áreas protegidas dentro del Parque Nacional Marino Bastimentos son cruciales para la preservación de la biodiversidad, y el compromiso de la región con la conservación la ha convertido en un modelo para otros destinos de ecoturismo en América Central.

Viajar a Bocas del Toro desde cualquier parte del mundo es relativamente fácil. La ciudad tiene su propio pequeño aeropuerto, el Aeropuerto Internacional Isla Colón, que ofrece vuelos desde Ciudad de Panamá y otros aeropuertos regionales. La mayoría de los visitantes internacionales vuelan al Aeropuerto Internacional de Tocumen en Ciudad de Panamá antes de tomar un breve vuelo doméstico a Bocas del Toro. Alternativamente, los visitantes pueden llegar en autobús o automóvil desde Ciudad de Panamá hasta la ciudad costera de Almirante, seguida de un corto viaje en ferry a Isla Colón. Una vez en la isla, moverse es fácil, con taxis acuáticos, bicicletas y carritos de golf siendo los modos de transporte más comunes.

En conclusión, Bocas del Toro es un destino vibrante y encantador que ofrece una mezcla perfecta de belleza natural, diversidad cultural y aventura. Ya sea haciendo esnórquel en los arrecifes de coral, explorando las selvas tropicales o simplemente relajándose en una playa prístina, Bocas del Toro proporciona una experiencia inolvidable que conecta a las personas con la rica herencia natural y cultural de Panamá. Su importancia como centro de ecoturismo y su compromiso con la conservación lo convierten en un destino que seguirá cautivando a los viajeros durante generaciones. A pesar de los desafíos de equilibrar el desarrollo con la protección ambiental, Bocas del Toro sigue siendo un brillante ejemplo de cómo el turismo y la conservación pueden coexistir en armonía.

17. Boquete: El Valle de las Flores

Boquete, un encantador pueblo montañoso en el occidente de Panamá, es conocido como el "Valle de las Flores" por sus paisajes exuberantes, jardines coloridos y asombrosa belleza natural. Ubicado en la provincia de Chiriquí, cerca de la frontera con Costa Rica, Boquete se encuentra al pie del imponente Volcán Barú, el pico más alto de Panamá. Con una población de alrededor de 20,000 personas, Boquete es un pueblo pequeño pero lleno de vida que se ha convertido en un destino destacado para ecoturistas, expatriados y aventureros.

Geográficamente, Boquete está situado a unos 1,200 metros sobre el nivel del mar, lo que le otorga un clima más fresco en comparación con las zonas costeras de Panamá. Su ubicación en las tierras altas ofrece un agradable respiro del calor tropical, con temperaturas que oscilan entre los 16°C y 24°C durante todo el año. Este clima de primavera constante lo convierte en un destino ideal para actividades al aire libre, como el senderismo, la observación de aves y la exploración de la rica biodiversidad de la región.

Uno de los puntos más emblemáticos de Boquete es el Volcán Barú, un volcán inactivo que se alza a 3,475 metros de altura. Subir a la cima del Volcán Barú es una de las actividades favoritas de los visitantes, ya que ofrece impresionantes vistas panorámicas del océano Pacífico y el mar Caribe en los días despejados. Aunque la caminata es desafiante, la recompensa al llegar a la cima es inigualable, con frondosos bosques nublados, diversa fauna y la oportunidad de avistar el famoso quetzal, una de las aves más admiradas de Panamá.

Boquete también es famoso por su café de clase mundial. La economía del pueblo gira en torno a la producción de café, y su alta elevación, clima fresco y suelo volcánico fértil crean las condiciones perfectas para cultivar granos de café arábica de alta calidad. Los amantes del café que visitan Boquete pueden recorrer las plantaciones locales, aprender sobre el proceso de elaboración del café y degustar algunos de los mejores cafés del mundo. Cada enero, el pueblo celebra el Festival del Café y las Flores, un evento que atrae a visitantes de todas partes y destaca la herencia cafetera de la región.

Culturalmente, Boquete es una mezcla de influencias indígenas, panameñas y extranjeras. La comunidad indígena Ngäbe-Buglé desempeña un papel importante en el patrimonio agrícola y cultural de la región. Los visitantes pueden experimentar sus artesanías tradicionales, como las bolsas tejidas a mano conocidas como "chácaras" y los delicados trabajos en abalorios. Al mismo tiempo, Boquete ha atraído a una gran población de expatriados, especialmente jubilados de América del Norte y Europa, atraídos por la belleza natural del área y su estilo de vida tranquilo. Esta combinación de culturas ha creado una mezcla única en el pueblo, con una vibrante comunidad de expatriados y una variedad de restaurantes, galerías de arte y mercados que reflejan esta diversidad.

La gastronomía de Boquete es un reflejo de sus raíces agrícolas y diversidad cultural. El pueblo es conocido por su abundante oferta de productos frescos, como frutas tropicales, incluyendo piñas, plátanos y aguacates, así como vegetales y hierbas cultivadas en las fértiles tierras altas. Los restaurantes locales ofrecen una mezcla de platos tradicionales panameños y cocina internacional, con ingredientes frescos de las fincas cercanas. Los visitantes pueden disfrutar de platos típicos como el "sancocho," un guiso de pollo con verduras, o "arroz con pollo," un sabroso plato de arroz con pollo. Además, muchos restaurantes sirven trucha fresca, una delicadeza local que se cría en los ríos fríos que rodean el pueblo.

La flora y fauna de Boquete son impresionantemente ricas y diversas, gracias a su ubicación en un entorno de bosque nublado. La región alberga una gran variedad de especies de plantas, incluidas orquídeas, helechos y bromelias, además de ser un paraíso para los observadores de aves, con más de 500 especies que habitan en la zona. Los bosques que rodean Boquete forman parte del Parque Internacional La Amistad, un sitio declarado Patrimonio de la Humanidad por la UNESCO que se extiende tanto por Panamá como por Costa Rica. Este parque protegido es famoso por su biodiversidad, albergando especies como jaguares, ocelotes, monos aulladores y una gran variedad de anfibios y reptiles.

Un dato poco conocido sobre Boquete es su conexión histórica con el pueblo indígena Ngäbe-Buglé, quienes han habitado la región durante siglos. Sus costumbres y tradiciones siguen vivas hoy en día, y los visitantes pueden aprender sobre su estilo de vida a través de visitas guiadas, mercados de artesanías y eventos culturales. La cercanía de Boquete a la Comarca Ngäbe-Buglé, una región semi-autónoma para este grupo indígena, brinda una oportunidad para un intercambio cultural único.

El impacto social de Boquete es significativo, especialmente en términos de su papel como destino para el ecoturismo. El pueblo se ha convertido en un modelo de turismo sostenible en Panamá, con esfuerzos para proteger sus recursos naturales mientras se promueve el desarrollo económico a través de prácticas responsables. Muchos de los hoteles, operadores turísticos y negocios del pueblo enfatizan la importancia de prácticas ecológicas, como la conservación del agua, la reducción de residuos y el apoyo a las comunidades locales. Este enfoque en la sostenibilidad ayuda a preservar la belleza natural de Boquete, al mismo tiempo que crea oportunidades económicas para la población local.

Sin embargo, Boquete también enfrenta desafíos relacionados con su rápido crecimiento como destino turístico y hogar de expatriados. La afluencia de residentes y visitantes extranjeros ha llevado a un aumento en los precios de las propiedades, lo que puede hacer que la vivienda sea inasequible para algunos lugareños. Además, la infraestructura del pueblo, incluidas las carreteras y los servicios públicos, ha tenido dificultades para mantenerse al ritmo de la creciente demanda. Las autoridades locales están trabajando para abordar estos problemas, con un enfoque en mantener el encanto de pueblo pequeño de Boquete mientras se gestiona el crecimiento de manera sostenible.

La importancia de Boquete como destino turístico no puede subestimarse. Se ha convertido en uno de los principales lugares de ecoturismo en Panamá, atrayendo a visitantes de todo el mundo que buscan su belleza natural, actividades al aire libre y su vibrante cultura. Además, el papel de Boquete como centro de producción de café lo convierte en una parte fundamental de la economía agrícola del país. La combinación de ecoturismo, agricultura y comunidades de expatriados ha creado una economía local próspera, y Boquete continúa creciendo como un destino destacado tanto para turistas como para nuevos residentes.

Viajar a Boquete desde cualquier parte del mundo es relativamente sencillo. La mayoría de los visitantes internacionales llegan al Aeropuerto Internacional de Tocumen en Ciudad de Panamá, la capital del país. Desde allí, los viajeros pueden tomar un vuelo doméstico hacia la cercana ciudad de David, que está a unos 45 minutos en automóvil de Boquete. Alternativamente, los visitantes pueden optar por un viaje en autobús o automóvil desde Ciudad de Panamá, que dura aproximadamente seis o siete horas. Una vez en Boquete, moverse por el pueblo es fácil, con taxis y autobuses disponibles. Muchas de las atracciones están a poca distancia a pie, y se ofrecen tours guiados para excursiones a las fincas de café cercanas, senderos de caminata y sitios naturales.

En conclusión, Boquete es un lugar que ofrece una mezcla única de belleza natural, aventura y riqueza cultural. Ya sea escalando el Volcán Barú, explorando las plantaciones de café del pueblo o simplemente disfrutando del aire fresco de la montaña, los visitantes de Boquete quedarán cautivados por su encanto. La importancia del pueblo como centro de ecoturismo, su compromiso con la sostenibilidad y su papel en la preservación del patrimonio agrícola de Panamá aseguran que seguirá atrayendo a viajeros de todo el mundo durante muchos años más.

18. Cabarete: Aventura y Relajación en la Costa

Cabarete, un vibrante pueblo costero en la costa norte de la República Dominicana, es un paraíso tanto para los amantes de la aventura como para aquellos que buscan relajarse en playas paradisíacas. Conocido por sus arenas doradas, aguas cristalinas y condiciones excepcionales para deportes acuáticos, Cabarete ofrece la combinación perfecta de emoción y descanso. Con una población de aproximadamente 14,000 personas, este pequeño pueblo ha ganado fama internacional como uno de los mejores destinos del mundo para practicar kitesurf y windsurf, sin perder su encanto tropical y tranquilo.

Ubicado en la provincia de Puerto Plata, a unos 40 kilómetros al este de la ciudad de Puerto Plata, Cabarete goza de una posición privilegiada frente al océano Atlántico. Su ubicación costera ofrece vientos y olas constantes, lo que lo convierte en un destino ideal para una variedad de deportes acuáticos. El pueblo está rodeado por colinas verdes y exuberantes, creando un contraste impresionante entre la vibrante costa y el interior tropical. Además, Cabarete ofrece fácil acceso a otros destinos notables en la isla, como Sosúa y Playa Grande.

El clima en Cabarete es tropical, con temperaturas cálidas durante todo el año que varían entre los 24°C y 30°C, lo que lo convierte en un destino perfecto durante cualquier época del año. La temporada seca, de noviembre a abril, es la más popular para los turistas, ya que el clima es soleado y con baja humedad. Durante la temporada de lluvias, de mayo a octubre, suelen ocurrir lluvias breves por la tarde, pero el clima sigue siendo agradable y cálido.

La principal atracción de Cabarete es su famosa Playa Cabarete, una larga extensión de arena dorada, aguas turquesas y vientos constantes. Este es el lugar perfecto para los amantes del kitesurf y windsurf, quienes llenan el cielo con cometas y velas de colores mientras desafían las olas. Cabarete es anfitrión de varias competiciones internacionales, como el Master of the Ocean, un evento que combina kitesurf, windsurf, surf y paddleboard en una sola competición. La reputación del pueblo como uno de los cinco mejores destinos para el kitesurf en el mundo atrae a atletas y aficionados de todos los rincones del planeta.

Para aquellos que buscan una experiencia más tranquila, Playa Encuentro, ubicada al oeste de Cabarete, es una playa más serena, conocida por sus excelentes condiciones para el surf. Es un lugar ideal tanto para principiantes como para surfistas experimentados, con escuelas de surf disponibles para aquellos que desean aprender. Rodeada de vegetación exuberante, Playa Encuentro es perfecta para pasar un día relajado junto al mar.

La cultura de Cabarete es una mezcla vibrante de tradiciones dominicanas e influencias internacionales, gracias a su popularidad entre expatriados y turistas. El ambiente en el pueblo es relajado, con bares de playa, restaurantes y cafés a lo largo de la costa que ofrecen tanto cocina local como internacional. La vida nocturna en Cabarete es animada, especialmente en los bares y clubes de la playa, donde la música en vivo y las fiestas al aire libre crean un ambiente festivo hasta altas horas de la noche.

La gastronomía en Cabarete es un reflejo delicioso de la diversidad cultural de la isla. Los visitantes pueden disfrutar de platos típicos dominicanos como el "mangú," una mezcla de plátano majado con queso frito, huevos y salami, o el "sancocho," un sabroso guiso de carne, vegetales y plátanos. Los mariscos también son abundantes en los menús locales, con platos como ceviche, pescado a la parrilla y langosta fresca servidos junto a frutas tropicales como mangos, piñas y cocos en los restaurantes a la orilla del mar.

La flora y fauna alrededor de Cabarete son típicas de un entorno costero tropical. Las playas están bordeadas de cocoteros y árboles de uva de mar, mientras que el paisaje interior cambia a colinas cubiertas de exuberante vegetación. Cerca de Cabarete se encuentra el Parque Nacional El Choco, hogar de una variedad de especies de vida silvestre, como aves tropicales, mariposas y reptiles. El parque también cuenta con cuevas, ríos subterráneos y lagunas, lo que lo convierte en un destino popular para los ecoturistas interesados en el senderismo, la observación de aves y la exploración de cavernas.

El impacto social de Cabarete es significativo, especialmente en términos de su papel en la promoción del ecoturismo y los viajes sostenibles. A pesar de su popularidad, el pueblo ha logrado mantener su belleza natural y ambiente relajado. Muchos de los negocios locales y operadores turísticos hacen hincapié en prácticas ambientalmente amigables, como el uso de energía renovable, la reducción de desechos plásticos y el apoyo a las comunidades locales. Este compromiso con la sostenibilidad ayuda a preservar el entorno natural de Cabarete al tiempo que genera oportunidades económicas para la población local.

Sin embargo, Cabarete también enfrenta desafíos urbanos, como el rápido desarrollo y la necesidad de mejorar su infraestructura. El auge del turismo ha generado una mayor construcción de hoteles, condominios y otras instalaciones, lo que ha puesto presión sobre los recursos del pueblo, como el suministro de agua, la gestión de residuos y el transporte. Mantener el equilibrio entre preservar la belleza natural de Cabarete y acomodar el creciente número de visitantes sigue siendo un desafío constante para las autoridades locales.

Un hecho poco conocido sobre Cabarete es su conexión histórica con Cristóbal Colón. La región formaba parte de la isla La Española, donde Colón desembarcó por primera vez en 1492 durante su viaje al Nuevo Mundo. Aunque hoy en día Cabarete es más conocido por sus deportes acuáticos y su vibrante cultura playera, su historia está impregnada de relatos de exploradores, piratas y colonos europeos.

Cabarete es, sin duda, un motor económico clave para la región. Proporciona empleo en sectores como el turismo, la hostelería y los deportes acuáticos. La combinación única de belleza natural, actividades de aventura y diversidad cultural lo convierte en un favorito entre los viajeros que buscan tanto relajación como emoción. Su compromiso con el ecoturismo también lo ha convertido en un modelo para el turismo sostenible en la República Dominicana.

Llegar a Cabarete es relativamente fácil. La mayoría de los visitantes internacionales llegan al Aeropuerto Internacional Gregorio Luperón, ubicado en Puerto Plata, a solo 20 minutos en coche de Cabarete. El aeropuerto está bien conectado con ciudades importantes de América del Norte y Europa, lo que lo convierte en un punto de entrada conveniente para los viajeros. Desde el aeropuerto, los visitantes pueden tomar un taxi o un servicio de transporte hasta su hotel o alojamiento en Cabarete. Una vez en el pueblo, desplazarse es sencillo, con taxis, coches de alquiler y motocicletas como los modos de transporte más comunes. Muchos visitantes también optan por explorar el pueblo a pie o en bicicleta, ya que las principales atracciones están a poca distancia entre sí.

En conclusión, Cabarete es un paraíso tropical que ofrece una irresistible combinación de aventura, relajación y riqueza cultural. Ya sea practicando kitesurf en sus famosas playas, disfrutando de mariscos frescos en un restaurante frente al mar o explorando los parques nacionales cercanos, Cabarete brinda una experiencia inolvidable para todo tipo de viajeros. Su importancia como uno de los principales destinos de deportes acuáticos y su enfoque en el ecoturismo aseguran que Cabarete continuará cautivando a los visitantes en los años venideros. A pesar de los desafíos, el pueblo sigue comprometido con la preservación de su belleza natural mientras da la bienvenida a viajeros de todo el mundo para que experimenten la magia de la República Dominicana.

19. Cabo Rojo: Un Paraíso Natural en Puerto Rico

Cabo Rojo, ubicado en el extremo suroeste de Puerto Rico, es un destino conocido por sus impresionantes paisajes naturales que incluyen dramáticos acantilados costeros, playas prístinas y las famosas salinas. Con una población de alrededor de 50,000 habitantes, Cabo Rojo es un municipio encantador que ofrece una mezcla de belleza natural, historia y cultura. Este lugar es muy popular entre los locales y turistas que buscan escapar del bullicio de la ciudad y sumergirse en la tranquila y relajada atmósfera caribeña.

Geográficamente, Cabo Rojo se encuentra entre el mar Caribe y las colinas del suroeste de Puerto Rico, lo que ofrece una variedad de paisajes que van desde llanuras costeras hasta bosques y humedales. Uno de los sitios más icónicos de la región es el Faro Los Morrillos de Cabo Rojo, que se alza sobre un acantilado con vistas al mar azul del Caribe. Este faro, construido en 1882, es el símbolo del municipio y ofrece vistas espectaculares del mar y los acantilados circundantes. Es uno de los lugares más fotografiados de Puerto Rico y una visita obligada para cualquier persona que explore la región.

El clima en Cabo Rojo es tropical, con temperaturas cálidas durante todo el año que oscilan entre los 25°C y 32°C (77°F a 90°F), lo que lo convierte en un destino ideal para los amantes de la playa y de la naturaleza. La temporada seca, de diciembre a abril, es la mejor época para visitar, ya que ofrece cielos soleados y baja humedad. La temporada de lluvias, de mayo a noviembre, trae ocasionales aguaceros por la tarde, pero suelen ser breves y seguidos por más sol. El clima agradable permite disfrutar de actividades al aire libre en casi cualquier época del año.

Uno de los centros turísticos más populares de Cabo Rojo es Playa Buyé, una hermosa playa conocida por sus aguas tranquilas y claras y su suave arena. Playa Buyé es perfecta para nadar, hacer esnórquel y disfrutar de un día de picnic, lo que la convierte en un lugar favorito para familias y amantes de la playa. Otro destino muy apreciado es Playa Sucia, considerada una de las playas más pintorescas de Puerto Rico. A pesar de su nombre, que se traduce como "playa sucia", Playa Sucia es en realidad impecable, con su arena dorada y aguas turquesas que ofrecen un refugio pacífico. La playa se encuentra cerca del Faro de Cabo Rojo, lo que la convierte en el lugar perfecto para relajarse después de explorar los acantilados y el faro.

Cabo Rojo también es famoso por sus salinas, conocidas como "Las Salinas de Cabo Rojo". Estas salinas son un fenómeno natural único que ha sido utilizado para la producción de sal durante siglos. Los visitantes pueden explorar las salinas y visitar el Centro Interpretativo de las Salinas, que ofrece información sobre la historia y la importancia ecológica del área. Las salinas son también hogar de una gran variedad de aves, lo que las convierte en un destino popular para los observadores de aves. El vibrante color rosado del agua en las salinas, causado por microorganismos, añade un toque surrealista a este paisaje extraordinario.

Culturalmente, Cabo Rojo es un reflejo del patrimonio puertorriqueño, con un fuerte énfasis en la comunidad y las tradiciones. El municipio es conocido por sus festivales locales, como las Fiestas Patronales de San Miguel Arcángel, que celebran al santo patrón de la ciudad con desfiles, música y bailes. La cultura de Cabo Rojo está profundamente influenciada por su ubicación costera, con una conexión fuerte con la pesca, la agricultura y la producción de sal. Los visitantes pueden experimentar la cálida hospitalidad del pueblo en sus mercados locales, donde se venden productos frescos, mariscos y artesanías elaboradas por vendedores locales.

La gastronomía en Cabo Rojo es una deliciosa mezcla de platos tradicionales puertorriqueños y mariscos frescos. Los visitantes pueden disfrutar de "mofongo", un plato de plátanos majados con ajo y chicharrón, que a menudo se sirve con camarones o pescado. Otro favorito local es el "arroz con gandules", generalmente acompañado de cerdo asado. Los mariscos frescos abundan en Cabo Rojo, con platos como pescado a la parrilla, langosta y carrucho entre los más populares. Muchos de los restaurantes están ubicados a lo largo de la costa, lo que permite disfrutar de una comida con vistas impresionantes al mar.

La flora y fauna de Cabo Rojo son diversas, gracias a su mezcla de ecosistemas costeros y terrestres. El área alberga varias reservas naturales, incluida la Reserva Nacional de Vida Silvestre de Cabo Rojo, que cubre casi 1,900 acres de humedales, bosques y salinas. Esta reserva es un refugio para la vida silvestre, incluyendo más de 100 especies de aves, como el mangleño en peligro de extinción. La reserva también ofrece oportunidades para el senderismo y la observación de aves, lo que permite a los visitantes experimentar de cerca la rica biodiversidad de la región.

El impacto social de Cabo Rojo es significativo, ya que el turismo juega un papel vital en la economía local. Muchos residentes trabajan en industrias relacionadas con el turismo, como la hospitalidad, los servicios alimentarios y las operaciones turísticas. El compromiso del municipio con el ecoturismo también ha ayudado a promover prácticas sostenibles, con empresas locales y autoridades trabajando para preservar la belleza natural de Cabo Rojo mientras apoyan el crecimiento económico. Los esfuerzos de conservación en las salinas y en el refugio de vida silvestre son una parte clave de esto, asegurando que los ecosistemas únicos de la zona sean protegidos para las generaciones futuras.

Sin embargo, Cabo Rojo enfrenta algunos desafíos urbanos, especialmente relacionados con la infraestructura y la protección ambiental. A medida que la ciudad crece en popularidad, hay una mayor presión sobre los recursos locales, incluido el suministro de agua y la gestión de residuos. Además, la preservación de sitios naturales como las salinas y las playas es crucial, ya que el desarrollo y el turismo podrían perjudicar estos delicados ecosistemas. Se están llevando a cabo esfuerzos para equilibrar las necesidades del turismo con la conservación ambiental, con iniciativas enfocadas en el desarrollo sostenible y las prácticas ecológicas.

Un dato menos conocido sobre Cabo Rojo es su conexión histórica con la lucha por la independencia de Puerto Rico. La ciudad es el hogar de la casa de Ramón Emeterio Betances, una figura clave en el movimiento independentista puertorriqueño del siglo XIX. Betances, conocido como "El Padre de la Patria", fue un médico, abolicionista y líder revolucionario. Su legado es honrado en Cabo Rojo, y los visitantes pueden aprender más sobre sus contribuciones a la historia puertorriqueña a través de museos y sitios históricos locales.

La importancia de Cabo Rojo como destino turístico va más allá de su belleza natural. Es un actor clave en la industria del ecoturismo de Puerto Rico, atrayendo a visitantes interesados en explorar sus paisajes únicos, su vida silvestre y sus sitios históricos. La mezcla de playas, reservas naturales y atracciones culturales del municipio lo convierten en un destino completo para los viajeros que buscan experimentar lo mejor del patrimonio natural y cultural de Puerto Rico.

Para los visitantes internacionales, llegar a Cabo Rojo es relativamente fácil. La mayoría de los viajeros llegan al Aeropuerto Internacional Luis Muñoz Marín en San Juan, la capital de Puerto Rico. Desde San Juan, Cabo Rojo está a unas dos horas y media en coche por carretera, y hay disponibles autos de alquiler para aquellos que prefieren explorar la isla por su cuenta. Alternativamente, hay vuelos regionales disponibles al Aeropuerto Eugenio María de Hostos en Mayagüez, que está a unos 30 minutos en coche de Cabo Rojo. Una vez en el pueblo, los visitantes pueden moverse en taxis, autos de alquiler o autobuses locales.

En conclusión, Cabo Rojo es un destino que ofrece la mezcla perfecta de belleza natural, historia y cultura. Ya sea explorando los impresionantes acantilados cerca del faro, relajándose en sus playas prístinas o descubriendo su rica biodiversidad en las salinas y el refugio de vida silvestre, los visitantes de Cabo Rojo se verán inmersos en la magia de la costa suroeste de Puerto Rico. Su importancia como centro de ecoturismo y patrimonio cultural garantiza que Cabo Rojo seguirá atrayendo a viajeros que buscan tanto aventura como relajación durante muchos años. A pesar de los desafíos de equilibrar el turismo con la protección ambiental, Cabo Rojo sigue comprometido con la preservación de sus paisajes únicos y su vibrante cultura, lo que lo convierte en una verdadera joya del Caribe.

20. Cabo San Lucas: Paraíso de Aventuras y Relax

Cabo San Lucas, ubicado en la punta sur de la península de Baja California en México, es uno de los destinos turísticos más famosos del país, conocido por sus impresionantes playas, resorts de lujo y monumentos naturales icónicos. Con una población de alrededor de 100,000 personas, esta vibrante ciudad ha pasado de ser un tranquilo pueblo de pescadores a convertirse en un importante centro de turismo y aventuras. Su ubicación en la costa, donde el océano Pacífico se encuentra con el mar de Cortés, lo convierte en un lugar ideal para practicar deportes acuáticos, pesca y relajarse junto a la playa.

Geográficamente, Cabo San Lucas se encuentra en el punto más al sur de la península de Baja California, justo debajo del Trópico de Cáncer. La ciudad es más conocida por la formación rocosa llamada El Arco, un arco de piedra natural en "El Fin de la Tierra", donde el mar de Cortés se une con el Pacífico. Las aguas que rodean esta zona están llenas de vida marina, lo que lo convierte en un lugar ideal para el esnórquel, el buceo y la pesca en alta mar. La proximidad de Cabo a paisajes desérticos también añade un toque único, con montañas cercanas y dunas de arena que crean una mezcla fascinante entre playa y desierto.

Cabo San Lucas disfruta de un clima desértico tropical, con días soleados y calurosos y poca lluvia. Las temperaturas promedio oscilan entre los 20°C y 30°C (68°F a 86°F) durante todo el año, aunque los meses de verano, como julio y agosto, pueden ver temperaturas que superan los 35°C (95°F). La mejor época para visitar Cabo es durante la temporada seca, que va de noviembre a mayo, cuando el clima es cálido pero agradable, con cielos despejados y brisas frescas del océano, ideales para actividades al aire libre.

El principal atractivo de Cabo San Lucas son sus playas, siendo Playa El Médano la más popular. Con arenas doradas suaves, aguas tranquilas perfectas para nadar y una gran variedad de bares, restaurantes y resorts a lo largo de la costa, Playa El Médano es el lugar perfecto para disfrutar del sol y la vida costera. Los visitantes pueden practicar paddleboarding, kayak o parasailing mientras disfrutan de las vistas del mar de Cortés y las formaciones rocosas cercanas. Otra playa muy famosa es Playa del Amor, ubicada cerca de El Arco, que ofrece impresionantes vistas del icónico arco y las aguas cristalinas que lo rodean.

Cabo San Lucas también es conocido como un destino mundialmente famoso para la pesca deportiva, a menudo llamado la "Capital Mundial del Marlín". Las aguas que rodean Cabo albergan una gran variedad de especies de peces, como marlín, pez vela, dorado y atún. La ciudad es sede de varios torneos de pesca anuales, incluido el famoso Torneo Bisbee's Black and Blue, que atrae a pescadores de todo el mundo. Para quienes prefieren una experiencia más tranquila, Cabo es el lugar perfecto para avistar ballenas durante los meses de invierno, cuando las ballenas jorobadas y grises migran a las cálidas aguas de la península de Baja California para dar a luz.

Culturalmente, Cabo San Lucas es una mezcla de tradiciones mexicanas e influencias internacionales, en gran parte debido a la comunidad de expatriados y la afluencia constante de turistas. La ciudad es conocida por su vibrante vida nocturna, con muchos bares y clubes de playa que ofrecen música en vivo, baile y entretenimiento hasta altas horas de la noche. Al mismo tiempo, Cabo ha logrado conservar su auténtico encanto mexicano, con mercados locales, tiendas de artesanías y vendedores de comida callejera que ofrecen productos tradicionales y delicias culinarias mexicanas.

Hablando de comida, Cabo San Lucas ofrece una escena culinaria diversa que combina sabores mexicanos con mariscos frescos e influencias internacionales. Los platos locales incluyen tacos de pescado, ceviche y camarones a la parrilla, a menudo acompañados de salsas picantes y tortillas. El "mole", una salsa tradicional mexicana hecha de chiles y chocolate, también es muy apreciado en los restaurantes de Cabo. Los visitantes pueden disfrutar de una variedad de opciones gastronómicas, desde comedores informales junto a la playa hasta restaurantes de alta cocina que ofrecen gastronomía gourmet mexicana e internacional.

La flora y fauna de Cabo San Lucas están moldeadas por los entornos desérticos y marinos de la región. El desierto alberga varias especies de cactus, incluido el icónico cactus cardón, mientras que las aguas del mar de Cortés son conocidas por su increíble biodiversidad. La zona es hogar de delfines, tortugas marinas y una variedad de especies de peces, así como de animales marinos más grandes como ballenas y tiburones. Cabo Pulmo, un parque marino nacional ubicado al noreste de la ciudad, es una de las reservas marinas más antiguas y exitosas de México, conocida por sus arrecifes de coral y su diversa vida marina. El parque ofrece excelentes oportunidades para el buceo y el esnórquel para aquellos que desean explorar el mundo submarino.

Socialmente, Cabo San Lucas tiene un impacto significativo en la economía de la región, con el turismo como la principal industria. El desarrollo de la ciudad ha proporcionado empleos y oportunidades económicas para los residentes locales, así como para expatriados que se han mudado al área para trabajar en turismo, bienes raíces y hospitalidad. Sin embargo, el rápido crecimiento del turismo también ha generado desafíos, particularmente en términos de sostenibilidad ambiental e infraestructura. La demanda de nuevos resorts, hoteles y alquileres vacacionales ha ejercido presión sobre los recursos hídricos de la ciudad, la gestión de residuos y los sistemas de transporte.

Un dato menos conocido sobre Cabo es su conexión con Hollywood. La ciudad ha sido durante mucho tiempo un destino popular de vacaciones para celebridades, y fue el escenario de varias películas y programas de televisión. Su fama como un destino de lujo para los ricos y famosos añade atractivo al lugar, aunque sigue siendo un destino acogedor para todo tipo de viajeros, ofreciendo desde alojamientos económicos hasta resorts de clase mundial.

A pesar de su rápido desarrollo y fama internacional, Cabo San Lucas mantiene una fuerte conexión con su cultura local. La cercana ciudad de San José del Cabo, ubicada a unos 30 kilómetros al noreste, ofrece una experiencia más tranquila y tradicional de México, con arquitectura colonial, galerías de arte y una encantadora plaza. San José del Cabo y Cabo San Lucas forman la región conocida como "Los Cabos", con cada ciudad ofreciendo una experiencia distinta pero complementaria para los visitantes.

En cuanto al transporte, Cabo San Lucas es accesible desde todo el mundo a través del Aeropuerto Internacional de Los Cabos, ubicado a unos 45 minutos de la ciudad. El aeropuerto ofrece vuelos directos a ciudades importantes de América del Norte y Europa, lo que lo convierte en un destino conveniente para los viajeros internacionales. Una vez en Cabo, los visitantes pueden tomar taxis, alquilar coches o utilizar servicios de transporte privado para moverse por la ciudad y explorar las atracciones cercanas. Para aquellos que deseen visitar las playas y los monumentos costeros, los tours en barco y los taxis acuáticos están disponibles.

Cabo San Lucas es un destino que ofrece la combinación perfecta de aventura, relajación y lujo. Ya sea relajándose en la playa, explorando el mundo submarino o disfrutando de la vibrante vida nocturna, Cabo tiene algo para todos. Su importancia como uno de los principales destinos turísticos, combinada con su compromiso con la preservación de su belleza natural y herencia cultural, asegura que Cabo San Lucas seguirá siendo un favorito para los viajeros durante muchos años. A pesar de los desafíos planteados por el crecimiento rápido y las preocupaciones ambientales, la ciudad sigue siendo un impresionante ejemplo de la riqueza natural y cultural de México, ofreciendo a los visitantes una experiencia inolvidable en el extremo de la península de Baja California.

21. Cancún y Riviera Maya: Paraíso de Aventura y Relajación

Cancún y la Riviera Maya, ubicados en la península de Yucatán en México, son dos de los destinos turísticos más populares del mundo. Atraen a millones de visitantes cada año con sus playas de arena blanca, aguas cristalinas y rica herencia cultural. Juntos forman una impresionante franja costera a lo largo del mar Caribe, ofreciendo a los viajeros una combinación de lujo, aventura, historia y relajación. Desde la bulliciosa zona hotelera de Cancún hasta los parques ecológicos y las ruinas mayas de la Riviera Maya, esta región se ha convertido en un destino imperdible para todo tipo de turistas.

Cancún, la puerta de entrada a la Riviera Maya, es una ciudad vibrante que se extiende a lo largo de una estrecha franja de tierra conocida como la Zona Hotelera, un tramo de 22 kilómetros repleto de resorts de lujo, restaurantes y lugares de entretenimiento. Con una población de alrededor de 900,000 personas, la ciudad ve cómo los turistas superan ampliamente ese número en cualquier día. Geográficamente, Cancún se ubica en el extremo noreste de la península de Yucatán, frente al mar Caribe. Originalmente desarrollada en la década de 1970 para impulsar el turismo, Cancún pasó de ser un pequeño pueblo pesquero a convertirse en un destino mundialmente famoso en unas pocas décadas.

El clima en Cancún y la Riviera Maya es tropical, con veranos cálidos y húmedos e inviernos suaves. Las temperaturas promedio oscilan entre 24°C y 30°C, con los meses más cálidos entre mayo y septiembre. La región experimenta una temporada de lluvias de junio a octubre, lo que puede traer tormentas tropicales y huracanes, aunque la lluvia generalmente es breve. La temporada seca, de noviembre a abril, es la más popular para visitar, ya que ofrece cielos soleados y un clima perfecto para disfrutar de la playa.

La Zona Hotelera de Cancún es el corazón de su industria turística, con algunos de los resorts más lujosos del mundo alineados en sus playas. Los visitantes pueden disfrutar de estancias todo incluido en estos resorts, con acceso directo a la playa, piscinas, spas y una interminable variedad de opciones gastronómicas. Las playas como Playa Delfines y Playa Tortugas son conocidas por sus arenas blancas y aguas turquesas, ideales para nadar, tomar el sol y practicar deportes acuáticos como jet ski, parasailing y paddleboarding.

A poca distancia en auto al sur de Cancún comienza la Riviera Maya, una franja costera que se extiende por unos 120 kilómetros desde Puerto Morelos hasta Tulum. Esta región ofrece una experiencia más relajada y ecológica en comparación con la vibrante vida nocturna de Cancún. Playa del Carmen es una de las ciudades más populares a lo largo de la Riviera Maya, conocida por su encantador centro, clubes de playa y la famosa Quinta Avenida, una calle peatonal llena de tiendas, cafés y bares. Playa del Carmen también es un centro para el buceo y el esnórquel, con la cercana Isla Cozumel ofreciendo algunos de los mejores sitios de buceo del Caribe.

Tulum, ubicado al extremo sur de la Riviera Maya, es famoso por sus bien conservadas ruinas mayas situadas en acantilados con vista al mar. Las Ruinas de Tulum, que alguna vez fue una ciudad amurallada y puerto, ofrecen vistas impresionantes de la costa y brindan a los visitantes una mirada a la antigua civilización maya. Además, Tulum se ha convertido en un refugio para el ecoturismo y los viajes de bienestar, con hoteles boutique, retiros de yoga y resorts ecológicos que atraen a quienes buscan una experiencia más serena y holística.

La cultura de Cancún y la Riviera Maya está profundamente arraigada en la herencia maya, y los visitantes pueden explorar varios sitios arqueológicos en la región. Uno de los más famosos es Chichén Itzá, ubicado a unas dos horas de Cancún, que alguna vez fue una de las ciudades mayas más grandes y ahora es un sitio Patrimonio de la Humanidad de la UNESCO. Los visitantes pueden maravillarse ante la pirámide de El Castillo, el Templo de los Guerreros y el Cenote Sagrado. Otros sitios notables incluyen Cobá y Ek Balam, que ofrecen una experiencia menos concurrida y más auténtica.

La gastronomía mexicana tradicional es un punto destacado para los visitantes de Cancún y la Riviera Maya. El marisco abunda, con platillos como ceviche, pescado a la parrilla y tacos de camarón como favoritos locales. Los visitantes también pueden disfrutar de especialidades de Yucatán como la "cochinita pibil", un platillo de cerdo marinado en achiote y cítricos, cocido a fuego lento, y los "panuchos", tortillas fritas rellenas de frijoles negros y cubiertas con carne desmenuzada y cebollas encurtidas. El clima tropical de la región también significa que frutas frescas como mangos, papayas y piñas siempre están en temporada, a menudo utilizadas para hacer jugos refrescantes o cócteles.

La flora y fauna de la Riviera Maya son increíblemente diversas. La región alberga selvas exuberantes, manglares y cenotes, que son ideales para nadar y practicar esnórquel. Estos cenotes, únicos de la península de Yucatán, son una parte importante del ecosistema de la zona, y albergan una variedad de vida acuática. Las aguas costeras también son hogar de arrecifes de coral, tortugas marinas y peces tropicales, lo que convierte al área en un destino ideal para la exploración marina.

Cancún y la Riviera Maya tienen un impacto social y económico significativo en la región. El turismo es el motor principal de la economía local, proporcionando empleos y oportunidades para los residentes de la península de Yucatán. Sin embargo, este rápido crecimiento también ha planteado desafíos ambientales, particularmente en términos de manejo de residuos, erosión costera y el impacto del desarrollo en los ecosistemas locales. La región ha hecho esfuerzos para promover el turismo sostenible, con parques ecológicos como Xcaret y Xel-Há combinando entretenimiento con educación ambiental y conservación.

Los desafíos urbanos en Cancún y la Riviera Maya incluyen equilibrar el turismo con la conservación del medio ambiente. La alta demanda de resorts y desarrollos ha generado preocupaciones sobre la preservación de áreas naturales, especialmente a lo largo de la costa. Además, la afluencia de turistas ha puesto presión sobre la infraestructura, como carreteras, suministro de agua y servicios públicos. El gobierno local, junto con organizaciones privadas, trabaja para abordar estos desafíos promoviendo prácticas sostenibles y protegiendo el medio ambiente natural.

Un dato menos conocido sobre Cancún es que originalmente fue un proyecto financiado por el gobierno mexicano y inversores internacionales a principios de la década de 1970, diseñado específicamente para impulsar el turismo en la región. En ese momento, Cancún era poco más que una franja de costa deshabitada. Hoy en día, se ha convertido en uno de los destinos turísticos más visitados del mundo, atrayendo a millones de visitantes cada año.

En cuanto al transporte, Cancún es fácilmente accesible desde cualquier parte del mundo. El Aeropuerto Internacional de Cancún es uno de los más transitados de México, con vuelos directos a las principales ciudades de América del Norte, Europa y América Latina. Desde el aeropuerto, los visitantes pueden llegar a sus hoteles en taxis, servicios de transporte o coches de alquiler. También hay autobuses públicos y traslados privados disponibles para quienes viajan a Playa del Carmen, Tulum u otras partes de la Riviera Maya. Las carreteras de la región están bien mantenidas, lo que facilita explorar el área en automóvil.

En conclusión, Cancún y la Riviera Maya son destinos que ofrecen algo para todo tipo de viajeros. Ya sea que busques relajarte en una playa prístina, explorar antiguas ruinas mayas o sumergirte en la vibrante cultura de México, esta región brinda una experiencia diversa e inolvidable. Su importancia como centro turístico, combinada con su compromiso con el turismo sostenible y la preservación cultural, asegura que Cancún y la Riviera Maya seguirán cautivando a los visitantes durante muchos años más. A pesar de los desafíos que plantea el desarrollo rápido y las preocupaciones ambientales, la región sigue siendo un brillante ejemplo de la riqueza natural y cultural de México.

22. Cat Island: Un Tesoro Escondido en las Bahamas

Cat Island, una de las joyas menos conocidas de las Bahamas, ofrece una escapada serena para quienes buscan la belleza natural intacta y una experiencia tropical pacífica. Con un área de aproximadamente 390 kilómetros cuadrados y una población de poco más de 1,500 habitantes, esta isla es uno de los lugares más tranquilos y apartados del archipiélago. Cat Island es un tesoro escondido, con playas prístinas, colinas onduladas y una historia fascinante que se remonta a los indígenas lucayos y, más tarde, a la colonización británica.

Geográficamente, Cat Island se encuentra en el centro de las Bahamas, a unos 130 kilómetros al sureste de Nassau, la capital. La isla tiene la forma de un dedo torcido, con su costa oriental mirando al profundo océano Atlántico y su costa occidental bordeando las aguas turquesas y poco profundas de Bahamas Bank. Uno de los rasgos más distintivos de la isla es el Monte Alvernia, el punto más alto de las Bahamas, con 63 metros de altura. En su cima se encuentra La Ermita, un pequeño monasterio construido por el Padre Jerome, un arquitecto que se convirtió en sacerdote. Este lugar ofrece vistas espectaculares de la isla y es uno de los hitos más icónicos de Cat Island.

Cat Island goza de un clima tropical marítimo, con temperaturas cálidas todo el año. Las temperaturas promedio oscilan entre 24°C y 29°C, lo que lo convierte en un destino agradable en cualquier temporada. La isla experimenta una temporada húmeda de mayo a octubre, con lluvias por la tarde y algunas tormentas tropicales, mientras que la temporada seca, de noviembre a abril, ofrece cielos soleados y brisas refrescantes. La mejor época para visitarla es durante la temporada seca, cuando el clima es perfecto para actividades al aire libre y relajarse en la playa.

La belleza natural de Cat Island es uno de sus mayores atractivos. Las playas son impresionantes, con arena blanca y suave, aguas cristalinas y palmeras que se balancean suavemente con la brisa. Entre las playas más populares están Fernandez Bay, una playa en forma de media luna con aguas tranquilas, y Old Bight Beach, que se extiende por kilómetros y es ideal para nadar y caminar. Estas playas ofrecen tranquilidad y soledad, muy alejadas de los abarrotados destinos turísticos de otras islas.

Además de sus playas, Cat Island es conocida por sus sitios históricos. La Ermita en el Monte Alvernia es la más famosa, atrayendo a visitantes interesados tanto en su significado religioso como arquitectónico. Construida enteramente por el Padre Jerome a principios del siglo XX, la estructura refleja una mezcla de estilos europeos y bahameños, y es un símbolo del patrimonio espiritual de la isla. Otro sitio histórico destacado es las ruinas de la plantación Deveaux, restos de una plantación de algodón del siglo XVIII, que ofrecen una mirada al pasado colonial de la isla.

La cultura de Cat Island está profundamente arraigada en las tradiciones bahameñas, con un fuerte sentido de comunidad y enfoque en la simplicidad y la familia. La música juega un papel esencial en la vida de la isla, con géneros como el "rake-and-scrape," una forma de música folclórica bahameña, siendo particularmente popular. El Festival anual de Rake-and-Scrape, que se celebra en Arthur's Town, reúne a locales y visitantes para una celebración de música, baile y comida tradicional. Este festival es uno de los momentos culturales más importantes de la isla y brinda una visión única de la cultura y el patrimonio bahameños.

La gastronomía de Cat Island es una deliciosa mezcla de sabores bahameños, con un enfoque en mariscos frescos y productos locales. Los visitantes pueden disfrutar de platos como el "cracked conch" (caracol frito), pescado frito y langosta, a menudo servidos con arroz y guisantes o macarrones al horno. El "Johnnycake", un pan tradicional bahameño, es también un alimento básico en la isla, junto con el "guava duff", un postre dulce hecho de guayaba. Muchos de los restaurantes de la isla son pequeños negocios familiares que ofrecen un ambiente acogedor y comidas caseras.

La flora y fauna en Cat Island son típicas de las Bahamas, con vegetación costera como uva de mar, palmeras y árboles de casuarina que bordean las playas. En el interior, las colinas y bosques de la isla albergan una variedad de especies de plantas, incluidos árboles frutales tropicales como mango, guayaba y tamarindo. La vida silvestre incluye una gran variedad de aves, como el ruiseñor de las Bahamas, garzas y águilas pescadoras, lo que convierte a la isla en un paraíso para los observadores de aves. Las aguas que rodean la isla están llenas de vida marina, incluidos peces coloridos, tortugas marinas y rayas, lo que ofrece excelentes oportunidades para practicar esnórquel y buceo.

El impacto social del turismo en Cat Island es relativamente mínimo en comparación con islas más desarrolladas como Nassau o Gran Bahama. El enfoque relajado del turismo ha ayudado a preservar el entorno natural de la isla y su estilo de vida tradicional. La mayoría de los residentes están involucrados en la pesca, la agricultura o el turismo a pequeña escala, y la isla ha hecho esfuerzos para promover prácticas de turismo sostenible que respeten la cultura y el medio ambiente locales.

Sin embargo, Cat Island enfrenta algunos desafíos, especialmente en términos de infraestructura y desarrollo. La ubicación remota de la isla y su pequeña población significan que los servicios como las carreteras, los servicios públicos y las instalaciones de salud son limitados. Aunque esta falta de desarrollo contribuye al encanto y la autenticidad de la isla, también puede representar desafíos tanto para los residentes como para los visitantes. A pesar de estos desafíos, Cat Island sigue comprometida con la preservación de su belleza natural y su patrimonio cultural, mientras desarrolla gradualmente su sector turístico.

Un dato poco conocido sobre Cat Island es su conexión con la historia de los piratas. Se cree que la isla recibió su nombre en honor al infame pirata Arthur Catt, quien supuestamente utilizó la isla como escondite durante el siglo XVIII. Aunque gran parte de la historia de los piratas en la isla está envuelta en misterio, su ubicación remota y su accidentada costa habrían sido un refugio ideal para los forajidos marinos.

La importancia de Cat Island radica en su capacidad para ofrecer una experiencia bahameña auténtica y fuera de los caminos trillados. A diferencia de los concurridos resorts de Nassau o Freeport, Cat Island proporciona un refugio tranquilo para los viajeros que buscan desconectarse y conectarse con la naturaleza. Sus playas, sitios históricos y ricas tradiciones culturales la convierten en un destino único que muestra la verdadera esencia de las Bahamas.

Llegar a Cat Island desde cualquier parte del mundo requiere un poco más de esfuerzo que viajar a las islas más desarrolladas de las Bahamas. La mayoría de los visitantes internacionales vuelan al Aeropuerto Internacional Lynden Pindling en Nassau y luego toman un vuelo doméstico al Aeropuerto de New Bight en Cat Island. Los vuelos a Cat Island están disponibles a través de aerolíneas regionales, y el viaje dura unos 40 minutos. Una vez en la isla, desplazarse es fácil, con taxis y coches de alquiler disponibles. El pequeño tamaño de la isla y su ambiente relajado la convierten en un lugar perfecto para explorar a tu propio ritmo.

En conclusión, Cat Island es un paraíso escondido que ofrece una mezcla perfecta de belleza natural, rica historia y auténtica cultura bahameña. Ya sea explorando sus playas prístinas, caminando hasta la cima del Monte Alvernia o disfrutando de una comida tradicional, Cat Island brinda una experiencia inolvidable para quienes buscan un destino pacífico y sin explotar. Su importancia como centro de ecoturismo y su compromiso con la preservación de su patrimonio natural y cultural la convierten en un destino destacado en las Bahamas.

23. Caye Caulker: El Paraíso de Ir Despacio

Caye Caulker, una pequeña pero cautivadora isla frente a la costa de Belice, es un verdadero tesoro que personifica la esencia del "go slow" o "ir despacio", un lema que abrazan tanto los locales como los visitantes. Con solo 8 kilómetros de largo y menos de 2 kilómetros de ancho, Caye Caulker es un destino tranquilo y relajado, perfecto para quienes buscan escapar del bullicio de la vida moderna. La isla forma parte de la Barrera de Coral de Belice, la segunda barrera de coral más grande del mundo, y es famosa por sus aguas cristalinas, su abundante vida marina y sus impresionantes playas.

Geográficamente, Caye Caulker se encuentra a unos 32 kilómetros al noreste de la Ciudad de Belice, en el mar Caribe. La isla está dividida en dos secciones por un estrecho canal conocido como "The Split". La parte norte de la isla es más salvaje y está cubierta en su mayoría por manglares, mientras que en el sur se concentra la mayor parte de la población y las actividades turísticas. The Split fue creado en 1961, cuando el huracán Hattie abrió una grieta a través de la isla, y hoy en día es uno de los lugares más populares para nadar, tomar el sol y socializar.

Caye Caulker disfruta de un clima tropical, con temperaturas cálidas todo el año. Las temperaturas diurnas varían entre 26°C y 31°C, lo que la convierte en un destino ideal para los amantes de la playa. La mejor época para visitarla es durante la temporada seca, de noviembre a abril, cuando el sol brilla y las brisas del mar refrescan el ambiente. La temporada de lluvias, de mayo a octubre, trae algunas lluvias ocasionales, pero suelen ser breves y no interrumpen las actividades. Además, la isla es menos vulnerable a los huracanes que otras partes del Caribe, aunque siempre es prudente tomar precauciones durante la temporada de tormentas.

El turismo es el motor de la economía de Caye Caulker, y la isla ofrece una variedad de actividades tanto para los aventureros como para aquellos que buscan relajarse. Uno de los mayores atractivos es su proximidad a la Barrera de Coral de Belice, que está a solo un corto viaje en bote. Esta barrera es un Sitio de Patrimonio Mundial de la UNESCO y uno de los mejores lugares del mundo para practicar snorkel y buceo. Las reservas marinas de Hol Chan y Shark Ray Alley son dos de los sitios más populares para hacer snorkel, donde los visitantes pueden nadar junto a tiburones nodriza, rayas y una variedad de peces coloridos.

Para los buceadores, el Gran Agujero Azul, situado a unos 70 kilómetros de Caye Caulker, es una experiencia imperdible. Este gigantesco sumidero marino es uno de los sitios de buceo más famosos del mundo, conocido por sus aguas cristalinas y estalactitas submarinas. Además, los arrecifes alrededor de Caye Caulker son ideales para excursiones más relajadas de snorkel, donde se pueden admirar vibrantes formaciones de coral y bancos de peces tropicales justo bajo la superficie.

La cultura de Caye Caulker es una mezcla de tradiciones beliceñas, ritmos caribeños e influencias criollas. La población de la isla, de alrededor de 2,000 personas, forma una comunidad unida, con un ambiente relajado y amistoso que impregna la vida diaria. Aunque el inglés es el idioma oficial de Belice, muchos locales también hablan kriol, una lengua criolla que refleja las raíces africanas, europeas y caribeñas de la isla. Caye Caulker es conocida por su actitud relajada, donde tanto locales como turistas adoptan un ritmo de vida pausado. No hay coches en la isla, y la mayoría de las personas se desplazan a pie, en bicicleta o en carritos de golf.

La gastronomía de la isla es una parte esencial de la experiencia. Caye Caulker es famosa por sus mariscos frescos, con platos como langosta a la parrilla, buñuelos de caracol y tacos de pescado siendo los favoritos locales. La langosta es especialmente popular durante el Festival de la Langosta, que se celebra en junio, donde la isla festeja la apertura de la temporada de langosta con banquetes, música y bailes. Los visitantes también pueden disfrutar de platos tradicionales beliceños, como arroz con frijoles, fry jacks (una especie de masa frita) y ceviche elaborado con mariscos frescos locales. Los restaurantes de Caye Caulker suelen ser pequeños negocios familiares que ofrecen comidas deliciosas en un ambiente relajado frente al mar.

La flora y fauna de Caye Caulker son típicas de un entorno tropical isleño. La parte norte de la isla está cubierta por manglares, que son cruciales para el ecosistema local, ya que proporcionan hábitat para aves, peces y otras especies de fauna. Los observadores de aves pueden avistar una variedad de especies en la isla, incluidas fragatas, pelícanos y garzas. Las aguas que rodean Caye Caulker albergan una increíble diversidad de vida marina, como tortugas marinas, rayas y una multitud de especies de peces, lo que convierte a la isla en un paraíso para los amantes de la naturaleza y los ecoturistas.

En términos sociales, el turismo ha tenido un impacto significativo en la economía y el estilo de vida de la isla. Mientras que la pesca solía ser la principal industria, hoy en día el turismo es la principal fuente de ingresos para los residentes de Caye Caulker. Muchos isleños trabajan en la industria de la hospitalidad, dirigiendo casas de huéspedes, restaurantes y compañías de tours para atender al constante flujo de visitantes. A pesar del crecimiento del turismo, Caye Caulker ha logrado conservar su encanto y evitar el desarrollo excesivo que se observa en otros destinos del Caribe. El lema "go slow" de la isla refleja su compromiso con mantener un estilo de vida relajado y sostenible.

No obstante, como muchas pequeñas islas turísticas, Caye Caulker enfrenta desafíos urbanos, especialmente en términos de infraestructura. El suministro de agua, la gestión de residuos y los servicios públicos son limitados, y el crecimiento del turismo ha puesto presión sobre estos sistemas. La conservación ambiental es también una prioridad, ya que los delicados ecosistemas de la isla son vulnerables al impacto del desarrollo y el cambio climático. Se están realizando esfuerzos para promover prácticas de turismo sostenible que minimicen el impacto ambiental, y varias organizaciones locales están involucradas en la conservación de los recursos naturales de la isla.

Un dato poco conocido sobre Caye Caulker es su rica historia como refugio de piratas. Durante los siglos XVII y XVIII, la ubicación remota de la isla la convirtió en un escondite ideal para los piratas que saqueaban barcos españoles en el Caribe. Se cree que el nombre de la isla proviene de la práctica de "caulking" (calafatear) los barcos, ya que los piratas venían a la isla para reparar y mantener sus embarcaciones.

La importancia de Caye Caulker como destino turístico radica en su capacidad para ofrecer una experiencia pacífica y auténtica de la vida isleña. A diferencia de otras partes más comercializadas del Caribe, Caye Caulker ha permanecido en gran medida intacta por el turismo masivo. La belleza natural de la isla, la amabilidad de sus habitantes y el énfasis en la sostenibilidad la convierten en un destino destacado para aquellos que buscan conectarse con la naturaleza y disfrutar de una vida más simple.

Llegar a Caye Caulker desde cualquier parte del mundo es relativamente fácil. La mayoría de los visitantes internacionales vuelan al Aeropuerto Internacional Philip S. W. Goldson en Ciudad de Belice, que está bien conectado con las principales ciudades de América del Norte y más allá. Desde Ciudad de Belice, los viajeros pueden tomar un breve viaje en ferry de 30 minutos hasta Caye Caulker. Los taxis acuáticos operan regularmente entre Ciudad de Belice, Caye Caulker y las islas cercanas como Ambergris Caye, lo que facilita la exploración de la región. Alternativamente, pequeños aviones de aerolíneas locales ofrecen vuelos desde la ciudad de Belice hasta la pequeña pista de aterrizaje de Caye Caulker, proporcionando una forma más rápida y pintoresca de llegar a la isla.

En conclusión, Caye Caulker es un paraíso tropical que ofrece una mezcla única de belleza natural, rica cultura y un ambiente relajado. Ya sea explorando los vibrantes arrecifes de coral, disfrutando de mariscos frescos en un restaurante frente a la playa o simplemente relajándose en una hamaca junto al agua, Caye Caulker proporciona una experiencia inolvidable.

24. Cayo Coco y Cayo Guillermo: Paraíso en el Caribe

Cayo Coco y Cayo Guillermo, dos islas idílicas en la costa norte de Cuba, son famosas por sus playas prístinas, resorts de lujo y aguas turquesas cristalinas. Estas islas forman parte del archipiélago Jardines del Rey, conocido por su impresionante belleza natural y vibrante vida marina. Cayo Coco, la más grande de las dos, cubre aproximadamente 370 kilómetros cuadrados, mientras que Cayo Guillermo es más pequeña, con unos 13 kilómetros cuadrados. Juntas, ofrecen el retiro tropical perfecto para quienes buscan relajación, aventura y una inmersión en el fascinante mundo natural de Cuba.

Geográficamente, Cayo Coco y Cayo Guillermo se encuentran en la provincia de Ciego de Ávila y están conectadas al territorio cubano por una carretera elevada de 27 kilómetros conocida como el Pedraplén. Esta carretera ofrece vistas espectaculares de las aguas circundantes y la oportunidad de avistar la fauna local, como los flamencos que a menudo se ven en las lagunas poco profundas cercanas. Las islas están situadas en la Bahía de Perros y forman parte del extenso archipiélago Jardines del Rey, un nombre otorgado por los exploradores españoles en honor al rey Fernando II.

El clima en Cayo Coco y Cayo Guillermo es tropical, con temperaturas cálidas durante todo el año. Las temperaturas promedio oscilan entre 24°C y 31°C, lo que hace de estas islas un destino ideal para los amantes de la playa. La temporada seca, de noviembre a abril, es la mejor época para visitarlas, ya que ofrece cielos soleados y menor humedad. La temporada de lluvias, de mayo a octubre, trae lluvias ocasionales y la posibilidad de tormentas tropicales, aunque las islas siguen siendo populares durante todo el año debido a su clima agradable.

Uno de los principales atractivos de estas islas son sus increíbles playas. Cayo Coco es conocido por Playa Larga y Playa Flamenco, ambas con arenas blancas y aguas poco profundas, perfectas para nadar, hacer snorkel y disfrutar de otras actividades acuáticas. Playa Pilar, en Cayo Guillermo, es a menudo considerada una de las playas más hermosas del Caribe. Esta playa, nombrada en honor al barco de Ernest Hemingway, Pilar, es famosa por sus imponentes dunas de arena y aguas cristalinas, lo que la convierte en un lugar favorito tanto para el descanso como para los deportes acuáticos.

Las islas también son un centro para los entusiastas del buceo y el snorkel, gracias a los arrecifes de coral cercanos que forman parte del sistema de la Barrera de Coral de Belice. Estos arrecifes albergan una gran variedad de vida marina, incluyendo peces de colores, rayas, tortugas marinas e incluso delfines. Las aguas claras y la biodiversidad marina hacen de Cayo Coco y Cayo Guillermo destinos populares para la exploración submarina.

Culturalmente, las islas son conocidas por su atmósfera relajada y tranquila, con un enfoque en brindar a los visitantes un escape sereno de la vida cotidiana. La población local en las islas es pequeña, ya que la mayoría de los trabajadores se desplazan desde la parte continental de Cuba para trabajar en la industria turística. Como resultado, gran parte de la cultura en las islas gira en torno a los resorts y las actividades turísticas, aunque los visitantes aún pueden experimentar la cálida hospitalidad cubana, la música y la deliciosa gastronomía local.

Hablando de comida, la oferta gastronómica en Cayo Coco y Cayo Guillermo está dominada por los lujosos resorts, que ofrecen una mezcla de platos internacionales y cubanos. Los mariscos frescos son una de las principales atracciones, con langosta, camarones y pescado presentes en muchos menús. Los platos tradicionales cubanos como "ropa vieja" (carne desmenuzada), "congrí" (arroz con frijoles negros) y "tostones" (plátanos fritos) también se pueden disfrutar en los restaurantes de los resorts, lo que permite a los visitantes probar los sabores locales.

La flora y fauna de las islas son diversas y reflejan la rica biodiversidad de los ecosistemas costeros y marinos de Cuba. Cayo Coco es famoso por su población de flamencos rosados, que a menudo se ven vadeando en las aguas poco profundas de las lagunas. Las islas también albergan diversas especies de aves, como pelícanos, garzas y el tocororo cubano, el ave nacional de Cuba. Los arrecifes de coral que rodean las islas están llenos de vida marina, lo que los convierte en un paraíso para los buceadores y aficionados al snorkel.

Socialmente, el turismo ha tenido un impacto significativo en Cayo Coco y Cayo Guillermo. Las islas dependen en gran medida del turismo, y la mayoría de los empleos están relacionados con la industria hotelera. Si bien esto ha traído beneficios económicos a la región, también existen preocupaciones sobre el impacto ambiental del turismo, especialmente en términos de desarrollo costero y la preservación de los hábitats naturales de las islas. Las autoridades locales y los grupos de conservación están trabajando para promover prácticas de turismo sostenible que protejan los frágiles ecosistemas de las islas, al mismo tiempo que apoyan la economía local.

Sin embargo, Cayo Coco y Cayo Guillermo enfrentan algunos desafíos urbanos, especialmente en términos de infraestructura y conservación ambiental. El Pedraplén, que conecta las islas con el continente, ha sido criticado por su posible impacto en los ecosistemas locales, especialmente en lo que respecta al flujo de agua y la salud de los manglares y lagunas circundantes. Además, el crecimiento del turismo ha ejercido presión sobre los recursos naturales de las islas, lo que ha llevado a esfuerzos para equilibrar el desarrollo con la protección ambiental.

Un hecho poco conocido sobre Cayo Guillermo es su conexión con Ernest Hemingway. El escritor estadounidense fue un visitante frecuente de la región, y su amor por la pesca y el Caribe se refleja en sus novelas, particularmente en "Islas en el Golfo". El barco de Hemingway, Pilar, que inspiró el nombre de Playa Pilar, a menudo se veía en las aguas alrededor de Cayo Guillermo, donde pasaba tiempo pescando y disfrutando de la belleza natural del área.

La importancia de Cayo Coco y Cayo Guillermo como destinos turísticos no puede subestimarse. Se han convertido en algunos de los resorts de playa más populares de Cuba, atrayendo visitantes de todo el mundo. Las islas ofrecen una combinación perfecta de lujo, belleza natural y aventura, lo que las convierte en el lugar ideal para lunamieleros, familias y cualquier persona que busque una escapada tropical.

Llegar a Cayo Coco y Cayo Guillermo desde cualquier parte del mundo es relativamente fácil. Las islas están servidas por el Aeropuerto Internacional Jardines del Rey, ubicado en Cayo Coco. El aeropuerto ofrece vuelos directos desde varias ciudades importantes de Canadá y Europa, lo que lo convierte en un destino conveniente para los viajeros internacionales. Una vez en las islas, los visitantes pueden utilizar taxis, servicios de traslado o autos de alquiler para explorar la zona y acceder a los diversos resorts y atracciones. El Pedraplén también permite el acceso a las islas en coche desde el continente.

En conclusión, Cayo Coco y Cayo Guillermo son dos de los destinos isleños más impresionantes de Cuba, que ofrecen una combinación perfecta de belleza natural, lujo y aventura. Desde sus playas prístinas y vibrantes arrecifes de coral hasta su rica biodiversidad e historia cultural, estas islas tienen algo para todos. A pesar de los desafíos que plantea el rápido desarrollo del turismo, las islas siguen comprometidas con la preservación de su entorno natural y su herencia cultural.

25. Cayo Levantado: Paraíso Tropical en el Caribe

Cayo Levantado, a menudo llamado Isla Bacardí, es una pequeña pero encantadora isla situada en la Bahía de Samaná, en la República Dominicana. Este paraíso tropical, que abarca apenas un kilómetro cuadrado, es famoso por sus impresionantes playas de arena blanca, aguas turquesas cristalinas y exuberantes palmeras verdes. A pesar de su tamaño, Cayo Levantado se ha convertido en un destino popular para aquellos que buscan una escapada caribeña idílica, donde la relajación y la belleza natural son protagonistas.

Geográficamente, Cayo Levantado está ubicado a poca distancia de la ciudad de Samaná, en la costa noreste de la República Dominicana. La cercanía de la isla al continente la hace fácilmente accesible en bote, y es conocida por su atmósfera tranquila y serena, perfecta para una excursión de un día o una estadía prolongada. La fama de la isla creció cuando se asoció con la icónica marca de ron Bacardí, lo que le valió el apodo de "Isla Bacardí", debido a su semejanza con el escenario presentado en los comerciales de Bacardí en la década de 1980.

Cayo Levantado disfruta de un clima tropical con temperaturas cálidas durante todo el año. Las temperaturas diurnas promedio oscilan entre

25°C y 30°C (77°F a 86°F), lo que lo convierte en un destino ideal de playa. La temporada seca, de noviembre a abril, es la mejor época para visitar, con cielos soleados y brisas agradables. La temporada de lluvias, de mayo a octubre, trae lluvias ocasionales, pero generalmente son cortas y no interrumpen significativamente las actividades en la isla. Incluso durante la temporada húmeda, la isla sigue siendo un lugar atractivo gracias a su clima consistentemente cálido.

La principal atracción de la isla son sus playas, consideradas entre las más bellas de la República Dominicana. Los visitantes se sienten atraídos por las suaves arenas blancas, las palmeras que se balancean suavemente y las aguas claras, perfectas para nadar, hacer snorkel y tomar el sol. Las playas de Cayo Levantado también son ideales para practicar deportes acuáticos como kayak y paddleboarding. Para aquellos que buscan relajarse, las costas prístinas de la isla ofrecen muchos rincones tranquilos para disfrutar del sol y el sonido del mar Caribe.

Cayo Levantado no solo es famoso por sus playas, sino también por sus resorts de lujo. La isla alberga un exclusivo resort todo incluido que brinda a los visitantes una experiencia relajante y exclusiva. Este resort está diseñado para parejas, familias y lunamieleros, ofreciendo vistas impresionantes al océano, gastronomía de primera clase y servicios de spa en un entorno apartado y pacífico. Los huéspedes pueden disfrutar de todo, desde masajes en la playa hasta cenas gourmet, lo que convierte a la isla en un refugio perfecto para quienes buscan lujo y belleza natural.

La cultura de la isla está estrechamente ligada a la cultura dominicana en general, que es rica en música, danza y vibrantes celebraciones. Aunque Cayo Levantado en sí está más enfocado en ofrecer una escapada tranquila, la cercana ciudad de Samaná ofrece un vistazo animado a la vida dominicana. Los visitantes pueden tomar un corto viaje en bote a Samaná para explorar sus mercados, restaurantes y sitios culturales. La ciudad es particularmente conocida por su temporada anual de avistamiento de ballenas, cuando miles de ballenas jorobadas migran a la bahía entre enero y marzo para aparearse y dar a luz. Este evento atrae a ecoturistas y amantes de la naturaleza de todo el mundo.

La gastronomía dominicana es otro punto destacado en la visita a Cayo Levantado. Los restaurantes de la isla, especialmente los de los resorts de lujo, ofrecen platos de mariscos frescos, como pescado a la parrilla, langosta y camarones, a menudo condimentados con especias locales. Otros platos dominicanos tradicionales como el "mangú" (puré de plátanos), "sancocho" (un guiso sustancioso) y "tostones" (plátanos fritos) también figuran en el menú, brindando a los visitantes un sabor auténtico del Caribe. Muchas comidas se disfrutan con una refrescante bebida tropical, a menudo elaborada con ron, en honor a la asociación de la isla con Bacardí.

La flora y fauna de Cayo Levantado reflejan el entorno tropical de la isla. La exuberante vegetación, que incluye palmeras, árboles de uva de playa y cocoteros, proporciona sombra a lo largo de las playas y crea un entorno natural y pacífico. Las aguas circundantes están llenas de vida marina, incluidos peces tropicales, tortugas marinas y arrecifes de coral, lo que lo convierte en un excelente lugar para hacer snorkel y explorar los ecosistemas submarinos. La belleza natural de la isla se preserva cuidadosamente para asegurar que los visitantes puedan disfrutarla en su estado prístino.

Socialmente, Cayo Levantado tiene un impacto significativo en la economía local a través del turismo. La popularidad de la isla como destino de lujo trae un flujo constante de visitantes, lo que apoya el empleo en la industria de la hospitalidad, el transporte y otros servicios relacionados con el turismo. Muchos habitantes de Samaná y las áreas circundantes trabajan en la isla, ya sea en los resorts o como operadores de botes, guías turísticos y personal de servicio. El enfoque de la isla en el ecoturismo y las prácticas sostenibles también ayuda a proteger el medio ambiente local mientras asegura que el turismo siga siendo una fuerza positiva para la comunidad.

Sin embargo, Cayo Levantado enfrenta desafíos relacionados con el equilibrio entre el desarrollo y la conservación ambiental. A medida que más turistas acuden a la isla, existe una creciente necesidad de gestionar los desechos, proteger los arrecifes de coral y garantizar que los recursos naturales de la isla no se sobreexploten. El gobierno local, junto con los operadores de los resorts, ha implementado medidas para minimizar la huella ambiental del turismo, como el uso de fuentes de energía renovable y la promoción de un uso responsable del agua.

Un hecho poco conocido sobre Cayo Levantado es su conexión con los piratas. Durante el siglo XVII, se cree que la isla fue utilizada como escondite por piratas que asaltaban los barcos españoles en el Caribe. La ubicación remota de la isla y su densa vegetación la convirtieron en un lugar ideal para que los piratas se escondieran y almacenaran sus tesoros. Aunque los días de la piratería han quedado atrás, esta historia añade un sentido de intriga y aventura a la narrativa de la isla.

La importancia de Cayo Levantado como destino turístico radica en su capacidad para ofrecer tanto relajación como aventura en un entorno naturalmente hermoso. Su reputación como Isla Bacardí la ha convertido en una marca reconocida en el mundo del turismo, pero también conserva un sentido de exclusividad y tranquilidad que atrae a quienes buscan una escapada más íntima y lujosa. El compromiso de la isla con el turismo sostenible aumenta su atractivo, ya que los viajeros se vuelven cada vez más conscientes de su impacto ambiental.

Llegar a Cayo Levantado es relativamente sencillo. La mayoría de los visitantes internacionales llegan al Aeropuerto Internacional Las Américas en Santo Domingo o al Aeropuerto Internacional El Catey en Samaná. Desde allí, los visitantes pueden tomar un taxi o un traslado hasta la ciudad de Samaná, donde pueden abordar un bote para el corto trayecto hasta Cayo Levantado. La isla está bien conectada por servicios de bote, y el viaje ofrece vistas impresionantes de la bahía, lo que hace que el trayecto sea parte de la experiencia. Una vez en la isla, los visitantes pueden explorar las playas y áreas de resort a pie, ya que la isla es lo suficientemente pequeña como para ser navegada fácilmente sin la necesidad de automóviles.

En conclusión, Cayo Levantado es un paraíso tropical que ofrece una mezcla perfecta de lujo, belleza natural y riqueza cultural.

26. Cayo Santa María: Paraíso Tropical en Cuba

Cayo Santa María, una deslumbrante isla situada en la costa norte de Cuba, forma parte del archipiélago Jardines del Rey y es famosa por sus playas de arena blanca, aguas cristalinas color turquesa y lujosos resorts. Aunque es un destino relativamente pequeño, con una longitud de unos 13 kilómetros y una anchura de 2 kilómetros, se ha convertido en uno de los puntos turísticos más populares de Cuba. Ofrece un refugio sereno y paradisíaco para quienes buscan sol, arena y mar en un entorno idílico.

Geográficamente, Cayo Santa María se encuentra en la provincia de Villa Clara, conectada al continente por una carretera elevada de 48 kilómetros que cruza la Bahía de Buena Vista, declarada Reserva de la Biosfera por la UNESCO. El trayecto por esta carretera ofrece vistas impresionantes del mar Caribe y de los cayos cercanos, convirtiendo el viaje hacia la isla en una experiencia visual fascinante. Cayo Santa María forma parte de una cadena de cayos que incluye también Cayo Ensenachos y Cayo Las Brujas, juntos constituyen un centro turístico de belleza natural incomparable.

El clima en Cayo Santa María es tropical, con temperaturas cálidas durante todo el año. Las temperaturas promedio oscilan entre los 24°C y

31°C, lo que lo convierte en un destino atractivo para los amantes de la playa en cualquier momento del año. La temporada seca, de noviembre a abril, es la más popular entre los turistas, ya que ofrece cielos soleados y baja humedad. Durante la temporada de lluvias, de mayo a octubre, se producen algunos chaparrones ocasionales y posibles tormentas tropicales, aunque la isla sigue siendo un lugar atractivo gracias a su clima consistentemente agradable.

Cayo Santa María es conocido principalmente por sus impresionantes playas. Entre las más famosas se encuentran Playa Perla Blanca y Playa Las Gaviotas, caracterizadas por arenas blancas como el polvo y aguas tranquilas y poco profundas, perfectas para nadar, tomar el sol y practicar deportes acuáticos. Las playas están rodeadas de vegetación verde y cocoteros, lo que crea el escenario tropical perfecto. Para los visitantes que buscan aventura, las aguas de Cayo Santa María son ideales para hacer snorkel y buceo, con vibrantes arrecifes de coral llenos de vida marina, que incluyen peces de colores, rayas y tortugas marinas.

Además de las playas, la isla alberga varios resorts de lujo que atienden a turistas internacionales. Estos resorts ofrecen paquetes todo incluido, con servicios como restaurantes de alta cocina, spas y acceso directo a la playa, garantizando que los visitantes puedan relajarse y disfrutar con comodidad. Los resorts en Cayo Santa María están diseñados para una variedad de viajeros, desde parejas y familias hasta lunamieleros, lo que lo convierte en un destino versátil para cualquiera que desee disfrutar de la belleza costera de Cuba.

Culturalmente, Cayo Santa María refleja una mezcla de tradiciones cubanas e influencias internacionales, debido a su enfoque turístico. Aunque la isla es principalmente un destino de resorts, los visitantes pueden disfrutar de la cultura cubana a través de la música, la comida y las presentaciones de baile locales que se ofrecen en los resorts y durante excursiones a ciudades cercanas. La ciudad de Remedios, por ejemplo, es una de las más antiguas de Cuba y brinda a los visitantes una mirada al pasado colonial del país, con su arquitectura bellamente preservada y la famosa Parranda de Remedios, una fiesta tradicional que se celebra cada diciembre.

En cuanto a la gastronomía, los resorts de Cayo Santa María ofrecen una amplia variedad de platos internacionales y cubanos. Los mariscos frescos, como la langosta, los camarones y el pescado, son lo más destacado de la cocina local, a menudo acompañados de arroz, frijoles y plátanos. Platos cubanos clásicos como la "ropa vieja" (carne de res desmenuzada en una salsa a base de tomate) y el "lechón asado" (cerdo asado) también son comunes, brindando a los visitantes la oportunidad de probar los ricos sabores de la cocina cubana. Además, los cócteles cubanos como el mojito y el daiquirí, elaborados con el famoso ron cubano, son una forma refrescante de relajarse tras un día al sol.

La flora y fauna de Cayo Santa María forman parte de lo que hace que esta isla sea tan especial. Las aguas circundantes albergan extensos arrecifes de coral, que sostienen una diversa gama de vida marina, incluidos peces tropicales, rayas, tortugas marinas e incluso delfines. La isla está cubierta de manglares, bosques costeros y dunas de arena, que proporcionan hábitat para diversas especies de aves, como pelícanos, flamencos y garzas. El archipiélago Jardines del Rey es también un hábitat crucial para varias especies en peligro de extinción, lo que lo convierte en una zona importante para los esfuerzos de conservación.

En cuanto a su impacto social, el turismo se ha convertido en el alma económica de Cayo Santa María, proporcionando empleo a miles de cubanos. Muchos de los trabajadores de la isla viajan desde pueblos y ciudades cercanas, como Caibarién y Remedios, para trabajar en los resorts, restaurantes y servicios turísticos. El auge del turismo ha contribuido al crecimiento de la economía local y a la mejora de la infraestructura de la región, aunque también ha planteado desafíos relacionados con la sostenibilidad y la protección ambiental. El gobierno cubano ha hecho esfuerzos por asegurar que el desarrollo en la isla sea ecológicamente responsable y que los frágiles ecosistemas del archipiélago se preserven para las futuras generaciones.

Sin embargo, Cayo Santa María enfrenta varios desafíos urbanos. A medida que el turismo continúa creciendo, hay una mayor presión sobre la infraestructura de la isla, especialmente en términos de gestión de residuos, suministro de agua y transporte. Además, la carretera elevada que conecta la isla con el continente, aunque es conveniente para los turistas, ha generado preocupaciones sobre su impacto ambiental en los ecosistemas costeros. Para mitigar estos desafíos, las autoridades locales y los desarrolladores de resorts están trabajando para implementar prácticas de turismo sostenible, como limitar el número de nuevos desarrollos y promover infraestructuras energéticamente eficientes.

Un hecho poco conocido sobre Cayo Santa María es su conexión con la historia de los piratas. Durante los siglos XVII y XVIII, las aguas poco profundas y los cayos escondidos del archipiélago Jardines del Rey proporcionaron un refugio ideal para los piratas que atacaban los barcos españoles que transportaban tesoros de vuelta a Europa. La rica historia de exploración, piratería y comercio marítimo en la zona agrega un toque de aventura y misterio a su atmósfera tranquila actual.

La importancia de Cayo Santa María como destino turístico no puede subestimarse. Se ha convertido en uno de los principales centros del turismo en Cuba, atrayendo visitantes de todo el mundo, especialmente de Canadá y Europa. Las playas prístinas, los lujosos resorts y la vibrante belleza natural de la isla la convierten en un lugar muy deseado, ayudando a apoyar la economía cubana y promover la imagen del país como un paraíso tropical.

Viajar a Cayo Santa María desde cualquier parte del mundo es relativamente sencillo. La isla está servida por el Aeropuerto Internacional Abel Santamaría en Santa Clara, que se encuentra a unos 100 kilómetros de la carretera elevada que conduce a Cayo Santa María. Desde el aeropuerto, los visitantes pueden tomar un taxi, un servicio de traslado o un transporte privado hasta la isla, un viaje que generalmente dura unos 90 minutos. Muchos vuelos internacionales llegan a Santa Clara desde ciudades importantes de Canadá, Europa y América Latina, lo que lo convierte en una puerta de entrada conveniente a la isla.

Una vez en Cayo Santa María, los visitantes pueden explorar fácilmente la isla a pie, en bicicleta o utilizando los servicios de traslado proporcionados por los resorts. Para aquellos que deseen aventurarse más allá de la isla, hay excursiones en barco, salidas de snorkel y tours de un día a pueblos cercanos, lo que brinda la oportunidad de experimentar la belleza y la cultura más amplia de la región.

ANI DEE

En conclusión, Cayo Santa María es un paraíso tropical que ofrece a los visitantes la combinación perfecta de relajación, aventura y lujo.

27. Cayos Cochinos: Paraíso Escondido del Caribe

Cayos Cochinos, un impresionante archipiélago frente a la costa norte de Honduras, es una joya oculta en el Caribe. Compuesto por dos pequeñas islas, Cayo Mayor y Cayo Menor, junto con trece diminutos cayos coralinos, Cayos Cochinos cubre un área de poco más de 2 kilómetros cuadrados. A pesar de su tamaño, el archipiélago es uno de los destinos más prístinos y ecológicamente significativos del Caribe, atrayendo a viajeros que buscan la belleza natural, aventuras marinas y una experiencia auténtica en una isla.

Ubicado a unos 30 kilómetros al noreste de la ciudad de La Ceiba, en el departamento de Atlántida, Honduras, Cayos Cochinos se encuentra dentro del Sistema Arrecifal Mesoamericano, el segundo arrecife de barrera más grande del mundo. Esta ubicación lo convierte en un lugar ideal para el snorkel, el buceo y el ecoturismo. Cayo Mayor, la isla más grande, está cubierta en su mayoría por selva tropical, mientras que Cayo Menor alberga una pequeña estación de investigación biológica y un faro.

El clima de Cayos Cochinos es tropical, con temperaturas cálidas durante todo el año. Los promedios oscilan entre 25°C y 30°C, ideales para actividades en la playa y deportes acuáticos. La temporada seca, de noviembre a abril, es la más favorable para visitar, con cielos soleados y mares tranquilos. Durante la temporada de lluvias, de mayo a octubre, puede haber fuertes precipitaciones y tormentas ocasionales, pero el archipiélago sigue siendo popular durante todo el año gracias a su clima cálido y belleza natural.

Lo que más destaca en Cayos Cochinos es su vibrante vida marina y sus arrecifes de coral, parte del Sistema Arrecifal Mesoamericano. Las aguas que rodean las islas albergan una asombrosa variedad de especies marinas, como peces tropicales, tortugas, rayas y corales coloridos. Para los buceadores y los aficionados al snorkel, el archipiélago ofrece una oportunidad única de explorar estos arrecifes y encontrarse con la vida marina en su hábitat natural. Hay puntos de buceo populares con arrecifes poco profundos llenos de vida, así como aguas más profundas donde es posible avistar especies más grandes, como barracudas y tiburones ballena.

Las islas también forman parte de una reserva marina protegida, y los esfuerzos de conservación son clave para preservar los delicados ecosistemas de Cayos Cochinos. Estos esfuerzos de conservación también se extienden a la tierra, ya que las selvas tropicales de Cayo Mayor proporcionan hábitat para especies nativas como la boa rosada, una especie de serpiente en peligro de extinción que solo se encuentra en estas islas. Los observadores de aves también encuentran en Cayos Cochinos un paraíso, con aves marinas como los fragatas y pelícanos frecuentemente avistados sobrevolando el área.

Culturalmente, Cayos Cochinos ofrece una experiencia única gracias a su conexión con el pueblo Garífuna, un grupo afroindígena que habita en la cercana costa y áreas del continente. Los Garífuna tienen un rico patrimonio cultural, y los visitantes pueden experimentar su música tradicional, danzas y cocina durante su visita al archipiélago. La profunda conexión de los Garífuna con el mar se refleja en su estilo de vida, y muchos guías locales y operadores de embarcaciones provienen de comunidades Garífuna. Visitar uno de los pequeños pueblos pesqueros en la zona ofrece una oportunidad para conocer su historia, costumbres y cultura vibrante.

La comida en Cayos Cochinos está influenciada por la cultura Garífuna y la proximidad al mar. El marisco fresco es un pilar fundamental, con platos como pescado a la parrilla, langosta y camarones, que suelen servirse con arroz, plátanos y leche de coco. "Machuca", un platillo tradicional Garífuna hecho con plátanos machacados y sopa de coco, es una delicia que los visitantes deben probar para disfrutar del auténtico sabor de la cocina local. Muchas de las comidas se disfrutan junto al mar, con el sonido de las olas y la brisa del océano como telón de fondo.

La flora y fauna de las islas son ricas y diversas. Cayo Mayor está cubierto por una densa selva tropical, hogar de diversas especies de plantas, incluidas palmeras de coco, árboles de uva de mar y manglares. Las selvas proporcionan refugio a varios animales, incluidas aves, reptiles y diversos insectos, mientras que las aguas circundantes están llenas de vida marina. La boa rosada, una especie única que se ha adaptado al entorno de la isla, es una de las especies más interesantes y raras que se pueden encontrar aquí.

En cuanto a su impacto social, el turismo juega un papel importante en el apoyo a la economía local, especialmente para las comunidades Garífuna cercanas que dependen de la pesca y las actividades relacionadas con el turismo. El compromiso de la región con el ecoturismo garantiza que el desarrollo sea mínimo y que los visitantes se involucren de manera responsable con el entorno local. Como área protegida, Cayos Cochinos limita el número de turistas permitidos al mismo tiempo, lo que ayuda a preservar su belleza natural y proteger sus ecosistemas del turismo excesivo.

Sin embargo, Cayos Cochinos enfrenta ciertos desafíos urbanos, especialmente en términos de infraestructura. Al ser un destino relativamente poco desarrollado, las opciones de alojamiento en las islas son limitadas. La mayoría de los visitantes vienen en excursiones de un día, alojándose en las ciudades más grandes como La Ceiba o Roatán y tomando un bote hacia las islas. La falta de instalaciones permanentes como hoteles, restaurantes y opciones de transporte en las islas ayuda a mantener su condición prístina, pero también puede ser un desafío para el crecimiento del turismo.

Un hecho poco conocido sobre Cayos Cochinos es que las islas han aparecido en varios programas de telerrealidad, incluida la versión española de Supervivientes. La belleza remota y virgen del archipiélago lo convirtió en un lugar ideal para la filmación, lo que subraya aún más su atractivo como destino exótico y apartado.

La importancia de Cayos Cochinos como destino turístico radica en su papel como maravilla natural y centro de ecoturismo. Su rica biodiversidad, hermosas playas y compromiso con la conservación ambiental lo han convertido en un punto de referencia para los viajeros que buscan escapar de los centros turísticos más comercializados del Caribe. Las islas ofrecen el equilibrio perfecto entre aventura y relajación, con actividades que van desde el snorkel y el buceo hasta simplemente disfrutar del sol en la playa y sumergirse en la serenidad que rodea el lugar.

Llegar a Cayos Cochinos desde cualquier parte del mundo generalmente implica volar al Aeropuerto Internacional Ramón Villeda Morales en San Pedro Sula, el principal aeropuerto de Honduras. Desde allí, los viajeros pueden tomar un autobús o un corto vuelo a La Ceiba, la ciudad costera más cercana. La Ceiba sirve como puerta de entrada al archipiélago, y desde allí, los visitantes pueden tomar un bote o un charter privado hacia las islas. El viaje en bote desde La Ceiba a Cayos Cochinos dura aproximadamente una hora, y el recorrido por las aguas turquesas es parte del encanto de visitar este destino remoto.

En conclusión, Cayos Cochinos es un paraíso tropical que ofrece una experiencia única e inmersiva en una de las áreas más prístinas y ecológicamente significativas del Caribe. Su belleza natural, vibrante vida marina y conexiones culturales con el pueblo Garífuna lo convierten en un lugar verdaderamente especial para visitar. A pesar de los desafíos que plantea su infraestructura limitada y la necesidad de equilibrar el turismo con la conservación, Cayos Cochinos sigue siendo un faro para el ecoturismo y un recordatorio de la importancia de proteger los tesoros naturales del mundo.

28. Chichén Itzá: Maravilla Maya en Yucatán

Chichén Itzá, situada en la península de Yucatán, México, es uno de los sitios arqueológicos más famosos del mundo y un símbolo icónico de la civilización maya. Reconocida como Patrimonio de la Humanidad por la UNESCO y una de las Nuevas Siete Maravillas del Mundo, esta antigua ciudad cubre aproximadamente 10 kilómetros cuadrados y cuenta con algunas de las ruinas mejor conservadas del mundo maya. El Castillo, también conocido como el Templo de Kukulcán, es el monumento más destacado y es un ejemplo del avanzado conocimiento arquitectónico y astronómico de los mayas.

Geográficamente, Chichén Itzá se encuentra a unos 120 kilómetros de Mérida, la capital de Yucatán, y a unos 200 kilómetros de Cancún, uno de los destinos turísticos más populares de México. Situada en el corazón de la península, la ubicación de Chichén Itzá le permitió convertirse en un importante centro político, económico y religioso en su apogeo, que tuvo lugar entre los siglos VII y X.

El clima de la región es tropical, con temperaturas cálidas y húmedas durante la mayor parte del año. Las temperaturas promedio oscilan entre los 23°C y los 32°C, y la temporada de lluvias va de mayo a octubre, trayendo lluvias intensas por las tardes y una alta humedad. La mejor época para visitar es de noviembre a abril, cuando el clima es más seco y moderado. A pesar del calor, los visitantes acuden durante todo el año para explorar los asombrosos restos de la civilización maya.

El Castillo, la estructura más famosa de Chichén Itzá, se eleva 30 metros de altura y tiene una escalera en cada uno de sus cuatro lados. Este impresionante templo fue construido en honor al dios Kukulcán, la serpiente emplumada. El templo está alineado con los movimientos del sol durante los equinoccios de primavera y otoño, cuando la luz del sol crea una ilusión de una serpiente descendiendo por las escaleras. Este fenómeno atrae multitudes cada año, fascinadas por el conocimiento astronómico de los mayas.

Otro de los grandes atractivos de Chichén Itzá es el Gran Juego de Pelota, el más grande y mejor conservado de Mesoamérica. Aquí, los mayas practicaban un juego ceremonial que tenía un profundo significado religioso. La cancha mide 168 metros de largo y 70 de ancho, con imponentes muros que aún hoy muestran relieves detallados de escenas ceremoniales. También destacan el Templo de los Guerreros, una majestuosa estructura rodeada de columnas que alguna vez sostuvieron un techo, y el Observatorio, conocido como El Caracol, que los mayas utilizaban para observar los astros.

Chichén Itzá no solo fue un centro político, sino también religioso. Muchas de sus construcciones se usaban para ceremonias, sacrificios y observaciones astronómicas. Hoy en día, la ciudad sigue siendo un lugar de gran significado cultural para los descendientes de los mayas, quienes mantienen viva la herencia de sus ancestros. A lo largo del sitio, es posible sentir la energía de esta antigua civilización y sumergirse en su legado a través de la arquitectura y las historias que cuentan las ruinas.

Los alrededores de Chichén Itzá son ricos en flora y fauna tropical. Aunque es raro ver animales cerca de las ruinas, la selva que rodea el sitio alberga jaguares, ocelotes y monos aulladores. También es importante mencionar los cenotes, formaciones naturales en forma de pozos que abundan en la península de Yucatán. El Cenote Sagrado, ubicado dentro de Chichén Itzá, era utilizado para rituales de sacrificio y en su fondo se han encontrado numerosos artefactos y restos humanos. Hoy en día, los cenotes son atracciones turísticas muy populares para nadar y explorar en otras áreas de Yucatán.

Chichén Itzá tiene un gran impacto social y económico en la región, ya que el turismo es una de las principales fuentes de ingresos. Miles de turistas visitan el sitio diariamente, lo que genera empleo para guías turísticos, vendedores de artesanías y operadores de tours locales. Además, la preservación de las ruinas es una prioridad, y se han implementado medidas para mantener la integridad de las estructuras al tiempo que se garantiza el acceso a los visitantes. Sin embargo, el gran número de turistas plantea desafíos en términos de gestión del impacto ambiental y cultural.

Uno de los problemas que enfrenta Chichén Itzá es la necesidad de mejorar la infraestructura para manejar la gran afluencia de visitantes. En las zonas cercanas, como el pueblo de Pisté, se han desarrollado hoteles, restaurantes y tiendas para atender a los turistas, pero el sitio arqueológico debe equilibrar la conservación con la accesibilidad. En los últimos años, se han implementado restricciones, como la prohibición de subir a El Castillo, para proteger las estructuras del desgaste y se promueve la exploración responsable del sitio.

Un hecho menos conocido sobre Chichén Itzá es que no fue exclusivamente una ciudad maya. Tras la caída de la civilización maya, los toltecas ocuparon la ciudad y dejaron su huella en la arquitectura y cultura del lugar. Este mestizaje de culturas es visible en varias estructuras, como el Templo de los Guerreros, donde las esculturas de guerreros y águilas reflejan la influencia tolteca.

Chichén Itzá es uno de los destinos turísticos más importantes de México y el mundo. Su inclusión como una de las Nuevas Siete Maravillas del Mundo ha impulsado aún más su reconocimiento internacional, atrayendo la atención de visitantes de todas partes. Es un sitio que no solo celebra la grandeza de la civilización maya, sino también la riqueza cultural de México.

Llegar a Chichén Itzá es relativamente fácil. Los visitantes suelen volar al Aeropuerto Internacional de Cancún o al Aeropuerto Internacional de Mérida. Desde estas ciudades, es posible acceder al sitio en tours organizados, autobuses o autos de alquiler. Muchos optan por hacer una excursión de un día desde Cancún o la Riviera Maya. El trayecto desde Cancún dura aproximadamente dos horas y media, mientras que desde

Mérida toma alrededor de una hora y media. Para quienes prefieren una experiencia más tranquila, también hay hoteles cerca de Chichén Itzá, lo que permite visitar el sitio temprano por la mañana o al final de la tarde, cuando hay menos multitudes.

En resumen, Chichén Itzá es un lugar donde la historia, la cultura y la belleza natural se combinan de una manera excepcional. Ya sea maravillándose con las proezas arquitectónicas de los mayas, explorando los bosques y cenotes circundantes, o simplemente admirando la grandeza de las ruinas, Chichén Itzá ofrece una experiencia inolvidable.

29. Chichicastenango: Corazón Maya en Guatemala

Chichicastenango, conocido cariñosamente como "Chichi," es un pequeño pero vibrante pueblo situado en las tierras altas de Guatemala. Famoso por sus coloridos mercados y sus profundas tradiciones indígenas, Chichicastenango ofrece a los visitantes una experiencia cultural única, donde lo antiguo y lo contemporáneo se entrelazan. Ubicado en el departamento de Quiché, a unos 140 kilómetros al noroeste de la Ciudad de Guatemala, el pueblo se asienta a una altitud de aproximadamente 2,000 metros sobre el nivel del mar. Su clima fresco de montaña y sus calles bulliciosas atraen tanto a locales como a turistas que buscan experimentar el auténtico espíritu de Guatemala.

Con una población de alrededor de 45,000 personas, Chichicastenango es relativamente pequeño, pero su importancia cultural e histórica es inmensa. El mercado al aire libre, que se celebra todos los jueves y domingos, es uno de los más grandes y famosos de Centroamérica. En estos días, el pueblo se transforma en un centro de actividad, donde los vendedores ofrecen desde textiles tradicionales, cerámica y tallas de madera, hasta productos frescos, hierbas medicinales y máscaras ceremoniales. El mercado es un festín para los sentidos: los vivos colores, los aromas tentadores y el sonido de los comerciantes llamando a los clientes crean una atmósfera dinámica y acogedora.

El clima de Chichicastenango es templado, con mañanas y noches frescas debido a su elevada altitud. Las temperaturas promedio varían entre los 12°C y los 24°C, lo que lo convierte en un destino agradable durante todo el año. La temporada seca, de noviembre a abril, es la más popular para visitar, ya que ofrece cielos soleados y un clima moderado. La temporada de lluvias, de mayo a octubre, trae lluvias frecuentes por la tarde, pero estas rara vez duran mucho y no afectan el espíritu festivo del pueblo.

Uno de los principales centros turísticos de Chichicastenango es la Iglesia de Santo Tomás, una icónica iglesia del siglo XVI que se erige en el corazón del pueblo. Los escalones que conducen a la iglesia suelen estar adornados con flores, velas e incienso, ya que el lugar sigue siendo un importante centro espiritual tanto para los católicos como para los devotos mayas. La iglesia es única porque combina las tradiciones católicas con las prácticas religiosas indígenas mayas. En su interior, es común ver a sacerdotes mayas realizando rituales y ceremonias que se remontan a siglos atrás, creando una fascinante mezcla de mundos espirituales.

La cultura del pueblo está profundamente arraigada en las tradiciones indígenas, particularmente del pueblo maya k'iche', que constituye la mayoría de la población. Chichicastenango es uno de los pocos lugares donde las costumbres mayas han permanecido tan fuertes a pesar de siglos de colonización. Esta herencia cultural se refleja no solo en el mercado, sino también en la vida cotidiana de los residentes. Todavía es común ver a las mujeres vestidas con "huipiles" bordados de colores brillantes y a los hombres con ponchos tejidos. El calendario maya, los rituales y las festividades continúan desempeñando un papel central en la identidad cultural del pueblo.

La gastronomía de Chichicastenango refleja una rica combinación de influencias indígenas y españolas. Los vendedores callejeros ofrecen populares bocadillos como "tostadas," "tamales," y "chuchitos," que a menudo se acompañan de salsas picantes y hierbas frescas. Los restaurantes del pueblo sirven comidas abundantes como "pepian," un guiso especiado de carne y verduras, y "kak'ik," una tradicional sopa de pavo con un sabroso caldo rojo. Para los visitantes, probar el "atol," una bebida espesa a base de maíz dulce, es imprescindible para experimentar los sabores locales.

La flora y fauna que rodea Chichicastenango es típica de las regiones montañosas de Guatemala. Los valles y colinas están cubiertos de bosques de pinos y robles, proporcionando un paisaje verde y exuberante. Estas áreas forestales son hogar de una variedad de especies de aves, incluido el quetzal, el ave nacional de Guatemala. Aunque el pueblo es un área urbana bulliciosa, la naturaleza nunca está lejos, y hay varios senderos de senderismo en los alrededores que ofrecen vistas impresionantes del paisaje.

Socialmente, Chichicastenango juega un papel vital en la preservación de la cultura indígena en Guatemala. El mercado no solo es un lugar de comercio, sino también un punto de encuentro para las personas de los pueblos cercanos, quienes comparten noticias, tradiciones y lazos sociales. La continuación de ceremonias antiguas en la Iglesia de Santo Tomás también demuestra el compromiso del pueblo con el mantenimiento de sus prácticas espirituales y culturales. Sin embargo, con el aumento del turismo, existe un delicado equilibrio entre promover la herencia cultural y evitar su comercialización.

A pesar de su gran importancia cultural, Chichicastenango enfrenta varios desafíos urbanos. La infraestructura del pueblo tiene dificultades para acomodar la gran cantidad de turistas que visitan el mercado cada semana, especialmente en los días de mercado, cuando las calles se vuelven abarrotadas y congestionadas. El acceso limitado a comodidades modernas como hoteles, restaurantes y transporte público también puede ser un reto para los visitantes. Sin embargo, muchos ven esto como parte del encanto del pueblo, ya que conserva su carácter tradicional y autenticidad.

Un dato poco conocido sobre Chichicastenango es su conexión con el Popol Vuh, el libro sagrado de los mayas k'iche'. Este antiguo texto, a menudo referido como la "Biblia Maya," narra el mito de la creación del pueblo maya y fue preservado de manera oral antes de ser transcrito en el siglo XVI. Chichicastenango es considerado un centro espiritual para el pueblo k'iche', y se cree que el Popol Vuh se transmitió originalmente en esta región. Los visitantes pueden aprender más sobre este aspecto de la cultura maya en los museos locales y a través de tours guiados.

La importancia de Chichicastenango como destino turístico es innegable. Ofrece una oportunidad para que los viajeros experimenten una cultura indígena profundamente arraigada que ha permanecido notablemente intacta a pesar de los siglos de cambio. El mercado es un gran atractivo para los visitantes, ofreciendo una experiencia inmersiva en la vida diaria y la artesanía del pueblo maya. Más allá del mercado, el significado espiritual del pueblo, su belleza natural y su vibrante cultura lo convierten en un destino imprescindible para quienes estén interesados en la rica herencia cultural de Guatemala.

Llegar a Chichicastenango desde cualquier parte del mundo suele implicar volar al Aeropuerto Internacional La Aurora en la Ciudad de Guatemala. Desde allí, los visitantes pueden tomar un autobús o un transporte privado hacia el pueblo, un viaje que toma alrededor de tres horas. Si bien los autobuses públicos son una opción, muchos viajeros prefieren tours organizados o transporte privado debido a las sinuosas carreteras de montaña y la comodidad que ofrecen los traslados directos. Una vez en Chichicastenango, se puede explorar fácilmente el pueblo a pie, ya que las principales atracciones están a corta distancia entre sí.

En conclusión, Chichicastenango es un tesoro cultural que ofrece a los visitantes una ventana única al mundo maya. Ya sea paseando por su vibrante mercado, presenciando ceremonias tradicionales en la Iglesia de Santo Tomás o simplemente disfrutando del animado ambiente del pueblo, Chichicastenango brinda una experiencia inolvidable que conecta el pasado con el presente. Su significado como centro de cultura indígena, su rica historia y su gente acogedora lo convierten en uno de los destinos más fascinantes de Guatemala. A pesar de los desafíos que plantea el turismo y el desarrollo moderno, Chichicastenango sigue siendo un lugar donde las antiguas tradiciones florecen, ofreciendo un verdadero viaje cultural para quienes lo visitan.

30. Cienfuegos: La Perla del Sur de Cuba

Cienfuegos, conocida como "La Perla del Sur", es una ciudad costera encantadora situada en la costa sur de Cuba. Famosa por su arquitectura de influencia francesa y neoclásica, esta ciudad de aproximadamente 150,000 habitantes ha sido reconocida por su belleza y su atmósfera vibrante pero tranquila. Cienfuegos combina un estilo arquitectónico único con una ubicación escénica a orillas de la bahía de Cienfuegos, lo que le ha valido el título de Patrimonio de la Humanidad por la UNESCO.

Geográficamente, Cienfuegos se encuentra a unos 250 kilómetros al sureste de La Habana, la capital cubana. Su ubicación estratégica junto a la bahía no solo le brinda vistas impresionantes, sino que también la convierte en una ciudad portuaria de gran importancia. A lo largo de los siglos, Cienfuegos ha sido un punto clave para el comercio y los intercambios culturales, lo que ha influido profundamente en su identidad.

El clima de Cienfuegos es tropical, con temperaturas cálidas durante todo el año. Las temperaturas promedio varían entre los 23°C y los 31°C, lo que ofrece un clima agradable casi todo el año. La temporada seca, de noviembre a abril, es ideal para visitar, ya que los días soleados permiten explorar la ciudad y disfrutar de sus atracciones al aire libre.

Durante la temporada de lluvias, de mayo a octubre, las tardes suelen traer chubascos, pero incluso en esta época, la ciudad sigue siendo atractiva para los turistas gracias a su clima siempre cálido.

Uno de los aspectos más notables de Cienfuegos es su arquitectura bien conservada. Entre los edificios más impresionantes se encuentra el Palacio de Valle, una construcción que mezcla elementos góticos, moriscos y neoclásicos. Construido a principios del siglo XX, este palacio es ahora una atracción turística y un restaurante que ofrece vistas espectaculares de la bahía. Otro sitio emblemático es el Teatro Tomás Terry, inaugurado en 1895. Con su interior decorado con frescos y detalles en pan de oro, el teatro sigue siendo un centro cultural donde se realizan eventos artísticos.

El corazón de la ciudad es el Parque José Martí, una plaza central que atrae tanto a locales como a turistas. Alrededor del parque se encuentran importantes edificios como la Catedral de la Purísima Concepción, una catedral del siglo XIX con dos torres gemelas, y la Casa de la Cultura, que alberga eventos culturales. La plaza en sí es un lugar perfecto para relajarse, con bancos sombreados y una estatua de José Martí en su centro, donde los visitantes pueden disfrutar del ambiente pausado de la ciudad.

La cultura de Cienfuegos es un reflejo vibrante de las influencias cubanas y francesas que han marcado su historia. Fundada por colonos franceses, la ciudad tiene una herencia cultural distinta a la de otras ciudades cubanas, que suelen tener un mayor legado español. Esta mezcla se manifiesta no solo en su arquitectura, sino también en su escena artística y musical. Cienfuegos es conocida por su tradición musical, especialmente en géneros como el son y el danzón, que tienen raíces afrocubanas. Los visitantes pueden disfrutar de actuaciones en vivo en las plazas y centros culturales, donde los músicos locales interpretan la rica herencia musical de la región.

La gastronomía en Cienfuegos es un reflejo de las tradiciones culinarias cubanas, con un énfasis en mariscos frescos, arroz, frijoles y frutas tropicales. Platos como la "ropa vieja" (carne desmenuzada en salsa de tomate), los "tostones" (plátanos fritos) y el "arroz con pollo" son populares entre los locales y turistas. Dada su ubicación costera,

Cienfuegos ofrece abundantes mariscos frescos como pescado, langosta y camarones, a menudo acompañados de "moros y cristianos" (arroz con frijoles negros) o "yuca con mojo" (yuca con salsa de ajo). Los vendedores ambulantes también ofrecen bocadillos tradicionales como churros y tamal en cazuela.

En cuanto a la flora y fauna, Cienfuegos está influenciada por su entorno costero y subtropical. La bahía alberga una diversa vida marina, lo que convierte a la ciudad en un lugar popular para practicar esnórquel, buceo y pesca. Cerca de la ciudad, el Jardín Botánico de Cienfuegos es uno de los jardines botánicos más importantes del Caribe, con una colección de más de 2,000 especies de plantas, incluyendo una amplia variedad de palmeras, árboles tropicales y flores exóticas. Para los amantes de la naturaleza, este jardín es un escape pacífico, donde se pueden realizar visitas guiadas para descubrir la biodiversidad de la región.

Cienfuegos tiene un impacto social significativo en la región, especialmente a través del turismo, la agricultura y el comercio. Como uno de los principales puertos de Cuba, la ciudad participa en actividades económicas como la producción de azúcar, el cultivo de tabaco y la pesca. El turismo es vital para la economía local, ya que los visitantes son atraídos por la belleza arquitectónica de la ciudad, sus atracciones culturales y su ubicación costera. La llegada de turistas ha generado empleo y oportunidades para los negocios locales, desde hoteles y restaurantes hasta artesanos y guías turísticos.

Sin embargo, Cienfuegos también enfrenta algunos desafíos urbanos, especialmente en lo que respecta al mantenimiento de su infraestructura. Como muchas ciudades cubanas, los edificios coloniales y neoclásicos de Cienfuegos requieren un mantenimiento constante, y el clima tropical húmedo puede acelerar el deterioro de estas estructuras. El gobierno local, con la ayuda de organizaciones internacionales como la UNESCO, ha trabajado para preservar los edificios históricos de la ciudad, aunque los recursos para la restauración son limitados. Además, el creciente turismo ha generado preocupaciones sobre cómo equilibrar el desarrollo con la necesidad de preservar el encanto único y la herencia cultural de la ciudad.

Un dato poco conocido sobre Cienfuegos es que alguna vez fue un refugio para piratas. En el siglo XVIII, la bahía era frecuentada por piratas y corsarios que utilizaban las aguas protegidas como base para atacar barcos españoles. La ciudad en sí fue fundada más tarde, en 1819, por colonos franceses de Luisiana, lo que explica las influencias arquitectónicas y culturales francesas que la distinguen.

La importancia de Cienfuegos como destino turístico es incuestionable. La ciudad ofrece una experiencia más relajada y menos comercializada en comparación con destinos más famosos de Cuba como La Habana o Varadero. Es el lugar ideal para los viajeros que desean explorar la rica historia de Cuba, disfrutar de su belleza natural y sumergirse en la cultura local sin las multitudes. La combinación de belleza arquitectónica, vibrante vida cultural y paisajes naturales impresionantes hacen de Cienfuegos un destino imprescindible para cualquiera que explore la isla.

Llegar a Cienfuegos desde el extranjero es relativamente sencillo. Los visitantes internacionales suelen volar al Aeropuerto Internacional José Martí de La Habana o al Aeropuerto Juan Gualberto Gómez de Varadero, que ofrecen vuelos desde ciudades importantes de América del Norte, Europa y América Latina. Desde La Habana, Cienfuegos está a unas tres horas en automóvil, y desde Varadero, a unas dos horas. También hay vuelos domésticos al Aeropuerto Jaime González en Cienfuegos, aunque son menos frecuentes. Una vez en la ciudad, los visitantes pueden explorarla a pie o en taxi, ya que las principales atracciones están cerca unas de otras.

En conclusión, Cienfuegos es una ciudad que ofrece una mezcla perfecta de historia, cultura y belleza natural. Su arquitectura de inspiración francesa, su vibrante escena musical y su pintoresca ubicación costera la convierten en un destino único y encantador en Cuba. A pesar de los desafíos, la ciudad sigue prosperando como un centro turístico y cultural, ofreciendo a los visitantes una experiencia auténtica de la vida cubana. Ya sea paseando por sus calles neoclásicas, disfrutando de mariscos frescos junto a la bahía o explorando sus ricas tradiciones artísticas, Cienfuegos deja una impresión duradera con su elegancia y calidez.

31. Cockscomb Basin: Refugio Natural en el Corazón de Belice

El Cockscomb Basin Wildlife Sanctuary, situado en el corazón de Belice, es uno de los destinos más espectaculares y biodiversos de Centroamérica. Este santuario cubre un área de aproximadamente 400 kilómetros cuadrados y es el hogar de exuberantes selvas tropicales, ríos serpenteantes y majestuosas cascadas, lo que lo convierte en un paraíso para los amantes de la naturaleza y los buscadores de aventuras. Aunque fue creado principalmente para proteger al jaguar, Cockscomb Basin se ha ganado fama mundial por ser el primer refugio dedicado a la conservación de este felino. A pesar de que los jaguares son muy difíciles de ver, el santuario sigue siendo un hábitat vital para ellos y muchas otras especies.

Geográficamente, Cockscomb Basin se encuentra a unos 20 kilómetros al oeste de la ciudad costera de Dangriga, en las montañas Maya. Este impresionante terreno incluye selvas bajas, cordilleras y valles que ofrecen un paisaje cambiante y emocionante para explorar. Su punto más alto es el Pico Victoria, que alcanza los 1,120 metros de altura y es un desafío para los aventureros que buscan una caminata exigente. Además, el santuario forma parte de un ecosistema más amplio, conocido como el macizo montañoso Maya, que incluye otras áreas importantes de conservación, como el Bosque Chiquibul y la Reserva Natural Bladen.

El clima en Cockscomb Basin es tropical, con condiciones cálidas y húmedas durante la mayor parte del año. Las temperaturas varían entre los 24°C y los 30°C, pero el denso dosel de la selva proporciona una agradable sombra que hace más cómodo explorar el área. La mejor época para visitarlo es durante la temporada seca, de febrero a mayo, cuando el clima es más estable y las rutas de senderismo son más accesibles. La temporada de lluvias, de junio a enero, trae lluvias fuertes que revitalizan la vegetación y llenan los ríos, pero también hacen que los senderos sean más difíciles de transitar.

Uno de los principales atractivos de Cockscomb Basin es su red de senderos bien cuidados que permiten a los visitantes adentrarse en la densa selva tropical. Senderos como el Tiger Fern Trail llevan a impresionantes miradores y cascadas, mientras que el Ben's Bluff Trail ofrece vistas panorámicas del valle y las montañas circundantes. Para los más aventureros, la caminata hacia el Pico Victoria, que toma varios días, recompensa con vistas espectaculares desde uno de los puntos más altos de Belice.

A pesar de que los jaguares son los residentes más famosos del santuario, Cockscomb Basin alberga una asombrosa variedad de vida silvestre. Entre las especies que se pueden encontrar se incluyen ocelotes, pumas, tapires y monos aulladores. Los amantes de las aves acuden al santuario para observar algunas de las más de 300 especies de aves que habitan la zona, como tucanes, guacamayas escarlatas y loros. Los ríos y arroyos del santuario también albergan peces, reptiles y anfibios, lo que convierte a la región en un verdadero punto caliente de biodiversidad.

La conexión cultural del santuario está estrechamente ligada a los pueblos mayas, que han habitado esta región durante siglos. Los mayas utilizaron los recursos del área para la agricultura y la caza, y su influencia aún se percibe hoy en día. Los visitantes pueden aprender sobre la conexión de los mayas con la tierra a través de recorridos guiados que ofrecen información sobre las prácticas tradicionales y las creencias de esta cultura. Además, muchos de los guías locales son descendientes de los mayas y comparten sus conocimientos sobre la flora y fauna de la zona.

La gastronomía local refleja la diversidad cultural de Belice, con énfasis en ingredientes frescos y locales. Los visitantes pueden disfrutar de platos tradicionales como el "pollo guisado" acompañado de arroz y frijoles, un clásico de la cocina beliceña, a menudo servido con plátanos fritos y tortillas. Las frutas tropicales frescas, como mangos, papayas y piñas, son abundantes, al igual que los mariscos, como camarones y pescado fresco, que se disfrutan especialmente en las ciudades costeras cercanas como Dangriga.

La flora en Cockscomb Basin es tan diversa como su fauna. La densa selva tropical alberga árboles gigantes como el caoba, el cedro y las palmas de cohune. El suelo del bosque está cubierto de helechos, orquídeas y otras plantas tropicales que crean un entorno vibrante y colorido. Durante la temporada de lluvias, la selva se llena de flores y enredaderas en flor, lo que añade un toque de belleza adicional al paisaje.

Cockscomb Basin tiene un impacto social y ambiental significativo en la región circundante. El santuario desempeña un papel crucial en los esfuerzos de conservación, no solo para los jaguares, sino para todo el ecosistema. Es un importante centro de investigación para científicos que estudian el comportamiento de la vida silvestre, la biodiversidad y el cambio climático. Además, el santuario proporciona empleos para las comunidades locales, especialmente en el sector del ecoturismo, guiado y trabajos de conservación, lo que ayuda a apoyar medios de vida sostenibles en la región.

Sin embargo, el santuario también enfrenta desafíos, especialmente debido a la creciente presión del turismo y la necesidad de equilibrar el desarrollo con la conservación. Aunque el ecoturismo es vital para la economía local, gestionar el número de visitantes y minimizar el impacto ambiental es una preocupación constante. Además, el mantenimiento de los senderos, la infraestructura y los programas de conservación requiere financiación continua, lo que puede ser un desafío en un país con recursos limitados.

Un hecho poco conocido sobre Cockscomb Basin es que la zona fue alguna vez el escenario de un proyecto agrícola fallido. En la década de

1980, el gobierno de Belice intentó convertir el área en una plantación de cítricos, pero el proyecto fue abandonado debido al terreno accidentado y las malas condiciones del suelo. Este fracaso llevó finalmente a la creación del santuario, cuando los conservacionistas reconocieron el valor ecológico de la región y presionaron para que se protegiera.

Cockscomb Basin no solo es importante para la fauna local, sino que también tiene un gran significado en los esfuerzos de conservación a nivel mundial. Como el primer refugio dedicado a los jaguares en el mundo, se ha convertido en un modelo para otros proyectos de conservación de grandes felinos en lugares como Brasil e India. El éxito del santuario en la protección de los jaguares y la preservación de su hábitat ha inspirado iniciativas similares en todo el mundo.

Llegar a Cockscomb Basin puede requerir un poco de esfuerzo, pero el viaje vale la pena. La mayoría de los visitantes vuelan al Aeropuerto Internacional Philip S.W. Goldson en la Ciudad de Belice y luego viajan a Dangriga en automóvil, autobús o vuelos regionales. Desde Dangriga, se tarda aproximadamente una hora en llegar a la entrada del santuario. Muchos operadores turísticos en Belice ofrecen excursiones de un día o de varios días a Cockscomb Basin, que incluyen transporte, guías y actividades. Para aquellos que prefieren explorar de manera independiente, hay autos de alquiler disponibles, y aunque el camino hacia el santuario está en buenas condiciones, puede volverse accidentado durante la temporada de lluvias.

En conclusión, el Cockscomb Basin Wildlife Sanctuary es un destino único y vital tanto para los amantes de la naturaleza como para los conservacionistas. Sus impresionantes paisajes, su diversa vida silvestre y sus conexiones culturales lo convierten en una visita obligada para cualquier viajero que llegue a Belice. Ya sea caminando por la selva, nadando en una cascada en medio de la jungla o escuchando los llamados de los monos aulladores, los visitantes de Cockscomb Basin se llevan recuerdos inolvidables. Su importancia en los esfuerzos de conservación global y su papel en el apoyo a las comunidades locales aseguran que este santuario siga siendo un faro para el turismo sostenible y la protección de la vida silvestre en las generaciones venideras.

32. CocoCay: Un Paraíso en las Bahamas

CocoCay, una isla privada en las Bahamas, es un vibrante paraíso tropical que combina relajación, aventura y lujo para los viajeros. Propiedad de Royal Caribbean International, CocoCay ha sido transformada en un destino de primera para los pasajeros de cruceros, con playas de arena blanca, aguas cristalinas y una variedad de atracciones emocionantes para todas las edades.

Aunque CocoCay es relativamente pequeña, con aproximadamente 125 acres (50 hectáreas), la isla ofrece una amplia gama de actividades y experiencias. Desde toboganes de agua llenos de adrenalina hasta tranquilas cabañas en la playa, hay algo para todos. Geográficamente, CocoCay se encuentra en la cadena de islas Berry, a unos 88 kilómetros al norte de Nassau, la capital de las Bahamas. Su proximidad a las rutas de cruceros populares la convierte en una parada ideal para los vacacionistas que exploran el Caribe.

El clima en CocoCay es tropical, con temperaturas cálidas durante todo el año. Las temperaturas promedio oscilan entre los 23°C y los 30°C, lo que lo convierte en un destino perfecto para los amantes del sol. La temporada seca, que va de noviembre a abril, es el mejor momento para visitar, ya que ofrece cielos soleados y clima agradable. La temporada de lluvias, de mayo a octubre, trae chubascos ocasionales y mayor humedad, pero las atracciones de la isla permanecen abiertas, y el clima sigue siendo cálido para disfrutar de actividades al aire libre.

Una de las principales atracciones de CocoCay es su parque de aventuras Perfect Day, diseñado para familias, parejas y viajeros solitarios. Para los buscadores de emociones, el parque acuático alberga el Daredevil's Peak, el tobogán de agua más alto de América del Norte, con 41 metros de altura. El parque también cuenta con otros toboganes, piscinas de olas y áreas de juegos acuáticos para niños. Para quienes buscan una experiencia más relajada, Chill Island ofrece playas serenas y aguas cristalinas, perfectas para nadar, hacer esnórquel y relajarse bajo el sol.

Otro lugar popular es Oasis Lagoon, la piscina de agua dulce más grande del Caribe, donde los visitantes pueden flotar en el agua, disfrutar de servicio junto a la piscina o nadar hasta el bar. Coco Beach Club ofrece una experiencia más exclusiva, con lujosas cabañas sobre el agua, una piscina infinita y gastronomía gourmet. Además, se pueden realizar actividades como kayak, moto de agua, parasailing y tirolesa, lo que asegura que haya entretenimiento para todos los gustos.

La cultura de CocoCay está estrechamente ligada al estilo de vida bahameño, con una atmósfera relajada y amigable que invita a los visitantes a desconectar y disfrutar de la belleza de la isla. Aunque la isla está orientada principalmente al turismo, refleja la hospitalidad y calidez que caracteriza a las Bahamas. Las influencias locales bahameñas también se reflejan en la gastronomía de la isla, con platos de mariscos frescos como pescado a la parrilla, frituras de caracola y rollos de langosta, que son opciones populares en los restaurantes de la isla.

En cuanto a la flora y fauna, CocoCay alberga una variedad de plantas tropicales, como palmeras, arbustos de uva de mar y coloridas flores que prosperan en su cálido clima. Las aguas que rodean la isla son ricas en vida marina, lo que la convierte en un excelente lugar para practicar esnórquel y buceo. Los visitantes pueden observar peces de colores, rayas e incluso tortugas marinas mientras exploran el mundo submarino.

Socialmente, CocoCay ha tenido un impacto significativo en la economía local, proporcionando empleos y oportunidades para los bahameños en los sectores de turismo y hospitalidad. El desarrollo de la isla ha creado empleo para los residentes locales, desde trabajadores de construcción hasta guías turísticos, lo que ha ayudado a impulsar la economía local. Royal Caribbean también ha hecho esfuerzos por preservar el entorno natural de la isla a través de prácticas de turismo sostenible, como la gestión de residuos y la protección de los arrecifes de coral que rodean la isla.

Sin embargo, CocoCay enfrenta algunos desafíos urbanos, particularmente en lo que respecta a mantener el equilibrio entre el desarrollo y la preservación ambiental. A medida que el turismo crece, la gestión del impacto ambiental de miles de visitantes diarios es una preocupación constante. Para abordar estos desafíos, Royal Caribbean ha invertido en infraestructura sostenible e iniciativas como la energía solar y plantas de desalinización para reducir la huella ecológica de la isla.

Un hecho poco conocido sobre CocoCay es que originalmente se llamaba Little Stirrup Cay antes de ser transformada por Royal Caribbean en un destino privado. En el siglo XVIII, la isla fue utilizada como un lugar de descanso por piratas, y su ubicación aislada la convirtió en un refugio ideal para los barcos que navegaban por el Caribe.

La importancia de CocoCay como destino turístico ha crecido significativamente en los últimos años, ya que Royal Caribbean ha invertido mucho en mejorar las instalaciones y atracciones de la isla. El proyecto Perfect Day at CocoCay, que se completó en 2019, ha elevado el estatus de la isla como uno de los principales destinos privados en el Caribe, atrayendo a pasajeros de cruceros de todo el mundo.

Llegar a CocoCay es fácil para los pasajeros de cruceros, ya que la isla es accesible exclusivamente a través de los cruceros de Royal Caribbean. La mayoría de los itinerarios que salen de Florida incluyen una parada en CocoCay, donde los cruceros atracan en el muelle de la isla, lo que permite a los pasajeros desembarcar y explorar la isla a su ritmo. No hay vuelos comerciales a CocoCay, ya que es una isla privada, por lo que la única manera de visitarla es reservando un crucero que incluya este destino.

En conclusión, CocoCay es un paraíso tropical que ofrece algo para todos, desde buscadores de aventuras hasta quienes buscan relajarse bajo el sol. Sus playas prístinas, emocionantes atracciones y lujosas comodidades la convierten en un destino de visita obligada para cualquier persona que realice un crucero por las Bahamas. Aunque la isla enfrenta desafíos relacionados con la sostenibilidad y el desarrollo, se están haciendo esfuerzos para preservar su belleza natural para las futuras generaciones. Ya sea deslizándose por el tobogán de agua más alto de América del Norte, relajándose en una cabaña frente a la playa o haciendo esnórquel en aguas cristalinas, CocoCay ofrece una experiencia inolvidable que captura la esencia de un día perfecto en el Caribe.

33. Colón: Historia y Comercio en la Costa Caribeña

Colón, una ciudad portuaria vibrante ubicada en la costa norte de Panamá, es un importante centro de actividad comercial y un destino rico en historia y cultura. Situada en la entrada del Canal de Panamá por el lado caribeño, Colón se destaca como una de las ciudades más estratégicas del país. A pesar de su historia compleja y los desafíos urbanos que enfrenta, Colón sigue siendo una ciudad de gran importancia, ofreciendo a los visitantes una mezcla única de arquitectura colonial, infraestructura moderna y belleza natural.

Geográficamente, Colón se encuentra a unos 80 kilómetros al noroeste de Ciudad de Panamá, directamente en el mar Caribe. Su posición costera la convierte en un centro marítimo clave, no solo para Panamá, sino también para el comercio global. Colón está adyacente a la entrada atlántica del Canal de Panamá, lo que la convierte en un punto crucial para los barcos que transitan por esta vital vía de navegación. Con una población de aproximadamente 200,000 habitantes, la ciudad sirve tanto como un centro residencial como comercial, con un enfoque marcado en su puerto y su zona franca.

El clima de Colón es tropical, con temperaturas cálidas y alta humedad durante todo el año. Las temperaturas promedio oscilan entre los 24°C y los 30°C, y la ciudad experimenta fuertes lluvias durante la temporada lluviosa, que va de mayo a noviembre. La temporada seca, de diciembre a abril, es el mejor momento para visitarla, con días soleados y condiciones más cómodas para explorar la ciudad y sus alrededores. Sin embargo, incluso en la temporada de lluvias, el clima sigue siendo cálido y los chubascos suelen ser breves, lo que permite disfrutar de las atracciones de la ciudad durante todo el año.

Uno de los principales atractivos de Colón es su proximidad al Canal de Panamá. Los visitantes pueden observar el paso de los barcos a través de las esclusas de Gatún, una serie de enormes compuertas que elevan y descienden los barcos mientras navegan por el canal. Las plataformas de observación cercanas ofrecen una vista cercana de esta maravilla de la ingeniería, y las visitas guiadas brindan información detallada sobre la historia y el funcionamiento del canal. Además, los visitantes pueden explorar la expansión del Canal de Panamá, que se completó en 2016 para acomodar embarcaciones más grandes.

Para quienes están interesados en la historia y la cultura, el pasado colonial de Colón se refleja en su arquitectura. La ciudad fue fundada en 1850 durante la construcción del ferrocarril de Panamá, y muchos de sus edificios aún conservan el encanto del siglo XIX. La Catedral de la Inmaculada Concepción es un hito notable, con su bello diseño colonial y sus vitrales. También se pueden explorar las ruinas del Fuerte San Lorenzo, un sitio declarado Patrimonio de la Humanidad por la UNESCO y ubicado a las afueras de Colón. Este fuerte español, construido en el siglo XVI, ofrece una visión del papel de Panamá en la defensa de la región contra los piratas.

Uno de los centros turísticos más populares de Colón es la Zona Libre de Colón, la zona franca más grande del hemisferio occidental. Con más de 600 acres, esta zona libre de impuestos es un destino importante para compradores y comerciantes, ofreciendo una amplia gama de productos, desde electrónicos hasta bienes de lujo. Aunque la zona está enfocada principalmente en el comercio al por mayor, los turistas también pueden encontrar tiendas minoristas y mercados que atienden a los compradores individuales.

Culturalmente, Colón es un crisol de influencias afrocaribeñas, españolas e indígenas. La ciudad cuenta con un rico patrimonio afrocaribeño, que se refleja en su música, baile y gastronomía. Los visitantes pueden disfrutar de presentaciones en vivo de géneros tradicionales como el reggae, el calipso y la salsa. El Carnaval de Colón es un evento particularmente vibrante, con desfiles, música y bailes en las calles, atrayendo a visitantes de toda la región.

En cuanto a la comida, Colón ofrece una deliciosa mezcla de sabores influenciados por sus raíces afrocaribeñas. Los platos populares incluyen patacones (plátanos fritos), arroz con frijoles y sancocho (una sopa tradicional de pollo). El marisco fresco abunda, con platos como ceviche y pescado a la parrilla siendo los favoritos locales. Los vendedores ambulantes también ofrecen una variedad de bocadillos, como empanadas y bollos (tamales de maíz), ofreciendo una forma rápida y sabrosa de experimentar la diversidad culinaria de la ciudad.

La flora y fauna de Colón están influenciadas por su clima tropical y su ubicación costera. La ciudad está rodeada de frondosas selvas tropicales, manglares y humedales, que albergan una amplia variedad de vida silvestre, incluidos monos, perezosos y aves tropicales. Los visitantes interesados en la naturaleza pueden realizar excursiones de un día a los parques nacionales cercanos, como el Área Protegida de San Lorenzo, o explorar la región del Lago Gatún, donde los recorridos en bote ofrecen la oportunidad de ver la fauna local en su hábitat natural. El cercano Parque Nacional Portobelo, conocido por sus ruinas históricas y playas prístinas, es otro destino popular para los amantes de la naturaleza.

Socialmente, Colón juega un papel importante en la economía de Panamá, gracias a su puerto, su zona franca y su conexión con el Canal de Panamá. La ciudad es un centro vital para el comercio y el transporte marítimo, lo que contribuye al estatus de Panamá como un centro global de logística y comercio. Sin embargo, Colón también enfrenta desafíos sociales importantes, incluyendo la pobreza, el crimen y el deterioro urbano. En los últimos años, se han realizado esfuerzos para revitalizar la ciudad mediante mejoras en la infraestructura e inversiones en el turismo, pero aún quedan desafíos por superar.

Un hecho poco conocido sobre Colón es que una vez fue hogar de una gran comunidad de inmigrantes caribeños que llegaron a finales del siglo XIX y principios del siglo XX para trabajar en la construcción del Canal de Panamá y el Ferrocarril de Panamá. Estos inmigrantes, principalmente de Jamaica y Barbados, desempeñaron un papel crucial en el desarrollo de la región y dejaron un impacto cultural duradero en la ciudad. Hoy en día, sus descendientes continúan celebrando su herencia afrocaribeña, profundamente entrelazada en la identidad cultural de Colón.

La importancia de Colón radica en su ubicación estratégica como puerta de entrada al Canal de Panamá y su papel como centro comercial y logístico. El puerto de la ciudad maneja una parte significativa del comercio marítimo de Panamá, y la Zona Libre de Colón atrae a negocios y comerciantes de todo el mundo. Además, Colón sirve como un vínculo clave entre las costas caribeñas y pacíficas, lo que contribuye al estatus de Panamá como un centro global de transporte marítimo.

Viajar a Colón es relativamente sencillo. La mayoría de los visitantes internacionales llegan al Aeropuerto Internacional de Tocumen en Ciudad de Panamá, que está a unas 1.5 horas en coche de Colón. Desde Ciudad de Panamá, los visitantes pueden viajar a Colón por la autopista Panamá-Colón o en tren por el Ferrocarril del Canal de Panamá, que ofrece una ruta escénica a lo largo del canal. Los cruceros también hacen escala frecuentemente en Colón, lo que la convierte en un destino popular para los viajeros que exploran el Caribe por mar.

En conclusión, Colón es una ciudad que ofrece una combinación única de historia, cultura y comercio moderno. Su ubicación estratégica, su rica herencia afrocaribeña y su proximidad al Canal de Panamá la convierten en un destino que vale la pena explorar. A pesar de los desafíos que enfrenta, los esfuerzos para revitalizar Colón y promover el turismo están ayudando a moldear su futuro. Ya sea visitando las ruinas históricas del Fuerte San Lorenzo, comprando en la Zona Libre o presenciando la maravilla del Canal de Panamá, Colón brinda una fascinante ventana al pasado, presente y futuro de Panamá.

34. Constanza: La Suiza del Caribe

Constanza, un hermoso y tranquilo pueblo de montaña en el corazón de la República Dominicana, es conocido como la "Suiza del Caribe" por su clima fresco, sus valles verdes y sus fértiles tierras agrícolas. Este pequeño y pintoresco pueblo, ubicado en la provincia de La Vega, se encuentra a una altitud de aproximadamente 1,200 metros sobre el nivel del mar, lo que lo convierte en el valle más alto del Caribe y en un centro importante de agricultura y ecoturismo.

Geográficamente, Constanza se ubica en pleno corazón de la cordillera Central, a unos 120 kilómetros al noroeste de la capital, Santo Domingo. El pueblo está rodeado de imponentes montañas verdes, incluyendo el majestuoso Pico Duarte, el más alto del Caribe. Esta zona está bendecida con suelos volcánicos ricos y abundantes fuentes de agua, lo que la hace ideal para la agricultura. Gracias a esto, Constanza es conocida como la capital agrícola de la República Dominicana, produciendo gran parte de los vegetales, frutas y flores del país. Aunque es un pueblo pequeño, con alrededor de 90,000 habitantes, su influencia es mucho mayor debido a su importancia agrícola.

Uno de los rasgos más distintivos de Constanza es su clima fresco. A diferencia del calor tropical que caracteriza a gran parte de la República Dominicana, Constanza disfruta de temperaturas agradables durante todo el año. Durante el día, las temperaturas varían entre 16°C y 24°C, mientras que por la noche pueden bajar hasta 5°C, especialmente en los meses de invierno. Este clima primaveral es perfecto para la agricultura, y muchos visitantes se sorprenden al ver cultivos como fresas, manzanas y papas creciendo en abundancia en estos valles fértiles.

El mejor momento para visitar Constanza es durante la temporada seca, de diciembre a abril, cuando el clima es fresco y despejado, ideal para actividades al aire libre como el senderismo y la exploración de los parques naturales cercanos. La temporada de lluvias, que va de mayo a noviembre, trae más precipitaciones, pero estas suelen ser cortas y no restan belleza al paisaje. De hecho, la lluvia ayuda a mantener la exuberante vegetación de la zona, convirtiendo a Constanza en un destino atractivo para los amantes de la naturaleza durante todo el año.

Uno de los principales atractivos turísticos de Constanza es el Parque Nacional Valle Nuevo, una extensa área protegida famosa por su biodiversidad y paisajes impresionantes. El parque alberga flora y fauna únicas, como bosques de pinos y praderas alpinas, y especies raras como la jutía, un roedor endémico en peligro de extinción. Valle Nuevo es un paraíso para los excursionistas, con senderos que conducen a miradores, cascadas y la famosa Pirámide de Valle Nuevo, un monumento de piedra que marca el centro geográfico de la República Dominicana. Las temperaturas frescas y el ambiente de gran altitud hacen que este parque sea un destino perfecto para el ecoturismo, atrayendo aventureros de todo el mundo.

Otro lugar imperdible en Constanza es la cascada de Aguas Blancas, una de las más altas del Caribe, con una caída de más de 83 metros. La cascada se encuentra en las montañas que rodean el pueblo y se puede acceder a ella mediante una caminata escénica a través de densos bosques y ríos. Las aguas frescas de Aguas Blancas son un lugar popular para nadar, hacer picnics y disfrutar de la tranquilidad de la naturaleza.

Culturalmente, Constanza es un lugar donde las tradiciones dominicanas rurales se viven intensamente. El pueblo se caracteriza por su fuerte sentido de comunidad, con muchos de sus habitantes trabajando en la agricultura y dependiendo de la tierra para su sustento. Los mercados locales están llenos de productos frescos, flores y artesanías hechas a mano, ofreciendo a los visitantes una muestra de la vida rural dominicana. Además, Constanza celebra varios festivales a lo largo del año, como el Festival de las Flores, que honra el rico patrimonio agrícola del pueblo con desfiles coloridos, música y danzas tradicionales.

En cuanto a la comida, Constanza ofrece una variedad de opciones frescas y de la granja a la mesa. Los restaurantes del pueblo sirven platos hechos con ingredientes locales, como vegetales, frutas y productos lácteos. Entre los platos más populares se encuentra el "chivo guisado", cocido lentamente con hierbas y especias locales, y el "sancocho", un guiso abundante de carne, vegetales y plátanos. También son muy populares los jugos de frutas frescas, como fresas y moras, que proporcionan una delicia refrescante después de un día de exploración.

La flora y fauna de Constanza son únicas debido a su altitud y clima fresco. La región alberga una variedad de especies vegetales, incluidos pinos, helechos y orquídeas. El valle fértil está salpicado de granjas que cultivan desde zanahorias y lechugas hasta rosas y claveles, lo que lo convierte en una de las áreas más productivas del país en términos agrícolas. Los observadores de aves estarán encantados con la abundancia de especies en la zona, como el trogón de La Española, un ave de vivos colores endémica de la isla.

Socialmente, Constanza desempeña un papel fundamental en el apoyo al sector agrícola de la República Dominicana. Las granjas del pueblo producen gran parte de los vegetales y frutas del país, y muchos de los productos cultivados en Constanza se exportan a otros países del Caribe y más allá. La agricultura es la principal fuente de empleo para los residentes del pueblo, y la economía local depende en gran medida de la agricultura y las industrias relacionadas. La importancia de Constanza como centro agrícola también ha llevado al desarrollo del ecoturismo, con visitantes que acuden para experimentar la belleza natural de la región y aprender sobre prácticas agrícolas sostenibles.

A pesar de sus muchos encantos, Constanza enfrenta varios desafíos urbanos, incluidos problemas de infraestructura y acceso a servicios modernos. La ubicación remota del pueblo en las montañas significa que no está tan desarrollado como otros destinos turísticos en la República Dominicana, y algunas carreteras que conducen al pueblo están en mal estado, especialmente durante la temporada de lluvias. Sin embargo, este aislamiento también es parte del atractivo de Constanza, ya que ha permitido que el pueblo conserve su carácter rural y su belleza natural.

Un hecho menos conocido sobre Constanza es su importancia histórica durante la era de Trujillo. En 1959, el pueblo fue el escenario de un intento de invasión por parte de exiliados dominicanos entrenados en Cuba, que buscaban derrocar la dictadura de Rafael Trujillo. La invasión, conocida como la Expedición de Constanza, Maimón y Estero Hondo, no tuvo éxito, pero sigue siendo un evento importante en la historia de la resistencia del país contra la dictadura.

La importancia de Constanza como destino turístico sigue creciendo, especialmente entre los ecoturistas y aquellos que buscan un refugio tranquilo en las montañas. Su clima único, sus paisajes impresionantes y su relevancia agrícola lo convierten en una joya escondida en la República Dominicana. Ya sea caminando por los parques nacionales, explorando las granjas locales o simplemente disfrutando del aire fresco de la montaña, los visitantes de Constanza se sentirán encantados por su belleza natural y su carácter rural.

Llegar a Constanza puede ser una aventura debido a su ubicación en las montañas. El aeropuerto más cercano es el Aeropuerto Internacional del Cibao en Santiago, que se encuentra a unas dos horas en coche. Desde allí, los visitantes pueden alquilar un coche o tomar un autobús para llegar al pueblo. El viaje a Constanza es escénico, con carreteras sinuosas que ofrecen vistas espectaculares de las montañas y los valles circundantes. Aunque las opciones de transporte público son limitadas, muchas agencias de turismo ofrecen excursiones de un día y visitas guiadas, lo que facilita a los viajeros la exploración de la zona.

En conclusión, Constanza es un destino que no se parece a ningún otro en la República Dominicana. Su clima fresco, paisajes impresionantes y abundancia agrícola la convierten en un escape único y pacífico del bullicio de los resorts costeros. Ya sea explorando la belleza natural del Parque Nacional Valle Nuevo, visitando la imponente cascada de Aguas Blancas o simplemente disfrutando de los productos frescos de las granjas locales, Constanza ofrece una experiencia verdaderamente auténtica que captura la esencia de la vida rural en la República Dominicana.

35. Copán Ruinas: La Joya Maya de Honduras

Copán Ruinas, situada en la región occidental de Honduras, cerca de la frontera con Guatemala, es uno de los sitios arqueológicos más importantes y mejor conservados de la antigua civilización maya. Este pequeño pueblo es mundialmente famoso por las cercanas ruinas de Copán, una antigua ciudad que fue un próspero centro cultural, político y artístico de los mayas. Hoy en día, Copán Ruinas es un destino rural y pacífico que atrae a entusiastas de la historia, arqueólogos y viajeros curiosos de todo el mundo, todos atraídos por el encanto de sus impresionantes ruinas y la rica historia que representan.

Copán Ruinas, el pueblo, es relativamente pequeño, con una población de aproximadamente 8,000 personas. Sirve como la puerta de entrada a las famosas ruinas, que se encuentran a solo un kilómetro del centro del pueblo. Geográficamente, Copán Ruinas está enclavado en un hermoso valle rodeado de colinas y montañas, lo que le da un ambiente pintoresco y sereno. El cercano río Copán añade aún más encanto natural a la región. Su proximidad a la frontera con Guatemala lo convierte en una parada ideal para los viajeros que exploran tanto Honduras como Guatemala.

El clima en Copán Ruinas es cálido y tropical, con temperaturas que oscilan entre los 18°C y 30°C durante todo el año. La temporada seca, de noviembre a abril, es el mejor momento para visitar, ya que ofrece días soleados y noches frescas. La temporada de lluvias, de mayo a octubre, trae lluvias frecuentes por la tarde, lo que puede hacer que la exploración de las ruinas sea un poco más desafiante, pero también aporta una vibrante vegetación verde al paisaje. Incluso durante la temporada de lluvias, las mañanas suelen ser claras, lo que permite disfrutar de actividades al aire libre antes de que lleguen las lluvias.

El principal atractivo de Copán Ruinas es, sin duda, la antigua ciudad maya de Copán. Declarado Patrimonio de la Humanidad por la UNESCO en 1980, el sitio es conocido por sus estelas intrincadamente talladas, impresionantes estructuras de piedra y la impresionante Escalinata Jeroglífica, que contiene la inscripción maya más larga conocida. El sitio fue un importante centro político y cultural durante el período Clásico maya, desde alrededor del año 400 hasta el 800 d.C., y fue el hogar de una sociedad sofisticada gobernada por poderosos reyes. Uno de los gobernantes más notables de Copán fue el Rey 18 Conejo, quien encargó muchas de las estelas y monumentos que aún se pueden ver hoy en día.

Explorar las ruinas de Copán es como retroceder en el tiempo. Los visitantes pueden pasear por la Gran Plaza, donde se encuentran algunas de las estelas mejor conservadas, cada una representando a los gobernantes de Copán y las historias de sus reinados. La Acrópolis, un vasto complejo de palacios y templos, es otro punto destacado, que ofrece una visión de las prácticas arquitectónicas y ceremoniales de los antiguos mayas. La cancha de pelota, donde los mayas jugaban un juego ritual, es una de las más grandes de Mesoamérica y está particularmente bien conservada.

Más allá de las ruinas, el pueblo de Copán Ruinas tiene un ambiente encantador y relajado. Sus calles adoquinadas, edificios de estilo colonial y pequeñas cafeterías y restaurantes crean un ambiente acogedor para los visitantes. El pueblo tiene un fuerte sentido de comunidad, con muchos lugareños involucrados en el turismo, la agricultura y la artesanía. Los visitantes pueden recorrer los mercados locales para encontrar productos artesanales hechos a mano, como textiles, cerámica y máscaras talladas en madera, que son excelentes recuerdos.

Culturalmente, Copán Ruinas refleja la profunda influencia de las tradiciones mayas antiguas y la vida moderna hondureña. La herencia maya es evidente no solo en las ruinas, sino también en la población local, ya que muchos residentes son descendientes de los mayas. Esta conexión con el pasado se celebra en varios festivales y eventos culturales a lo largo del año. Uno de los festivales más importantes es la Feria de Copán, que se celebra en marzo e incluye danzas tradicionales, música y comida, lo que permite a los visitantes experimentar la cultura local de primera mano.

En cuanto a la comida, Copán Ruinas ofrece una deliciosa mezcla de platos tradicionales hondureños e influencias mayas. Entre las especialidades locales se encuentran las "baleadas" (tortillas gruesas rellenas de frijoles, queso y a veces carne), los "tamales" (masa de maíz rellena de carne o vegetales envuelta en hojas de plátano) y el "pollo a la plancha" (pollo a la parrilla). Los visitantes también pueden probar platos regionales únicos, como la "yuca con chicharrón" (yuca frita con chicharrones) y la "sopa de caracol", que reflejan los sabores autóctonos de la zona.

La flora y fauna en la región de Copán son diversas gracias a su clima tropical y ubicación en las tierras altas de Honduras. Los bosques que rodean la zona albergan una gran variedad de vida silvestre, incluidas aves coloridas como tucanes, loros y la vibrante guacamaya roja, que era un ave sagrada en la cultura maya. De hecho, es común ver guacamayas volando alrededor de las ruinas de Copán, lo que agrega un toque místico al sitio. Otros animales en el área incluyen monos aulladores, armadillos y agutíes, que los visitantes pueden ver durante sus caminatas por las colinas boscosas.

Las ruinas de Copán y sus alrededores han tenido un impacto social y económico significativo en el pueblo de Copán Ruinas. El turismo es la principal industria, proporcionando empleos y oportunidades para los residentes locales. Muchas personas trabajan como guías, artesanos o en el sector hotelero, y la economía del pueblo depende en gran medida de la afluencia de visitantes. Además, las ruinas de Copán sirven como un centro de investigación arqueológica, atrayendo a estudiosos de todo el mundo que estudian la importancia del sitio en la historia maya.

Sin embargo, Copán Ruinas también enfrenta desafíos urbanos. La dependencia del turismo ha hecho que el pueblo sea vulnerable a las fluctuaciones en el número de visitantes, especialmente durante tiempos de inestabilidad política o desastres naturales. Además, aunque las ruinas están bien conservadas, existen preocupaciones continuas sobre el impacto del turismo en las estructuras frágiles. Se están realizando esfuerzos para equilibrar la preservación con la accesibilidad, asegurando que las generaciones futuras puedan seguir apreciando el sitio.

Un dato poco conocido sobre Copán es que durante mucho tiempo se pensó que había sido completamente abandonado tras el colapso de la civilización maya. Sin embargo, descubrimientos arqueológicos recientes sugieren que una pequeña población pudo haber continuado viviendo en el área después de la decadencia de la ciudad, manteniendo algunas de las tradiciones culturales mayas. Este hallazgo ha proporcionado nuevas perspectivas sobre la resistencia del pueblo maya y su capacidad para adaptarse a las circunstancias cambiantes.

La importancia de Copán Ruinas no puede ser subestimada. Como uno de los sitios arqueológicos más significativos de las Américas, ofrece valiosos conocimientos sobre los logros políticos, culturales y artísticos de la antigua civilización maya. El sitio también es crucial para comprender la historia más amplia de Mesoamérica y sus conexiones con otras ciudades mayas como Tikal y Palenque.

Llegar a Copán Ruinas desde cualquier parte del mundo es relativamente sencillo, con varias opciones de transporte disponibles. El aeropuerto principal más cercano es el Aeropuerto Internacional Ramón Villeda Morales en San Pedro Sula, que está a unas tres horas en coche de Copán Ruinas. Desde el aeropuerto, los visitantes pueden tomar un autobús, un transporte compartido o un automóvil privado hacia el pueblo. También hay servicios de autobús desde Guatemala, lo que lo hace accesible para los viajeros que vienen de ciudades cercanas como Antigua o Ciudad de Guatemala.

En conclusión, Copán Ruinas es un destino que combina historia rica, profundidad cultural y belleza natural. Ya sea explorando las antiguas ruinas, paseando por el encantador pueblo o caminando por las exuberantes colinas, los visitantes seguramente quedarán cautivados por la magia de este lugar notable. Su importancia como centro de la civilización maya y su papel en la industria turística moderna hacen de Copán Ruinas un destino imprescindible para cualquier persona interesada en el mundo antiguo y la belleza de Honduras.

36. Corcovado: Un Paraíso de Biodiversidad

Corcovado, ubicado en la península de Osa, en el suroeste de Costa Rica, es uno de los lugares más biodiversos del mundo y una joya dentro de la vasta red de áreas protegidas del país. Con una extensión de aproximadamente 424 kilómetros cuadrados, es el parque nacional más grande de Costa Rica y uno de los ecosistemas más intensos biológicamente en el planeta. Es famoso por sus selvas tropicales vírgenes, playas remotas y la increíble variedad de vida silvestre que habita en este paraíso natural.

Situado en la península de Osa, Corcovado está rodeado por el océano Pacífico y el Golfo Dulce. Esta ubicación aislada y remota ha permitido que la región se mantenga prácticamente intacta, con una vegetación densa y una diversidad de especies asombrosa. Aquí viven animales en peligro de extinción como los jaguares, tapires de Baird y el raro águila harpía. Además, el parque alberga una variedad de ecosistemas, incluidos bosques tropicales de tierras bajas, bosques nubosos, pantanos de manglares y hábitats costeros, lo que contribuye a su impresionante biodiversidad.

El clima en Corcovado es tropical y húmedo, con temperaturas cálidas durante todo el año. Las temperaturas diurnas oscilan entre los 25°C y los 30°C, y la humedad suele hacer que se sienta más cálido. La temporada de lluvias, de mayo a noviembre, trae fuertes precipitaciones que alimentan los ríos y enriquecen la vegetación. Sin embargo, la mejor época para visitar es la estación seca, de diciembre a abril, cuando el clima es más seco y los senderos y ríos son más accesibles. Aun así, visitar durante la temporada de lluvias ofrece la posibilidad de presenciar la selva en su máximo esplendor, llena de verdor y vida.

Entre los puntos más visitados dentro del parque están las diversas estaciones de guardaparques, que sirven como entradas y centros para los visitantes. La Estación Sirena, ubicada en el corazón del parque, es la más popular. Aquí se puede pasar la noche, lo que brinda la oportunidad de explorar los senderos a pie, rodeados de la selva tropical, y avistar animales como monos, aves exóticas y, con suerte, algún jaguar. Desde esta estación se pueden realizar caminatas por senderos que atraviesan el bosque, ofreciendo la oportunidad de avistar desde pequeños insectos hasta grandes mamíferos.

Para quienes buscan explorar la vida marina, las costas de Corcovado ofrecen una increíble experiencia de buceo y esnórquel. La cercana isla del Caño es un destino ideal para sumergirse en el océano. Las aguas alrededor de esta isla están llenas de arrecifes de coral, delfines y, en ocasiones, ballenas jorobadas que migran a la zona. Además, es posible observar tortugas marinas y tiburones de arrecife, lo que convierte esta área en un lugar perfecto para los amantes del mar.

Corcovado es el destino perfecto para el ecoturismo, ya que ofrece una experiencia inmersiva en uno de los ecosistemas más bien conservados del mundo. Los visitantes pueden caminar por densos bosques, nadar en ríos que atraviesan la jungla y relajarse en playas solitarias, todo mientras están rodeados por los sonidos y la tranquilidad de la naturaleza. Debido a su ubicación remota y a las estrictas regulaciones sobre la cantidad de visitantes, Corcovado brinda una sensación de aislamiento y conexión con la naturaleza que es difícil de encontrar en otros lugares.

A nivel cultural, Corcovado y las áreas circundantes reflejan el compromiso de Costa Rica con la conservación y el turismo sostenible. El parque desempeña un papel crucial en la protección del patrimonio natural del país, y las comunidades locales, especialmente en Puerto Jiménez y Bahía Drake, se benefician económicamente del ecoturismo.

Muchos de los residentes trabajan como guías, guardaparques o en alojamientos ecológicos, lo que ayuda a sostener los esfuerzos de conservación del parque y brinda a los visitantes experiencias inolvidables.

La gastronomía costarricense en la región de Corcovado se basa en ingredientes frescos y locales. Platos como el "gallo pinto" (mezcla de arroz y frijoles), el "casado" (plato abundante con arroz, frijoles, carne y ensalada) y mariscos frescos capturados en la costa del Pacífico son algunos de los preferidos. Las frutas tropicales, como papayas, piñas y mangos, son abundantes, y los platos a base de coco son comunes en las áreas costeras. Los visitantes también pueden disfrutar de jugos de frutas locales y "batidos", ideales para refrescarse después de un día de caminatas.

La flora y fauna de Corcovado son realmente impresionantes. El parque alberga más de 400 especies de aves, 140 especies de mamíferos, 116 especies de reptiles y cientos de anfibios y peces. Entre los animales más icónicos del parque se encuentran jaguares, pumas, ocelotes y el tapir de Baird, el mamífero terrestre más grande de América Central. También es hogar de cuatro especies de monos: los aulladores, los monos araña, los monos ardilla y los cariblancos. En cuanto a las aves, los guacamayos rojos, los tucanes y los loros llenan el dosel del bosque con sus colores vibrantes.

Socialmente, el Parque Nacional Corcovado ha tenido un gran impacto en las comunidades circundantes. Su creación ayudó a establecer un modelo de conservación y turismo sostenible en Costa Rica, influyendo en cómo el país protege sus recursos naturales. Las comunidades locales, como Puerto Jiménez y Bahía Drake, se han convertido en importantes centros de ecoturismo, ofreciendo alojamiento, tours guiados y otros servicios que permiten a los visitantes experimentar Corcovado mientras apoyan las economías locales.

Sin embargo, Corcovado enfrenta desafíos relacionados con el equilibrio entre el turismo y la conservación. Aunque la ubicación aislada del parque ayuda a protegerlo del turismo masivo, a medida que más personas descubren su belleza, la necesidad de prácticas sostenibles se vuelve más importante. El parque tiene regulaciones estrictas sobre el número de visitantes y solo se permite el acceso con guías para proteger sus delicados ecosistemas.

Un dato poco conocido sobre Corcovado es que en el pasado fue objetivo de la minería de oro. Antes de su designación como parque nacional, partes de la región fueron explotadas para la extracción de oro, lo que causó una degradación ambiental significativa. Sin embargo, el gobierno de Costa Rica reconoció el valor ecológico del área y la declaró protegida en la década de 1970. Hoy en día, Corcovado es un ejemplo de éxito en conservación, y la minería de oro está prohibida dentro del parque.

La importancia de Corcovado radica no solo en su belleza, sino también en su papel como un punto caliente de biodiversidad global. Es considerado uno de los lugares biológicamente más intensos de la Tierra, con científicos y biólogos que lo estudian para comprender mejor la ecología del bosque tropical. La gran cantidad de especies y hábitats que alberga lo convierte en un refugio vital para animales en peligro de extinción y en un laboratorio viviente para los esfuerzos de conservación.

Llegar a Corcovado desde cualquier parte del mundo suele implicar volar al Aeropuerto Internacional Juan Santamaría en San José, la capital de Costa Rica. Desde allí, los visitantes pueden tomar un vuelo nacional a Puerto Jiménez o Bahía Drake, dos pueblos cercanos al parque que sirven como puertas de entrada a Corcovado. Alternativamente, se puede viajar en autobús o coche, aunque el trayecto es largo y requiere navegar por caminos sin pavimentar en algunas áreas. Una vez en Puerto Jiménez o Bahía Drake, se pueden organizar excursiones en bote o caminatas hacia el parque con la ayuda de guías locales.

En conclusión, el Parque Nacional Corcovado es un lugar de belleza natural incomparable y de gran importancia ecológica. Sus vastas selvas tropicales, rica vida silvestre y costas prístinas lo convierten en un destino imperdible para los amantes de la naturaleza y los aventureros. Ya sea caminando por la jungla, observando animales exóticos o relajándose en una playa aislada, Corcovado ofrece una rara oportunidad de experimentar la naturaleza en su estado más puro y virgen.

37. Islas del Maíz: Un Paraíso Caribeño

Las Islas del Maíz, ubicadas frente a la costa caribeña de Nicaragua, son un auténtico paraíso tropical que ofrece a los visitantes una escapada serena del bullicio de la vida cotidiana. Formadas por dos islas principales, Big Corn Island y Little Corn Island, estos destinos idílicos son conocidos por sus aguas cristalinas de color turquesa, playas de arena blanca y una vibrante vida marina. A pesar de su tamaño relativamente pequeño, las Islas del Maíz se han convertido en un destino popular para aquellos que buscan relajación, aventura y una experiencia caribeña auténtica.

Geográficamente, las Islas del Maíz se encuentran a unos 70 kilómetros (43 millas) de la costa este de Nicaragua. Big Corn Island, la mayor de las dos, tiene una superficie de aproximadamente 10 kilómetros cuadrados, mientras que Little Corn Island es mucho más pequeña, con solo 2.9 kilómetros cuadrados. Ambas islas están rodeadas por las cálidas aguas del mar Caribe, lo que las convierte en un lugar ideal para actividades acuáticas como el snorkel, el buceo y la pesca. El ambiente relajado y tranquilo de las islas, con coloridas casas de estilo caribeño y palmeras que se mecen al ritmo de la brisa del mar, añade un encanto especial.

El clima en las Islas del Maíz es tropical, con temperaturas cálidas durante todo el año. Las temperaturas diurnas promedio oscilan entre los 26°C y

30°C, lo que hace de estas islas un destino perfecto para los amantes de la playa. La temporada seca, de febrero a abril, es la mejor época para visitar, ya que ofrece días soleados y mares tranquilos. Durante la temporada de lluvias, de mayo a enero, las lluvias son ocasionales pero suelen ser breves y no impiden que los visitantes disfruten de la belleza natural de las islas. Incluso durante la temporada húmeda, las islas se mantienen cálidas y la vegetación florece, creando un paisaje exuberante y verde.

Uno de los principales atractivos turísticos de Big Corn Island son sus playas espectaculares, especialmente South End y Long Bay, donde los visitantes pueden relajarse, nadar y disfrutar del sol. Las aguas claras y tranquilas son perfectas para practicar snorkel, y los arrecifes de coral vibrantes que rodean la isla albergan una amplia variedad de vida marina, incluidos peces de colores, rayas y tortugas marinas. Para quienes deseen explorar más profundamente, las tiendas de buceo en la isla ofrecen excursiones guiadas a cuevas submarinas y arrecifes cercanos.

Little Corn Island, la más pequeña y remota de las dos, ofrece una experiencia más rústica y tranquila. No hay autos en Little Corn, lo que permite a los visitantes explorar fácilmente la isla a pie o en bicicleta. Las playas en Little Corn son tan impresionantes como las de Big Corn, y la isla es particularmente popular entre los ecoturistas y mochileros que buscan un destino fuera de los caminos trillados. Su ambiente relajado, combinado con su belleza natural, la convierte en un lugar ideal para aquellos que desean desconectarse y disfrutar de un entorno pacífico.

Culturalmente, las Islas del Maíz son una mezcla de influencias afrocaribeñas, indígenas y criollas, reflejando la diversa historia de las islas. La población local es en su mayoría criolla, y se habla tanto inglés como español. Las islas tienen una rica herencia cultural, que se celebra a través de la música, la danza y festivales locales. Es común escuchar música reggae y calipso en el fondo, lo que refuerza el ambiente relajado y caribeño de las islas.

La gastronomía en las Islas del Maíz está fuertemente influenciada por el mar, con el marisco fresco como protagonista en la mayoría de los platos. Los visitantes pueden disfrutar de platos como el "rondon", un guiso criollo tradicional hecho con pescado, leche de coco y tubérculos, o la langosta a la parrilla servida con arroz y frijoles. El clima tropical también significa que frutas frescas como mangos, piñas y cocos son abundantes y se incorporan a menudo en las comidas. Muchos restaurantes a orillas del mar ofrecen deliciosos mariscos recién preparados, lo que permite a los visitantes disfrutar de los sabores del Caribe mientras contemplan las impresionantes vistas del océano.

La flora y fauna de las Islas del Maíz son las típicas de un paraíso tropical, con vegetación exuberante, altas palmeras y una variedad de vida silvestre. Los arrecifes de coral que rodean las islas albergan una rica diversidad de especies marinas, lo que convierte a las islas en un paraíso para los amantes del snorkel y el buceo. En tierra, las islas son el hogar de aves como pelícanos, fragatas y garzas, que suelen verse volando sobre las playas o posados en las rocas.

En el ámbito social, las Islas del Maíz juegan un papel importante en la economía local a través del turismo y la pesca. La economía de las islas se basa principalmente en la pesca a pequeña escala y el turismo, con residentes locales ofreciendo servicios como excursiones en barco, caminatas guiadas y buceo para los visitantes. El desarrollo del turismo ecológico en Little Corn Island ha ayudado a crear empleos mientras se preserva el entorno natural, y ambas islas están comprometidas con prácticas de turismo sostenible para asegurar la protección a largo plazo de sus ecosistemas prístinos.

A pesar de sus muchos encantos, las Islas del Maíz enfrentan algunos desafíos urbanos, particularmente en términos de infraestructura. Aunque el turismo está en crecimiento, las islas siguen estando relativamente poco desarrolladas en comparación con otros destinos del Caribe. Esta falta de desarrollo es parte de su atractivo, pero también significa que los visitantes no deben esperar el mismo nivel de comodidades o servicios que encontrarían en centros turísticos más grandes y comercializados. La lejanía de las islas también presenta desafíos logísticos, especialmente en términos de transporte, ya que llegar a las Islas del Maíz requiere una combinación de vuelos y transferencias en barco.

Un dato poco conocido sobre las Islas del Maíz es su conexión con la era de los piratas. En el siglo XVII, las islas fueron utilizadas como base por piratas que atacaban barcos españoles que navegaban por el Caribe.

La ubicación remota y las calas escondidas las convertían en escondites ideales para los bucaneros, añadiendo un toque de aventura y misterio a su historia. Hoy en día, los visitantes pueden explorar las playas apartadas de las islas e imaginar cómo era la vida durante la época dorada de los piratas en el Caribe.

La importancia de las Islas del Maíz como destino turístico sigue creciendo, especialmente entre los viajeros que buscan una experiencia más auténtica y alejada de las rutas turísticas convencionales en el Caribe. La belleza natural intacta de las islas, combinada con su rica herencia cultural y su compromiso con el turismo sostenible, las convierte en un destino único y atractivo. Ya sea que estés descansando en la playa, explorando los vibrantes arrecifes de coral o aprendiendo sobre la fascinante historia de las islas, las Islas del Maíz ofrecen una experiencia inolvidable para aquellos que buscan relajación y aventura en igual medida.

Llegar a las Islas del Maíz desde cualquier parte del mundo requiere un poco de planificación, pero el viaje vale la pena. La mayoría de los visitantes vuelan al Aeropuerto Internacional Augusto C. Sandino en Managua, la capital de Nicaragua. Desde allí, se puede tomar un vuelo doméstico a Big Corn Island, que cuenta con vuelos operados por pequeñas aerolíneas. Una vez en Big Corn, los visitantes pueden tomar un corto trayecto en barco hasta Little Corn Island si desean explorar ambas islas. Aunque las islas están alejadas, el viaje añade un toque de aventura y ayuda a preservar su belleza natural sin alterar.

En conclusión, las Islas del Maíz son una joya escondida en el Caribe, ofreciendo una experiencia tranquila y auténtica para los viajeros que desean escapar de las multitudes y disfrutar de la belleza natural de un paraíso tropical. Con sus playas impresionantes, vibrante vida marina y rica herencia cultural, las Islas del Maíz son un destino único y memorable que se distingue de otros lugares turísticos más comercializados. Ya sea practicando snorkel en aguas cristalinas, relajándote bajo una palmera o explorando la historia de las islas, las Islas del Maíz prometen una escapada pacífica y rejuvenecedora en el corazón del Caribe.

38. Culebra: Un Paraíso Escondido en el Caribe

Culebra, una pequeña pero encantadora isla ubicada a solo 27 kilómetros al este de la costa de Puerto Rico, es un verdadero tesoro oculto en el Caribe. A menudo pasada por alto en favor de su vecina más grande, Vieques, Culebra ofrece un paraíso tranquilo y virgen para los visitantes que buscan playas inmaculadas, aguas cristalinas y un ambiente relajado. Con una superficie aproximada de 30 kilómetros cuadrados, esta isla pacífica alberga a menos de 2,000 residentes, lo que le confiere una sensación de comunidad íntima y una reputación como uno de los destinos más serenos de Puerto Rico.

Geográficamente, Culebra forma parte de las Islas Vírgenes Españolas, junto con Vieques, y se encuentra entre Puerto Rico y las Islas Vírgenes de los Estados Unidos. La isla está rodeada de pequeños islotes y arrecifes de coral, lo que crea condiciones ideales para practicar snorkel, buceo y nadar. Su ubicación también la convierte en un refugio para la vida silvestre, con áreas protegidas y reservas marinas que aseguran que la belleza natural de la isla permanezca prácticamente intacta.

El clima en Culebra es tropical, con temperaturas cálidas durante todo el año. Las temperaturas diurnas promedio varían entre los 26°C y los

31°C, y la isla disfruta de una brisa marina constante que mantiene el ambiente agradable, incluso en los días más calurosos. La temporada seca, que va de diciembre a abril, es la época más popular para los turistas, ya que ofrece cielos soleados y un clima perfecto. La temporada de lluvias, de mayo a noviembre, trae algunas lluvias ocasionales, pero generalmente son breves y seguidas de cielos despejados, lo que permite disfrutar de las actividades al aire libre incluso durante estos meses.

Uno de los principales atractivos turísticos de Culebra es la Playa Flamenco, frecuentemente clasificada entre las mejores playas del mundo. La Playa Flamenco es famosa por su suave arena blanca, sus aguas turquesas y su pintoresco telón de fondo de colinas verdes. La playa se extiende por más de un kilómetro, brindando mucho espacio para que los visitantes se relajen bajo la sombra de las palmeras, naden en las aguas cálidas y poco profundas, o practiquen snorkel entre los coloridos arrecifes de coral cercanos. Además, la playa es conocida por dos tanques oxidados que quedaron de los ejercicios militares, ahora decorados por artistas locales, lo que le da un toque icónico al paisaje.

Otro destino imprescindible es la Reserva Natural Canal Luis Peña, un área marina protegida que ofrece algunos de los mejores lugares para practicar snorkel y buceo en el Caribe. Las aguas claras de la reserva albergan una variedad de vida marina, incluidas tortugas marinas, rayas y bancos de peces tropicales. Los arrecifes de coral, vibrantes y saludables, crean un impresionante paisaje submarino para aquellos que se aventuran bajo la superficie.

La cultura de Culebra está profundamente conectada con su historia como una pequeña comunidad pesquera aislada. La isla tiene un estilo de vida relajado y pausado, y los residentes son conocidos por su hospitalidad y orgullo por la belleza natural de su hogar. A diferencia de las concurridas áreas turísticas del continente puertorriqueño, Culebra ha logrado conservar su encanto y autenticidad, con solo un puñado de pequeños hoteles, casas de huéspedes y restaurantes que atienden a los visitantes. Este enfoque en el turismo ecológico y de bajo impacto asegura que el entorno de la isla se mantenga prístino y que los visitantes puedan disfrutar de una escapada tranquila.

La gastronomía en Culebra refleja su ubicación costera, con mariscos frescos como un elemento clave en la dieta local. Los visitantes pueden disfrutar de platos como pescado a la parrilla, langosta y camarones, a menudo servidos con arroz, frijoles, plátanos y frutas tropicales. Los restaurantes locales también ofrecen platos tradicionales puertorriqueños como el "mofongo" (plátanos machacados mezclados con ajo y cerdo) y el "pastelón" (un plato en capas similar a la lasaña, pero hecho con plátanos dulces). Las opciones gastronómicas varían desde chiringuitos informales en la playa hasta acogedoras cafeterías que ofrecen una mezcla de cocina puertorriqueña e internacional.

La flora y fauna de Culebra son igualmente impresionantes, gracias a su estatus como área protegida. La isla es hogar de varias especies de tortugas marinas en peligro de extinción, como la tortuga laúd y la carey, que anidan en sus playas. El Refugio Nacional de Vida Silvestre de Culebra, que cubre una parte significativa de la isla y los islotes circundantes, es un santuario para diversas especies de aves, incluidos pelícanos pardos, charranes y fragatas. El refugio también alberga manglares, praderas marinas y arrecifes de coral, lo que lo convierte en un hábitat esencial tanto para la vida terrestre como marina.

En términos sociales, la economía de Culebra depende en gran medida del turismo, la pesca y la agricultura a pequeña escala. Los residentes de la isla trabajan arduamente para equilibrar las necesidades de los visitantes con la preservación de su entorno natural, y muchos están involucrados en iniciativas de turismo ecológico, como recorridos guiados de snorkel, excursiones de senderismo y programas de conservación de tortugas marinas. El pequeño tamaño de la isla y su ubicación remota han ayudado a protegerla del desarrollo excesivo, aunque esto también presenta desafíos en términos de infraestructura y acceso a servicios.

Los desafíos urbanos en Culebra giran principalmente en torno a su infraestructura. Aunque la lejanía de la isla es parte de su atractivo, también significa que los servicios de transporte, electricidad y agua pueden ser menos confiables que en el continente. La isla cuenta con un pequeño aeropuerto y un servicio de ferry, pero los vuelos y los transbordadores pueden estar sujetos a retrasos debido a las condiciones climáticas. Además, los recursos limitados de la isla significan que los visitantes deben estar preparados para una experiencia más rústica, con menos comodidades que en destinos turísticos más desarrollados.

Un hecho menos conocido sobre Culebra es su historia como un puesto militar. Desde principios del siglo XX hasta 1975, la Marina de los EE. UU. utilizó partes de la isla para ejercicios militares, incluidas prácticas de fuego real. Tras años de protestas por parte de los residentes locales, la Marina se retiró de la isla y gran parte de la tierra se convirtió en refugios de vida silvestre. Hoy en día, los restos de la presencia militar pueden verse en forma de los tanques abandonados en la Playa Flamenco, que se han convertido en un símbolo de la resiliencia de la isla y su compromiso con la preservación de su belleza natural.

La importancia de Culebra como destino turístico radica en su capacidad para ofrecer un retiro pacífico y ecológico para los viajeros que buscan una experiencia caribeña más auténtica. Sus playas prístinas, su vibrante vida marina y su rica herencia cultural la convierten en un destino imprescindible para los amantes de la naturaleza, los practicantes de snorkel y aquellos que buscan escapar de las multitudes de los destinos turísticos más comerciales. El compromiso de la isla con la sostenibilidad y la conservación asegura que continuará prosperando como un refugio tanto para los visitantes como para la vida silvestre.

Llegar a Culebra requiere algo de planificación, pero el viaje vale la pena. Los visitantes pueden volar a San Juan, Puerto Rico, y tomar un corto vuelo desde el Aeropuerto Isla Grande hasta el pequeño aeropuerto de Culebra, Aeropuerto Benjamin Rivera Noriega. Alternativamente, los visitantes pueden tomar un ferry desde la ciudad de Ceiba en el continente, que ofrece servicios diarios a la isla. Una vez en Culebra, los visitantes pueden explorar la isla alquilando un carrito de golf, una scooter o una bicicleta, ya que el pequeño tamaño de la isla hace que sea fácil moverse sin necesidad de un automóvil.

En conclusión, Culebra es un tesoro escondido en el Caribe, ofreciendo una combinación perfecta de belleza natural, cultura isleña relajada y turismo ecológico. Ya sea que estés descansando en las suaves arenas de la Playa Flamenco, practicando snorkel entre vibrantes arrecifes de coral o caminando por el refugio de vida silvestre, Culebra proporciona una escapada pacífica e inolvidable. Su pequeño tamaño y su compromiso con la conservación han ayudado a preservar su encanto intacto, convirtiéndola en un destino ideal para aquellos que buscan experimentar el Caribe tal como debe ser: tranquilo, hermoso y lleno de maravillas.

39. Darién: El Corazón Salvaje de Panamá

El Parque Nacional Darién, ubicado en el extremo sureste de Panamá, es una vasta y remota área de selva tropical que representa uno de los últimos grandes bosques vírgenes del mundo. Con una extensión de aproximadamente 5,970 kilómetros cuadrados, es el parque nacional más grande de Panamá y una de las regiones más biodiversas de Centroamérica. Como Patrimonio de la Humanidad de la UNESCO y Reserva de la Biosfera, Darién tiene una importancia global debido a su rica biodiversidad, ecosistemas prístinos y su relevancia cultural.

Darién se extiende a través del famoso Tapón del Darién, una vasta área de selva sin carreteras que forma la frontera natural entre Panamá y Colombia. Este tramo es famoso por ser la única interrupción en la Carretera Panamericana, que va desde Alaska hasta el extremo sur de Sudamérica. La ubicación del parque en el este de Panamá lo convierte en un corredor ecológico crucial que conecta las selvas tropicales de Centroamérica y Sudamérica. El parque abarca una amplia gama de hábitats, incluyendo selvas tropicales de tierras bajas, bosques nublados, manglares, pantanos y terrenos montañosos.

El clima en el Parque Nacional Darién es tropical, con altas temperaturas y humedad durante todo el año. Las temperaturas promedio oscilan entre los 24°C y los 32°C, y el parque recibe abundantes lluvias, especialmente durante la temporada de lluvias, que va de mayo a noviembre. La temporada seca, de diciembre a abril, es el mejor momento para visitar, ya que el clima es más predecible y los senderos y ríos del parque son más accesibles. Sin embargo, incluso durante la temporada seca, los visitantes deben estar preparados para lluvias ocasionales y la densa humedad que caracteriza a la selva tropical.

Darién es un paraíso para los amantes de la naturaleza y los aventureros, ofreciendo la oportunidad de explorar una de las regiones más remotas e intactas de América. Los principales centros turísticos del parque incluyen las áreas alrededor de El Real y La Palma, pequeños pueblos que sirven como puertas de entrada al parque. Desde estos puntos, los visitantes pueden organizar excursiones guiadas hacia el interior del parque, donde podrán experimentar la increíble diversidad de flora y fauna. Darién alberga una variedad asombrosa de vida silvestre, incluidos jaguares, ocelotes, tapires, águilas arpías y más de 450 especies de aves, lo que lo convierte en un destino de primera para observadores de aves y entusiastas de la fauna.

Una de las experiencias más destacadas al visitar Darién es la oportunidad de explorar los ríos y bosques del parque. Los ríos Tuira y Chucunaque, los dos más grandes de Panamá, atraviesan el parque, proporcionando fuentes vitales de agua para los ecosistemas y las comunidades indígenas de la región. Los paseos en bote por estos ríos ofrecen a los visitantes la oportunidad de navegar a través de la densa jungla, observando la vida silvestre a lo largo del camino. El senderismo también es una actividad popular, con rutas que atraviesan la selva hacia cascadas ocultas, aldeas remotas y miradores panorámicos en las montañas.

Culturalmente, el Parque Nacional Darién es hogar de varios grupos indígenas, incluidos los pueblos Emberá y Wounaan, que han vivido en la región durante siglos. Estas comunidades mantienen sus formas de vida tradicionales, dependiendo del bosque para obtener alimentos, medicinas y materiales para sus artesanías. Los visitantes del parque pueden aprender sobre la rica herencia cultural de estos grupos indígenas al visitar sus aldeas, donde podrán presenciar danzas, música y artesanías tradicionales, como la cestería y el tallado en madera. La interacción entre el entorno natural del parque y sus culturas indígenas agrega una dimensión única a la experiencia del visitante.

La gastronomía en la región de Darién está influenciada tanto por las tradiciones indígenas como por el entorno natural circundante. Los platos locales suelen incluir pescado fresco de los ríos, plátanos, yuca y otros ingredientes locales. Las comidas tradicionales son simples pero llenas de sabor, con platos como el "sancocho" (una sopa contundente de pollo y verduras) y los "patacones" (plátanos fritos) siendo alimentos básicos populares. Los visitantes de las aldeas indígenas pueden tener la oportunidad de probar platos tradicionales Emberá o Wounaan, a menudo cocinados sobre fuego abierto con ingredientes recolectados en la selva.

La flora y fauna de Darién son verdaderamente espectaculares. El parque alberga algunas de las últimas poblaciones de especies en peligro de extinción, como el jaguar, el tapir centroamericano y el águila arpía, el ave nacional de Panamá. Las selvas tropicales del parque son increíblemente diversas, con árboles imponentes, lianas y epífitas que crean un denso dosel que sustenta una amplia gama de vida. El parque también es hogar de cientos de especies de anfibios, reptiles e insectos, lo que lo convierte en un punto caliente para la biodiversidad. Los observadores de aves acuden al parque para ver especies raras y exóticas, incluidos tucanes, guacamayas y colibríes.

Socialmente, el Parque Nacional Darién juega un papel crucial en el apoyo a los medios de vida de las comunidades indígenas que viven dentro de sus límites. La designación del parque como Patrimonio de la Humanidad de la UNESCO y Reserva de la Biosfera ayuda a proteger estas comunidades y sus formas de vida tradicionales, al mismo tiempo que promueve el turismo sostenible. Sin embargo, la región también enfrenta desafíos, como la tala ilegal, la caza furtiva y la expansión del desarrollo en sus fronteras. Los esfuerzos de conservación están en marcha para abordar estos problemas y asegurar la protección a largo plazo del parque.

A pesar de su belleza natural, el Parque Nacional Darién enfrenta desafíos urbanos, particularmente relacionados con el acceso y la infraestructura. La ubicación remota del parque y la falta de carreteras en el Tapón del Darién hacen que sea difícil llegar. Los visitantes deben viajar en bote, avión o a pie para acceder al parque, y el viaje puede ser desafiante, especialmente durante la temporada de lluvias. La falta de infraestructura también significa que las acomodaciones dentro del parque son básicas, por lo que los visitantes deben estar preparados para una experiencia rústica y aventurera.

Un hecho menos conocido sobre el Parque Nacional Darién es su papel en la migración histórica de personas y animales entre América del Norte y América del Sur. El parque se encuentra en un cruce crítico donde se encuentran especies de ambos continentes, lo que resulta en una mezcla única de biodiversidad. Esta región también fue parte de la ruta utilizada por los pueblos indígenas y más tarde por los exploradores y colonos europeos mientras se desplazaban entre los dos continentes. Los bosques, ríos y montañas del parque han sido durante mucho tiempo una barrera natural y un corredor para la migración.

La importancia del Parque Nacional Darién no puede ser subestimada. No solo es un santuario para especies en peligro de extinción y un corredor ecológico vital, sino que también es un paisaje cultural vivo que preserva las tradiciones de los pueblos indígenas de Panamá. El parque es un símbolo del compromiso de Panamá con la conservación y el desarrollo sostenible, y juega un papel clave en los esfuerzos globales para proteger la biodiversidad y combatir el cambio climático.

Llegar al Parque Nacional Darién desde el extranjero requiere algo de planificación, pero el viaje vale la pena. La mayoría de los visitantes internacionales vuelan al Aeropuerto Internacional de Tocumen en Ciudad de Panamá. Desde allí, los viajeros pueden tomar un vuelo doméstico a la ciudad de La Palma o El Real, que son los principales puntos de entrada al parque. Alternativamente, se puede optar por una combinación de viajes en autobús y bote para llegar, aunque este método es más lento. Una vez en la región, los visitantes suelen explorar el parque con la ayuda de guías locales que conocen bien el terreno y la fauna.

En conclusión, el Parque Nacional Darién es una de las últimas grandes áreas silvestres del mundo, ofreciendo a los visitantes una rara oportunidad de explorar una selva virgen llena de vida. Su vasta extensión, biodiversidad increíble y su importancia cultural lo convierten en un destino único. Ya sea caminando por la jungla, observando fauna exótica o aprendiendo sobre las tradiciones de los pueblos Emberá y Wounaan, una visita a Darién es una aventura inolvidable que muestra la belleza y la importancia de preservar los ecosistemas más preciados de nuestro planeta.

40. El Imposible: Un Paraíso Natural en El Salvador

El Parque Nacional El Imposible, ubicado en la parte occidental de El Salvador, es un destino impresionante conocido por sus paisajes asombrosos, ecosistemas diversos y una rica biodiversidad. Establecido en 1989, este parque abarca aproximadamente 4,500 hectáreas y es una de las reservas naturales más importantes del país. Entre los municipios de Ahuachapán y Sonsonate, El Imposible destaca por sus montañas escarpadas, barrancos profundos y exuberantes valles verdes, lo que lo convierte en un paraíso para los amantes de la naturaleza y los aventureros.

Geográficamente, El Imposible se encuentra en la Cordillera del Bálsamo, que forma parte de la pendiente del Pacífico de El Salvador. El parque alberga varios ecosistemas, incluidos bosques tropicales secos, bosques nubosos y zonas ribereñas a lo largo de los ríos. El nombre "El Imposible" se refiere a la dificultad histórica para cruzar el terreno desafiante, aunque hoy en día este lugar es una puerta de entrada para la aventura y la exploración.

El clima en El Imposible es tropical, con temperaturas que oscilan entre los 20°C y los 30°C. Debido a la elevación del parque, la atmósfera es más fresca en comparación con las tierras bajas circundantes. La estación seca, de noviembre a abril, es la mejor época para visitar, ya que ofrece cielos despejados y temperaturas agradables. Durante la estación lluviosa, de mayo a octubre, el paisaje se transforma en un entorno verde y vibrante, aunque la lluvia puede dificultar el acceso a algunas rutas.

Uno de los principales atractivos del Parque Nacional El Imposible es su extensa red de senderos. Los visitantes pueden disfrutar de caminatas que varían desde paseos fáciles hasta caminatas más desafiantes que llevan a impresionantes miradores con vistas a los valles y montañas del parque. Los senderos están bien señalizados y, a menudo, los excursionistas tienen la oportunidad de observar una gran variedad de flora y fauna. Uno de los senderos más populares es el sendero Los Encuentros, ideal para la observación de aves y animales silvestres.

El parque también cuenta con varias cascadas, entre ellas la espectacular cascada El Imposible, donde los visitantes pueden disfrutar de un baño refrescante después de una larga caminata. Estos lugares naturales son muy apreciados tanto por turistas como por locales, ya que brindan un entorno sereno donde relajarse y conectarse con la naturaleza.

Culturalmente, El Imposible tiene gran importancia para las comunidades locales, en especial para los grupos indígenas que han habitado la región durante siglos. Para ellos, el parque es un espacio fundamental para la conservación de sus tradiciones, ya que sigue siendo una fuente de recursos para la caza, recolección y obtención de plantas medicinales. La conservación del parque no solo protege la biodiversidad de la región, sino que también honra el patrimonio cultural de sus habitantes indígenas.

La gastronomía de El Salvador es una fusión vibrante de sabores, con influencias indígenas y españolas. Los visitantes que exploran los alrededores del parque pueden disfrutar de platillos tradicionales como las famosas pupusas, tortillas gruesas rellenas de queso, frijoles o carne, acompañadas de curtido. También son populares la yuca frita, los tamales y los mariscos frescos del Pacífico. Los mercados locales ofrecen frutas y verduras frescas, permitiendo a los turistas saborear la auténtica cultura salvadoreña.

150 DESTINOS TURÍSTICOS POPULARES DE NORTEAMÉRICA

La flora y fauna de El Imposible son increíblemente diversas, con más de 400 especies de plantas y una amplia variedad de animales. El parque es hogar de especies en peligro de extinción, como el jaguar, el puma y varios tipos de monos. Además, El Imposible es un destino privilegiado para los observadores de aves, ya que alberga alrededor de 200 especies de aves, incluido el quetzal resplandeciente y la majestuosa guacamaya roja.

Socialmente, El Imposible juega un papel crucial en la economía local a través del eco-turismo. El parque atrae a visitantes de todo el mundo, lo que genera empleo para las comunidades locales a través de servicios de guías, alojamiento y comida. Este flujo de eco-turismo ha fomentado prácticas sostenibles que benefician tanto al medio ambiente como a la economía local. Muchas iniciativas comunitarias se centran en la educación ambiental, asegurando que los visitantes comprendan la importancia de preservar los recursos naturales del parque.

Sin embargo, El Imposible enfrenta desafíos relacionados con la conservación y la gestión del territorio. La deforestación, la tala ilegal y la expansión agrícola amenazan los delicados ecosistemas del parque. Para combatir estos problemas, se han implementado campañas de concienciación, programas de participación comunitaria y una mayor vigilancia de las leyes de conservación. La colaboración entre el gobierno, las comunidades locales y las organizaciones no gubernamentales es fundamental para garantizar la protección a largo plazo del parque.

Un hecho poco conocido sobre El Imposible es la existencia de vestigios de la civilización maya dentro del parque. Aunque no es tan famoso como otros sitios arqueológicos de Centroamérica, se han encontrado evidencias de asentamientos mayas en la región, lo que sugiere que esta antigua civilización alguna vez prosperó en el área. Este aspecto histórico añade una capa más de fascinación para los visitantes que buscan la conexión entre la naturaleza y la historia.

La importancia de El Imposible va más allá de ser un destino turístico; es una zona vital para la conservación de la biodiversidad en El Salvador y Centroamérica. Como área protegida, el parque ayuda a preservar ecosistemas esenciales que sustentan una amplia gama de vida vegetal y animal. Su papel como corredor para la migración de fauna es crucial para mantener la salud de los ecosistemas regionales y combatir los efectos del cambio climático.

Viajar al Parque Nacional El Imposible es relativamente sencillo. La mayoría de los visitantes comienzan su viaje en San Salvador, la capital, que se encuentra a unas dos horas en coche. Existen servicios de alquiler de automóviles, y los autobuses conectan con los pueblos cercanos al parque. La entrada al parque está bien señalizada y se recomienda contratar guías locales para una experiencia más enriquecedora, ya que pueden proporcionar información valiosa sobre los ecosistemas, la fauna y la importancia cultural del lugar.

En conclusión, el Parque Nacional El Imposible es un tesoro de belleza natural y riqueza cultural, que ofrece a los visitantes la oportunidad de sumergirse en uno de los entornos más prístinos de Centroamérica. Sus paisajes accidentados, su fauna diversa y su patrimonio cultural lo convierten en un destino único para el eco-turismo y la aventura. Ya sea caminando por densos bosques, maravillándose con las impresionantes cascadas o disfrutando de los ricos sabores de la cocina salvadoreña, una visita a El Imposible será una experiencia inolvidable que conecta a los viajeros con el mundo natural y la historia de El Salvador.

41. El Valle de Antón: Un Tesoro Natural en Panamá

El Valle de Antón, conocido simplemente como El Valle, es un pintoresco pueblo ubicado en el corazón de Panamá, a unos 120 kilómetros al suroeste de la Ciudad de Panamá. Este encantador destino se encuentra dentro de un cráter volcánico inactivo, lo que le otorga una belleza natural impresionante y un clima fresco que lo distingue de las áreas costeras. El Valle ha ganado popularidad tanto entre locales como turistas que buscan escapar del bullicio de la ciudad y disfrutar de un entorno tranquilo y lleno de naturaleza.

Con una extensión aproximada de 400 kilómetros cuadrados, El Valle alberga a una población de alrededor de 7,000 personas. Muchos de los residentes se dedican a la agricultura, el turismo y la artesanía, contribuyendo a la economía local. El pueblo está rodeado de montañas verdes, cascadas y senderos escénicos que lo convierten en el lugar ideal para los amantes de la naturaleza y quienes disfrutan de actividades al aire libre. Flores coloridas, plantas tropicales y árboles frutales adornan el paisaje, creando un ambiente vibrante que encanta a todo el que lo visita.

Geográficamente, El Valle está situado en la provincia de Coclé, a una altura de aproximadamente 600 metros sobre el nivel del mar. Esta elevación le proporciona un clima agradable, con temperaturas que oscilan entre los 15°C y los 25°C, más frescas que en otras partes de Panamá. Durante la temporada seca, de diciembre a abril, el clima es ideal para explorar, mientras que la temporada de lluvias, de mayo a noviembre, llena de verde el paisaje y, aunque hay más precipitaciones, las lluvias suelen ser breves y seguidas de cielos despejados.

Uno de los principales atractivos de El Valle de Antón es su mercado local, que se celebra todos los domingos. Este mercado es el corazón de la vida social del pueblo, donde los visitantes pueden encontrar frutas frescas, flores, artesanías hechas a mano y una variedad de comidas tradicionales panameñas. Es un lugar donde se puede sentir la autenticidad del pueblo, mientras se interactúa con los artesanos que muestran su trabajo, como la cerámica, textiles y tallados en madera, permitiendo llevarse un pedacito de El Valle a casa.

Otro lugar imperdible es el Chorro Macho, una cascada impresionante rodeada de vegetación exuberante. Este rincón natural es perfecto para refrescarse en sus aguas después de una caminata por los senderos que lo rodean, mientras se disfruta de los sonidos de la naturaleza y la fauna local. El ambiente es ideal para desconectar del ritmo acelerado de la vida cotidiana y reconectar con la tranquilidad que ofrece la naturaleza.

El Valle también es famoso por su biodiversidad. Los bosques que rodean el pueblo albergan una gran variedad de especies de aves, como tucanes, colibríes y el resplandeciente quetzal, un ave codiciada por los observadores. La diversidad de plantas que crecen en este microclima único incluye orquídeas, helechos y otras especies tropicales que prosperan en el valle. El Cerro Gaital, una montaña cercana, ofrece rutas de senderismo que recompensan a los aventureros con vistas panorámicas impresionantes de la región.

Culturalmente, El Valle de Antón refleja una mezcla de tradiciones indígenas y mestizas. El pueblo alberga a varios grupos indígenas, como los Ngäbe-Buglé, que mantienen vivas sus prácticas culturales. Los visitantes pueden disfrutar de danzas tradicionales, música y artesanías que muestran la riqueza histórica de la región. La calidez y hospitalidad de los lugareños hacen que la experiencia cultural sea aún más rica y acogedora.

La gastronomía de El Valle es una deliciosa muestra de la cocina panameña. Entre los platos más populares se encuentran el sancocho, una sopa de pollo con yuca y plátanos, y los tamales, envueltos en hojas de plátano y rellenos de carne. La altitud del valle permite el cultivo de una gran variedad de frutas y verduras frescas, que se pueden encontrar en los mercados locales. Además, la región es conocida por su café, y algunas fincas ofrecen recorridos donde los visitantes pueden degustar el café local, famoso por su sabor intenso.

El turismo ha tenido un impacto social importante en El Valle, proporcionando ingresos esenciales para las familias locales. Muchos residentes dependen del turismo a través de servicios de guías, venta de artesanías y la operación de pequeños hoteles y restaurantes. Esto ha fomentado prácticas sostenibles que protegen el medio ambiente y aseguran el bienestar de la comunidad local. Iniciativas comunitarias han centrado sus esfuerzos en educar sobre la importancia de preservar los recursos naturales mientras se impulsa la economía del área.

A pesar de sus encantos, El Valle de Antón enfrenta algunos desafíos urbanos. El crecimiento rápido del turismo puede ejercer presión sobre los recursos locales, y la llegada de más visitantes puede afectar la infraestructura del pueblo y el medio ambiente. Sin embargo, se están llevando a cabo esfuerzos para promover un turismo responsable que equilibre el desarrollo con la conservación del entorno natural. Las iniciativas locales, centradas en la educación y la concienciación, son clave para preservar la integridad ecológica de la región.

Un dato curioso sobre El Valle es su conexión con culturas precolombinas. Antes de la llegada de los colonizadores, varias culturas, incluida la Coclé, habitaron esta región, y aún se pueden encontrar artefactos y petroglifos de esa época en las áreas cercanas. Estos sitios arqueológicos, como "La Casa de los Abuelos", ofrecen una mirada al pasado y a la rica historia de los primeros habitantes del valle.

El Valle de Antón no solo es un destino turístico por su belleza natural, sino también por su compromiso con el turismo sostenible en Panamá. Ha ganado reconocimiento por su dedicación a la conservación y la preservación de su herencia cultural, convirtiéndolo en un ejemplo para otras regiones de Centroamérica. El gobierno local, en colaboración con organizaciones no gubernamentales, sigue trabajando para implementar prácticas sostenibles que promuevan la protección del medio ambiente mientras apoyan la economía local.

Llegar a El Valle es fácil para los viajeros internacionales. La mayoría de los visitantes llegan al Aeropuerto Internacional de Tocumen en Ciudad de Panamá, desde donde pueden tomar un autobús, alquilar un coche o unirse a un tour guiado para llegar a El Valle en aproximadamente dos horas. El trayecto es pintoresco y permite disfrutar de las vistas del campo panameño.

En conclusión, El Valle de Antón es un tesoro escondido en Panamá, que ofrece una combinación única de belleza natural, riqueza cultural y aventuras al aire libre. Sus paisajes impresionantes, su vida silvestre diversa y su compromiso con la sostenibilidad lo convierten en un destino que debe ser visitado por quienes buscan una experiencia auténtica en Centroamérica. Ya sea explorando los exuberantes senderos, nadando en cascadas refrescantes o sumergiéndose en la cultura local, una visita a El Valle de Antón garantiza ser una experiencia inolvidable.

42. El Yunque: Un Paraíso Tropical en Puerto Rico

El Bosque Nacional El Yunque, ubicado en el noreste de Puerto Rico, es un espectacular bosque tropical que atrae a amantes de la naturaleza y aventureros de todo el mundo. Con una extensión de aproximadamente 29,000 acres, El Yunque es el único bosque tropical en el Sistema Nacional de Bosques de los Estados Unidos. Es un testimonio de la vibrante biodiversidad que prospera en esta región del Caribe, con majestuosos árboles, cascadas impresionantes y una diversidad de plantas y animales que no se encuentran en ningún otro lugar del país.

Geográficamente, El Yunque está a unos 35 kilómetros al este de San Juan, la capital de Puerto Rico. La altitud del bosque varía desde el nivel del mar hasta los 1,067 metros en su punto más alto, El Pico del Este, creando una variedad de microclimas y hábitats. Su proximidad a la costa y su terreno montañoso le otorgan características ecológicas únicas. El bosque está atravesado por numerosos ríos y arroyos que forman cascadas deslumbrantes, atrayendo a visitantes durante todo el año.

El clima en El Yunque es tropical y húmedo, con temperaturas que oscilan entre 20°C y 30°C durante todo el año. El bosque recibe una gran cantidad de lluvias, entre 120 y 200 pulgadas anualmente, lo que sustenta su densa vegetación. La temporada de lluvias abarca de mayo a noviembre, mientras que la temporada seca, de diciembre a abril, es la más adecuada para explorar el parque. Incluso durante la estación seca, es posible que haya lluvias breves que añaden un encanto especial al entorno del bosque.

Una de las principales atracciones de El Yunque es su red de senderos, ideales para caminatas que permiten disfrutar de su exuberante paisaje. Los senderos varían en dificultad, desde rutas sencillas hasta desafiantes recorridos para los excursionistas más experimentados. El sendero La Mina es uno de los más populares, ya que conduce a la hermosa cascada La Mina, donde los visitantes pueden refrescarse en sus aguas cristalinas. Otro sendero destacado es el Sendero El Yunque, que lleva a la cima del Pico del Este, ofreciendo impresionantes vistas panorámicas del bosque y sus alrededores.

El bosque también cuenta con varios centros de visitantes, como el Centro de Visitantes El Yunque, que ofrece exposiciones educativas sobre los ecosistemas, la vida silvestre y los esfuerzos de conservación del bosque. Aquí, los visitantes pueden aprender sobre la flora y fauna única que habita en El Yunque, así como sobre la importancia cultural del bosque para los taínos, los indígenas que habitaron la región hace siglos.

Culturalmente, El Yunque tiene un profundo significado en la herencia de Puerto Rico. Los taínos, que llamaban a estas montañas "Yunque", las consideraban sagradas, como el lugar de los dioses. Este vínculo espiritual aún se siente hoy en día, y restos de la cultura taína, como los petroglifos tallados en las rocas, son testimonios de su antigua relación con la naturaleza. Los visitantes pueden explorar estas antiguas inscripciones que narran las historias y tradiciones de los taínos.

La comida en la región es un reflejo de las ricas tradiciones culinarias de Puerto Rico, con ingredientes frescos y locales. Quienes visitan El Yunque pueden disfrutar de platos tradicionales como el mofongo, arroz con gandules y mariscos frescos capturados en la costa cercana. Muchos de los restaurantes locales ofrecen la oportunidad de disfrutar de una comida al aire libre, rodeados por la belleza del bosque.

La flora y fauna de El Yunque son diversas y extraordinarias. El bosque alberga más de 240 especies de árboles, muchas de ellas endémicas de

Puerto Rico. Entre sus habitantes más icónicos se encuentra el coquí, una pequeña rana que canta por las noches y es símbolo de la isla. Además, los observadores de aves encontrarán un paraíso en El Yunque, con más de 50 especies de aves, incluida la rara cotorra puertorriqueña, una de las especies más amenazadas del mundo. El bosque también es hogar de diversas especies de reptiles, anfibios e insectos, lo que lo convierte en un ecosistema vibrante y lleno de vida.

El impacto social de El Yunque es significativo, ya que contribuye a la economía local a través del ecoturismo y las actividades recreativas. El parque atrae a visitantes de todo el mundo, creando empleos y oportunidades para los residentes locales en servicios de guías, hospitalidad y artesanías. Este flujo de ecoturismo ha fomentado una mayor conciencia sobre la importancia de conservar el medio ambiente, promoviendo un sentido de responsabilidad compartida entre residentes y visitantes.

Sin embargo, El Yunque también enfrenta desafíos urbanos, como la presión del turismo y los efectos del cambio climático. El aumento en la cantidad de visitantes puede llevar al hacinamiento en los senderos populares, lo que requiere la implementación de prácticas de turismo sostenible para proteger los delicados ecosistemas del bosque. Además, fenómenos climáticos extremos, como huracanes y fuertes lluvias, pueden causar daños significativos al bosque y su infraestructura, lo que resalta la necesidad de continuar con los esfuerzos de conservación y restauración.

Un hecho menos conocido sobre El Yunque es su papel en la investigación científica de los ecosistemas tropicales. El bosque se ha convertido en un punto focal para estudios sobre el cambio climático, la biodiversidad y las prácticas de conservación. Científicos de todo el mundo vienen a estudiar los ecosistemas únicos de El Yunque, aportando valiosos conocimientos sobre los efectos de los cambios ambientales en los bosques tropicales. Esta investigación contribuye a los esfuerzos globales para proteger los ecosistemas vulnerables.

La importancia de El Yunque va más allá de ser un destino turístico. Es un refugio vital para especies en peligro de extinción, una fuente crucial de agua para las comunidades circundantes y un laboratorio vivo para la investigación ecológica. Los exuberantes paisajes y la biodiversidad del bosque juegan un papel crucial en la salud general del medio ambiente, lo que lo convierte en un recurso invaluable para Puerto Rico y el planeta.

Viajar a El Yunque es bastante accesible para la mayoría de los visitantes. El bosque está a una corta distancia en automóvil desde San Juan, lo que lo convierte en una excursión conveniente para quienes se hospedan en la capital. Desde San Juan, los visitantes pueden tomar la Ruta 26 y luego la Ruta 199, que los lleva directamente a la entrada del parque. También existen opciones de transporte público y tours guiados que facilitan el acceso desde San Juan. Una vez dentro del parque, los visitantes pueden explorar sus senderos, áreas de picnic y centros de visitantes a su propio ritmo.

En conclusión, el Bosque Nacional El Yunque es un destino espectacular que muestra la belleza natural y la diversidad ecológica de Puerto Rico. Sus frondosos bosques, majestuosas cascadas y vibrante vida silvestre crean una atmósfera mágica que invita a los visitantes a conectarse con la naturaleza y descubrir la rica cultura de la isla. Ya sea caminando por sus densos senderos, nadando en cascadas refrescantes o aprendiendo sobre la historia de los taínos, una visita a El Yunque es una experiencia inolvidable que deja una profunda apreciación por las 150 Destinos Turísticos Populares de Norteamérica. Como tesoro ecológico vital, El Yunque es un ejemplo vivo de la importancia de la conservación y el turismo sostenible.

43. Eleuthera: Un Paraíso Natural en las Bahamas

Eleuthera, una isla encantadora en las Bahamas, es conocida por su impresionante belleza natural, su rica cultura y su atmósfera tranquila. Con aproximadamente 110 millas de largo y solo 1 a 2 millas de ancho, esta isla alargada es una joya oculta en el Caribe, a menudo pasada por alto en comparación con sus vecinos más comercializados. Con sus playas de arena rosada, aguas turquesas cristalinas y exuberante vegetación tropical, Eleuthera se ha convertido en un destino favorito para quienes buscan relajación y aventura en un entorno sereno.

Geográficamente, Eleuthera está situada al este de la isla de New Providence, donde se encuentra la capital, Nassau. La isla se encuentra a unas 50 millas (80 kilómetros) de la costa de Florida y forma parte de las Islas Exteriores de las Bahamas. Su proximidad al Océano Atlántico permite vistas costeras impresionantes, y su topografía única cuenta con acantilados, cuevas y numerosas calas que realzan su atractivo natural.

El clima en Eleuthera es tropical, con temperaturas cálidas y abundante sol durante todo el año. Las temperaturas promedio durante el día suelen oscilar entre los 25°C y 30°C, lo que la convierte en un destino ideal para los amantes de la playa y los entusiastas de actividades al aire libre. La isla experimenta una temporada de lluvias de mayo a noviembre, mientras que la temporada seca, de diciembre a abril, es el momento más favorable para visitarla. Durante la temporada seca, los visitantes pueden disfrutar de cielos despejados y temperaturas agradables, perfectas para explorar las maravillas naturales de la isla.

Una de las principales atracciones turísticas de Eleuthera son sus impresionantes playas. Pink Sands Beach, ubicada en el lado norte de la isla, es famosa por su arena de color rosado, formada por coral y conchas trituradas. Esta hermosa playa, de aproximadamente tres millas de largo, es perfecta para tomar el sol, nadar y caminar tranquilamente por la orilla. Las olas suaves y las aguas tranquilas hacen de este lugar un destino ideal para familias, donde los visitantes pueden disfrutar de la belleza del Caribe en un ambiente relajado.

Otro punto de interés popular es el Puente de la Ventana de Cristal (Glass Window Bridge), una formación natural de roca que separa el Mar Caribe del Océano Atlántico. Desde el puente, se puede admirar el sorprendente contraste entre el azul profundo del Atlántico y los tonos turquesas del Caribe. Este emblemático lugar es un favorito de los fotógrafos y viajeros que buscan capturar la belleza paisajística de Eleuthera.

Para quienes buscan aventuras, la isla ofrece muchas oportunidades para practicar esnórquel, buceo y explorar el mundo submarino. Las aguas que rodean Eleuthera están llenas de vida marina vibrante, incluidos peces de colores, tortugas marinas y arrecifes de coral. Entre los lugares populares para hacer esnórquel y buceo se encuentran el Parque Marino de las Exumas y las áreas cercanas a las corrientes de marea, donde las mareas fuertes traen una gran diversidad de especies marinas.

Culturalmente, Eleuthera tiene una rica historia que refleja la influencia de sus habitantes. La isla fue colonizada originalmente por los taínos lucayos, y más tarde se convirtió en hogar de colonos europeos y lealistas que huían de la Revolución Americana. El nombre de la isla, "Eleuthera", proviene de la palabra griega que significa "libertad", simbolizando el deseo de los colonos de encontrar un lugar de refugio y tranquilidad. Hoy en día, la cultura de la isla está marcada por una mezcla de tradiciones bahameñas, música y festivales vibrantes que celebran su patrimonio.

La cocina de Eleuthera es una deliciosa representación de las tradiciones culinarias bahameñas. El marisco fresco es una de las estrellas de la gastronomía local, con platos que incluyen buñuelos de caracol, caracol frito y pescado a la parrilla, acompañados con arroz y guisantes. La isla también es famosa por sus frutas y verduras frescas, con mercados locales que ofrecen productos tropicales como papayas, piñas y guayabas. Las opciones gastronómicas van desde sencillas cabañas en la playa hasta restaurantes más elegantes, lo que permite a los visitantes disfrutar de los sabores de la isla.

La flora y fauna prosperan en Eleuthera, con ecosistemas diversos que albergan una amplia variedad de especies de plantas y animales. Los paisajes de la isla están adornados con vegetación tropical, incluidas palmeras de coco, hibiscos y buganvillas. Los observadores de aves tienen muchas oportunidades de avistar especies, ya que Eleuthera es hogar del loro bahameño en peligro de extinción, así como de varias aves migratorias. Los hábitats únicos de la isla, como los bosques de pinos y los humedales, proporcionan ecosistemas vitales tanto para la vida terrestre como marina.

Socialmente, Eleuthera juega un papel importante en la economía de las Bahamas, especialmente a través del turismo y la pesca. La isla ha adoptado el ecoturismo, promoviendo prácticas sostenibles que protegen sus recursos naturales y benefician a la comunidad local. Muchos residentes dependen del turismo para su sustento, operando casas de huéspedes, empresas de tours y mercados locales. El énfasis en preservar la belleza natural y el patrimonio cultural de la isla ha fomentado un sentido de orgullo comunitario y responsabilidad ambiental entre sus habitantes.

A pesar de sus muchos atractivos, Eleuthera enfrenta algunos desafíos urbanos, especialmente relacionados con la infraestructura y el desarrollo. La ubicación remota de la isla significa que algunas áreas carecen de servicios modernos, y las opciones de transporte pueden ser limitadas. Si bien las carreteras principales están en buenas condiciones, algunas zonas rurales tienen caminos sin pavimentar, lo que dificulta el acceso a ciertos lugares de interés. No obstante, este aislamiento también forma parte del encanto de la isla, ofreciendo a los visitantes la oportunidad de desconectarse del ritmo acelerado de la vida moderna y sumergirse en la naturaleza.

Un dato poco conocido sobre Eleuthera es su conexión con el famoso explorador Cristóbal Colón. Se cree que Colón desembarcó en Eleuthera durante su primer viaje al Nuevo Mundo en 1492. La historia de la isla está llena de relatos de exploración, piratería y la resiliencia de sus habitantes. Esta rica historia añade profundidad a la experiencia de visitar Eleuthera, permitiendo a los viajeros conectarse con su pasado.

La importancia de Eleuthera va más allá de su atractivo turístico; también es una zona vital para la conservación de la biodiversidad en el Caribe. Los diversos ecosistemas de la isla proporcionan hábitats esenciales para muchas especies, y los esfuerzos de conservación están en marcha para proteger estos recursos naturales. Iniciativas dirigidas a preservar las áreas marinas, reforestar tierras degradadas y promover prácticas de pesca sostenible son cruciales para mantener el equilibrio ecológico de la isla.

Llegar a Eleuthera desde cualquier parte del mundo es relativamente fácil. La mayoría de los visitantes internacionales vuelan a Nassau, la capital de las Bahamas, desde donde pueden tomar un vuelo doméstico al Aeropuerto de North Eleuthera o al Aeropuerto de Governor's Harbour. Los vuelos son cortos, de aproximadamente 30 a 45 minutos, y ofrecen impresionantes vistas aéreas de las islas circundantes. También se puede llegar a Eleuthera en ferry desde Nassau, lo que ofrece un viaje panorámico a través de las aguas turquesas del Caribe.

En conclusión, Eleuthera es un destino cautivador que ofrece una combinación perfecta de belleza natural, rica cultura y aventura al aire libre. Sus playas vírgenes, paisajes exuberantes y comunidad acogedora la convierten en un refugio ideal para los viajeros que buscan una experiencia caribeña auténtica. Ya sea descansando en las arenas rosadas de la playa, explorando las calas escondidas de la isla o saboreando los sabores de la cocina local, una visita a Eleuthera promete recuerdos inolvidables y una mayor apreciación por la belleza de las Bahamas. Como un lugar que abraza la sostenibilidad y el patrimonio cultural, Eleuthera es un testimonio de la importancia de preservar los recursos naturales mientras se comparte el encanto de la isla con el mundo.

44. Exuma Cays: Un Paraíso Tropical

Los Exuma Cays, una impresionante cadena de islas en las Bahamas, son conocidos por su belleza natural, aguas cristalinas y experiencias únicas. Este paraíso tropical, compuesto por más de 365 islas y cayos, se extiende aproximadamente 209 kilómetros desde el norte de Great Exuma hasta el punto más al sur de los cayos. Con sus playas encantadoras, su vibrante vida marina y su ambiente relajado, los Exuma Cays se han convertido en un destino codiciado por viajeros que buscan tanto relajación como aventura.

Geográficamente, los Exuma Cays están ubicados en el centro de las Bahamas, al este de la capital, Nassau. Las islas se caracterizan por sus formaciones de piedra caliza, que crean lagunas poco profundas, arrecifes de coral y playas de arena blanca, perfectas para nadar, hacer esnórquel y navegar. Los cayos están rodeados por el impresionante Exuma Sound al este y las aguas poco profundas del Exuma Bank al oeste, creando un escenario pintoresco que atrae a visitantes de todo el mundo.

El clima en los Exuma Cays es tropical, con temperaturas cálidas y sol abundante durante todo el año. Las temperaturas promedio varían entre los 24°C y 30°C, lo que los convierte en un destino ideal para quienes disfrutan de la playa. La temporada seca, que va de diciembre a abril, es considerada el mejor momento para visitar, ya que el clima suele ser soleado y agradable. La temporada de lluvias, de mayo a noviembre, trae lluvias ocasionales, pero las temperaturas cálidas permiten disfrutar de actividades al aire libre incluso en esos meses.

Uno de los principales centros turísticos de los Exuma Cays es Great Exuma, la isla más grande de la cadena y hogar de la capital, George Town. Esta encantadora ciudad ofrece una mezcla de cultura local, playas impresionantes y mercados vibrantes. Los visitantes pueden explorar las tiendas locales, disfrutar de restaurantes frente al mar y experimentar el estilo de vida relajado de la isla. Una de las playas más visitadas de Great Exuma es Tropic of Cancer Beach, conocida por sus suaves arenas blancas y sus tranquilas aguas turquesas, perfectas para nadar y tomar el sol.

Otra atracción popular en los Exuma Cays es el famoso cayo de los cerdos nadadores en Big Major Cay, una isla deshabitada donde los visitantes pueden nadar e interactuar con los simpáticos cerdos que deambulan libremente por la playa. Esta experiencia única se ha convertido en un punto destacado para muchos viajeros y ha ganado atención internacional, atrayendo a visitantes ansiosos por capturar fotos memorables con estos animales adorables.

Los Exuma Cays también son conocidos por sus atracciones naturales, como la Gruta Thunderball, un impresionante sistema de cuevas submarinas que se hizo famoso gracias a la película de James Bond "Thunderball". La gruta es accesible en bote, y los visitantes pueden hacer esnórquel en sus aguas cristalinas, explorando la vibrante vida marina que habita en las cuevas. La zona está repleta de peces de colores, tortugas marinas y corales, lo que la convierte en un paraíso para los amantes del esnórquel y el buceo.

Culturalmente, los Exuma Cays están impregnados de historia y herencia, influenciados por los pueblos indígenas lucayos, exploradores europeos y la herencia africana. Las islas fueron el hogar de lealistas que huyeron de la Revolución Americana, y los restos de esta historia aún se pueden ver en la arquitectura y las tradiciones de las comunidades locales. La vibrante cultura de los Exuma Cays se celebra a través de la música, la danza y los festivales, como Junkanoo y torneos locales de pesca que unen a la comunidad.

La gastronomía en los Exuma Cays es una deliciosa mezcla de sabores bahameños y mariscos frescos. Los visitantes pueden deleitarse con especialidades locales como los buñuelos de caracol, el caracol frito y los "fish fry", que destacan los abundantes recursos marinos de la isla. Las frutas tropicales, como cocos, mangos y papayas, son comunes y añaden un toque refrescante a las comidas. Muchos restaurantes locales ofrecen cenas frente al mar, permitiendo a los comensales disfrutar de sus platos mientras contemplan las impresionantes vistas del océano.

La flora y fauna de los Exuma Cays son diversas y únicas, con una variedad de especies de plantas adaptadas al clima tropical. Las islas son hogar de manglares, palmeras y plantas con flores vibrantes, creando un paisaje exuberante. Las aguas circundantes albergan una rica vida marina, incluidos arrecifes de coral que proporcionan hábitats esenciales para peces y otras criaturas marinas. Los observadores de aves también encontrarán oportunidades para avistar especies endémicas, como el loro de las Bahamas y diversas aves migratorias.

Socialmente, los Exuma Cays han cobrado importancia como destino turístico, proporcionando medios de vida para los residentes locales a través del ecoturismo y la hospitalidad. El crecimiento del turismo ha llevado al desarrollo de pequeños negocios, como casas de huéspedes, restaurantes y compañías de tours, ayudando a sostener la economía local. Los esfuerzos por promover prácticas de turismo sostenible son vitales para preservar la belleza natural y el patrimonio cultural de las islas, al mismo tiempo que se asegura que la comunidad se beneficie del aumento de visitantes.

Sin embargo, los Exuma Cays también enfrentan desafíos urbanos relacionados con la preservación del medio ambiente y el desarrollo. La creciente presión turística puede ejercer presión sobre los recursos locales, lo que genera preocupaciones sobre la gestión de desechos, la destrucción del hábitat y la sobrepesca. Las autoridades locales y las organizaciones trabajan diligentemente para promover prácticas sostenibles, incluidos esfuerzos de conservación marina y la protección de ecosistemas sensibles. Las iniciativas destinadas a educar a los visitantes sobre prácticas de turismo responsable son esenciales para mantener el delicado equilibrio entre el desarrollo y la conservación.

Un dato poco conocido sobre los Exuma Cays es su conexión con la era histórica e infame de los piratas del Caribe. Las islas sirvieron como escondites para piratas y corsarios, con sus calas apartadas y lagunas ocultas proporcionando lugares perfectos para emboscar barcos mercantes. Hoy en día, los restos de esta rica historia pueden explorarse a través de varias atracciones y relatos compartidos por guías locales, lo que añade una sensación de aventura a la experiencia de los visitantes.

La importancia de los Exuma Cays va más allá de sus impresionantes paisajes y atracciones turísticas; son cruciales para la salud ecológica de la región. Las aguas circundantes y los arrecifes de coral juegan un papel vital en el apoyo a la biodiversidad marina y la protección del medio ambiente costero. Los esfuerzos de conservación enfocados en la protección de los hábitats marinos y la preservación de la belleza natural de las islas son fundamentales para la sostenibilidad a largo plazo de este destino idílico.

Viajar a los Exuma Cays desde cualquier parte del mundo es relativamente sencillo, con la mayoría de los visitantes llegando al Aeropuerto Internacional de Nassau. Desde Nassau, los viajeros pueden tomar un vuelo doméstico al Aeropuerto Internacional de Exuma, ubicado en Great Exuma. Varias aerolíneas operan vuelos diarios entre Nassau y Exuma, haciendo que el viaje sea conveniente y accesible. Para quienes prefieren un enfoque más panorámico, también hay ferris disponibles desde Nassau, ofreciendo un viaje tranquilo a través de las hermosas aguas de las Bahamas.

En conclusión, los Exuma Cays son un paraíso tropical que ofrece a los visitantes una mezcla inolvidable de belleza natural, rica cultura y aventura al aire libre. Con sus impresionantes playas, vibrante vida marina y comunidades encantadoras, los cayos brindan una escapada única para quienes buscan relajación y exploración. Ya sea nadando con los cerdos en Big Major Cay, practicando esnórquel en aguas cristalinas o disfrutando de la deliciosa cocina bahameña, una visita a los Exuma Cays promete ser una experiencia mágica que cautiva el corazón y el alma. Como destino que enfatiza la sostenibilidad y la conservación, los Exuma Cays se erigen como un testimonio de la importancia de proteger nuestros tesoros naturales mientras se comparte su belleza con el mundo.

45. Falmouth: Historia, Cultura y Belleza Natural

Falmouth, ubicado en la costa norte de Jamaica, es un pueblo lleno de historia, cultura y belleza natural. Fundado a finales del siglo XVIII, Falmouth es uno de los mejores ejemplos de ciudades georgianas bien conservadas en el Caribe, famoso por su arquitectura colonial, su vibrante mercado y su proximidad a playas espectaculares y atracciones turísticas. Con un área aproximada de 30 kilómetros cuadrados y una población de alrededor de 12,000 habitantes, Falmouth es un destino animado pero accesible para los visitantes.

Geográficamente, Falmouth se encuentra en la parroquia de Trelawny, bordeada por el Mar Caribe al sur y las montañas cubiertas de vegetación al norte. El pueblo está a unos 18 kilómetros al este de Montego Bay, un importante centro turístico, lo que convierte a Falmouth en un punto de partida ideal para explorar las zonas cercanas. Su ubicación brinda fácil acceso a algunas de las playas más hermosas de Jamaica, además de otras atracciones culturales y naturales.

El clima en Falmouth es tropical, con temperaturas cálidas y alta humedad durante todo el año. Las temperaturas diarias promedio oscilan entre los 24°C y los 31°C, lo que lo convierte en un lugar perfecto para disfrutar del sol y participar en actividades al aire libre. La temporada seca, que va de diciembre a abril, es la mejor época para visitar la ciudad, mientras que la temporada de lluvias, de mayo a noviembre, trae ocasionalmente fuertes chubascos, aunque el sol siempre aparece entre las tormentas.

El centro turístico más popular de Falmouth es su vibrante paseo marítimo, donde los visitantes pueden explorar una variedad de tiendas, restaurantes y mercados locales. El centro histórico de la ciudad está lleno de edificios de estilo georgiano que reflejan su pasado colonial; muchos de ellos han sido restaurados y ahora albergan boutiques, cafeterías y galerías de arte. La Terminal de Cruceros de Falmouth ha impulsado el turismo, trayendo cada año a miles de visitantes que vienen a disfrutar del encanto de este pueblo histórico.

Una de las atracciones más conocidas de Falmouth es el histórico Palacio de Justicia, construido en 1815 y reconocido como uno de los más antiguos de Jamaica. Este edificio cuenta con detalles arquitectónicos impresionantes y es un testimonio del rico pasado de la ciudad. Los visitantes pueden hacer visitas guiadas para aprender sobre la importancia histórica del palacio y su papel en la comunidad local.

Cerca de Falmouth, las Cuevas Green Grotto son una emocionante aventura para quienes deseen explorar las maravillas naturales de Jamaica. Estas cuevas de piedra caliza están llenas de fascinantes formaciones rocosas, lagos subterráneos y una rica historia, incluyendo su uso por los taínos y como refugio de piratas. Las visitas guiadas revelan tanto la geología como el pasado cultural de las cuevas, convirtiéndolas en una visita obligada para quienes están en la zona.

La cultura de Falmouth es una mezcla vibrante de influencias de su pasado colonial, su herencia indígena y raíces africanas. El pueblo es conocido por sus festivales, música y arte. El Festival del Ñame de Trelawny, por ejemplo, celebra los productos agrícolas locales y el patrimonio cultural de la región. La música reggae es una parte integral de la vida en Falmouth, y los visitantes pueden disfrutar de actuaciones en vivo en bares y restaurantes locales, donde los ritmos del reggae y dancehall los invitan a sumergirse en el alma musical de Jamaica.

La gastronomía en Falmouth es una delicia para los amantes de la comida, con platos típicos que incluyen mariscos frescos, pollo jerk y el famoso "ackee con pescado salado", considerado el plato nacional de Jamaica. Los visitantes pueden disfrutar de auténtica comida jamaicana en restaurantes locales o probar deliciosos bocadillos de vendedores ambulantes, como plátanos fritos y dumplings festival, saboreando los sabores únicos de la isla.

La flora y fauna en Falmouth y sus alrededores son diversas y vibrantes, con una exuberante vegetación tropical y una fauna única. La región es hogar de varias especies de aves, como el colibrí jamaicano y el Doctor Bird, el ave nacional de Jamaica. Los ecosistemas costeros e interiores proporcionan hábitats esenciales para estas criaturas y albergan una variedad de plantas tropicales, incluidas palmas de coco, hibiscos y flores exóticas.

El impacto social del turismo en Falmouth es significativo, ya que ofrece oportunidades económicas para los residentes locales y contribuye al desarrollo de la comunidad. Muchas familias dependen del turismo para su sustento, trabajando en el sector hotelero, como guías turísticos o administrando negocios locales. El aumento en el tráfico de visitantes ha llevado a mejoras en la infraestructura, incluidos caminos, servicios públicos y servicios públicos que benefician tanto a turistas como a residentes.

Sin embargo, Falmouth también enfrenta desafíos urbanos relacionados con la sostenibilidad ambiental y el desarrollo de infraestructura. El crecimiento rápido del turismo puede ejercer presión sobre los recursos locales, lo que genera problemas como la gestión de residuos, el suministro de agua y la preservación de los hábitats naturales. Las autoridades locales y las organizaciones están trabajando para promover prácticas de turismo responsable que protejan el medio ambiente al tiempo que apoyan el crecimiento económico de la comunidad.

Un hecho poco conocido sobre Falmouth es su conexión con el comercio de azúcar durante los siglos XVIII y XIX. En su apogeo, Falmouth fue uno de los puertos más activos del Caribe, sirviendo como un centro vital para la industria azucarera. Los edificios históricos y la arquitectura de la ciudad reflejan este período próspero, y los restos de plantaciones de azúcar todavía se pueden encontrar en los alrededores. La historia de Falmouth como centro de producción de azúcar añade profundidad a la experiencia del visitante, ya que pueden aprender sobre el pasado colonial de la isla y el impacto del azúcar en su economía.

La importancia de Falmouth como destino turístico radica no solo en sus atractivos históricos y culturales, sino también en su compromiso con la sostenibilidad y preservación. La ciudad sirve como modelo de turismo responsable en Jamaica, promoviendo iniciativas que equilibran el desarrollo económico con la conservación ambiental. Al priorizar prácticas sostenibles, Falmouth busca proteger su patrimonio natural y cultural para las generaciones futuras.

Llegar a Falmouth desde cualquier parte del mundo es sencillo. La mayoría de los visitantes internacionales llegan al Aeropuerto Internacional Sangster en Montego Bay, que está a solo 30 minutos en coche de Falmouth. Desde el aeropuerto, los viajeros pueden tomar taxis, servicios de transporte o alquilar un automóvil para llegar al pueblo. Falmouth también es accesible por crucero, ya que la terminal de cruceros de la ciudad recibe varias embarcaciones grandes cada semana, trayendo a los visitantes directamente al corazón del pueblo.

En conclusión, Falmouth, Jamaica, es un destino vibrante y rico en historia que ofrece una combinación única de cultura, belleza natural y hospitalidad cálida. Sus encantadoras calles, su colorida arquitectura y sus habitantes acogedores crean un ambiente atractivo para los viajeros. Ya sea explorando sitios históricos, saboreando la gastronomía local o disfrutando de sus hermosas playas, los visitantes de Falmouth se irán con recuerdos duraderos y una apreciación más profunda de la belleza y cultura de Jamaica. El compromiso de la ciudad con el turismo sostenible y su rica historia la convierten en un destino destacado en el Caribe, asegurando que continúe encantando a los visitantes en los años venideros.

46. Flores, encanto en las orillas del lago

Flores, una encantadora ciudad isleña en Guatemala, se encuentra a orillas del impresionante Lago Petén Itzá. Este destino pintoresco, con su colorida arquitectura colonial y su rica herencia cultural, se ha convertido en una parada obligatoria para quienes exploran las maravillas de Guatemala. Flores no solo es encantadora, sino que también sirve como puerta de entrada a algunos de los sitios arqueológicos mayas más importantes de la región, como el famoso Parque Nacional Tikal.

La ciudad de Flores es relativamente pequeña, cubriendo un área de aproximadamente 12 kilómetros cuadrados y con una población de alrededor de 20,000 habitantes. Su tamaño compacto permite a los visitantes explorar la ciudad a pie, disfrutando de sus vibrantes calles, tiendas locales y vistas impresionantes al lago. La ciudad está situada en una pequeña isla conectada al continente por una calzada, lo que le otorga una sensación única de aislamiento que realza su encanto.

Geográficamente, Flores se ubica en la parte norte de Guatemala, dentro del departamento de Petén. Esta región se caracteriza por sus frondosas selvas, colinas onduladas y extensos lagos. La posición estratégica de la ciudad a lo largo de las orillas del Lago Petén Itzá no solo ofrece vistas impresionantes, sino que también brinda oportunidades para actividades acuáticas como nadar, hacer kayak y paseos en bote. Las tranquilas aguas del lago reflejan la belleza natural que lo rodea, creando un ambiente sereno perfecto para la relajación.

El clima en Flores es tropical, con temperaturas cálidas y alta humedad durante todo el año. Las temperaturas diarias promedio oscilan entre los 25°C y los 30°C, lo que convierte a la ciudad en un destino ideal para disfrutar de actividades al aire libre. La temporada de lluvias, de mayo a octubre, trae abundantes lluvias y verdor exuberante, mientras que la temporada seca, de noviembre a abril, es considerada la mejor época para visitar debido a las condiciones climáticas más agradables. Sin embargo, incluso en la temporada de lluvias, las mañanas suelen ser claras, permitiendo disfrutar de la belleza de Flores.

Uno de los atractivos más destacados de Flores es su vibrante plaza central, rodeada de coloridos edificios, tiendas y cafés. La plaza actúa como el corazón de la ciudad, donde tanto locales como visitantes se reúnen para socializar, disfrutar de música en vivo y deleitarse con la gastronomía tradicional guatemalteca. La arquitectura de Flores refleja su pasado colonial, con encantadoras calles adoquinadas y edificios pintados de colores brillantes que crean un escenario pintoresco para pasear.

Una visita obligada cerca de Flores es el Parque Nacional Tikal, uno de los sitios arqueológicos más importantes de la antigua civilización maya. Tikal, declarado Patrimonio de la Humanidad por la UNESCO, cuenta con impresionantes pirámides, templos y plazas que datan del siglo VI. Los visitantes pueden explorar las vastas ruinas, caminar por las selvas que las rodean y observar la increíble fauna local, que incluye monos aulladores, tucanes y varias especies de mariposas.

Además de Tikal, la propia ciudad de Flores ofrece diversas experiencias culturales. La ciudad celebra varios festivales a lo largo del año, destacando las costumbres tradicionales guatemaltecas, con música y bailes locales. Uno de los eventos más vibrantes es el Festival de la Virgen de la Asunción, que tiene lugar en agosto, y que incluye coloridos desfiles, trajes tradicionales y deliciosa comida. Los visitantes pueden sumergirse en la cultura local participando en estas festividades y obtener una apreciación más profunda de las tradiciones y valores de la comunidad.

En cuanto a la comida, Flores cuenta con una rica escena culinaria que refleja los sabores diversos de la cocina guatemalteca. Los platos locales suelen incluir ingredientes básicos como el maíz, los frijoles y el arroz, preparados con ingredientes frescos y especias tradicionales. Un plato popular es el "pepian", un guiso sabroso hecho con pollo o carne, acompañado de arroz y tortillas. Los visitantes también pueden disfrutar de la comida callejera, como tacos y quesadillas, que se sirven en los mercados y puestos locales, ofreciendo una muestra auténtica de los sabores guatemaltecos.

La flora y fauna de Flores y la región circundante del Petén son increíblemente diversas. La selva tropical es hogar de numerosas especies de árboles, plantas y animales, lo que convierte al área en un paraíso para los amantes de la naturaleza. Los observadores de aves pueden ver una variedad de aves coloridas, como tucanes y loros, mientras que las selvas están llenas de vida silvestre, incluidos jaguares, monos y una amplia gama de reptiles. La rica biodiversidad de la región es un testimonio de su importancia ecológica y atrae a investigadores y conservacionistas de todo el mundo.

El impacto social del turismo en Flores es profundo, proporcionando importantes oportunidades económicas para los residentes locales. La afluencia de visitantes ha llevado al desarrollo de pequeños negocios, incluidos hoteles, restaurantes y empresas de turismo, permitiendo a las familias ganarse la vida compartiendo su cultura y herencia con los viajeros. Este impulso económico ha alentado a la comunidad a adoptar prácticas sostenibles que protegen sus recursos naturales e identidad cultural.

No obstante, Flores también enfrenta desafíos urbanos, especialmente en relación con la infraestructura y la preservación del medio ambiente. El rápido crecimiento del turismo puede ejercer presión sobre los recursos locales, lo que genera problemas como la gestión de residuos y el aumento de la presión sobre los hábitats naturales. La comunidad está trabajando para promover prácticas de turismo sostenible que equilibren el crecimiento económico con la conservación ambiental, asegurando que las futuras generaciones puedan disfrutar de la belleza de Flores y sus alrededores.

Un hecho menos conocido sobre Flores es su importancia histórica como centro de comercio durante el período colonial. La ciudad estaba estratégicamente situada en las rutas comerciales y servía como un punto de intercambio entre los pueblos indígenas y los colonos europeos. Esta rica historia se refleja en la arquitectura y las tradiciones culturales que se han preservado a lo largo de los años.

La importancia de Flores va más allá de su significado histórico y cultural; también es vital para la conservación de la biodiversidad en Guatemala. Los bosques y parques nacionales circundantes desempeñan un papel crucial en la protección de los hábitats de la vida silvestre y en la promoción del equilibrio ecológico. Los esfuerzos de conservación enfocados en preservar estos recursos naturales son esenciales para mantener la integridad de la región y apoyar iniciativas de turismo sostenible.

Llegar a Flores es relativamente fácil, con la mayoría de los visitantes llegando al cercano Aeropuerto Internacional Mundo Maya, en la ciudad de Santa Elena. Desde el aeropuerto, se tarda solo unos minutos en llegar a Flores, lo que lo convierte en un destino conveniente para los viajeros. La ciudad también es accesible en autobús desde otras ciudades importantes de Guatemala, ofreciendo una opción asequible para quienes desean explorar la región.

En conclusión, Flores, Guatemala, es un destino cautivador que ofrece una combinación única de belleza natural, rica historia y cultura vibrante. Sus encantadoras calles, impresionantes vistas del Lago Petén Itzá y la proximidad a las antiguas ruinas de Tikal lo convierten en un lugar imperdible para los viajeros que buscan una experiencia auténtica en Centroamérica. Ya sea explorando la histórica ciudad, saboreando la gastronomía local o sumergiéndose en las maravillas naturales de los alrededores, una visita a Flores promete recuerdos inolvidables y una comprensión más profunda del diverso patrimonio de Guatemala.

47. Granada, joya colonial de Nicaragua

Granada, una impresionante ciudad colonial en Nicaragua, es una de las más antiguas de América, fundada en 1524 por el explorador español Francisco Hernández de Córdoba. Situada a orillas del majestuoso Lago de Nicaragua, el lago más grande de Centroamérica, Granada destaca por su rica historia, cultura vibrante y paisajes pintorescos que atraen a viajeros de todo el mundo. Con una extensión de aproximadamente 25 kilómetros cuadrados y una población de alrededor de 120,000 habitantes, Granada ofrece un ambiente acogedor y animado.

Ubicada en el occidente de Nicaragua, Granada está situada cerca de la orilla suroeste del Lago de Nicaragua. Su posición geográfica es privilegiada, con el Parque Nacional Volcán Masaya al este y el Volcán Mombacho al oeste, lo que crea un telón de fondo impresionante de montañas verdes y paisajes volcánicos. Además, el lago con sus aguas resplandecientes y salpicadas de pequeñas islas añade a la ciudad una belleza natural incomparable, enriquecida por la flora tropical que prospera en su clima cálido.

El clima en Granada es tropical, con temperaturas cálidas que oscilan entre los 20°C y los 32°C durante todo el año. La temporada seca, de noviembre a abril, es la mejor época para visitarla, con días soleados y agradables. La temporada de lluvias, de mayo a octubre, trae precipitaciones más intensas, especialmente en los meses de septiembre y octubre, aunque incluso en esta época las mañanas suelen ser despejadas y las lluvias ocurren mayormente en las tardes.

Uno de los principales atractivos de Granada es su arquitectura colonial bien conservada, que refleja la rica historia de la ciudad. La icónica Catedral de Granada, con su llamativa fachada amarilla y su imponente cúpula, es una visita obligada. Situada en la plaza central, la catedral es un punto de encuentro para la comunidad y los visitantes. Las calles a su alrededor están llenas de edificios coloridos, muchos de los cuales albergan tiendas locales, cafés y galerías, creando un ambiente encantador que invita a caminar y explorar.

El centro histórico de Granada es un Sitio del Patrimonio Mundial de la UNESCO y exhibe orgullosamente el legado colonial de la ciudad. Los visitantes pueden recorrer sus calles adoquinadas y admirar las hermosas fachadas de los edificios, así como los vibrantes murales que decoran muchas de las paredes. Granada también alberga varios museos, como el Museo del Convento de San Francisco, que posee una valiosa colección de artefactos precolombinos y piezas de arte que ofrecen una visión profunda de las culturas indígenas de la región.

La ubicación de Granada a lo largo del Lago de Nicaragua brinda numerosas oportunidades para actividades al aire libre. Entre los atractivos más destacados están las Isletas de Granada, un grupo de pequeñas islas que se pueden explorar en kayak o en bote. Los visitantes pueden disfrutar de la observación de aves, nadar y pescar en las aguas tranquilas del lago, todo en un entorno natural relajante. Asimismo, el Volcán Mombacho cercano ofrece senderos a través de frondosos bosques nubosos, donde los viajeros pueden descubrir una diversa flora y fauna, además de disfrutar de vistas panorámicas impresionantes.

La cultura de Granada es rica y diversa, influenciada tanto por su historia colonial como por las raíces indígenas y tradiciones locales. La ciudad celebra varios festivales a lo largo del año, como el famoso Festival Internacional de Poesía, que reúne a poetas y entusiastas de la literatura de todo el mundo. En estos eventos se destacan la música, el arte y las costumbres tradicionales, ofreciendo a los visitantes la oportunidad de sumergirse en la vida cultural de la ciudad.

150 DESTINOS TURÍSTICOS POPULARES DE NORTEAMÉRICA

La comida juega un papel fundamental en la cultura de Granada, y los visitantes pueden disfrutar de una variedad de platos locales que reflejan los sabores de la cocina nicaragüense. Entre los platillos más populares se encuentran el "gallo pinto", una mezcla de arroz y frijoles, y los "nacatamales", tamales rellenos de carne y especias, envueltos en hojas de plátano. Los vendedores callejeros y restaurantes locales ofrecen una amplia gama de opciones, permitiendo a los viajeros saborear los auténticos sabores del país.

La flora y fauna en Granada y sus alrededores son abundantes gracias a su clima tropical y diversos ecosistemas. En las cercanías se pueden encontrar una variedad de especies de plantas y animales, incluidos aves tropicales, monos y coloridas mariposas. Las reservas naturales cercanas y las zonas volcánicas brindan hábitats para una rica vida silvestre, lo que convierte a Granada en un destino ideal para los amantes de la naturaleza y los observadores de aves.

El impacto social del turismo en Granada es significativo, ya que contribuye a la economía local y genera oportunidades de empleo para muchos residentes. El crecimiento del turismo ha fomentado el desarrollo de pequeños negocios, como hoteles, restaurantes y tiendas de artesanías, lo que permite que las familias se beneficien de la afluencia de visitantes. Además, se promueven prácticas de turismo sostenible para preservar el entorno natural mientras se apoya a las comunidades locales.

A pesar de sus muchos atractivos, Granada enfrenta desafíos urbanos relacionados con la infraestructura y la sostenibilidad ambiental. El rápido crecimiento del turismo puede ejercer presión sobre los recursos locales, lo que genera problemas como la gestión de desechos y la congestión de tráfico. Las autoridades locales y organizaciones trabajan para promover prácticas de turismo responsable que protejan el medio ambiente y el patrimonio cultural, al tiempo que aseguran que la comunidad se beneficie del turismo.

Un dato menos conocido sobre Granada es su conexión con el famoso poeta del siglo XIX, Rubén Darío, considerado el padre del modernismo en la literatura latinoamericana. Nacido en el cercano pueblo de Metapa, Darío pasó tiempo en Granada, y su influencia todavía se siente en la cultura artística y literaria de la ciudad. Granada celebra esta conexión a través de eventos, lecturas de poesía y exposiciones artísticas, lo que resalta la importancia de la literatura en la identidad nicaragüense.

La importancia de Granada va más allá de su significado histórico y cultural. Su entorno natural es vital para la conservación de la biodiversidad en Nicaragua. Los paisajes circundantes proporcionan hábitats esenciales para diversas especies de plantas y animales, y los esfuerzos de conservación son cruciales para mantener el equilibrio ecológico de la región.

Llegar a Granada es relativamente sencillo. La mayoría de los visitantes internacionales vuelan al Aeropuerto Internacional Augusto C. Sandino en Managua, la capital de Nicaragua. Desde allí, se puede tomar un taxi o un servicio de transporte hasta Granada, que está a unos 45 minutos en automóvil. También existen opciones de transporte público, como autobuses, que conectan Managua con Granada, ofreciendo una manera económica de llegar a la ciudad.

En conclusión, Granada, Nicaragua, es un destino cautivador que ofrece una mezcla única de belleza natural, rica historia y cultura vibrante. Sus encantadoras calles, impresionante arquitectura y cercanía a atractivos naturales convierten a Granada en una visita obligada para los viajeros que buscan una experiencia auténtica en Centroamérica. Ya sea explorando la histórica ciudad, degustando la cocina local o sumergiéndose en las maravillas naturales de los alrededores, una visita a Granada promete recuerdos inolvidables y una comprensión más profunda del diverso patrimonio de Nicaragua.

48. Gran Bahama: Isla de Encanto y Belleza

La Isla Gran Bahama, la más septentrional de las Bahamas, es un destino cautivador conocido por su impresionante belleza natural, su vibrante cultura y su cálida hospitalidad. Con una extensión de aproximadamente 530 kilómetros cuadrados, Gran Bahama es la cuarta isla más grande del país y se ha convertido en un lugar favorito tanto para viajeros internacionales como para locales que buscan relajación y aventura. Con paisajes exuberantes, playas hermosas y aguas cristalinas, no es de extrañar que Gran Bahama sea un destino soñado.

Geográficamente, Gran Bahama está situada a solo 88 kilómetros de la costa de Florida, lo que la hace fácilmente accesible para los visitantes de Estados Unidos. Esta isla pertenece al Archipiélago de Lucaya y está rodeada por el Océano Atlántico, ofreciendo vistas costeras impresionantes y una abundancia de vida marina. La isla está dividida en varias zonas, siendo Freeport la ciudad más grande y un importante centro comercial. Otras áreas destacadas incluyen Lucaya, West End y East End, cada una con su propio encanto y atractivos.

El clima en Gran Bahama es tropical, con temperaturas cálidas que oscilan entre los 22°C y 30°C durante todo el año. La temporada seca, que va de diciembre a abril, es la mejor época para visitar la isla, ya que ofrece cielos soleados y temperaturas agradables. La temporada de lluvias, de mayo a noviembre, trae algunas precipitaciones y la posibilidad de huracanes, pero incluso en esta época, la isla sigue siendo un refugio popular para aquellos que buscan escapar del frío de otras regiones.

Uno de los principales centros turísticos de Gran Bahama es el área de Lucaya, conocida por sus hermosas playas, resorts de lujo y vibrante vida nocturna. Las playas de arena blanca, como Lucaya Beach y Taino Beach, son perfectas para relajarse, tomar el sol y practicar deportes acuáticos. Cerca de allí, el Mercado de Port Lucaya es un destino popular para ir de compras, cenar y disfrutar de la música local. Los visitantes pueden degustar la gastronomía bahameña, comprar recuerdos o deleitarse con espectáculos culturales en vivo.

La isla también alberga varias atracciones naturales, como el impresionante sistema de cuevas subterráneas del Parque Nacional Lucayan. Este parque cuenta con manglares, lagunas tranquilas y playas hermosas, ofreciendo un refugio para diversas especies de fauna y flora. Los visitantes pueden recorrer los senderos, explorar las cuevas con guías o practicar kayak en las aguas serenas. El parque es conocido por su rica biodiversidad, con numerosas especies de aves, peces y vida marina.

Otro de los lugares destacados en Gran Bahama es el Parque Nacional Peterson Cay, una pequeña isla deshabitada rodeada por coloridos arrecifes de coral. Este parque marino es un paraíso para los aficionados al esnórquel y al buceo, con aguas claras que permiten observar la vida submarina en su máxima expresión, incluidos peces tropicales, tortugas marinas y otras criaturas fascinantes. Las aguas cristalinas y la tranquilidad del entorno lo convierten en un lugar ideal para disfrutar de la naturaleza.

Culturalmente, Gran Bahama está impregnada de tradiciones y herencias influidas por los antiguos habitantes lucayos, la colonización europea y las raíces africanas. La isla celebra varios festivales a lo largo del año, donde la música, el arte y las danzas tradicionales muestran el colorido espíritu de la región. El Junkanoo, que se celebra durante la temporada navideña, es uno de los eventos más vibrantes, con desfiles llenos de color, música enérgica y trajes típicos que resaltan la identidad cultural de la isla.

La gastronomía es una parte esencial de la vida en Gran Bahama. Los visitantes pueden disfrutar de una variedad de platos locales que reflejan los sabores autóctonos. El marisco fresco es un elemento destacado, con especialidades como frituras de caracol, caracol empanizado y pescado a la parrilla. Los restaurantes junto a la playa ofrecen experiencias culinarias con vistas al mar, donde los comensales pueden degustar la cocina bahameña tradicional mientras disfrutan de la brisa marina. Además, las frutas tropicales como el mango, la piña y la guayaba se integran en muchos platillos, aportando un toque fresco y delicioso.

La flora y fauna de Gran Bahama son diversas y vibrantes, gracias a su clima tropical y variados ecosistemas. Los bosques exuberantes, los manglares y la vegetación costera ofrecen hábitats para una gran variedad de especies. Los amantes de las aves podrán observar especies endémicas como el colibrí de las Bahamas y varias aves migratorias que encuentran refugio en la isla. En sus aguas circundantes habitan innumerables especies marinas, lo que convierte a la isla en un paraíso para los amantes de la naturaleza.

El impacto social del turismo en Gran Bahama es significativo, proporcionando importantes oportunidades económicas para los residentes locales. El crecimiento del turismo ha dado lugar al desarrollo de pequeños negocios, como hoteles, restaurantes y empresas de tours, lo que permite a muchas familias ganarse la vida compartiendo su cultura y herencia con los visitantes. Además, se promueven prácticas de turismo sostenible que ayudan a proteger los recursos naturales de la isla y, al mismo tiempo, apoyan a la comunidad local.

Sin embargo, Gran Bahama también enfrenta desafíos urbanos relacionados con la sostenibilidad ambiental y el desarrollo de infraestructuras. El rápido crecimiento del turismo puede ejercer presión sobre los recursos locales, lo que plantea problemas como la gestión de residuos y la sobreexplotación de los recursos marinos. Las autoridades locales y organizaciones trabajan para promover un turismo responsable que proteja el entorno natural y el patrimonio cultural, asegurando que la comunidad se beneficie del turismo sin comprometer el futuro.

Un hecho poco conocido sobre Gran Bahama es su conexión con los naufragios históricos del siglo XIX que ocurrieron en la zona. La isla es hogar de varios sitios de naufragios históricos que pueden ser explorados por buceadores y aficionados al esnórquel, ofreciendo una fascinante mirada al pasado marítimo de las Bahamas. Estos naufragios son un recordatorio del rico patrimonio de la isla y su importancia como centro marítimo en el Caribe.

La importancia de Gran Bahama va más allá de su atractivo como destino turístico. La isla desempeña un papel crucial en la economía de las Bahamas y contribuye a la conservación de la biodiversidad en la región. Sus ecosistemas proporcionan hábitats esenciales para numerosas especies, y los esfuerzos de conservación centrados en proteger estos recursos son vitales para mantener el equilibrio ecológico del área.

Llegar a Gran Bahama es relativamente fácil para los viajeros de todo el mundo. La mayoría de los visitantes internacionales vuelan al Aeropuerto Internacional de Gran Bahama en Freeport, que ofrece vuelos directos desde varias ciudades importantes de Estados Unidos y Canadá. Para aquellos que ya se encuentran en las Bahamas, los servicios de ferry conectan Gran Bahama con Nassau y otras islas cercanas, proporcionando una opción de transporte alternativa. Una vez en la isla, los visitantes pueden explorar las diversas atracciones y disfrutar de las hermosas playas mediante autos de alquiler, taxis o tours guiados.

En conclusión, Gran Bahama es un destino cautivador que ofrece una combinación perfecta de belleza natural, rica cultura y aventura. Sus impresionantes playas, vibrante vida marina y cálida hospitalidad crean una atmósfera acogedora para los viajeros que buscan relajarse y explorar. Ya sea descansando en las orillas del Caribe, degustando la deliciosa cocina local o sumergiéndose en la rica historia de la isla, una visita a Gran Bahama promete recuerdos inolvidables y una apreciación más profunda de la belleza de las Bahamas. Como una isla que abraza la sostenibilidad y el patrimonio cultural, Gran Bahama es un testimonio de la importancia de preservar los recursos naturales mientras comparte su encanto con el mundo.

49. El Gran Cañón: Maravilla Natural Inigualable

El Gran Cañón, una impresionante maravilla natural ubicada en la región norte de Arizona, Estados Unidos, es uno de los hitos más icónicos del mundo. Con una extensión de aproximadamente 446 kilómetros de longitud, hasta 29 kilómetros de ancho y profundidades que superan los 1.6 kilómetros, este espectacular paisaje tallado por el río Colorado a lo largo de millones de años atrae a millones de visitantes cada año. El Gran Cañón ofrece un asombroso despliegue de formaciones geológicas, vibrantes colores y ecosistemas únicos, lo que lo convierte en un destino imperdible para los viajeros y amantes de la naturaleza.

Geográficamente, el Gran Cañón está situado dentro del Parque Nacional del Gran Cañón, que cubre un área de más de 4,926 kilómetros cuadrados. El parque se encuentra en la región de la meseta de Colorado, caracterizada por su terreno escarpado, alta elevación y acantilados dramáticos. La orilla sur, que es la más accesible y popular, está ubicada a unos 2,134 metros sobre el nivel del mar, mientras que la orilla norte, menos frecuentada, está a mayor altitud, alrededor de 2,438 metros, ofreciendo una perspectiva diferente sobre la grandeza del cañón.

El clima en el Gran Cañón varía significativamente debido a su altitud y geografía. La orilla sur disfruta de un clima templado, con veranos cálidos e inviernos fríos. Las temperaturas en verano pueden alcanzar los 32°C, mientras que en invierno suelen descender por debajo del punto de congelación, especialmente por la noche. La orilla norte, al estar más elevada, tiende a ser más fresca durante todo el año y tiene una temporada de visitas más corta debido a las intensas nevadas en invierno. Las mejores épocas para visitar el Gran Cañón son la primavera (de marzo a mayo) y el otoño (de septiembre a noviembre), cuando las temperaturas son suaves y el parque está menos concurrido.

Uno de los centros turísticos más populares dentro del Gran Cañón es el Grand Canyon Village, situado en la orilla sur. Este pueblo turístico sirve como punto de partida para los visitantes, ofreciendo alojamiento, restaurantes y acceso a numerosos miradores y senderos. Uno de los miradores más icónicos es el Mather Point, que ofrece vistas panorámicas impresionantes de la vasta extensión del cañón. Otros miradores destacados incluyen Yavapai Point y Grandview Point, cada uno con perspectivas únicas de las formaciones rocosas y los impresionantes colores del cañón.

Para quienes buscan aventura, el Gran Cañón ofrece una amplia gama de actividades al aire libre, como senderismo, rafting y acampada. Los senderos Bright Angel y South Kaibab son dos de las rutas de senderismo más populares, permitiendo a los visitantes descender al cañón y experimentar su belleza de cerca. Para los más aventureros, las excursiones guiadas de rafting por el río Colorado ofrecen una forma emocionante de explorar las profundidades del cañón y apreciar su majestuosidad desde otra perspectiva.

La cultura del Gran Cañón es rica y diversa, influenciada por los pueblos indígenas que han llamado hogar a esta región durante miles de años. Las tribus Havasupai, Hopi, Navajo y Zuni, entre otras, tienen una profunda conexión espiritual con el cañón y sus características naturales. Los visitantes pueden aprender sobre el significado cultural del cañón a través de programas interpretativos y exposiciones ofrecidas por el Servicio de Parques Nacionales. Además, el parque alberga varios eventos y festivales culturales a lo largo del año, celebrando el patrimonio y las tradiciones de los nativos americanos.

La gastronomía en el Gran Cañón es una mezcla deliciosa de sabores locales y cocina clásica estadounidense. El parque ofrece diversas opciones para comer, que van desde cafés informales hasta restaurantes más refinados. Los visitantes pueden disfrutar de platos preparados con ingredientes frescos, a menudo inspirados en los sabores de la región. Mientras comen, los huéspedes son recibidos con impresionantes vistas del cañón, lo que añade un toque especial a la experiencia.

La flora y fauna del Gran Cañón son increíblemente diversas, con más de 1,500 especies de plantas y una amplia variedad de vida silvestre que habita en la zona. Los ecosistemas del parque van desde matorrales desérticos en las elevaciones más bajas hasta bosques de coníferas en las orillas. Los visitantes pueden encontrarse con ciervos mulos, borregos cimarrones y una variedad de aves, incluido el cóndor de California, que ha sido reintroducido con éxito en el área. La combinación única de hábitats y zonas climáticas crea un mosaico rico en biodiversidad, convirtiendo al Gran Cañón en un paraíso para los amantes de la naturaleza y los entusiastas de la vida silvestre.

El impacto social del turismo en el Gran Cañón es significativo, proporcionando oportunidades económicas vitales para las comunidades locales y contribuyendo a la preservación del parque. El flujo constante de visitantes genera empleos en la hospitalidad, los servicios de guías y los esfuerzos de conservación. El Gran Cañón también desempeña un papel crucial en la promoción de la conciencia ambiental y la apreciación por el mundo natural, inspirando a los visitantes a proteger y conservar paisajes tan importantes.

A pesar de su belleza, el Gran Cañón enfrenta desafíos urbanos relacionados con el impacto del turismo y la conservación ambiental. El aumento del número de visitantes puede poner en tensión los recursos locales y los ecosistemas, lo que genera preocupaciones sobre la gestión de desechos, la erosión de los senderos y la perturbación de los hábitats. El Servicio de Parques Nacionales trabaja activamente para implementar prácticas sostenibles e iniciativas de conservación destinadas a preservar la belleza natural del cañón, al tiempo que mejora la experiencia del visitante.

Un hecho poco conocido sobre el Gran Cañón es su importancia geológica como una de las formaciones más estudiadas del mundo. El cañón revela casi dos mil millones de años de la historia geológica de la Tierra, con capas de rocas que proporcionan información valiosa sobre el pasado de nuestro planeta. Investigadores y geólogos de todo el mundo vienen a estudiar las formaciones rocosas y los fósiles únicos que se encuentran dentro del cañón, contribuyendo a nuestra comprensión de los procesos geológicos de la Tierra.

La importancia del Gran Cañón va más allá de su estatus como destino turístico; es un símbolo de belleza natural y conservación ambiental. El cañón ha inspirado a innumerables artistas, escritores y cineastas, convirtiéndose en una representación icónica del Oeste americano. La preservación del parque como un tesoro nacional es un testimonio de la importancia de proteger maravillas naturales para que las generaciones futuras puedan disfrutar de ellas.

Viajar al Gran Cañón desde cualquier parte del mundo es accesible para la mayoría de los visitantes. El aeropuerto principal más cercano se encuentra en Las Vegas, Nevada, a unos 443 kilómetros de distancia, con varios servicios de transporte y visitas guiadas disponibles para llevar a los visitantes al cañón. El Gran Cañón también tiene su propio aeropuerto, el Aeropuerto del Parque Nacional del Gran Cañón en Tusayan, con vuelos limitados desde ciudades cercanas. Para quienes viajan en coche, varias rutas conducen al parque, con carreteras bien señalizadas que guían a los viajeros a través de los paisajes escénicos del norte de Arizona.

En conclusión, el Gran Cañón es una maravilla natural impresionante que ofrece a los visitantes una experiencia inolvidable llena de aventura, historia y paisajes asombrosos. Su vasta extensión, rica biodiversidad y significado cultural lo convierten en un destino imprescindible para quienes buscan conectarse con la belleza de la naturaleza. Ya sea caminando por la orilla, explorando las profundidades del cañón o simplemente contemplando las vistas, una visita al Gran Cañón promete recuerdos duraderos y una profunda apreciación por uno de los paisajes más notables del mundo. Como símbolo de belleza natural y conservación ambiental, el Gran Cañón es un testimonio de la importancia de proteger los tesoros de nuestro planeta para que las futuras generaciones puedan disfrutarlos.

50. El Gran Agujero Azul: Maravilla Natural Submarina

El Gran Agujero Azul, un hipnótico sumidero submarino ubicado frente a la costa de Belice, es una de las maravillas naturales más icónicas del mundo. Parte del Sistema de Reservas de la Barrera de Coral de Belice, declarado Patrimonio de la Humanidad por la UNESCO, el Gran Agujero Azul es famoso por su impresionante belleza, formaciones geológicas únicas y vibrante vida marina. Este sumidero cubre un área a unos 70 kilómetros de la costa y mide alrededor de 318 metros de diámetro, alcanzando profundidades de hasta 124 metros. Su forma circular y su intenso color azul crean un contraste dramático con las aguas turquesas que lo rodean, convirtiéndolo en un destino popular para turistas y buceadores.

Geográficamente, el Gran Agujero Azul se encuentra a unos 70 kilómetros de la ciudad de Belice, en el mar Caribe, y forma parte del Atolón del Arrecife Lighthouse. Este atolón es hogar de diversos ecosistemas marinos, incluidos arrecifes de coral, manglares y praderas marinas, que contribuyen a la rica biodiversidad del área. El Gran Agujero Azul está rodeado por pequeñas islas y cayos, que ofrecen muchas oportunidades de exploración y aventura para los visitantes.

El clima en Belice es tropical, con temperaturas cálidas y alta humedad durante todo el año. Las temperaturas promedio suelen oscilar entre 24°C y 30°C, lo que lo convierte en un lugar perfecto para disfrutar del clima cálido. La temporada seca, de diciembre a abril, es el mejor momento para visitar el Gran Agujero Azul, ya que el clima es soleado y los mares están tranquilos. La temporada de lluvias, de mayo a noviembre, trae lluvias ocasionales, pero aún se puede bucear y disfrutar de la vida marina en esta época.

Una de las actividades más populares en el Gran Agujero Azul es el buceo. Buceadores de todo el mundo viajan a este sitio para explorar sus formaciones submarinas únicas, que incluyen estalactitas, estalagmitas y dramáticos acantilados submarinos. La visibilidad en el agua suele ser excelente, lo que permite a los buceadores apreciar plenamente el impresionante paisaje submarino. El Gran Agujero Azul alberga una variedad de vida marina, incluidos tiburones nodriza, tiburones de arrecife del Caribe y coloridos bancos de peces tropicales. Bucear en este sitio icónico es una experiencia única en la vida para los amantes del océano.

Además del buceo, el esnórquel también es una actividad popular en la zona. Para aquellos que prefieren mantenerse más cerca de la superficie, los viajes de esnórquel ofrecen la oportunidad de explorar los arrecifes de coral y observar la diversa vida marina sin necesidad de equipo de buceo. Los cayos cercanos, como Half Moon Caye y Long Caye, son excelentes lugares para practicar esnórquel y ofrecen vistas impresionantes de los vibrantes jardines de coral llenos de peces.

Culturalmente, el Gran Agujero Azul y las áreas circundantes tienen un significado importante para el pueblo indígena maya, que ha habitado la región durante siglos. Los antiguos mayas veían el océano y sus recursos como sagrados, y su cultura está profundamente entrelazada con el paisaje natural. Los visitantes del Gran Agujero Azul pueden aprender sobre la rica historia y las tradiciones de los mayas a través de excursiones guiadas y programas educativos que ofrecen los operadores locales.

La comida en Belice es una deliciosa mezcla de sabores influenciada por las diversas culturas del país, incluidas las tradiciones mayas, garífunas y criollas. La ubicación costera hace que los mariscos frescos sean un ingrediente clave en muchos platos. Los visitantes pueden disfrutar de comidas tradicionales como el "ceviche", elaborado con pescado fresco marinado en jugo de lima, mezclado con cebollas, pimientos y cilantro. Otro plato popular es el "arroz y frijoles", que se sirve a menudo con pollo o pescado guisado, mostrando la rica herencia culinaria de la isla. Los restaurantes junto a la playa ofrecen la oportunidad de saborear los sabores locales mientras se disfruta de las impresionantes vistas del océano.

La flora y fauna que rodean el Gran Agujero Azul son abundantes y diversas, con el área hogar de numerosas especies de plantas y animales. Los arrecifes de coral que rodean el agujero son vitales para la salud del ecosistema marino, proporcionando hábitats para una gran variedad de peces, crustáceos y otras criaturas marinas. Los manglares y las praderas marinas cercanas sirven como viveros para los peces jóvenes, lo que contribuye a la salud general del ecosistema. Los observadores de aves también encontrarán mucho para admirar, ya que la zona alberga diversas especies de aves, incluidos los fragatas y los raros piqueros de patas rojas.

El impacto social del turismo en la zona del Gran Agujero Azul es significativo, proporcionando oportunidades económicas vitales para los residentes locales. La afluencia de visitantes apoya trabajos en la industria de la hospitalidad, incluidos hoteles, restaurantes y operadores turísticos. La comunidad local se beneficia de las prácticas de turismo sostenible que se centran en preservar el medio ambiente natural mientras se ofrecen oportunidades económicas. Muchas compañías turísticas enfatizan prácticas ecológicas, asegurando que los delicados ecosistemas que rodean el Gran Agujero Azul estén protegidos para las generaciones futuras.

Sin embargo, el Gran Agujero Azul y sus áreas circundantes enfrentan desafíos urbanos relacionados con la sostenibilidad ambiental y la gestión de recursos. El aumento del turismo puede poner presión sobre los ecosistemas locales, lo que genera preocupaciones sobre la contaminación, la degradación de los hábitats y la sobrepesca. Las autoridades locales, los grupos de conservación y el gobierno de Belice trabajan activamente para promover prácticas de turismo responsable y hacer cumplir regulaciones que protegen el medio ambiente mientras apoyan la economía local.

Un dato poco conocido sobre el Gran Agujero Azul es que se formó durante la última era de hielo, hace unos 150,000 años. Inicialmente, el sumidero fue una cueva de piedra caliza que colapsó cuando subieron los niveles del mar, creando la impresionante estructura submarina que vemos hoy. Esta historia geológica hace que el Gran Agujero Azul no solo sea un hermoso destino, sino también un sitio importante para la investigación geológica.

La importancia del Gran Agujero Azul va más allá de su atractivo turístico; es una zona vital para la conservación marina e investigación científica. Los ecosistemas únicos y la biodiversidad del área proporcionan hábitats esenciales para innumerables especies, y los esfuerzos de conservación en curso son cruciales para mantener la salud del entorno marino. El Gran Agujero Azul también es un punto focal para la investigación científica, ya que los científicos estudian sus formaciones geológicas y el impacto del cambio climático en los ecosistemas marinos.

Llegar al Gran Agujero Azul es relativamente sencillo para los viajeros de todo el mundo. La mayoría de los visitantes internacionales vuelan al Aeropuerto Internacional Philip S.W. Goldson en la ciudad de Belice. Desde allí, los viajeros pueden tomar un vuelo nacional a San Pedro o Caye Caulker, dos puntos de partida populares para los viajes al Gran Agujero Azul. Los tours en bote y las expediciones de buceo están disponibles, ofreciendo a los visitantes la oportunidad de explorar esta maravilla natural. Para quienes buscan una ruta más aventurera, algunos optan por alquilar un bote desde el continente, lo que brinda una experiencia única al cruzar las impresionantes aguas caribeñas.

En conclusión, el Gran Agujero Azul es un destino cautivador que ofrece a los visitantes una mezcla única de belleza natural, aventura y significado cultural. Sus impresionantes formaciones submarinas, rica biodiversidad y vibrante cultura local lo convierten en un lugar de visita obligada para quienes buscan una experiencia auténtica en Belice. Ya sea buceando en sus profundidades, practicando esnórquel entre los arrecifes de coral o simplemente disfrutando de las vistas desde la costa, una visita al Gran

ANI DEE

Agujero Azul promete recuerdos inolvidables y una profunda apreciación por las 150 Destinos Turísticos Populares de Norteamérica. Como símbolo de conservación marina y turismo sostenible, el Gran Agujero Azul es un testimonio de la importancia de proteger los tesoros de nuestro planeta para que las futuras generaciones los disfruten.

51. Gros Morne: Maravilla Natural de Canadá

Gros Morne National Park, ubicado en la costa oeste de Terranova y Labrador, Canadá, es un lugar impresionante que muestra la diversidad de paisajes y la rica historia geológica de la región. Establecido como parque nacional en 1973 y designado Patrimonio de la Humanidad por la UNESCO en 1987, Gros Morne abarca aproximadamente 1,805 kilómetros cuadrados, lo que lo convierte en uno de los parques nacionales más grandes de Canadá. Con sus imponentes fiordos, montañas majestuosas y valles pintorescos, el parque atrae a amantes de la naturaleza, entusiastas de las actividades al aire libre y aventureros de todo el mundo.

Geográficamente, Gros Morne se encuentra a lo largo del Golfo de San Lorenzo y presenta una topografía única moldeada por la actividad glacial, el movimiento de placas tectónicas y la erosión durante millones de años. El parque alberga una variedad de paisajes, desde costas escarpadas hasta playas de arena, bosques exuberantes y tundra alpina. Su característica más icónica es la Montaña Gros Morne, que se eleva a una altitud de 806 metros y ofrece vistas panorámicas impresionantes de la zona. Además, el parque incluye la pintoresca Bahía de las Islas y varios lagos hermosos, como las aguas cristalinas de Bonne Bay y el tranquilo Trout River Pond.

El clima en Gros Morne es continental húmedo, con veranos cálidos e inviernos fríos. Las temperaturas promedio en verano oscilan entre 15°C y 25°C, mientras que en invierno pueden descender a -10°C o menos. El parque recibe una cantidad significativa de precipitaciones durante todo el año, siendo la primavera y el inicio del verano las épocas más lluviosas. La mejor época para visitar Gros Morne es durante el verano, de junio a septiembre, cuando el clima es suave y los senderos del parque son fácilmente accesibles.

Uno de los principales puntos de interés dentro de Gros Morne es el pueblo de Woody Point, situado a orillas de Bonne Bay. Este encantador pueblo sirve como puerta de entrada al parque y ofrece una variedad de alojamientos, restaurantes y tiendas locales. Los visitantes pueden disfrutar de las vistas costeras, participar en actividades acuáticas como kayak y paseos en bote, o realizar caminatas por los numerosos senderos que rodean la zona. El Centro de Descubrimiento de Gros Morne, ubicado cerca, proporciona información valiosa sobre la historia, geología y ecología del parque, lo que lo convierte en un excelente punto de partida para explorar.

El senderismo es una de las principales atracciones de Gros Morne, con más de 100 kilómetros de senderos bien mantenidos para todos los niveles de habilidad. El sendero de la Montaña Gros Morne es un desafío gratificante, que lleva a los visitantes a la cumbre, desde donde se pueden admirar los fiordos y valles. El sendero de los Jardines Verdes conduce a través de bosques exuberantes y paisajes costeros, culminando en hermosas playas y pilas de roca. Para quienes prefieren una caminata más relajada, el sendero Lookout ofrece vistas impresionantes de la bahía y las montañas circundantes sin la exigencia de un recorrido más largo.

Culturalmente, Gros Morne tiene una gran importancia para los pueblos indígenas Mi'kmaq e Innu, que han habitado la región durante miles de años. Los paisajes del parque tienen un valor histórico y espiritual, y los visitantes pueden aprender sobre las culturas indígenas a través de programas interpretativos y exposiciones organizados por comunidades locales. La pesca también ha sido parte fundamental de la economía y la cultura de la región durante generaciones, y las prácticas pesqueras tradicionales siguen siendo un aspecto vital de la vida en las comunidades cercanas.

La gastronomía de Gros Morne refleja las tradiciones culinarias de Terranova y Labrador. Los visitantes pueden degustar platos locales que suelen incluir mariscos frescos, como bacalao, mejillones y cangrejo de las nieves, junto con comidas tradicionales como los "toutons" (masa frita) y frijoles horneados. Muchos restaurantes en la zona se enfocan en usar ingredientes locales, permitiendo a los visitantes disfrutar de sabores auténticos mientras contemplan paisajes impresionantes.

La flora y fauna de Gros Morne son increíblemente diversas, gracias a la variedad de hábitats en el parque. Los visitantes pueden explorar bosques densos de abeto negro, abeto balsámico y abedul, mientras que en las elevaciones más altas se encuentra la tundra alpina, donde crecen plantas únicas adaptadas a condiciones extremas. El parque también es hogar de una amplia variedad de fauna, incluidos alces, caribúes, osos negros y diversas especies de aves, lo que lo convierte en un paraíso para los entusiastas de la vida silvestre y los observadores de aves.

El impacto social del turismo en Gros Morne es considerable, proporcionando oportunidades económicas cruciales para las comunidades locales. El flujo de visitantes apoya trabajos en la industria de la hospitalidad, los servicios de guía y las actividades recreativas al aire libre, permitiendo a las familias ganarse la vida mientras comparten su cultura y patrimonio con los viajeros. Además, la conservación del parque fomenta un sentido de orgullo comunitario y responsabilidad ambiental entre los residentes.

Sin embargo, Gros Morne enfrenta desafíos relacionados con la conservación y el desarrollo de infraestructura. El crecimiento acelerado del turismo puede ejercer presión sobre los ecosistemas locales, lo que genera preocupaciones sobre la gestión de residuos, la erosión de senderos y la destrucción de hábitats. El Servicio de Parques Nacionales trabaja activamente en la implementación de prácticas sostenibles y en la promoción de iniciativas de conservación para preservar la belleza natural del parque mientras mejora la experiencia de los visitantes.

Un dato poco conocido sobre Gros Morne es su relevancia geológica única. El parque alberga formaciones expuestas del manto terrestre, conocidas como "Table Mountain" y "Gros Morne Mountain", que ofrecen una rara visión de la geología del planeta. Estas formaciones son estudiadas por geólogos e investigadores de todo el mundo, proporcionando valiosa información sobre los procesos tectónicos y la formación de la corteza terrestre.

La importancia de Gros Morne va más allá de su estatus como destino turístico; es un área crucial para la conservación y la educación ambiental. El parque desempeña un papel esencial en la protección de la biodiversidad y el equilibrio ecológico de la región. Los esfuerzos de conservación, centrados en preservar los recursos naturales del parque, son esenciales para mantener la integridad de los ecosistemas y apoyar iniciativas de turismo sostenible.

Llegar a Gros Morne es relativamente fácil. La mayoría de los visitantes internacionales vuelan al Aeropuerto Regional de Deer Lake, ubicado a unos 30 kilómetros del parque. Desde el aeropuerto, los viajeros pueden alquilar un automóvil o tomar un servicio de transporte para llegar al parque. El pintoresco trayecto hacia Gros Morne ofrece vistas impresionantes del paisaje circundante, convirtiendo el viaje en una experiencia placentera. Para quienes viajan desde otras partes de Canadá o Estados Unidos, la autopista Transcanadiense brinda acceso directo al parque, con rutas bien señalizadas que guían a los visitantes.

En conclusión, Gros Morne National Park es un destino cautivador que ofrece a los visitantes una mezcla única de belleza natural, rica historia y aventura al aire libre. Sus paisajes dramáticos, diversos ecosistemas y su importancia cultural lo convierten en un lugar imperdible para quienes buscan una experiencia auténtica en Canadá. Ya sea explorando sus senderos, admirando los fiordos o sumergiéndose en la cultura local, una visita a Gros Morne promete recuerdos inolvidables y una mayor apreciación por las 150 Destinos Turísticos Populares de Norteamérica.

52. Guadalajara: Corazón Cultural de México

Guadalajara, la capital del estado de Jalisco en México, es una ciudad vibrante conocida por su rica herencia cultural, su impresionante arquitectura y su animada atmósfera. Fundada en 1542, Guadalajara es una de las ciudades más grandes de México y es comúnmente referida como la capital cultural del país. Con una extensión de aproximadamente 151 kilómetros cuadrados y una población de alrededor de 5 millones de personas en su área metropolitana, la ciudad es un centro bullicioso de actividad y un referente para las artes y el entretenimiento.

Ubicada en la región occidental de México, Guadalajara se encuentra en las tierras altas centrales, a una altitud de 1,566 metros sobre el nivel del mar. La ciudad está rodeada de montañas y colinas, lo que proporciona un espectacular telón de fondo a sus coloridas calles. Su ubicación central en el país la convierte en un punto de acceso fácil desde diversas regiones, lo que contribuye a su rol como un centro económico y cultural de importancia.

El clima en Guadalajara es templado, con temperaturas suaves durante todo el año. Los días suelen tener temperaturas promedio que oscilan entre los 20°C y los 30°C. La temporada seca, de noviembre a abril, es ideal para que los visitantes exploren las muchas atracciones de la ciudad. La temporada de lluvias, que va de mayo a octubre, trae ocasionales tormentas y mayor humedad, pero también ofrece una ciudad llena de flores y vegetación que embellecen aún más sus calles.

Uno de los principales atractivos turísticos de Guadalajara es su centro histórico, conocido por su arquitectura colonial y sus vibrantes plazas. La imponente Catedral de Guadalajara, con sus icónicas torres gemelas y su fachada detallada, es el corazón de la ciudad. Alrededor de la catedral, los parques y jardines son el punto de encuentro tanto para los locales como para los visitantes. Muy cerca, el majestuoso Teatro Degollado, de estilo neoclásico, alberga eventos culturales y artísticos, reflejando el profundo amor de la ciudad por las artes.

El Mercado San Juan de Dios es otro lugar imperdible. Este mercado, uno de los más grandes de América Latina, es un laberinto de puestos donde se venden desde artesanías tradicionales hasta la mejor comida callejera. Los aromas de las especias, las risas de los vendedores y el bullicio constante crean una atmósfera única que encapsula la energía vibrante de Guadalajara.

Además de su espléndida arquitectura y mercados, Guadalajara es famosa por su rica escena cultural. La ciudad es la cuna del mariachi, un género musical que se ha convertido en símbolo de la identidad mexicana. Los visitantes pueden disfrutar de presentaciones de mariachi en vivo en plazas y restaurantes, siendo la música parte esencial de la experiencia en Guadalajara. Cada septiembre, la ciudad acoge el Festival Internacional del Mariachi, donde músicos de todo el mundo se reúnen para celebrar esta tradición única.

La comida en Guadalajara es un reflejo de la diversidad y riqueza de la cultura jalisciense. Platos como los tacos, tamales y las famosas tortas ahogadas son imperdibles en los puestos callejeros. Pero los verdaderos clásicos son el birria, un estofado de carne lleno de sabor, y el pozole, una sopa tradicional. Además, al estar tan cerca del pueblo de Tequila, Guadalajara es el lugar perfecto para degustar el famoso licor mexicano que lleva el nombre de la región.

La flora y fauna que rodean Guadalajara también son ricas y diversas. Los parques urbanos, como el Parque de la Revolución o el Bosque de la

Primavera, son ideales para paseos al aire libre y para quienes disfrutan de la naturaleza. Las colinas y montañas cercanas albergan una variada fauna y flora que hacen de esta región un destino fascinante para los amantes del aire libre.

El impacto social del turismo en Guadalajara es considerable, proporcionando oportunidades económicas para miles de familias locales. El crecimiento del turismo ha impulsado la creación de pequeños negocios, desde hoteles boutique hasta tiendas de artesanías y restaurantes, beneficiando a los residentes de la ciudad. El enfoque en el turismo cultural ha ayudado a preservar y promover las tradiciones locales, manteniendo viva la rica herencia de Guadalajara para las futuras generaciones.

No obstante, Guadalajara también enfrenta retos urbanos derivados de su rápido crecimiento. El tráfico y la congestión son problemas comunes en una ciudad tan grande, y la urbanización puede ejercer presión sobre los recursos locales. Aun así, las autoridades locales han implementado medidas para promover prácticas sostenibles que equilibren el desarrollo urbano con la protección del medio ambiente.

Un dato menos conocido sobre Guadalajara es su importancia histórica en los movimientos políticos y sociales de México. La ciudad desempeñó un papel clave durante la Revolución Mexicana, y sus contribuciones artísticas e intelectuales son reconocidas a nivel nacional. Los visitantes pueden aprender sobre esta rica historia a través de los numerosos monumentos y museos dispersos por la ciudad.

La importancia de Guadalajara va más allá de ser solo un destino turístico; es un centro vital para la conservación cultural y educativa de México. La ciudad alberga instituciones culturales de renombre, desde teatros hasta escuelas de música, que nutren el talento local y mantienen viva la tradición artística. Este compromiso con la cultura ayuda a fomentar un sentido de identidad y orgullo entre los habitantes de Guadalajara.

Viajar a Guadalajara es cómodo y accesible desde cualquier parte del mundo. El Aeropuerto Internacional Miguel Hidalgo y Costilla recibe vuelos directos desde diversas ciudades de México, Estados Unidos y otras partes del mundo. Una vez en la ciudad, los visitantes pueden moverse fácilmente utilizando el transporte público, taxis o servicios de transporte compartido. Para aquellos que prefieren caminar, el centro histórico es fácilmente accesible a pie, lo que permite explorar las joyas coloniales de la ciudad sin complicaciones.

En conclusión, Guadalajara es una ciudad vibrante que ofrece una combinación única de historia, cultura y belleza natural. Sus calles llenas de vida, su deliciosa gastronomía y su animado ambiente hacen de ella un destino imperdible para quienes buscan una experiencia auténtica en México. Desde explorar el centro histórico hasta disfrutar de la música mariachi en vivo o saborear los platillos locales, una visita a Guadalajara promete ser una experiencia inolvidable y una ventana hacia la vibrante cultura del estado de Jalisco.

53. Guanacaste: Tierra de Belleza y Tradición

Guanacaste, una de las provincias más encantadoras de Costa Rica, se encuentra en la región noroeste del país y es conocida por sus impresionantes playas, diversos ecosistemas y rica cultura. Con una extensión de aproximadamente 10,141 kilómetros cuadrados, Guanacaste es una de las provincias más grandes del país, limitando al norte con Nicaragua, al oeste con el océano Pacífico y al este con el Valle Central. Esta ubicación privilegiada ofrece una variedad de paisajes que convierten a Guanacaste en un destino ideal tanto para quienes buscan relajarse como para los que desean aventuras.

El clima de Guanacaste es tropical, con dos estaciones bien definidas: la estación seca y la estación lluviosa. La temporada seca, que va de noviembre a abril, se caracteriza por temperaturas cálidas que oscilan entre los 25°C y los 35°C, con cielos despejados y poca o ninguna lluvia. Este es el mejor momento para disfrutar de las playas y de las actividades al aire libre. En contraste, la estación lluviosa, de mayo a octubre, trae lluvias más frecuentes, sobre todo en las tardes, pero también transforma el paisaje en un paraíso verde y vibrante, ideal para los amantes de la naturaleza.

Uno de los centros turísticos más populares de Guanacaste es Tamarindo, un pintoresco pueblo costero conocido por sus playas doradas y su ambiente animado. Tamarindo es un paraíso para los surfistas, con olas constantes que atraen tanto a principiantes como a expertos. Además, la vida nocturna en Tamarindo es vibrante, con bares, restaurantes y locales de música en vivo que ofrecen una atmósfera animada después de un día de sol y surf.

Otro destino imperdible en Guanacaste es el Parque Nacional Rincón de la Vieja, un parque volcánico que ofrece una mezcla única de ecosistemas, desde bosques secos hasta cascadas y aguas termales. Los visitantes pueden explorar los senderos bien señalizados y descubrir la flora y fauna local, incluyendo monos aulladores, venados y diversas especies de aves. El parque también ofrece actividades de aventura como canopy, paseos a caballo y tubing en ríos, lo que lo convierte en un lugar favorito para quienes buscan emociones fuertes.

La cultura guanacasteca es rica en tradiciones y folclore que reflejan la historia de la región. Guanacaste es conocida por su cultura vaquera, celebrada en eventos y festivales a lo largo del año, especialmente durante el Día de Guanacaste en julio. Esta festividad conmemora la anexión de la península de Nicoya a Costa Rica y se celebra con desfiles, música tradicional, bailes y rodeos. Los visitantes pueden experimentar de primera mano la calidez y hospitalidad de los guanacastecos, mientras se sumergen en la cultura local.

La gastronomía es otra parte esencial de la experiencia en Guanacaste. Los platos tradicionales como el gallo pinto (una mezcla de arroz y frijoles) son fundamentales en la cocina costarricense y se sirven comúnmente en el desayuno, acompañados de huevos. Otros platos típicos incluyen ceviche, tamales y una variedad de platos de mariscos frescos, que reflejan la ubicación costera de la provincia. Los visitantes pueden disfrutar de estas delicias en sodas locales (pequeños restaurantes) y en restaurantes a la orilla del mar, donde la vista del océano hace que la experiencia sea aún más especial.

La flora y fauna de Guanacaste son increíblemente diversas. La provincia alberga varios parques nacionales y áreas protegidas que resaltan su belleza natural. Los bosques secos tropicales, las selvas lluviosas y los ecosistemas costeros brindan refugio a una amplia variedad de especies de plantas y animales. Guanacaste es conocido por su avifauna rica, con coloridos tucanes, loros y especies migratorias que hacen de este lugar un paraíso para los observadores de aves. Además, la vida marina a lo largo de la costa es igualmente impresionante, con oportunidades para practicar snorkel y buceo en áreas protegidas que ofrecen vistas de vibrantes jardines de coral y peces tropicales.

El impacto social del turismo en Guanacaste es significativo, ya que ofrece oportunidades económicas vitales para las comunidades locales. El flujo constante de turistas apoya empleos en la industria de la hospitalidad, guías turísticos y negocios locales, lo que permite que muchas familias se beneficien de la actividad turística. Además, muchos residentes participan en prácticas de turismo sostenible, enfocándose en preservar el medio ambiente y promover el patrimonio cultural, mientras brindan experiencias memorables a los viajeros.

Sin embargo, Guanacaste también enfrenta desafíos urbanos relacionados con el desarrollo rápido y la sostenibilidad ambiental. El crecimiento del turismo puede ejercer presión sobre los recursos locales, como la gestión de residuos, el suministro de agua y la destrucción de hábitats naturales. Las autoridades locales y diversas organizaciones están trabajando activamente para promover prácticas de turismo responsable que protejan la belleza natural y la integridad cultural de la región, asegurando que la comunidad se beneficie a largo plazo.

Un hecho poco conocido sobre Guanacaste es su conexión con la historia precolombina. La región estuvo habitada por tribus indígenas como los chorotegas, quienes dejaron un legado de cerámica, artefactos y prácticas tradicionales que aún se pueden ver hoy en día. Los visitantes pueden aprender sobre esta rica historia a través de museos y centros culturales en la provincia, adquiriendo una comprensión más profunda de la importancia de Guanacaste en el contexto histórico de Costa Rica.

La importancia de Guanacaste va más allá de ser un destino turístico. La provincia juega un papel crucial en la conservación de la biodiversidad en Costa Rica. Alberga varios parques nacionales y áreas protegidas, como el Parque Nacional Palo Verde y el Parque Nacional Santa Rosa, que son vitales para la protección de ecosistemas únicos y hábitats de vida silvestre. Los esfuerzos de conservación son esenciales para mantener el equilibrio ecológico de la región y apoyar las iniciativas de turismo sostenible.

Llegar a Guanacaste es relativamente fácil para los viajeros de todo el mundo. El Aeropuerto Internacional Daniel Oduber Quirós, en Liberia, ofrece vuelos directos desde varias ciudades importantes de los Estados Unidos, Canadá y otros destinos internacionales. Desde el aeropuerto, los visitantes pueden alquilar un coche o tomar un servicio de transporte para llegar a centros turísticos populares como Tamarindo, Playa Hermosa o Nosara. También se puede acceder a la provincia en autobús desde San José, la capital de Costa Rica, lo que ofrece una opción asequible para quienes viajan dentro del país.

En conclusión, Guanacaste es un destino cautivador que ofrece una combinación única de belleza natural, rica cultura y aventuras al aire libre. Sus impresionantes playas, vibrantes ecosistemas y la cálida hospitalidad de su gente lo convierten en un lugar que debe visitarse para quienes buscan una experiencia auténtica en Costa Rica. Ya sea explorando los paisajes exuberantes, disfrutando de la gastronomía tradicional o sumergiéndose en la cultura local, una visita a Guanacaste promete recuerdos inolvidables y una apreciación más profunda de las maravillas de Centroamérica. Como una provincia que abraza la sostenibilidad y su patrimonio cultural, Guanacaste es un testimonio de la importancia de preservar los recursos naturales mientras comparte su encanto con el mundo.

54. Harbour Island: Paraíso de Arena Rosa

Harbour Island, una joya pintoresca en las Bahamas, es famosa por sus impresionantes playas de arena rosa, aguas cristalinas de color turquesa y encantadora arquitectura colonial. Ubicada frente a la costa noreste de Eleuthera, Harbour Island es una isla pequeña, de solo cinco kilómetros de largo y dos kilómetros de ancho, lo que la convierte en el refugio perfecto para quienes buscan relajación y belleza natural. Su atmósfera encantadora y paisajes únicos han hecho de este destino un lugar favorito para celebridades, parejas en luna de miel y familias que desean una escapada tranquila.

Geográficamente, Harbour Island está situada a unos 80 kilómetros al este de Nassau, la capital de las Bahamas, y se puede llegar fácilmente en barco o en pequeños aviones. La isla es conocida por su ambiente relajado y la amabilidad de sus habitantes, lo que la convierte en un lugar idílico para quienes buscan desconectarse en un entorno tropical. Los arrecifes de coral que rodean la isla crean un paraíso para el esnórquel, el buceo y otras actividades acuáticas.

El clima en Harbour Island es tropical, con temperaturas cálidas y abundante sol durante todo el año. Las temperaturas diurnas suelen oscilar entre los 25°C y los 30°C, lo que brinda un clima ideal para disfrutar de las playas y las actividades al aire libre. La temporada seca, que va de diciembre a abril, es el mejor momento para visitar la isla, ya que ofrece cielos soleados y mares tranquilos. La temporada de lluvias, de mayo a noviembre, trae mayor humedad y algunas lluvias ocasionales, aunque a menudo los visitantes pueden disfrutar de mañanas soleadas y cielos despejados incluso durante esta época.

Uno de los principales atractivos turísticos de Harbour Island es Pink Sands Beach, una playa que se extiende por cinco kilómetros a lo largo de la costa este de la isla. Esta playa obtiene su color único de los fragmentos de coral y carbonato de calcio que le dan una tonalidad suave y rosada, que contrasta con las vibrantes aguas azules del océano Atlántico. Los visitantes pueden disfrutar de tomar el sol, nadar y pasear por esta impresionante costa, lo que la convierte en un lugar perfecto para relajarse y rejuvenecer.

El encanto de la isla se realza aún más con su arquitectura colonial, con coloridas casas de campo y edificios históricos que bordean las calles de Dunmore Town, el principal asentamiento de la isla. Los visitantes pueden recorrer tranquilamente sus pintorescas calles, admirando las estructuras bien conservadas que reflejan la rica historia de la isla. Un lugar emblemático es la histórica iglesia anglicana de St. John, construida en 1768, que ofrece una visión del legado colonial de la isla y su pasado cultural.

Las experiencias culinarias en Harbour Island son otro de los puntos destacados para muchos visitantes. La isla es conocida por sus deliciosos mariscos frescos y platos tradicionales bahameños. Los restaurantes locales ofrecen una variedad de opciones, como frituras de caracola, langosta a la parrilla y pargo, todos preparados con ingredientes frescos y de la región. Un plato imprescindible es el conch cracked, una deliciosa especialidad local de caracola frita que deleita a todos los visitantes. La vibrante escena gastronómica, combinada con vistas espectaculares al océano, crea una experiencia culinaria inolvidable.

La flora y fauna de Harbour Island son diversas, con aguas repletas de vida marina, incluyendo peces coloridos, tortugas marinas y una variedad de especies de coral. La vegetación de la isla, con plantas tropicales y palmeras, crea un entorno sereno para explorar. Los observadores de aves disfrutarán especialmente, ya que la isla es hogar del Bahama Woodstar, un colibrí endémico, y otras aves migratorias que visitan la isla en diferentes épocas del año.

El impacto social del turismo en Harbour Island es significativo, proporcionando oportunidades económicas para los residentes locales. El flujo de visitantes sostiene empleos en la hospitalidad, restaurantes y tiendas locales, permitiendo a las familias beneficiarse de la industria turística. La comunidad es conocida por su calidez y hospitalidad, con los habitantes deseosos de compartir su cultura y tradiciones con los visitantes.

Sin embargo, Harbour Island también enfrenta desafíos relacionados con el desarrollo y la sostenibilidad ambiental. El crecimiento del turismo puede ejercer presión sobre los recursos locales, lo que genera preocupaciones sobre la gestión de residuos y la preservación de los hábitats naturales. Las autoridades locales y las organizaciones trabajan activamente para promover prácticas de turismo responsable que protejan la belleza natural de la isla, mientras se aseguran de que la comunidad se beneficie del turismo.

Un hecho poco conocido sobre Harbour Island es su importancia histórica como refugio de piratas durante los siglos XVII y XVIII. La ubicación estratégica de la isla la convirtió en un escondite popular para los piratas, y los restos de este pasado pueden apreciarse en la arquitectura y el folclore local. Explorar la isla permite a los visitantes sumergirse en su colorida historia y su rica herencia cultural.

La importancia de Harbour Island va más allá de su atractivo turístico; también juega un papel crucial en la conservación de la biodiversidad marina en las Bahamas. Las aguas circundantes y los arrecifes de coral son hábitats vitales para numerosas especies, y los esfuerzos de conservación son esenciales para mantener el equilibrio ecológico de la zona. El compromiso de la isla con las prácticas de turismo sostenible ayuda a proteger sus recursos naturales y a garantizar la preservación de sus ecosistemas únicos.

Llegar a Harbour Island es sencillo para los viajeros de todo el mundo. La mayoría de los visitantes internacionales vuelan al Aeropuerto Internacional Lynden Pindling en Nassau, desde donde pueden tomar un vuelo doméstico al Aeropuerto de North Eleuthera. Desde allí, un corto viaje en bote o taxi conecta a los viajeros con Harbour Island. Alternativamente, los visitantes pueden tomar un ferry desde Nassau o desde otras islas cercanas, lo que les permite disfrutar de un viaje pintoresco hasta este encantador destino.

En conclusión, Harbour Island es un destino cautivador que ofrece a los visitantes una mezcla única de belleza natural, rica historia y cultura vibrante. Sus impresionantes arenas rosadas, aguas cristalinas y encantadora atmósfera crean una escapada tropical idílica. Ya sea descansando en la playa, disfrutando de la deliciosa cocina local o explorando el rico patrimonio de la isla, una visita a Harbour Island promete recuerdos inolvidables y una mayor apreciación por las maravillas de las Bahamas.

55. La encantadora ciudad de La Habana

La Habana, la vibrante capital de Cuba, es una ciudad que rebosa de historia, cultura y encanto. Conocida por su colorida arquitectura, los clásicos autos americanos y su ambiente animado, La Habana es un destino popular para aquellos turistas que buscan experimentar una mezcla única de pasado y presente. Esta icónica ciudad, que cubre un área de aproximadamente 728 kilómetros cuadrados, es hogar de más de dos millones de personas, lo que la convierte en la ciudad más grande de Cuba y un centro lleno de actividad.

Geográficamente, La Habana se encuentra en la costa noroeste de Cuba, a lo largo del Golfo de México. La ciudad está situada en la entrada de la Bahía de La Habana, que históricamente ha sido un punto estratégico para el comercio y la defensa militar. Su ubicación costera le otorga a La Habana un entorno pintoresco, con hermosas vistas al mar y playas cercanas. La ciudad está dividida en varios distritos, siendo La Habana Vieja el más famoso por su arquitectura colonial bien conservada y su riqueza cultural.

El clima de La Habana es tropical, con temperaturas cálidas y alta humedad durante todo el año. Las temperaturas suelen oscilar entre los 20°C y los 32°C, lo que la convierte en un destino perfecto para aquellos que buscan sol y buen tiempo. La temporada seca, de noviembre a abril, es ideal para disfrutar de la ciudad, mientras que la temporada de lluvias, de mayo a octubre, trae lluvias ocasionales, pero generalmente con días soleados entre los chaparrones.

Uno de los lugares más visitados en La Habana es La Habana Vieja, declarada Patrimonio de la Humanidad por la UNESCO. Este sitio histórico es una verdadera joya, donde los visitantes pueden pasear por calles empedradas, admirando los edificios coloniales llenos de color y las plazas llenas de vida. La Plaza de la Catedral, con la imponente Catedral de La Habana, es un punto de encuentro vibrante, rodeado de artistas callejeros y vendedores que crean una atmósfera animada.

Otro lugar icónico es El Malecón, un famoso paseo marítimo que se extiende a lo largo de la costa habanera por casi 8 kilómetros. Es un lugar ideal para disfrutar de una caminata al atardecer, sentir la brisa del mar y observar la vida local. El Malecón está lleno de bares, restaurantes y cafeterías donde los visitantes pueden relajarse con una bebida mientras disfrutan de las vistas al océano.

La Habana también es conocida por su riqueza cultural, especialmente en música, danza y arte. En las calles de la ciudad, resuenan géneros como la salsa, el son y la rumba, que forman parte del alma de Cuba. Los visitantes pueden disfrutar de espectáculos en vivo en numerosos locales, desde bares pequeños hasta grandes teatros. El famoso Buena Vista Social Club es un símbolo del renacimiento de la música tradicional cubana y ofrece un viaje en el tiempo a los sonidos de otra era.

La gastronomía en La Habana es una delicia, con platos tradicionales que reflejan la mezcla cultural de la isla. Algunos de los favoritos incluyen ropa vieja (carne desmechada), congrí (arroz con frijoles negros) y yuca con mojo (yuca con salsa de ajo). Los vendedores callejeros también son parte del encanto, ofreciendo bocadillos sabrosos como empanadas y churros. Comer en La Habana es una experiencia en sí misma, a menudo acompañada de música en vivo y un ambiente acogedor.

Los parques y jardines de La Habana brindan espacios verdes tanto para los habitantes como para los turistas. El Jardín Botánico de La Habana es un lugar hermoso para explorar, con una amplia variedad de plantas tropicales. Además, las áreas costeras cercanas ofrecen oportunidades para actividades acuáticas como el esnórquel y el buceo, con una rica vida marina que encanta a los visitantes.

El turismo tiene un impacto social positivo en La Habana, contribuyendo significativamente a la economía local. La llegada de visitantes ha fomentado el desarrollo de pequeños negocios, como hoteles, restaurantes y tiendas de artesanía, lo que permite a las familias locales beneficiarse del turismo. No obstante, también plantea desafíos, ya que la ciudad intenta equilibrar el crecimiento económico con la preservación de su valioso patrimonio cultural.

Un dato curioso sobre La Habana es su famosa relación con los autos clásicos americanos. Debido al embargo comercial de los Estados Unidos en la década de 1960, muchos cubanos conservaron sus autos antiguos, convirtiendo a la ciudad en un museo viviente de vehículos de los años 50. Hoy en día, estos autos icónicos forman parte del paisaje de La Habana, y los turistas pueden recorrer la ciudad en ellos, añadiendo un toque nostálgico a su visita.

La importancia de La Habana no solo radica en su atractivo turístico, sino también en su papel como centro cultural e intelectual de Cuba. La ciudad alberga numerosos museos, galerías y centros culturales que promueven las artes y preservan la historia de la isla. El Instituto Cubano del Arte e Industria Cinematográficos (ICAIC), ubicado en La Habana, juega un papel clave en la promoción del cine cubano y la cultura nacional.

Viajar a La Habana es sencillo para turistas de todo el mundo. El Aeropuerto Internacional José Martí es la principal puerta de entrada, con vuelos directos desde Estados Unidos, Canadá y Europa. Una vez en la ciudad, los visitantes pueden moverse en taxis, autobuses públicos o alquilar uno de los clásicos autos americanos. La Habana Vieja, con su diseño compacto, es fácil de recorrer a pie, permitiendo a los turistas sumergirse en la vibrante atmósfera de la ciudad.

En resumen, La Habana es una ciudad cautivadora que ofrece una combinación única de historia, cultura y belleza natural. Sus calles llenas de vida, su deliciosa gastronomía y su inigualable música la convierten en un destino imprescindible para quienes buscan una experiencia auténtica en Cuba. Ya sea explorando los sitios históricos, disfrutando de la cocina local o sumergiéndose en los ritmos de la música cubana, una visita a La Habana promete recuerdos inolvidables y una profunda apreciación por la rica herencia de la isla. Como ciudad que honra su pasado y mira hacia el futuro, La Habana es un ejemplo de la importancia de preservar las tradiciones culturales y promover un turismo sostenible.

56. Hawái, paraíso tropical inolvidable

Hawái, el estado número 50 de los Estados Unidos, es un paraíso tropical situado en el corazón del océano Pacífico central. Este archipiélago, compuesto por 137 islas, atolones y arrecifes, es mundialmente conocido por sus paisajes impresionantes, su biodiversidad y su vibrante cultura. Las ocho islas principales—Hawái (también conocida como la Gran Isla), Maui, Oahu, Kauai, Molokai, Lanai, Niihau y Kahoolawe—ofrecen un sinfín de aventuras y experiencias únicas que cautivan a viajeros de todas partes del mundo. Con una superficie total de aproximadamente 28,311 kilómetros cuadrados, Hawái encanta con su belleza natural y su rica herencia cultural.

Ubicada a unos 3,862 kilómetros del territorio continental de Estados Unidos, Hawái es el centro poblado más aislado del mundo. Las islas nacieron de la actividad volcánica, lo que le da a cada una una personalidad geológica única. Desde frondosas selvas tropicales y cráteres volcánicos hasta playas paradisíacas y costas escarpadas, las islas ofrecen una variedad de paisajes que dejan sin aliento a cualquiera. En la Gran Isla, los visitantes pueden contemplar el Mauna Kea y el Mauna Loa, dos de las montañas más altas del mundo si se mide desde el lecho marino.

El clima en Hawái es cálido y agradable durante todo el año, con temperaturas que oscilan entre los 24°C y 31°C, lo que lo convierte en un destino perfecto para los amantes de las playas y las actividades al aire libre. Hay dos estaciones principales: la estación seca, de mayo a octubre, y la estación lluviosa, de noviembre a abril. Aunque la temporada seca es ideal para disfrutar de cielos despejados, incluso en la temporada lluviosa es posible encontrar días soleados que invitan a explorar.

Uno de los destinos más populares en Hawái es la isla de Oahu, donde se encuentra Honolulu, la capital del estado. Allí, los visitantes pueden disfrutar de la icónica Playa de Waikiki, famosa por sus arenas doradas y su vibrante vida nocturna. Muy cerca, el Monumento Estatal Diamond Head ofrece vistas espectaculares desde su cráter volcánico, un lugar imperdible para quienes buscan panorámicas inolvidables. También en Oahu, Pearl Harbor y el Memorial USS Arizona permiten a los visitantes conocer un pedazo importante de la historia.

En la isla de Maui, conocida como "La Isla del Valle", los viajeros encuentran playas de ensueño, resorts lujosos y paisajes verdes. El famoso Camino a Hana es una ruta escénica que serpentea a lo largo de la costa, con vistas de cascadas, acantilados y bosques tropicales. Además, el Parque Nacional Haleakalā, hogar del volcán inactivo Haleakalā, es el lugar perfecto para contemplar el amanecer o el atardecer desde encima de las nubes.

La isla de Kauai, también llamada "La Isla Jardín", es célebre por su exuberante vegetación y sus paisajes dramáticos. Los visitantes pueden explorar el majestuoso Cañón de Waimea, conocido como el "Gran Cañón del Pacífico", o aventurarse por la Costa Na Pali, famosa por sus acantilados imponentes y playas vírgenes. Kauai ofrece una atmósfera tranquila que invita a los amantes de la naturaleza a conectarse con su entorno.

Por su parte, la Gran Isla de Hawái es un destino único por su diversidad de ecosistemas. El Parque Nacional de los Volcanes de Hawái permite a los visitantes admirar los volcanes activos y los paisajes formados por flujos de lava. Este parque, con su poder natural en constante transformación, es uno de los lugares más impresionantes del estado. Además, la isla cuenta con playas hermosas, cascadas y selvas, proporcionando una amplia variedad de actividades al aire libre.

La cultura hawaiana está profundamente arraigada en las tradiciones indígenas, con un gran respeto por el 'āina (la tierra) y los valores de aloha (amor y respeto). Los visitantes pueden disfrutar de presentaciones tradicionales de hula, aprender sobre la historia y las costumbres hawaianas en centros culturales, y participar en luaus, donde se deleitarán con música, danzas y platillos típicos. La experiencia cultural en Hawái es inmersiva y enriquecedora, permitiendo a los viajeros conectarse con las raíces profundas de las islas.

La gastronomía en Hawái es un delicioso reflejo de sus influencias multiculturales. Entre los platillos más populares se encuentran el poke (ensalada de pescado crudo), el loco moco (arroz con hamburguesa, huevo frito y salsa) y el cerdo kalua (cerdo ahumado y cocido lentamente). Las frutas tropicales como la piña, el mango y el coco son abundantes, y se integran en platos y postres locales. Los visitantes pueden disfrutar de estos sabores en mercados locales, food trucks y restaurantes.

La flora y fauna de Hawái son diversas y fascinantes, con muchas especies endémicas que solo se encuentran en estas islas. Las frondosas selvas tropicales y los arrecifes de coral vibrantes son el hogar de una amplia gama de plantas y animales. Los visitantes pueden avistar tortugas marinas, peces de colores y aves exóticas, lo que convierte a Hawái en un paraíso para los amantes de la naturaleza y el buceo.

El turismo tiene un gran impacto social en Hawái, proporcionando empleo y oportunidades económicas para muchos residentes locales. Sin embargo, el crecimiento del turismo también plantea retos, como la gestión de recursos naturales y la preservación del patrimonio cultural. Las autoridades locales están trabajando para promover un turismo responsable, que garantice la sostenibilidad y proteja los ecosistemas únicos de las islas.

Un hecho menos conocido sobre Hawái es su importancia en la investigación astronómica. La cumbre del Mauna Kea alberga varios observatorios de renombre mundial que aprovechan la altitud y los cielos despejados para realizar observaciones astronómicas. Este aporte científico es otro aspecto importante de la relevancia de las islas, más allá del turismo.

Además de ser un destino turístico atractivo, Hawái juega un papel crucial en la preservación cultural y la conservación ambiental. Las islas son un testimonio vivo de la resiliencia del pueblo hawaiano y de su compromiso por proteger sus tradiciones y recursos naturales para las futuras generaciones. Los esfuerzos de conservación son esenciales para mantener la belleza y la integridad cultural de las islas, mientras se comparte su encanto con el mundo.

Viajar a Hawái es fácil para los visitantes de todo el mundo. El Aeropuerto Internacional Daniel K. Inouye en Honolulu es la principal puerta de entrada al estado, con vuelos directos desde muchos países. Otros aeropuertos importantes son el de Kahului en Maui y el de Lihue en Kauai. Los vuelos interislas, ferries y tours en barco hacen que sea sencillo explorar la diversidad de paisajes y culturas que ofrecen las distintas islas.

En conclusión, Hawái es un destino cautivador que combina una belleza natural incomparable con una rica herencia cultural. Sus paisajes, su hospitalidad y su profundo respeto por la naturaleza y las tradiciones hacen de este lugar una visita imprescindible para quienes buscan una experiencia auténtica en el Pacífico. Ya sea explorando sus selvas, descansando en sus playas o sumergiéndose en su cultura vibrante, un viaje a Hawái promete recuerdos inolvidables y una mayor apreciación por las maravillas de las islas.

57. Hellshire Beach, Un Paraíso en Jamaica

Hellshire Beach, situada en la costa sur de Jamaica, es un destino deslumbrante y lleno de vida, conocido por sus paisajes pintorescos y su vibrante atmósfera. A solo 20 kilómetros al este de Kingston, la capital de Jamaica, Hellshire Beach es un lugar popular tanto para locales como turistas que buscan relajarse, disfrutar de aventuras y experimentar la auténtica cultura jamaicana. Con sus arenas doradas, aguas turquesas y exuberante vegetación como telón de fondo, es el lugar perfecto para una escapada tropical.

Ubicada en la parroquia de St. Catherine, Hellshire Beach bordea el Mar Caribe al sur. La cercanía a Kingston hace que sea un destino favorito para aquellos que desean escapar de la ciudad y disfrutar de un día en la playa. El terreno costero, con sus extensas playas de arena y formaciones rocosas, añade una belleza natural que atrae a todos los visitantes.

El clima en Hellshire Beach es tropical, con temperaturas cálidas y alta humedad durante todo el año. La temperatura media varía entre los 25°C y 32°C, lo que la convierte en un destino ideal en cualquier época del año. La temporada seca, que va de diciembre a abril, es la mejor para visitar, con cielos despejados y mares tranquilos perfectos para disfrutar de actividades acuáticas. Durante la temporada lluviosa, de mayo a noviembre, aunque hay lluvias ocasionales, los días soleados suelen prevalecer y las lluvias generalmente son cortas, seguidas de cielos despejados.

Una de las principales atracciones de Hellshire Beach es su ambiente animado. Aquí, los visitantes pueden disfrutar de la playa entre una mezcla de locales y turistas que aprovechan el sol, el mar y la arena. Es común ver a grupos jugando voleibol, nadando en las aguas cálidas o simplemente relajándose en la orilla. Además, la playa cuenta con numerosos bares y restaurantes pequeños donde se sirve la deliciosa gastronomía local, creando un entorno vibrante para socializar y disfrutar de la cultura.

Uno de los mayores atractivos de Hellshire Beach es la oportunidad de degustar algunos de los platillos más emblemáticos de Jamaica. La playa es famosa por su marisco, especialmente el pescado frito y el festival (un pan frito ligeramente dulce). Los visitantes pueden disfrutar de estos deliciosos platos en los puestos de comida y restaurantes de la playa, donde el aroma del pescado a la parrilla llena el aire. La frescura de los ingredientes, los sabores intensos y el ambiente amigable hacen que comer en Hellshire Beach sea una experiencia inolvidable.

La cultura en Hellshire Beach refleja las profundas tradiciones jamaicanas, transmitiendo la rica historia de la isla. La playa es un punto de encuentro para los locales, y los turistas a menudo se ven inmersos en el ambiente festivo, donde la música, las risas y el espíritu comunitario son palpables. Familias y amigos se reúnen para disfrutar de la playa, creando recuerdos y celebrando la vida con alegría.

La flora y fauna de Hellshire Beach y sus alrededores son abundantes. Las aguas cristalinas son ideales para hacer snorkel, permitiendo a los visitantes observar peces coloridos, arrecifes de coral y otras criaturas marinas. Además, los manglares cercanos y los ecosistemas costeros albergan una gran variedad de especies que enriquecen la biodiversidad de la región.

El turismo en Hellshire Beach tiene un impacto social significativo, ya que genera oportunidades económicas para los residentes locales. La afluencia de visitantes apoya empleos en la hostelería, la gastronomía y el entretenimiento, permitiendo que muchas familias se beneficien de la industria turística. Además, artesanos y vendedores locales prosperan en este entorno vibrante, ofreciendo recuerdos artesanales y productos tradicionales jamaicanos, lo que enriquece aún más la experiencia cultural de los visitantes.

A pesar de sus muchas atracciones, Hellshire Beach enfrenta desafíos relacionados con la sostenibilidad ambiental y la infraestructura. La popularidad de la playa puede llevar a la sobrepoblación y al deterioro de los recursos naturales. La comunidad local está trabajando activamente en soluciones para la gestión de residuos, la contaminación y la preservación de los hábitats naturales. Se están promoviendo prácticas de turismo responsable para proteger el entorno, mientras se asegura que la comunidad siga beneficiándose del turismo.

Un hecho menos conocido sobre Hellshire Beach es su importancia histórica para las comunidades pesqueras locales. Durante generaciones, la playa ha sido un punto de encuentro para los pescadores, y los visitantes aún pueden presenciar prácticas tradicionales de pesca o escuchar historias sobre el mar de los pescadores locales. Esta conexión con el océano añade una capa más profunda a la experiencia de visitar Hellshire Beach, permitiendo a los viajeros apreciar su importancia cultural e histórica.

La importancia de Hellshire Beach va más allá de ser un destino turístico. La playa es un lugar vital para el encuentro comunitario, el intercambio cultural y la creación de oportunidades económicas. Es un símbolo del espíritu vibrante de Jamaica, que muestra la belleza natural de la isla y su patrimonio cultural. Eventos y festivales, como presentaciones musicales locales y celebraciones culturales, fomentan el orgullo comunitario y resaltan la riqueza de la cultura jamaicana.

Llegar a Hellshire Beach es fácil para los viajeros de todo el mundo. La mayoría de los visitantes internacionales aterrizan en el Aeropuerto Internacional Norman Manley en Kingston, que es el aeropuerto más cercano. Desde allí, se puede tomar un taxi o un servicio de transporte para llegar a la playa en unos 30 minutos. También hay opciones de transporte público, incluidos autobuses y taxis compartidos, para quienes buscan una forma más económica de llegar a la playa.

En conclusión, Hellshire Beach es un destino fascinante que ofrece una mezcla única de belleza natural, rica cultura y un ambiente animado. Su impresionante costa, deliciosa gastronomía y cálida hospitalidad crean un entorno acogedor para los viajeros que buscan una experiencia auténtica en Jamaica. Ya sea disfrutando de mariscos frescos, relajándose en la arena dorada o sumergiéndose en la cultura local, una visita a Hellshire Beach promete recuerdos inolvidables y una mayor apreciación por las maravillas de Jamaica. Como una playa que abraza su herencia y fomenta la comunidad, Hellshire Beach es un testimonio de la importancia de preservar los recursos naturales mientras se comparte su encanto con el mundo.

58. Isla Contadora, Paraíso en el Pacífico

Isla Contadora, una joya escondida en el océano Pacífico, forma parte del archipiélago de las Islas Perlas en Panamá. Esta pequeña isla, con una extensión de aproximadamente 3.4 kilómetros cuadrados, es famosa por sus impresionantes playas, aguas cristalinas y su exuberante vegetación tropical. Ubicada a unos 80 kilómetros de la Ciudad de Panamá, Isla Contadora es fácilmente accesible, convirtiéndose en un destino preferido tanto para locales como para viajeros internacionales que buscan un escape al paraíso lejos del bullicio de la ciudad.

Geográficamente, Isla Contadora se encuentra en el Golfo de Panamá, rodeada por el vasto océano Pacífico. Su ubicación estratégica no solo ofrece impresionantes vistas al mar, sino que también la sitúa cerca de reconocidos puntos de buceo y pesca, lo que la convierte en un destino ideal para los entusiastas de los deportes acuáticos. Las aguas que rodean la isla son ricas en vida marina, lo que atrae a aquellos que buscan experiencias de aventura bajo el agua.

El clima en Isla Contadora es tropical, con temperaturas cálidas y alta humedad durante todo el año. Las temperaturas diurnas suelen oscilar entre los 25°C y los 32°C, proporcionando un clima perfecto para disfrutar de sus playas y actividades al aire libre. La temporada seca, de diciembre a abril, es ideal para quienes buscan cielos despejados y condiciones perfectas para la playa. La temporada de lluvias, de mayo a noviembre, trae mayor precipitación, pero aún en esos meses los visitantes pueden disfrutar de momentos soleados entre los ocasionales chubascos.

Uno de los mayores atractivos de Isla Contadora son sus hermosas playas, cada una con su propio encanto único. Playa Larga, con su suave arena blanca y sus tranquilas aguas, es perfecta para tomar el sol, nadar y relajarse. Las palmeras que rodean la playa crean un paisaje tropical de ensueño. Para aquellos que buscan un poco más de aventura, Playa Cacique ofrece excelentes oportunidades para practicar snorkel y buceo, permitiendo a los visitantes explorar los vibrantes arrecifes de coral y observar una variedad de vida marina, incluidos peces de colores, tortugas marinas e incluso rayas.

El tamaño compacto de la isla genera una atmósfera relajada y un fuerte sentido de comunidad, lo que la convierte en un destino ideal para quienes desean escapar del estrés urbano. La cultura local está influenciada tanto por tradiciones indígenas como por la historia colonial española, algo evidente en la arquitectura, la música y la gastronomía de la isla. Los visitantes pueden sumergirse en la cultura local asistiendo a eventos comunitarios y disfrutando de actuaciones de música y danza tradicional.

La comida en Isla Contadora es un deleite para los sentidos, con restaurantes locales que sirven mariscos frescos y platos típicos panameños. Los visitantes pueden disfrutar de ceviche preparado con el pescado fresco del día o de pescado a la parrilla acompañado de arroz con coco, una combinación perfecta de sabores locales. Muchos restaurantes ofrecen asientos al aire libre, lo que permite a los comensales disfrutar de impresionantes vistas al mar mientras saborean la deliciosa gastronomía. Además, muchos establecimientos ofrecen cócteles tropicales elaborados con frutas locales, lo que añade un toque refrescante a cada comida.

La flora y fauna de Isla Contadora son ricas y diversas, gracias a su clima tropical y sus ecosistemas costeros. La isla alberga una exuberante vegetación, con palmeras, manglares y una variedad de plantas con flores que embellecen el paisaje. Los amantes de la naturaleza pueden avistar diversas especies de aves, como garzas, pelícanos y loros, así como iguanas y otros reptiles. Las aguas circundantes están llenas de vida marina, lo que convierte a la isla en un paraíso para quienes disfrutan del snorkel, el buceo y la pesca.

El turismo en Isla Contadora tiene un impacto social positivo significativo, brindando oportunidades económicas vitales para los residentes locales. El crecimiento del turismo ha llevado al desarrollo de pequeños negocios, incluidos hoteles, restaurantes y operadores turísticos, lo que permite a las familias locales ganarse la vida mientras comparten su hospitalidad y cultura con los visitantes. Además, la isla se ha comprometido con el turismo sostenible, protegiendo sus recursos naturales y apoyando a la comunidad local.

Sin embargo, Isla Contadora también enfrenta desafíos relacionados con la sostenibilidad ambiental y el desarrollo de infraestructuras. El crecimiento rápido del turismo puede ejercer presión sobre los recursos locales, lo que genera preocupaciones sobre la gestión de residuos y la preservación de los hábitats naturales. Las autoridades locales y diversas organizaciones están trabajando activamente para promover prácticas de turismo responsable que protejan los frágiles ecosistemas de la isla, asegurando al mismo tiempo que la comunidad continúe beneficiándose del turismo.

Un dato menos conocido sobre Isla Contadora es su papel histórico como refugio de piratas durante los siglos XVII y XVIII. Las calas escondidas y la ubicación estratégica de la isla la convirtieron en un lugar ideal para estos bandidos del mar. Hoy en día, aún se pueden encontrar vestigios de este pasado fascinante, y los visitantes pueden explorar sitios históricos que cuentan las historias de aquellos tiempos de aventuras y tesoros escondidos.

La importancia de Isla Contadora va más allá de ser un destino turístico. La isla desempeña un papel crucial en la conservación de la biodiversidad marina de la región. Las aguas que rodean la isla albergan vibrantes arrecifes de coral y una amplia gama de especies marinas, lo que la convierte en un área esencial para los esfuerzos de conservación marina. Las iniciativas en curso, centradas en la protección de estos ecosistemas, son fundamentales para mantener el equilibrio ecológico y apoyar las prácticas de turismo sostenible.

Llegar a Isla Contadora es conveniente para los viajeros de todo el mundo. La mayoría de los visitantes internacionales llegan al Aeropuerto Internacional de Tocumen en la Ciudad de Panamá. Desde allí, se puede tomar un vuelo doméstico hacia el Aeropuerto de Isla Contadora, un viaje de aproximadamente 30 minutos. Para aquellos que prefieren una ruta más aventurera, también están disponibles ferris y charters privados desde la Ciudad de Panamá o islas cercanas, lo que ofrece un viaje escénico a través del Golfo de Panamá.

En conclusión, Isla Contadora es un destino cautivador que ofrece una mezcla única de belleza natural, rica historia y vibrante cultura. Sus impresionantes playas, su comunidad acogedora y su deliciosa gastronomía crean un escape tropical idílico para aquellos que buscan relajación y aventura. Ya sea descansando en la playa, explorando el mundo submarino o sumergiéndose en la cultura local, una visita a Isla Contadora promete recuerdos inolvidables y una apreciación más profunda por las maravillas de Panamá. Como una isla que abraza la sostenibilidad y su patrimonio cultural, Isla Contadora es un testimonio de la importancia de preservar los recursos naturales mientras comparte su encanto con el mundo.

59. Islas de la Bahía, paraíso en el Caribe

Las Islas de la Bahía, un impresionante archipiélago ubicado frente a la costa norte de Honduras en el mar Caribe, son un destino fascinante lleno de belleza natural, vida marina vibrante y un rico patrimonio cultural. Compuestas por varias islas y cayos, las más notables son Roatán, Utila y Guanaja. Estas islas cubren una superficie total de aproximadamente 108 kilómetros cuadrados y son conocidas por atraer a turistas en busca de aventura, relajación y una experiencia auténtica del Caribe.

Geográficamente, las Islas de la Bahía se encuentran a unos 48 kilómetros de la costa hondureña. Roatán, la más grande y desarrollada de las islas, tiene 60 kilómetros de largo y presenta paisajes diversos, desde exuberantes selvas tropicales hasta playas prístinas. Utila, más pequeña y famosa por su ambiente relajado y su vida nocturna, es conocida por sus excelentes puntos de buceo. Guanaja, la menos desarrollada, cuenta con una belleza natural espectacular y se la conoce como la "Isla Esmeralda" por su exuberante vegetación.

El clima en las Islas de la Bahía es tropical, con temperaturas cálidas y alta humedad durante todo el año. Las temperaturas promedio oscilan entre los 24°C y 32°C, lo que las convierte en un destino ideal para quienes buscan sol y actividades al aire libre. La temporada seca va de noviembre a abril, siendo el mejor momento para visitarlas. La temporada de lluvias, de mayo a octubre, trae algunos chubascos, pero muchas veces son breves, seguidos de sol, lo que permite a los visitantes disfrutar de las islas en cualquier momento del año.

Uno de los mayores atractivos de las Islas de la Bahía son los impresionantes arrecifes de coral que rodean las islas, convirtiéndolas en un paraíso para buceadores y aficionados al snorkel. El Arrecife Mesoamericano, el segundo sistema de arrecifes más grande del mundo, está muy cerca de las islas, ofreciendo acceso a ecosistemas submarinos llenos de vida marina. Roatán es particularmente popular entre los buceadores, con numerosas escuelas de buceo para todos los niveles. Una experiencia única es el "Dolphin Dive", donde los visitantes pueden interactuar con delfines en su hábitat natural, creando recuerdos inolvidables.

Utila, conocida por ser asequible, atrae a mochileros y jóvenes aventureros. La isla ofrece un ambiente relajado y una animada vida nocturna, con bares en la playa y locales de música. Los cayos de Utila, pequeñas islas cercanas, brindan vistas impresionantes y más oportunidades para hacer snorkel y buceo. Aquí, los visitantes pueden explorar la rica vida marina, incluyendo peces de colores, tortugas e incluso tiburones ballena, lo que hace de Utila un destino preferido para los entusiastas del buceo.

La cultura de las Islas de la Bahía es una mezcla vibrante de influencias indígenas, africanas y caribeñas, creando una identidad única que las distingue del resto de Honduras. Las islas son hogar de una comunidad amigable y acogedora, con habitantes locales deseosos de compartir sus tradiciones y costumbres con los visitantes. La cultura garífuna, en particular, es celebrada por su música, danza y gastronomía. Durante festivales y eventos, los visitantes pueden disfrutar de la música tradicional garífuna, con tambores y danzas llenando las calles de vida y energía.

La comida en las Islas de la Bahía es una parte importante de su cultura, con el marisco fresco como protagonista de la cocina local. Las islas son famosas por platos como pescado frito, buñuelos de caracol y arroz con coco, reflejando la abundancia de ingredientes frescos. Los visitantes pueden disfrutar de deliciosas comidas en restaurantes locales y comedores a la orilla de la playa, donde el pescado fresco se sirve a menudo con un toque tropical. La escena culinaria de las islas refleja los sabores del Caribe, ofreciendo una experiencia deliciosa para los amantes de la buena comida.

La flora y fauna de las Islas de la Bahía son diversas y abundantes, gracias al clima tropical y los ecosistemas costeros. Las islas cuentan con una vegetación exuberante, que incluye manglares, palmeras y plantas con flores coloridas. Las aguas que rodean las islas albergan una rica variedad de vida marina, con los arrecifes de coral proporcionando hábitats para muchas especies de peces, invertebrados y otras criaturas marinas. Los observadores de aves también tienen mucho para admirar, ya que las islas son hogar de varias especies de aves, como pelícanos, garzas y pájaros tropicales.

El impacto social del turismo en las Islas de la Bahía es significativo, proporcionando oportunidades económicas vitales para los residentes locales. El crecimiento del turismo ha impulsado el desarrollo de pequeños negocios, incluidos hoteles, restaurantes y operadores turísticos, lo que permite a las familias locales beneficiarse de la afluencia de visitantes. Además, las islas se han comprometido con prácticas de turismo sostenible, protegiendo sus recursos naturales mientras apoyan a la comunidad.

Sin embargo, las Islas de la Bahía también enfrentan desafíos relacionados con la sostenibilidad ambiental y el desarrollo urbano. El aumento del turismo puede ejercer presión sobre los recursos locales, lo que genera preocupaciones sobre la gestión de residuos y la preservación de los hábitats. Las autoridades locales y organizaciones están trabajando activamente para promover prácticas de turismo responsable que protejan los delicados ecosistemas de las islas, asegurando al mismo tiempo que la comunidad continúe beneficiándose del turismo.

Un dato curioso sobre las Islas de la Bahía es su importancia histórica como centro de piratería durante los siglos XVII y XVIII. Las islas sirvieron como escondite para piratas y corsarios, y hoy en día se pueden encontrar vestigios de este pasado en la cultura y los sitios históricos locales. Explorar las islas permite a los visitantes descubrir su colorida historia y su rico patrimonio cultural.

La importancia de las Islas de la Bahía va más allá de ser un destino turístico. Juegan un papel crucial en la conservación de la biodiversidad marina del Caribe. Las aguas circundantes y los arrecifes de coral son hábitats vitales para muchas especies, y los esfuerzos de conservación son esenciales para mantener el equilibrio ecológico y apoyar las iniciativas de turismo sostenible.

Viajar a las Islas de la Bahía es conveniente para los viajeros de todo el mundo. La mayoría de los visitantes internacionales llegan al Aeropuerto Internacional Ramón Villeda Morales en San Pedro Sula o al Aeropuerto Internacional Toncontín en Tegucigalpa. Desde allí, pueden tomar vuelos domésticos hacia el Aeropuerto Internacional Juan Manuel Gálvez en Roatán, o utilizar ferris y barcos para llegar a Utila y Guanaja. La facilidad de acceso convierte a las Islas de la Bahía en una opción atractiva para quienes buscan una escapada tropical.

En conclusión, las Islas de la Bahía son un destino cautivador que ofrece una mezcla única de belleza natural, historia rica y cultura vibrante. Sus impresionantes playas, comunidades acogedoras y deliciosa gastronomía crean un escape tropical idílico para los viajeros que buscan relajación y aventura. Ya sea haciendo snorkel en aguas cristalinas, disfrutando de mariscos frescos o sumergiéndose en la cultura local, una visita a las Islas de la Bahía promete recuerdos inolvidables y una apreciación más profunda por las maravillas de Honduras. Como islas que abrazan la sostenibilidad y su patrimonio cultural, las Islas de la Bahía son un testimonio de la importancia de preservar los recursos naturales mientras comparten su encanto con el mundo.

60. Jarabacoa: Un Paraíso Natural en la Montaña

Jarabacoa, un pintoresco pueblo en la República Dominicana, es conocido como la "Ciudad de la Eterna Primavera" por su clima agradable y su impresionante belleza natural. Ubicado en las tierras altas centrales del país, este destino es famoso por sus exuberantes montañas, cascadas impresionantes y su flora y fauna vibrantes. Con una extensión de aproximadamente 1,200 kilómetros cuadrados, Jarabacoa es parte de la provincia de La Vega y se encuentra a una altitud de unos 525 metros sobre el nivel del mar, lo que le otorga su clima fresco y acogedor.

Geográficamente, Jarabacoa está a solo 20 kilómetros de la ciudad de La Vega y a unos 60 kilómetros de la capital, Santo Domingo. Situado en la confluencia de varios ríos, entre ellos el río Yaque del Norte, el más largo de la República Dominicana, Jarabacoa está rodeado de la imponente Cordillera Central. Este espectacular paisaje montañoso no solo proporciona una vista impresionante, sino que también ofrece múltiples oportunidades para actividades al aire libre, convirtiendo a Jarabacoa en un destino ideal para los amantes de la naturaleza.

El clima de Jarabacoa se clasifica como tropical de montaña, con temperaturas suaves y lluvias constantes durante todo el año. Las temperaturas promedio oscilan entre los 15°C y los 25°C, lo que lo convierte en un refugio perfecto para quienes buscan escapar del calor de las zonas costeras. La temporada de lluvias, de mayo a octubre, culmina en septiembre, el mes más lluvioso. La temporada seca, de noviembre a abril, es considerada la mejor época para visitar, con días soleados y noches frescas que invitan al descanso.

Una de las principales atracciones de Jarabacoa es la espectacular cascada Jimenoa, un tesoro natural que atrae a visitantes de todo el mundo. Con una caída de aproximadamente 60 metros, esta impresionante cascada crea una atmósfera mágica de agua y niebla. Los visitantes pueden caminar por senderos rodeados de exuberante vegetación para llegar a la cascada y disfrutar de un refrescante baño en las piscinas naturales, rodeados de un entorno tranquilo que invita a la meditación y la relajación.

Otra visita imperdible es la cascada Baiguate, igualmente impresionante y accesible a través de senderos que serpentean entre una vibrante vegetación. Los amantes de la aventura pueden disfrutar de actividades emocionantes como rafting en el río Yaque del Norte, canyoning en las caídas de agua, y ciclismo de montaña, lo que convierte a Jarabacoa en un paraíso para quienes buscan adrenalina en un entorno natural.

Culturalmente, Jarabacoa está impregnado de tradiciones dominicanas que reflejan la rica herencia del país. El pueblo se enorgullece de su comunidad cálida y acogedora, donde los locales comparten con alegría sus costumbres y estilo de vida con los visitantes. Durante todo el año, se celebran diversas festividades que resaltan la música y el baile típicos de la región. La más destacada es la Fiesta de la Virgen de Altagracia, en enero, cuando el pueblo se llena de procesiones religiosas y celebraciones llenas de fe y devoción.

La comida en Jarabacoa es una muestra auténtica de la gastronomía dominicana, basada en ingredientes frescos y locales. Platos como el sancocho, un guiso sabroso y reconfortante, y el mangú, puré de plátanos verdes, son algunos de los favoritos de la zona. En los restaurantes locales, los visitantes pueden disfrutar de estas delicias tradicionales, mientras que en las calles, los vendedores ambulantes ofrecen una variedad de bocadillos deliciosos que permiten probar los sabores locales de una manera sencilla pero auténtica.

La flora y fauna de Jarabacoa son extraordinariamente diversas gracias a los ricos ecosistemas que la rodean. Las montañas albergan una variedad de plantas exóticas, como orquídeas y bromelias, y sus bosques son el hogar de una amplia gama de animales. Los observadores de aves disfrutarán al descubrir especies tropicales como los colibríes y las cotorras, que añaden un toque de color y vida a este ya vibrante paisaje natural.

El turismo en Jarabacoa tiene un impacto social significativo, proporcionando oportunidades económicas cruciales para los residentes locales. La afluencia de visitantes apoya el crecimiento del empleo en sectores como la hostelería, la gastronomía y las actividades recreativas al aire libre, lo que permite a las familias locales beneficiarse del turismo. Muchos artesanos locales y vendedores prosperan en este ambiente animado, ofreciendo productos hechos a mano y recuerdos que reflejan la rica cultura de la región.

A pesar de su belleza natural, Jarabacoa también enfrenta desafíos relacionados con el crecimiento turístico y la sostenibilidad ambiental. El aumento en la demanda turística puede ejercer presión sobre los recursos locales, lo que genera preocupaciones sobre la gestión de residuos y la preservación de los hábitats naturales. Las autoridades locales, junto con organizaciones de conservación, están promoviendo prácticas de turismo responsable para proteger el entorno mientras se garantiza que la comunidad continúe beneficiándose del turismo de manera sostenible.

Un hecho poco conocido sobre Jarabacoa es su importancia histórica en la producción de café. El clima ideal y los suelos fértiles de la región la convierten en uno de los mejores lugares de la República Dominicana para el cultivo de café de alta calidad. Los visitantes pueden recorrer las fincas locales, aprender sobre el proceso de producción y disfrutar de una taza de café recién hecho mientras se deleitan con las vistas panorámicas de las montañas que rodean la zona.

La relevancia de Jarabacoa va más allá de ser un simple destino turístico. La región juega un papel vital en la conservación de los recursos naturales del país, albergando varias áreas protegidas y parques nacionales que son esenciales para la preservación de la biodiversidad y el equilibrio ecológico. Los esfuerzos de conservación en curso están enfocados en proteger estos recursos naturales, esenciales no solo para el turismo, sino también para el bienestar ambiental de la República Dominicana.

Llegar a Jarabacoa es sencillo para los viajeros de todo el mundo. La mayoría de los visitantes internacionales llegan al Aeropuerto Internacional Las Américas en Santo Domingo, y desde allí, pueden tomar un taxi o un servicio de transporte hacia Jarabacoa, en un viaje que dura aproximadamente dos horas. También hay autobuses públicos y traslados privados disponibles desde otras partes del país, lo que permite disfrutar del paisaje montañoso durante el trayecto.

En conclusión, Jarabacoa es un destino encantador que ofrece una combinación única de belleza natural, cultura rica y aventuras al aire libre. Sus paisajes impresionantes, su comunidad vibrante y su deliciosa gastronomía crean un ambiente acogedor para los viajeros que buscan una experiencia auténtica en la República Dominicana. Ya sea explorando cascadas majestuosas, degustando los sabores locales o sumergiéndose en la cultura del lugar, una visita a Jarabacoa promete recuerdos inolvidables y una apreciación más profunda por las maravillas del país. Como una ciudad que valora la sostenibilidad y su herencia cultural, Jarabacoa se erige como un ejemplo de la importancia de preservar los recursos naturales mientras comparte su encanto con el mundo.

61. Joya de Cerén: Un Tesoro Maya en El Salvador

Joya de Cerén, ubicada en el corazón de El Salvador, es un fascinante sitio arqueológico que ofrece una ventana al antiguo mundo de la civilización maya. A menudo referida como la "Pompeya de las Américas," Joya de Cerén es única por sus ruinas bien preservadas, enterradas bajo cenizas volcánicas tras la erupción de la Loma Caldera alrededor del año 600 d.C. Este sitio, declarado Patrimonio de la Humanidad por la UNESCO, revela detalles sobre la vida cotidiana de los mayas y proporciona una valiosa comprensión de su cultura, arquitectura y prácticas agrícolas.

Geográficamente, Joya de Cerén se encuentra a unos 35 kilómetros al oeste de San Salvador, la capital de El Salvador. El sitio está en el departamento de La Libertad, rodeado por colinas ondulantes, vegetación exuberante y montañas volcánicas. La cercanía al volcán de San Salvador ha dotado a la región de un suelo fértil, ideal para la agricultura, que fue una parte fundamental de la vida de los mayas en este lugar.

El clima en Joya de Cerén es tropical, con temperaturas cálidas y estaciones de lluvias y secas bien diferenciadas. Las temperaturas suelen oscilar entre los 20°C y 30°C, lo que ofrece un ambiente agradable para los visitantes. La temporada seca, de noviembre a abril, es la más recomendada para visitar, ya que el clima es más predecible y los días soleados permiten disfrutar cómodamente del recorrido por el sitio arqueológico.

Joya de Cerén es uno de los sitios arqueológicos más importantes de Centroamérica, y es una atracción principal para quienes visitan El Salvador. Las excavaciones han revelado varias estructuras bien conservadas, como viviendas, edificios ceremoniales y almacenes, todas cubiertas por cenizas volcánicas que las protegieron durante siglos. Entre los hallazgos más destacados se encuentran herramientas, cerámicas y restos de alimentos, lo que da una visión detallada de la vida cotidiana de los antiguos habitantes. El centro de visitantes de Joya de Cerén ofrece exhibiciones informativas que ayudan a contextualizar la importancia histórica y cultural del sitio.

Culturalmente, Joya de Cerén refleja la rica herencia de la civilización maya. El sitio es una muestra única de cómo los mayas organizaban su vida agrícola y comunitaria. Los visitantes pueden aprender sobre las técnicas de cultivo de maíz, frijoles y calabazas, que formaban la base de la dieta maya. Además, el diseño de las casas y los edificios ceremoniales expone las técnicas arquitectónicas mayas, con techos de paja y paredes de barro, que revelan la adaptabilidad de estos antiguos pobladores a su entorno natural.

La gastronomía salvadoreña también forma parte esencial de la experiencia cultural en Joya de Cerén. Los visitantes pueden disfrutar de platos tradicionales como las pupusas, un alimento típico hecho con tortillas gruesas de maíz rellenas de queso, frijoles o carne. Este plato es acompañado de curtido, una ensalada de repollo en vinagre que aporta frescura y sabor. Los restaurantes cercanos ofrecen la oportunidad de degustar estos manjares locales, brindando una experiencia culinaria auténtica.

La flora y fauna que rodean Joya de Cerén son diversas, gracias al clima tropical de la región. El sitio está rodeado de una vegetación exuberante, con especies de árboles y plantas que embellecen el paisaje. Los observadores de aves pueden deleitarse con una gran variedad de especies, como tucanes, loros y otros pájaros cantores que añaden un toque de color y vida a la experiencia. Además, las montañas volcánicas cercanas albergan una rica biodiversidad que complementa el atractivo natural de la región.

El impacto social de Joya de Cerén como destino turístico es considerable, ya que brinda importantes oportunidades económicas para los habitantes locales. El turismo ha impulsado la creación de pequeños negocios, como hoteles, restaurantes y operadores turísticos, lo que ha permitido que muchas familias se beneficien del creciente número de visitantes. La comunidad local, orgullosa de su herencia cultural, recibe con entusiasmo a los turistas, compartiendo historias sobre el sitio y fortaleciendo el sentido de identidad entre los pobladores.

Sin embargo, Joya de Cerén también enfrenta desafíos relacionados con la gestión del turismo y la sostenibilidad ambiental. El aumento de visitantes puede ejercer presión sobre los recursos locales, lo que genera preocupaciones sobre la gestión de residuos y la preservación de los hábitats circundantes. Las autoridades locales y diversas organizaciones están trabajando para promover un turismo responsable que proteja el sitio arqueológico y, al mismo tiempo, garantice que la comunidad local siga beneficiándose del turismo de manera sostenible.

Un hecho poco conocido sobre Joya de Cerén es su importancia para comprender cómo las erupciones volcánicas afectaron a las civilizaciones antiguas. El sitio proporciona información valiosa sobre cómo los mayas se adaptaron a su entorno y enfrentaron los desafíos de los desastres naturales. La preservación del sitio es una oportunidad única para que los arqueólogos estudien la resiliencia de los mayas y su capacidad para sobrellevar los cambios en su entorno.

La relevancia de Joya de Cerén va más allá de su importancia arqueológica. El sitio es una pieza clave en la preservación cultural y educativa de El Salvador, y un testimonio vivo de la creatividad e ingenio de la civilización maya. Los esfuerzos continuos de conservación son esenciales para proteger la integridad histórica y cultural del lugar, garantizando que las futuras generaciones puedan seguir aprendiendo de este legado ancestral.

Viajar a Joya de Cerén es fácil para los viajeros internacionales. La mayoría de los visitantes llegan al Aeropuerto Internacional de El

Salvador, ubicado a unos 50 kilómetros del sitio. Desde el aeropuerto, es posible alquilar un coche, tomar un taxi o unirse a un tour guiado para llegar a Joya de Cerén. Además, hay opciones de transporte público, como autobuses, que ofrecen alternativas económicas para quienes buscan explorar la zona.

En resumen, Joya de Cerén es un destino fascinante que ofrece una combinación única de historia, cultura y belleza natural. Sus ruinas bien conservadas, la hospitalidad de la comunidad local y la deliciosa gastronomía crean un ambiente acogedor para quienes buscan una experiencia auténtica en El Salvador. Ya sea explorando el sitio arqueológico, degustando los sabores locales o sumergiéndose en la rica herencia cultural, una visita a Joya de Cerén promete recuerdos inolvidables y una apreciación más profunda de las maravillas de la civilización maya. Como sitio que valora su historia y fomenta el orgullo comunitario, Joya de Cerén es un ejemplo vivo de la importancia de preservar el patrimonio cultural y compartir su encanto con el mundo.

62. Kingston: El Corazón Vibrante de Jamaica

Kingston, la vibrante capital de Jamaica, es un dinámico centro de cultura, música e historia. Con una extensión de aproximadamente 480 kilómetros cuadrados, Kingston es la ciudad más grande del país y el epicentro político, económico y cultural. Con más de 670,000 habitantes, ofrece una mezcla única de energía urbana y herencia rica, lo que la convierte en un destino imperdible para quienes desean experimentar la auténtica vida jamaicana.

Geográficamente, Kingston está ubicada en la costa sureste de Jamaica, entre las majestuosas Montañas Azules al norte y el mar Caribe al sur. Esta ubicación costera proporciona vistas impresionantes del océano y las islas cercanas, mientras que las montañas circundantes contribuyen a la biodiversidad y la exuberante vegetación de la región. Su puerto pintoresco, uno de los más grandes del Caribe, ha sido históricamente un punto crucial para el comercio y el transporte.

El clima en Kingston es tropical, con temperaturas cálidas y alta humedad durante todo el año. Las temperaturas promedio oscilan entre los 24°C y 32°C, siendo la temporada seca, de diciembre a abril, la mejor época para visitar, especialmente si buscas disfrutar del sol y actividades al aire libre. Durante la temporada de lluvias, de mayo a octubre, las lluvias suelen ser breves, seguidas de cielos despejados, lo que aún permite disfrutar de la ciudad.

Uno de los mayores atractivos de Kingston es su riqueza cultural. El Museo de Bob Marley, ubicado en la antigua residencia del legendario músico de reggae, es una visita obligada para los amantes de la música. El museo ofrece una mirada profunda a la vida de Marley, con exhibiciones que incluyen fotografías, objetos personales y hasta la sala donde grabó algunas de sus canciones más icónicas. Las visitas guiadas permiten a los visitantes conocer más sobre su impacto en la música y la cultura mundial.

Otro punto destacado es la Galería Nacional de Jamaica, que alberga una diversa colección de arte jamaicano, desde piezas precolombinas hasta obras contemporáneas. La galería organiza exposiciones y eventos que celebran el talento artístico del país. Cerca de allí, se encuentra la histórica Casa Devon, una mansión de estilo georgiano que ahora funciona como museo. Aquí, los visitantes pueden disfrutar de helado típico jamaicano, en un ambiente que mezcla historia y modernidad.

El centro de Kingston es un hervidero de actividad, con el Mercado de la Coronación como uno de sus epicentros. Este mercado, uno de los más grandes del Caribe, ofrece una experiencia auténtica y llena de vida, con puestos de frutas frescas, especias y artesanías. Los colores vibrantes, los aromas cautivadores y el bullicio constante reflejan el espíritu de la cultura jamaicana.

Kingston también es conocida por ser el hogar del reggae y el dancehall. Numerosos locales de música en vivo permiten a los visitantes disfrutar de actuaciones de artistas locales y bandas emergentes. Cada año, el Festival Reggae Sumfest en Montego Bay atrae a miles de personas, celebrando las raíces del género y su influencia mundial. La música es un elemento esencial de la vida en Kingston, y los visitantes pueden sentir sus ritmos en cada rincón de la ciudad.

La gastronomía en Kingston es otro de sus grandes atractivos. Los platos tradicionales jamaicanos, como el pollo jerk, el ackee con pescado salado y el curry de cabra, son famosos por sus sabores intensos. Estos platos están disponibles en restaurantes locales y en puestos callejeros, donde los visitantes pueden saborear la auténtica comida jamaicana. La fusión de especias y ingredientes frescos da lugar a una explosión de sabores que define la cocina del Caribe.

El entorno natural de Kingston también es impresionante. Rodeada de plantas tropicales y árboles frondosos, la ciudad cuenta con acceso cercano a las Montañas Azules, donde los aventureros pueden explorar senderos, admirar la vegetación y disfrutar de vistas panorámicas. Los observadores de aves pueden encontrar especies únicas, como el Todito Jamaicano y el Doctor Bird, el ave nacional de Jamaica, famosa por su plumaje vibrante.

El turismo tiene un gran impacto social en Kingston, proporcionando importantes oportunidades económicas para los residentes locales. La creciente industria turística ha impulsado la creación de pequeños negocios, desde hoteles hasta restaurantes y operadores turísticos, lo que permite que muchas familias se beneficien del flujo constante de visitantes. Esto ha generado empleo y ha apoyado a los artesanos locales, contribuyendo a la economía de la ciudad.

A pesar de su crecimiento, Kingston enfrenta desafíos urbanos relacionados con la infraestructura y las cuestiones sociales. El rápido crecimiento ha provocado problemas como la congestión del tráfico, la escasez de viviendas y la gestión de residuos. Las autoridades locales están trabajando activamente en soluciones que promuevan un desarrollo urbano sostenible y mejoren la calidad de vida de los habitantes.

Un hecho menos conocido sobre Kingston es su importancia como centro educativo y cultural en el Caribe. La ciudad alberga varias universidades e instituciones culturales que atraen a estudiantes y académicos de toda la región. La Universidad de las Indias Occidentales, en el campus de Mona, es una institución clave que enriquece el panorama cultural y académico de la ciudad.

Kingston es mucho más que una ciudad turística; es un baluarte de preservación cultural y educación. La ciudad es un testimonio vivo de la creatividad y la resiliencia del pueblo jamaicano, que ha mantenido vivas sus tradiciones musicales, artísticas y culinarias. Los esfuerzos por preservar este patrimonio cultural son esenciales para mantener la identidad de Kingston y asegurar su relevancia en el futuro.

Viajar a Kingston es fácil para los visitantes internacionales, con el Aeropuerto Internacional Norman Manley como principal puerta de entrada. El aeropuerto ofrece vuelos directos a varios destinos, incluidos Estados Unidos, Canadá y Europa. Desde el aeropuerto, los viajeros pueden tomar taxis, traslados o alquilar un coche para explorar cómodamente todo lo que Kingston tiene para ofrecer.

En conclusión, Kingston es una ciudad vibrante que combina a la perfección cultura, historia y belleza natural. Sus animadas calles, su rica escena gastronómica y su cálida hospitalidad la convierten en un destino imperdible para quienes buscan una auténtica experiencia jamaicana. Ya sea explorando sus sitios históricos, disfrutando de la música local o deleitándose con su deliciosa comida, una visita a Kingston promete recuerdos inolvidables y una apreciación más profunda de las maravillas de Jamaica. Como ciudad que abraza su herencia y fomenta el orgullo comunitario, Kingston es un testimonio de la importancia de preservar las tradiciones culturales mientras comparte su encanto con el mundo.

63. La Ceiba: Un Tesoro en la Costa de Honduras

La Ceiba, una ciudad bulliciosa ubicada en la costa norte de Honduras, es un vibrante destino conocido por sus hermosas playas, exuberante vegetación y rica herencia cultural. Con una extensión de aproximadamente 1,830 kilómetros cuadrados, La Ceiba es la cuarta ciudad más grande del país y un importante centro económico y cultural. Con una población de alrededor de 200,000 habitantes, esta ciudad ofrece una mezcla única de vida urbana y belleza natural, convirtiéndose en un lugar atractivo para quienes buscan tanto aventura como relajación.

Situada entre el mar Caribe y las montañas de la Sierra de Nombre de Dios, La Ceiba ofrece vistas impresionantes y paisajes variados. Está a unos 180 kilómetros de Tegucigalpa, la capital de Honduras, y está bien conectada a otras partes del país mediante una red de carreteras. Su ubicación costera la convierte también en una ciudad portuaria clave, sirviendo como puerta de acceso a las cercanas Islas de la Bahía y a las hermosas playas de la costa caribeña.

El clima de La Ceiba es tropical, con temperaturas cálidas y alta humedad durante todo el año. Las temperaturas promedio oscilan entre los 23°C y 30°C, con la estación seca de noviembre a abril, que es ideal para quienes buscan disfrutar del sol y las actividades al aire libre. Durante la temporada de lluvias, de mayo a octubre, los chaparrones tropicales son comunes, pero suelen ser breves, permitiendo que el sol brille nuevamente.

Una de las principales atracciones de La Ceiba son sus impresionantes playas. Playa El Porvenir es un destino popular donde los visitantes pueden relajarse en sus arenas suaves, nadar en sus aguas cálidas y disfrutar de deportes acuáticos como el esnórquel, buceo y kayak. Esta playa está bordeada por palmeras y bares, creando un ambiente animado perfecto para quienes desean disfrutar del sol y el mar. También cerca de La Ceiba, las playas de Tela y Trujillo son excelentes opciones para los amantes de la costa.

Otra joya de La Ceiba es su proximidad al Parque Nacional Pico Bonito, un frondoso bosque tropical que alberga una rica diversidad de flora y fauna. El parque cuenta con numerosas rutas de senderismo y espectaculares cascadas, ideales para los amantes de la naturaleza. Entre las atracciones más destacadas se encuentran las "Cascadas de La Ceiba", donde los aventureros pueden refrescarse después de una caminata por la jungla, disfrutando del entorno natural en su máximo esplendor.

Culturalmente, La Ceiba es famosa por su vibrante música y danzas, especialmente por la influencia de la cultura garífuna. El Carnaval de La Ceiba, que se celebra anualmente a finales de abril, es una de las festividades más grandes y coloridas de Honduras. Con desfiles llenos de color, música animada, bailes tradicionales y una deliciosa oferta gastronómica, el carnaval atrae tanto a locales como a turistas, creando un ambiente festivo que celebra la herencia cultural de la región.

La gastronomía también juega un papel importante en La Ceiba. Los restaurantes locales y los vendedores ambulantes ofrecen una variedad deliciosa de platos tradicionales hondureños. Las baleadas, tortillas gruesas rellenas de frijoles, queso y aguacate, son una comida callejera muy popular. Además, los tamales y los platos de mariscos, preparados con el pescado fresco del Caribe, brindan a los visitantes una experiencia culinaria auténtica y deliciosa.

La flora y fauna de La Ceiba son diversas, con selvas tropicales, manglares y ecosistemas costeros que albergan una amplia gama de vida silvestre. Los observadores de aves pueden admirar numerosas especies, incluidas coloridas guacamayas y otros pájaros tropicales. Los amantes de la naturaleza pueden explorar la rica vida vegetal, con orquídeas y otras flores tropicales que adornan los paisajes.

El impacto social del turismo en La Ceiba es considerable, proporcionando oportunidades económicas vitales para los residentes locales. El crecimiento del turismo ha permitido el desarrollo de pequeñas empresas, como hoteles, restaurantes y operadores turísticos, lo que ha brindado oportunidades para que las familias locales se beneficien del aumento de visitantes. Los artesanos y vendedores locales prosperan en este ambiente vibrante, vendiendo artesanías y recuerdos hechos a mano que reflejan la cultura y el patrimonio de la región.

A pesar de sus muchas atracciones, La Ceiba enfrenta desafíos urbanos relacionados con la infraestructura y algunos problemas sociales. El crecimiento rápido de la ciudad ha provocado congestión, escasez de viviendas y desafíos en la gestión de residuos. Las autoridades locales están trabajando activamente para abordar estos problemas mientras promueven un desarrollo urbano sostenible que beneficie a la comunidad.

Un hecho menos conocido sobre La Ceiba es su importancia histórica como centro del comercio bananero a fines del siglo XIX y principios del siglo XX. La ciudad fue conocida como la "Capital Mundial del Banano", y la industria bananera desempeñó un papel crucial en el desarrollo económico de la región. Hoy en día, los visitantes pueden explorar los vestigios de esta historia a través de museos y sitios históricos que reflejan el pasado agrícola de la ciudad.

La importancia de La Ceiba va más allá de su atractivo como destino turístico. La ciudad es un testimonio vivo de la creatividad y la resistencia del pueblo hondureño, mostrando su música, arte y tradiciones culinarias. Los esfuerzos para preservar este patrimonio cultural son esenciales para mantener la identidad de La Ceiba y su relevancia para futuras generaciones.

Viajar a La Ceiba es conveniente para los viajeros internacionales. La mayoría de los visitantes extranjeros llegan al Aeropuerto Internacional Ramón Villeda Morales en San Pedro Sula. Desde allí, los viajeros pueden tomar vuelos domésticos hasta el Aeropuerto Internacional Golosón de La Ceiba o utilizar autobuses y traslados privados para disfrutar del pintoresco viaje a la ciudad.

En conclusión, La Ceiba es un destino cautivador que ofrece una mezcla única de belleza natural, rica cultura y aventura. Sus impresionantes paisajes, comunidad vibrante y deliciosa gastronomía crean un entorno acogedor para los viajeros que buscan una experiencia auténtica en Honduras. Ya sea explorando parques nacionales, degustando sabores locales o sumergiéndose en la cultura animada, una visita a La Ceiba promete recuerdos inolvidables y una apreciación más profunda por las maravillas de la región. Como ciudad que abraza su herencia y fomenta el orgullo comunitario, La Ceiba es un testimonio de la importancia de preservar las tradiciones culturales mientras comparte su encanto con el mundo.

64. La Fortuna: Aventura y Naturaleza en Costa Rica

La Fortuna, un encantador pueblo en Costa Rica, es famoso por sus impresionantes paisajes, exuberante vegetación y el majestuoso Volcán Arenal, lo que lo convierte en uno de los destinos turísticos más populares del país. Con una extensión de aproximadamente 40 kilómetros cuadrados, La Fortuna se encuentra en la provincia de Alajuela, a unos 130 kilómetros al noroeste de la capital, San José. Este pintoresco lugar es la puerta de entrada a la aventura y la belleza natural, atrayendo a viajeros de todo el mundo que buscan tanto relajación como emociones al aire libre.

Geográficamente, La Fortuna está situada cerca de la base del Volcán Arenal, uno de los volcanes más activos de Costa Rica. El pueblo está enclavado en un valle rodeado de bosques tropicales, ríos y aguas termales, creando un entorno de ensueño para diversas actividades al aire libre. El imponente volcán, con su forma cónica perfecta, domina el paisaje, brindando una vista espectacular que cautiva a todos los visitantes.

El clima en La Fortuna es tropical, con temperaturas cálidas y alta humedad durante todo el año. Las temperaturas promedio oscilan entre los 20°C y 28°C, siendo la estación seca, de diciembre a abril, el mejor momento para visitar, ya que ofrece cielos despejados ideales para actividades al aire libre. La estación lluviosa, de mayo a noviembre, trae lluvias más intensas, pero también regenera el paisaje verde y crea una experiencia más tranquila, con menos multitudes.

Uno de los principales atractivos de La Fortuna es el Parque Nacional Volcán Arenal, que ofrece una variedad de senderos y miradores impresionantes. Los visitantes pueden explorar diversos ecosistemas, desde densas selvas tropicales hasta campos de lava abiertos. Los senderos están bien señalizados y brindan la oportunidad de observar la flora y fauna única de la región, incluidos vibrantes pájaros, monos y diversas especies de plantas. La icónica vista del volcán, enmarcado por el bosque tropical, es un recuerdo que los viajeros atesoran.

Otro lugar muy visitado es la Catarata La Fortuna, una majestuosa cascada que cae desde una altura de aproximadamente 70 metros en una piscina natural. Para llegar a la cascada, los visitantes deben bajar una serie de escalones, y al final pueden refrescarse nadando en las aguas frescas. El área circundante está rodeada de una vegetación exuberante, creando un ambiente idílico para relajarse y tomar fotografías. La cascada es especialmente hermosa después de las lluvias, cuando el flujo es más fuerte y la niebla crea una atmósfera mágica.

Las aguas termales son otro gran atractivo de La Fortuna, con varios resorts y balnearios que ofrecen baños termales naturales alimentados por la actividad volcánica del Arenal. Las Termas de Tabacón son una de las más conocidas, con hermosos jardines, piscinas de diferentes temperaturas y servicios de spa. Sumergirse en las cálidas aguas, rodeado de naturaleza, es una experiencia que brinda relajación y rejuvenecimiento.

La cultura en La Fortuna refleja con orgullo las tradiciones y valores costarricenses. El pueblo tiene un ambiente amigable y acogedor, donde los locales están dispuestos a compartir su cultura con los visitantes. La música tradicional, los bailes y las festividades juegan un papel importante en la comunidad. La Fiesta de la Fortuna, celebrada anualmente, es un evento cultural destacado que incluye música en vivo, bailes típicos y una deliciosa gastronomía, permitiendo a los visitantes sumergirse en las tradiciones locales.

La gastronomía en La Fortuna es una parte integral de la experiencia. Los restaurantes locales ofrecen una variedad de platos tradicionales costarricenses. Entre los más populares se encuentran el casado (un plato típico que incluye arroz, frijoles, plátanos y una proteína), el gallo pinto (mezcla de arroz y frijoles) y el ceviche, preparado con mariscos frescos marinados en cítricos. Además, la región es conocida por su excelente café, cultivado en las montañas cercanas, y los visitantes pueden disfrutar de una taza de café recién hecho en los cafés locales. Muchos restaurantes cuentan con áreas de comedor al aire libre, lo que permite a los comensales disfrutar de las vistas espectaculares del paisaje mientras degustan su comida.

La fauna y flora en La Fortuna son muy diversas, con la región siendo hogar de una amplia variedad de ecosistemas. Las selvas tropicales están llenas de plantas tropicales, incluidas orquídeas, helechos y árboles imponentes. Los amantes de la vida silvestre pueden observar una gran cantidad de especies, como perezosos, monos aulladores y una gran variedad de aves, incluidos tucanes y colibríes. La biodiversidad de la región la convierte en un destino excelente para los amantes de la naturaleza y aquellos que buscan aventuras al aire libre.

El impacto social del turismo en La Fortuna es significativo, proporcionando oportunidades económicas vitales para los residentes locales. El crecimiento del turismo ha permitido el desarrollo de pequeños negocios, incluidos hoteles, restaurantes y operadores turísticos, lo que permite a las familias beneficiarse del flujo constante de visitantes. La economía local prospera gracias a la industria turística, que genera empleos y apoya a los artesanos y vendedores locales.

A pesar de sus numerosas atracciones, La Fortuna enfrenta desafíos relacionados con la infraestructura y los recursos naturales. El rápido crecimiento del turismo puede generar problemas de congestión, manejo de desechos y presión sobre los recursos locales. Las autoridades locales están trabajando activamente para abordar estos problemas, promoviendo el desarrollo sostenible que beneficie tanto a la comunidad como al medio ambiente.

Un dato curioso sobre La Fortuna es su importancia histórica como centro de producción agrícola, especialmente de café y caña de azúcar. El suelo fértil y el clima favorable de la región la han convertido en un lugar ideal para la agricultura, y los visitantes pueden explorar plantaciones de café locales para aprender sobre el proceso de producción y disfrutar de algunos de los mejores cafés del país.

La importancia de La Fortuna va más allá de su atractivo como destino turístico; juega un papel crucial en los esfuerzos de conservación y educación ambiental. La región es parte de un ecosistema más amplio que incluye áreas protegidas y parques nacionales, lo que la convierte en una zona vital para la preservación de la biodiversidad y la promoción de prácticas de turismo sostenible. Los esfuerzos de conservación en curso son esenciales para mantener el equilibrio ecológico de la región y apoyar la economía local.

Viajar a La Fortuna es fácil para los viajeros internacionales. La mayoría de los visitantes vuelan al Aeropuerto Internacional Juan Santamaría en San José. Desde allí, los viajeros pueden tomar un taxi, servicio de transporte o alquilar un automóvil para llegar a La Fortuna. El trayecto escénico a través del campo costarricense ofrece vistas impresionantes de montañas, ríos y paisajes verdes, marcando el inicio de una aventura emocionante.

En conclusión, La Fortuna es un destino cautivador que ofrece una mezcla única de belleza natural, rica cultura y aventura al aire libre. Sus impresionantes paisajes, comunidad vibrante y deliciosa gastronomía crean un entorno acogedor para los viajeros que buscan una experiencia auténtica en Costa Rica. Ya sea explorando cascadas, disfrutando de sabores locales o relajándose en aguas termales naturales, una visita a La Fortuna promete recuerdos inolvidables y una apreciación más profunda por las maravillas de esta notable región. Como un pueblo que abraza la sostenibilidad y su herencia cultural, La Fortuna es un testimonio de la importancia de preservar los recursos naturales mientras comparte su encanto con el mundo.

65. Belleza y Cultura en la Costa de El Salvador

La Libertad, una vibrante ciudad costera en El Salvador, es conocida por sus impresionantes playas, su animada cultura y la cálida hospitalidad de su gente. Con una extensión de aproximadamente 165 kilómetros cuadrados, La Libertad sirve como la capital del departamento del mismo nombre y se encuentra a unos 34 kilómetros al suroeste de San Salvador, la capital del país. Con una población de alrededor de 35,000 habitantes, La Libertad es un centro importante para locales y turistas, ofreciendo una mezcla única de belleza natural y experiencias culturales enriquecedoras.

Ubicada geográficamente a lo largo del Océano Pacífico, La Libertad ofrece impresionantes vistas de la costa y acceso a una variedad de deportes acuáticos. La ciudad está rodeada de colinas exuberantes y paisajes tropicales, que contribuyen a su entorno pintoresco. La ubicación costera de la región es especialmente atractiva para los surfistas, ya que alberga algunos de los mejores puntos de surf en Centroamérica. Punta Roca, en particular, es famosa por sus poderosas olas y atrae a surfistas de todo el mundo.

El clima en La Libertad es tropical, con temperaturas cálidas y alta humedad durante todo el año. Las temperaturas promedio oscilan entre los 24°C y 32°C, haciendo de la estación seca, que va de noviembre a abril, el momento ideal para visitar. Durante la temporada de lluvias, que va de mayo a octubre, las lluvias pueden ser frecuentes, pero la mayoría de los visitantes disfrutan de La Libertad incluso en estos meses, ya que las lluvias suelen ir seguidas de cielos despejados.

Una de las principales atracciones de La Libertad son sus hermosas playas. Playa La Libertad es un destino popular tanto para locales como para turistas, con arenas doradas, palmeras que se balancean y aguas cálidas perfectas para nadar y tomar el sol. La playa está rodeada de bares y restaurantes que ofrecen mariscos frescos y platos típicos locales, creando un ambiente animado para relajarse y disfrutar del entorno. Además de nadar, los visitantes pueden practicar diversos deportes acuáticos como el surf, el esnórquel y el paddleboard.

El muelle pesquero de La Libertad es otro punto destacado de la ciudad, donde los pescadores locales traen su captura diaria. Este área es un espectáculo de colores y actividad, con vendedores ofreciendo mariscos frescos y productos locales. Los visitantes pueden experimentar el animado ambiente mientras observan a los pescadores en acción y degustan platos de mariscos preparados al instante en el muelle.

La Libertad es rica en tradiciones culturales y costumbres locales. La ciudad alberga varios festivales y eventos a lo largo del año, que celebran el patrimonio y el espíritu comunitario. La Fiesta de la Virgen de La Libertad, celebrada a principios de julio, es uno de los eventos más importantes, con desfiles, música, baile y comida tradicional. El festival une a la comunidad y muestra el orgullo cultural de la región.

La comida es un aspecto central de la vida en La Libertad, con una gran variedad de platos deliciosos que los visitantes pueden probar. Los mariscos son un elemento básico en la cocina local, y platos como el ceviche, el pescado frito y los cócteles de camarones son muy populares entre los locales y turistas. Las pupusas, gruesas tortillas de maíz rellenas de queso, frijoles o carne, son otro platillo imperdible para quienes visitan la zona. Estos manjares pueden disfrutarse en restaurantes locales, comedores a pie de playa o puestos de comida a lo largo de la ciudad.

La flora y fauna en los alrededores de La Libertad son diversas, gracias al clima tropical de la región. El área alberga una variedad de especies de plantas, como palmeras, manglares y flores vibrantes. Las colinas circundantes ofrecen hábitats para numerosas especies de vida silvestre, lo que convierte a La Libertad en un destino excelente para los amantes de la naturaleza y la observación de aves. Los visitantes pueden avistar aves coloridas, monos y otros animales mientras exploran los paisajes naturales de la región.

El impacto social del turismo en La Libertad es significativo, proporcionando oportunidades económicas vitales para los residentes locales. El crecimiento del turismo ha permitido el desarrollo de pequeños negocios, incluidos hoteles, restaurantes y operadores turísticos, lo que ha beneficiado a muchas familias locales. La economía local prospera gracias al turismo, que genera empleos y apoya a artesanos y vendedores que muestran sus productos artesanales.

Sin embargo, La Libertad enfrenta desafíos relacionados con el crecimiento urbano y la sostenibilidad ambiental. El rápido crecimiento de la ciudad puede generar congestión, problemas de manejo de residuos y presión sobre los recursos locales. Las autoridades locales están trabajando activamente para abordar estos desafíos, promoviendo prácticas de turismo responsable que protejan el medio ambiente y beneficien a la comunidad.

Un dato menos conocido sobre La Libertad es su importancia histórica como centro agrícola y comercial. La región tiene una rica herencia agrícola, y las granjas locales producen una variedad de cultivos, como café, caña de azúcar y frutas tropicales. Los visitantes pueden explorar los mercados locales, donde encontrarán productos frescos y artesanías hechas a mano, contribuyendo al ambiente vibrante de la ciudad.

La importancia de La Libertad va más allá de su atractivo como destino turístico; sirve como un área vital para la preservación cultural y la educación. La ciudad es un testimonio vivo de la resiliencia y creatividad del pueblo salvadoreño, mostrando su música, arte y tradiciones culinarias. Los esfuerzos en curso para promover y preservar este patrimonio cultural son esenciales para mantener la identidad y el significado de La Libertad.

Viajar a La Libertad es conveniente para viajeros de todo el mundo. La mayoría de los visitantes internacionales llegan al Aeropuerto Internacional de El Salvador (SAL), que está a unos 40 kilómetros de la ciudad. Desde el aeropuerto, los viajeros pueden alquilar un coche, tomar un taxi o unirse a un tour guiado para llegar a La Libertad. También hay opciones de transporte público, incluidos autobuses, para aquellos que buscan una forma asequible de explorar la zona.

En conclusión, La Libertad es un destino cautivador que ofrece una mezcla única de belleza natural, rica cultura y aventura. Sus impresionantes playas, vibrante comunidad y deliciosa gastronomía crean un ambiente acogedor para los viajeros que buscan una experiencia auténtica en El Salvador. Ya sea explorando los paisajes costeros, disfrutando de los sabores locales o sumergiéndose en la animada cultura, una visita a La Libertad promete recuerdos inolvidables y una apreciación más profunda por las maravillas de esta región notable. Como una ciudad que abraza su herencia y fomenta el orgullo comunitario, La Libertad es un testimonio de la importancia de preservar las tradiciones culturales mientras comparte su encanto con el mundo.

66. La Parguera: Belleza Natural y Cultura Viva

La Parguera, un encantador pueblo costero en el suroeste de Puerto Rico, es conocido por su impresionante belleza natural, su cultura vibrante y sus atracciones únicas. Con una superficie aproximada de 14 kilómetros cuadrados, La Parguera forma parte del municipio de Lajas y se ha convertido en una puerta de acceso a algunos de los paisajes más espectaculares de la isla. Este pequeño paraíso es ideal para amantes de la naturaleza, aventureros y quienes buscan sumergirse en la calidez y hospitalidad de la cultura puertorriqueña.

Geográficamente, La Parguera está ubicada a lo largo del Mar Caribe, rodeada de exuberantes manglares y playas hermosas. El pueblo se encuentra a unos 40 kilómetros de la ciudad de Ponce y a aproximadamente 120 kilómetros de San Juan, la capital de Puerto Rico. Su ubicación costera permite el acceso a una vibrante vida marina y una variedad de actividades acuáticas, lo que lo convierte en un destino popular tanto para locales como para turistas.

El clima en La Parguera es tropical, con temperaturas cálidas y alta humedad durante todo el año. Las temperaturas promedio varían entre 24°C y 32°C, lo que crea un ambiente ideal para disfrutar de actividades al aire libre. La temporada seca, de diciembre a abril, es el mejor momento para visitar el pueblo si se buscan cielos soleados y aventuras al aire libre. Durante la temporada de lluvias, de mayo a noviembre, las lluvias tropicales son breves, seguidas rápidamente de sol.

Uno de los principales atractivos de La Parguera es su famosa bahía bioluminiscente, conocida como la Bahía Bio de La Parguera. Esta maravilla natural alberga una alta concentración de organismos bioluminiscentes que emiten un brillo azul cuando se agitan. Los visitantes pueden vivir esta experiencia mágica realizando tours guiados en kayak o excursiones en bote al atardecer, cuando la bioluminiscencia es más visible. Las aguas resplandecientes crean un espectáculo fascinante mientras los navegantes se deslizan por la bahía iluminada, rodeados de los sonidos de la naturaleza.

Además de la bahía bioluminiscente, La Parguera cuenta con hermosas playas como Playa La Parguera, donde los visitantes pueden relajarse en arenas suaves, nadar en aguas cálidas y disfrutar del sol tropical. La playa está rodeada de palmeras y bares a la orilla del mar, creando un ambiente relajado perfecto para disfrutar de un día bajo el sol. También está cerca la isla Caja de Muertos, que ofrece más oportunidades de exploración con playas vírgenes y senderos de caminata que conducen a impresionantes miradores.

La vida marina en La Parguera es abundante, lo que hace del lugar un destino ideal para el esnórquel y el buceo. Los arrecifes de coral cercanos y los ecosistemas submarinos albergan una diversidad de especies, como peces coloridos, tortugas marinas e invertebrados. Las tiendas de buceo locales ofrecen tours guiados y alquiler de equipos para quienes deseen explorar la belleza submarina del Caribe.

En cuanto a la cultura, La Parguera está impregnada de tradiciones y costumbres locales que reflejan el patrimonio de Puerto Rico. El pueblo tiene un ambiente amigable y acogedor, donde los residentes se enorgullecen de compartir su cultura con los visitantes. A lo largo del año, se celebran diversos festivales y eventos que destacan la música, la danza y las tradiciones locales. Uno de los eventos más importantes es la Fiesta de San Juan en junio, donde locales y turistas se unen para celebrar al santo patrón del pueblo con procesiones, música y comidas tradicionales.

La gastronomía en La Parguera es parte fundamental de la experiencia, con restaurantes locales que sirven mariscos frescos y platos tradicionales puertorriqueños. Los visitantes pueden disfrutar de una variedad de sabores, desde mofongo (plátanos machacados con ajo y cerdo) hasta ceviche preparado con la pesca del día. Los restaurantes en el pueblo suelen tener asientos al aire libre, lo que permite a los comensales disfrutar de las vistas al mar mientras saborean sus deliciosas comidas. Muchos de los establecimientos también ofrecen cócteles tropicales hechos con frutas locales, brindando una refrescante experiencia culinaria.

La flora y fauna en los alrededores de La Parguera son diversas, gracias al clima tropical y los ecosistemas variados. El área se caracteriza por sus manglares exuberantes, bosques costeros y una vibrante vida marina. Los observadores de aves pueden avistar varias especies, como garzas, pelícanos y aves tropicales, lo que añade un toque natural especial al paisaje. Las aguas que rodean el pueblo están repletas de vida marina, lo que hace de La Parguera un paraíso para los aficionados al esnórquel, buceo y pesca.

El impacto social del turismo en La Parguera es significativo, brindando oportunidades económicas esenciales para los residentes locales. El crecimiento del turismo ha fomentado el desarrollo de pequeñas empresas, como hoteles, restaurantes y operadores turísticos, permitiendo que las familias locales se beneficien del flujo de visitantes. El pueblo está comprometido con prácticas de turismo sostenible que ayudan a proteger los recursos naturales y, al mismo tiempo, apoyan a la comunidad.

No obstante, La Parguera enfrenta desafíos urbanos relacionados con la sostenibilidad ambiental y el desarrollo de infraestructura. El rápido crecimiento del turismo puede ejercer presión sobre los recursos locales, generando preocupaciones sobre la gestión de residuos y la preservación de hábitats. Las autoridades locales y organizaciones están trabajando activamente para promover prácticas de turismo responsable que protejan el entorno natural y aseguren que la comunidad se beneficie del turismo de manera equilibrada.

Un dato menos conocido sobre La Parguera es su importancia histórica como un pueblo pesquero que ha mantenido su forma de vida tradicional, a pesar del auge del turismo. Los pescadores locales siguen utilizando prácticas de pesca sostenibles, y los visitantes pueden aprender sobre la cultura pesquera mientras disfrutan de mariscos frescos en los restaurantes del pueblo. Esta conexión con el mar es motivo de orgullo para la comunidad y refleja el rico patrimonio marítimo de la región.

La importancia de La Parguera va más allá de ser un destino turístico; también es una zona vital para la conservación ambiental y la educación. Los ecosistemas marinos y manglares que rodean el pueblo desempeñan un papel crucial en el mantenimiento de la biodiversidad y la protección de las costas contra la erosión. Los esfuerzos continuos de conservación son esenciales para mantener el equilibrio ecológico y apoyar las iniciativas de turismo sostenible.

Llegar a La Parguera es conveniente para los viajeros de todo el mundo. La mayoría de los visitantes internacionales llegan al Aeropuerto Internacional Luis Muñoz Marín en San Juan. Desde allí, los viajeros pueden alquilar un automóvil o tomar un servicio de transporte hasta La Parguera, que se encuentra a unas dos horas en coche. El viaje panorámico a través del campo puertorriqueño ofrece impresionantes vistas de montañas, ríos y paisajes costeros, preparando el escenario para una emocionante aventura.

En conclusión, La Parguera es un destino cautivador que ofrece una mezcla única de belleza natural, rica cultura y aventura. Sus impresionantes playas, comunidad vibrante y deliciosa gastronomía crean un ambiente acogedor para los viajeros que buscan una experiencia auténtica en Puerto Rico. Ya sea explorando la bahía bioluminiscente, disfrutando de los sabores locales o sumergiéndose en la cultura viva del pueblo, una visita a La Parguera promete recuerdos inolvidables y una apreciación más profunda por las maravillas de esta región notable. Como un pueblo costero que abraza su herencia y fomenta el orgullo comunitario, La Parguera es un testimonio de la importancia de preservar los recursos naturales mientras comparte su encanto con el mundo.

67. La Romana: Entre Playas y Cultura

La Romana, una encantadora ciudad costera ubicada en la República Dominicana, es un destino turístico destacado por sus impresionantes playas, vibrante cultura y lujosos resorts. Con una superficie aproximada de 1,500 kilómetros cuadrados, La Romana se encuentra en la costa sureste de la isla, a unos 100 kilómetros al este de Santo Domingo, la capital del país. Con una población de alrededor de 150,000 habitantes, la ciudad ha crecido hasta convertirse en un centro de turismo y desarrollo, atrayendo a visitantes que buscan tanto relajación como aventura.

Geográficamente, La Romana está situada junto al Mar Caribe, lo que ofrece impresionantes vistas de la costa y un fácil acceso a diversas actividades acuáticas. La ciudad está rodeada de paisajes tropicales exuberantes que realzan su belleza natural. Cerca de la ciudad, el río Chavón serpentea hacia el mar Caribe, añadiendo a la escena paisajística un aire de aventura y exploración.

El clima en La Romana es tropical, con temperaturas cálidas y alta humedad durante todo el año. Las temperaturas promedio oscilan entre los 24°C y 32°C. La temporada seca, que va de diciembre a abril, es el mejor momento para visitar si se busca clima soleado y actividades al aire libre. La temporada de lluvias, de mayo a noviembre, trae lluvias más frecuentes, pero generalmente son breves y seguidas de sol.

Uno de los principales atractivos de La Romana es el famoso resort Casa de Campo, que ofrece una experiencia de lujo para sus visitantes. El resort cuenta con instalaciones de clase mundial, incluyendo campos de golf diseñados por arquitectos reconocidos, alojamientos lujosos y una gran variedad de opciones gastronómicas. Los visitantes pueden disfrutar de actividades como equitación, tenis y deportes acuáticos, mientras se deleitan con las impresionantes vistas del Mar Caribe. La playa privada del resort, Playa Minitas, es el lugar ideal para relajarse, tomar el sol o participar en actividades acuáticas.

Otro centro turístico muy popular es Altos de Chavón, una réplica de un pueblo mediterráneo del siglo XVI, situado en lo alto del río Chavón. El lugar está lleno de calles adoquinadas, pequeñas tiendas y galerías de arte, lo que brinda a los visitantes un vistazo al patrimonio artístico y cultural de la isla. El anfiteatro de Altos de Chavón acoge conciertos y actuaciones en vivo, atrayendo tanto a locales como a turistas. La impresionante arquitectura y las vistas panorámicas lo convierten en un lugar popular para la fotografía y la exploración.

La belleza natural que rodea a La Romana también ofrece varias oportunidades para aventuras al aire libre. Los visitantes pueden explorar parques nacionales cercanos, como el Parque Nacional del Este, que cuenta con playas prístinas, manglares y una diversa vida silvestre. El parque alberga varias especies de aves endémicas y ofrece oportunidades de esnórquel y buceo en sus aguas cristalinas. La cercana Isla Saona, una área natural protegida, es conocida por sus idílicas playas de arena blanca y aguas turquesas, lo que la convierte en un destino favorito para excursiones de un día.

La Romana es rica en cultura, con una herencia diversa que refleja las influencias de los indígenas taínos, el colonialismo español y las tradiciones africanas. La ciudad organiza varios eventos culturales y festivales a lo largo del año, celebrando su historia y tradiciones. Uno de los eventos más importantes es el Carnaval de La Romana, que se celebra en febrero y en el que las calles se llenan de desfiles coloridos, música y baile. Este vibrante evento es una oportunidad para que los visitantes se sumerjan en las festividades locales y celebren la cultura dominicana.

La gastronomía juega un papel crucial en la cultura de La Romana, con una gran variedad de delicias culinarias para que los visitantes disfruten. Los platos tradicionales dominicanos, como el sancocho (un guiso abundante), el mofongo (plátano machacado) y los mariscos frescos, son populares entre locales y turistas. Los restaurantes y comedores en la ciudad ofrecen opciones que van desde chiringuitos informales a experiencias gastronómicas de lujo. Los visitantes pueden saborear los sabores del Caribe mientras disfrutan de vistas impresionantes al océano.

La flora y fauna en y alrededor de La Romana son diversas, gracias al clima tropical de la región. El área está caracterizada por su vegetación exuberante, que incluye palmeras, flores tropicales y manglares. Los amantes de la naturaleza pueden observar varias especies de aves, iguanas y otros animales salvajes mientras exploran los paisajes naturales. Los ecosistemas vibrantes que rodean a La Romana la convierten en un excelente destino para los amantes de la naturaleza y aquellos que buscan aventuras al aire libre.

El impacto social del turismo en La Romana es significativo, proporcionando oportunidades económicas vitales para los residentes locales. El crecimiento del turismo ha llevado al desarrollo de pequeños negocios, como hoteles, restaurantes y operadores turísticos, lo que permite que las familias se beneficien del flujo de visitantes. La economía local prospera gracias al turismo, lo que crea empleos y apoya a artesanos y vendedores que exhiben sus productos.

A pesar de sus numerosas atracciones, La Romana enfrenta desafíos urbanos relacionados con la infraestructura y la sostenibilidad ambiental. El rápido crecimiento de la ciudad puede generar congestión, problemas de manejo de residuos y presión sobre los recursos locales. Las autoridades locales están trabajando activamente para abordar estos desafíos, promoviendo prácticas de turismo responsable que protejan el medio ambiente y beneficien a la comunidad.

Un hecho menos conocido sobre La Romana es su importancia histórica como un centro de producción de caña de azúcar. La región tiene una rica herencia agrícola, y las plantaciones de caña de azúcar cercanas desempeñaron un papel crucial en el desarrollo de la economía local. Los visitantes pueden aprender sobre esta historia explorando los ingenios azucareros y plantaciones que se han conservado en el área, lo que ofrece una visión fascinante de las prácticas agrícolas que dieron forma a la región.

La importancia de La Romana va más allá de su atractivo como destino turístico; también es un área vital para la preservación cultural y la educación. La ciudad es un testimonio vivo de la resiliencia y creatividad del pueblo dominicano, mostrando su música, arte y tradiciones culinarias. Los esfuerzos continuos para promover y preservar este patrimonio cultural son esenciales para mantener la identidad y el significado de La Romana.

Viajar a La Romana es conveniente para los viajeros de todo el mundo. La mayoría de los visitantes internacionales llegan al Aeropuerto Internacional Las Américas en Santo Domingo, que se encuentra a unos 80 kilómetros de La Romana. Desde el aeropuerto, los viajeros pueden alquilar un coche, tomar un taxi o unirse a una visita guiada para llegar a la ciudad. También hay opciones de transporte público, como autobuses, disponibles para quienes buscan una forma económica de explorar el área.

En conclusión, La Romana es un destino cautivador que ofrece una mezcla única de belleza natural, cultura rica y aventura. Sus impresionantes playas, comunidad vibrante y deliciosa gastronomía crean un ambiente acogedor para los viajeros que buscan una experiencia auténtica en la República Dominicana. Ya sea explorando los paisajes costeros, disfrutando de los sabores locales o sumergiéndose en la animada cultura, una visita a La Romana promete recuerdos inolvidables y una apreciación más profunda por las maravillas de esta notable región. Como una ciudad que abraza su herencia y fomenta el orgullo comunitario, La Romana es un testimonio de la importancia de preservar las tradiciones culturales mientras comparte su encanto con el mundo.

68. Lago Atitlán: Naturaleza y Cultura Viva

El Lago Atitlán, a menudo considerado uno de los lagos más hermosos del mundo, es un destino impresionante enclavado en las tierras altas de Guatemala. Este tesoro natural se encuentra a una altitud de aproximadamente 1,560 metros sobre el nivel del mar y cubre un área de alrededor de 114 kilómetros cuadrados. Rodeado por majestuosos volcanes, exuberantes montañas y coloridos pueblos indígenas, el Lago Atitlán no solo es un deleite visual, sino también un tesoro cultural que atrae a viajeros de todo el mundo.

Geográficamente, el Lago Atitlán está ubicado en el departamento de Sololá, a unos 110 kilómetros de Ciudad de Guatemala. Tres prominentes volcanes enmarcan el lago: el Volcán San Pedro, el Volcán Atitlán y el Volcán Tolimán, que contribuyen al espectacular paisaje. Los pintorescos pueblos indígenas que bordean la orilla del lago, como San Juan La Laguna, San Pedro La Laguna y Panajachel, agregan un encanto especial, exhibiendo ricas tradiciones y mercados llenos de vida que reflejan la cultura local.

El clima alrededor del Lago Atitlán es suave y templado, lo que lo convierte en un destino ideal durante todo el año. Las temperaturas promedio oscilan entre los 15°C y 25°C, proporcionando condiciones agradables para explorar y disfrutar de las actividades al aire libre. La temporada seca, de noviembre a abril, es perfecta para quienes buscan cielos despejados y paisajes vibrantes, aunque la temporada de lluvias, de mayo a octubre, realza la belleza del entorno, con su vegetación revitalizada y paisajes aún más impresionantes.

Uno de los mayores atractivos del Lago Atitlán es la vibrante cultura local. Los pueblos indígenas mayas que habitan la región han conservado sus tradiciones, idioma y estilo de vida, creando un tapiz cultural único. Los visitantes pueden explorar coloridos mercados donde los artesanos locales venden textiles hechos a mano, cerámica y otros productos. Los huipiles, prendas tradicionales que visten las mujeres, muestran diseños intrincados y colores vivos que son únicos para cada comunidad, brindando una ventana a la rica herencia cultural de la zona.

El Lago Atitlán también es conocido por sus actividades al aire libre, lo que lo convierte en un destino popular para los amantes de la aventura. Los entusiastas del senderismo pueden recorrer los senderos que llevan a los volcanes que rodean el lago, ofreciendo vistas espectaculares de los alrededores. La caminata al Volcán San Pedro es particularmente popular, brindando una experiencia desafiante pero gratificante. Para quienes prefieren actividades más tranquilas, el kayak y el paddleboard en las aguas serenas del lago permiten disfrutar del impresionante paisaje y la paz que brinda la naturaleza.

Uno de los puntos turísticos destacados es San Juan La Laguna, un pueblo conocido por su compromiso con el turismo sostenible y las iniciativas comunitarias. Los visitantes pueden realizar tours guiados para aprender sobre las prácticas agrícolas locales, como el cultivo de café y cacao. El pueblo también alberga varias cooperativas donde los artesanos producen textiles tradicionales y artesanías, lo que permite a los viajeros interactuar con la comunidad y apoyar los negocios locales.

La gastronomía tiene un papel importante en la cultura del Lago Atitlán, con una variedad de platos guatemaltecos tradicionales que los visitantes pueden degustar. Los restaurantes locales ofrecen comidas deliciosas, como el pepián (un guiso de carne), tamales y pescado fresco capturado en el lago. Los vendedores ambulantes ofrecen antojitos como tostadas y churros, permitiendo a los turistas disfrutar de los sabores de la región mientras recorren los coloridos pueblos. Muchos de los restaurantes ofrecen vistas espectaculares del lago, lo que añade un toque especial a la experiencia culinaria.

La flora y fauna alrededor del Lago Atitlán son variadas y coloridas, gracias a los ricos ecosistemas apoyados por las montañas y suelos volcánicos. La región alberga una gran variedad de plantas, incluyendo cafetales, frutas y flores vibrantes. Los observadores de aves pueden avistar especies como tucanes, colibríes y el majestuoso quetzal, el ave nacional de Guatemala. La biodiversidad del lago lo convierte en un destino ideal para los amantes de la naturaleza y los entusiastas de la vida silvestre.

El impacto social del turismo en el Lago Atitlán es significativo, brindando oportunidades económicas vitales para los residentes locales. El crecimiento del turismo ha dado lugar al desarrollo de pequeños negocios, incluidos hoteles, restaurantes y operadores turísticos, lo que permite que las familias se beneficien del flujo de visitantes. Las iniciativas de turismo comunitario empoderan a los residentes locales al promover prácticas sostenibles y asegurar que los beneficios económicos del turismo se compartan dentro de la comunidad.

Sin embargo, el Lago Atitlán también enfrenta desafíos relacionados con la sostenibilidad ambiental y el desarrollo de infraestructura. El rápido crecimiento del turismo puede ejercer presión sobre los recursos locales, lo que genera preocupaciones sobre la gestión de residuos y la preservación de los hábitats naturales. Las autoridades locales y organizaciones están trabajando activamente para promover prácticas de turismo responsable que protejan el entorno natural mientras aseguran que la comunidad se beneficie del turismo.

Un hecho menos conocido sobre el Lago Atitlán es su importancia histórica como centro de la civilización maya. La región tiene una rica historia, y se pueden encontrar sitios arqueológicos cercanos que ofrecen una visión fascinante de la antigua cultura maya. Los visitantes pueden explorar lugares como Iximché y las ruinas de Tikal, que enriquecen la experiencia de descubrir la riqueza histórica que rodea el lago.

La importancia del Lago Atitlán va más allá de su atractivo como destino turístico; es una zona vital para la preservación cultural y la educación. El lago es un testimonio viviente de la resiliencia y creatividad del pueblo guatemalteco, mostrando su música, arte y tradiciones culinarias. Los esfuerzos continuos para promover y preservar este patrimonio cultural son esenciales para mantener la identidad y el significado del Lago Atitlán.

Viajar al Lago Atitlán es conveniente para los viajeros de todo el mundo. La mayoría de los visitantes internacionales llegan al Aeropuerto Internacional La Aurora en Ciudad de Guatemala. Desde allí, los viajeros pueden tomar un transporte privado, taxi o autobús público hacia el pueblo de Panajachel, que sirve como punto de entrada principal al lago. El recorrido escénico a través de las tierras altas guatemaltecas ofrece vistas impresionantes, estableciendo el escenario para una aventura emocionante.

En conclusión, el Lago Atitlán es un destino cautivador que ofrece una mezcla única de belleza natural, rica cultura y aventura al aire libre. Sus paisajes impresionantes, su vibrante comunidad y su deliciosa gastronomía crean un entorno acogedor para los viajeros que buscan una experiencia auténtica en Guatemala. Ya sea explorando las aguas cristalinas del lago, degustando sabores locales o sumergiéndose en la cultura maya, una visita al Lago Atitlán promete recuerdos inolvidables y una apreciación más profunda por las maravillas de esta región. Como una comunidad que abraza su herencia y fomenta la sostenibilidad, el Lago Atitlán es un ejemplo de la importancia de preservar las tradiciones culturales mientras comparte su encanto con el mundo.

69. Las Vegas: El Corazón del Entretenimiento

Las Vegas, conocida como la "Capital Mundial del Entretenimiento", es una ciudad que encarna emoción y glamour. Ubicada en el desierto de Mojave en Nevada, Las Vegas ha pasado de ser un pequeño pueblo en el desierto a convertirse en una metrópolis que atrae a millones de visitantes cada año. Con una extensión de aproximadamente 352 kilómetros cuadrados, Las Vegas es famosa por su vibrante vida nocturna, entretenimiento de clase mundial y lujosos complejos turísticos y casinos. Geográficamente, Las Vegas se encuentra en el sur de Nevada, a unos 430 kilómetros al noreste de Los Ángeles y a 1,000 kilómetros al oeste de Denver. La ciudad está rodeada de impresionantes paisajes desérticos, montañas y parques naturales, lo que proporciona un fascinante contraste con el entorno urbano. El clima de Las Vegas es árido, caracterizado por veranos calurosos e inviernos suaves. Las temperaturas en verano pueden superar los 38°C, mientras que en invierno oscilan entre 5°C y 15°C. Con escasas lluvias, la ciudad es ideal para actividades al aire libre durante todo el año.

Uno de los mayores atractivos de Las Vegas es la famosa "Strip", el epicentro del entretenimiento en la ciudad. Esta icónica avenida está llena de hoteles y casinos de renombre mundial, como el Bellagio, Caesars Palace y The Venetian. El espectáculo de fuentes del Bellagio, que ofrece impresionantes coreografías de agua al ritmo de la música, es una atracción imperdible. Además, en la Strip, se encuentran una gran variedad de espectáculos, desde las fascinantes actuaciones del Cirque du Soleil hasta conciertos de artistas de renombre internacional. La atmósfera vibrante de esta avenida atrae a millones de visitantes, creando un ambiente lleno de energía.

Más allá de la Strip, Las Vegas tiene mucho más que ofrecer. El centro de la ciudad, conocido como Fremont Street, es famoso por sus casinos de estilo vintage y por la Fremont Street Experience, una calle peatonal cubierta por un enorme techo de luces LED que presenta espectáculos de luces nocturnos. Los visitantes pueden pasear por esta área histórica, disfrutando de la arquitectura original y de los artistas callejeros. El Museo del Neón, que alberga una colección de carteles icónicos de Las Vegas, ofrece una visión fascinante de la historia de la ciudad.

La cultura en Las Vegas es diversa, con una población que aporta una rica mezcla de tradiciones y arte. A lo largo del año, la ciudad celebra numerosos eventos y festivales, que van desde festivales de cine hasta eventos musicales y gastronómicos. El Festival de Cine de Las Vegas y el Festival de Música de Las Vegas destacan las contribuciones artísticas de la ciudad, mientras que eventos como el Gran Festival de la Cerveza de Las Vegas ponen de relieve la creciente escena de la cerveza artesanal.

La gastronomía en Las Vegas es tan diversa como su población. La ciudad ofrece desde experiencias gastronómicas gourmet creadas por chefs famosos, hasta comidas más informales con sabores de todo el mundo. Las cenas de filete, el marisco fresco y una amplia variedad de cocinas étnicas, que incluyen platos españoles, mexicanos, asiáticos y del Medio Oriente, son muy populares. Los buffets, característicos de Las Vegas, permiten a los visitantes degustar una gran variedad de platos en una sola visita.

Aunque la ciudad misma es mayormente urbana, la flora y fauna de los alrededores de Las Vegas son influenciadas por su entorno desértico. A poca distancia, los visitantes pueden explorar el Cañón Red Rock, donde los senderos serpentean entre impresionantes formaciones rocosas. Los entusiastas de la naturaleza pueden encontrar tortugas del desierto, borregos cimarrones y una variedad de especies de aves, lo que muestra la rica diversidad ecológica de la región.

El impacto social del turismo en Las Vegas es enorme, ya que la economía de la ciudad depende en gran medida de la industria del entretenimiento y la hospitalidad. El crecimiento del turismo ha generado empleos en varios sectores, desde la hospitalidad hasta el comercio minorista y la restauración. Sin embargo, esta dependencia también conlleva desafíos, como el acceso a viviendas asequibles, la presión sobre la infraestructura y la sostenibilidad ambiental.

Entre los desafíos urbanos de Las Vegas se encuentran la congestión del tráfico, las limitadas opciones de transporte público y la preocupación por el uso del agua en un entorno tan árido. Las autoridades locales están trabajando activamente para abordar estos problemas y promover un desarrollo sostenible que minimice el impacto ambiental de la ciudad.

Un dato menos conocido de Las Vegas es su fama como "capital de las bodas". La ciudad es famosa por ofrecer ceremonias de boda rápidas y únicas, con numerosas capillas y lugares que permiten a las parejas casarse de manera divertida y espontánea. Desde bodas temáticas hasta celebraciones lujosas, Las Vegas ha ganado popularidad tanto para escapadas románticas como para bodas extravagantes.

La importancia de Las Vegas va más allá de su reputación como destino turístico; es un centro cultural y de entretenimiento que influye en tendencias y estilos de vida a nivel mundial. La ciudad es líder en la industria del entretenimiento, albergando conciertos, premiaciones y eventos deportivos de relevancia internacional. Además, Las Vegas juega un papel crucial en la economía de Nevada, contribuyendo significativamente a los ingresos estatales a través de impuestos relacionados con el turismo.

Viajar a Las Vegas es muy fácil para los viajeros de todo el mundo. El Aeropuerto Internacional McCarran (ahora Aeropuerto Internacional Harry Reid) es la puerta de entrada principal a la ciudad, con numerosos vuelos nacionales e internacionales. Desde el aeropuerto, los visitantes pueden llegar fácilmente a la Strip en taxi, autobús o servicios de transporte compartido. El diseño compacto de la ciudad facilita la exploración a pie o utilizando el transporte público, como autobuses y el monorraíl de Las Vegas.

En conclusión, Las Vegas es un destino dinámico que ofrece una combinación única de entretenimiento, cultura y belleza natural. Sus atracciones icónicas, vida nocturna vibrante y diversa escena gastronómica crean un ambiente acogedor para los viajeros que buscan una experiencia inolvidable.

70. León: Historia, Cultura y Belleza Natural

León, una de las ciudades más vibrantes de Nicaragua, es conocida por su rica historia, impresionante arquitectura y su importancia cultural. Como la segunda ciudad más grande del país, León abarca aproximadamente 1,105 kilómetros cuadrados y cuenta con una población de alrededor de 200,000 habitantes. Ubicada en la región occidental de Nicaragua, a unos 90 kilómetros al noroeste de la capital, Managua, León es fácilmente accesible para los visitantes que buscan sumergirse en su encanto histórico y cultural.

Geográficamente, León está situada en las llanuras de la región del Pacífico, cerca del impresionante volcán Cerro Negro, que añade un toque dramático al paisaje. La ciudad está rodeada de fértiles tierras agrícolas, famosas por sus plantaciones de café y suelos ricos. Este entorno natural no solo embellece el paisaje urbano, sino que también realza la identidad cultural de la región, profundamente conectada con la agricultura y la vida rural.

El clima de León es tropical, con una clara división entre las estaciones seca y lluviosa. Las temperaturas promedio varían entre 22°C y 32°C, lo que la convierte en un destino cálido y acogedor durante todo el año. La temporada seca, de noviembre a abril, es la más recomendada para visitar la ciudad, ya que ofrece condiciones ideales para actividades al aire libre. La estación lluviosa, que va de mayo a octubre, también tiene su encanto, ya que el paisaje se vuelve más verde y vibrante.

Uno de los principales atractivos de León es la majestuosa Catedral de León, un sitio declarado Patrimonio de la Humanidad por la UNESCO y una de las catedrales más grandes de América Central. Esta obra maestra arquitectónica destaca por su imponente fachada blanca y una serie de impresionantes cúpulas. Los visitantes pueden subir al techo de la catedral para disfrutar de vistas panorámicas de la ciudad y los volcanes circundantes, ofreciendo una perspectiva única de la belleza de León. La catedral, además de su valor artístico, también tiene un profundo significado histórico para el país.

El Museo de Arte Fundación Ortiz-Gurdián es otro de los centros turísticos más populares de León. Este museo alberga una extensa colección de arte nicaragüense e internacional, y está ubicado en un hermoso edificio colonial restaurado. Aquí, los visitantes pueden admirar obras de reconocidos artistas y descubrir la herencia artística del país. Además, León es conocido por sus coloridos murales y arte urbano, que adornan las calles de la ciudad, reflejando su espíritu creativo y rebelde.

La cultura de León está profundamente arraigada en su historia y tradiciones. La música, la danza y las festividades ocupan un lugar central en la vida de la ciudad. Durante todo el año se celebran numerosos festivales, siendo uno de los más destacados el Festival de San Juan Bautista, que incluye desfiles, música tradicional y danzas llenas de energía. Este evento atrae tanto a locales como a turistas, mostrando el espíritu vibrante de la comunidad y su compromiso con la preservación de sus costumbres.

La gastronomía en León es una parte esencial de la experiencia cultural. Los visitantes pueden disfrutar de una amplia variedad de platos tradicionales nicaragüenses, como el gallo pinto (una mezcla de arroz y frijoles), vigorón (un plato de cerdo con ensalada de repollo) y el famoso quesillo (tortilla rellena de queso). Además, las calles de León están llenas de vendedores que ofrecen deliciosos refrigerios, brindando una auténtica muestra de los sabores locales. Comer en León no solo es un placer gastronómico, sino también una oportunidad para experimentar la vida cotidiana de la ciudad.

La flora y fauna de León son ricas y diversas, gracias a su clima tropical y los variados ecosistemas que rodean la ciudad. Las áreas rurales cercanas albergan una gran variedad de plantas, incluidos cafetos y cañaverales, además de coloridas flores tropicales. Los amantes de la naturaleza pueden observar una variedad de especies de aves, como loros y colibríes, mientras exploran los paisajes naturales de la región.

El turismo tiene un impacto social significativo en León, brindando oportunidades económicas vitales para los residentes locales. El crecimiento del turismo ha llevado al desarrollo de pequeños negocios, como hoteles, restaurantes y operadores turísticos, lo que permite a muchas familias beneficiarse de la afluencia de visitantes. El turismo también ha ayudado a impulsar la artesanía local, con vendedores que exhiben sus productos en mercados y tiendas de la ciudad.

Sin embargo, León también enfrenta desafíos urbanos relacionados con la infraestructura y la sostenibilidad ambiental. El rápido crecimiento de la ciudad puede generar problemas de congestión, manejo de desechos y presión sobre los recursos locales. Las autoridades locales están trabajando activamente para abordar estos problemas, promoviendo prácticas de turismo responsable que protejan el medio ambiente y beneficien a la comunidad.

Un dato menos conocido sobre León es su relevancia como centro de educación y literatura en Nicaragua. La ciudad alberga varias universidades e instituciones educativas y ha sido cuna de importantes escritores e intelectuales nicaragüenses. Esta herencia cultural es celebrada a través de eventos literarios y festivales que ocurren a lo largo del año, reforzando el papel de León como faro cultural del país.

Viajar a León es conveniente para visitantes de todo el mundo. La mayoría de los turistas internacionales llegan al Aeropuerto Internacional Augusto C. Sandino en Managua, ubicado a unas dos horas en coche de León. Desde el aeropuerto, se puede alquilar un coche, tomar un taxi o unirse a un tour guiado para llegar a la ciudad. También hay opciones de transporte público, como autobuses, para quienes buscan una manera más asequible de explorar la región.

En resumen, León es un destino cautivador que ofrece una mezcla única de historia, cultura y belleza natural. Su arquitectura impresionante, su comunidad vibrante y su deliciosa gastronomía crean un entorno acogedor para los viajeros que buscan una experiencia auténtica en Nicaragua. Ya sea explorando los sitios históricos, disfrutando de los sabores locales o sumergiéndose en la animada cultura de la ciudad, una visita a León promete recuerdos inolvidables y una apreciación más profunda por las maravillas de esta extraordinaria ciudad. Como centro cultural que abraza su herencia y fomenta el orgullo comunitario, León se destaca como un testimonio de la importancia de preservar las tradiciones mientras comparte su encanto con el mundo.

71. Livingston: Un Tesoro Cultural y Natural

Livingston, un encantador pueblo costero ubicado en la costa caribeña de Guatemala, es conocido por su vibrante cultura, su impresionante belleza natural y su singular mezcla de herencia indígena y afrocaribeña. Con una extensión de aproximadamente 6 kilómetros cuadrados, Livingston se encuentra entre las colinas verdes de la Sierra de las Minas y las aguas cristalinas del Mar Caribe. Con una población cercana a los 15,000 habitantes, el pueblo es un centro cultural para el pueblo Garífuna, cuyas ricas tradiciones y costumbres le dan vida a este colorido lugar.

Situado geográficamente en el departamento de Izabal, Livingston está a unos 50 kilómetros al sureste de la ciudad de Puerto Barrios. Ubicado en la desembocadura del Río Dulce, el pueblo es la puerta de entrada para los viajeros que se dirigen a los impresionantes destinos a lo largo del río y la costa. El paisaje que rodea Livingston está lleno de selvas tropicales, ríos caudalosos y playas paradisiacas, creando un entorno perfecto para los visitantes que buscan una conexión con la naturaleza.

El clima de Livingston es tropical, con temperaturas cálidas y alta humedad durante todo el año. Las temperaturas promedio varían entre los 24°C y 30°C, y durante la temporada de lluvias, de mayo a octubre, el clima se vuelve más fresco, especialmente en los meses de septiembre y octubre cuando las lluvias son más intensas. Sin embargo, la temporada seca, de noviembre a abril, es la mejor época para visitar, ya que el clima es ideal para disfrutar de actividades al aire libre y explorar las maravillas naturales del lugar.

Uno de los principales atractivos de Livingston es Playa Blanca, una hermosa playa de arena blanca que atrae tanto a locales como a turistas. Con sus aguas turquesas y cristalinas, es un lugar perfecto para nadar, relajarse al sol y disfrutar de deportes acuáticos como el snorkel. Los visitantes pueden descansar bajo las palmeras, degustar mariscos frescos de los vendedores locales o tomar un paseo en barco para descubrir las islas cercanas y las calas escondidas.

Otro destino popular es el Río Dulce, donde los visitantes pueden disfrutar de actividades como el kayak, el canotaje y la observación de fauna silvestre. El río serpentea a través de la selva tropical, ofreciendo un ecosistema único que alberga diversas especies de aves, monos y otros animales. Los tours guiados a lo largo del río suelen incluir paradas en sitios como el Castillo de San Felipe, una fortaleza histórica construida durante la época colonial, que añade un toque de historia a la experiencia natural.

Livingston se destaca por su herencia cultural Garífuna, que se celebra a través de la música, la danza y las coloridas festividades. Los Garífuna, descendientes de africanos y pueblos indígenas como los arawak y caribes, han mantenido vivas sus tradiciones en el día a día del pueblo. Durante el año, se celebran diversos eventos culturales que muestran su rica herencia, siendo el Día del Garífuna en noviembre uno de los más importantes. Este evento reúne a la comunidad con desfiles, comida tradicional y música vibrante que llena las calles de alegría.

La gastronomía juega un papel esencial en la vida de Livingston, con una oferta culinaria diversa que refleja las tradiciones Garífuna. Los mariscos son fundamentales en muchos platos, como el hudut, un guiso tradicional de pescado y plátano, acompañado de arroz con coco y pescado frito servido con salsas picantes. Los visitantes pueden disfrutar de estas delicias en los restaurantes locales o en pequeños puestos de comida a lo largo del pueblo, donde los sabores del Caribe cobran vida en cada bocado.

La flora y fauna alrededor de Livingston son ricas y variadas gracias al clima tropical y los ecosistemas que rodean el área. Desde manglares hasta playas vírgenes y selvas exuberantes, la biodiversidad de la región es impresionante. Los amantes de la observación de aves podrán avistar tucanes, loros y garzas, mientras que aquellos que disfrutan de la naturaleza podrán encontrarse con monos aulladores y otras especies exóticas. El enfoque en el ecoturismo y la conservación de la naturaleza hace de Livingston un destino ideal para quienes buscan aventuras al aire libre y un contacto cercano con la vida silvestre.

El turismo ha tenido un impacto social significativo en Livingston, proporcionando importantes oportunidades económicas para los residentes locales. El crecimiento del turismo ha llevado al desarrollo de pequeños negocios como hoteles, restaurantes y operadores turísticos, lo que ha permitido a muchas familias mejorar su calidad de vida gracias a la llegada de visitantes. El turismo ha fomentado la creación de empleos y ha apoyado a los artesanos locales que exhiben sus productos y artesanías. No obstante, Livingston también enfrenta desafíos relacionados con la infraestructura y la sostenibilidad ambiental. El rápido aumento de turistas puede generar problemas de congestión, gestión de residuos y presión sobre los recursos naturales. Las autoridades locales están trabajando en la promoción de prácticas turísticas responsables que protejan el medio ambiente, al mismo tiempo que aseguran el beneficio de la comunidad local.

Un dato interesante sobre Livingston es su importancia histórica como centro de comercio durante la época colonial. La ciudad fue un punto estratégico para el transporte de mercancías entre el Caribe y el interior de Guatemala. Los visitantes pueden explorar los restos de esta historia en museos y sitios históricos locales que ofrecen una mirada al pasado de la región.

La importancia de Livingston va más allá de su atractivo turístico; también es un área vital para la preservación cultural y la educación. El pueblo es un testimonio viviente de la resiliencia y creatividad del pueblo Garífuna, mostrando su música, arte y tradiciones culinarias. Los esfuerzos para promover y preservar este patrimonio cultural son esenciales para mantener la identidad única de Livingston.

Llegar a Livingston es fácil para los viajeros internacionales. La mayoría vuela al Aeropuerto Internacional La Aurora en la Ciudad de Guatemala, desde donde pueden tomar un vuelo doméstico a Puerto Barrios o un servicio de transporte terrestre hasta Livingston. El trayecto por el paisaje guatemalteco es impresionante, ofreciendo vistas panorámicas de montañas, ríos y la costa, preparando a los viajeros para una aventura inolvidable.

En conclusión, Livingston es un destino cautivador que ofrece una mezcla única de belleza natural, rica cultura y aventura. Sus impresionantes paisajes, su vibrante comunidad y su deliciosa gastronomía crean un ambiente acogedor para los viajeros que buscan una experiencia auténtica en Guatemala. Ya sea explorando las playas vírgenes, disfrutando de los sabores locales o sumergiéndose en la animada cultura, una visita a Livingston promete recuerdos inolvidables y una apreciación más profunda de las maravillas de esta notable región. Como un pueblo que abraza su herencia y fomenta el orgullo comunitario, Livingston es un ejemplo de la importancia de preservar las tradiciones culturales mientras comparte su encanto con el mundo.

72. Long Island: Paraíso en Las Bahamas

Long Island, una de las joyas más impresionantes de las Bahamas, es un paraíso tropical que cautiva a sus visitantes con sus paisajes asombrosos, su cultura vibrante y su atmósfera serena. Con una extensión de aproximadamente 370 kilómetros cuadrados, Long Island se encuentra en el centro de las Bahamas y es famosa por sus marcados contrastes entre su exuberante vegetación y sus prístinas playas de arena blanca. Con una población de alrededor de 3,000 habitantes, la isla ofrece una mezcla única de encanto local y belleza natural, convirtiéndola en un destino imprescindible para quienes buscan tranquilidad y aventura.

Geográficamente, Long Island está ubicada al sureste de Nassau, la capital de las Bahamas, y está bordeada por el océano Atlántico al este y el Exuma Sound al oeste. La isla se extiende a lo largo de unos 80 millas (130 kilómetros), lo que la convierte en una de las más largas del archipiélago bahameño. Su ubicación geográfica proporciona vistas impresionantes del océano y acceso directo a actividades acuáticas como el esnórquel, el buceo y la pesca, siendo un lugar perfecto para los amantes del agua.

El clima en Long Island es tropical, con temperaturas cálidas y abundante sol durante todo el año. Las temperaturas suelen variar entre los 24°C y 32°C, lo que la convierte en un destino ideal para quienes disfrutan de la playa y actividades al aire libre. La temporada seca, que va de diciembre a abril, es la mejor época para visitarla, ya que ofrece condiciones óptimas para explorar y relajarse. No obstante, la temporada de lluvias, de mayo a noviembre, también puede ser encantadora, con lluvias breves seguidas de cielos soleados que refrescan el ambiente.

Uno de los principales atractivos de Long Island son sus impresionantes playas. La isla alberga algunas de las playas más bellas de las Bahamas, como la playa Cape Santa Maria, que a menudo se clasifica entre las mejores del mundo. Con su arena blanca y suave y aguas cristalinas de color turquesa, es un paraíso para los bañistas y nadadores. Los visitantes pueden relajarse bajo la sombra de las palmeras o disfrutar de actividades acuáticas como el kayak y el esnórquel, explorando la vibrante vida marina de la región.

Otro sitio muy visitado en la isla es Dean's Blue Hole, el segundo agujero azul más profundo del mundo, ubicado en la costa oeste. Esta maravilla natural alcanza una profundidad de más de 200 metros, atrayendo a buceadores y amantes del mar de todo el mundo. Las aguas azuladas que rodean el agujero contrastan de manera espectacular con los acantilados rocosos que lo rodean, creando un paisaje que deja sin aliento y una experiencia inolvidable para quienes buscan aventuras bajo el agua.

La cultura en Long Island está profundamente arraigada en las tradiciones de sus habitantes. La comunidad es conocida por su calidez y hospitalidad, y los residentes están siempre dispuestos a compartir su cultura con los visitantes. A lo largo del año se celebran festivales que destacan la música local, la danza y la gastronomía. El Festival de Regatas, que se celebra anualmente, es uno de los eventos más esperados, con carreras de botes, música y comida local que permiten a los turistas experimentar el espíritu vibrante de la isla.

La gastronomía juega un papel fundamental en la experiencia cultural de Long Island, con una variedad de platos deliciosos que los visitantes pueden degustar. Los mariscos frescos son una parte esencial de la dieta local, y platos como los buñuelos de caracol, pescado a la parrilla y la langosta bahameña son muy populares. Muchos restaurantes junto a la playa ofrecen una experiencia gastronómica relajada con vistas impresionantes del océano, creando el entorno perfecto para saborear los sabores únicos de las Bahamas.

La flora y fauna de Long Island son igualmente variadas, gracias a su clima tropical y sus diversos ecosistemas. La isla está cubierta por una exuberante vegetación, con palmeras, flores tropicales y manglares que adornan el paisaje. Los amantes de las aves pueden disfrutar observando especies como garzas y pelícanos, mientras exploran los paisajes naturales. La rica biodiversidad de Long Island la convierte en un destino ideal para los entusiastas de la naturaleza y los aventureros al aire libre.

El impacto social del turismo en Long Island es considerable, proporcionando importantes oportunidades económicas para los residentes locales. El crecimiento del turismo ha permitido el desarrollo de pequeños negocios, como hoteles, restaurantes y operadores turísticos, lo que ha ayudado a muchas familias a prosperar. El turismo ha creado empleos y ha apoyado a los artesanos locales y a los vendedores, quienes muestran sus artesanías y productos a los visitantes, contribuyendo al dinamismo económico de la isla.

Sin embargo, Long Island también enfrenta desafíos urbanos relacionados con la infraestructura y la sostenibilidad ambiental. El rápido crecimiento del turismo puede generar problemas como la congestión y la gestión de residuos, poniendo presión sobre los recursos locales. Las autoridades locales están trabajando activamente para abordar estos problemas y promover prácticas de turismo responsable que protejan el medio ambiente y beneficien a la comunidad local.

Un hecho menos conocido sobre Long Island es su importancia histórica en el cultivo de piña en las Bahamas. En el pasado, la isla fue famosa por sus vastas plantaciones de piña, y los visitantes aún pueden encontrar vestigios de esta historia agrícola, como antiguas plantaciones y ruinas. Explorar estos sitios históricos permite a los turistas conocer más sobre el pasado de la isla y añade profundidad a la experiencia de visitarla.

La relevancia de Long Island va más allá de su atractivo turístico; también desempeña un papel vital en la preservación cultural y la educación. La isla es un testimonio vivo de la resiliencia y creatividad del pueblo bahameño, mostrando su música, arte y tradiciones culinarias. Los esfuerzos continuos para promover y preservar este patrimonio cultural son esenciales para mantener la identidad y la importancia de Long Island.

150 DESTINOS TURÍSTICOS POPULARES DE NORTEAMÉRICA

Viajar a Long Island es fácil para los viajeros de todo el mundo. La mayoría de los visitantes internacionales llegan a Nassau, desde donde pueden tomar un vuelo doméstico al Aeropuerto de Deadman's Cay o al Aeropuerto de Stella Maris en Long Island. Desde allí, se puede alquilar un automóvil, tomar un taxi o utilizar servicios de transporte para llegar a los alojamientos. El tamaño compacto de la isla facilita la exploración de sus diversas atracciones en coche o en bicicleta, lo que permite a los visitantes descubrir la belleza de Long Island a su propio ritmo.

En conclusión, Long Island es un destino cautivador que ofrece una mezcla única de belleza natural, cultura rica y aventura. Sus playas impresionantes, su comunidad vibrante y su deliciosa gastronomía crean un ambiente acogedor para los viajeros que buscan una experiencia auténtica en las Bahamas. Ya sea explorando sus paisajes costeros, degustando los sabores locales o sumergiéndose en la cultura vibrante de la isla, una visita a Long Island promete recuerdos inolvidables y una apreciación más profunda por las maravillas de esta región única. Como una isla que abraza su herencia y fomenta el orgullo comunitario, Long Island es un testimonio de la importancia de preservar las tradiciones culturales mientras comparte su encanto con el mundo.

73. Los Ángeles: La Ciudad de los Sueños

Los Ángeles, a menudo conocida como LA, es una metrópolis expansiva ubicada en el sur de California y una de las ciudades más emblemáticas de Estados Unidos. Con una superficie de aproximadamente 1,302 kilómetros cuadrados, Los Ángeles es famosa por su cultura diversa, su vibrante industria del entretenimiento y sus impresionantes paisajes naturales. Es la segunda ciudad más poblada del país, con alrededor de 4 millones de habitantes, y actúa como un crisol cultural que atrae a personas de todos los rincones del mundo.

Geográficamente, Los Ángeles está situada en una cuenca rodeada por montañas y el océano Pacífico. Al norte se encuentran las montañas de Santa Mónica, al este las montañas de San Gabriel y al oeste, el vasto océano. Esta ubicación geográfica única no solo ofrece vistas espectaculares, sino que también facilita el acceso a una amplia gama de actividades al aire libre, desde caminatas por senderos montañosos hasta relajarse en las playas de la costa. La ciudad está dividida en numerosos vecindarios, cada uno con su propio carácter y encanto, desde las lujosas calles de Beverly Hills hasta el ambiente artístico de Silver Lake.

El clima de Los Ángeles se clasifica como mediterráneo, caracterizado por veranos cálidos y secos e inviernos suaves y húmedos. Las temperaturas promedio oscilan entre los 14°C y los 27°C durante todo el año. Durante los meses de verano, especialmente en julio y agosto, las temperaturas pueden superar los 30°C, mientras que en invierno, entre diciembre y febrero, las temperaturas descienden a unos 8°C en las noches más frías. Debido a las escasas lluvias, Los Ángeles es un destino ideal para los amantes de las actividades al aire libre en cualquier época del año.

Uno de los principales atractivos de Los Ángeles es el famoso cartel de Hollywood, un símbolo icónico de la industria cinematográfica. Los visitantes pueden caminar por el parque Griffith para disfrutar de impresionantes vistas del cartel y de la ciudad en su conjunto. Además, el Paseo de la Fama de Hollywood es otra parada obligatoria, donde los turistas pueden pasear por la acera y ver las estrellas de sus celebridades favoritas incrustadas en el pavimento. Este lugar combina la historia del cine con el ambiente vibrante de la ciudad.

Los Ángeles es también sinónimo de entretenimiento. El Hollywood Bowl, un anfiteatro al aire libre de gran renombre, alberga conciertos y eventos a lo largo del año. El Getty Center, una obra maestra arquitectónica, ofrece a los visitantes la oportunidad de explorar colecciones de arte impresionantes, jardines hermosos y vistas panorámicas de Los Ángeles. Para aquellos interesados en la industria del cine, Universal Studios Hollywood proporciona una experiencia inmersiva con atracciones, espectáculos y recorridos detrás de cámaras que transportan a los visitantes al corazón del cine.

Culturalmente, Los Ángeles es increíblemente diversa. La ciudad alberga vecindarios vibrantes como Little Tokyo, Chinatown y Olvera Street, cada uno ofreciendo una experiencia cultural única. Durante todo el año, se celebran festivales que conmemoran las tradiciones de diferentes comunidades, lo que brinda a los visitantes la oportunidad de experimentar la música, la danza y las delicias culinarias de diversas culturas. Es un lugar donde el mundo entero se une en un solo espacio.

La cocina en Los Ángeles es un reflejo de su diversidad, con una gran variedad de opciones gastronómicas para todos los gustos. Desde los famosos camiones de comida que sirven tacos gourmet hasta restaurantes elegantes con experiencias culinarias exclusivas, la escena gastronómica de LA es tan variada como su población. Los platos más populares incluyen la hamburguesa de In-N-Out, los tacos callejeros, el sushi fresco y una abundante oferta de cocina vegana, lo que demuestra el compromiso de la ciudad con la innovación culinaria y la diversidad.

Además de la vida urbana, Los Ángeles cuenta con una flora y fauna muy diversa, gracias a su clima mediterráneo y a sus variados ecosistemas. La ciudad alberga numerosos parques y reservas naturales, entre ellos Griffith Park, uno de los parques urbanos más grandes de América del Norte. En este parque, los visitantes pueden disfrutar de senderos, áreas de picnic y hasta un zoológico. Por otro lado, el cercano Bosque Nacional de Ángeles ofrece aún más aventuras al aire libre, con oportunidades para practicar senderismo, acampar y observar la vida silvestre.

El turismo tiene un impacto social significativo en Los Ángeles, ya que proporciona oportunidades económicas vitales para los residentes locales. El crecimiento del turismo ha impulsado el desarrollo de pequeños negocios, como hoteles, restaurantes y operadores turísticos, lo que permite a muchas familias beneficiarse de la afluencia de visitantes. La economía local depende en gran medida del turismo, lo que genera empleos y apoya a los artesanos y vendedores locales que muestran sus productos y artesanías.

Sin embargo, Los Ángeles también enfrenta desafíos urbanos importantes relacionados con la congestión del tráfico, la asequibilidad de la vivienda y la sostenibilidad ambiental. La extensión de la ciudad y su dependencia del automóvil generan largos trayectos y tráfico pesado, lo que plantea problemas tanto para los residentes como para los turistas. Las autoridades locales están trabajando para mejorar estas condiciones mediante la promoción de opciones de transporte público y el desarrollo urbano sostenible.

Un dato menos conocido sobre Los Ángeles es su importancia histórica como epicentro del cine y el entretenimiento. La ciudad ha sido un pionero en la industria cinematográfica desde principios del siglo XX, con estudios icónicos como Paramount Pictures, Warner Bros. y Sony Pictures dentro de sus límites. La influencia de Hollywood en la cultura global es profunda, y ha moldeado la forma en que se cuentan y consumen las historias en todo el mundo.

La relevancia de Los Ángeles va más allá de ser un destino turístico. La ciudad sirve como un centro cultural y artístico que influye en tendencias y estilos de vida a nivel mundial. Es hogar de una escena artística próspera, con numerosas galerías, teatros y salas de conciertos que exhiben el trabajo de artistas locales e internacionales. Eventos como el Festival de Cine de Los Ángeles y los premios Grammy destacan el compromiso de la ciudad con la creatividad y la expresión artística.

Viajar a Los Ángeles es conveniente para viajeros de todo el mundo. El Aeropuerto Internacional de Los Ángeles (LAX) sirve como la principal puerta de entrada a la ciudad, con numerosos vuelos nacionales e internacionales conectando a LA con las principales ciudades del mundo. Desde el aeropuerto, los visitantes pueden acceder fácilmente a la ciudad a través de autos de alquiler, taxis, servicios de transporte compartido o transporte público. Además, el sistema de tránsito público de la ciudad, que incluye autobuses y el Metro, proporciona opciones adicionales para desplazarse por la ciudad.

En conclusión, Los Ángeles es un destino dinámico que ofrece una mezcla única de entretenimiento, cultura y belleza natural. Sus atracciones icónicas, vida nocturna vibrante y diversa oferta culinaria crean un ambiente acogedor para los viajeros que buscan una experiencia inolvidable. Ya sea disfrutando de un espectáculo espectacular, degustando la gastronomía gourmet o explorando los impresionantes paisajes que rodean la ciudad, una visita a Los Ángeles promete recuerdos duraderos y una mayor apreciación por las maravillas de este lugar tan extraordinario. Como ciudad que abraza la creatividad y la innovación, Los Ángeles es un testimonio del poder de la imaginación y la atracción de la aventura.

74. Los Cóbanos: Un Paraíso Costero de El Salvador

Los Cóbanos, un tranquilo pueblo costero ubicado en El Salvador, es conocido por su impresionante belleza natural, rica vida marina y ambiente encantador. Situado a lo largo del Océano Pacífico, este pintoresco destino abarca un área pequeña, pero ofrece una diversidad de experiencias que cautivan a los viajeros en busca de tranquilidad y aventura. Con una población de aproximadamente 1,500 residentes, Los Cóbanos es una joya oculta que atrae a quienes buscan escapar del bullicio urbano y disfrutar de la paz de la naturaleza.

Geográficamente, Los Cóbanos se encuentra en la parte occidental de El Salvador, en el departamento de La Libertad, a unos 80 kilómetros al suroeste de la capital, San Salvador. La cercanía con la capital y la buena accesibilidad por carretera hacen de Los Cóbanos una escapada popular tanto para locales como para turistas. Su costa está marcada por playas doradas, acantilados rocosos y una vegetación exuberante, creando un paisaje que deleita a quienes lo visitan.

El clima en Los Cóbanos es tropical, con temperaturas cálidas y alta humedad durante todo el año. Las temperaturas promedio oscilan entre los 25°C y los 32°C, lo que lo convierte en un destino cálido y acogedor en cualquier estación. La temporada seca, de noviembre a abril, es perfecta para disfrutar del sol y las actividades al aire libre. La temporada lluviosa, de mayo a octubre, trae consigo un verdor exuberante y paisajes aún más hermosos, con menos multitudes, lo que la convierte en una excelente época para los amantes de la naturaleza.

Uno de los principales atractivos de Los Cóbanos son sus hermosas playas. Playa Los Cóbanos, con sus arenas doradas y aguas cristalinas, es ideal para tomar el sol, nadar y practicar deportes acuáticos. A diferencia de otras playas más concurridas, aquí el ambiente es tranquilo y relajado, ofreciendo a los visitantes la oportunidad de desconectar y disfrutar de la paz del entorno. El esnórquel y el buceo son actividades muy populares, ya que las aguas albergan una abundante vida marina, con coloridos peces tropicales, tortugas marinas y vibrantes arrecifes de coral. La Reserva Marina Los Cóbanos, ubicada cerca, es un área protegida que atrae a los aficionados al buceo de todo el mundo por sus aguas ricas en biodiversidad.

El ambiente pesquero de Los Cóbanos es otro aspecto encantador. Los pescadores locales siguen practicando sus antiguas tradiciones, trayendo a tierra sus capturas diarias, lo que permite a los visitantes observar este estilo de vida autóctono. Los restaurantes junto a la playa sirven mariscos frescos, ofreciendo platos como ceviche, pescado a la parrilla y las famosas pupusas, una especialidad salvadoreña. Estos sabores destacan la herencia culinaria del país, usando ingredientes frescos y de origen local.

La cultura de Los Cóbanos está profundamente arraigada en las tradiciones salvadoreñas, con un fuerte enfoque en la comunidad y la hospitalidad. Los lugareños son conocidos por su calidez y amabilidad, siempre dispuestos a recibir a los visitantes con los brazos abiertos. A lo largo del año, el pueblo celebra varios festivales que permiten a los turistas sumergirse en la cultura local. Estas celebraciones incluyen música, bailes y desfiles llenos de color que muestran la riqueza cultural de la región.

La flora y fauna que rodean Los Cóbanos son diversas y vibrantes, gracias a su clima tropical y ecosistemas costeros. Las palmeras, flores tropicales y una variedad de especies vegetales prosperan en este entorno cálido. Los observadores de aves pueden deleitarse con la vista de coloridos loros, pelícanos y otras aves marinas mientras exploran los manglares cercanos. La belleza natural de Los Cóbanos lo convierte en un destino ideal para los amantes de la naturaleza y los aventureros al aire libre.

El impacto social del turismo en Los Cóbanos es significativo, ya que brinda oportunidades económicas vitales para los residentes locales. El crecimiento del turismo ha llevado al desarrollo de pequeños negocios como hoteles, restaurantes y operadores turísticos, permitiendo que las familias se beneficien de la afluencia de visitantes. La economía local depende en gran medida del turismo, que crea empleos y apoya a los artesanos locales que exhiben sus productos y artesanías.

Sin embargo, con el crecimiento del turismo también surgen desafíos, como la congestión y la gestión de residuos, lo que genera presión sobre los recursos locales. Las autoridades locales están tomando medidas para abordar estos problemas, promoviendo prácticas de turismo responsable que protejan el medio ambiente y beneficien a la comunidad.

Un hecho poco conocido sobre Los Cóbanos es su importancia histórica como centro pesquero y comercial. El pueblo ha sido testigo de generaciones de pescadores que han mantenido viva esta tradición a lo largo del tiempo. Los visitantes pueden aprender sobre la historia de la pesca en la región y comprender la conexión profunda entre la comunidad y el océano, así como la importancia de las prácticas sostenibles que garantizan la preservación de este recurso vital.

La importancia de Los Cóbanos va más allá de su atractivo como destino turístico. El pueblo juega un papel crucial en la preservación cultural y la educación. Los Cóbanos es un testimonio vivo de la resiliencia y creatividad del pueblo salvadoreño, mostrando su música, arte y tradiciones culinarias. Los esfuerzos continuos por promover y preservar este patrimonio cultural son esenciales para mantener la identidad y el significado de Los Cóbanos.

Viajar a Los Cóbanos es conveniente para los viajeros de todo el mundo. La mayoría de los visitantes internacionales llegan al Aeropuerto Internacional Monseñor Óscar Arnulfo Romero en San Salvador. Desde allí, se puede alquilar un coche, tomar un taxi o unirse a un tour guiado para llegar a Los Cóbanos en un trayecto de aproximadamente 90 minutos. También hay opciones de transporte público, como autobuses, que ofrecen una forma asequible de explorar el área.

En conclusión, Los Cóbanos es un destino cautivador que ofrece una combinación única de belleza natural, cultura rica y aventura. Sus playas impresionantes, comunidad vibrante y deliciosa gastronomía crean un entorno acogedor para los viajeros que buscan una experiencia auténtica en El Salvador. Ya sea explorando los paisajes costeros prístinos, disfrutando de los sabores locales o sumergiéndose en la cultura vibrante, una visita a Los Cóbanos promete recuerdos inolvidables y una apreciación más profunda por las maravillas de esta región extraordinaria. Como un pueblo que abraza su herencia y fomenta el orgullo comunitario, Los Cóbanos se erige como un testimonio de la importancia de preservar las tradiciones culturales mientras comparte su encanto con el mundo.

75. Manuel Antonio: Naturaleza y Aventura en Costa Rica

Manuel Antonio, ubicado en la costa del Pacífico de Costa Rica, es un paraíso natural conocido por sus paisajes impresionantes, biodiversidad única y playas vírgenes. Con una extensión de aproximadamente 1,983 hectáreas, el Parque Nacional Manuel Antonio es un refugio para una gran variedad de plantas y animales, lo que lo convierte en uno de los destinos más visitados del país. Como área protegida, atrae a amantes de la naturaleza, aventureros y quienes buscan disfrutar de su belleza natural.

Geográficamente, Manuel Antonio se encuentra cerca del pequeño pueblo de Quepos, a unos 157 kilómetros al suroeste de San José, la capital de Costa Rica. Su ubicación costera ofrece una mezcla perfecta de selva tropical y playas paradisíacas, enmarcadas por las verdes colinas del Pacífico Central. Los diversos ecosistemas dentro del parque incluyen manglares, arrecifes de coral y una abundante vida silvestre, creando un hábitat vibrante que muestra la riqueza natural de Costa Rica.

El clima en Manuel Antonio es tropical, con temperaturas cálidas y alta humedad durante todo el año. Las temperaturas oscilan entre los 24°C y 32°C, lo que lo convierte en un destino cálido y acogedor para los visitantes. La temporada seca, de diciembre a abril, es ideal para realizar actividades al aire libre. La temporada de lluvias, de mayo a noviembre, aporta un verdor exuberante que hace que el parque se vea aún más vivo, ofreciendo un espectáculo natural para los amantes de la naturaleza.

Uno de los principales atractivos del parque son sus playas impresionantes, consideradas de las mejores en Costa Rica. Playa Manuel Antonio, la más famosa, cuenta con arena blanca, aguas cristalinas y vistas espectaculares de los acantilados y la selva que la rodea. Los visitantes pueden nadar, tomar el sol o disfrutar de actividades acuáticas como el esnórquel y el kayak. Las palmeras que bordean la playa brindan sombra, creando un escenario perfecto para la relajación en un ambiente tropical.

Además de sus playas, el parque cuenta con una red de senderos que atraviesan la selva tropical, ofreciendo oportunidades únicas para observar la vida silvestre. Los senderos están bien señalizados y son accesibles para personas de todas las edades. A medida que los excursionistas recorren los caminos, es común encontrar monos, perezosos, iguanas y una gran variedad de aves coloridas. Entre los residentes más conocidos del parque están los monos cariblancos y los aulladores, que se pueden ver jugando en los árboles o balanceándose entre el follaje.

El Parque Nacional Manuel Antonio también es reconocido como Patrimonio de la Humanidad por la UNESCO, lo que destaca su importancia ecológica y su biodiversidad única. La flora del parque incluye una amplia variedad de plantas tropicales, árboles y flores vibrantes que añaden belleza al paisaje. La vegetación densa apoya una rica fauna, convirtiéndolo en un lugar imprescindible para los amantes de la naturaleza y fotógrafos que buscan capturar la esencia de la biodiversidad costarricense.

La cultura de Manuel Antonio está estrechamente relacionada con su entorno natural. El cercano pueblo de Quepos tiene una comunidad vibrante que refleja las tradiciones y costumbres de Costa Rica. Los festivales locales, celebraciones y eventos resaltan el patrimonio cultural de la región, donde la música, el baile y la gastronomía juegan un papel central. Los habitantes de la zona son conocidos por su hospitalidad, creando una atmósfera acogedora para los visitantes.

La gastronomía en Manuel Antonio ofrece una deliciosa mezcla de sabores, con un enfoque en ingredientes frescos provenientes de la tierra y el mar. Los mariscos son un elemento clave en la dieta local, y los restaurantes de la zona sirven platos como ceviche, pescado a la parrilla y pasta de mariscos. También son populares los platos tradicionales costarricenses como el gallo pinto, el casado y los plátanos fritos. Muchos restaurantes ofrecen asientos al aire libre, lo que permite disfrutar de las comidas mientras se contemplan las impresionantes vistas del océano y la selva.

El impacto social del turismo en Manuel Antonio es notable, ya que proporciona oportunidades económicas vitales para los residentes locales. El crecimiento del turismo ha dado lugar al desarrollo de pequeños negocios, incluyendo hoteles, restaurantes y operadores turísticos, lo que permite que las familias se beneficien de la afluencia de visitantes. La economía local prospera gracias al turismo, que crea empleos y apoya a los artesanos y vendedores locales que muestran sus productos y artesanías.

Sin embargo, Manuel Antonio también enfrenta desafíos relacionados con la sostenibilidad ambiental y la infraestructura. El rápido crecimiento del turismo puede generar congestión, problemas de gestión de residuos y presión sobre los recursos locales. Las autoridades locales trabajan activamente para abordar estos desafíos, promoviendo prácticas de turismo responsable que protejan el medio ambiente y beneficien a la comunidad.

Un dato menos conocido sobre Manuel Antonio es su importancia histórica como un antiguo pueblo pesquero. La zona estaba habitada por comunidades indígenas antes de convertirse en un destino turístico. Explorar la historia de Manuel Antonio ofrece a los visitantes una visión más profunda sobre la relación entre la comunidad y el mar, y cómo la región ha evolucionado con el tiempo.

La importancia de Manuel Antonio no solo radica en su atractivo como destino turístico, sino también en su papel como área de conservación y educación. El parque es un testimonio viviente de la resiliencia y la belleza de la naturaleza, destacando la importancia de preservar la biodiversidad y proteger los ecosistemas frágiles. Los esfuerzos continuos para promover y preservar este patrimonio natural son esenciales para mantener la identidad y el significado del parque.

Viajar a Manuel Antonio es cómodo para viajeros de todo el mundo. La mayoría de los visitantes internacionales llegan al Aeropuerto Internacional Juan Santamaría en San José. Desde allí, pueden tomar un taxi, un servicio de transporte o alquilar un coche para llegar a Manuel Antonio, en un trayecto de aproximadamente tres horas. El viaje escénico a través de los paisajes pintorescos de Costa Rica prepara el escenario para una emocionante aventura.

En conclusión, el Parque Nacional Manuel Antonio es un destino cautivador que ofrece una combinación única de belleza natural, rica cultura y aventura. Sus impresionantes paisajes, comunidad vibrante y deliciosa gastronomía crean un ambiente acogedor para los viajeros que buscan una experiencia auténtica en Costa Rica. Ya sea explorando sus hermosas playas, disfrutando de los sabores locales o sumergiéndose en la cultura, una visita a Manuel Antonio promete recuerdos inolvidables y una apreciación más profunda por las maravillas de esta región extraordinaria. Como un parque que abraza su herencia natural y fomenta la conciencia ambiental, Manuel Antonio se erige como un testimonio de la importancia de preservar la belleza de la naturaleza mientras comparte su encanto con el mundo.

76. Masaya: El Volcán Activo de Nicaragua

El Parque Nacional Volcán Masaya, ubicado en Nicaragua, es un destino fascinante que ofrece a los visitantes la oportunidad única de presenciar la fuerza cruda de la naturaleza. Este parque cubre un área de aproximadamente 54 kilómetros cuadrados y alberga el volcán Masaya, uno de los volcanes más activos del país. Su proximidad a la capital, Managua, a solo 20 kilómetros, lo convierte en un lugar accesible tanto para locales como para turistas que buscan aventura y exploración.

Geográficamente, el Parque Nacional Volcán Masaya se encuentra en la región occidental de Nicaragua, en el departamento de Masaya. El parque está ubicado dentro de la cordillera volcánica centroamericana, presentando una serie de cráteres, paisajes verdes y ecosistemas diversos. El principal atractivo, el volcán Masaya, se destaca por su imponente cráter, que tiene un diámetro de 1,500 metros y una profundidad de aproximadamente 250 metros. Desde sus miradores, los visitantes pueden admirar la impresionante vista del cráter humeante, que a menudo emite columnas de humo y gases, creando una atmósfera surrealista.

El clima en el parque es tropical, con temperaturas cálidas que oscilan entre los 20°C y 30°C durante todo el año. La temporada seca, de noviembre a abril, es ideal para realizar caminatas y explorar los senderos

76. Masaya: El Volcán Activo de Nicaragua

El Parque Nacional Volcán Masaya, ubicado en Nicaragua, es un destino fascinante que ofrece a los visitantes la oportunidad única de presenciar la fuerza cruda de la naturaleza. Este parque cubre un área de aproximadamente 54 kilómetros cuadrados y alberga el volcán Masaya, uno de los volcanes más activos del país. Su proximidad a la capital, Managua, a solo 20 kilómetros, lo convierte en un lugar accesible tanto para locales como para turistas que buscan aventura y exploración.

Geográficamente, el Parque Nacional Volcán Masaya se encuentra en la región occidental de Nicaragua, en el departamento de Masaya. El parque está ubicado dentro de la cordillera volcánica centroamericana, presentando una serie de cráteres, paisajes verdes y ecosistemas diversos. El principal atractivo, el volcán Masaya, se destaca por su imponente cráter, que tiene un diámetro de 1,500 metros y una profundidad de aproximadamente 250 metros. Desde sus miradores, los visitantes pueden admirar la impresionante vista del cráter humeante, que a menudo emite columnas de humo y gases, creando una atmósfera surrealista.

El clima en el parque es tropical, con temperaturas cálidas que oscilan entre los 20°C y 30°C durante todo el año. La temporada seca, de noviembre a abril, es ideal para realizar caminatas y explorar los senderos belleza de la naturaleza, destacando la importancia de preservar la biodiversidad y proteger los ecosistemas frágiles. Los esfuerzos continuos para promover y preservar este patrimonio natural son esenciales para mantener la identidad y el significado del parque.

Viajar a Manuel Antonio es cómodo para viajeros de todo el mundo. La mayoría de los visitantes internacionales llegan al Aeropuerto Internacional Juan Santamaría en San José. Desde allí, pueden tomar un taxi, un servicio de transporte o alquilar un coche para llegar a Manuel Antonio, en un trayecto de aproximadamente tres horas. El viaje escénico a través de los paisajes pintorescos de Costa Rica prepara el escenario para una emocionante aventura.

En conclusión, el Parque Nacional Manuel Antonio es un destino cautivador que ofrece una combinación única de belleza natural, rica cultura y aventura. Sus impresionantes paisajes, comunidad vibrante y deliciosa gastronomía crean un ambiente acogedor para los viajeros que buscan una experiencia auténtica en Costa Rica. Ya sea explorando sus hermosas playas, disfrutando de los sabores locales o sumergiéndose en la cultura, una visita a Manuel Antonio promete recuerdos inolvidables y una apreciación más profunda por las maravillas de esta región extraordinaria. Como un parque que abraza su herencia natural y fomenta la conciencia ambiental, Manuel Antonio se erige como un testimonio de la importancia de preservar la belleza de la naturaleza mientras comparte su encanto con el mundo.

del parque. Durante la temporada de lluvias, de mayo a octubre, las precipitaciones son más frecuentes, lo que revitaliza la vegetación y ofrece un paisaje vibrante para aquellos que aman la naturaleza.

Uno de los mayores atractivos del parque es la posibilidad de presenciar de cerca un volcán activo. Los senderos bien señalizados conducen a miradores que permiten observar el cráter desde distintos ángulos. Para los más aventureros, recorrer los senderos y escuchar el rugido constante del volcán mientras observan el resplandor de la lava por la noche es una experiencia inolvidable. Este fenómeno natural ha atraído a viajeros de todo el mundo que buscan vivir la emoción de un volcán en plena actividad.

Además del volcán Masaya, el parque cuenta con otros cráteres y formaciones geológicas que revelan la intensa actividad volcánica de la zona. El cráter Santiago es otro sitio destacado dentro del parque, donde los visitantes pueden explorar estas maravillas geológicas y aprender sobre las erupciones pasadas. A lo largo de los senderos, hay señalizaciones educativas que brindan información valiosa sobre la geología, flora y fauna del parque, enriqueciendo la experiencia de los turistas.

Culturalmente, el área alrededor del Parque Nacional Volcán Masaya tiene una historia rica, influenciada por las comunidades indígenas que han habitado la región durante siglos. La cercana ciudad de Masaya es famosa por su vibrante escena artesanal, especialmente en cerámica y artesanías. Los artesanos locales muestran su talento creando piezas únicas que reflejan la cultura nicaragüense. Además, la ciudad es conocida por sus festivales tradicionales, como el Festival de San Jerónimo, que se celebra con música, danza y coloridos desfiles que muestran las costumbres locales.

La gastronomía de la región es otro aspecto que no se puede pasar por alto. Los visitantes tienen la oportunidad de disfrutar de la cocina nicaragüense tradicional, que incluye platos como el gallo pinto, los nacatamales y el vigorón. Tanto los vendedores ambulantes como los restaurantes locales ofrecen una amplia gama de sabores auténticos, permitiendo a los turistas experimentar la rica cultura culinaria de Nicaragua.

La flora y fauna del parque son diversas gracias a los diferentes ecosistemas que alberga. Dentro del parque se encuentran especies de plantas tropicales, árboles y flores silvestres. También es posible avistar una variedad de animales, como monos aulladores, venados cola blanca y numerosas especies de aves, incluido el resplandeciente quetzal. Este entorno es ideal para los amantes de la naturaleza y los observadores de aves, que encontrarán en el parque un refugio lleno de vida silvestre.

El impacto social del turismo en el Parque Nacional Volcán Masaya es significativo, ya que proporciona oportunidades económicas vitales para los residentes locales. El crecimiento del turismo ha impulsado el desarrollo de pequeños negocios, como tours guiados, tiendas de recuerdos y restaurantes locales, permitiendo que muchas familias se beneficien de la llegada de turistas. La economía local depende en gran medida del turismo, que crea empleos y apoya a los artesanos locales que muestran sus productos hechos a mano.

Sin embargo, como en muchos destinos turísticos populares, el parque enfrenta desafíos en cuanto a la sostenibilidad ambiental y la infraestructura. El aumento del número de visitantes puede causar congestión en los senderos y degradación ambiental si no se gestiona adecuadamente. Las autoridades locales trabajan para promover prácticas de turismo responsable y esfuerzos de conservación que protejan los recursos naturales del parque.

Un dato interesante sobre el volcán Masaya es su significado histórico para las comunidades indígenas, que lo consideraban un sitio sagrado. Se creía que el volcán era un lugar espiritual, y se realizaban ofrendas a los espíritus que habitaban en su interior. Esta historia cultural añade una capa más profunda a la experiencia de visitar el parque, permitiendo a los viajeros conectarse con el significado espiritual que el volcán ha tenido a lo largo de los siglos.

El Parque Nacional Volcán Masaya no solo es un atractivo turístico, sino que también juega un papel crucial en la conservación y la educación. El parque es un testimonio viviente de la fuerza de la naturaleza y la resiliencia de los ecosistemas, destacando la importancia de preservar la biodiversidad y proteger los entornos frágiles. Los esfuerzos continuos para promover y preservar este patrimonio natural son esenciales para mantener la identidad y el valor del parque.

Viajar al Parque Nacional Volcán Masaya es fácil para los turistas internacionales. La mayoría de los visitantes llegan al Aeropuerto Internacional Augusto C. Sandino en Managua. Desde allí, el parque está a solo 30 minutos en coche, lo que lo convierte en una excursión de un día ideal o una parada en un recorrido más largo por Nicaragua.

En resumen, el Parque Nacional Volcán Masaya es un destino cautivador que ofrece una combinación única de belleza natural, rica cultura y aventura. Sus impresionantes paisajes, su vibrante comunidad y sus oportunidades educativas crean un ambiente acogedor para los viajeros que buscan una experiencia auténtica en Nicaragua. Ya sea explorando el majestuoso volcán, degustando los sabores locales o sumergiéndose en la cultura, una visita al Parque Nacional Volcán Masaya promete recuerdos inolvidables y una mayor apreciación de las maravillas de esta región. Como parque que abraza su herencia natural y fomenta la conciencia ambiental, el volcán Masaya se erige como un símbolo de la importancia de preservar la belleza de la naturaleza mientras comparte su encanto con el mundo.

77. México: Ciudad de Historia y Cultura

Ciudad de México, conocida por su vibrante energía, es una metrópoli vasta y dinámica que combina historia antigua, cultura rica y modernidad. Con una extensión de aproximadamente 1,485 kilómetros cuadrados, es una de las ciudades más grandes del mundo, con una población de más de 9 millones de habitantes solo en la ciudad y más de 21 millones en su área metropolitana. Esta bulliciosa urbe atrae a viajeros de todo el mundo que buscan sumergirse en sus profundas raíces culturales y su estilo de vida contemporáneo.

Situada en el Valle de México, a unos 2,240 metros sobre el nivel del mar, la Ciudad de México está rodeada por majestuosas montañas y volcanes. El Popocatépetl e Iztaccíhuatl forman parte del paisaje, ofreciendo vistas impresionantes desde varios puntos de la ciudad. Este valle, que alguna vez fue el hogar de los aztecas, ahora alberga a una de las ciudades más influyentes de América Latina.

El clima en la Ciudad de México es de tipo subtropical de tierras altas, lo que significa temperaturas agradables durante todo el año. Durante el día, las temperaturas oscilan entre los 10°C y 25°C, lo que permite disfrutar de actividades al aire libre en cualquier temporada. La temporada de lluvias, de junio a septiembre, refresca la ciudad, pero el resto del año, especialmente de octubre a mayo, es ideal para explorar sin interrupciones climáticas.

Uno de los principales atractivos de la Ciudad de México es su vasta herencia histórica y cultural. El Zócalo, o Plaza de la Constitución, es el corazón de la ciudad. Rodeado por impresionantes monumentos históricos como la Catedral Metropolitana y el Palacio Nacional, es un centro de actividades culturales y políticas. En el Palacio Nacional se encuentran los famosos murales de Diego Rivera, que narran la historia de México de manera visual. Caminar por el Zócalo es adentrarse en siglos de historia, mezclada con la vida moderna de la capital.

Un destino imperdible para quienes disfrutan de la arqueología es Teotihuacán, ubicado a las afueras de la ciudad. Este sitio, declarado Patrimonio de la Humanidad por la UNESCO, permite a los visitantes explorar las impresionantes Pirámides del Sol y la Luna, que alguna vez formaron parte de una próspera civilización mesoamericana. Escalar las pirámides y caminar por la Calzada de los Muertos es como retroceder en el tiempo y experimentar la grandeza de esta antigua civilización.

Ciudad de México también es conocida por sus museos de clase mundial. El Museo Nacional de Antropología es un lugar imprescindible, donde se puede admirar la Piedra del Sol azteca y una vasta colección de artefactos precolombinos que ofrecen una ventana a las culturas ancestrales de México. Por otro lado, La Casa Azul, el Museo Frida Kahlo, permite a los visitantes conocer la vida y obra de esta icónica artista mexicana, en la misma casa donde nació y creció.

La cultura de la ciudad es un mosaico vibrante de influencias indígenas, coloniales y modernas. Durante todo el año, la Ciudad de México celebra festivales que destacan su música, danza y arte. Uno de los más importantes es el Día de los Muertos, en noviembre. Este evento, que rinde homenaje a los seres queridos fallecidos, llena las calles de colores con altares, flores, calaveras de azúcar y desfiles vibrantes. Es una ocasión especial donde la muerte se celebra como parte esencial de la vida.

La gastronomía de la Ciudad de México es otro de sus grandes atractivos. En cada rincón, los visitantes pueden disfrutar de los tradicionales tacos, tamales, quesadillas, y elote. Las calles están llenas de puestos de comida donde los locales y turistas pueden probar estos manjares mientras exploran la ciudad. Los mercados, como el Mercado de La Merced, no solo ofrecen comida fresca, sino una experiencia auténtica del bullicio y energía de la vida cotidiana de los capitalinos.

A pesar de ser una ciudad densamente poblada, la Ciudad de México cuenta con abundantes áreas verdes. El Bosque de Chapultepec, uno de los parques urbanos más grandes del mundo, es un oasis de tranquilidad en medio de la ciudad. Además de sus áreas verdes y senderos, alberga museos, lagos y hasta el histórico Castillo de Chapultepec, desde donde se puede obtener una vista panorámica de la ciudad. Esta combinación de naturaleza y cultura es parte del encanto único de la capital mexicana.

El impacto del turismo en la Ciudad de México es profundo, ya que contribuye significativamente a la economía local. El crecimiento del turismo ha dado lugar a un florecimiento de pequeños negocios, como hoteles boutique, restaurantes y operadores turísticos, lo que permite a las familias locales beneficiarse de la llegada de visitantes. Además, el turismo apoya a los artesanos y vendedores locales que ofrecen productos tradicionales y artesanías únicas.

Sin embargo, como toda gran metrópoli, la Ciudad de México enfrenta desafíos. La congestión del tráfico, la contaminación y la asequibilidad de la vivienda son problemas constantes que afectan tanto a los residentes como a los visitantes. Las autoridades locales están trabajando para promover soluciones sostenibles, como el uso del transporte público y la mejora de la infraestructura urbana, para asegurar que la ciudad siga siendo un destino atractivo y funcional para todos.

Un hecho interesante y menos conocido sobre la Ciudad de México es que es una de las ciudades habitadas más antiguas del mundo. Fundada como Tenochtitlán por los aztecas en el siglo XIV, esta antigua capital ha evolucionado para convertirse en una de las ciudades más influyentes de nuestro tiempo. La influencia de este pasado sigue viva en las costumbres, los festivales y los sitios arqueológicos que salpican la ciudad.

La importancia de la Ciudad de México va más allá de ser un destino turístico; es un centro vital para la preservación cultural y la educación. Sus calles, museos y monumentos son testimonio de la creatividad y resiliencia del pueblo mexicano. Los esfuerzos continuos por preservar esta herencia cultural son esenciales para mantener la identidad y el legado de la ciudad.

Viajar a la Ciudad de México es fácil, ya que está bien conectada a nivel mundial. La mayoría de los visitantes internacionales llegan al Aeropuerto Internacional Benito Juárez. Desde allí, se puede acceder al centro de la ciudad a través de taxis, servicios de transporte compartido o el eficiente sistema de metro. Este extenso sistema de transporte público facilita el desplazamiento por la ciudad, ofreciendo una forma cómoda y económica de explorar todos sus rincones.

En resumen, la Ciudad de México es un destino dinámico y cautivador que ofrece una mezcla única de historia, cultura y modernidad. Sus monumentos icónicos, su vibrante escena gastronómica y su atmósfera animada crean un entorno acogedor para los viajeros que buscan una experiencia inolvidable. Ya sea explorando las antiguas ruinas, deleitándose con la deliciosa comida o sumergiéndose en su cultura viva, una visita a la Ciudad de México promete dejar recuerdos duraderos y un profundo aprecio por esta metrópoli extraordinaria. Como una ciudad que abraza su herencia y fomenta la creatividad, la Ciudad de México es un testimonio del espíritu perdurable de su gente y el encanto eterno de la aventura.

78. Miami: La Ciudad Mágica del Sol

Miami, conocida como la "Ciudad Mágica", es un vibrante destino lleno de vida, situado en el sureste de Florida, Estados Unidos. Con una extensión de aproximadamente 143 kilómetros cuadrados, Miami es famosa por sus playas impresionantes, su cultura diversa y su emocionante escena de entretenimiento. Con más de 470,000 habitantes, es la segunda ciudad más poblada de Florida y una de las áreas metropolitanas más grandes del país.

Ubicada en la costa atlántica, Miami forma parte del condado de Miami-Dade. La ciudad ofrece una hermosa vista al mar, destacándose la Bahía de Biscayne, que brinda paisajes espectaculares y actividades recreativas. Además, su proximidad a los Everglades, al oeste, añade un toque natural a su encanto, siendo un hogar para una variedad única de vida silvestre.

El clima de Miami es tropical monzónico, con temperaturas cálidas y alta humedad durante todo el año. Los promedios suelen oscilar entre los 19°C y 32°C, lo que la convierte en un destino atractivo para quienes buscan disfrutar del sol y actividades al aire libre. La temporada seca, de noviembre a abril, es ideal para disfrutar de la ciudad, mientras que la temporada de lluvias, de mayo a octubre, aunque trae más precipitaciones, no disminuye el encanto de explorar sus rincones.

Uno de los mayores atractivos de Miami son sus playas. South Beach, ubicada en el corazón del Distrito Art Deco, es famosa por su animado ambiente, arenas blancas y aguas cristalinas. Los visitantes pueden disfrutar del sol, nadar o practicar deportes acuáticos, mientras que Ocean Drive, con sus edificios de estilo Art Deco, es el lugar perfecto para experimentar la vida nocturna vibrante y una amplia variedad de restaurantes.

En cuanto a las experiencias culturales, Miami ofrece una gran cantidad de museos, galerías y teatros que reflejan la diversidad de la ciudad. El Museo de Arte Pérez (PAMM) presenta una colección variada de arte contemporáneo internacional, mientras que el Museo de Ciencia Frost ofrece fascinantes exhibiciones sobre ciencia y tecnología. El histórico barrio de La Pequeña Habana es otro punto cultural imperdible, donde los visitantes pueden sumergirse en la cultura cubana, disfrutar de música tradicional y degustar platos auténticos.

La gastronomía de Miami es un reflejo de su multiculturalidad. La ciudad cuenta con una increíble oferta de restaurantes que van desde comida latina hasta mariscos frescos, pasando por experiencias culinarias de alto nivel. Entre los platos más populares destacan el sándwich cubano, las garras de cangrejo de piedra y las arepas, los cuales muestran la rica fusión de sabores que caracteriza a la región. Los mercados vibrantes como el Bayside Marketplace ofrecen delicias locales y un ambiente lleno de vida para disfrutar de la gastronomía en su máxima expresión.

La flora y fauna en Miami son diversas gracias a su clima subtropical. En la ciudad abundan los parques y reservas naturales, como el impresionante Jardín Botánico Tropical Fairchild, donde se pueden admirar una vasta colección de plantas tropicales. Además, los visitantes pueden explorar el cercano Parque Nacional Everglades, un sitio declarado Patrimonio de la Humanidad por la UNESCO, famoso por sus humedales únicos y su variada vida salvaje, perfecto para el ecoturismo.

El turismo en Miami tiene un impacto social significativo, generando oportunidades económicas vitales para los residentes locales. El crecimiento del turismo ha fomentado el desarrollo de pequeñas empresas, incluyendo hoteles, restaurantes y operadores turísticos, beneficiando a muchas familias. La economía local depende en gran medida del turismo, lo que ha generado empleo y ha apoyado a artesanos y vendedores locales que exhiben sus productos y creaciones.

No obstante, como muchas ciudades en crecimiento, Miami también enfrenta desafíos relacionados con la sostenibilidad ambiental e infraestructuras. El rápido desarrollo puede ejercer presión sobre los recursos naturales y generar problemas como la congestión del tráfico y la asequibilidad de la vivienda. Las autoridades locales están implementando iniciativas ecológicas y fomentando un desarrollo urbano sostenible para mejorar la calidad de vida tanto de los residentes como de los visitantes.

Un dato curioso y poco conocido sobre Miami es su relevancia histórica en la industria del tabaco. A finales del siglo XIX y principios del XX, la ciudad se convirtió en un centro para los inmigrantes cubanos, lo que llevó al establecimiento de fábricas de puros y al crecimiento de una próspera comunidad cubana. Esta rica historia se celebra hoy en día, especialmente en La Pequeña Habana, donde los visitantes pueden conocer más sobre la herencia cubana a través de su música, arte y tradiciones culinarias.

La importancia de Miami va más allá de su atractivo como destino turístico. Es un centro vital para el intercambio cultural y la expresión artística. La ciudad es un testimonio vivo de la creatividad y la resiliencia de su diversa población, y se refleja en su música, danza y tradiciones culinarias. Los esfuerzos continuos para preservar este patrimonio cultural son esenciales para mantener la identidad única de Miami.

Viajar a Miami es fácil y cómodo para los viajeros de todo el mundo. La mayoría de los visitantes internacionales llegan a través del Aeropuerto Internacional de Miami, que es un importante centro de conexiones tanto nacionales como internacionales. Desde el aeropuerto, se puede acceder fácilmente a la ciudad mediante taxis, servicios de transporte compartido o el eficiente sistema de transporte público. Miami cuenta con una extensa red de autobuses y el Metrorail, que facilitan el desplazamiento por la ciudad.

En conclusión, Miami es un destino dinámico que ofrece una combinación única de sol, cultura y aventura. Sus icónicas playas, su vibrante vida nocturna y su diversa escena gastronómica crean un entorno acogedor para los viajeros que buscan una experiencia inolvidable. Ya sea relajándose en la playa, explorando su rica historia o disfrutando de su deliciosa comida, una visita a Miami promete recuerdos duraderos y un profundo aprecio por los encantos de esta ciudad extraordinaria. Como ciudad que abraza su identidad multicultural y fomenta la creatividad, Miami es un testimonio del poder de la diversidad y la atracción de la exploración.

79. Montego Bay: La Joya del Caribe

Montego Bay, conocido cariñosamente como "MoBay" por los locales, es una ciudad costera deslumbrante situada en la costa norte de Jamaica. Con una extensión de aproximadamente 200 kilómetros cuadrados, es la segunda ciudad más grande de Jamaica y la capital de la parroquia de St. James. Esta ciudad se encuentra entre el mar Caribe y las exuberantes colinas verdes del interior jamaiquino, y es famosa por sus playas paradisíacas, su cultura vibrante y su atmósfera animada, lo que la convierte en uno de los destinos turísticos más populares del Caribe.

Montego Bay se ubica estratégicamente a lo largo de la costa norte de Jamaica, rodeada por las aguas turquesas del mar Caribe. A tan solo 175 kilómetros al noroeste de Kingston, la capital, la ciudad es fácilmente accesible a través del Aeropuerto Internacional Sir Donald Sangster, ubicado a poca distancia en automóvil del centro. Este paraíso tropical está compuesto por paisajes impresionantes, colinas onduladas, playas de ensueño y arrecifes de coral que atraen a viajeros de todo el mundo.

El clima en Montego Bay es tropical, con temperaturas cálidas y una humedad moderada durante todo el año. Los promedios oscilan entre los 24°C y 31°C, lo que la convierte en un lugar ideal para quienes buscan disfrutar de un ambiente cálido y soleado. La temporada seca, de diciembre a abril, es perfecta para los amantes de la playa y las actividades al aire libre, mientras que durante la temporada de lluvias, de mayo a noviembre, las lluvias refrescantes contribuyen a la vegetación exuberante de la región, sin quitarle encanto a la experiencia de los visitantes.

Una de las principales atracciones de Montego Bay son sus espectaculares playas. La playa de Doctor's Cave es famosa por sus aguas cristalinas y su suave arena blanca. Aquí, los visitantes pueden nadar, tomar el sol y disfrutar de deportes acuáticos, rodeados de un ambiente relajado y amigable. La playa debe su nombre a una cueva que se creía tenía propiedades curativas, lo que ha atraído a personas en busca de descanso y rejuvenecimiento. Los bares y restaurantes a pie de playa ofrecen deliciosa comida local y cócteles refrescantes, lo que mejora la experiencia de disfrutar del Caribe.

Otro centro de interés turístico es el famoso Hip Strip, también conocido como Gloucester Avenue. Esta calle vibrante está repleta de tiendas, restaurantes y lugares de entretenimiento, y es un punto de encuentro para quienes desean disfrutar del ambiente animado de Montego Bay. Aquí se puede comprar artesanía local, escuchar música en vivo y degustar los sabores auténticos de la cocina jamaiquina en uno de los numerosos restaurantes. Además, la vida nocturna es inigualable, con bares y clubes que permanecen abiertos hasta altas horas de la madrugada.

Montego Bay también es famoso por sus campos de golf de clase mundial, como el prestigioso Half Moon Golf Club y el White Witch Golf Course. Los aficionados al golf pueden disfrutar de impresionantes vistas al mar mientras juegan en campos diseñados con paisajes espectaculares. Además, la ciudad alberga varios resorts de lujo que ofrecen una amplia gama de comodidades, como spas, deportes acuáticos y cenas gourmet, para quienes buscan relajarse y consentirse en medio de la belleza tropical.

La cultura de Montego Bay refleja la rica herencia de Jamaica, especialmente a través de su vibrante escena musical. El reggae tiene raíces profundas en la comunidad local, y el evento anual Reggae Sumfest, que se celebra en julio, atrae a amantes de la música de todo el mundo. Durante este festival, se celebran conciertos con artistas locales e internacionales, mostrando lo mejor de la música y la cultura jamaicana.

La gastronomía es un aspecto clave de la experiencia en Montego Bay. La comida local incluye platos populares como el pollo jerk, el curry de cabra y el ackee con pescado salado, todos servidos con arroz y guisantes. Además, los vendedores ambulantes ofrecen bocadillos como patties (empanadas de carne), festival (un tipo de dumpling frito) y bami (pan plano de yuca). Los mariscos frescos son una delicia común en muchos restaurantes, con platos de langosta, pargo y camarones preparados al estilo tradicional jamaiquino.

La flora y fauna de Montego Bay son diversas, gracias al clima tropical y los ricos ecosistemas de la región. Las áreas protegidas cercanas, como el Parque Marino de Montego Bay, ofrecen oportunidades para practicar esnórquel, buceo y observar la vida marina, incluyendo coloridos arrecifes de coral y peces exóticos. Los amantes de la naturaleza también pueden explorar la variada vegetación local, que incluye palmeras, hibiscos y la vibrante buganvilla.

El impacto social del turismo en Montego Bay es significativo, proporcionando importantes oportunidades económicas para los residentes locales. El crecimiento del turismo ha fomentado el desarrollo de pequeños negocios, como hoteles, restaurantes y operadores turísticos, permitiendo que muchas familias se beneficien del flujo constante de visitantes. La economía local prospera gracias al turismo, que genera empleos y apoya a artesanos y vendedores locales que exhiben sus productos.

Sin embargo, Montego Bay también enfrenta desafíos relacionados con la infraestructura y la sostenibilidad ambiental. El rápido crecimiento del turismo puede generar tensiones en los recursos locales, como la gestión de residuos y la preservación del medio ambiente. Las autoridades locales están trabajando activamente para promover prácticas turísticas responsables que protejan los recursos naturales y aseguren el bienestar de la comunidad.

Un dato poco conocido sobre Montego Bay es su importancia histórica como centro de producción de azúcar durante la era colonial. La ciudad albergaba numerosas plantaciones de azúcar, y aún hoy se pueden ver vestigios de esta historia en antiguos molinos y casas de plantaciones. Esta rica historia añade profundidad a la experiencia de visitar Montego

Bay, permitiendo a los viajeros apreciar su pasado mientras disfrutan de sus modernas comodidades.

La importancia de Montego Bay va más allá de su atractivo como destino turístico. La ciudad es un centro vital para el intercambio cultural y el desarrollo comunitario, y es un testimonio vivo de la resiliencia y creatividad del pueblo jamaicano. Las tradiciones musicales, artísticas y culinarias se mantienen vivas en esta ciudad, y los esfuerzos continuos para promover y preservar este patrimonio cultural son esenciales para mantener la identidad de Montego Bay.

Viajar a Montego Bay es sencillo para los visitantes internacionales. La mayoría llega al Aeropuerto Internacional Sangster, que sirve como una importante puerta de entrada al Caribe. Desde el aeropuerto, los viajeros pueden llegar fácilmente al centro de la ciudad en taxi, servicios de transporte o autos de alquiler. Además, la ciudad cuenta con un sistema de transporte público eficiente, incluyendo autobuses y taxis de ruta, que ofrecen opciones adicionales para desplazarse.

En conclusión, Montego Bay es un destino fascinante que combina una belleza natural incomparable, una cultura rica y una emocionante oferta de actividades. Sus playas de ensueño, su animada vida nocturna y su diversa gastronomía crean un ambiente acogedor para los viajeros que buscan una experiencia inolvidable. Ya sea relajándose en la playa, explorando la rica historia o disfrutando de los sabores locales, una visita a Montego Bay promete recuerdos duraderos y una apreciación más profunda de los encantos de esta notable ciudad.

80. Monteverde: Un Paraíso en las Nubes

La Reserva del Bosque Nuboso de Monteverde, situada en el corazón de Costa Rica, es uno de los tesoros naturales más preciados del país. Este destino único abarca más de 10,500 hectáreas de bosque denso envuelto en niebla, proporcionando un santuario para miles de especies de plantas y animales. Monteverde es mundialmente famoso por su biodiversidad y paisajes cautivadores, lo que lo convierte en un lugar imprescindible para amantes de la naturaleza, científicos y eco-turistas.

Monteverde se encuentra en la cordillera de Tilarán, en la región noroeste de Costa Rica. A una altitud de unos 1,500 metros sobre el nivel del mar, este entorno ofrece un ecosistema único de bosque nuboso. El aire cargado de humedad que asciende desde el océano Pacífico provoca una niebla constante que envuelve el bosque, creando una atmósfera etérea. Esta neblina cubre la zona, manteniendo el bosque exuberante y verde durante todo el año.

El clima en Monteverde es fresco y húmedo, con temperaturas que oscilan entre los 17°C y los 23°C. La reserva experimenta dos estaciones principales: la temporada seca, de diciembre a abril, y la temporada de lluvias, de mayo a noviembre. Aunque la estación seca es ideal para caminar y realizar actividades al aire libre, la temporada de lluvias trae consigo una vibrante vegetación, haciendo que el bosque cobre vida con un verdor aún más intenso.

El principal atractivo de Monteverde es su espectacular bosque nuboso, que ofrece una experiencia inmersiva en uno de los ecosistemas más únicos del planeta. Los senderos bien mantenidos que cruzan el bosque permiten a los visitantes explorar su diversa flora y fauna. Una de las actividades más populares es caminar por los puentes colgantes que se extienden a lo largo del dosel del bosque, ofreciendo vistas impresionantes de las copas de los árboles y la posibilidad de observar la fauna que de otro modo se mantendría oculta en la vegetación densa. La sensación de estar rodeado por la naturaleza, envuelto en niebla, y escuchar los sonidos de los pájaros e insectos crea una experiencia inolvidable.

La fauna de Monteverde es increíblemente diversa. La reserva alberga más de 100 especies de mamíferos, como los monos aulladores, perezosos y ocelotes. Los observadores de aves llegan de todas partes para ver al resplandeciente quetzal, un ave de colores brillantes venerada por las antiguas civilizaciones maya y azteca. Además del quetzal, más de 400 especies de aves, como tucanes, colibríes y trogones, habitan la reserva. El bosque también está lleno de reptiles, anfibios y una asombrosa variedad de insectos, incluyendo una gran cantidad de especies de mariposas.

La flora de Monteverde es igualmente impresionante, con árboles imponentes cubiertos de musgo, orquídeas, helechos y epífitas (plantas que crecen sobre otras plantas). La alta humedad del bosque nuboso permite que estas plantas prosperen, creando un paraíso verde en capas. El suelo del bosque está cubierto por una densa variedad de plantas, mientras que el dosel es un refugio para los animales que se alimentan y forrajean entre las hojas.

La historia y cultura de Monteverde están profundamente ligadas a su compromiso con la conservación. La reserva fue establecida originalmente en los años 50 por un grupo de familias cuáqueras que buscaban crear una comunidad agrícola pacífica en Costa Rica. Sus valores de conservación y protección ambiental siguen siendo fundamentales en la identidad de Monteverde hoy en día. El pueblo de

Monteverde es pequeño pero encantador, con eco-lodges, tiendas de arte local y cafeterías que atraen a los viajeros conscientes del medio ambiente. La gastronomía en Monteverde refleja a menudo la cocina tradicional costarricense. Los visitantes pueden disfrutar de platos típicos como el gallo pinto, el casado y frutas tropicales frescas como piñas y bananos. Muchos restaurantes en Monteverde se centran en la sostenibilidad, ofreciendo ingredientes orgánicos y de origen local, alineados con la filosofía ecológica de la región.

El impacto social del turismo en Monteverde es significativo, ya que la economía local depende en gran medida del eco-turismo. El área atrae a investigadores, conservacionistas y turistas de todo el mundo, quienes contribuyen a la preservación de la reserva con sus visitas. Los ingresos generados por el turismo apoyan los esfuerzos de conservación y programas educativos que sensibilizan sobre la importancia de proteger el medio ambiente. Además, el eco-turismo proporciona empleo a los residentes locales, creando oportunidades laborales como guías, en la hostelería y en la agricultura sostenible.

Monteverde enfrenta algunos desafíos urbanos, especialmente con el creciente número de visitantes. El aumento del turismo ha generado preocupación por el exceso de desarrollo y la presión sobre la infraestructura local, como las carreteras y la gestión de residuos. Sin embargo, las organizaciones locales y las autoridades están comprometidas con la promoción del turismo responsable, asegurando que los visitantes puedan disfrutar de la belleza natural del bosque nuboso sin causar daños al delicado ecosistema.

Un hecho poco conocido sobre Monteverde es su rica historia de descubrimientos científicos. La reserva ha sido el sitio de numerosos estudios sobre biodiversidad, cambio climático y ecosistemas forestales. Su posición única como uno de los pocos bosques nubosos del mundo lo ha convertido en un punto caliente para la investigación científica. De hecho, muchas especies de plantas y animales descubiertas en Monteverde no se encuentran en ningún otro lugar del mundo.

La importancia de la Reserva del Bosque Nuboso de Monteverde va más allá de su belleza natural. Sirve como hábitat crítico para especies en peligro de extinción, incluidas algunas especies de anfibios, como el sapo dorado, que una vez abundó en la reserva pero que ahora se considera extinto. El bosque nuboso también juega un papel vital en la regulación del clima local y en el suministro de agua limpia a las comunidades cercanas.

Llegar a Monteverde puede ser una pequeña aventura debido a su ubicación remota. La mayoría de los visitantes llegan a través de San José, la capital de Costa Rica, que está a unas 3 o 4 horas en automóvil. Las carreteras que conducen a Monteverde son conocidas por ser irregulares y sinuosas, pero las vistas escénicas a lo largo del camino compensan el viaje. Los visitantes pueden alquilar un coche, tomar un autobús o organizar un transporte privado. Para los que buscan una llegada más emocionante, un recorrido en tirolina por el bosque nuboso es una opción popular, ofreciendo una vista aérea del bosque mientras se deslizan entre los árboles.

En conclusión, la Reserva del Bosque Nuboso de Monteverde es un destino mágico que ofrece a los visitantes la oportunidad de conectarse con la naturaleza en uno de los lugares más biodiversos del planeta. Sus impresionantes paisajes, su rica fauna y su compromiso con la conservación lo convierten en un lugar de visita obligada para los eco-turistas y amantes de la aventura. Ya sea explorando los senderos envueltos en niebla, maravillándose con las coloridas aves o simplemente disfrutando de la tranquilidad del bosque, Monteverde proporciona una experiencia inolvidable que fomenta una profunda apreciación por el mundo natural. Como un destino que continúa inspirando a visitantes e investigadores por igual, Monteverde es un testimonio de la importancia de preservar nuestros delicados ecosistemas para las generaciones futuras.

81. Montreal: Fusión de Historia y Modernidad

Montreal, situada en la parte sureste de Canadá, es una de las ciudades más fascinantes de América del Norte. Ubicada en la provincia de Quebec, en la Isla de Montreal, donde los ríos San Lorenzo y Ottawa se encuentran, esta estratégica ubicación ha convertido a Montreal no solo en un importante puesto comercial históricamente, sino también en un centro cultural vibrante, combinando la elegancia europea con la vitalidad norteamericana. La ciudad abarca un área de aproximadamente 431 kilómetros cuadrados, ofreciendo una amplia gama de experiencias para que los turistas exploren.

El clima en Montreal juega un papel importante en la formación del carácter de la ciudad. Los inviernos son conocidos por ser duros, con temperaturas que descienden hasta los -20°C y grandes nevadas que transforman la ciudad en un verdadero paraíso invernal. Las calles a menudo están cubiertas por capas de nieve fresca, y los habitantes navegan por los caminos helados abrigados con gruesos abrigos y bufandas. Sin embargo, no es solo el frío; los inviernos en Montreal son mágicos, con pistas de patinaje al aire libre, mercados navideños y festivales de nieve. En contraste, los veranos son cálidos y húmedos, con temperaturas que alcanzan alrededor de los 26°C. Los turistas que visitan durante el verano experimentan un lado completamente diferente de la ciudad: parques verdes, calles llenas de vida y festivales bajo un cielo azul brillante. La primavera y el otoño ofrecen climas más templados, con un follaje colorido en otoño que vale la pena admirar.

Montreal es una ciudad repleta de atracciones turísticas. Uno de sus lugares más icónicos es el Viejo Montreal, un distrito histórico que se siente como viajar en el tiempo. Las calles adoquinadas, los edificios de estilo europeo y los encantadores cafés transportan a los visitantes a una época en la que los colonos franceses hicieron de este lugar su hogar. Durante el día, los turistas pasean por las calles, admirando la arquitectura, visitando la Basílica de Notre-Dame o disfrutando de un momento tranquilo en el Puerto Viejo. Por la noche, el distrito cobra vida con luces, artistas callejeros y una vibrante vida nocturna.

La temporada más popular para visitar Montreal es durante los meses de verano, de junio a agosto, cuando el clima es perfecto para actividades al aire libre. La escena de festivales de la ciudad alcanza su punto máximo durante este período, con el Festival Internacional de Jazz de Montreal, el festival de comedia Just for Laughs y el festival de música Francofolies, que atraen a multitudes de todo el mundo. Sin embargo, los turistas que disfrutan de los deportes de invierno o del encanto acogedor de una ciudad cubierta de nieve encontrarán los meses más fríos igualmente atractivos.

Montreal es una ciudad profundamente conectada con sus raíces francesas. Aunque se encuentra en un país de habla inglesa, la mayoría de los habitantes de Montreal hablan francés como su primer idioma. Esto le da a la ciudad un toque distintivamente europeo, desde su idioma hasta su comida y cultura. El francés y el inglés coexisten en Montreal, convirtiéndola en un paraíso bilingüe donde las personas cambian de un idioma a otro sin esfuerzo. Esta mezcla única de culturas ha fomentado una rica escena artística y culinaria.

Hablando de comida, Montreal es famosa por sus delicias culinarias. La ciudad tiene sus propios platos icónicos, como la poutine, una deliciosa mezcla de papas fritas, cuajada de queso y salsa. Los bagels al estilo de Montreal son otro imprescindible, conocidos por ser más densos y dulces que sus homólogos de Nueva York. Y no podemos olvidar el smoked meat, un tipo de carne curada y ahumada que a menudo se sirve en enormes sándwiches, como en Schwartz's, una legendaria charcutería. Más allá de las especialidades locales, la diversa población de Montreal ha traído sabores de todo el mundo, haciendo de esta ciudad un paraíso para los amantes de la gastronomía.

El entorno natural de Montreal también es impresionante. A pesar de ser un bullicioso centro urbano, la ciudad cuenta con una abundancia de espacios verdes. El Monte Royal, del cual la ciudad toma su nombre, es una gran colina volcánica que ofrece senderos para caminatas, impresionantes vistas de la ciudad y un lugar para escapar del ajetreo urbano. En verano, se pueden ver a los locales disfrutando de picnics y tomando el sol, mientras que en invierno es un lugar popular para el trineo y las caminatas con raquetas de nieve. La proximidad de la ciudad al río San Lorenzo también brinda oportunidades para actividades acuáticas, como el kayak y los recorridos en barco.

Uno de los aspectos más interesantes de Montreal es su identidad multicultural. A lo largo de los años, la ciudad ha atraído a personas de todo el mundo, creando un vibrante mosaico de culturas. Barrios como La Pequeña Italia, Chinatown y Mile End ofrecen cada uno una experiencia cultural distinta. Esta diversidad también se refleja en la vida social de la ciudad, con diversos festivales culturales, ferias callejeras y desfiles que celebran desde la cultura caribeña hasta el patrimonio judío de la ciudad.

El paisaje urbano de Montreal, aunque cautivador, no está exento de desafíos. Como muchas ciudades, enfrenta problemas de infraestructura, particularmente su envejecido sistema de carreteras. Los puentes, túneles y autopistas de la ciudad a menudo están en reparación, lo que provoca notables embotellamientos. También existen preocupaciones sobre la asequibilidad de la vivienda, ya que el costo de vida sigue aumentando. Sin embargo, estos desafíos no han disminuido el encanto de Montreal. De hecho, añaden carácter a la ciudad, ya que los residentes enfrentan estos obstáculos con humor y resiliencia.

Un hecho menos conocido sobre Montreal es su vasta red de caminos subterráneos, conocida como "La Ville Souterraine". Esta red de túneles de 33 kilómetros conecta centros comerciales, hoteles, edificios de oficinas y estaciones de metro, lo que permite viajar por una gran parte del centro sin salir al exterior, algo especialmente útil durante los meses de invierno.

La importancia de Montreal va mucho más allá de su papel como destino turístico. Históricamente, la ciudad ha sido un importante centro de comercio y comercio. Su posición a lo largo del río San Lorenzo la convirtió en un puerto clave para los bienes que viajaban entre Europa y América del Norte. En tiempos modernos, Montreal se ha convertido en un centro para la tecnología, la industria aeroespacial y los videojuegos. Alberga numerosas organizaciones internacionales y es reconocida como una de las mejores ciudades del mundo para estudiantes, gracias a su alta concentración de universidades e instituciones de investigación.

Viajar a Montreal es fácil desde cualquier parte del mundo. La ciudad está servida por el Aeropuerto Internacional Montreal-Pierre Elliott Trudeau, que la conecta con las principales ciudades de América del Norte, Europa e incluso partes de Asia. Una vez en la ciudad, el sistema de transporte público es muy eficiente, con un sistema de metro, autobuses y hasta un programa de bicicletas compartidas llamado BIXI que facilita el desplazamiento.

A pesar de ser una gran ciudad, Montreal mantiene una atmósfera acogedora y relajada. Las personas aquí son amigables y relajadas, y se siente una palpable "joie de vivre", un disfrute exuberante de la vida, que impregna la ciudad. Es un lugar donde el arte, la cultura y la historia se mezclan sin esfuerzo con la vida moderna, ofreciendo algo para todos.

En conclusión, Montreal es una ciudad que cautiva a los turistas con su combinación de encanto del viejo mundo y energía contemporánea. Ya sea paseando por las históricas calles del Viejo Montreal, disfrutando de las delicias culinarias de la ciudad o simplemente disfrutando de su vibrante escena cultural, los visitantes se llevarán recuerdos duraderos. La ubicación única de la ciudad, sus estaciones distintivas y su población multicultural la convierten en un destino diferente a cualquier otro. Con sus cálidos veranos, nevados inviernos y festivales en abundancia, nunca hay un mal momento para visitar Montreal.

82. Nassau: Encanto Tropical del Caribe

Nassau, la capital de las Bahamas, es un verdadero paraíso tropical que se ha convertido en uno de los destinos turísticos más codiciados de América del Norte. Ubicada en la isla de New Providence, Nassau es la ciudad más grande de las Bahamas, extendiéndose a lo largo de aproximadamente 207 kilómetros cuadrados. A solo 290 kilómetros de la costa de Florida, su proximidad a los Estados Unidos la convierte en un refugio conveniente para quienes buscan un escape soleado. Su ubicación geográfica en el Océano Atlántico, junto a sus aguas turquesas y playas de arena blanca, le otorgan una imagen icónica que atrae a millones de visitantes cada año.

El clima cálido y tropical de Nassau durante todo el año es uno de sus mayores atractivos. La ciudad disfruta de inviernos suaves y veranos cálidos, con temperaturas que oscilan entre los 21°C en los meses más frescos (de diciembre a febrero) y los 32°C en los meses más calurosos (de junio a agosto). Las brisas marinas del Atlántico ayudan a mantener el clima agradable, incluso en los días más cálidos. La temporada de lluvias va de junio a noviembre, pero los aguaceros suelen ser breves y el sol pronto vuelve a brillar. A pesar de la amenaza ocasional de huracanes durante este período, Nassau sigue siendo un destino favorito para los amantes de las playas y quienes buscan disfrutar del sol.

Uno de los hitos más icónicos de Nassau es el resort Atlantis Paradise Island, un destino mundialmente famoso para los turistas que buscan lujo, entretenimiento y relajación. Ubicado en Paradise Island, a un corto trayecto del centro de Nassau, Atlantis es un extenso complejo que lo tiene todo, desde parques acuáticos y exhibiciones marinas hasta casinos y tiendas de alta gama. Los enormes acuarios del resort albergan miles de animales marinos, y sus famosas atracciones acuáticas, como el "Leap of Faith", ofrecen emociones y diversión para visitantes de todas las edades.

Más allá del glamour de Atlantis, Nassau ofrece una serie de atracciones que muestran su rica historia y vibrante cultura. El centro de la ciudad alberga coloridos edificios coloniales, museos y bulliciosos mercados. Bay Street es la principal calle comercial, donde los visitantes pueden comprar productos libres de impuestos, artesanías locales y recuerdos bahameños. La Escalera de la Reina, tallada en piedra caliza a finales del siglo XVIII, lleva al Fuerte Fincastle, desde donde se pueden disfrutar vistas panorámicas de la ciudad. Y no podemos olvidar el Junkanoo, el festival bahameño que se celebra el Boxing Day y el Día de Año Nuevo. Este animado desfile llena las calles de Nassau con música, baile y coloridos disfraces, mostrando el orgulloso patrimonio africano de la isla.

La mejor época para visitar Nassau es durante los meses más frescos, de diciembre a abril, cuando el clima es cálido pero no demasiado caluroso, y hay menos riesgo de lluvias. Este periodo también coincide con la temporada alta de turismo, lo que significa que la ciudad está llena de actividad. Los cielos despejados y las suaves brisas oceánicas hacen que explorar al aire libre sea un verdadero placer. Sin embargo, los visitantes que no se preocupan por las lluvias ocasionales pueden preferir la temporada baja, que es más tranquila y asequible.

La cultura de Nassau está profundamente arraigada en la historia de las Bahamas, que mezcla influencias africanas, europeas e indígenas. Los bahameños son conocidos por su amabilidad y actitud relajada, y rápidamente te darás cuenta de que la vida aquí fluye a un ritmo más lento, encarnando la mentalidad de "tiempo isleño". La música, especialmente los ritmos de rake-and-scrape y goombay, es la banda sonora de la vida diaria, con vibrantes melodías que resuenan desde bares locales y esquinas de calles.

La comida es una parte esencial de la experiencia en Nassau. La cocina bahameña refleja la historia y la ubicación geográfica de la isla, con mariscos frescos, frutas tropicales y platos ricos en sabor. El caracol, un tipo de molusco, es el ingrediente estrella de muchas comidas bahameñas. Se puede encontrar preparado en diversas formas, desde frituras de caracol hasta ensaladas de caracol, todas ellas imperdibles para los visitantes. Otros platos populares incluyen el caracol triturado, la langosta de roca y el guiso de pescado al estilo bahameño. La cercanía de la isla al océano garantiza que los mariscos siempre estén frescos, y los sabores son atrevidos, con abundante lima, chile y coco.

La flora y fauna de Nassau son características de una isla tropical, con abundancia de palmeras, flores vibrantes como la buganvilla y el hibisco, y avistamientos ocasionales de vida silvestre nativa. Es posible que veas al loro verde de las Bahamas o al flamenco del Caribe en ciertas áreas. Las aguas que rodean Nassau están llenas de vida, lo que la convierte en un destino popular para los buceadores y aficionados al esnórquel. Los arrecifes de coral, los peces tropicales e incluso delfines o tiburones ocasionales hacen que explorar el mundo submarino sea una experiencia inolvidable.

Nassau tiene una gran importancia para las Bahamas, tanto económica como culturalmente. Como capital, es el centro político y comercial del país. El puerto de la ciudad es un importante centro de cruceros, y cada día desembarcan miles de pasajeros para explorar la isla, ir de compras y disfrutar de sus playas. El turismo es el motor de la economía de Nassau, proporcionando empleo a la mayoría de sus residentes. La proximidad de la ciudad a los EE.UU. y su atractivo tropical la han convertido en un imán para los turistas, y este flujo constante de visitantes ha ayudado a moldear Nassau en una ciudad vibrante y cosmopolita.

Sin embargo, como muchas áreas urbanas, Nassau enfrenta su propio conjunto de desafíos. El rápido crecimiento del turismo ha ejercido presión sobre la infraestructura de la ciudad, particularmente en sus carreteras y servicios públicos. La congestión del tráfico, especialmente en el centro de la ciudad, es una queja común entre los lugareños y los turistas. Además, el aumento del turismo ha llevado a un mayor desarrollo, lo que algunos temen que pueda amenazar la belleza natural de la isla. También existen preocupaciones sobre la desigualdad económica, ya que no todos los bahameños se benefician por igual del auge turístico de la ciudad.

A pesar de estos desafíos, Nassau sigue prosperando. Su rica historia y su importancia cultural la convierten en mucho más que un destino de playa. En el pasado, piratas merodeaban por sus costas, y los restos de su pasado colonial todavía se pueden ver en su arquitectura y monumentos históricos. El vibrante presente de Nassau, con sus festivales animados, su diversa gastronomía y su gente acogedora, hace que los turistas regresen una y otra vez.

Un hecho poco conocido sobre Nassau es su conexión con los piratas. A principios del siglo XVIII, Nassau era un refugio para los piratas, y figuras como Barbanegra y Calico Jack llamaban hogar a la ciudad. Las aguas poco profundas que rodean Nassau la convertían en una base ideal para los barcos piratas, que podían evadir fácilmente a las naves navales más grandes. Hoy en día, puedes aprender sobre esta historia de piratas en el museo Pirates of Nassau, una experiencia interactiva que da vida al pasado pirata de la isla.

Llegar a Nassau es fácil, ya que la ciudad está bien conectada con el resto del mundo. El Aeropuerto Internacional Lynden Pindling sirve como la puerta de entrada principal, con vuelos directos desde ciudades importantes de los EE.UU., Canadá, Europa y el Caribe. Los cruceros son otra forma popular de llegar a Nassau, con muchos itinerarios que incluyen una parada en el bullicioso puerto de la ciudad. Una vez en Nassau, desplazarse es sencillo. Los taxis son abundantes, y los autobuses locales, conocidos como jitneys, ofrecen una forma económica de moverse por la isla.

En conclusión, Nassau es una ciudad que ofrece lo mejor de ambos mundos. Es un lugar donde puedes sumergirte en la rica cultura e historia de las Bahamas, mientras disfrutas de las comodidades modernas y el lujo de uno dc los principales destinos turísticos del Caribe. Ya sea que quieras relajarte en la playa, sumergirte en las aguas cristalinas o disfrutar de la animada vida nocturna, Nassau tiene algo para todos.

83. Negril: El Encanto del Caribe

Negril, en la costa occidental de Jamaica, es un destino turístico pequeño pero encantador que ha cautivado a viajeros durante décadas. Ubicado en la punta oeste de la isla, Negril es famoso por su atmósfera relajada, sus impresionantes playas y sus atardeceres de ensueño. La ciudad se extiende a lo largo de una hermosa costa de aproximadamente 11 kilómetros, con la icónica Seven Mile Beach como la joya de este paraíso tropical. Negril es el lugar perfecto para quienes buscan escapar del bullicio y relajarse bajo el sol en uno de los rincones más idílicos del Caribe.

Su ubicación geográfica lo convierte en un refugio tropical ideal. Situado en la confluencia del mar Caribe y la costa occidental de Jamaica, Negril disfruta de sol durante todo el año, con temperaturas que oscilan entre los 27°C y los 32°C. El clima es típicamente tropical, con dos estaciones bien definidas: una estación seca que va de noviembre a abril y una estación lluviosa de mayo a octubre. Durante la temporada de lluvias, breves chubascos refrescan los días soleados, pero el sol siempre vuelve a brillar. Las brisas del mar ayudan a moderar el calor, haciendo que incluso los meses más cálidos sean agradables para quienes disfrutan de la playa y actividades al aire libre.

La playa Seven Mile Beach es, sin duda, la atracción más famosa de Negril. Considerada una de las mejores playas del mundo, se extiende en una larga franja de arena blanca y suave, bañada por aguas turquesas y cristalinas. Los visitantes pueden pasar el día relajándose bajo las palmeras, nadando en el tranquilo mar o explorando los bares y restaurantes junto a la playa. La vibra relajada es inconfundible, y es común ver a la gente caminando descalza por la playa o disfrutando de los legendarios atardeceres de Negril, que pintan el cielo de tonos rosados, naranjas y violetas, creando el escenario perfecto para un baño nocturno o un cóctel frente al mar.

En el extremo de la ciudad, los acantilados de Negril ofrecen un paisaje dramático que contrasta con la planicie de Seven Mile Beach. Estos acantilados de piedra caliza brindan vistas impresionantes del mar Caribe y son un lugar popular para los viajeros aventureros que disfrutan del buceo desde los acantilados o explorando las cuevas que salpican la costa. Un lugar emblemático en esta zona es Rick's Café, donde los visitantes pueden observar a los buceadores lanzarse al agua mientras disfrutan de bebidas tropicales. Los acantilados también ofrecen algunos de los mejores puntos de observación para ver la puesta de sol, y muchos turistas se reúnen aquí por la tarde para disfrutar de la vista.

La mejor época para visitar Negril es durante la temporada seca, especialmente entre diciembre y marzo, cuando el clima es perfecto y las probabilidades de lluvia son bajas. Este período también coincide con la temporada alta de turismo, lo que significa que la ciudad está llena de actividad y las playas están animadas. Sin embargo, para aquellos que prefieren evitar las multitudes, visitar en los meses de abril o noviembre puede ofrecer una experiencia más tranquila, con precios ligeramente más bajos y menos turistas, pero aún con buen clima.

La cultura jamaicana es vibrante y profundamente arraigada en Negril. La música, en particular, juega un papel central en la vida diaria. Los sonidos del reggae y el dancehall llenan el aire, ya sea en bares locales, en la playa o en conciertos improvisados. Los festivales de música y las actuaciones espontáneas son comunes, lo que permite a los visitantes disfrutar de la rica herencia musical de Jamaica. La influencia de Bob Marley está en todas partes, y es habitual escuchar bandas locales interpretando sus éxitos o recorrer tours dedicados a su legado.

La gastronomía en Negril es otro de los grandes atractivos de la ciudad. La comida jamaicana es una fusión de influencias africanas, europeas e indígenas, con sabores audaces y únicos. Los visitantes pueden deleitarse con pollo o cerdo jerk, marinados en una mezcla picante y ácida, asados a la perfección y a menudo servidos con arroz, guisantes o plátanos fritos. Los amantes de los mariscos están de enhorabuena, ya que las aguas locales proveen una abundancia de pescado fresco, langosta y camarones. El ackee con bacalao, el plato nacional de Jamaica, es otra delicia que no se puede perder, servido a menudo como un contundente desayuno. La comida callejera es una parte esencial de la experiencia local, con vendedores que ofrecen desde empanadas rellenas de carne o verduras hasta maíz asado.

Pero Negril no se trata solo de playas y comida. La ciudad está rodeada de exuberante vegetación y fauna única, lo que la convierte en un destino ideal para los amantes de la naturaleza. La flora de Negril incluye plantas tropicales como palmeras, hibiscos y buganvillas, que aportan vibrantes toques de color al paisaje. La fauna local incluye una variedad de aves, como loros, colibríes y pelícanos, así como vida marina como peces de colores, tortugas marinas y delfines. Para aquellos interesados en explorar la belleza natural de Negril, atracciones cercanas como la Reserva Real de Palmas ofrecen la oportunidad de hacer senderismo por los humedales y observar la vida silvestre en su hábitat natural.

Aunque Negril es una ciudad pequeña, desempeña un papel importante en la industria turística de Jamaica. La ciudad se ha convertido en un símbolo de relajación y libertad, atrayendo a viajeros de todas partes del mundo que buscan relajarse y experimentar la magia del Caribe. El turismo es la principal fuente económica de Negril, proporcionando empleo a los residentes locales y fomentando el desarrollo de la ciudad. Sin embargo, esta dependencia del turismo también presenta desafíos. A medida que la ciudad crece, surgen preocupaciones sobre el impacto ambiental del desarrollo excesivo, especialmente en los delicados ecosistemas costeros. Se están haciendo esfuerzos para promover un turismo sostenible y proteger la belleza natural que hace que Negril sea tan especial.

150 DESTINOS TURÍSTICOS POPULARES DE NORTEAMÉRICA

Un dato poco conocido sobre Negril es que, antes de convertirse en un destino turístico, era un tranquilo pueblo de pescadores, relativamente desconocido hasta la década de 1960. En aquel entonces, la ciudad era un tesoro escondido, conocido solo por unos pocos viajeros aventureros. A medida que se difundió la belleza de Negril, más turistas comenzaron a visitarla, y la ciudad se fue desarrollando poco a poco hasta convertirse en el popular destino que es hoy. A pesar de su crecimiento, Negril ha logrado conservar su atmósfera relajada y sin prisas, lo que la convierte en un destino favorito para quienes buscan una experiencia auténtica en Jamaica.

Llegar a Negril es relativamente fácil, gracias a su ubicación en la costa occidental de la isla. La mayoría de los visitantes internacionales llegan a través del Aeropuerto Internacional Sangster en Montego Bay, a una hora y media en coche de Negril. Hay servicios de transporte, taxis y autos de alquiler disponibles para el viaje escénico a lo largo de la costa. Una vez en Negril, moverse es sencillo, con taxis y minibuses que ofrecen transporte hacia y desde la playa, restaurantes y atracciones locales. Para quienes prefieren explorar por su cuenta, alquilar scooters o bicicletas es una opción popular.

En conclusión, Negril es un lugar donde el tiempo parece detenerse y el estrés de la vida cotidiana se desvanece. Con sus playas impresionantes, su vibrante cultura y su deliciosa gastronomía, no es de extrañar que viajeros de todo el mundo acudan a este paraíso jamaicano. Ya sea para relajarse en la playa, explorar los acantilados o sumergirse en la música y comida locales, Negril tiene algo para todos. Su importancia como centro turístico no puede subestimarse, y su singular combinación de belleza natural y riqueza cultural la convierte en uno de los destinos más queridos del Caribe.

84. Nueva York, la "Gran Manzana"

Nueva York, comúnmente conocida como la "Gran Manzana", es una de las ciudades más icónicas del mundo. Ubicada en la costa noreste de los Estados Unidos, en el estado de Nueva York, es la ciudad más poblada del país, con más de 8 millones de habitantes. La ciudad cubre un área de 1,213 kilómetros cuadrados, que incluye cinco distritos o "boroughs": Manhattan, Brooklyn, Queens, el Bronx y Staten Island. Cada uno de estos barrios tiene su personalidad única, pero juntos forman la metrópolis vibrante que atrae a millones de turistas de todo el mundo cada año.

Geográficamente, Nueva York se encuentra en la desembocadura del río Hudson, que desemboca en el puerto de Nueva York. Su ubicación, junto al Océano Atlántico, ha sido históricamente clave para convertirla en uno de los puertos más importantes del mundo, lo que ha contribuido a su crecimiento como un centro económico y cultural global. El horizonte de Nueva York, especialmente en Manhattan, es una imagen reconocida mundialmente, dominada por rascacielos como el Empire State Building y el One World Trade Center.

El clima de Nueva York varía a lo largo del año y experimenta las cuatro estaciones. Los inviernos, de diciembre a febrero, pueden ser fríos y con nieve, con temperaturas que a menudo bajan de los 0°C. La primavera y el otoño ofrecen temperaturas suaves, con flores en el Parque Central en primavera y un hermoso follaje en otoño, lo que hace de estas estaciones un momento ideal para visitar. Los veranos, de junio a agosto, son calurosos y húmedos, con temperaturas que alcanzan los 30°C. Cada estación ofrece a los visitantes una vista diferente de la energía y el carácter de la ciudad.

Nueva York alberga algunos de los destinos turísticos más famosos del mundo. Times Square, con sus carteles luminosos y su incesante flujo de personas, es una de las primeras paradas para muchos visitantes. Esta área es conocida por sus teatros en Broadway, donde se representan producciones y musicales de clase mundial durante todo el año. La Estatua de la Libertad, un símbolo de la libertad y la democracia, se alza orgullosa en la Isla de la Libertad y se puede visitar tomando un ferry desde Battery Park. El Central Park, un oasis verde en el corazón de Manhattan, ofrece un respiro del bullicio urbano, con caminos para caminar, lagos y espacios abiertos para relajarse.

La mejor época para visitar Nueva York depende de la experiencia que el viajero busque. La primavera y el otoño suelen ser consideradas las mejores épocas, ya que el clima es suave y agradable para hacer turismo. Los meses de invierno pueden ser fríos, pero mucha gente acude a la ciudad para la temporada mágica de vacaciones, cuando la ciudad se adorna con luces festivas y decoraciones. El árbol de Navidad en el Rockefeller Center, el patinaje sobre hielo en Bryant Park y los escaparates navideños de Macy's y Saks son grandes atracciones. El verano es ideal para quienes quieren experimentar la vibrante vida al aire libre de Nueva York, incluidos conciertos, ferias callejeras y visitas a las playas cercanas, como Coney Island.

Culturalmente, Nueva York es un crisol de culturas. Su población es increíblemente diversa, con personas de todos los rincones del mundo llamando a la ciudad su hogar. Esta diversidad se refleja en los barrios, los idiomas y la comida de la ciudad. Un paseo por Nueva York te lleva de Chinatown, con sus mercados bulliciosos y auténtica cocina china, a Little Italy, donde puedes disfrutar de platos italianos tradicionales, hasta Harlem, el centro histórico de la cultura afroamericana y el jazz. Las instituciones culturales de Nueva York, como el Museo Metropolitano de Arte, el Museo de Arte Moderno (MoMA) y el Museo Americano de Historia Natural, son mundialmente conocidas y muestran todo, desde artefactos antiguos hasta el arte contemporáneo más innovador.

En cuanto a la comida, Nueva York es una capital culinaria. Los visitantes pueden probar de todo, desde perritos calientes en un carrito callejero hasta cenas elegantes en restaurantes con estrellas Michelin. Los platos icónicos asociados con la ciudad incluyen la pizza al estilo neoyorquino, conocida por sus grandes rebanadas plegables y su corteza delgada; los bagels con queso crema y salmón ahumado, a menudo disfrutados en el desayuno; y el sándwich de pastrami, que se puede encontrar en legendarias delicatessen como Katz's. La escena gastronómica de la ciudad es tan diversa como su población, ofreciendo cocinas de todo el mundo, incluyendo falafel del Medio Oriente, tacos mexicanos y barbacoa coreana.

A pesar de ser una jungla urbana, Nueva York tiene rincones verdes y vida silvestre. El Central Park, con sus 341 hectáreas, alberga una variedad de aves, ardillas e incluso mapaches. El diseño del parque permite a los visitantes experimentar prados, bosques y lagos en pleno centro de la ciudad. En las aguas que rodean la ciudad, especialmente cerca del parque Pelham Bay en el Bronx, es posible avistar focas, delfines y diversas especies de peces.

Social y económicamente, Nueva York juega un papel fundamental no solo en los Estados Unidos, sino en todo el mundo. Como sede de las Naciones Unidas, Wall Street y numerosas empresas de medios y moda, la ciudad es una potencia en política internacional, finanzas y cultura. También es una ciudad de contrastes, donde la extrema riqueza convive con la pobreza, y los distritos comerciales de lujo, como la Quinta Avenida, están a solo un viaje en metro de vecindarios que enfrentan desafíos como la gentrificación y el desplazamiento.

Nueva York enfrenta varios desafíos urbanos, algunos de los cuales son el resultado de su tamaño y densidad. La asequibilidad de la vivienda es un problema importante, con alquileres extremadamente altos que dificultan que muchos residentes encuentren viviendas adecuadas. La congestión del tráfico es otro problema persistente, con calles a menudo abarrotadas de automóviles, taxis y autobuses. Sin embargo, Nueva York también cuenta con uno de los sistemas de transporte público más extensos del mundo. El metro de Nueva York, con sus 472 estaciones, es un salvavidas para millones de personas que dependen de él para moverse por la ciudad.

Un hecho interesante, pero menos conocido, sobre Nueva York es su relación con el agua subterránea. Debajo de las calles de la ciudad se encuentra un extenso sistema de acuíferos, y el Acueducto Croton, construido en el siglo XIX, todavía suministra agua potable a millones de residentes. Esta infraestructura oculta es esencial para mantener la ciudad en funcionamiento.

Llegar a Nueva York desde otras partes del mundo es fácil, gracias a sus bien conectados aeropuertos. El Aeropuerto Internacional John F. Kennedy (JFK) es la principal puerta de entrada para los viajeros internacionales, con vuelos a y desde ciudades de todo el mundo. El Aeropuerto LaGuardia (LGA) maneja principalmente vuelos nacionales, mientras que el Aeropuerto Newark Liberty (EWR) en Nueva Jersey también sirve al área metropolitana de Nueva York.

La importancia de Nueva York no puede subestimarse. Es la ciudad más grande de los Estados Unidos y un centro global de finanzas, medios, arte y cultura. El apodo de la ciudad, "La ciudad que nunca duerme", captura perfectamente su energía constante, donde siempre sucede algo, sin importar la hora del día o de la noche.

A pesar de sus desafíos, Nueva York sigue siendo un símbolo de oportunidades e innovación. Es un lugar donde personas de todas partes vienen a perseguir sus sueños, ya sean actores aspirantes que buscan triunfar en Broadway, emprendedores que buscan iniciar la próxima gran empresa tecnológica o inmigrantes que buscan una vida mejor para sus familias.

En conclusión, Nueva York es un destino dinámico y multifacético que ofrece algo para todos. Desde sus monumentos mundialmente famosos, como la Estatua de la Libertad y Times Square, hasta sus gemas ocultas, como los restaurantes de vecindarios y los rincones tranquilos del Central Park, la ciudad está llena de sorpresas. Los visitantes vienen por la historia, la cultura, la comida y la energía, y se van con recuerdos que duran toda la vida.

85. Las Cataratas del Niágara: Belleza y Poder Natural

Las Cataratas del Niágara, uno de los destinos turísticos más famosos de América del Norte, son un lugar donde la belleza impresionante de la naturaleza y su poder crudo se unen para crear una experiencia inolvidable. Ubicadas en la frontera entre Canadá y Estados Unidos, el lado canadiense de las cataratas, situado en la provincia de Ontario, es considerado a menudo como el mejor lugar para observar esta maravilla natural. La ciudad de Niagara Falls, Ontario, ha crecido alrededor de este impresionante espectáculo, atrayendo a millones de visitantes cada año de todo el mundo.

La ciudad de Niagara Falls cubre un área de aproximadamente 209 kilómetros cuadrados, con las famosas cataratas siendo su joya principal. El complejo de las Cataratas del Niágara está formado por tres cataratas: Horseshoe Falls, que está en el lado canadiense y es la más grande y dramática; y las American Falls y Bridal Veil Falls, que se encuentran en el lado estadounidense. Horseshoe Falls cae desde una altura de aproximadamente 57 metros y se extiende a lo largo de 790 metros de ancho. El enorme volumen de agua que fluye por estas cataratas, especialmente en los momentos de mayor caudal, es asombroso, y la niebla que se eleva de la cascada a menudo crea arcoíris en el cielo.

Geográficamente, Niagara Falls está ubicada a solo 130 kilómetros de Toronto, lo que la convierte en una excursión ideal de un día para quienes se alojan en la ciudad más grande de Canadá. Las cataratas también son accesibles desde el estado de Nueva York, en los Estados Unidos, particularmente desde Búfalo, que está a unos 32 kilómetros. Esta proximidad a grandes centros urbanos y la facilidad de transporte han hecho de Niagara Falls un punto turístico global.

El clima en Niagara Falls es típico de la región de los Grandes Lagos, con inviernos fríos, veranos cálidos y estaciones muy marcadas. El invierno, de diciembre a febrero, puede ser bastante frío, con temperaturas que a menudo bajan de los 0°C. Sin embargo, la vista de las cataratas parcialmente congeladas, rodeadas de nieve y hielo, crea un paisaje mágico y casi surrealista que atrae a los visitantes incluso en los meses más fríos. La primavera y el otoño son consideradas las mejores épocas para visitar, con clima templado, menos turistas y un hermoso follaje a lo largo del Niagara Parkway. El verano, de junio a agosto, es la temporada más concurrida, con temperaturas cálidas y cielos despejados, lo que lo convierte en un momento ideal para tours en bote y actividades al aire libre.

Las Cataratas del Niágara son mucho más que las cascadas. La ciudad en sí está repleta de entretenimiento, atracciones y actividades para todas las edades. Uno de los centros turísticos más populares es Clifton Hill, una vibrante calle ubicada a poca distancia de las cataratas. Clifton Hill está llena de atracciones para la familia, como museos de cera, salas de juegos, restaurantes temáticos y la Niagara SkyWheel, una enorme noria que ofrece vistas espectaculares de las cataratas y sus alrededores. Para aquellos que buscan una experiencia más aventurera, la atracción Journey Behind the Falls permite a los visitantes descender a túneles detrás de Horseshoe Falls y ver la impresionante cascada desde un punto de vista único.

Los tours en bote, como los de Hornblower Niagara Cruises (anteriormente Maid of the Mist en el lado canadiense), son otra experiencia obligada. Estos recorridos llevan a los visitantes hasta la base de las cataratas, donde el poder del agua es a la vez humilde y emocionante. Los pasajeros suelen empaparse con la niebla, pero la experiencia de ver las cataratas desde esta perspectiva es inolvidable.

Una de las mejores épocas para visitar Niagara Falls es en verano, no solo por el clima, sino también por los espectáculos de iluminación y fuegos artificiales de las Cataratas del Niágara. Cada noche, las cataratas se iluminan con vibrantes colores, y en ciertas noches, un espectáculo de fuegos artificiales añade un toque especial. Este deslumbrante espectáculo, con el rugido de las cataratas de fondo, es uno de los favoritos entre los turistas, haciendo que las noches de verano sean realmente mágicas.

La cultura de Niagara Falls es una mezcla de hospitalidad canadiense, aventura al aire libre y entretenimiento familiar. Los visitantes encontrarán que la ciudad es acogedora y está orientada a hacer del turismo una experiencia cómoda. La cultura local está entrelazada con el entorno natural, y muchas de las atracciones giran en torno a las cataratas y el paisaje al aire libre. La Comisión de Parques de Niágara, que gestiona gran parte de los terrenos alrededor de las cataratas, ha preservado la belleza natural del área, al tiempo que la hace accesible a visitantes de todo el mundo.

La gastronomía juega un papel importante en la experiencia de Niagara Falls. La ciudad cuenta con una amplia variedad de opciones gastronómicas, desde restaurantes informales hasta establecimientos de alta cocina con vistas a las cataratas. Los platos locales a menudo incluyen mariscos frescos, especialmente perca y lucioperca, capturados en los cercanos Grandes Lagos. La región del Niágara también es famosa por sus bodegas, particularmente por la producción de algunos de los mejores vinos de hielo del mundo. El vino de hielo se elabora a partir de uvas que se congelan en la vid, produciendo un sabor dulce y concentrado. Los visitantes pueden hacer recorridos por las bodegas cercanas en Niagara-on-the-Lake, donde pueden degustar vinos locales y aprender sobre el proceso de vinificación.

La flora y fauna que rodea a Niagara Falls son un testimonio de la belleza natural del área. Los parques y jardines que rodean las cataratas están llenos de exuberante vegetación, flores vibrantes y árboles imponentes, especialmente durante los meses más cálidos. El río Niágara alberga una variedad de especies de peces, mientras que los bosques circundantes proporcionan hábitat para aves, pequeños mamíferos y reptiles. Los observadores de aves disfrutarán avistando aves migratorias que pasan por la zona durante la primavera y el otoño.

Las cataratas han tenido un impacto social e histórico significativo tanto en Canadá como en los Estados Unidos. Durante siglos, han sido un símbolo de poder, belleza y las fuerzas de la naturaleza. Los pueblos indígenas de la región, especialmente los iroqueses, veneraban las cataratas mucho antes de la llegada de los colonos europeos. Las cataratas también jugaron un papel fundamental en el desarrollo de la energía hidroeléctrica, y las plantas hidroeléctricas en ambos lados de la frontera continúan generando cantidades significativas de electricidad para la región.

A pesar de su tamaño y fama mundial, Niagara Falls enfrenta algunos desafíos urbanos. La dependencia de la ciudad del turismo la hace vulnerable a las fluctuaciones en el número de visitantes, especialmente durante recesiones económicas o eventos globales inesperados. La sobrepoblación durante las temporadas altas también puede ejercer presión sobre la infraestructura local. Sin embargo, se están realizando esfuerzos continuos para promover el turismo sostenible en la zona, garantizando que las cataratas y las áreas naturales circundantes permanezcan prístinas para las generaciones futuras.

Un hecho menos conocido sobre Niagara Falls es que ha sido un imán para los temerarios desde el siglo XIX. A lo largo de los años, muchos aventureros han intentado lanzarse por las cataratas en barriles, caminar sobre la cuerda floja a través del desfiladero o realizar otros trucos, algunos con éxito y otros con resultados trágicos. Hoy en día, estas actividades están prohibidas, pero las historias de los temerarios del pasado siguen siendo una parte curiosa de la historia de Niágara.

En conclusión, Niagara Falls, en el lado canadiense, es mucho más que una cascada. Es una ciudad construida alrededor de una de las maravillas naturales más impresionantes del mundo. Desde el rugido atronador de Horseshoe Falls hasta las atracciones familiares de Clifton Hill, Niagara Falls ofrece algo para cada tipo de viajero.

86. Las plantaciones de café de Nicaragua

Las plantaciones de café en Nicaragua son uno de los destinos más encantadores y culturalmente significativos de América Central. Estos exuberantes paisajes, que se extienden a través de las montañas del país, son un testimonio del legado agrícola y de la importancia económica del café en la vida nicaragüense. El café no es solo una industria aquí; es una forma de vida que ha moldeado la cultura, la economía y el entorno natural de la región durante generaciones.

La mayoría de las plantaciones de café en Nicaragua se encuentran en las tierras altas del norte, en regiones como Matagalpa, Jinotega y Estelí. Estas zonas se sitúan a altitudes entre los 800 y 1,500 metros sobre el nivel del mar, donde el aire fresco de las montañas, las condiciones neblinosas y los suelos volcánicos crean el ambiente ideal para el cultivo de granos de café Arábica de alta calidad. Estas plantaciones varían en tamaño, desde pequeñas fincas familiares hasta operaciones más grandes y comerciales, todas contribuyendo al próspero sector cafetalero de Nicaragua.

El clima de estas regiones cafetaleras es tropical, pero moderado por la altitud. Las temperaturas se mantienen relativamente suaves durante todo el año, con promedios que oscilan entre los 18°C y 27°C. La temporada de lluvias, que va de mayo a octubre, es crucial para el cultivo del café, ya que las lluvias nutren las plantas y ayudan al desarrollo de las cerezas de café. La cosecha se lleva a cabo durante la estación seca, de noviembre a abril, lo que convierte este período en el mejor momento para que los turistas visiten las plantaciones y sean testigos del proceso de recolección.

El turismo del café ha ganado popularidad en Nicaragua, atrayendo a visitantes que desean aprender sobre la producción de una de las bebidas más apreciadas del mundo. Muchas plantaciones han abierto sus puertas a los turistas, ofreciendo recorridos que muestran todo el proceso, desde la siembra y el cultivo hasta la cosecha y el tostado. Los viajeros pueden explorar las pintorescas fincas, conocer a los agricultores locales y, durante la temporada de cosecha, incluso participar en la recolección de cerezas de café. Uno de los momentos más esperados para los visitantes es degustar una taza de café recién hecho con los granos cultivados en la propia plantación, una experiencia aromática que cierra el ciclo completo de la visita.

Matagalpa, conocida como la "Perla del Norte", es una de las zonas turísticas más famosas para los amantes del café. Esta región alberga algunas de las fincas de café más antiguas y reconocidas del país, muchas de las cuales han sido transmitidas a través de generaciones de familias agricultoras. La ciudad de Matagalpa es un centro de turismo cafetero, con numerosas eco-lodges, tours de fincas y museos del café que destacan la importancia histórica y cultural del cultivo en la región. Los visitantes pueden recorrer los exuberantes bosques lluviosos, visitar fincas sostenibles y disfrutar de las impresionantes vistas de las colinas verdes.

Jinotega, otro de los principales centros cafetaleros, es conocida como la "Ciudad de las Brumas" debido a la niebla que a menudo cubre el área en las mañanas. Este clima brumoso ayuda a crear las condiciones perfectas para el cultivo del café, y Jinotega es una de las regiones productoras de café más grandes del país. Las plantaciones aquí están rodeadas por reservas naturales protegidas, lo que permite a los visitantes disfrutar del avistamiento de aves, senderismo y explorar la rica biodiversidad mientras aprenden sobre las prácticas sostenibles de cultivo de café.

La cultura del café en Nicaragua está profundamente entrelazada con la historia e identidad del país. El café ha sido un producto de exportación importante desde el siglo XIX, y sigue siendo uno de los productos agrícolas más importantes en la actualidad. La industria proporciona medios de vida a miles de agricultores de pequeña escala, muchos de los cuales pertenecen a cooperativas que trabajan para garantizar prácticas de comercio justo y métodos de cultivo sostenibles. Estas cooperativas han sido fundamentales para ayudar a los caficultores nicaragüenses a competir en los mercados globales, mientras preservan las técnicas agrícolas tradicionales y apoyan a las comunidades locales.

Cuando se trata de comida, las regiones cafeteras de Nicaragua son conocidas por su cocina tradicional y abundante, que a menudo incorpora ingredientes locales. Los visitantes de las plantaciones de café probablemente disfrutarán de platos típicos como el gallo pinto (una mezcla de arroz y frijoles), carne asada y tortillas. La comida es sencilla pero sabrosa, con un enfoque en ingredientes frescos y naturales. Y, por supuesto, ninguna comida en Nicaragua estaría completa sin una taza de café recién hecho, a menudo servido negro o con un toque de leche.

La flora y fauna en las zonas cafeteras de Nicaragua son tan diversas como hermosas. Las plantaciones de café suelen estar ubicadas en áreas de gran biodiversidad, donde las plantas de café crecen bajo la sombra de árboles nativos, creando un sistema agroforestal único que apoya tanto la agricultura como la conservación. Los bosques que rodean las plantaciones albergan una variedad de vida silvestre, incluidos monos aulladores, perezosos, tucanes y muchas especies de aves. Este entorno natural no solo proporciona un paisaje pintoresco para las plantaciones, sino que también juega un papel crucial en el mantenimiento de la salud del ecosistema.

El impacto social de la producción de café en Nicaragua es enorme. Para muchas comunidades rurales, el café es la principal fuente de ingresos, proporcionando empleos y estabilidad económica. El auge de las certificaciones de comercio justo y café orgánico ha asegurado que una mayor parte de los beneficios de las ventas de café lleguen directamente a los agricultores, mejorando sus condiciones de vida y apoyando proyectos de desarrollo comunitario. Muchas fincas también invierten en educación, atención médica y conservación del medio ambiente, haciendo que el cultivo de café sea un motor clave de progreso social en la región.

A pesar de su belleza e importancia, la industria del café en Nicaragua enfrenta varios desafíos. El cambio climático es una de las mayores amenazas para la producción de café, ya que el aumento de las temperaturas y los cambios en los patrones climáticos afectan los rendimientos de las cosechas y aumentan la prevalencia de enfermedades como la roya del café. Además, las fluctuaciones en los precios globales del café dificultan que los pequeños agricultores mantengan un ingreso estable. Sin embargo, se están haciendo esfuerzos para adaptarse a estos desafíos, con muchos agricultores adoptando prácticas sostenibles como la agricultura orgánica, la agroforestería y la conservación del agua para proteger sus cultivos y el medio ambiente.

Un hecho menos conocido sobre las plantaciones de café en Nicaragua es el papel que desempeñaron durante el período revolucionario del país. En la década de 1980, las fincas de café se convirtieron en sitios clave de resistencia y apoyo al movimiento sandinista, con muchos agricultores uniéndose a la revolución y utilizando sus fincas para apoyar la causa. Hoy en día, algunas de las cooperativas de café que surgieron durante ese tiempo continúan operando, ayudando a preservar el legado de solidaridad y justicia social en la región.

Para aquellos que viajan a Nicaragua para explorar las plantaciones de café, la forma más conveniente de llegar es a través del Aeropuerto Internacional Augusto C. Sandino en Managua, que ofrece vuelos desde ciudades importantes de América del Norte, América Central y Europa. Desde Managua, los viajeros pueden tomar autobuses, transporte privado o alquilar autos para llegar a las regiones cafetaleras de Matagalpa y Jinotega, ambas a unas tres horas en coche de la capital. Las carreteras hacia estas regiones están en buen estado, y el viaje ofrece vistas impresionantes del campo nicaragüense, con oportunidades para detenerse en mercados y pueblos a lo largo del camino.

En conclusión, las plantaciones de café de Nicaragua ofrecen una experiencia de viaje única y enriquecedora que combina la belleza de la naturaleza con la importancia cultural y económica de una de las bebidas más queridas del mundo. Ya seas un amante del café o un viajero curioso por explorar los ricos paisajes y tradiciones de América Central, las regiones cafetaleras de Nicaragua te invitan a sumergirte en un mundo donde el café es mucho más que una bebida: es una forma de vida.

87. Oaxaca: Corazón de Cultura y Tradición

Oaxaca, ubicada en el sur de México, es una ciudad que deslumbra a sus visitantes con su vibrante cultura, rica historia y paisajes naturales impresionantes. Como capital del estado del mismo nombre y sitio Patrimonio de la Humanidad de la UNESCO, Oaxaca ofrece una experiencia única que mezcla tradiciones indígenas milenarias con un encanto colonial. La ciudad, que abarca aproximadamente 85 kilómetros cuadrados, se encuentra en un valle rodeado por las montañas de la Sierra Madre del Sur, lo que le otorga un entorno natural inigualable.

A solo 500 kilómetros al sureste de Ciudad de México, Oaxaca se sitúa a 1,500 metros sobre el nivel del mar, lo que le proporciona un clima templado durante todo el año. La ciudad disfruta de dos estaciones bien marcadas: la temporada seca, de noviembre a abril, y la temporada de lluvias, de mayo a octubre. Aun durante la época lluviosa, las precipitaciones suelen ser breves y seguidas de sol, lo que permite a los viajeros explorar sin inconvenientes. Con temperaturas promedio entre 16°C y 27°C, Oaxaca es un destino ideal para visitar en cualquier época del año.

El centro histórico de Oaxaca es famoso por su arquitectura colonial, con calles adoquinadas y edificios bien conservados que cuentan la historia de la ciudad. Uno de sus monumentos más icónicos es la Iglesia de Santo

Domingo de Guzmán, una joya barroca construida en el siglo XVI. Con su fachada ornamentada y su interior decorado con detalles dorados, la iglesia es un reflejo del rico patrimonio cultural y religioso de Oaxaca. Al lado, el Centro Cultural Santo Domingo alberga un museo y un jardín botánico, donde los visitantes pueden aprender sobre la historia precolombina de la región y sus tradiciones que aún perduran.

El Zócalo de Oaxaca es el corazón de la ciudad, un lugar vibrante donde la vida parece fluir de forma natural. Rodeado de cafeterías, tiendas y vendedores ambulantes, el Zócalo es un punto de encuentro tanto para locales como para turistas. Allí, se puede disfrutar de música tradicional, danzas y espectáculos callejeros, mientras el aire se llena del aroma de la comida típica oaxaqueña. Las tlayudas y los tamales oaxaqueños, envueltos en hojas de plátano, son algunas de las delicias que invitan a probar la riqueza gastronómica de la ciudad. Durante el Festival de la Guelaguetza, el Zócalo cobra aún más vida, con miles de visitantes que se reúnen para celebrar las danzas y tradiciones indígenas de Oaxaca.

Una de las mejores épocas para visitar Oaxaca es durante el Día de los Muertos, a finales de octubre y principios de noviembre. Esta festividad, profundamente arraigada en la cultura mexicana, convierte a Oaxaca en un escenario de color y tradición. Las calles se adornan con altares llenos de flores de cempasúchil, velas y ofrendas, mientras las familias honran a sus seres queridos con comida y música. Los desfiles, las danzas y las ofrendas crean una atmósfera que mezcla la alegría y el respeto, una conexión única entre la vida y la muerte que Oaxaca celebra con orgullo.

La comida en Oaxaca es legendaria, y la ciudad es considerada la capital culinaria de México. Uno de los platos más emblemáticos es el mole, una salsa compleja hecha a base de ingredientes como chocolate, chiles y especias. Existen varias variedades de mole, desde el negro hasta el coloradito, y cada una ofrece un perfil de sabor diferente. Los visitantes pueden probar el mole en los mercados locales o en restaurantes tradicionales, e incluso participar en clases de cocina para aprender a preparar este plato por sí mismos. Otros manjares que no deben faltar son los chapulines (saltamontes fritos), el quesillo oaxaqueño y el mezcal, un licor ahumado hecho a base de agave que es un símbolo de la identidad de Oaxaca.

La cultura de Oaxaca está profundamente enraizada en su herencia indígena, con civilizaciones como los zapotecos y mixtecos que habitaron la región mucho antes de la llegada de los españoles. Esta riqueza cultural sigue viva en los días actuales, visible en la ropa tradicional, las artesanías y los rituales que forman parte de la vida cotidiana. Oaxaca es famosa por sus textiles, cerámica y alebrijes, figuras de animales fantásticos talladas y pintadas a mano. Los mercados artesanales, como el Mercado Benito Juárez, y las aldeas cercanas, como Teotitlán del Valle, ofrecen a los visitantes la oportunidad de comprar estas artesanías y conocer de cerca las técnicas ancestrales que se emplean en su elaboración.

Además de su rica cultura, Oaxaca está rodeada de una belleza natural impresionante. A pocos kilómetros de la ciudad se encuentra el sitio arqueológico de Monte Albán, una antigua ciudad zapoteca que data de hace más de 2,000 años. Situada en lo alto de una colina, Monte Albán ofrece vistas panorámicas del valle de Oaxaca y la oportunidad de explorar las ruinas de pirámides, templos y plazas que han resistido el paso del tiempo. Este sitio es otro Patrimonio de la Humanidad y una visita obligada para los amantes de la historia.

Los amantes de la naturaleza también encontrarán mucho por descubrir en Oaxaca. Desde los bosques de niebla de las montañas cercanas, donde crecen orquídeas y robles gigantes, hasta las cascadas petrificadas de Hierve el Agua, un paisaje único de formaciones minerales y pozas naturales. Las diversas especies de aves que habitan la región, como los colibríes y loros, hacen de Oaxaca un paraíso para el avistamiento de aves.

Sin embargo, como muchas ciudades, Oaxaca enfrenta desafíos urbanos. El crecimiento turístico ha traído beneficios económicos, pero también ha generado preocupaciones sobre la preservación del patrimonio cultural y natural de la ciudad. Problemas como la congestión del tráfico y la gestión de residuos son temas recurrentes, mientras que las desigualdades económicas persisten en algunas comunidades. La protección del entorno y el desarrollo sostenible son cuestiones clave para el futuro de Oaxaca.

Un aspecto menos conocido de Oaxaca es su papel como centro de activismo social y político. La ciudad ha sido escenario de movimientos de defensa de los derechos indígenas y la conservación ambiental. En años recientes, Oaxaca ha sido testigo de protestas y manifestaciones que reflejan el fuerte vínculo entre la población y su tierra, y la lucha por la justicia social.

Llegar a Oaxaca es relativamente fácil gracias a su aeropuerto internacional, el Aeropuerto Internacional Xoxocotlán, que conecta con varias ciudades importantes de México y Estados Unidos. Desde Ciudad de México, se puede volar a Oaxaca en poco más de una hora o tomar un autobús para disfrutar de un viaje panorámico que dura entre seis y ocho horas. Una vez en la ciudad, es fácil moverse a pie, ya que las principales atracciones están cerca unas de otras, aunque también hay taxis y autobuses locales disponibles.

La importancia de Oaxaca como centro cultural e histórico es innegable. Es una ciudad donde el pasado y el presente coexisten en perfecta armonía, donde las antiguas tradiciones se mantienen vivas junto a la modernidad. La dedicación de Oaxaca a la preservación de su patrimonio indígena, su excelencia culinaria y su impresionante entorno natural la convierten en un destino imperdible para cualquier viajero que busque una experiencia auténtica en México.

En conclusión, Oaxaca es una ciudad que ofrece una experiencia sensorial completa. Desde sus vibrantes mercados y su arquitectura histórica, hasta su mundialmente famosa gastronomía y sus profundas tradiciones culturales, Oaxaca es un destino que promete dejar una impresión imborrable en todos sus visitantes.

88. Ocho Ríos: Aventura y Belleza Natural

Ocho Ríos, Jamaica, es un paraíso tropical que ofrece la combinación perfecta de aventura, relajación y experiencias culturales. Situado en la costa norte de la isla, en la parroquia de St. Ann, este encantador pueblo ha evolucionado de ser una tranquila aldea pesquera a convertirse en uno de los destinos turísticos más populares de Jamaica. Conocido por sus impresionantes playas, exuberante vegetación y cascadas imponentes, Ocho Ríos atrae a visitantes de todo el mundo que buscan disfrutar de su belleza natural y vibrante ambiente.

Aunque Ocho Ríos abarca solo unos 12 kilómetros cuadrados, su diversidad de experiencias lo convierte en un destino que ofrece mucho más de lo que su tamaño sugiere. Geográficamente, se encuentra a unos 100 kilómetros al este de Montego Bay y 60 kilómetros al oeste de Port Antonio. Su ubicación junto al Mar Caribe le proporciona hermosas costas, mientras que el interior está dominado por colinas y selvas tropicales.

El clima de Ocho Ríos es tropical, con temperaturas cálidas durante todo el año. El promedio oscila entre los 24°C y los 31°C, lo que lo convierte en un destino ideal para quienes desean escapar de climas fríos. La temporada seca va de diciembre a abril, cuando el clima es soleado y agradable, lo que atrae a la mayoría de los turistas. De mayo a noviembre, la temporada de lluvias trae breves pero intensos chubascos, que suelen ser seguidos por cielos despejados. Incluso durante esta época, las actividades al aire libre siguen siendo disfrutables, ya que la región permanece cálida y verde.

Uno de los mayores atractivos de Ocho Ríos es Dunn's River Falls, una maravilla natural que atrae a miles de turistas cada año. Esta cascada de 180 metros de altura es única por sus formaciones rocosas en terrazas, que permiten a los visitantes escalarla con la ayuda de guías. Las aguas forman piscinas naturales donde las personas pueden nadar y refrescarse, rodeados de una densa vegetación tropical. Las cascadas desembocan en el Mar Caribe, creando un hermoso contraste entre el agua dulce del río y el agua salada del mar. Visitar Dunn's River Falls es una experiencia imprescindible para quienes viajan a Ocho Ríos, ya que ofrece tanto aventura como relajación en un entorno espectacular.

Otro destino popular en Ocho Ríos es Mystic Mountain, un parque ecoaventura que brinda a los visitantes una experiencia emocionante en el corazón de la selva. La atracción más famosa del parque es el Bobsled Jamaica, un paseo al estilo montaña rusa que atraviesa la selva, ofreciendo vistas impresionantes del paisaje. Los visitantes también pueden disfrutar de un telesilla escénico que los lleva a la cima de la montaña, explorar senderos naturales o lanzarse por tirolesas a través de los árboles. Mystic Mountain es perfecto para familias y aventureros que desean sumergirse en la belleza natural de Jamaica.

Para quienes prefieren una experiencia más tranquila, Ocho Ríos ofrece varias playas hermosas. Turtle Beach, ubicada en el corazón del pueblo, es una larga franja de arena blanca bordeada por aguas turquesas y calmadas. La playa es ideal para nadar, tomar el sol y practicar deportes acuáticos como el kayak y el paddleboard. Otro lugar popular es Reggae Beach, un sitio más tranquilo y aislado, perfecto para relajarse escuchando el sonido de las olas mientras se disfruta de una cerveza fría o un cóctel tropical. Los bares y parrillas en la playa sirven deliciosa comida jamaicana, como pollo jerk, mariscos frescos y frutas tropicales.

El mejor momento para visitar Ocho Ríos es durante los meses de invierno, de diciembre a abril, cuando el clima es ideal y la ciudad está llena de actividad. Esta temporada es perfecta para aventuras al aire libre, días en la playa y explorar las maravillas naturales de la isla. Sin embargo, los meses de verano, aunque con algunas lluvias, también son buenos para quienes prefieren menos multitudes y precios más bajos.

La cultura jamaicana es un mosaico vibrante de influencias africanas, europeas e indígenas, y en Ocho Ríos, esta riqueza cultural se manifiesta en la música, la comida y las costumbres locales. El reggae, popularizado por leyendas como Bob Marley, es una parte integral de la vida en Ocho Ríos. Los visitantes a menudo pueden escuchar música en vivo en bares, restaurantes y festivales locales. El reggae no es solo entretenimiento; es una expresión de la historia y conciencia social de la isla.

La comida en Ocho Ríos es otro punto culminante de la experiencia. El pollo jerk, uno de los platos más emblemáticos de Jamaica, se cocina a la parrilla sobre leña de pimento y se sazona con una mezcla de hierbas y especias. Los visitantes pueden probar este plato en lugares como Scotchies, un restaurante rústico famoso por sus carnes jerk. Los mariscos frescos, como langosta, pargo y camarones, también son parte importante de la gastronomía local. Ingredientes locales como el coco, los plátanos y los ñames aportan un sabor distintivo a la cocina jamaicana.

La flora y fauna de Ocho Ríos son tan diversas como impresionantes. Las selvas circundantes albergan una gran variedad de plantas, como palmeras, helechos y flores vibrantes como el hibisco y las orquídeas. Los observadores de aves disfrutarán al ver especies coloridas como colibríes, loros y el ave nacional de Jamaica, el doctor bird. En las aguas frente a la costa, los arrecifes de coral están llenos de vida marina, lo que hace de Ocho Ríos un destino popular para el esnórquel y el buceo. Los visitantes pueden ver peces tropicales, tortugas marinas e incluso delfines.

Ocho Ríos ha jugado un papel importante en la industria turística de Jamaica, proporcionando empleo y oportunidades económicas a la población local. Sin embargo, el pueblo también enfrenta desafíos urbanos a medida que continúa creciendo y desarrollándose. Una de las principales preocupaciones es el impacto ambiental del turismo, ya que el aumento en el número de visitantes ejerce presión sobre los recursos naturales y los ecosistemas. Se están realizando esfuerzos para promover prácticas de turismo sostenible, como hoteles ecológicos, programas de conservación y turismo comunitario que permita a los locales beneficiarse del turismo mientras protegen su entorno.

Un dato poco conocido sobre Ocho Ríos es su conexión histórica con la colonización española de Jamaica. El nombre "Ocho Ríos" a menudo se interpreta como "Ocho Ríos", pero esta es en realidad una mala interpretación. Es probable que el nombre derive de "Las Chorreras", refiriéndose a las muchas cascadas de la zona, incluida Dunn's River Falls. Ocho Ríos fue en su día un pequeño pueblo de pescadores y jugó un papel en la historia colonial de la isla antes de transformarse en el bullicioso destino turístico que es hoy.

Ocho Ríos es fácilmente accesible desde otras partes de Jamaica y el mundo. La mayoría de los visitantes internacionales llegan a través del Aeropuerto Internacional Sangster en Montego Bay, a unos 90 minutos en coche de Ocho Ríos. Hay servicios de transporte, taxis y autos de alquiler disponibles para el viaje a lo largo de la pintoresca costa norte. Para quienes llegan por mar, Ocho Ríos cuenta con un puerto de cruceros concurrido, con barcos que atracan regularmente, permitiendo a los pasajeros explorar el pueblo y sus atracciones.

En conclusión, Ocho Ríos es un destino que ofrece algo para todos. Ya sea escalando las famosas cascadas de Dunn's River, disfrutando de un día en la playa o explorando el rico patrimonio cultural de Jamaica, este pueblo promete una experiencia memorable y enriquecedora. Su clima cálido, impresionante paisaje natural y amables locales lo convierten en una escapada ideal para viajeros que buscan tanto aventura como relajación.

89. Ometepe: Isla de Volcanes y Naturaleza

La Isla de Ometepe, ubicada en las vastas aguas del Lago de Nicaragua, es uno de los destinos más extraordinarios y pintorescos de Centroamérica. Con su formación única de dos volcanes gemelos, el Concepción y el Maderas, Ometepe se alza como un verdadero tesoro natural y una muestra de la impresionante belleza volcánica de Nicaragua. Con una extensión de alrededor de 276 kilómetros cuadrados, Ometepe es la isla de agua dulce más grande del mundo con dos volcanes. Su nombre proviene del náhuatl "ome" (dos) y "tepetl" (montañas), lo que refleja a la perfección su característica más distintiva.

Geográficamente, Ometepe se encuentra en la parte suroeste de Nicaragua, a unos 30 kilómetros del continente, rodeada por las tranquilas aguas del Lago de Nicaragua. Los dos volcanes de la isla dominan el paisaje: el Concepción, activo y el más alto de los dos, alcanza los 1,610 metros, mientras que el Maderas, un volcán extinto, se eleva a 1,394 metros. Estos dos colosos le dan a la isla su icónica forma de reloj de arena, conectados por un estrecho istmo de tierra fértil donde la agricultura prospera.

El clima de la isla de Ometepe es tropical y cálido durante todo el año, con dos estaciones bien definidas: la seca, de noviembre a abril, y la lluviosa, de mayo a octubre. Las temperaturas promedio oscilan entre los

24°C y los 31°C, y el paisaje siempre verde de la isla es mantenido por las lluvias frecuentes durante la temporada húmeda. Aunque la temporada seca es la preferida para visitar por su clima predecible e ideal para el senderismo, nadar y explorar, incluso en la temporada de lluvias la isla sigue siendo un destino encantador, ya que las precipitaciones suelen ser cortas y dejan mucho tiempo para actividades al aire libre.

Para los amantes de la naturaleza y los aventureros, Ometepe ofrece innumerables oportunidades de exploración. Una de las actividades más populares es escalar los volcanes. El Concepción es un reto para los excursionistas experimentados, pero la recompensa es una vista panorámica impresionante de la isla, el lago y el campo circundante desde la cima. El Maderas, por otro lado, es una caminata menos exigente pero igualmente gratificante. El sendero hasta la cima lleva a los visitantes a través de densos bosques nubosos, pasando por cascadas hasta llegar a un lago en el cráter, un lugar sereno para quienes logran alcanzar la cima.

Para aquellos que prefieren un ritmo más relajado, las numerosas playas a lo largo de las orillas del lago Nicaragua ofrecen un refugio de paz. Playa Santo Domingo es uno de los lugares más populares para nadar y tomar el sol, con sus aguas tranquilas y vistas pintorescas de los volcanes. Las playas de arena volcánica añaden un toque especial a la experiencia, y la tranquilidad de las aguas del lago es perfecta para relajarse.

La belleza natural de Ometepe se complementa con su rica herencia cultural. La isla ha estado habitada por seres humanos durante miles de años, con evidencias de civilizaciones indígenas que datan de tiempos remotos. Los sitios arqueológicos con petroglifos y estatuas de piedra se encuentran dispersos por toda la isla, ofreciendo una ventana al pasado precolombino de Ometepe. Actualmente, los cerca de 30,000 habitantes de la isla viven en pequeñas localidades donde las tradiciones nicaragüenses siguen siendo fuertes. Los visitantes pueden experimentar esta riqueza cultural en los mercados locales, donde se venden artesanías hechas a mano y productos agrícolas frescos, o participando en iniciativas de turismo comunitario que permiten a los viajeros alojarse con familias locales y aprender sobre su estilo de vida.

Ometepe también es un destino ideal para los amantes de la gastronomía, con platillos locales que reflejan la abundancia agrícola de la isla. Uno de los cultivos más importantes es el plátano, que es un alimento básico en la cocina nicaragüense. Las comidas tradicionales incluyen el "gallo pinto" (arroz con frijoles), pescado fresco del lago y los "nacatamales," un tipo de tamal nicaragüense relleno de carne, vegetales y especias. La rica tierra volcánica de la isla también produce una variedad de frutas tropicales, café y cacao, lo que añade frescura y sabor a la comida local. Los visitantes pueden disfrutar de estas comidas en pequeños restaurantes familiares o "comedores" que ofrecen auténticos platillos nicaragüenses.

La flora y fauna de Ometepe son increíblemente diversas gracias a sus distintos ecosistemas, desde bosques secos hasta frondosos bosques nubosos. Las laderas más bajas de los volcanes están cubiertas por bosques densos que albergan una gran variedad de vida silvestre, incluidos monos aulladores, monos cara blanca y una amplia gama de especies de aves. Los observadores de aves quedarán encantados al poder avistar tucanes, loros y el escurridizo atrapamoscas de Ometepe, una especie endémica de la isla. Los bosques también albergan iguanas, armadillos y una multitud de insectos, lo que convierte a Ometepe en un hábitat vibrante para que los amantes de la naturaleza lo exploren.

El impacto social de Ometepe en Nicaragua es significativo, ya que desempeña un papel central en la industria del ecoturismo del país. La isla se ha convertido en un modelo de turismo sostenible, con muchos negocios locales y comunidades que trabajan para preservar el medio ambiente natural mientras se benefician del creciente número de turistas. Pequeños eco-lodges y hostales ofrecen alojamientos que se integran con el paisaje de la isla, utilizando prácticas sostenibles como la energía solar y la agricultura orgánica. Muchos visitantes llegan a Ometepe específicamente para experimentar este enfoque ecológico del turismo, contribuyendo a la economía local de manera que apoya tanto a las personas como al medio ambiente.

A pesar de su belleza natural y riqueza cultural, Ometepe enfrenta varios desafíos a medida que continúa ganando popularidad. Una de las principales preocupaciones es el impacto del turismo en los frágiles ecosistemas de la isla. El aumento en el número de visitantes puede ejercer presión sobre la infraestructura limitada de la isla, especialmente en lo que respecta a la gestión de residuos y los recursos hídricos. Se están realizando esfuerzos por parte de las autoridades locales y grupos de conservación para gestionar de manera responsable los efectos del turismo, pero el equilibrio entre el desarrollo y la protección ambiental sigue siendo delicado.

Un dato menos conocido sobre la Isla de Ometepe es su reputación como centro de sanación alternativa y retiros espirituales. El entorno tranquilo de la isla y su conexión con la naturaleza han hecho de Ometepe un destino popular para quienes buscan practicar yoga, meditación y sanación holística. Varios centros de retiro en la isla ofrecen programas enfocados en el bienestar y la atención plena, atrayendo a visitantes de todo el mundo que vienen a reconectar consigo mismos en este entorno sereno.

Llegar a Ometepe es una aventura en sí misma. La forma más común de llegar a la isla es en ferry o bote desde el pueblo de San Jorge en el continente. El viaje en ferry a través del Lago de Nicaragua dura alrededor de una hora, ofreciendo vistas impresionantes de los volcanes de la isla que se elevan desde las aguas. También hay pequeños aeropuertos en Ometepe para aquellos que viajan en avión privado, aunque la mayoría de los visitantes eligen el ferry por su accesibilidad y la experiencia panorámica. Una vez en la isla, moverse es relativamente fácil, con bicicletas, motos y scooters disponibles para alquilar. Los taxis y autobuses también operan entre las principales localidades y atracciones turísticas, aunque muchos visitantes prefieren explorar a pie o en bicicleta para disfrutar plenamente de la belleza de la isla.

En conclusión, la Isla de Ometepe es un destino que ofrece algo para cada tipo de viajero. Ya sea que busques la aventura de escalar sus imponentes volcanes o prefieras relajarte en sus tranquilas playas, la isla promete una experiencia inolvidable que deja una profunda apreciación por la armonía entre la naturaleza y la cultura.

90. Omoa: Historia y Encanto Caribeño

Omoa, un pintoresco pueblo costero en Honduras, es un destino que combina a la perfección historia, cultura y la serenidad del Caribe. Ubicado en la parte noroeste del país, Omoa es pequeño, pero de gran importancia histórica, cubriendo aproximadamente 382 kilómetros cuadrados. Su ubicación costera a lo largo del Mar Caribe, cerca de la ciudad más grande de Puerto Cortés, le otorga a Omoa un encanto único que atrae a quienes buscan explorar su pasado colonial y disfrutar de su belleza natural.

La ubicación geográfica de Omoa siempre la ha convertido en un lugar importante en Honduras. Situada en la Bahía de Omoa, una bahía de aguas profundas, ha servido como un puerto natural desde tiempos antiguos. El pueblo está rodeado por el mar y las verdes montañas de la Sierra de Omoa, ofreciendo un paisaje dramático que combina relajación y aventura. Además, su proximidad a la frontera con Guatemala lo convierte en un punto estratégico para los viajeros que exploran la región más amplia de Centroamérica.

El clima en Omoa es tropical, con temperaturas cálidas durante todo el año. La temperatura promedio oscila entre 24°C y 30°C, lo que lo convierte en un destino ideal para los amantes de la playa. La temporada de lluvias, de mayo a octubre, trae lluvias intensas pero breves, que suelen ser seguidas por cielos despejados. La temporada seca, de noviembre a abril, es el mejor momento para visitar, ya que el clima es soleado y perfecto para disfrutar de las actividades al aire libre. La brisa caribeña ayuda a mantener el calor bajo control, lo que crea un ambiente cómodo durante todo el año.

Uno de los puntos de referencia más famosos en Omoa es la Fortaleza de San Fernando de Omoa, una enorme fortaleza española del siglo XVIII que es un recordatorio del pasado colonial de la ciudad. Construida entre 1756 y 1775, la fortaleza fue diseñada para proteger los barcos españoles que transportaban plata y otras mercancías de los ataques piratas, que eran comunes en el Caribe en ese tiempo. Las gruesas murallas de piedra y la ubicación estratégica cerca del mar la convertían en una estructura de defensa formidable. Hoy en día, la Fortaleza de San Fernando es una atracción turística popular, donde los visitantes pueden explorar las bien conservadas fortificaciones, aprender sobre su historia en el museo local y disfrutar de vistas impresionantes del Mar Caribe.

Además de su importancia histórica, Omoa es conocida por sus tranquilas playas y su ambiente relajado. La playa principal del pueblo, Playa Grande, ofrece una extensa franja de arena donde los visitantes pueden nadar, tomar el sol y descansar bajo la sombra de las palmeras. Las aguas tranquilas del Caribe la convierten en un excelente lugar para familias y para quienes buscan un día tranquilo junto al mar. La pesca es otra actividad popular en Omoa, con pescadores locales que a menudo ofrecen recorridos en bote para que los turistas experimenten de primera mano la cultura costera del pueblo.

El mejor momento para visitar Omoa es durante la temporada seca, especialmente de diciembre a marzo, cuando el clima es soleado y perfecto para explorar las atracciones al aire libre del pueblo. Este período también coincide con varios festivales locales y eventos culturales, brindando a los visitantes la oportunidad de experimentar las animadas tradiciones de Omoa. Sin embargo, aquellos que visitan durante la temporada de lluvias aún pueden disfrutar de paisajes verdes y menos turistas, lo que lo convierte en una buena opción para quienes prefieren una experiencia más tranquila.

150 DESTINOS TURÍSTICOS POPULARES DE NORTEAMÉRICA

La cultura de Omoa está profundamente arraigada en su historia indígena y colonial, con influencias de los pueblos garífunas, los colonos españoles y las tradiciones caribeñas que se mezclan para crear una rica tapicería cultural. El estilo de vida relajado del pueblo refleja los ritmos del mar y las montañas que lo rodean. La música juega un papel esencial en la vida cultural de Omoa, con géneros tradicionales hondureños como la punta y la paranda siendo populares en la región. Estos estilos musicales, a menudo interpretados con tambores, maracas y guitarras, son una expresión del patrimonio afrocaribeño del pueblo.

La gastronomía es otro de los atractivos de Omoa, con el marisco fresco siendo un alimento básico en la cocina local. Los visitantes pueden degustar platos como pescado frito, ceviche de camarones y las famosas "baleadas," una comida hondureña hecha con tortilla de harina, frijoles y queso, entre otros ingredientes. La proximidad al mar garantiza que los mariscos sean siempre frescos, y muchos de los restaurantes en la playa ofrecen vistas al mar mientras sirven deliciosas comidas caseras. Las frutas tropicales como los mangos, papayas y cocos también abundan, añadiendo sabores vibrantes a los platillos locales.

La flora y fauna alrededor de Omoa son típicas de la costa caribeña, con exuberantes bosques tropicales cubriendo las montañas cercanas y manglares bordeando las costas. La zona alberga una variedad de vida silvestre, incluyendo monos aulladores, iguanas y coloridas especies de aves como tucanes y loros. El cercano Parque Nacional Cuyamel-Omoa ofrece oportunidades de ecoturismo, con senderos que llevan a los visitantes a través de densos bosques y a lo largo de ríos, brindando la oportunidad de ver de cerca la rica biodiversidad de la región.

La vida social y económica de Omoa ha estado históricamente ligada a su papel como pueblo portuario. Durante el período colonial, la ciudad fue un centro clave para el imperio español, ya que los bienes y la plata fluían a través del puerto hacia Europa. Hoy en día, aunque Omoa ya no es un puerto importante, se ha convertido en un destino turístico y pesquero de relevancia. La llegada de turistas genera empleos para los residentes locales y apoya a los pequeños negocios del pueblo, incluidos restaurantes, hoteles y operadores turísticos. La economía del pueblo sigue siendo relativamente modesta, pero el turismo ha ayudado a revitalizarla en los últimos años.

Sin embargo, como muchas localidades en Honduras, Omoa enfrenta desafíos urbanos. La pobreza y la infraestructura limitada son problemas continuos, y la dependencia del turismo la hace vulnerable a las fluctuaciones en el número de visitantes. Además, preocupaciones ambientales como la erosión costera y la deforestación en las montañas cercanas representan amenazas para la belleza natural que atrae a los turistas a Omoa. Se están realizando esfuerzos locales para abordar estos desafíos, con un enfoque en promover un turismo sostenible y preservar el patrimonio natural y cultural del pueblo.

Un dato poco conocido sobre Omoa es que una vez fue una de las fortalezas más grandes de Centroamérica. La Fortaleza de San Fernando de Omoa no solo era una estructura defensiva, sino también un símbolo del poder español en el Caribe. A lo largo de los años, la fortaleza se utilizó no solo para defenderse de los piratas, sino también como prisión y base militar. Hoy, la fortaleza se alza como un monumento a la rica historia de Omoa, ofreciendo una mirada a una época en la que el pueblo jugaba un papel clave en las luchas geopolíticas de la región.

Viajar a Omoa es relativamente fácil gracias a su cercanía con ciudades importantes como San Pedro Sula, que está a unos 80 kilómetros de distancia. El Aeropuerto Internacional Ramón Villeda Morales en San Pedro Sula es el aeropuerto más cercano, con vuelos que conectan a Honduras con otras partes de Centroamérica, América del Norte y más allá. Desde el aeropuerto, los visitantes pueden llegar a Omoa en automóvil o en autobús, un trayecto de aproximadamente una hora y media. El recorrido ofrece vistas escénicas de la costa y las montañas circundantes, lo que lo convierte en una introducción agradable al área.

Una vez en Omoa, moverse es sencillo. El pueblo es pequeño y se puede recorrer a pie, con la mayoría de las principales atracciones a poca distancia entre sí. Para aquellos que desean explorar más allá, hay taxis y autobuses locales disponibles, y los recorridos en bote ofrecen una manera única de ver la costa desde el agua. Las bicicletas y motocicletas también son modos de transporte populares para quienes quieren moverse por el pueblo a su propio ritmo.

En conclusión, Omoa es un destino que ofrece una mezcla de historia, belleza natural y riqueza cultural. Desde explorar la imponente Fortaleza de San Fernando hasta relajarse en las tranquilas playas del pueblo, los visitantes de Omoa disfrutan de una experiencia única que muestra tanto el encanto caribeño como la importancia histórica de este pequeño pueblo hondureño. Su cálido clima, gente amigable y paisajes impresionantes hacen de Omoa una joya escondida en Centroamérica, esperando ser descubierta por aquellos que buscan una aventura fuera de los caminos más transitados. A pesar de los desafíos que enfrenta, Omoa sigue prosperando como un destino donde el pasado y el presente se encuentran, ofreciendo a los viajeros la oportunidad de conectarse con el rico patrimonio y la belleza natural de Honduras.

91. Orlando: La Capital del Entretenimiento

Orlando, ubicada en el centro del estado de Florida, es uno de los destinos turísticos más visitados del mundo, gracias a su impresionante oferta de parques temáticos, centros de entretenimiento y atracciones para toda la familia. Con una extensión de aproximadamente 308 kilómetros cuadrados, la ciudad es conocida principalmente por su vibrante industria turística, y ha ganado el título de "La Capital Mundial de los Parques Temáticos."

Geográficamente, Orlando se encuentra en una zona baja y plana, salpicada de numerosos lagos y pantanos. Situada tierra adentro, a unos 90 kilómetros de la costa atlántica, la ciudad ofrece una atmósfera diferente en comparación con las ciudades costeras de Florida. Su ubicación central y su excelente red de transporte han hecho de Orlando un importante punto de encuentro para turistas y viajeros de negocios por igual.

El clima de Orlando se clasifica como subtropical húmedo, con veranos calurosos y húmedos e inviernos suaves y agradables. De junio a septiembre, las temperaturas alcanzan máximas de hasta 33°C, acompañadas de frecuentes tormentas vespertinas que refrescan temporalmente el ambiente. En contraste, los meses de invierno, de diciembre a febrero, ofrecen temperaturas más frescas, entre 10°C y

21°C, lo que hace de Orlando un destino ideal durante todo el año. Sin embargo, la mejor época para visitar es en primavera y otoño, cuando las temperaturas son más suaves y las multitudes son más pequeñas.

El centro turístico más icónico de Orlando es, sin duda, Walt Disney World Resort. Inaugurado en 1971, este extenso complejo de entretenimiento abarca más de 40 millas cuadradas e incluye cuatro parques temáticos principales: Magic Kingdom, EPCOT, Disney's Hollywood Studios y Disney's Animal Kingdom. Cada parque ofrece atracciones únicas, desde la magia de los castillos de cuento de hadas en Magic Kingdom hasta los paisajes futuristas de EPCOT. Walt Disney World no es solo un parque temático; es toda una experiencia que incluye hoteles, campos de golf, centros comerciales y parques acuáticos. Es un lugar donde los sueños de la infancia cobran vida y visitantes de todas las edades pueden disfrutar de su encanto.

Pero Disney es solo el comienzo de lo que Orlando tiene para ofrecer. Universal Orlando Resort es otra gran atracción, con sus dos parques principales: Universal Studios Florida y Islands of Adventure. En Universal Studios, los visitantes pueden disfrutar de emocionantes atracciones basadas en películas y programas de televisión populares, mientras que Islands of Adventure alberga el famoso Mundo Mágico de Harry Potter. Con sus entornos inmersivos, que incluyen lugares icónicos como el castillo de Hogwarts y el Callejón Diagon, esta atracción atrae a millones de fanáticos cada año.

Otro destino popular es SeaWorld Orlando, donde los visitantes pueden disfrutar de exhibiciones marinas, montañas rusas y espectáculos con delfines y orcas. El parque es famoso por sus esfuerzos de conservación de especies marinas. También cerca se encuentra Discovery Cove, donde los visitantes pueden nadar con delfines y hacer snorkel en arrecifes tropicales, ofreciendo una experiencia inolvidable con la vida marina.

Más allá de los parques temáticos, Orlando tiene mucho que ofrecer en términos de cultura y belleza natural. El centro de la ciudad ha experimentado un desarrollo significativo en los últimos años, con modernos rascacielos, hoteles de lujo y restaurantes de moda que lo convierten en un lugar vibrante para explorar. El parque Lake Eola, ubicado en el corazón del centro, es un hermoso espacio verde donde los visitantes pueden alquilar botes en forma de cisne, pasear alrededor del lago y disfrutar de eventos al aire libre como conciertos y festivales.

La escena cultural de Orlando también incluye lugares de artes escénicas, museos y galerías. El Dr. Phillips Center for the Performing Arts alberga espectáculos de Broadway, ballets y conciertos, convirtiéndose en un centro cultural en el centro de Florida. El Museo de Arte de Orlando y el Museo Morse de Arte Americano, que alberga la mayor colección de vidrio de Louis Comfort Tiffany del mundo, ofrecen experiencias enriquecedoras para los amantes del arte.

El mejor momento para visitar Orlando depende del tipo de experiencia que se busque. Para evitar multitudes y el calor extremo del verano, lo ideal es viajar en primavera (de marzo a mayo) o en otoño (de septiembre a noviembre). En estas épocas, el clima es más agradable y los parques temáticos están menos concurridos. Sin embargo, muchas familias prefieren visitar durante los meses de verano cuando los niños están de vacaciones, a pesar de las altas temperaturas.

La escena gastronómica de Orlando refleja la diversidad de su población y la influencia de su industria turística. La ciudad cuenta con una amplia variedad de restaurantes que ofrecen cocinas de todo el mundo, desde platos clásicos americanos hasta especialidades latinoamericanas, asiáticas y mediterráneas. En los parques temáticos, los visitantes pueden encontrar desde los clásicos snacks como churros y pretzels hasta experiencias gastronómicas más refinadas. Fuera de los parques, la comida local incluye deliciosos sándwiches cubanos, platos de mariscos y la famosa cocina "Floribbean," una fusión de sabores caribeños y floridanos.

Orlando también es hogar de una gran variedad de flora y fauna gracias a su clima subtropical y la abundancia de lagos. Los humedales que rodean la ciudad están llenos de vida silvestre, incluyendo caimanes, tortugas y aves como garzas y garcetas. Gatorland, un parque de vida silvestre y reserva natural, permite a los visitantes observar de cerca a los famosos reptiles de Florida en un entorno seguro. Para quienes buscan escapar del bullicio de la ciudad, el cercano Parque Estatal Wekiwa Springs ofrece senderismo, kayak y la oportunidad de nadar en manantiales cristalinos rodeados de exuberantes bosques.

La industria turística de Orlando ha tenido un profundo impacto social y económico en la ciudad y sus residentes. Los parques temáticos emplean a decenas de miles de personas, brindando trabajos en hospitalidad, entretenimiento y transporte. La economía de la ciudad depende en gran medida del turismo, con millones de visitantes cada año contribuyendo a su prosperidad. Sin embargo, esta dependencia del turismo también hace que Orlando sea vulnerable a las fluctuaciones en el número de visitantes, como se vio durante la pandemia de COVID-19, cuando las restricciones de viaje y el cierre de parques llevaron a importantes desafíos económicos.

Orlando enfrenta desafíos urbanos similares a los de muchas ciudades en crecimiento. La congestión del tráfico es un problema común, especialmente alrededor de los parques temáticos y las principales áreas turísticas. El rápido crecimiento de la industria turística también ha llevado a la expansión urbana, con nuevos desarrollos que se extienden cada vez más lejos del centro de la ciudad. La vivienda asequible es otra preocupación, ya que la alta demanda cerca de los parques ha elevado los precios, dificultando que muchos residentes encuentren hogares asequibles.

Un dato poco conocido sobre Orlando es que, a pesar de su asociación actual con los parques temáticos, la economía temprana de la ciudad se basaba en la agricultura de cítricos. Antes de la llegada de Disney, Orlando era una tranquila ciudad agrícola conocida por sus huertos de naranjas. El desarrollo de Walt Disney World transformó por completo la economía y la identidad de la ciudad. Hoy en día, aún se pueden ver restos del pasado agrícola de Orlando en las zonas rurales circundantes.

Orlando está bien conectada con el resto del mundo, siendo el Aeropuerto Internacional de Orlando (MCO) la principal puerta de entrada para viajeros internacionales y nacionales. El aeropuerto es uno de los más concurridos de Estados Unidos, con vuelos directos a ciudades de América del Norte, Europa, América Latina y el Caribe. Para quienes viajan dentro de EE. UU., Orlando es fácilmente accesible por carretera gracias a la red de autopistas que la conectan con otras ciudades importantes de Florida como Miami y Tampa. Las opciones de transporte público dentro de la ciudad incluyen autobuses, servicios de transporte compartido y el tren SunRail, aunque la mayoría de los visitantes encuentran que alquilar un automóvil es la forma más conveniente de moverse.

En conclusión, Orlando es una ciudad que ha crecido desde sus humildes raíces agrícolas hasta convertirse en un destino turístico global. Sus famosos parques temáticos, clima soleado y atracciones para toda la familia la han convertido en un lugar imperdible para los viajeros de todo el mundo. Más allá de los parques, Orlando ofrece una rica escena cultural, hermosos espacios naturales y una variada oferta gastronómica que refleja su población multicultural. A pesar de sus desafíos, Orlando continúa prosperando como una ciudad vibrante y emocionante que ocupa un lugar especial en los corazones de millones de visitantes.

92. La Increíble Península de Osa

La Península de Osa, en Costa Rica, es uno de los lugares más biológicamente intensos del planeta, ofreciendo a los visitantes una oportunidad única de experimentar la naturaleza en su forma más pura. Ubicada en la costa suroeste de Costa Rica, la península se adentra en el Océano Pacífico y está bordeada por el Golfo Dulce al este. Con una extensión aproximada de 2,400 kilómetros cuadrados, la Península de Osa es un paraíso para los amantes de la vida silvestre, los ecoturistas y los aventureros. Su aislamiento y su enfoque en la conservación la convierten en un destino único, alejado de las zonas turísticas más comerciales y desarrolladas del país.

La Península de Osa alberga el Parque Nacional Corcovado, que cubre casi un tercio de la península y es considerado la joya de la corona del sistema de parques nacionales de Costa Rica. Corcovado es famoso por su increíble biodiversidad, albergando más de 400 especies de aves, 140 especies de mamíferos y miles de especies de plantas e insectos. Los densos bosques lluviosos, los manglares y las áreas costeras del parque están llenos de vida, incluyendo jaguares, pumas, lapas rojas, tapires y cuatro especies de monos. Las aguas que rodean la península son igual de ricas, con ballenas jorobadas, delfines y tortugas marinas que a menudo se observan a lo largo de la costa.

El clima en la Península de Osa es tropical, con dos estaciones bien marcadas: la estación seca (de diciembre a abril) y la estación lluviosa (de mayo a noviembre). Las temperaturas se mantienen cálidas durante todo el año, con un promedio de entre 25°C y 30°C, y una alta humedad debido a la cercanía del océano y la densidad de los bosques lluviosos. La temporada de lluvias trae fuertes precipitaciones por las tardes, pero también rejuvenece la selva, lo que la convierte en la mejor época para quienes desean experimentar la exuberante vegetación y la actividad de la fauna. Para los que prefieren caminar o explorar las playas, la estación seca ofrece un clima más predecible y un acceso más fácil a las áreas remotas de la península.

Uno de los centros turísticos más populares de la Península de Osa es Puerto Jiménez, la ciudad más grande de la península y una puerta de entrada al Parque Nacional Corcovado. Aunque es una ciudad pequeña, Puerto Jiménez es el principal punto de partida para los viajeros que buscan realizar caminatas por la selva, tours de vida silvestre y ecoaventuras. El pueblo ofrece una variedad de alojamientos, desde hostales económicos hasta eco-lodges, así como restaurantes que sirven comidas frescas y locales. A pesar de su creciente industria turística, Puerto Jiménez mantiene una atmósfera tranquila y rústica, con sus caminos de tierra, pequeñas tiendas y lugareños amables que añaden encanto al lugar.

Para quienes buscan una experiencia aún más remota, el pueblo de Bahía Drake, en el lado norte de la península, ofrece una alternativa más tranquila. Accesible solo por barco o tras un desafiante recorrido por la jungla, Bahía Drake es una zona tranquila que brinda acceso a algunos de los mejores lugares para hacer snorkel y buceo en Costa Rica, especialmente en la cercana Reserva Biológica Isla del Caño. Los arrecifes de coral que rodean la isla son hogar de una variedad de vida marina, incluyendo mantarrayas, tiburones de arrecife y peces tropicales de colores.

El mejor momento para visitar la Península de Osa depende de la experiencia que los viajeros deseen tener. La estación seca es ideal para realizar caminatas, disfrutar de las playas y hacer tours de vida silvestre, ya que los senderos están menos embarrados y los ríos son más fáciles de cruzar. Sin embargo, durante la estación lluviosa, la selva realmente cobra vida, con una vegetación vibrante, cascadas fluyendo y un aumento en la actividad de los animales. Aunque algunas áreas de la península pueden ser más difíciles de acceder debido a las lluvias, la belleza dramática de los bosques durante esta temporada hace que el desafío valga la pena para los viajeros más aventureros.

La cultura de Costa Rica, profundamente conectada con su entorno natural, se refleja en la forma en que la Península de Osa ha adoptado el turismo sostenible y la conservación. Muchos de los eco-lodges y operadores turísticos en la península están comprometidos con minimizar su impacto ambiental y apoyar a las comunidades locales. Los visitantes de la Península de Osa encontrarán un fuerte enfoque en preservar la belleza natural y la biodiversidad de la región, con actividades como la observación de vida silvestre, caminatas y snorkel gestionadas cuidadosamente para evitar la alteración del ecosistema.

La cocina en la Península de Osa refleja las tradiciones culinarias de Costa Rica, con ingredientes frescos extraídos de los bosques y mares circundantes. Los mariscos son un alimento básico, con platos como el ceviche y el pargo a la parrilla que son comunes en los menús locales. El arroz, los frijoles, los plátanos y las frutas tropicales como los mangos, las piñas y las papayas también ocupan un lugar destacado en la dieta local. Muchos eco-lodges ofrecen comidas de la granja a la mesa, utilizando productos cultivados en el lugar o de granjas cercanas, lo que asegura que los visitantes puedan disfrutar de los sabores de la península mientras apoyan la agricultura sostenible.

La flora y fauna de la Península de Osa son extraordinarias. La región es descrita a menudo como un Edén viviente, con sus bosques lluviosos albergando especies que rara vez se ven en otros lugares del mundo. Los densos bosques de la península son hogar de árboles enormes, epífitas y orquídeas exóticas, mientras que los manglares a lo largo de la costa brindan un hábitat crítico para peces, cangrejos y una variedad de especies de aves. El Parque Nacional Corcovado es especialmente notable por ser uno de los pocos lugares en el mundo donde los jaguares, uno de los felinos más esquivos, todavía deambulan libremente en cantidades significativas.

El impacto social de la Península de Osa está estrechamente ligado a su enfoque en el ecoturismo. Muchas comunidades locales dependen del turismo como fuente principal de ingresos, con empleos en la guía turística, la hospitalidad y la conservación que apoyan la economía de la región. El ecoturismo también ha aumentado la conciencia ambiental, con iniciativas locales dirigidas a proteger la vida silvestre, reducir los residuos y promover el uso sostenible de la tierra. El éxito de la Península de Osa como destino de ecoturismo la ha convertido en un modelo para otras regiones en Costa Rica y más allá.

Sin embargo, la Península de Osa no está exenta de desafíos. Su ubicación remota y su terreno accidentado hacen que el desarrollo de infraestructura sea difícil, y el acceso a algunas áreas sigue siendo limitado, especialmente durante la temporada de lluvias. El crecimiento del turismo también ha suscitado preocupaciones sobre el potencial de desarrollo excesivo, por lo que se están realizando esfuerzos para garantizar que el turismo no comprometa los delicados ecosistemas que hacen única a la península.

Un dato poco conocido sobre la Península de Osa es que alberga las esferas de piedra precolombinas, misteriosos artefactos creados por la cultura indígena Diquís. Estas esferas de piedra perfectamente redondeadas, algunas de varios metros de diámetro, se han encontrado en toda la península y siguen siendo un misterio arqueológico. Las esferas están ahora protegidas como parte de un sitio del Patrimonio Mundial de la UNESCO, lo que añade un elemento de intriga histórica a la región.

Llegar a la Península de Osa requiere un poco de esfuerzo, pero el viaje es parte de la aventura. La mayoría de los visitantes llegan a través de la capital, San José, que está a unos 340 kilómetros al norte de la península. Desde San José, los viajeros pueden tomar un vuelo doméstico a Puerto Jiménez o Bahía Drake, ambas con pequeños aeropuertos que conectan con el aeropuerto internacional de San José. Alternativamente, los visitantes pueden conducir o tomar un autobús hasta Puerto Jiménez, aunque el viaje puede durar entre seis y ocho horas. Una vez en la península, la mayoría de los desplazamientos se hacen en barco, vehículos todoterreno o a pie, dado el terreno accidentado y el limitado acceso por carretera.

En conclusión, la Península de Osa es un destino único que ofrece a los visitantes una oportunidad incomparable para experimentar la naturaleza en su forma más virgen. Con su rica biodiversidad, compromiso con la conservación y dedicación al turismo sostenible, la Península de Osa se destaca como uno de los tesoros ecológicos y culturales más importantes de Costa Rica.

93. Descubriendo la Encantadora Ottawa

La encantadora ciudad de Ottawa, capital de Canadá, es un fascinante crisol de historia, cultura, política y belleza natural. Ubicada en el sureste de Ontario, a orillas del río Ottawa, la ciudad abarca aproximadamente 2,790 kilómetros cuadrados. Aunque no es la ciudad más grande de Canadá, Ottawa es el corazón político del país. Aquí se encuentra la icónica Colina del Parlamento, sede del gobierno canadiense, además de varios monumentos nacionales que reflejan la historia y la identidad multicultural de la nación.

Ottawa tiene una ubicación geográfica única cerca de la frontera con Quebec, lo que le otorga un carácter bilingüe. Tanto el inglés como el francés se hablan ampliamente, lo que añade un toque cosmopolita a la ciudad. El río Ottawa, que separa Ontario de Quebec, añade un toque escénico a la ciudad, brindando un hermoso paisaje entre Ottawa y la vecina Gatineau. Esta cercanía permite a los visitantes disfrutar de los sabores culturales de ambas provincias en un solo viaje.

El clima de Ottawa está marcado por cuatro estaciones bien definidas. Los inviernos son fríos y nevados, con temperaturas que a menudo caen por debajo de los 0°C, especialmente en enero y febrero, cuando la media puede bajar a -15°C. A pesar del frío, el invierno es una época perfecta para visitar Ottawa si disfrutas de actividades al aire libre como el patinaje sobre hielo. Durante el invierno, el Canal Rideau, que se congela, se convierte en la pista de patinaje más grande del mundo, extendiéndose a lo largo de 7.8 kilómetros. Patinar en el canal con vistas a la Colina del Parlamento es una experiencia clásica de Ottawa.

La primavera y el otoño son más suaves, con temperaturas que oscilan entre los 5°C y 15°C. Estas estaciones son populares entre los turistas que desean explorar los parques, jardines y atracciones al aire libre en climas más agradables. El verano en Ottawa, de junio a agosto, trae temperaturas cálidas, alrededor de los 25°C. Esta es la temporada alta de turismo, con festivales como el Día de Canadá, que el 1 de julio atrae a multitudes a la Colina del Parlamento para disfrutar de celebraciones, conciertos y fuegos artificiales.

La Colina del Parlamento es el emblema más representativo de Ottawa. Con su impresionante arquitectura de estilo gótico, es el centro político y cultural de la ciudad. Los edificios de la Colina, como la Torre de la Paz y el Bloque Central, son de los lugares más fotografiados del país. Los visitantes pueden realizar visitas guiadas por los edificios del Parlamento para conocer la historia política de Canadá y ver las cámaras donde se debaten y aprueban las leyes del país. En verano, la ceremonia del Cambio de Guardia es un espectáculo imperdible, con soldados vestidos con uniformes tradicionales rojos y gorros de piel de oso.

Otro lugar destacado es la Galería Nacional de Canadá, cuyo edificio de vidrio y granito es impresionante. Alberga una impresionante colección de arte canadiense, indígena e internacional. Al otro lado del río, en Gatineau, el Museo Canadiense de Historia ofrece una visión integral de la historia y cultura de Canadá, con exposiciones que van desde artefactos indígenas hasta logros modernos.

Ottawa también es hogar del Canal Rideau, declarado Patrimonio de la Humanidad por la UNESCO. Originalmente construido como ruta de defensa militar a principios del siglo XIX, hoy el canal sirve como una vía fluvial pintoresca que conecta Ottawa con Kingston, Ontario. En verano, los visitantes pueden realizar paseos en bote o alquilar kayaks para explorar el canal, mientras que en invierno se transforma en la famosa pista de patinaje sobre hielo del Canal Rideau.

El mejor momento para visitar Ottawa depende de la experiencia que desees. El verano es ideal para hacer turismo, actividades al aire libre y disfrutar de festivales. Por otro lado, el invierno es perfecto para aquellos que disfrutan de los deportes de nieve y el encanto invernal. La primavera trae consigo jardines florecientes, especialmente en mayo durante el Festival Canadiense de los Tulipanes, que exhibe más de un millón de tulipanes en flor. El otoño ofrece un espectáculo de follaje colorido en los parques de la ciudad y a lo largo del canal, lo que lo convierte en una excelente temporada para los amantes de la naturaleza y fotógrafos.

La cultura de Ottawa es un reflejo de su rol como capital de Canadá, una mezcla de tradiciones de todo el país. La ciudad alberga a personas de diversos orígenes, y este multiculturalismo se manifiesta en sus festivales, comida y escena artística. El Festival Winterlude, celebrado en febrero, celebra la cultura invernal canadiense con esculturas de hielo, toboganes de nieve y eventos de patinaje. Ottawa también alberga numerosos festivales de música, cine y arte durante todo el año, incluyendo el Festival de Jazz TD y el Festival Internacional de Animación de Ottawa.

En cuanto a la comida, Ottawa ofrece una amplia gama de experiencias culinarias. Un dulce local que no te puedes perder es la "Beavertail", una masa frita en forma de cola de castor, a menudo cubierta con canela, azúcar, chocolate o frutas. La escena gastronómica de la ciudad es diversa, reflejando su población multicultural. Puedes encontrar desde clásicos canadienses como la poutine hasta cocinas internacionales como la libanesa, india y española.

Ottawa es conocida por sus abundantes espacios verdes y parques, perfectos para actividades al aire libre durante todo el año. El Parque Gatineau, ubicado al otro lado del río, ofrece senderismo, ciclismo y esquí en invierno. Este parque alberga fauna como ciervos, castores y una variedad de especies de aves, lo que lo convierte en un lugar popular para los amantes de la naturaleza. Las áreas urbanas de la ciudad también están llenas de vegetación, con el Arboreto Dominion y el Parque Major's Hill ofreciendo retiros tranquilos en el corazón de la ciudad.

El impacto social de Ottawa está estrechamente relacionado con su papel como sede del gobierno, lo que atrae a personas de todo el país. Como capital, Ottawa desempeña un papel importante en la configuración de la política, la cultura y la identidad canadiense. La naturaleza bilingüe de la ciudad, donde tanto el inglés como el francés son ampliamente hablados, refleja la diversidad cultural más amplia de Canadá. Las universidades e instituciones de investigación de Ottawa, como la Universidad de Ottawa y la Universidad Carleton, contribuyen a su reputación como centro de educación e innovación.

A pesar de sus fortalezas, Ottawa enfrenta algunos desafíos urbanos, particularmente en términos de asequibilidad de la vivienda y transporte. Como muchas ciudades en crecimiento, Ottawa ha experimentado un aumento en los precios de las viviendas, lo que dificulta que algunos residentes encuentren hogares asequibles. El sistema de transporte público de la ciudad, aunque extenso, ha enfrentado críticas por retrasos y aglomeraciones, especialmente en el sistema de tren ligero que conecta el área del centro con los suburbios. Sin embargo, las mejoras y las inversiones en transporte público están en marcha para abordar estos problemas.

Un dato poco conocido sobre Ottawa es su conexión con la historia temprana del río Ottawa como importante ruta comercial para los pueblos indígenas y los comerciantes de pieles. Mucho antes de que Ottawa se convirtiera en la capital, el río era una arteria vital para el transporte de mercancías entre el interior de Canadá y el río San Lorenzo. Los primeros colonos europeos, incluido el fundador de Ottawa, el coronel John By, utilizaron el sistema fluvial y de canales para construir la infraestructura de la ciudad, lo que ha dejado un legado duradero en la forma de edificios históricos y vías fluviales.

Ottawa es fácilmente accesible desde todo el mundo, gracias al Aeropuerto Internacional Macdonald-Cartier, que ofrece vuelos directos a ciudades importantes de Canadá, Estados Unidos y Europa. La ciudad también está bien conectada por tren y autobús con otras partes de Ontario y Quebec, lo que facilita a los viajeros llegar por tierra. Una vez en la ciudad, el sistema de transporte público de Ottawa incluye autobuses y una red de tren ligero, aunque muchas de las principales atracciones turísticas se encuentran a poca distancia entre sí en el centro. En conclusión, Ottawa es una ciudad que ofrece una combinación perfecta de historia, cultura, política y belleza natural. Desde la grandeza de la Colina del Parlamento hasta los tranquilos senderos a lo largo del Canal Rideau, Ottawa proporciona una experiencia única y enriquecedora para los visitantes.

94. La Maravilla del Canal de Panamá

El Canal de Panamá, una maravilla de la ingeniería y uno de los canales más importantes del mundo, es el corazón de Panamá y conecta los océanos Pacífico y Atlántico. Con una extensión de aproximadamente 82 kilómetros (51 millas), desde la ciudad de Colón en el Caribe hasta Ciudad de Panamá en el Pacífico, el canal desempeña un papel clave en el comercio global, con miles de barcos transitando por sus esclusas cada año. Pero más allá de su importancia estratégica, el Canal de Panamá se ha convertido en un importante atractivo turístico, atrayendo a visitantes de todo el mundo que se maravillan ante el monumental esfuerzo humano que permitió su creación.

El canal atraviesa el Istmo de Panamá, una delgada franja de tierra que une América del Norte con América del Sur. Esta ubicación central en Centroamérica convierte a Panamá no solo en una ruta vital para el transporte marítimo, sino también en un país rico en biodiversidad y con una historia fascinante. Los frondosos bosques tropicales que rodean el canal están llenos de vida silvestre, lo que brinda a los visitantes no solo una vista de una proeza de la ingeniería de clase mundial, sino también una inmersión en la naturaleza.

El clima alrededor del Canal de Panamá es tropical, con alta humedad y temperaturas cálidas durante todo el año. Las temperaturas promedio oscilan entre los 24°C y los 29°C, lo que lo convierte en un destino cálido en cualquier época del año. La temporada de lluvias dura de mayo a noviembre, caracterizada por fuertes lluvias por la tarde, mientras que la temporada seca, de diciembre a abril, ofrece cielos más despejados y se considera la mejor época para visitar. A pesar de las lluvias, el canal funciona todo el año y los paisajes verdes se ven aún más vibrantes durante la estación húmeda.

Uno de los centros turísticos más populares a lo largo del Canal de Panamá es el Centro de Visitantes de las Esclusas de Miraflores, ubicado a poca distancia de Ciudad de Panamá. Este centro ofrece una vista cercana del sistema de esclusas del canal, donde los visitantes pueden observar enormes barcos de carga siendo elevados o descendidos hasta 26 metros mientras transitan entre el Océano Pacífico y el Lago Gatún, un lago artificial que forma el corazón del canal. El centro de visitantes cuenta con un museo que muestra la historia del canal, desde su construcción hasta su impacto en el comercio global, e incluye exhibiciones interactivas que explican cómo funcionan las esclusas. Las plataformas de observación ofrecen vistas privilegiadas de la acción, y los visitantes pueden escuchar comentarios en vivo sobre los barcos que pasan.

Más adelante en el canal, las Esclusas de Gatún, en el lado caribeño, son otro destino popular que ofrece una experiencia similar a Miraflores, pero con menos multitudes. El cercano Centro de Visitantes de Agua Clara, que se inauguró después de la expansión del canal en 2016, permite a los visitantes ver las nuevas esclusas más grandes que acomodan los gigantescos barcos "Panamax", demasiado grandes para las esclusas originales. La expansión del canal ha sido un cambio revolucionario para el transporte marítimo mundial, permitiendo un tránsito más eficiente de bienes y consolidando la posición de Panamá como un centro vital para el comercio marítimo.

Para los aventureros, el canal también ofrece oportunidades de ecoturismo. Más allá de las esclusas, los visitantes pueden explorar la selva tropical circundante y los lagos. El Lago Gatún es un lugar popular para paseos en bote, donde los viajeros pueden visitar pequeñas islas que alguna vez fueron colinas antes de que el área fuera inundada durante la construcción del canal. El lago alberga una abundante vida silvestre, incluidos monos, cocodrilos y una variedad de especies de aves, lo que lo convierte en un destino perfecto para los amantes de la naturaleza.

Otra actividad popular es realizar un tour parcial o completo por el canal. Estos recorridos en bote permiten a los visitantes experimentar el canal tal como lo hacen los barcos, pasando por las esclusas y navegando por el canal. La sensación de moverse de un océano a otro, rodeado de paisajes exuberantes y la impresionante infraestructura del canal, es una experiencia inolvidable.

La cultura que rodea el Canal de Panamá está profundamente entrelazada con su historia. El canal fue construido entre 1904 y 1914, un gigantesco esfuerzo liderado por Estados Unidos después de un fallido intento inicial de los franceses. La construcción del canal requirió la labor de decenas de miles de trabajadores, muchos de los cuales vinieron del Caribe y otras partes del mundo. Este influjo de personas ayudó a formar la identidad cultural diversa de Panamá, mezclando influencias de varios lugares. La Zona del Canal estuvo bajo control de Estados Unidos hasta 1999, cuando Panamá asumió el control total del canal. Esta transferencia de propiedad es motivo de orgullo nacional para los panameños y ha contribuido al crecimiento económico y la independencia del país.

La escena gastronómica cerca del Canal de Panamá refleja las influencias multiculturales de Panamá. Los visitantes pueden disfrutar de platos tradicionales panameños como el "sancocho," un guiso de pollo y vegetales, o el "ceviche," preparado con pescado fresco marinado en jugo de limón. La comida callejera es popular en Ciudad de Panamá, con vendedores que ofrecen bocadillos como empanadas y tamales. Para una experiencia única, algunos restaurantes ofrecen cenas con vistas al canal, donde puedes ver pasar los barcos mientras disfrutas de tu comida.

La flora y fauna alrededor del Canal de Panamá son tanto una atracción como el canal mismo. Las selvas tropicales que lo rodean forman parte del Corredor Biológico Mesoamericano, una zona ecológica vital que ayuda a proteger especies de plantas y animales. La región alberga cientos de especies de aves, así como mamíferos como perezosos, monos aulladores y jaguares. Para los visitantes interesados en la vida silvestre, una visita al Parque Nacional Soberanía, ubicado cerca del canal, ofrece excelentes oportunidades para caminar, observar aves y experimentar la rica biodiversidad de la región.

El impacto social del Canal de Panamá en el país ha sido inmenso. El canal es una importante fuente de ingresos para Panamá, generando miles de millones de dólares en peajes de los barcos que pasan. Estos ingresos han ayudado a financiar proyectos de infraestructura, educación y atención médica en el país. El canal también proporciona empleos a miles de panameños, desde ingenieros y operadores de esclusas hasta guías turísticos y trabajadores de la hospitalidad. La expansión del canal ha creado aún más oportunidades de crecimiento económico, convirtiéndolo en una parte central de la economía de Panamá.

Sin embargo, el canal y sus alrededores enfrentan varios desafíos urbanos, particularmente en términos de gestión del desarrollo y la conservación. El crecimiento de Ciudad de Panamá, ubicada cerca del canal, ha generado preocupaciones sobre la expansión urbana, la congestión del tráfico y la degradación ambiental. Equilibrar las necesidades de una población en crecimiento con la preservación de las áreas naturales alrededor del canal sigue siendo una prioridad tanto para el gobierno como para las organizaciones conservacionistas.

Un dato menos conocido sobre el Canal de Panamá es la existencia de una pequeña pero próspera comunidad de expatriados en las áreas circundantes, particularmente cerca de la ciudad de Gamboa. Esta ciudad, que alguna vez fue una base para los trabajadores del canal, se ha convertido en un tranquilo lugar residencial conocido por su proximidad a la naturaleza y su ambiente pacífico. Muchos residentes y visitantes vienen aquí para disfrutar de un ritmo de vida más lento y del acceso al canal y las selvas tropicales que lo rodean.

Llegar al Canal de Panamá es relativamente fácil gracias a la bien desarrollada red de transporte de Panamá. El principal punto de entrada para los viajeros internacionales es el Aeropuerto Internacional de Tocumen en Ciudad de Panamá, que ofrece vuelos directos desde las principales ciudades de América del Norte, Europa y América Latina. Desde Ciudad de Panamá, el Centro de Visitantes de las Esclusas de Miraflores está a poca distancia en taxi o transporte público. También hay tours y servicios de transporte que llevan a los visitantes desde

Ciudad de Panamá a varios puntos a lo largo del canal. Para aquellos que exploran el lado caribeño del canal, la ciudad de Colón es accesible en autobús o tren, con el Ferrocarril de Panamá ofreciendo un viaje escénico a lo largo de la ruta del canal.

En conclusión, el Canal de Panamá es mucho más que una vía fluvial funcional: es un testimonio de la ingeniosidad humana, una arteria vital para el comercio global y un hermoso destino para los viajeros interesados en la historia, la ingeniería y la naturaleza.

95. La Vibrante Ciudad de Panamá

Ciudad de Panamá, la capital bulliciosa de Panamá, es una ciudad que combina sin esfuerzo la modernidad con la historia, ofreciendo una mezcla vibrante de rascacielos relucientes, arquitectura colonial y belleza natural. Como una de las ciudades más importantes de Centroamérica, Ciudad de Panamá actúa como puerta de entrada tanto al Canal de Panamá como al resto del mundo, convirtiéndose en un centro crucial para el comercio, la cultura y el turismo. Con una extensión de aproximadamente 275 kilómetros cuadrados, la ciudad ha crecido hasta convertirse en una metrópolis cosmopolita que atrae a visitantes de todas partes del mundo.

Geográficamente, Ciudad de Panamá está situada en la costa del Pacífico, en la entrada del Canal de Panamá. La ubicación costera de la ciudad es una de sus características definitorias, con el Océano Pacífico formando un hermoso telón de fondo para su horizonte. Su proximidad al canal refuerza aún más su importancia estratégica, tanto económica como políticamente. Además, la ciudad está bordeada por exuberantes selvas tropicales que son fácilmente accesibles desde el núcleo urbano, ofreciendo una mezcla única de vida citadina y naturaleza.

El clima en Ciudad de Panamá es tropical, caracterizado por temperaturas cálidas y alta humedad durante todo el año. Las temperaturas promedio oscilan entre 25°C y 30°C (77°F y 86°F), con poca variación estacional. La temporada de lluvias, de mayo a noviembre, trae lluvias intensas pero de corta duración, mientras que la temporada seca, de diciembre a abril, es la mejor para que los visitantes exploren las atracciones al aire libre de la ciudad. Incluso durante la temporada de lluvias, Ciudad de Panamá sigue siendo un destino popular, ya que la lluvia suele despejarse rápidamente, dejando cielos soleados.

Uno de los centros turísticos más populares de Ciudad de Panamá es el barrio histórico de Casco Viejo, un sitio declarado Patrimonio de la Humanidad por la UNESCO. Casco Viejo, también conocido como Casco Antiguo, es el corazón colonial de la ciudad, con sus calles estrechas, coloridos edificios y antiguas iglesias que datan de siglos pasados. Fundado en 1673, después de la destrucción de la ciudad original (Panamá Viejo) por piratas, Casco Viejo ofrece una mirada al pasado colonial de Panamá. Los visitantes pueden explorar puntos de interés como la Catedral Metropolitana, el Palacio de las Garzas (residencia presidencial) y la Iglesia de San José, famosa por su altar de oro. El distrito también alberga una vibrante escena artística y gastronómica, con hoteles boutique, galerías y restaurantes de moda que bordean sus calles adoquinadas.

A solo un corto trayecto de Casco Viejo se encuentra la cara moderna de Ciudad de Panamá, con sus relucientes rascacielos y su bullicioso distrito financiero. El horizonte de la ciudad es uno de los más impresionantes de América Latina, con torres icónicas como la Torre F&F y el Trump Ocean Club International Hotel and Tower. La Cinta Costera, una autopista y sistema de parques costeros, recorre la costa, proporcionando una ruta escénica para caminantes, corredores y ciclistas. El área ofrece vistas impresionantes tanto del océano como del horizonte de la ciudad, lo que la convierte en un lugar popular para locales y turistas por igual.

Ninguna visita a Ciudad de Panamá estaría completa sin un viaje al Canal de Panamá, una de las hazañas de ingeniería más extraordinarias del mundo. El canal, que se extiende por unos 82 kilómetros (51 millas), conecta los océanos Pacífico y Atlántico y es una arteria vital para el comercio global. El Centro de Visitantes de las Esclusas de Miraflores, ubicado a las afueras de la ciudad, ofrece una mirada fascinante al funcionamiento del canal. Los visitantes pueden ver pasar enormes barcos de carga a través de las esclusas, aprender sobre la historia del canal y explorar exhibiciones que explican cómo se construyó y cómo funciona hoy en día esta maravilla de la ingeniería.

El mejor momento para visitar Ciudad de Panamá es durante la temporada seca, de diciembre a abril, cuando el clima es soleado y perfecto para actividades al aire libre. Este período también es cuando los festivales y eventos de la ciudad están en pleno apogeo. Uno de los eventos más populares es el Carnaval de Panamá, que se celebra en febrero y presenta desfiles, música y bailes por toda la ciudad. Otro evento destacado es el Festival de Jazz de Panamá, que atrae a artistas internacionales y amantes de la música cada enero.

La cultura de Ciudad de Panamá es un reflejo de su rica historia y su diversa población. Como un crisol de diferentes culturas, la ciudad ha sido moldeada por influencias indígenas, africanas, europeas y caribeñas. Esta diversidad es evidente en todo, desde la arquitectura de la ciudad hasta su gastronomía. La escena culinaria de la ciudad es una deliciosa mezcla de platos tradicionales panameños y sabores internacionales. Los visitantes pueden probar delicias locales como el "sancocho," una sopa de pollo y vegetales, o la "ropa vieja," carne desmenuzada servida con arroz y frijoles. Los mariscos también son un elemento básico de la dieta local, con el ceviche siendo un plato popular, a menudo preparado con pescado fresco marinado en jugo de lima.

La ubicación de Ciudad de Panamá, entre el Océano Pacífico y las selvas tropicales, la convierte en un paraíso para la flora y fauna. A las afueras de la ciudad, los visitantes pueden explorar el Parque Nacional Soberanía, una exuberante selva tropical llena de vida silvestre. El parque alberga más de 500 especies de aves, así como monos, perezosos e incluso jaguares. El cercano Parque Natural Metropolitano, ubicado dentro de los límites de la ciudad, ofrece una opción más accesible para aquellos que buscan escapar a la naturaleza sin salir del núcleo urbano. Los senderos del parque proporcionan vistas panorámicas de la ciudad y son un lugar favorito para los observadores de aves y excursionistas.

El impacto social de Ciudad de Panamá en el país es inmenso. Como la capital y la ciudad más grande, Ciudad de Panamá es el centro político, económico y cultural de Panamá. El rápido crecimiento de la ciudad en los últimos años ha sido impulsado por la expansión del Canal de Panamá y el auge de los sectores financiero e inmobiliario. Este crecimiento ha transformado a Ciudad de Panamá en un jugador importante en el escenario global, atrayendo a negocios internacionales y expatriados de todo el mundo. La atmósfera cosmopolita de la ciudad se refleja en sus centros comerciales de lujo, hoteles de alta gama y restaurantes de clase mundial.

A pesar de sus muchas fortalezas, Ciudad de Panamá enfrenta varios desafíos urbanos. El rápido ritmo de desarrollo ha generado problemas como la congestión del tráfico, la contaminación y la desigualdad. El sistema de transporte público de la ciudad, aunque está mejorando, todavía lucha por mantenerse al día con el crecimiento de la población. En respuesta, el gobierno ha invertido en proyectos como el Metro de Panamá, el primer sistema de metro en Centroamérica, que ha ayudado a aliviar algunos de los problemas de tráfico de la ciudad. Además, el rápido crecimiento de la ciudad ha ejercido presión sobre su infraestructura, y se están realizando esfuerzos para equilibrar el desarrollo con la preservación de sus hitos históricos y naturales.

Un hecho menos conocido sobre Ciudad de Panamá es su conexión con el asentamiento original de Panamá Viejo, el sitio del asentamiento europeo más antiguo en la costa del Pacífico de las Américas. Fundada en 1519, Panamá Viejo fue destruida por el famoso pirata Henry Morgan en 1671. Hoy en día, las ruinas de Panamá Viejo, ubicadas a las afueras de la ciudad moderna, son un fascinante sitio histórico donde los visitantes pueden explorar los restos de la ciudad original, incluida la antigua catedral y las murallas defensivas.

Ciudad de Panamá es fácilmente accesible desde todo el mundo, gracias a su bien conectado Aeropuerto Internacional de Tocumen, que es uno de los aeropuertos más concurridos de América Latina. El aeropuerto ofrece vuelos directos a las principales ciudades de América del Norte, Europa y América del Sur, lo que convierte a Ciudad de Panamá en una parada popular para los viajeros internacionales. Una vez en la ciudad, desplazarse es relativamente fácil, con taxis, autobuses y el sistema de metro ofreciendo opciones de transporte convenientes. El tamaño compacto de la ciudad hace posible explorar muchas de sus atracciones a pie, especialmente en áreas como Casco Viejo y la Cinta Costera.

En conclusión, Ciudad de Panamá es un destino dinámico y emocionante que ofrece algo para cada tipo de viajero. Ya sea que estés interesado en explorar la rica historia de la ciudad, maravillarte con la ingeniería del Canal de Panamá o sumergirte en su vibrante cultura, Ciudad de Panamá lo tiene todo. Su combinación única de modernidad, historia y belleza natural la convierte en una de las ciudades más cautivadoras de Centroamérica.

96. Petén: Historia y Naturaleza en Armonía

Petén, una vasta y misteriosa región al norte de Guatemala, es un lugar donde la historia y la naturaleza se fusionan de manera espectacular. Con una extensión de más de 35,000 kilómetros cuadrados, Petén es el departamento más grande de Guatemala y alberga algunos de los sitios arqueológicos más importantes del mundo, como la antigua ciudad maya de Tikal. Cubierto por densas selvas tropicales, Petén no solo es una puerta de entrada a civilizaciones antiguas, sino también un centro de biodiversidad, lo que lo convierte en un paraíso para los amantes de la historia, la naturaleza y la aventura.

Ubicada en la parte más septentrional de Guatemala, Petén limita con México al norte y oeste, con Belice al este y con el resto de Guatemala al sur. La región se caracteriza por sus bosques tropicales bajos, ríos serpenteantes y vastos lagos como el Lago Petén Itzá, que sirve como centro de actividad de la ciudad más grande de la región, Flores. A pesar de ser mayormente rural, Petén tiene un aura de lejanía y asombro, ya que gran parte de su selva permanece salvaje y sin domesticar.

El clima en Petén es tropical, con alta humedad y temperaturas cálidas durante todo el año. La temperatura promedio varía entre 22°C y 30°C, pero puede sentirse más cálido debido a la humedad, especialmente durante la temporada de lluvias, que va de mayo a octubre. Este período trae fuertes lluvias por las tardes y una vegetación exuberante, lo que lo convierte en un buen momento para experimentar la belleza natural de la región, aunque algunos caminos y senderos pueden volverse fangosos. La temporada seca, de noviembre a abril, es la más popular entre los visitantes, ya que el clima es más predecible y es más fácil explorar las ruinas y los bosques.

El tesoro más preciado de Petén es, sin duda, Tikal, uno de los sitios arqueológicos más importantes de la antigua civilización maya. Tikal fue una ciudad próspera y uno de los reinos más poderosos del mundo maya, alcanzando su apogeo entre los siglos IV y X d.C. Hoy en día, es un sitio declarado Patrimonio de la Humanidad por la UNESCO, y sus imponentes pirámides, grandes plazas y templos se alzan majestuosos sobre el dosel de la selva. La estructura más icónica es el Templo I, también conocido como el Templo del Gran Jaguar, que tiene una altura de 47 metros y fue utilizado como tumba real. Los visitantes pueden explorar el vasto sitio, que se extiende por más de 575 kilómetros cuadrados, subiendo pirámides, caminando por antiguas plazas y maravillándose con las hazañas de ingeniería de los mayas.

Pero Tikal es más que un asombroso sitio arqueológico. También es una reserva natural, donde la vida silvestre prospera en la densa jungla. Al recorrer las ruinas, se escuchan los inquietantes llamados de los monos aulladores que resuenan en los árboles y se ven monos araña balanceándose entre el dosel. Tucanes coloridos, loros e incluso el escurridizo jaguar habitan esta selva, lo que convierte a Tikal en un destino donde la historia y la naturaleza se entrelazan a la perfección.

Flores, el encantador pueblo isleño en el Lago Petén Itzá, sirve como la principal puerta de entrada para los turistas que visitan Tikal y el resto de Petén. Conectada al continente por una calzada, Flores es un pequeño pueblo con un encanto colonial, calles adoquinadas estrechas y coloridos edificios. El pueblo es una base popular para los viajeros, ofreciendo una variedad de hoteles, restaurantes y operadores turísticos. Los visitantes pueden explorar las tranquilas calles del pueblo, realizar paseos en bote por el lago o simplemente relajarse junto al agua mientras disfrutan del ambiente pacífico.

Para quienes buscan más exploraciones arqueológicas, Petén alberga muchos otros fascinantes sitios mayas. Yaxhá, ubicado cerca de la frontera con Belice, es un impresionante sitio que se asienta entre dos lagos y ofrece vistas espectaculares desde la cima de sus pirámides. A diferencia de Tikal, Yaxhá es menos concurrido, lo que permite a los visitantes explorar las ruinas en relativa soledad, convirtiéndolo en un tesoro poco conocido. Otros sitios importantes incluyen Uaxactún, famoso por sus antiguos observatorios, y El Mirador, una de las ciudades mayas más grandes jamás descubiertas, aunque su ubicación remota la hace accesible solo a través de caminatas de varios días en la jungla.

El mejor momento para visitar Petén es durante la temporada seca, particularmente de diciembre a marzo, cuando el clima es agradable y los senderos hacia los sitios arqueológicos son más accesibles. Este período también coincide con varios festivales en Flores y los pueblos cercanos, lo que brinda una visión de la cultura y las tradiciones locales. Sin embargo, para aquellos interesados en experimentar la jungla en su máxima plenitud verde, la temporada de lluvias puede proporcionar una experiencia diferente pero igualmente cautivadora.

La cultura de Petén está profundamente arraigada en su herencia indígena, particularmente la del pueblo maya, que continúa desempeñando un papel importante en la identidad de la región. Muchas comunidades en Petén aún hablan lenguas mayas, y las costumbres y artesanías tradicionales se preservan y celebran. Los visitantes pueden aprender sobre el profundo conocimiento astronómico de los antiguos mayas, sus complejas estructuras sociales y su reverencia por la naturaleza y el cosmos. Esta riqueza cultural también se refleja en los festivales locales, donde la música, las danzas y la comida tradicionales son elementos centrales.

En cuanto a la comida, Petén ofrece una mezcla de la cocina tradicional guatemalteca con sabores locales. Un plato que no te puedes perder es el "suban-ik", un guiso rico hecho con pollo, cerdo y res, acompañado de diversas verduras y condimentado con especias locales. El maíz, un elemento básico en la dieta maya, sigue jugando un papel importante en los platillos locales, desde tortillas hasta tamales. Los mariscos frescos del Lago Petén Itzá también son populares, con platillos como la tilapia frita recién sacada del lago. La comida callejera, como las empanadas y las pupusas, es fácilmente accesible en pueblos como Flores, ofreciendo una manera deliciosa y económica de experimentar los sabores locales.

La flora y fauna de Petén son increíblemente diversas, gracias a los bosques tropicales, ríos y humedales de la región. Las selvas albergan cientos de especies de plantas, incluidos los imponentes árboles de ceiba, sagrados para los mayas, y una variedad de plantas medicinales que aún son utilizadas por las comunidades locales hoy en día. La vida silvestre de Petén es igualmente impresionante, con especies como jaguares, pumas, ocelotes y tapires que habitan en las junglas. Los observadores de aves se deleitarán con la vista de guacamayas escarlata, águilas harpías y el resplandeciente quetzal, el ave nacional de Guatemala.

El impacto social del turismo en Petén es significativo. Si bien el turismo ofrece oportunidades económicas para las comunidades locales, también plantea desafíos en términos de conservación ambiental y desarrollo de infraestructura. Se están realizando esfuerzos para promover un turismo sostenible que beneficie a las poblaciones locales mientras se protege el patrimonio natural y cultural de la región.

A pesar de sus muchas atracciones, Petén enfrenta varios desafíos urbanos. La infraestructura, especialmente en áreas más remotas, puede ser limitada, y las carreteras a veces se vuelven intransitables durante la temporada de lluvias. La preservación de los sitios arqueológicos y el entorno natural requiere una atención continua, ya que el turismo y el desarrollo creciente pueden ejercer presión sobre estos frágiles ecosistemas.

Un hecho poco conocido sobre Petén es que fue una de las últimas regiones del mundo maya en resistir la conquista española. Los itzaes, que vivían alrededor del Lago Petén Itzá, mantuvieron su independencia hasta 1697, casi dos siglos después de la caída de la mayoría de los otros reinos mayas. Su bastión, la ciudad insular de Tayasal, fue una de las últimas capitales mayas en ser capturadas por los españoles, y hoy en día, sus ruinas se encuentran sumergidas bajo las aguas del lago.

En resumen, Petén es un destino que ofrece una combinación inigualable de historia, cultura y belleza natural. Desde las imponentes pirámides de Tikal hasta las serenas aguas del Lago Petén Itzá, esta región brinda a los visitantes la oportunidad de retroceder en el tiempo y experimentar las maravillas de la antigua civilización maya, mientras se sumergen en la rica biodiversidad de la selva tropical.

97. Pico Bonito: Aventura y Naturaleza Salvaje

Pico Bonito, uno de los tesoros naturales más impresionantes de Honduras, es un paraíso para los amantes de la naturaleza, aventureros y entusiastas de la vida silvestre. Ubicado en el norte del país, cerca de la ciudad costera de La Ceiba, este parque nacional abarca aproximadamente 1,073 kilómetros cuadrados y está dominado por la imponente montaña de Pico Bonito, que se eleva a 2,436 metros de altura, ofreciendo un paisaje de picos cubiertos de niebla, exuberantes selvas tropicales y ríos caudalosos.

Geográficamente, el Parque Nacional Pico Bonito se encuentra dentro de la accidentada cordillera Nombre de Dios, que corre paralela a la costa del Caribe. Esta ubicación única le otorga una mezcla diversa de ecosistemas, desde selvas tropicales en las zonas más bajas hasta bosques nublados y de pinos en las alturas. Esta variación en altitud crea una biodiversidad asombrosa, albergando innumerables especies de plantas, aves, mamíferos y anfibios, muchas de ellas endémicas de la región.

El clima en Pico Bonito es tropical, con temperaturas cálidas durante todo el año. En las elevaciones más bajas, la temperatura promedio ronda los 27°C, mientras que en las áreas más altas es más fresca, especialmente por la noche. La temporada de lluvias va de mayo a noviembre, cuando las intensas precipitaciones alimentan la selva y crean impresionantes cascadas. La temporada seca, de diciembre a abril, es ideal para realizar senderismo y otras actividades al aire libre, ya que los senderos son más accesibles y menos fangosos.

Uno de los mayores atractivos del parque es su espectacular paisaje y la variedad de actividades que ofrece. Pico Bonito es un refugio para los excursionistas, con numerosos senderos que serpentean a través de la densa jungla, cruzando ríos y llevando a cascadas ocultas. Uno de los senderos más populares es la caminata hacia el río Cangrejal, donde los aventureros pueden caminar por la selva antes de llegar a las aguas cristalinas del río, rodeadas de grandes rocas y vegetación tropical. Durante el recorrido, es común ver y escuchar a la fauna local, como los monos aulladores, capuchinos de cara blanca y una gran variedad de aves tropicales.

La observación de aves es otra gran atracción en Pico Bonito, ya que el parque alberga más de 400 especies de aves, lo que lo convierte en uno de los mejores destinos para el avistamiento de aves en Centroamérica. Los entusiastas pueden observar especies coloridas como el tucán pico iris, el quetzal resplandeciente y el majestuoso águila harpía. Los diversos ecosistemas del parque brindan hábitats tanto para especies residentes como migratorias, ofreciendo a los visitantes la oportunidad de ver algunas de las aves más bellas y raras del mundo.

Para quienes buscan más aventura, el parque ofrece la posibilidad de practicar rafting en el río Cangrejal, famoso por sus emocionantes rápidos. El río, alimentado por lluvias y arroyos de montaña, atraviesa la jungla, creando las condiciones perfectas para la práctica del rafting. Los tours de rafting están disponibles para distintos niveles de habilidad, desde principiantes hasta aventureros más experimentados en busca de una experiencia llena de adrenalina.

El mejor momento para visitar el Parque Nacional Pico Bonito es durante la temporada seca, de diciembre a abril, cuando el clima es más predecible y se puede disfrutar más de actividades al aire libre como el senderismo, la observación de aves y el rafting. Sin embargo, la temporada de lluvias también tiene su encanto, ya que las cascadas del parque alcanzan su máximo esplendor y la selva cobra vida con un verde vibrante y una abundancia de vida silvestre.

Culturalmente, Pico Bonito está cerca de varias comunidades garífunas e indígenas que enriquecen la experiencia de visitar el parque. Los garífunas, descendientes de africanos, caribes y arawaks, tienen una larga historia en la región, especialmente a lo largo de la costa caribeña. Su música, danza y gastronomía son parte integral de la cultura local, y los visitantes de la cercana ciudad de La Ceiba pueden experimentar la cultura garífuna a través de festivales, presentaciones y comida tradicional.

La gastronomía hondureña en esta región está influenciada por las tradiciones indígenas y costeras. Los mariscos frescos son un alimento básico, con platos como las baleadas, una tortilla gruesa de harina rellena de frijoles, queso y crema agria, siendo un favorito local. Los platillos de pescado, a menudo preparados con leche de coco y acompañados de arroz y plátanos, son comunes en los restaurantes cerca del parque. Los sabores frescos y simples de la comida reflejan la abundancia natural de la región.

La flora y fauna de Pico Bonito son increíblemente diversas gracias a la variedad de ecosistemas del parque. Las selvas tropicales de menor elevación albergan una gran cantidad de plantas tropicales, incluidos los imponentes árboles de ceiba, bromelias, orquídeas y helechos. A medida que los visitantes ascienden al bosque nublado, encuentran árboles cubiertos de musgo, un denso sotobosque y una atmósfera más fresca y nebulosa. El parque también es hogar de muchas especies en peligro de extinción y raras, incluidos jaguares, pumas, ocelotes y tapires de Baird, algunos de los mamíferos terrestres más grandes de Centroamérica. Los ríos y arroyos del parque albergan anfibios y reptiles, y la diversidad de insectos contribuye al vibrante y dinámico ambiente.

El impacto social del Parque Nacional Pico Bonito en las comunidades circundantes es significativo. El ecoturismo se ha convertido en una fuente vital de ingresos para las personas que viven cerca del parque, especialmente en La Ceiba y los pequeños pueblos cercanos. Muchas eco-lodges y operadores turísticos son de propiedad local, lo que permite a los visitantes contribuir directamente a la economía local mientras disfrutan de experiencias de viaje sostenibles y responsables con el medio ambiente. Estas iniciativas también ayudan a concienciar sobre la conservación y la importancia de proteger los delicados ecosistemas del parque.

A pesar de su belleza, Pico Bonito enfrenta varios desafíos, como la deforestación y la tala ilegal, que amenazan la biodiversidad del parque. Organizaciones de conservación y comunidades locales están trabajando para proteger los bosques y la vida silvestre a través del turismo sostenible y proyectos de conservación. Además, la infraestructura del parque, incluidos los senderos y la señalización, está en constante desarrollo para mejorar el acceso y la seguridad de los visitantes, minimizando al mismo tiempo el impacto ambiental.

Un dato poco conocido sobre el Parque Nacional Pico Bonito es su papel como fuente crítica de agua para la región circundante. Los ríos y arroyos del parque proporcionan agua potable limpia a las comunidades locales y apoyan la agricultura en la zona. Los ecosistemas del parque también desempeñan un papel crucial en la regulación del clima y la preservación de la biodiversidad, lo que lo convierte en una parte esencial de la salud ambiental de la región.

Llegar al Parque Nacional Pico Bonito es relativamente fácil gracias a su proximidad a La Ceiba, una de las principales ciudades de la costa norte de Honduras. La Ceiba es accesible en avión, con vuelos que conectan con San Pedro Sula y Tegucigalpa, las dos ciudades más grandes del país. Desde La Ceiba, el parque está a solo un corto trayecto en automóvil, y muchas eco-lodges ofrecen servicios de transporte para los huéspedes. Una vez dentro del parque, los visitantes pueden explorar a pie, con recorridos guiados disponibles para aquellos que deseen aprender más sobre la flora, fauna y ecosistemas locales.

En conclusión, el Parque Nacional Pico Bonito ofrece una rica combinación de aventura, naturaleza y experiencias culturales. Ya sea que estés recorriendo la selva, observando aves raras o haciendo rafting por un río en la jungla, el parque brinda oportunidades interminables para la exploración y el descubrimiento. Su importancia como área de conservación y su papel en el apoyo a las comunidades locales lo convierten en un ejemplo brillante de cómo el turismo puede ser una fuerza para el bien. Para los viajeros que buscan conectarse con la naturaleza, experimentar la belleza de Honduras y apoyar el turismo sostenible, el Parque Nacional Pico Bonito es un destino imperdible.

98. Placencia: Un Tesoro Escondido en Belice

Placencia, un pequeño pueblo ubicado en la costa sur de Belice, es un verdadero tesoro escondido, famoso por sus hermosas playas, su ambiente relajado y su proximidad a la Barrera de Coral de Belice, el segundo sistema de arrecifes más grande del mundo. El pueblo se encuentra en la punta de una estrecha península de unos 26 kilómetros de largo, con el mar Caribe a un lado y una laguna al otro. Esta ubicación idílica, combinada con la calidez de su gente, convierte a Placencia en uno de los destinos turísticos más atractivos de Belice.

Aunque es relativamente pequeño, Placencia es una comunidad vibrante que atrae a viajeros en busca de relajación y aventura. El pueblo en sí es encantador, con coloridas casas de madera, pequeños cafés y tiendas locales que bordean su famosa "acera", considerada la calle principal más estrecha del mundo según el Guinness World Records. Esta vía peatonal atraviesa el corazón del pueblo, ofreciendo una manera única y agradable de explorar sus tiendas y restaurantes.

La ubicación geográfica de Placencia es uno de sus mayores atractivos. Situada en la costa sureste de Belice, a unos 160 kilómetros de la ciudad de Belice, la península disfruta de hermosas playas de arena y aguas turquesas tranquilas, convirtiéndola en un paraíso para los amantes de la playa y los deportes acuáticos. Además, Placencia está a solo un corto viaje en bote de la Barrera de Coral, lo que la convierte en el lugar perfecto para explorar las maravillas submarinas de Belice.

El clima en Placencia es tropical, con temperaturas cálidas durante todo el año. La temperatura promedio oscila entre los 24°C y 30°C, lo que la convierte en un destino de playa ideal en cualquier época. La temporada seca, de noviembre a abril, es la más popular entre los turistas debido al clima soleado y agradable. Durante la temporada de lluvias, de mayo a octubre, aunque se registran precipitaciones más intensas, sigue siendo posible disfrutar de las actividades al aire libre.

Placencia es mejor conocida por su proximidad a algunas de las principales atracciones marinas de Belice, incluida la Barrera de Coral. El esnórquel y el buceo son actividades muy populares entre los visitantes, ya que las aguas alrededor del arrecife están llenas de peces coloridos, formaciones coralinas y vida marina como tortugas, tiburones nodriza y rayas. Las islas cercanas, como Silk Cayes y Laughing Bird Caye, son destinos ideales para excursiones de un día, ofreciendo aguas cristalinas y arrecifes vibrantes a solo un corto trayecto en bote.

La pesca también es muy popular en Placencia, donde tanto locales como turistas salen al mar en busca de especies como el sábalo, el pez macabí y el permit, conocidos como el "Grand Slam" de la pesca. La pesca con mosca en las aguas poco profundas de la laguna es una actividad favorita, y muchos guías locales ofrecen tours de pesca tanto para principiantes como para pescadores experimentados.

Para quienes prefieren actividades en tierra, Placencia tiene mucho que ofrecer. El Santuario de Vida Silvestre Cockscomb, a solo una hora en coche, es la primera reserva de jaguares del mundo y ofrece la oportunidad de caminar por la selva tropical y ver animales como jaguares, monos aulladores y tucanes. Los senderos del santuario conducen a cascadas impresionantes, lo que lo convierte en un destino perfecto para los amantes de la naturaleza.

Culturalmente, Placencia es hogar de una población diversa que incluye garífunas, creoles, mayas y expatriados de todo el mundo. Esta mezcla de culturas se refleja en sus festivales, música y comida. Cada año, el pueblo celebra el Placencia Lobsterfest, un evento vibrante que marca el inicio de la temporada de langostas con puestos de comida, música y bailes. Es una excelente oportunidad para degustar los platos locales y disfrutar del ambiente festivo.

La escena gastronómica de Placencia está fuertemente influenciada por su ubicación costera y las culturas circundantes. Los mariscos frescos son el pilar de su cocina, con platos como langosta a la parrilla, ceviche de caracol y pescado frito entre los más populares. Los restaurantes locales van desde comedores informales frente al mar hasta opciones más elegantes, muchas de las cuales ofrecen una fusión de sabores caribeños, creoles y garífunas. El arroz con coco, los frijoles y los plátanos acompañan con frecuencia los platos, mientras que las frutas tropicales como el mango, la piña y la papaya están siempre presentes.

La flora y fauna de Placencia y sus alrededores son increíblemente diversas, gracias a la mezcla de ecosistemas costeros, marinos y tropicales de la región. Los manglares que bordean la península son importantes hábitats para peces y aves. En el interior, las selvas de las montañas mayas albergan una variedad de vida silvestre, incluidos jaguares, tapires y aves exóticas. Las lagunas cercanas están llenas de vida silvestre, lo que las convierte en lugares ideales para hacer kayak y avistar aves.

El impacto social de Placencia ha sido en gran medida positivo, con el turismo jugando un papel clave en la economía local. La llegada de visitantes ha creado empleos en la industria hotelera, la pesca y el turismo, mejorando el nivel de vida de muchos residentes. Al mismo tiempo, se han realizado esfuerzos para promover el turismo sostenible y proteger los recursos naturales de la zona. Muchos de los tours y actividades en Placencia están orientados al ecoturismo, y la comunidad ha tomado medidas para asegurar que el desarrollo no dañe el entorno natural.

Sin embargo, Placencia enfrenta algunos desafíos a medida que crece en popularidad. Uno de los principales problemas es el potencial de sobreexplotación, ya que continúan surgiendo nuevos hoteles y resorts a lo largo de la costa. Encontrar el equilibrio entre las necesidades de los turistas y la preservación de la belleza natural del pueblo sigue siendo una preocupación constante. Además, como muchas comunidades costeras, Placencia es vulnerable a los impactos del cambio climático, especialmente el aumento del nivel del mar y huracanes más fuertes, lo que podría amenazar sus playas e infraestructura.

Un dato poco conocido sobre Placencia es que solía ser un tranquilo pueblo de pescadores que comenzó a desarrollarse como destino turístico en la década de 1990. Antes de eso, el pueblo estaba habitado principalmente por pescadores y sus familias, y el turismo jugaba un papel muy secundario en la economía local. Hoy en día, aunque el turismo es una parte importante de la vida en Placencia, el pueblo ha logrado conservar gran parte de su encanto original, y los visitantes aún pueden experimentar la atmósfera amigable y relajada que atrajo a los primeros viajeros.

Llegar a Placencia es relativamente fácil, a pesar de su ubicación algo remota. El pueblo cuenta con un pequeño aeropuerto que ofrece vuelos domésticos desde la ciudad de Belice y otras partes del país. El vuelo desde la ciudad de Belice dura aproximadamente 30 minutos, lo que lo convierte en una opción rápida y conveniente para los visitantes. Para aquellos que prefieren viajar por tierra, Placencia es accesible en automóvil o autobús desde la ciudad de Belice, con un viaje de aproximadamente tres horas por la pintoresca autopista Hummingbird. Una vez en Placencia, moverse es fácil, ya que el pueblo es pequeño y se puede recorrer a pie.

En conclusión, Placencia es un destino que ofrece la mezcla perfecta de relajación, aventura y belleza natural. Ya sea descansando en sus playas vírgenes, haciendo esnórquel en la Barrera de Coral de Belice o explorando las selvas circundantes, Placencia brinda infinitas oportunidades para descubrir y disfrutar. Su rico patrimonio cultural, la cálida hospitalidad local y su compromiso con el turismo sostenible lo convierten en un destino destacado en Belice.

99. Playa Paraíso: El Tesoro de Cayo Largo

Playa Paraíso, ubicada en la tranquila isla de Cayo Largo del Sur, en Cuba, es considerada una de las playas más hermosas del Caribe. Famosa por su arena blanca y suave, sus aguas cristalinas de color turquesa y su atmósfera serena, es un destino perfecto para aquellos que buscan un paraíso tropical. Aunque relativamente pequeña, Playa Paraíso y sus alrededores ofrecen una escapada pacífica, lejos del bullicio de los grandes centros turísticos, donde la naturaleza es la protagonista.

Cayo Largo del Sur es una isla pequeña, parte del Archipiélago de los Canarreos, situada en el Mar Caribe, al sur de la isla principal de Cuba. La isla se extiende unos 25 kilómetros de largo, y Playa Paraíso se encuentra en su costa occidental, cubriendo una franja de playa prístina de unos pocos kilómetros. A diferencia de otros destinos del Caribe, más desarrollados y comerciales, Playa Paraíso ha logrado mantenerse intacta, preservando su belleza natural, lo que aumenta su atractivo.

El aislamiento geográfico de Cayo Largo del Sur lo convierte en un refugio ideal para quienes desean sumergirse en la belleza natural. La isla está rodeada de arrecifes de coral, lo que ofrece excelentes oportunidades para el esnórquel y el buceo, mientras que las aguas cálidas y poco profundas cerca de Playa Paraíso la convierten en el lugar ideal para nadar y relajarse. La playa, con su arena suave y polvo blanco, parece extenderse interminablemente a lo largo de la costa, creando una sensación de tranquilidad infinita.

El clima de Playa Paraíso es típicamente caribeño, con temperaturas cálidas durante todo el año. Las temperaturas promedio oscilan entre los 25°C y los 30°C, lo que proporciona un clima perfecto para disfrutar de la playa la mayor parte del año. La temporada seca, de noviembre a abril, es la mejor época para visitar, ya que el clima es soleado y seco, con una brisa refrescante del mar. La temporada de lluvias, de mayo a octubre, trae algunas lluvias ocasionales, pero estas suelen ser breves, y la isla sigue disfrutando de abundante sol incluso en este periodo.

El turismo en Playa Paraíso gira en torno a la belleza natural de la zona. Una de las actividades más populares es relajarse en la playa, disfrutar de las aguas claras y del entorno tranquilo. La playa es conocida por sus aguas poco profundas, lo que permite a los visitantes caminar hasta el mar, lo que la convierte en un lugar excelente para nadar. La ausencia de fuertes olas y corrientes asegura que el agua permanezca calma y acogedora.

Para aquellos que buscan explorar el mundo submarino, los arrecifes de coral que rodean Cayo Largo son el hogar de una diversa gama de vida marina, incluidos peces de colores, tortugas marinas y rayas. Hay excursiones de esnórquel y buceo disponibles para los visitantes que deseen conocer más de cerca los ecosistemas de los arrecifes. Además de las actividades marinas, la playa vecina, Playa Sirena, es otro destino impresionante, con más instalaciones y actividades, como bares en la playa y deportes acuáticos.

Cayo Largo del Sur tiene una cultura relajada y tranquila en comparación con otros destinos turísticos de Cuba. No hay una ciudad ni una población permanente en la isla; la mayoría de los visitantes se alojan en resorts todo incluido o en eco-lodges dispersos por la isla. La cultura de la isla está profundamente influenciada por su entorno natural, y el ritmo de vida es lento y relajado. Las personas que trabajan en la isla, muchas de las cuales provienen de la isla principal de Cuba, son conocidas por su cálida hospitalidad y su dedicación a brindar una experiencia auténtica y pacífica a los visitantes.

La gastronomía en Playa Paraíso y Cayo Largo es típicamente cubana, con un enfoque en los mariscos frescos. Los restaurantes locales y las cocinas de los hoteles ofrecen deliciosos platos como pescado a la parrilla, langosta, camarones y concha, a menudo acompañados de arroz, frijoles y frutas tropicales. La cocina refleja las tradiciones culinarias de Cuba, que combinan influencias españolas, africanas y caribeñas. Los visitantes pueden disfrutar de mojitos o piñas coladas recién preparados, ideales para saborear mientras ven la puesta de sol sobre el océano.

La flora y fauna que rodea Playa Paraíso y Cayo Largo son tan impresionantes como la playa misma. La isla es hogar de varias especies de aves, incluidos flamencos, pelícanos y garzas, que a menudo se pueden ver a lo largo de la costa. Las aguas poco profundas alrededor de la isla son importantes zonas de anidación para las tortugas marinas, y durante los meses de verano, los visitantes pueden ser testigos del nacimiento de crías de tortugas que se dirigen al mar. El ecosistema de la isla se conserva cuidadosamente, con esfuerzos para minimizar el impacto ambiental del turismo.

Playa Paraíso y Cayo Largo del Sur han adquirido cada vez más importancia en la industria turística de Cuba, atrayendo a visitantes de Europa, Canadá y otras partes del mundo. Sin embargo, el aislamiento y la falta de desarrollo a gran escala han ayudado a mantener la atmósfera tranquila y exclusiva de la isla, lo que forma parte de su encanto. A diferencia de los concurridos resorts de Cuba, Playa Paraíso ofrece una experiencia más íntima y serena, perfecta para quienes buscan un descanso del ruido y las multitudes.

A pesar de su belleza, la isla enfrenta ciertos desafíos. Una de las principales preocupaciones es su vulnerabilidad a los huracanes, especialmente durante la temporada de lluvias. Como gran parte del Caribe, Cayo Largo del Sur puede verse afectada por tormentas que temporalmente interrumpen el turismo y causan daños a la infraestructura de la isla. Otro desafío es la dependencia de la isla en el turismo, lo que significa que las fluctuaciones en el número de visitantes, especialmente durante eventos globales como pandemias, pueden tener un impacto económico significativo.

Un dato poco conocido sobre Cayo Largo del Sur es su fascinante historia. La isla fue en su momento un refugio para piratas durante el siglo XVII, y se rumorea que aún podrían encontrarse tesoros enterrados en sus arenas. A lo largo de los siglos, Cayo Largo ha permanecido en gran parte sin desarrollar, preservando su belleza natural, y no fue hasta la década de 1980 que comenzó a desarrollarse como un destino turístico.

Llegar a Playa Paraíso y Cayo Largo del Sur requiere cierta planificación, ya que la isla no es accesible por carretera. La mayoría de los visitantes llegan a través del Aeropuerto Internacional de Cayo Largo, que cuenta con vuelos regulares desde La Habana y otras ciudades importantes de Cuba. Los vuelos chárter desde Canadá y Europa también llegan a la isla durante la temporada alta de turismo. Una vez en la isla, el transporte generalmente se organiza a través de los hoteles y resorts, con servicios de transporte y barcos disponibles para explorar la zona.

En conclusión, Playa Paraíso en Cayo Largo del Sur es un destino que encarna perfectamente el encanto del Caribe. Su impresionante playa, sus aguas cristalinas y su atmósfera tranquila la convierten en un refugio para quienes buscan relajarse y conectarse con la naturaleza. A pesar de su lejanía, ofrece muchas oportunidades para la aventura, desde el esnórquel y el buceo hasta la exploración de la rica fauna de la isla. Ya sea que estés descansando en la playa, saboreando un mojito o maravillándote con la vida marina, Playa Paraíso promete una experiencia inolvidable en uno de los destinos más hermosos y serenos de Cuba.

100. Ponce: La Perla del Sur

Ponce, la segunda ciudad más grande de Puerto Rico, a menudo conocida como "La Perla del Sur", es una mezcla fascinante de historia, cultura y encanto caribeño. Ubicada en la costa sur de Puerto Rico, Ponce es una ciudad rica en patrimonio y elegancia, famosa por su arquitectura colonial bellamente conservada, plazas vibrantes e instituciones culturales que reflejan la historia de la isla. Con una extensión de aproximadamente 117 kilómetros cuadrados y una población de alrededor de 150,000 habitantes, Ponce es uno de los principales centros urbanos de Puerto Rico.

Geográficamente, Ponce se encuentra entre el Mar Caribe al sur y la Cordillera Central al norte. Esta ubicación única le brinda una combinación de paisajes costeros y montañosos, lo que permite a los visitantes disfrutar tanto de vistas al mar como de oportunidades para explorar las cercanas colinas y bosques. Además, su posición estratégica lo convierte en un puerto clave, con el Puerto de Ponce como un importante centro comercial y turístico en la región.

El clima en Ponce es tropical y semiárido, con temperaturas cálidas durante todo el año. Las temperaturas promedio oscilan entre los 23°C y 30°C, lo que hace de Ponce un destino agradable en cualquier época del año. La temporada seca, de diciembre a abril, ofrece cielos soleados y condiciones ideales para hacer turismo. Aunque la temporada de lluvias, de mayo a noviembre, trae más humedad y lluvias ocasionales, el clima de Ponce sigue siendo cálido y acogedor incluso en estos meses.

Uno de los principales atractivos turísticos de Ponce es el Parque de Bombas, una icónica estación de bomberos pintada en rojo y negro, ubicada en el corazón de la Plaza Las Delicias. Construido en 1882, este llamativo edificio sirvió como la principal estación de bomberos de Ponce durante muchos años y ahora es un museo dedicado a la historia de los bomberos de la ciudad. Su apariencia única lo convierte en uno de los monumentos más fotografiados de Puerto Rico. La Plaza Las Delicias en sí es un hermoso espacio público, rodeado de fuentes, estatuas y la impresionante Catedral de Ponce, o Catedral de Nuestra Señora de Guadalupe, que data del siglo XVII.

Más allá de la plaza central, Ponce alberga varios museos que exhiben el rico patrimonio artístico e histórico de la ciudad. El Museo de Arte de Ponce, conocido por su impresionante colección de arte europeo y puertorriqueño, es uno de los museos más grandes del Caribe. En su interior, se pueden admirar obras de artistas renombrados como Velázquez, Rubens y Rodin, junto con una significativa colección de artistas puertorriqueños. Otros museos de la ciudad, como el Museo de la Historia de Ponce y el Museo Casa Armstrong-Poventud, ofrecen un vistazo a su pasado colonial y su papel en el desarrollo de Puerto Rico.

Un destino popular en Ponce es La Guancha, un animado malecón a lo largo del Mar Caribe. La Guancha ofrece vistas impresionantes del océano, con una variedad de restaurantes, quioscos y bares donde los visitantes pueden disfrutar de la cocina local y bebidas tropicales. Es el lugar perfecto para observar a la gente, ya que tanto lugareños como turistas se reúnen para relajarse junto al agua, alimentar a los pelícanos y disfrutar de la atmósfera. Los fines de semana, a menudo se llevan a cabo eventos culturales y música en vivo, lo que añade un toque festivo al ambiente.

La mejor época para visitar Ponce es durante la temporada seca, particularmente de diciembre a marzo, cuando el clima es perfecto y la ciudad alberga varios festivales anuales. Uno de los eventos más famosos es el Carnaval de Ponce, celebrado en la semana previa al Miércoles de

Ceniza. Este carnaval es conocido por sus coloridos disfraces, música tradicional y desfiles vibrantes, convirtiéndolo en una de las celebraciones culturales más antiguas y vibrantes de Puerto Rico. Otro evento importante es la Fiesta Nacional de la Danza, que rinde homenaje a la danza tradicional puertorriqueña conocida como la danza.

La cultura de Ponce está profundamente arraigada en su historia colonial y en las influencias afrocaribeñas. La identidad cultural de la ciudad está moldeada por la mezcla de herencias españolas, africanas y taínas, que se reflejan en su música, arte y gastronomía. La música desempeña un papel importante en la vida cultural de Ponce, con géneros como la bomba, la plena y la salsa siendo populares entre los lugareños. Además, la ciudad es conocida como la cuna de varios músicos puertorriqueños famosos, incluido Juan Morel Campos, un compositor que ayudó a popularizar el género de la danza.

La comida en Ponce es una deliciosa fusión de sabores caribeños y españoles, con un énfasis en ingredientes frescos y especias locales. Platos tradicionales como el mofongo, el arroz con gandules y los pasteles son ampliamente disfrutados. El marisco es también un elemento básico, con pescado fresco, camarones y langosta que se sirven en muchos restaurantes, a menudo preparados con un toque tropical. Los visitantes de La Guancha pueden degustar una variedad de comida callejera, como las empanadillas y los tostones.

La flora y fauna alrededor de Ponce son diversas, gracias a su proximidad al mar y a las montañas. La cercana Caja de Muertos es una reserva natural protegida que ofrece oportunidades para hacer senderismo, practicar snorkel y observar la vida silvestre. La isla es hogar de una variedad de especies de aves, incluidas las fragatas y pelícanos, mientras que sus aguas cristalinas son perfectas para avistar tortugas marinas y peces de colores. En el interior, los bosques y colinas alrededor de Ponce albergan plantas tropicales y vida silvestre exótica, incluidos pájaros, lagartos y mariposas.

Ponce ha sido durante mucho tiempo un importante centro económico y cultural en Puerto Rico, y su impacto social en la región es significativo. El puerto de la ciudad, conocido como el Puerto de las Américas, es uno de los más grandes de la isla, siendo un punto clave para el comercio y el transporte marítimo. Además, las universidades de Ponce, como la Pontificia Universidad Católica de Puerto Rico, la convierten en un centro educativo que atrae a estudiantes de todo el país.

A pesar de sus muchos puntos fuertes, Ponce enfrenta varios desafíos urbanos, incluidos los efectos de las recesiones económicas y los desastres naturales. La ciudad ha luchado con altas tasas de desempleo y los impactos de los huracanes, que han causado daños significativos a su infraestructura en los últimos años. Sin embargo, se están haciendo esfuerzos para revitalizar la ciudad, con inversiones en turismo, cultura y educación que están ayudando a impulsar la recuperación económica.

Un hecho poco conocido sobre Ponce es que una vez fue un importante centro de la industria azucarera en Puerto Rico. Durante el siglo XIX, la economía de Ponce se basaba en gran medida en las plantaciones de caña de azúcar, lo que la convirtió en una de las ciudades más prósperas de la isla. Muchas de las grandes mansiones coloniales que aún se pueden ver hoy en día fueron construidas por acaudalados barones del azúcar, y la arquitectura de la ciudad refleja este pasado próspero.

Llegar a Ponce es relativamente fácil, gracias a su bien conectada red de transporte. El Aeropuerto Internacional Mercedita, ubicado a pocos kilómetros del centro de la ciudad, ofrece vuelos nacionales desde San Juan y otros destinos caribeños. Para quienes viajan desde San Juan, el trayecto por la pintoresca Autopista Luis A. Ferré toma aproximadamente una hora y media. Una vez en la ciudad, las opciones de transporte incluyen taxis, autobuses y alquileres de autos, lo que facilita la exploración de Ponce y sus alrededores.

En conclusión, Ponce es una ciudad que ofrece una mezcla única de historia, cultura y belleza natural. Desde su encantadora arquitectura colonial y sus vibrantes festivales hasta sus impresionantes playas y reservas naturales, Ponce tiene algo para cada tipo de viajero. Su rico patrimonio cultural, su cálida hospitalidad y su ritmo de vida relajado la convierten en un destino imprescindible para cualquiera que explore Puerto Rico.

101. Port Antonio: Un Paraíso Tropical

Port Antonio, un pequeño y encantador pueblo ubicado en la costa noreste de Jamaica, es conocido como uno de los destinos más hermosos y tranquilos de la isla. Sus colinas verdes, playas impresionantes y bahías serenas lo han convertido en un refugio para quienes buscan paz y contacto con la naturaleza. Aunque su tamaño es modesto, las actividades que ofrece son amplias y variadas, ideales tanto para aquellos que buscan relajación como para los aventureros.

Port Antonio se encuentra en la parroquia de Portland, a unos 60 kilómetros de Kingston, la capital de Jamaica. Este pueblo está rodeado por las imponentes Montañas Azules y el Mar Caribe, creando un paisaje único donde la exuberante vegetación tropical se mezcla con el azul cristalino del mar. Su entorno ofrece un escenario paradisíaco que se siente muy alejado del bullicio de las áreas turísticas más concurridas de la isla.

El clima de Port Antonio es tropical, con temperaturas cálidas durante todo el año que oscilan entre los 25°C y 30°C, lo que lo convierte en un destino de playa ideal en cualquier estación. La temporada de lluvias va de mayo a noviembre, con intensos pero breves chubascos tropicales, especialmente por las tardes. De diciembre a abril es la temporada seca, la mejor época para visitar, ya que el clima es soleado, con menos humedad y pocas posibilidades de lluvia. Las brisas caribeñas mantienen el ambiente agradable incluso en los meses más calurosos.

Una de las atracciones más famosas de Port Antonio es la Laguna Azul, un impresionante lago natural de aguas cristalinas y turquesas. Rodeada de una densa vegetación tropical, la laguna es un refugio de paz donde los visitantes pueden nadar, hacer kayak o simplemente relajarse en la orilla. Las aguas de la laguna son una mezcla de agua salada del mar y agua dulce de manantiales, lo que las mantiene frescas y revitalizantes, incluso en los días más calurosos. Su profundo color azul y el ambiente tranquilo han hecho de este lugar un favorito tanto para locales como turistas, e incluso ha sido el escenario de varias películas de Hollywood, como la famosa The Blue Lagoon.

Otra joya cercana es Frenchman's Cove, una de las playas más icónicas de Jamaica. Este rincón es una postal hecha realidad, con arena blanca, agua azul clara y un río que fluye suavemente hacia el mar. Aunque es de propiedad privada, la playa está abierta al público por una pequeña tarifa, lo que permite a los visitantes disfrutar de uno de los rincones más prístinos y pacíficos de la isla. La exuberante vegetación que rodea la cala y las aguas tranquilas la hacen perfecta para familias, nadadores y aquellos que simplemente desean descansar bajo el sol.

Para quienes desean explorar la belleza natural de Jamaica, el río Rio Grande ofrece una experiencia inolvidable de rafting. Lo que una vez fue una ruta usada por los agricultores de bananas para transportar sus productos, ahora es una actividad de ocio donde los visitantes flotan río abajo en balsas de bambú, disfrutando del impresionante paisaje montañoso. El viaje es tranquilo y pintoresco, lo que permite una profunda apreciación del exuberante paisaje tropical de la isla.

El mejor momento para visitar Port Antonio es durante la temporada seca, de diciembre a marzo, cuando el clima es más agradable y las posibilidades de lluvia son bajas. Este período también coincide con varios festivales y eventos locales, brindando a los visitantes la oportunidad de experimentar la rica cultura y tradiciones jamaicanas. Aunque el pueblo es más tranquilo que los destinos turísticos más grandes de Jamaica, como Montego Bay y Ocho Ríos, aún ofrece muchas actividades y oportunidades de exploración.

Culturalmente, Port Antonio es conocido por su ambiente relajado y acogedor. En el pasado, el pueblo fue un centro importante para el comercio de bananas en Jamaica, lo que le valió el apodo de "La capital mundial del banano" a principios del siglo XX. Aunque la industria ha disminuido, su influencia aún es visible en la arquitectura y costumbres locales, que reflejan la prosperidad que alguna vez trajo a la zona. Port Antonio también tiene una fuerte conexión con Hollywood; estrellas como Errol Flynn ayudaron a poner el pueblo en el mapa en los años 40 y 50, y su legado aún se siente en el ambiente relajado pero glamoroso del área.

La gastronomía local en Port Antonio es una deliciosa mezcla de sabores tradicionales jamaicanos e ingredientes frescos de la región. La ciudad es famosa por su cocina "jerk", especialmente el pollo y el cerdo preparados con una mezcla de especias picantes y cocidos lentamente sobre fuego de leña. Boston Bay, cerca de Port Antonio, es considerado el lugar de nacimiento del jerk, y los visitantes pueden disfrutar de algunos de los mejores platos de este estilo en los puestos locales de comida. Los mariscos frescos también son un elemento básico, con platos como pescado a la parrilla, langosta y camarones siendo opciones populares en los restaurantes junto a la playa. Las frutas tropicales, como los mangos, piñas y bananas, son abundantes y agregan un toque dulce y refrescante a las comidas.

La flora y fauna de Port Antonio y sus alrededores son increíblemente diversas, gracias a su ubicación entre el mar y las Montañas Azules. El cercano Parque Nacional de las Montañas Azules y John Crow, Patrimonio de la Humanidad por la UNESCO, es un paraíso para los excursionistas y observadores de aves. El parque alberga numerosas especies de aves, incluyendo el endémico mirlo jamaicano y el petrel jamaicano, una especie en peligro de extinción. El bosque tropical también está lleno de plantas tropicales, como orquídeas, helechos y bambúes. A lo largo de la costa, es posible avistar tortugas marinas anidando en las playas o delfines jugando en las aguas cercanas.

El impacto social del turismo en Port Antonio ha sido tanto positivo como desafiante. El turismo proporciona una fuente significativa de ingresos para la población local, con empleos en la hostelería, guías turísticos y transporte. Sin embargo, la economía del pueblo ha enfrentado dificultades en los últimos años, ya que los destinos turísticos más grandes de Jamaica han atraído a más visitantes, dejando a Port Antonio con menos recursos para su desarrollo. Se están realizando esfuerzos para promover un turismo sostenible en la zona, centrándose en preservar la belleza natural y el patrimonio cultural del pueblo, al tiempo que se apoya a la comunidad local.

Port Antonio, con su ubicación relativamente remota, ha logrado mantener su encanto natural y evitar el desarrollo excesivo. Sin embargo, esto también significa que la infraestructura y los servicios a veces son limitados. A pesar de estos desafíos, el compromiso de la ciudad con la sostenibilidad y el ecoturismo la ha convertido en un destino cada vez más atractivo para aquellos que buscan una experiencia auténtica y tranquila en Jamaica.

Un dato poco conocido sobre Port Antonio es su conexión con el desarrollo de la industria bananera en Jamaica. A finales del siglo XIX, el empresario estadounidense Lorenzo Dow Baker comenzó a exportar bananas desde Port Antonio a los Estados Unidos, lo que ayudó a desencadenar un "boom bananero" en la región. Este comercio trajo prosperidad al pueblo, y durante muchos años, Port Antonio fue una de las áreas más ricas de Jamaica. Aunque el comercio de bananas ha disminuido, el legado de esta industria sigue siendo evidente en la historia y cultura del lugar.

En resumen, Port Antonio es un destino que ofrece una mezcla perfecta de belleza natural, cultura y relajación. Ya sea descansando en la playa de Frenchman's Cove, navegando por el río Rio Grande o explorando las profundidades de la Laguna Azul, el ambiente sereno y virgen de este lugar ofrece una experiencia inolvidable. Su rica historia, amables habitantes y compromiso con la preservación de su entorno único hacen de Port Antonio una visita obligada para los viajeros que buscan un lado más auténtico y tranquilo de Jamaica.

102. La Esencia de Isla del Príncipe Eduardo

Isla del Príncipe Eduardo (PEI), la provincia más pequeña de Canadá, es conocida por su asombrosa belleza natural, encantadores paisajes rurales y rica historia cultural. Aunque su tamaño es modesto —mide unos 224 kilómetros de largo y entre 6 a 64 kilómetros de ancho—, PEI ofrece una variedad de atracciones para quienes buscan tranquilidad, aventura y un vistazo al pasado lleno de historias de la isla.

Ubicada en el Golfo de San Lorenzo, en la costa este de Canadá, PEI está separada del continente por el estrecho de Northumberland. Los acantilados de arenisca roja, las colinas ondulantes y las playas doradas le dan un carácter distintivo, convirtiéndola en uno de los destinos más pintorescos de Canadá. El famoso suelo rojo de la isla, rico en óxido de hierro, le da un cálido y terroso color, que contrasta maravillosamente con las aguas azules que la rodean.

El clima de PEI está influenciado por su ubicación marítima. Los veranos son relativamente suaves, con temperaturas que oscilan entre 18°C y 25°C, lo que hace que sea una época ideal para explorar las playas y disfrutar de actividades al aire libre. Los inviernos son fríos, con temperaturas que descienden por debajo de los cero grados, alcanzando entre -3°C y -11°C. El mejor momento para visitar la isla es durante el verano y principios de otoño, entre junio y septiembre, cuando el clima es cálido, los campos están llenos de vida, y la isla vibra con festivales y eventos.

Charlottetown, la capital y ciudad más grande de la isla, es conocida como "El lugar de nacimiento de la Confederación", ya que fue aquí donde, en 1864, comenzaron las discusiones que llevaron a la formación de Canadá. El centro histórico de la ciudad está lleno de bien conservada arquitectura victoriana, acogedores cafés y tiendas que invitan a un recorrido relajado. Uno de los sitios más populares es la Casa de la Provincia, donde se llevaron a cabo las reuniones de la Confederación. Además, el Centro de las Artes de la Confederación, que está cerca, celebra el patrimonio artístico de la isla y organiza anualmente el Festival de Charlottetown, con actuaciones como Ana de las Tejas Verdes: El Musical, basado en la novela clásica de L.M. Montgomery.

Más allá de Charlottetown, PEI es conocida por su estrecha conexión con Ana de las Tejas Verdes, el personaje ficticio creado por L.M. Montgomery en 1908. Cavendish, una pequeña comunidad en la costa norte de la isla, alberga el Green Gables Heritage Place, donde los visitantes pueden recorrer la casa que inspiró el escenario de la querida novela. La zona circundante ofrece atracciones temáticas de Ana, incluyendo senderos escénicos como Lovers' Lane y el Haunted Wood, que aparecen en la historia.

Las playas de PEI son algunas de las más hermosas de Canadá, con aguas cálidas y poco profundas que son ideales para nadar, especialmente en la costa norte y este de la isla. Cavendish Beach, con sus icónicos acantilados rojos y dunas de arena, es uno de los lugares más populares, mientras que Basin Head Beach, conocida por sus "arenas cantantes" que chirrían bajo los pies, es una visita obligada para los amantes de la playa. Estas áreas costeras son perfectas para tomar el sol, nadar, practicar kayak o simplemente relajarse junto al mar.

La cultura de la isla está profundamente arraigada en su herencia agrícola y pesquera, que sigue desempeñando un papel significativo en la vida diaria. PEI es conocida como el "Jardín del Golfo" por sus fértiles tierras de cultivo, y la isla es famosa por su producción de papas. El paisaje agrícola de la isla, con su mosaico de campos y pequeñas granjas, contribuye a su encanto rural. La pesca de langosta es otra industria importante, y los visitantes pueden disfrutar de mariscos frescos en los restaurantes locales, especialmente durante el Festival Internacional de Mariscos de PEI, que se celebra en septiembre.

La gastronomía de PEI refleja sus tradiciones agrícolas y marítimas, con mariscos frescos y productos locales en el centro de la escena. La langosta, las ostras, los mejillones y las almejas son especialidades locales, a menudo acompañados de las famosas papas de PEI. La isla también es conocida por sus quesos artesanales, cervezas artesanales y vinos locales. Los festivales gastronómicos, como el Fall Flavours Festival, celebran la excelencia culinaria de la isla, ofreciendo experiencias de la granja a la mesa y eventos dirigidos por chefs.

La flora y fauna de PEI son diversas. Los bosques, humedales y áreas costeras de la isla ofrecen hábitat para una variedad de vida silvestre. En la isla viven ciervos de cola blanca, zorros rojos y numerosas especies de aves, incluyendo águilas calvas, garzas azules y chorlitos silbadores, estos últimos protegidos por su estatus de especie en peligro de extinción. En las aguas alrededor de la isla, es común avistar focas, ballenas y marsopas, especialmente durante los meses de verano. Los parques nacionales de la isla, como el Parque Nacional de Isla del Príncipe Eduardo, ofrecen excelentes oportunidades para la observación de vida silvestre, senderismo y campamento.

El impacto social y económico de PEI va más allá del turismo. La producción agrícola de la isla, en particular el cultivo de papas, contribuye significativamente a la producción de alimentos de Canadá. La industria pesquera, especialmente la recolección de langostas y mejillones, es un componente clave de la economía local, apoyando a las pequeñas comunidades pesqueras a lo largo de la costa. Sin embargo, el turismo se ha convertido en una de las industrias más importantes, atrayendo a visitantes por su belleza natural, sitios culturales y oportunidades recreativas.

A pesar de sus muchas fortalezas, PEI enfrenta algunos desafíos urbanos, especialmente en cuanto a mantener su infraestructura en medio de un creciente flujo de turistas. La pequeña población de la isla y los recursos limitados hacen que sea difícil satisfacer las crecientes demandas de los visitantes, especialmente durante la temporada alta de verano. Además, la erosión costera y el aumento del nivel del mar representan amenazas ambientales para las icónicas playas y acantilados de la isla, lo que hace que los esfuerzos de conservación sean una prioridad para las autoridades locales.

Un hecho poco conocido sobre PEI es que alberga el puente más largo de Canadá, el Puente de la Confederación, que conecta la isla con la provincia continental de Nuevo Brunswick. Con una longitud de 12,9 kilómetros, el puente es una maravilla de la ingeniería y un vínculo vital de transporte tanto para los residentes como para los visitantes. Antes de la construcción del puente en 1997, la isla solo era accesible por ferry o avión, lo que hacía que los viajes a PEI fueran más desafiantes. Hoy en día, el Puente de la Confederación proporciona acceso fácil a la isla durante todo el año, siendo una parte esencial de la infraestructura de transporte de PEI.

PEI es accesible por varios medios. Además del Puente de la Confederación, que permite el acceso por carretera, hay servicios de ferry que conectan PEI con Nueva Escocia durante los meses más cálidos. El Aeropuerto de Charlottetown también ofrece vuelos regulares hacia y desde las principales ciudades canadienses como Toronto, Montreal y Halifax. Una vez en la isla, la mayoría de los visitantes optan por explorarla en automóvil, ya que las pintorescas carreteras rurales de PEI brindan fácil acceso a sus pueblos, playas y parques.

En conclusión, Isla del Príncipe Eduardo es un destino que ofrece una combinación perfecta de belleza natural, patrimonio cultural y aventuras al aire libre. Ya sea que estés explorando los acantilados rojos de Cavendish, siguiendo los pasos de Ana de las Tejas Verdes, o disfrutando de langosta fresca junto al mar, PEI brinda una escapada tranquila y pintoresca. Su pequeño tamaño y comunidades acogedoras facilitan la exploración, mientras que su rica historia y paisajes impresionantes aseguran que siempre haya algo nuevo por descubrir. Como una parte invaluable de las provincias marítimas de Canadá, PEI sigue cautivando a los visitantes con su encanto, convirtiéndola en un destino de visita obligada para aquellos que buscan la verdadera esencia de la vida en la isla.

103. Puebla: Historia, Cultura y Sabores

Puebla, una de las ciudades más cautivadoras y culturalmente ricas de México, está ubicada al sureste de la Ciudad de México y es la capital del estado que lleva el mismo nombre. Conocida oficialmente como Heroica Puebla de Zaragoza, tiene una población de más de 1.5 millones de personas, lo que la convierte en la cuarta ciudad más grande del país. A pesar de su tamaño, Puebla conserva su encanto colonial, con un centro histórico bien preservado, mercados vibrantes y una arquitectura impresionante que atrae a visitantes de todo el mundo.

Geográficamente, Puebla se encuentra a una altitud de 2,135 metros sobre el nivel del mar, en los altiplanos centrales de México, asentada en el Valle de Puebla. La ciudad está rodeada de majestuosas montañas y volcanes, incluyendo los famosos Popocatépetl e Iztaccíhuatl, que dominan el horizonte. Su proximidad a la Ciudad de México, a tan solo 130 kilómetros de distancia, la convierte en un destino accesible para escapadas de un día o estancias más largas.

El clima de Puebla es templado durante todo el año, con temperaturas que oscilan entre los 10°C y los 24°C. La temporada de lluvias va de mayo a octubre, siendo julio y agosto los meses más lluviosos. La temporada seca, de noviembre a abril, es la mejor época para explorar las atracciones al aire libre de la ciudad. Durante estos meses, los visitantes pueden disfrutar de cielos despejados y brisas frescas, lo que hace que este periodo sea el más popular para el turismo.

Uno de los monumentos más icónicos de Puebla es su catedral, la Catedral de Puebla, que domina el centro histórico. Su construcción comenzó en el siglo XVI y es considerada una de las mejores muestras de la arquitectura barroca colonial en México. Sus dos torres de campanarios, que se elevan a 70 metros de altura, son las más altas del país. La catedral está situada en la Plaza de Armas o Zócalo, una plaza llena de vida con fuentes, árboles y vendedores ambulantes. El Zócalo es el corazón social y cultural de Puebla, donde tanto locales como turistas se reúnen para disfrutar del ambiente vibrante.

El centro histórico de Puebla ha sido reconocido como Patrimonio de la Humanidad por la UNESCO, gracias a su arquitectura colonial bien conservada y sus coloridas calles. La ciudad es famosa por su talavera, una cerámica distintiva que se produce en la región desde hace siglos. Los visitantes pueden explorar las tiendas y talleres en el Barrio del Artista, un vecindario donde los artesanos locales venden su cerámica, pinturas y artesanías. Las calles de Puebla están adornadas con edificios coloniales cubiertos de azulejos de talavera, lo que añade un encanto único a la ciudad.

Otro lugar imperdible en Puebla es el Museo Amparo, que alberga una impresionante colección de arte precolombino, colonial y contemporáneo. El museo está ubicado en una antigua mansión colonial y ofrece una inmersión profunda en la rica historia de México, desde las civilizaciones antiguas hasta el arte moderno. Sus hermosos patios y terraza en la azotea ofrecen vistas impresionantes del paisaje urbano de la ciudad y de las montañas circundantes.

Para quienes estén interesados en el legado religioso de Puebla, la Iglesia de Santo Domingo es un ejemplo magistral de la arquitectura barroca. Su característica más famosa es la Capilla del Rosario, frecuentemente llamada la "Octava Maravilla del Mundo" debido a sus intrincadas decoraciones en hoja de oro, esculturas y pinturas. Esta capilla es un testimonio de la maestría artesanal de la época colonial y de la devoción de los poblanos.

La comida es una parte esencial de la identidad cultural de Puebla, y la ciudad a menudo es llamada la capital gastronómica de México. Puebla es la cuna de varios platillos icónicos mexicanos, incluyendo el mole poblano, una salsa rica y compleja hecha de una mezcla de chiles, chocolate y especias, tradicionalmente servida sobre pollo o pavo. Otro platillo famoso de Puebla es el chile en nogada, que consiste en chiles poblanos rellenos de picadillo, cubiertos con una salsa de nuez y adornados con granada, representando los colores de la bandera mexicana. Los visitantes pueden degustar estos y otros platillos locales en los muchos restaurantes tradicionales y mercados de la ciudad.

Puebla también alberga mercados animados, donde los visitantes pueden probar comida callejera local y comprar productos artesanales. El Mercado El Parián es uno de los más populares, ofreciendo de todo, desde cerámica y textiles hasta dulces tradicionales y antojitos. Un viaje a Puebla no está completo sin probar las cemitas, un sándwich típico hecho con pan de ajonjolí, aguacate, queso y una variedad de rellenos como cerdo, pollo o res. Es un manjar obligatorio para los amantes de la gastronomía que visitan la ciudad.

La flora y fauna de la región de Puebla son tan diversas como sus ofertas culturales. Las montañas y volcanes que rodean la ciudad albergan una variedad de especies vegetales, incluyendo bosques de pinos y encinos, así como una diversidad de fauna como venados, conejos y coyotes. Los volcanes Popocatépetl e Iztaccíhuatl, ubicados cerca de la ciudad, ofrecen oportunidades de senderismo para los visitantes aventureros, con senderos que brindan vistas impresionantes de los valles que se extienden abajo.

El impacto social y económico de Puebla en México es significativo. La ciudad ha sido durante mucho tiempo un centro de comercio e industria, con un sector manufacturero fuerte que incluye la producción automotriz y textil. La fábrica de Volkswagen en Puebla es una de las más grandes del mundo y desempeña un papel clave en la economía local. Además de su importancia industrial, Puebla es un centro de educación e investigación, y alberga varias universidades prestigiosas, como la Universidad de las Américas Puebla (UDLAP) y la Benemérita Universidad Autónoma de Puebla (BUAP).

Como muchas ciudades grandes, Puebla enfrenta varios desafíos urbanos. La rápida urbanización ha llevado a problemas como el congestionamiento de tráfico, la contaminación y la presión sobre los servicios públicos. En los últimos años, la ciudad ha hecho esfuerzos por mejorar su infraestructura, incluyendo la expansión de los sistemas de transporte público y la creación de espacios verdes. Sin embargo, equilibrar la preservación del encanto histórico de la ciudad con las demandas de su creciente población sigue siendo un desafío constante.

Un dato poco conocido sobre Puebla es su papel en la historia mexicana como escenario de la famosa Batalla de Puebla, que tuvo lugar el 5 de mayo de 1862. El ejército mexicano, bajo el mando del General Ignacio Zaragoza, derrotó con éxito a las fuerzas francesas, a pesar de estar en desventaja numérica. Esta victoria se celebra anualmente como el Cinco de Mayo, un día que se ha convertido en símbolo de resistencia y orgullo mexicano, particularmente en los Estados Unidos. Los Fuertes de Loreto y Guadalupe, ubicados en una colina que domina la ciudad, son sitios históricos clave donde los visitantes pueden aprender más sobre este evento crucial en la historia de México.

Llegar a Puebla es relativamente fácil gracias a su cercanía con la Ciudad de México. La ciudad es accesible en coche, autobús o avión, con autobuses regulares que salen desde las principales terminales de la Ciudad de México. El Aeropuerto Internacional Hermanos Serdán de Puebla ofrece vuelos nacionales y algunos internacionales, lo que lo convierte en una opción conveniente para los viajeros. Una vez en la ciudad, los visitantes pueden explorar el centro histórico a pie o utilizar el sistema de transporte público de la ciudad, que incluye autobuses y taxis.

En conclusión, Puebla es una ciudad que ofrece una combinación perfecta de historia, cultura y delicias culinarias. Desde su impresionante arquitectura colonial y mercados vibrantes hasta sus ricas tradiciones gastronómicas y paisajes escénicos, Puebla ofrece una experiencia única y enriquecedora para los visitantes. Su importancia como centro de la historia y cultura mexicana, combinada con su ambiente acogedor, la convierte en un destino imperdible para quienes viajan a México. Ya sea explorando sus calles históricas, saboreando un plato de mole poblano o disfrutando de las vistas de los volcanes cercanos, Puebla es una ciudad que deja una impresión duradera.

104. Puerto Plata: Belleza, Historia y Aventura

Puerto Plata, ubicada en la costa norte de la República Dominicana, es una ciudad vibrante famosa por sus impresionantes playas, rica historia y paisajes espectaculares. Oficialmente conocida como San Felipe de Puerto Plata, esta ciudad abarca más de 500 kilómetros cuadrados y cuenta con una población de aproximadamente 330,000 personas. Con el Océano Atlántico al norte y la exuberante cordillera montañosa al sur, Puerto Plata se ha convertido en un destino favorito para viajeros que buscan relajación y aventura por igual.

Geográficamente, Puerto Plata se sitúa en la llamada Costa del Ámbar, debido a los ricos depósitos de esta resina fósil que se encuentran en la región. La ciudad se encuentra frente al océano Atlántico y está custodiada por el imponente Monte Isabel de Torres al sur. Este entorno natural brinda a Puerto Plata una variedad de paisajes, desde playas de arena dorada hasta verdes montañas y valles. Gracias a su ubicación costera, con largas extensiones de playas, la ciudad es un lugar ideal para quienes disfrutan de deportes acuáticos como el esnórquel y el windsurf. El clima en Puerto Plata es tropical, con temperaturas cálidas durante todo el año. Las temperaturas oscilan entre 24°C y 31°C, lo que la convierte en un lugar perfecto para visitar en cualquier época. La temporada de lluvias se extiende de mayo a noviembre, con lluvias típicas por las tardes. La mejor época para los turistas es de diciembre a abril, cuando el cielo está despejado, el sol brilla y la humedad es moderada.

Uno de los atractivos más famosos de Puerto Plata es el Monte Isabel de Torres, una montaña que se eleva a 793 metros sobre el nivel del mar. En su cima, los visitantes encontrarán una estatua del Cristo Redentor, similar a la de Río de Janeiro, además de disfrutar de vistas panorámicas de la ciudad y la costa. La montaña se puede subir en teleférico, el único de su tipo en el Caribe, lo que ofrece un recorrido escénico a través de la frondosa vegetación y los bosques. En la cima, también hay un jardín botánico que muestra la diversidad de la flora de la región.

Otra atracción clave es la Fortaleza San Felipe, una fortaleza del siglo XVI situada a orillas del mar. Fue construida por los españoles para defender la ciudad de piratas y otros invasores. Hoy en día, la fortaleza alberga un museo que narra la historia colonial de la ciudad y exhibe artefactos de la época. Desde su ubicación estratégica, los visitantes pueden disfrutar de vistas pintorescas del océano y del puerto de la ciudad.

Puerto Plata es también conocida por sus magníficas playas, siendo Playa Dorada una de las más populares. Conocida por su arena dorada y sus aguas cristalinas, Playa Dorada está rodeada de resorts todo incluido, restaurantes y campos de golf, lo que la convierte en un destino favorito para quienes buscan relajarse junto al mar. Actividades acuáticas como el buceo, el kayak y el windsurf son comunes en esta zona. A poca distancia de Puerto Plata se encuentra la Playa Sosúa, famosa por sus arrecifes de coral, que la convierten en un paraíso para los amantes del buceo y el esnórquel.

Además de su belleza natural, Puerto Plata posee un rico patrimonio cultural, profundamente influenciado por su pasado colonial y las culturas africana y taína. El centro histórico de la ciudad está lleno de encantadores edificios coloniales, coloridos y vibrantes mercados. Una de las calles más destacadas es el Malecón, un extenso bulevar frente al mar, bordeado de restaurantes, tiendas y una animada vida nocturna.

Caminando por el centro histórico, los visitantes pueden sumergirse en la dinámica cultura y hospitalidad de la ciudad.

La cocina de Puerto Plata refleja las diversas influencias que han moldeado la historia de la República Dominicana. La gastronomía local es una mezcla sabrosa de elementos españoles, africanos y taínos, con platos que usan ingredientes frescos como mariscos, plátanos, arroz y frutas tropicales. Entre los platos populares se encuentran el "mofongo", hecho de plátanos machacados con ajo y cerdo, y el "sancocho", un guiso abundante preparado con carnes y tubérculos. Los mariscos frescos, como pescado a la parrilla, camarones y langosta, son comunes en los restaurantes costeros, mientras que los mercados locales ofrecen una muestra auténtica de la rica herencia culinaria de la isla.

La flora y fauna de Puerto Plata son tan variadas como sus paisajes. La región es hogar de numerosas especies de plantas, incluidas palmeras, flores tropicales y árboles frutales como mangos y cocoteros. Los alrededores del Monte Isabel de Torres están cubiertos de densos bosques, donde habitan una gran variedad de vida silvestre, como el loro de La Española y el trogón de La Española. En las aguas que rodean a Puerto Plata, los arrecifes de coral albergan peces tropicales, tortugas marinas y otros animales marinos, lo que hace de este lugar un paraíso para los buceadores.

El impacto social del turismo en Puerto Plata es significativo, ya que es una de las principales industrias de la ciudad. El desarrollo de resorts todo incluido a lo largo de la costa ha proporcionado empleo y oportunidades económicas para la población local. Sin embargo, como muchos destinos turísticos, Puerto Plata enfrenta desafíos relacionados con el equilibrio entre el desarrollo y la conservación del medio ambiente. Se están realizando esfuerzos para promover un turismo ecológico y sostenible, con el objetivo de proteger la belleza natural de la región.

Uno de los retos urbanos de Puerto Plata es la presión que se ejerce sobre su infraestructura durante las temporadas turísticas altas. La afluencia de visitantes puede sobrecargar los recursos, especialmente en áreas como el transporte y los servicios públicos. La ciudad ha estado trabajando en mejorar su infraestructura para adaptarse al creciente sector turístico, con inversiones recientes en carreteras, transporte público y sistemas de gestión de residuos. Otro desafío importante es la erosión costera, que amenaza las famosas playas de la ciudad, lo que ha llevado a la implementación de esfuerzos de conservación permanentes.

Un dato poco conocido sobre Puerto Plata es su papel en la producción de ámbar. La región es una de las principales fuentes mundiales de esta resina fosilizada, que ha sido utilizada durante siglos en joyería y artes decorativas. El Museo del Ámbar en la ciudad exhibe una colección de piezas raras de ámbar, incluyendo especímenes con insectos y plantas preservados en su interior. El museo ofrece a los visitantes una fascinante visión de la historia natural y la importancia de esta hermosa gema.

Puerto Plata está bien conectada con el resto del mundo, gracias al Aeropuerto Internacional Gregorio Luperón, que se encuentra a poca distancia del centro de la ciudad. Este aeropuerto ofrece vuelos regulares hacia y desde las principales ciudades de América del Norte y Europa, facilitando el acceso a la ciudad para los viajeros internacionales. Además, Puerto Plata es un destino popular para los cruceros, con un puerto moderno que recibe a visitantes de todo el mundo. Para quienes viajan dentro de la República Dominicana, la ciudad es accesible en coche o autobús desde otras ciudades importantes como Santo Domingo y Santiago.

En conclusión, Puerto Plata es un destino que combina belleza natural, rica historia y cultura vibrante. Desde sus impresionantes playas y majestuosas montañas hasta sus monumentos coloniales y mercados animados, la ciudad ofrece una amplia gama de experiencias para los visitantes. Su importancia como centro turístico y su compromiso con el desarrollo sostenible aseguran que Puerto Plata siga siendo un destino clave para quienes buscan relajación y aventura en la República Dominicana. Ya sea explorando las calles históricas, subiendo en teleférico al Monte Isabel de Torres o disfrutando del sol en Playa Dorada, Puerto Plata ofrece una experiencia caribeña inolvidable.

105. Belleza Natural y Encanto Mexicano

Puerto Vallarta, una ciudad vibrante ubicada en la costa del Pacífico de México, es uno de los destinos turísticos más queridos del país. Con una mezcla de playas impresionantes, rica historia cultural y una animada vida nocturna, no es de extrañar que Puerto Vallarta atraiga a millones de visitantes cada año. Situada en el estado de Jalisco, la ciudad abarca alrededor de 1,300 kilómetros cuadrados y tiene una población de aproximadamente 220,000 personas, aunque este número aumenta considerablemente durante la temporada turística.

Geográficamente, Puerto Vallarta se encuentra a lo largo de la Bahía de Banderas, una de las bahías naturales más grandes del mundo, y cuenta con la imponente Sierra Madre como telón de fondo. Este entorno le otorga una increíble variedad de paisajes, desde playas tropicales hasta montañas cubiertas de selva. La combinación única de belleza costera y terreno montañoso convierte a Puerto Vallarta en un destino ideal tanto para los amantes de la playa como para los aventureros y entusiastas de la naturaleza.

El clima en Puerto Vallarta es tropical, con temperaturas cálidas durante todo el año. La temperatura promedio oscila entre los 24°C y 32°C, lo que lo convierte en un destino agradable sin importar la estación. La temporada de lluvias va de junio a octubre, con frecuentes aguaceros vespertinos que refrescan el aire y reverdecen la vegetación. Sin embargo, la temporada seca, de noviembre a mayo, es la preferida por los turistas, ya que el clima es soleado y cálido, perfecto para actividades al aire libre como nadar, esnórquel y senderismo.

Uno de los lugares más emblemáticos de Puerto Vallarta es el Malecón, un paseo marítimo que se extiende por varios kilómetros a lo largo de la costa. Este paseo está bordeado de esculturas, artistas callejeros, tiendas y restaurantes, creando un ambiente animado donde locales y turistas se mezclan. Al caminar por el Malecón, los visitantes pueden admirar las famosas esculturas de bronce de artistas locales, disfrutar de las vistas del océano Pacífico y apreciar el vibrante arte urbano y los murales que adornan los edificios. Por las noches, el Malecón cobra vida con música, bailes y festividades, convirtiéndose en el corazón de la vida social de Puerto Vallarta.

Otro lugar imperdible es la Iglesia de Nuestra Señora de Guadalupe, ubicada en el centro histórico de la ciudad. Con su distintiva torre coronada, la iglesia es un símbolo importante del patrimonio religioso y cultural de Puerto Vallarta. La iglesia es especialmente hermosa durante el Festival de Nuestra Señora de Guadalupe, que se celebra en diciembre, cuando las calles cercanas se llenan de desfiles, música y celebraciones.

Las playas de Puerto Vallarta son una de las principales atracciones, y Playa Los Muertos es la más famosa. Ubicada en el corazón de la ciudad, esta playa animada es perfecta para tomar el sol, nadar y disfrutar de los bares y restaurantes locales. Al sur de la ciudad, playas más tranquilas como Playa Conchas Chinas y Playa Las Gemelas ofrecen aguas cristalinas y un ambiente pacífico, ideales para el esnórquel y la relajación.

Para los amantes de la naturaleza, Puerto Vallarta ofrece una gran cantidad de actividades al aire libre. Las cercanas montañas de la Sierra Madre son un paraíso para los excursionistas y aventureros, con senderos que atraviesan densas selvas, cascadas y ofrecen vistas panorámicas de la bahía. Los ecotours, las tirolesas y los recorridos de observación de fauna son populares entre los visitantes que desean explorar la rica biodiversidad de la región.

La cultura de Puerto Vallarta es una fusión de la herencia tradicional mexicana y las influencias modernas, lo que la convierte en una ciudad dinámica y acogedora. La ciudad cuenta con una próspera escena artística, con galerías que exhiben obras de artistas locales, además de eventos culturales regulares como el Festival Internacional de Cine de Puerto Vallarta. La música y el baile tradicional mexicano, como el mariachi y las presentaciones folclóricas, se pueden disfrutar en toda la ciudad, especialmente durante festivales y celebraciones públicas.

Puerto Vallarta es también famosa por sus tradiciones culinarias, ofreciendo una mezcla de cocina local e internacional. La ciudad es un paraíso para los amantes de los mariscos, con pescado fresco, camarones y langosta servidos en muchos restaurantes a lo largo de la costa. Especialidades locales como el ceviche, el pescado zarandeado y los tacos de mariscos son opciones populares entre los visitantes. Además, la ciudad alberga una creciente cantidad de restaurantes gourmet, que ofrecen una fusión de sabores mexicanos e internacionales, convirtiéndola en un destino popular para los amantes de la gastronomía.

La flora y fauna alrededor de Puerto Vallarta son diversas, gracias a su ubicación tropical y ecosistemas variados. Las selvas y montañas circundantes albergan una amplia gama de vida silvestre, incluyendo aves exóticas como loros y tucanes, así como iguanas, mapaches y hasta jaguares en áreas más remotas. Las aguas alrededor de Puerto Vallarta son igualmente ricas en vida marina, con delfines, tortugas marinas y ballenas jorobadas que frecuentemente se pueden avistar en la bahía, especialmente durante los meses de invierno.

La economía de Puerto Vallarta depende en gran medida del turismo, que desempeña un papel vital en la comunidad local. El flujo constante de turistas proporciona empleo a miles de residentes, desde el personal de hoteles y operadores turísticos hasta artesanos y vendedores ambulantes. Sin embargo, la ciudad enfrenta desafíos relacionados con su rápido crecimiento y el impacto ambiental del turismo. Se están realizando esfuerzos para promover un turismo sostenible y proteger los recursos naturales de la región, incluidas iniciativas para preservar los ecosistemas marinos locales y reducir los desechos plásticos en las playas.

Uno de los desafíos urbanos de Puerto Vallarta es gestionar la infraestructura de la ciudad para acomodar su creciente población y el número creciente de visitantes. El tráfico, especialmente durante la temporada alta, es un problema común, y la ciudad ha estado trabajando para mejorar su sistema de transporte público e infraestructura peatonal. A pesar de estos desafíos, Puerto Vallarta ha mantenido su encanto, ofreciendo una mezcla de comodidades modernas y la cálida hospitalidad tradicional mexicana.

Un dato menos conocido sobre Puerto Vallarta es que su ascenso a la fama como destino turístico se remonta a los años 60, cuando estrellas de Hollywood como Elizabeth Taylor y Richard Burton atrajeron la atención internacional hacia la ciudad. Burton estaba en Puerto Vallarta filmando La noche de la iguana, dirigida por John Huston, y su relación con Taylor, junto con la belleza natural de la región, hizo titulares en todo el mundo. Esto puso a Puerto Vallarta en el mapa como un refugio glamoroso para celebridades y turistas por igual.

Llegar a Puerto Vallarta es sencillo, gracias a su aeropuerto internacional bien conectado, el Aeropuerto Internacional Licenciado Gustavo Díaz Ordaz. Este aeropuerto ofrece vuelos directos hacia y desde las principales ciudades de Estados Unidos, Canadá y otras partes de México. Para quienes viajan por tierra, Puerto Vallarta es accesible en autobús desde otras ciudades mexicanas como Guadalajara y la Ciudad de México. Una vez en la ciudad, desplazarse es fácil, con taxis, autobuses y autos de alquiler disponibles para explorar la zona local.

En conclusión, Puerto Vallarta es un destino que ofrece algo para todos. Ya sea que estés buscando relajarte en sus hermosas playas, explorar su vibrante escena cultural o embarcarte en una aventura en las montañas y selvas circundantes, Puerto Vallarta brinda una experiencia inolvidable. Su mezcla de belleza natural, rica cultura y cálida hospitalidad lo convierte en uno de los destinos turísticos más populares y queridos de México.

106. Puerto Viejo: Un Paraíso Natural y Cultural

Puerto Viejo de Talamanca, un pequeño pero vibrante pueblo en la costa caribeña de Costa Rica, es un lugar donde la belleza natural, la riqueza cultural y una atmósfera relajada se entrelazan a la perfección. Ubicado en la provincia de Limón, Puerto Viejo es un paraíso para surfistas, amantes de la naturaleza y viajeros que buscan alejarse de los centros turísticos más concurridos de la costa del Pacífico. Con una población aproximada de 5,000 personas, este encantador pueblo costero ha ganado reconocimiento internacional por sus hermosas playas, frondosos bosques tropicales y una fusión cultural única.

Geográficamente, Puerto Viejo de Talamanca se sitúa en la costa sureste de Costa Rica, cerca de la frontera con Panamá. Rodeado por el Mar Caribe al este y las montañas de Talamanca al oeste, este destino forma parte de una región conocida por sus selvas densas, comunidades indígenas y rica biodiversidad. Su ubicación costera le brinda acceso a algunas de las mejores playas de Costa Rica, mientras que las montañas circundantes ofrecen un paisaje impresionante y oportunidades para el ecoturismo.

Puerto Viejo disfruta de un clima tropical con temperaturas cálidas durante todo el año. Las temperaturas promedio oscilan entre 24°C y 30°C, lo que lo convierte en un destino ideal para la playa en cualquier época. La zona tiene dos estaciones lluviosas: una de mayo a agosto y otra de noviembre a enero. Sin embargo, incluso durante la temporada de lluvias, los chubascos son generalmente breves y suelen ser seguidos por cielos despejados. Los mejores meses para visitar son de febrero a abril y de septiembre a octubre, cuando el clima es soleado y el mar está en calma.

Una de las principales atracciones de Puerto Viejo son sus impresionantes playas, cada una con su propio encanto. Playa Cocles, a solo unos kilómetros del centro del pueblo, es conocida por su fuerte oleaje, lo que la convierte en un lugar popular entre surfistas de todo el mundo. Las olas aquí son ideales para surfistas experimentados, mientras que la larga extensión de arena es perfecta para quienes desean relajarse bajo el sol. Otra playa destacada es Playa Negra, famosa por su arena negra y aguas tranquilas, lo que la convierte en un lugar ideal para familias y aquellos que buscan un ambiente más relajado.

Para quienes disfrutan de la vida marina, Puerto Viejo ofrece abundantes oportunidades para practicar esnórquel y buceo. Los arrecifes de coral a lo largo de la costa están repletos de peces tropicales, tortugas marinas y otras criaturas marinas. El Parque Nacional Cahuita, ubicado a poca distancia en coche, es uno de los mejores lugares para practicar esnórquel en la región. Los visitantes pueden explorar los arrecifes de coral del parque, caminar por sus senderos y observar la fauna local, que incluye monos aulladores, perezosos y tucanes.

La cultura en Puerto Viejo es una mezcla vibrante de influencias afrocaribeñas, indígenas y latinas. Las raíces afrocaribeñas del pueblo son especialmente evidentes en su música, comida y festivales. El reggae resuena por todo el pueblo, y muchos restaurantes locales ofrecen platos inspirados en la cocina caribeña, como el arroz y frijoles cocidos en leche de coco, mariscos frescos y el pollo estilo jerk, picante y aromático. La atmósfera relajada y bohemia del lugar se refleja en sus edificios coloridos, mercados llenos de vida y la amabilidad de sus habitantes, lo que hace que el pueblo sea un destino acogedor para todo tipo de viajeros.

La comunidad indígena Bribri, uno de los grupos indígenas más grandes de Costa Rica, también juega un papel importante en el paisaje cultural de Puerto Viejo. Los Bribri han vivido en la región de Talamanca durante siglos y continúan preservando sus tradiciones y su lengua. Los visitantes pueden realizar visitas guiadas a las aldeas Bribri, donde aprenderán sobre sus prácticas agrícolas tradicionales, el uso de plantas medicinales y la producción de cacao orgánico. Estas excursiones brindan una oportunidad única para conectarse con el patrimonio indígena de la región y comprender más a fondo la cultura local.

La escena culinaria de Puerto Viejo refleja su diversidad cultural. Además de los tradicionales platos afrocaribeños, los visitantes pueden disfrutar de frutas tropicales frescas como piñas, mangos y cocos, que se usan a menudo en jugos y batidos. Los mariscos son un elemento básico de la dieta local, con platos como ceviche (pescado crudo marinado) y pescado a la parrilla que se sirven en restaurantes frente a la playa. Las opciones vegetarianas y veganas también son abundantes, gracias al enfoque del pueblo en ingredientes orgánicos y de origen local.

La flora y fauna de Puerto Viejo y la región de Talamanca son increíblemente diversas. Las selvas tropicales que rodean el pueblo albergan una amplia variedad de especies vegetales, incluidas las majestuosas ceibas, orquídeas y bromelias. La fauna es igualmente rica, con especies como monos aulladores, perezosos, iguanas y una variedad de aves como tucanes y loros que se pueden ver comúnmente. El Refugio de Vida Silvestre Gandoca-Manzanillo, una reserva protegida cercana, ofrece excelentes oportunidades para la observación de vida silvestre y senderismo a través de bosques y humedales.

El turismo juega un papel clave en la economía local de Puerto Viejo, proporcionando empleos en sectores como la hostelería, guías turísticos y el comercio minorista. La ciudad ha adoptado un enfoque ecológico y orientado a la comunidad en su turismo, lo que le ha permitido mantener su belleza natural y su encanto único. Muchos de los hoteles y casas de huéspedes en Puerto Viejo son pequeños establecimientos familiares que destacan por su enfoque en la sostenibilidad, ofreciendo alojamientos construidos con materiales naturales y promoviendo prácticas turísticas responsables.

Sin embargo, a pesar de sus muchas fortalezas, Puerto Viejo enfrenta algunos desafíos urbanos, especialmente en términos de infraestructura. El rápido crecimiento como destino turístico ha puesto presión en sus carreteras, sistemas de gestión de residuos y suministro de agua. Durante la temporada alta de turismo, el tráfico puede ser un problema y, debido al pequeño tamaño del pueblo, a veces puede sentirse abarrotado. No obstante, se están llevando a cabo iniciativas locales para mejorar la infraestructura y promover la sostenibilidad ambiental.

Un dato poco conocido sobre Puerto Viejo es su historia en el mundo del surf. El pueblo es el hogar de Salsa Brava, una de las olas más poderosas y desafiantes del Caribe. Surfistas de todo el mundo llegan a Puerto Viejo para poner a prueba sus habilidades en esta legendaria ola, que rompe sobre un arrecife de coral poco profundo. Mientras que Salsa Brava es mejor para surfistas experimentados, los principiantes pueden encontrar olas más suaves en playas cercanas como Playa Cocles y Playa Chiquita.

Llegar a Puerto Viejo es relativamente fácil, a pesar de su ubicación algo remota. El pueblo se encuentra a unos 220 kilómetros de San José, la capital de Costa Rica. Los viajeros pueden llegar en coche tomando la pintoresca carretera 32, que serpentea a través de las montañas y ofrece vistas impresionantes del campo. También hay autobuses regulares desde San José a Puerto Viejo, lo que brinda una opción cómoda y asequible para los visitantes. El aeropuerto más cercano se encuentra en Limón, a unos 60 kilómetros de distancia, con vuelos nacionales que conectan la región con otras partes del país.

En resumen, Puerto Viejo de Talamanca es un destino que combina a la perfección la belleza natural, la riqueza cultural y el encanto relajado del Caribe. Ya sea surfeando las olas de Playa Cocles, explorando las selvas tropicales de las montañas de Talamanca o simplemente relajándose en la playa, Puerto Viejo ofrece una experiencia inolvidable para los viajeros que buscan aventura y tranquilidad. Su compromiso con la sostenibilidad y el turismo comunitario asegura que siga siendo un refugio para los amantes de la naturaleza y los entusiastas de la cultura, convirtiéndolo en un destino imprescindible en Costa Rica.

107. Punta Cana: Paraíso Tropical del Caribe

Punta Cana, ubicada en el extremo más oriental de la República Dominicana, es sinónimo de lujo tropical y playas paradisíacas. Ha crecido hasta convertirse en uno de los destinos turísticos más populares del Caribe, famoso por sus aguas cristalinas, arenas blancas y resorts todo incluido que ofrecen a los viajeros relajación, aventura y una experiencia vacacional inolvidable. Aunque Punta Cana es una pequeña ciudad que cubre aproximadamente 420 kilómetros cuadrados, tiene un alcance global, atrayendo a visitantes de todos los rincones del mundo.

Geográficamente, Punta Cana se encuentra en el punto donde el mar Caribe se une con el océano Atlántico, lo que le brinda una costa interminable de playas perfectas. Esta región costera forma parte de la provincia de La Altagracia y alberga algunas de las playas más conocidas del mundo, como Playa Bávaro, Playa Macao y Playa Juanillo. Las palmeras que salpican la costa y las suaves brisas cálidas hacen de Punta Cana un sueño hecho realidad para los amantes de la playa y la naturaleza.

El clima en Punta Cana es tropical, con temperaturas que oscilan entre 25°C y 30°C durante todo el año, lo que lo convierte en un destino ideal para las vacaciones en la playa en cualquier estación. El clima suele ser cálido y soleado, con la temporada de lluvias de mayo a octubre, cuando se producen breves pero intensos chubascos que rápidamente dan paso al sol. La temporada seca, de noviembre a abril, es el mejor momento para visitar, ya que ofrece brisas frescas y menos lluvias, lo que lo convierte en el período más popular entre los turistas.

Las playas de Punta Cana son sin duda su mayor atractivo. Playa Bávaro, en particular, es una impresionante franja de costa conocida por su suave arena blanca, aguas claras y olas suaves. Flanqueada por resorts de lujo, Playa Bávaro es perfecta para nadar, tomar el sol y practicar una variedad de deportes acuáticos como esnórquel, paddleboarding y moto acuática. Para quienes buscan una experiencia más aventurera, Playa Macao, a solo unos minutos en coche de Punta Cana, ofrece olas más fuertes, siendo un lugar popular entre los surfistas.

La región también es un centro de ecoturismo, con atracciones naturales cercanas como el Parque Ecológico Ojos Indígenas, una área protegida que alberga lagunas de agua dulce, senderos para caminar y una rica variedad de plantas tropicales. Los visitantes pueden tomar tours guiados por el parque, nadar en las lagunas cristalinas y aprender sobre la diversidad de la flora y fauna local. Otro paseo popular es la visita a la Isla Saona, una isla prístina frente a la costa que forma parte de un parque nacional, donde los turistas pueden practicar esnórquel, nadar y explorar playas vírgenes.

Además de su belleza natural, Punta Cana ofrece una amplia variedad de actividades para todo tipo de viajeros. Los campos de golf de la zona son reconocidos mundialmente, con el Punta Espada Golf Club y el Corales Golf Course ofreciendo diseños desafiantes con el mar Caribe como telón de fondo. Para los más aventureros, parques como Scape Park ofrecen emocionantes experiencias como tirolesa, exploración de cuevas y tours todoterreno, lo que brinda una forma emocionante de explorar los paisajes accidentados de la región.

Culturalmente, Punta Cana es una mezcla de la herencia tradicional dominicana y las influencias del turismo moderno. Aunque gran parte de la ciudad está diseñada para atender a los visitantes internacionales con resorts de lujo y restaurantes de alta gama, hay muchas oportunidades para experimentar la cultura local. La música de merengue y bachata suena en todo el pueblo, y los visitantes pueden aprender a bailar o disfrutar de espectáculos que exhiben estas vibrantes tradiciones dominicanas. Los mercados locales ofrecen artesanías y productos hechos a mano, brindando una ventana a la herencia artesanal de la región.

La gastronomía en Punta Cana refleja los sabores diversos de la República Dominicana, fusionando influencias españolas, africanas y taínas. Los mariscos frescos son esenciales, con platos como el mofongo (plátano machacado con ajo y mariscos) y el ceviche siendo populares entre los turistas. Los restaurantes locales también sirven clásicos dominicanos como el sancocho (un guiso espeso con carne y vegetales) y los tostones (plátanos fritos), permitiendo a los visitantes probar la auténtica cocina dominicana. Las frutas tropicales como la piña, el mango y el coco son abundantes, agregando un toque refrescante a la dieta local.

La flora y fauna de la región de Punta Cana son tan diversas como sus paisajes. Las áreas costeras están llenas de palmeras, cocoteros y manglares, mientras que en el interior hay frondosos bosques tropicales. Punta Cana alberga una variedad de fauna, incluidos iguanas, aves como flamencos y garzas, y vida marina como tortugas, delfines y peces tropicales. Muchos tours locales ofrecen actividades ecológicas, como paseos en barco para ver delfines o excursiones de esnórquel a los arrecifes de coral, permitiendo a los visitantes experimentar la rica biodiversidad de la región.

El turismo es el motor económico de Punta Cana, y su impacto en la población local es profundo. El desarrollo de la región como un destino turístico de primera ha creado empleos y oportunidades para miles de dominicanos, desde empleados de hoteles y guías turísticos hasta artesanos y vendedores ambulantes. Sin embargo, el rápido crecimiento del turismo también presenta desafíos, especialmente en términos de sostenibilidad. Se están realizando esfuerzos para promover prácticas turísticas ecológicas y proteger los recursos naturales de la región del desarrollo excesivo y la degradación ambiental.

Uno de los desafíos urbanos de Punta Cana es gestionar la presión sobre su infraestructura debido a la afluencia de visitantes, especialmente durante la temporada alta de turismo. La congestión del tráfico, particularmente en las áreas de resorts, puede ser un problema, y las autoridades locales están trabajando para mejorar las carreteras y el transporte público para acomodar al creciente número de turistas. Además, la región es vulnerable a los impactos del cambio climático, especialmente al aumento del nivel del mar y la posibilidad de huracanes más fuertes, lo que podría amenazar sus playas y resorts.

Un hecho menos conocido sobre Punta Cana es su conexión con los indígenas taínos, que vivían en la región mucho antes de la llegada de los europeos. El nombre "Punta Cana" en realidad significa "Punta de las Palmas Blancas" en lengua taína, en referencia a la abundancia de palmeras en el área. Aunque gran parte de la cultura indígena se perdió durante la colonización, se están realizando esfuerzos para preservar y honrar el legado de los taínos a través de programas educativos e iniciativas culturales.

Llegar a Punta Cana es fácil gracias a su moderno aeropuerto internacional, el Aeropuerto Internacional de Punta Cana, uno de los más transitados del Caribe. El aeropuerto ofrece vuelos directos hacia y desde las principales ciudades de Estados Unidos, Canadá, Europa y América Latina, lo que lo convierte en un destino conveniente para viajeros de todo el mundo. Una vez en Punta Cana, los visitantes pueden moverse en taxi, transporte privado o coche de alquiler, y muchos resorts ofrecen servicios de transporte a las atracciones cercanas.

En conclusión, Punta Cana es un paraíso tropical que ofrece algo para todos. Ya sea que busques relajarte en sus hermosas playas, explorar los parques ecológicos de la región o sumergirte en la cultura dominicana, Punta Cana proporciona una experiencia inolvidable. Su importancia como un importante destino turístico en el Caribe asegura que continuará atrayendo a visitantes que buscan un equilibrio perfecto entre aventura y relajación en un entorno natural impresionante.

108. Quebec: Historia, Cultura y Belleza Natural

Quebec, la capital de la provincia de Quebec en Canadá, es una de las ciudades más históricas y pintorescas de América del Norte. Conocida por su arquitectura bien conservada, su rica herencia francesa y su mezcla cultural única, Quebec ofrece un viaje en el tiempo a través de sus calles adoquinadas, fortificaciones y vibrante escena artística. Con una población de alrededor de 550,000 personas, es el corazón de la cultura francófona en América del Norte, y una de las pocas ciudades en Canadá donde el francés sigue siendo el idioma predominante.

Ubicada a orillas del río San Lorenzo, Quebec se encuentra a unos 270 kilómetros al noreste de Montreal. La ciudad se divide en dos partes: la Ciudad Alta y la Ciudad Baja. La Ciudad Alta, situada sobre el Cabo Diamante, es el núcleo histórico y alberga muchos de los monumentos más famosos de la ciudad, como el Château Frontenac y la Ciudadela. La Ciudad Baja, a los pies de los acantilados, es el antiguo distrito portuario, con encantadoras calles estrechas, galerías y boutiques.

Quebec disfruta de cuatro estaciones bien definidas, con inviernos fríos y nevados, y veranos cálidos. Durante el invierno, las temperaturas suelen bajar por debajo del punto de congelación, con mínimas promedio de

-12°C en enero. Esto convierte a Quebec en un paraíso invernal para quienes disfrutan de actividades como el patinaje sobre hielo, las caminatas con raquetas y el esquí. Los veranos son suaves, con temperaturas que rondan los 22°C en julio, lo que permite explorar cómodamente los parques y eventos al aire libre. La primavera y el otoño son breves pero hermosos, con flores en primavera y un vibrante follaje en otoño.

Uno de los íconos más representativos de Quebec es el Château Frontenac, un majestuoso hotel que domina el horizonte de la ciudad. Construido en 1893 por el Ferrocarril Canadiense del Pacífico, el hotel es un símbolo de lujo y elegancia. Incluso si no te hospedas allí, su arquitectura y su historia merecen ser admiradas. Frente al hotel, se extiende la terraza Dufferin, un paseo de madera que ofrece impresionantes vistas del río San Lorenzo, un lugar perfecto para caminar y disfrutar del ambiente.

El casco antiguo de Quebec, o Vieux-Québec, es Patrimonio de la Humanidad por la UNESCO y uno de los ejemplos mejor conservados de la arquitectura colonial en América del Norte. Las estrechas y sinuosas calles del Viejo Quebec están llenas de edificios históricos que datan de los siglos XVII y XVIII. Los visitantes pueden explorar lugares emblemáticos como la Place Royale, el sitio donde el explorador francés Samuel de Champlain fundó la ciudad en 1608, y la Basílica-Catedral de Notre-Dame de Québec, una de las iglesias más antiguas de Canadá.

Otra visita obligada en Quebec es la Ciudadela, una fortaleza en forma de estrella situada en el punto más alto de la ciudad. Construida por los británicos a principios del siglo XIX para defenderse de una posible invasión estadounidense, la Ciudadela sigue siendo una instalación militar activa y la residencia oficial del Gobernador General de Canadá durante el verano. Los visitantes pueden realizar visitas guiadas por el fuerte y aprender sobre su historia, mientras disfrutan de vistas panorámicas de la ciudad y el río.

El mejor momento para visitar Quebec depende de tus intereses. El verano, de junio a agosto, es la época más popular para los turistas, con un clima cálido y una gran variedad de festivales, incluido el famoso Festival d'été de Québec, que presenta música, actuaciones y eventos culturales.

ANI DEE

El invierno, de diciembre a febrero, es ideal para quienes disfrutan de los paisajes cubiertos de nieve y los deportes invernales. El Carnaval de Invierno de Quebec, celebrado anualmente en febrero, es uno de los festivales invernales más grandes del mundo, con actividades como esculturas de hielo, toboganes de nieve y el famoso desfile de Bonhomme Carnaval.

La cultura de Quebec es una fusión única de influencias europeas y norteamericanas. Las raíces francesas de la ciudad son evidentes en todo, desde su idioma hasta su arquitectura, pero también tiene una identidad quebequense distinta que mezcla tradiciones francesas e inglesas con un fuerte orgullo local. Las artes juegan un papel importante en la vida cultural de la ciudad, con galerías, teatros y espacios de actuación por toda la ciudad. El Musée national des beaux-arts du Québec, ubicado en los Llanos de Abraham, exhibe una extensa colección de arte quebequense.

La gastronomía es parte esencial de la vida en Quebec, y la ciudad es conocida por su vibrante escena culinaria. La cocina quebequense es abundante y reconfortante, con platos como la poutine (papas fritas cubiertas con queso y salsa), la tourtière (un pastel de carne hecho típicamente con cerdo o res), y la tarte au sucre (tarta de azúcar). Quebec también es famoso por sus restaurantes que ofrecen productos locales frescos, como jarabe de arce, carnes de caza y vegetales de temporada. Los visitantes pueden degustar estas delicias en restaurantes reconocidos como Le Saint-Amour o Chez Muffy, conocidos por su excelente cocina quebequense.

La flora y fauna de Quebec y sus alrededores están influenciadas por el clima frío de la región y su proximidad al río San Lorenzo. El cercano Parque Nacional Jacques-Cartier ofrece una impresionante variedad de vida silvestre, como ciervos, castores y diversas especies de aves. Durante los meses más cálidos, los parques y bosques de la región están llenos de vegetación exuberante y flores silvestres, mientras que en invierno, los paisajes nevados transforman la ciudad en un mundo de cuento.

El turismo desempeña un papel fundamental en la economía de Quebec, contribuyendo significativamente a su vitalidad cultural y económica. La condición de la ciudad como Patrimonio de la Humanidad y su importancia histórica atraen a visitantes de todo el mundo. Aunque este auge turístico ha ayudado a la ciudad a prosperar, también presenta desafíos, especialmente en términos de mantenimiento de sus edificios históricos y gestión del flujo de visitantes, especialmente durante las concurridas temporadas de verano e invierno.

Un desafío urbano que enfrenta Quebec es preservar su infraestructura histórica mientras se moderniza para el futuro. Las calles adoquinadas y los edificios centenarios son una parte clave de su encanto, pero requieren un mantenimiento constante. Además, los inviernos fríos de la ciudad pueden causar desgaste en las carreteras y edificios, lo que lleva a reparaciones costosas. A pesar de estos desafíos, Quebec ha hecho un admirable trabajo al preservar su patrimonio mientras adopta comodidades modernas.

Un hecho poco conocido sobre Quebec es que es la única ciudad amurallada al norte de México. Sus fortificaciones, que incluyen impresionantes puertas y murallas, son un recordatorio de su importancia estratégica durante el período colonial. Caminar por las murallas ofrece una perspectiva única de la ciudad y su historia, con vistas del río San Lorenzo, el Viejo Quebec y el campo que lo rodea.

Quebec está bien conectada con el resto del mundo a través de varias opciones de transporte. El Aeropuerto Internacional Jean Lesage, ubicado a unos 16 kilómetros del centro de la ciudad, ofrece vuelos a las principales ciudades de América del Norte y Europa. La ciudad también es fácilmente accesible por tren, con el servicio de VIA Rail que conecta con Montreal y otras ciudades de Canadá. Para quienes viajan en coche, Quebec está situada a lo largo de importantes autopistas, lo que la convierte en un destino ideal para un viaje por carretera.

En resumen, Quebec es un destino que ofrece una mezcla perfecta de historia, cultura y belleza natural. Ya sea caminando por las calles adoquinadas del Viejo Quebec, disfrutando de las vistas desde la terraza Dufferin o degustando una comida en uno de los restaurantes de clase mundial, Quebec ofrece una experiencia única e inolvidable. Su rica herencia, impresionante arquitectura y vibrante escena artística la convierten en una de las ciudades más encantadoras y significativas históricamente en América del Norte, y un destino imperdible para quienes buscan experimentar la esencia de la cultura franco-canadiense.

109. Quetzaltenango: Corazón Cultural de Guatemala

Quetzaltenango, conocida cariñosamente como Xela, es la segunda ciudad más grande de Guatemala y un tesoro escondido en las tierras altas occidentales. Aunque no es tan famosa internacionalmente como la Ciudad de Guatemala o Antigua, Xela tiene un encanto único que atrae a viajeros aventureros, estudiantes de español y aquellos que buscan una experiencia auténtica de la vida guatemalteca. Con una población de alrededor de 250,000 personas, Xela ofrece una mezcla perfecta de una atmósfera de pueblo pequeño con las comodidades de una ciudad, permitiendo a los visitantes sumergirse en la cultura local mientras disfrutan de la belleza escénica de sus alrededores volcánicos.

Geográficamente, Xela se encuentra en un valle rodeado de los imponentes picos de la Sierra Madre de Chiapas, a una altitud de 2,335 metros sobre el nivel del mar. La ciudad está enmarcada por varios volcanes, incluido el imponente Santa María y el volcán activo Santiaguito, que ofrecen vistas impresionantes y caminatas desafiantes para los más aventureros. Xela está ubicada a aproximadamente 200 kilómetros al oeste de la Ciudad de Guatemala y es la capital del departamento de Quetzaltenango.

Gracias a su ubicación en las tierras altas, Xela disfruta de un clima fresco y templado durante todo el año. Las temperaturas diurnas suelen oscilar entre 15°C y 25°C, con noches más frescas, especialmente durante la estación seca de noviembre a abril. La temporada de lluvias, de mayo a octubre, trae lluvias frecuentes por la tarde, pero las mañanas permanecen frescas y despejadas, lo que permite explorar cómodamente las atracciones al aire libre. Este clima fresco convierte a Xela en un refugio ideal para quienes buscan escapar del calor de las tierras bajas, atrayendo tanto a locales como a turistas.

El corazón de Xela es su Parque Central, un punto de encuentro rodeado de arquitectura colonial y neoclásica. El edificio más destacado es la Catedral de Quetzaltenango, que data del siglo XVI. El parque es un lugar vibrante donde los lugareños se reúnen, los vendedores ofrecen aperitivos tradicionales y los artesanos exhiben sus productos. Es el centro cultural y social de la ciudad, donde los visitantes pueden experimentar la vida cotidiana de los residentes de Xela y admirar su belleza histórica.

Uno de los lugares más populares cerca de Xela son las Fuentes Georginas, unas aguas termales ubicadas a unos 45 minutos de la ciudad, en las montañas cercanas. Estas fuentes, alimentadas por la actividad volcánica, son perfectas para relajarse y rejuvenecer. Rodeadas de exuberantes bosques verdes, las piscinas de aguas termales ofrecen un entorno tranquilo para sumergirse en aguas ricas en minerales mientras se disfruta del paisaje natural.

Los amantes del senderismo encuentran en Xela un paraíso lleno de aventuras. El volcán Santa María, con sus 3,772 metros de altura, ofrece una caminata desafiante con recompensas espectaculares al llegar a la cima, donde se puede disfrutar de una vista panorámica inigualable. Para aquellos que buscan una experiencia más extrema, el volcán Santiaguito, uno de los más activos de Centroamérica, permite observar la actividad volcánica desde una distancia segura, brindando una experiencia emocionante.

Xela es también un centro cultural, especialmente por su vibrante presencia indígena, principalmente del pueblo K'iche' Maya, que conforma una gran parte de la población. Mercados tradicionales, como el Mercado La Democracia, ofrecen una visión íntima de la vida cotidiana de las comunidades indígenas de Xela, donde se pueden encontrar coloridos textiles, productos frescos y artesanías hechas a mano. Además, la ciudad es famosa por sus escuelas de idiomas, atrayendo a estudiantes internacionales que vienen a aprender español en un ambiente inmersivo.

La cocina local de Xela refleja su herencia indígena, combinada con los sabores más amplios de la gastronomía guatemalteca. Los visitantes pueden probar platos tradicionales como el pepián, un guiso de carne con verduras y especias; tamales rellenos de carnes o vegetales, y chuchitos, una versión más pequeña de los tamales. Las tortillas frescas de maíz son un acompañamiento básico en cada comida. Además, Xela cuenta con una creciente cantidad de cafés y restaurantes que ofrecen giros modernos a la comida tradicional, así como cocina internacional.

A lo largo del año, Xela celebra varios festivales que muestran las ricas tradiciones culturales de la región. Uno de los más importantes es la Feria de Independencia, que se celebra en septiembre para conmemorar la independencia de Guatemala de España. Este festival incluye desfiles, música tradicional, danzas y fuegos artificiales, atrayendo multitudes de todo el país. Otro evento destacado es la Semana Santa, cuando las calles de la ciudad se llenan de procesiones, coloridas alfombras de aserrín y celebraciones religiosas.

La flora y fauna que rodea Xela es un reflejo de su entorno montañoso. Los volcanes y montañas están cubiertos de bosques de pino y roble, que sirven de hogar para una variedad de especies de vida silvestre, incluidos quetzales, búhos y colibríes. Las áreas forestales cercanas también albergan armadillos, zorros y pequeños mamíferos. El clima fresco y los suelos fértiles hacen de esta región un lugar ideal para el cultivo de maíz, frijoles y vegetales, además del café, uno de los principales productos de exportación de Xela.

El turismo ha tenido un impacto significativo en la economía local de Xela, proporcionando empleo y oportunidades para muchos residentes, especialmente en los sectores de hospitalidad, educación y guías turísticos. La reputación de la ciudad como un centro para la educación del idioma español ha atraído a miles de estudiantes internacionales a lo largo de los años, creando un mercado próspero para las escuelas de idiomas y los programas de hospedaje con familias locales. Sin embargo, el aumento del turismo y los estudiantes también ha traído desafíos, como la necesidad de preservar la herencia cultural de la ciudad mientras se satisface la creciente demanda de visitantes.

A pesar de sus encantos, Xela enfrenta algunos desafíos urbanos, especialmente en términos de infraestructura. Las estrechas calles adoquinadas de la ciudad pueden congestionarse, especialmente durante las temporadas altas de turismo o festivales. El transporte público se proporciona principalmente a través de autobuses y "chicken buses" (antiguos autobuses escolares repintados y coloridos), pero las carreteras a menudo necesitan mantenimiento. Además, el crecimiento rápido de la ciudad ha ejercido presión sobre sus recursos, lo que ha llevado a problemas como la gestión de residuos y la preservación de los edificios históricos.

Un hecho menos conocido sobre Xela es su profunda conexión con las artes, particularmente la música. La ciudad ha sido cuna de algunos de los músicos clásicos más famosos de Guatemala, como Jesús Castillo y su hermano Ricardo Castillo, quienes desempeñaron un papel clave en el desarrollo de la música clásica guatemalteca a principios del siglo XX. Xela alberga varias instituciones culturales, como la Casa de la Cultura y el Conservatorio de Música, que siguen promoviendo la música y las artes en la región.

Llegar a Xela es relativamente sencillo, aunque el viaje desde la Ciudad de Guatemala puede tomar alrededor de cuatro horas en coche o autobús. La ciudad está conectada con otras partes de Guatemala a través de una red de carreteras, con autobuses frecuentes entre Xela y ciudades importantes como Guatemala, Antigua y el Lago Atitlán. Para los viajeros internacionales, los vuelos llegan al Aeropuerto Internacional La Aurora en la Ciudad de Guatemala, donde se puede continuar el viaje hacia Xela en autobús o transporte privado.

En conclusión, Quetzaltenango (Xela) es una ciudad que ofrece una combinación única de belleza natural, riqueza cultural y significado histórico. Ya sea escalando un volcán, relajándose en las aguas termales o paseando por los vibrantes mercados, Xela brinda una experiencia auténtica y envolvente para los viajeros que buscan explorar el corazón de las tierras altas de Guatemala. Su importancia como un centro cultural y educativo, junto con sus paisajes impresionantes y su comunidad cálida y acogedora, la convierten en un destino imperdible para cualquiera que viaje por Centroamérica.

110. Rincón: Paraíso del Surf y Naturaleza

Rincón, un pintoresco pueblo en la costa occidental de Puerto Rico, es conocido por su ambiente relajado, surf de clase mundial y atardeceres impresionantes sobre el mar Caribe. Aunque pequeño en tamaño, con una población de menos de 15,000 personas, Rincón tiene una gran reputación como destino principal para surfistas, amantes de la playa y quienes buscan una escapada tranquila. Este encantador pueblo costero ofrece una mezcla única de belleza tropical, riqueza cultural y un fuerte sentido de comunidad.

Ubicado en el punto más occidental de Puerto Rico, Rincón está rodeado tanto por el mar Caribe como por el océano Atlántico, lo que le brinda una variedad de playas y paisajes naturales. El pueblo se encuentra a unos 130 kilómetros de la capital, San Juan, y es fácilmente accesible en automóvil o en transporte desde las principales ciudades de la isla. Las playas de Rincón son una de sus mayores atracciones, siendo Playa Domes, Playa María y Sandy Beach puntos populares tanto para surfistas como para bañistas. Domes Beach, en particular, es famosa por sus consistentes rompientes de olas y es un destino de primera para surfistas de todo el mundo.

El clima en Rincón es tropical, con temperaturas cálidas durante todo el año. Las temperaturas promedio oscilan entre los 25°C y 30°C, lo que lo convierte en un lugar perfecto para disfrutar de actividades en la playa en cualquier época del año. La temporada seca, que va de diciembre a abril, es la mejor para los visitantes, con cielos despejados y poca lluvia. La temporada de lluvias, de mayo a noviembre, trae más precipitaciones y ocasionales tormentas tropicales, pero incluso en estos meses, Rincón disfruta de muchos días soleados.

Uno de los hitos más icónicos de Rincón es el Faro de Punta Higuero, que se alza sobre un acantilado rocoso con vistas al mar Caribe. Construido en 1892, el faro sigue en funcionamiento y es un lugar popular para contemplar la puesta de sol o avistar ballenas durante su temporada de migración, de enero a marzo. El parque que rodea el faro es ideal para picnics, caminatas y disfrutar de las vistas panorámicas del océano.

Rincón es famoso por su cultura de surf, que ha moldeado la identidad del pueblo a lo largo de las décadas. Ganó reconocimiento internacional en 1968 cuando fue sede del Campeonato Mundial de Surf, y desde entonces, se ha convertido en un santuario para los surfistas. Tanto si eres un surfista experimentado como si eres principiante, las olas de las playas de Rincón tienen algo para todos. Los meses de invierno, de noviembre a abril, son los mejores para surfear, ya que el Atlántico trae oleajes más grandes y constantes.

Para quienes prefieren aguas más tranquilas, el lado caribeño de Rincón ofrece playas serenas como Steps Beach, conocida por sus aguas cristalinas y vibrantes arrecifes de coral, lo que la convierte en un excelente lugar para practicar esnórquel y buceo. En las aguas de Rincón es común avistar peces tropicales, tortugas marinas e incluso delfines, lo que añade un atractivo adicional para los amantes de la naturaleza.

La cultura de Rincón está profundamente ligada a su entorno costero, con una atmósfera bohemia y relajada que atrae a artistas, surfistas y viajeros de espíritu libre. El pueblo alberga una creciente comunidad de expatriados, lo que le otorga un ambiente internacional sin perder sus raíces puertorriqueñas. Los festivales y eventos locales, como el Festival Internacional de Cine de Rincón y el Rincón Art Walk, reúnen a la comunidad y muestran la vibrante escena artística del pueblo.

La comida en Rincón es una deliciosa mezcla de sabores tradicionales puertorriqueños y productos frescos locales. Los mariscos son el plato fuerte, con opciones como mahi-mahi a la parrilla, mofongo de camarones y ceviche, que son populares en los restaurantes frente al mar. Los visitantes también pueden disfrutar de favoritos locales como tostones, alcapurrias y, por supuesto, una refrescante piña colada, que se dice que se originó en Puerto Rico.

La belleza natural de Rincón no se limita a sus playas, ya que colinas frondosas y bosques tropicales rodean el pueblo. La flora de la región incluye cocoteros, manglares y una variedad de flores tropicales, mientras que la fauna abarca desde iguanas y aves marinas hasta especies marinas como manatíes y ballenas jorobadas. La Reserva Marina Tres Palmas, ubicada cerca, es un área protegida que ofrece oportunidades de esnórquel y buceo, con un enfoque en la conservación de los arrecifes de coral y la vida marina local.

El impacto social del turismo en Rincón ha sido tanto positivo como desafiante. El turismo ha traído oportunidades económicas al pueblo, con el crecimiento de hoteles, restaurantes y negocios locales que apoyan a la comunidad. Sin embargo, el rápido desarrollo turístico también ha ejercido presión sobre la infraestructura del pueblo, lo que ha generado preocupaciones sobre la sostenibilidad ambiental y la preservación de la belleza natural de Rincón. Se están realizando esfuerzos para promover un turismo ecológico, con iniciativas locales que se enfocan en proteger las playas, los arrecifes de coral y la vida marina.

La ubicación de Rincón en la costa occidental le da una sensación de mayor aislamiento en comparación con otros destinos turísticos de Puerto Rico, pero también plantea ciertos desafíos urbanos. El pequeño tamaño del pueblo y su infraestructura limitada pueden causar problemas de tráfico durante las temporadas altas de turismo, especialmente en las estrechas carreteras que llevan a las playas más populares. Además, la dependencia del turismo hace que Rincón sea vulnerable a las fluctuaciones en el número de visitantes, especialmente durante eventos globales o desastres naturales como huracanes.

Un dato poco conocido sobre Rincón es su papel como centro de conservación ambiental. El pueblo alberga un capítulo de la Surfrider

Foundation, una organización sin fines de lucro dedicada a la protección de los océanos y playas. Grupos locales organizan regularmente limpiezas de playas, programas educativos y esfuerzos de conservación para garantizar que Rincón siga siendo un destino prístino para las futuras generaciones.

Llegar a Rincón es relativamente fácil, con el aeropuerto más cercano siendo el Aeropuerto Rafael Hernández en Aguadilla, a unos 30 minutos en coche. Este aeropuerto ofrece vuelos directos desde varias ciudades importantes de Estados Unidos. Alternativamente, los viajeros pueden volar al Aeropuerto Internacional Luis Muñoz Marín en San Juan y conducir aproximadamente dos horas y media hasta Rincón. Una vez en el pueblo, los visitantes pueden moverse en coche de alquiler, taxis o autobuses locales, aunque la mayoría de las atracciones están a poca distancia o a un corto trayecto en automóvil desde el centro.

En conclusión, Rincón es un paraíso tropical que ofrece la combinación perfecta de relajación, aventura y riqueza cultural. Ya sea atrapando olas en Domes Beach, practicando esnórquel en Steps Beach o contemplando la puesta de sol desde el Faro de Punta Higuero, Rincón brinda una experiencia inolvidable para quienes buscan una auténtica escapada caribeña. Su atmósfera relajada, su cálida comunidad y su impresionante belleza natural lo convierten en uno de los destinos costeros más apreciados de Puerto Rico.

111. Rio Dulce: Aventura y Belleza Natural

Rio Dulce, ubicado en la costa este de Guatemala, es un paraíso tropical que combina una belleza natural impresionante, historia rica y una atmósfera relajada. Este pequeño pero vibrante pueblo se encuentra a orillas del río que lleva el mismo nombre, conectando el majestuoso Lago Izabal con el mar Caribe. Conocido por sus paisajes exóticos y como la puerta de entrada a algunas de las áreas naturales más prístinas de Guatemala, Rio Dulce es un refugio para aquellos que buscan sumergirse en la naturaleza y la aventura.

Geográficamente, Rio Dulce es parte del departamento de Izabal y está situado en una región dominada por cursos de agua, densas selvas tropicales y humedales. El río en sí es una de las características naturales más importantes del país, fluyendo desde el lago Izabal, el más grande de Guatemala, hasta el puerto caribeño de Livingston. Rio Dulce es un punto clave de transporte tanto para los locales como para los turistas que viajan entre el interior de Guatemala y la costa caribeña. Su ubicación lo convierte en la base perfecta para explorar los alrededores, incluyendo reservas naturales, cañones y las cercanas ruinas mayas.

El clima en Rio Dulce es tropical y húmedo, con temperaturas cálidas durante todo el año. Las temperaturas oscilan entre los 25°C y 30°C, lo que lo convierte en un destino ideal para aquellos que desean disfrutar del calor tropical de Guatemala. La temporada de lluvias va de mayo a octubre, trayendo chubascos frecuentes que mantienen la selva verde y exuberante. Sin embargo, la mejor época para visitar es de noviembre a abril, cuando el clima es más predecible y perfecto para actividades al aire libre como paseos en bote, senderismo y exploración de la belleza natural de la región.

Uno de los hitos más emblemáticos de la zona es el Castillo de San Felipe, una fortaleza colonial construida por los españoles en el siglo XVI para defender el lago Izabal de los ataques piratas. Situado en el punto más estrecho del río, el castillo ofrece vistas espectaculares de los cursos de agua y los bosques que lo rodean. Los visitantes pueden recorrer el sitio histórico, aprendiendo sobre su importancia en la defensa de la región, mientras disfrutan de un picnic o un paseo en bote por los alrededores.

El río es la principal atracción de Rio Dulce, y navegar por sus aguas es una de las actividades favoritas de los visitantes. Desde lanchas hasta yates, los viajeros pueden explorar el río y su ecosistema, que incluye manglares, selvas tropicales y acantilados de piedra caliza. Un punto destacado en cualquier visita es un paseo en bote por el espectacular Cañón del Rio Dulce, donde imponentes acantilados cubiertos de vegetación se elevan desde el agua, creando un paisaje dramático y sereno. Esta parte del río alberga una gran cantidad de vida silvestre, como monos aulladores, tucanes e iguanas, lo que lo convierte en un sueño para los amantes de la naturaleza.

Otro lugar imprescindible cerca de Rio Dulce es Livingston, un pequeño pueblo situado en la desembocadura del río, en la costa caribeña. Livingston solo es accesible por barco y destaca por su cultura Garífuna única, que lo diferencia del resto de Guatemala. El pueblo es conocido por su influencia afrocaribeña, su música y su gastronomía, ofreciendo a los visitantes una experiencia vibrante y rica en cultura. Desde Livingston, los viajeros pueden visitar las cercanas Cataratas de Siete Altares o hacer una excursión de un día a las playas de arena blanca de Playa Blanca.

La cultura local de Rio Dulce es una mezcla de tradiciones indígenas mayas y las influencias de los Q'eqchi' Maya, que habitan en las comunidades selváticas cercanas. Los visitantes pueden experimentar los mercados locales, donde se venden productos frescos, artesanías y textiles, ofreciendo una visión de la vida cotidiana en la región. Además, el río es una importante vía de transporte para la población local, muchos de los cuales viven en pequeñas aldeas a lo largo de sus orillas, accesibles solo por barco.

La comida en Rio Dulce refleja la abundancia tropical de la región, con pescado fresco y mariscos desempeñando un papel central en muchos platos. Las especialidades locales incluyen pescado frito con arroz y plátanos, guisos a base de coco y platos tradicionales guatemaltecos como tamales y caldo de res. Los visitantes pueden disfrutar de estos sabores en restaurantes junto al río, muchos de los cuales ofrecen hermosas vistas del agua y la naturaleza circundante.

La flora y fauna de Rio Dulce son algunas de las más diversas de Guatemala. Las selvas tropicales que rodean el río albergan una amplia variedad de especies vegetales, incluidas orquídeas, palmas y árboles de caoba. El río es rico en vida acuática, con peces, tortugas y manatíes que a menudo se pueden ver en sus aguas. Los observadores de aves disfrutarán de la diversidad de especies, como garzas, loros y halcones.

El turismo ha tenido un impacto significativo en la economía de Rio Dulce, proporcionando empleos y oportunidades económicas para muchos residentes locales. El pueblo se ha convertido en un centro de ecoturismo, atrayendo a visitantes por su belleza natural y oportunidades de aventura. Sin embargo, el crecimiento del turismo también ha traído desafíos, como la necesidad de preservar el entorno natural y gestionar la afluencia de visitantes durante las temporadas altas. Las organizaciones locales y los grupos de conservación han estado trabajando para promover prácticas de turismo sostenible que protejan los ecosistemas delicados de la región al mismo tiempo que apoyan a la comunidad local.

Uno de los retos que enfrenta Rio Dulce es su ubicación remota, lo que puede hacer que acceder al pueblo sea más complicado que en otros destinos turísticos de Guatemala. Aunque el pueblo está bien conectado por carretera y río, la falta de infraestructura en algunas áreas puede ralentizar el viaje, especialmente durante la temporada de lluvias cuando los caminos se vuelven difíciles de transitar. Sin embargo, para muchos visitantes, la lejanía de Rio Dulce es parte de su encanto, ofreciendo la oportunidad de escapar del bullicio de la vida urbana y sumergirse en la naturaleza.

Un hecho poco conocido sobre Rio Dulce es que alberga una de las pocas poblaciones restantes de manatíes en Guatemala. Estos gentiles gigantes a veces se pueden ver en las secciones más tranquilas del río, y se están realizando esfuerzos para proteger sus hábitats de la degradación ambiental. Además, las áreas protegidas de la región, como el Biotopo Chocón Machacas, están dedicadas a la preservación de los ecosistemas y la vida silvestre únicos del Rio Dulce.

Llegar a Rio Dulce es relativamente sencillo, aunque requiere un poco de planificación. La mayoría de los visitantes llegan en autobús desde la Ciudad de Guatemala, en un viaje de aproximadamente seis horas, o desde el cercano pueblo de Flores, que está a unas cuatro horas de distancia. Una vez en Rio Dulce, la mejor manera de explorar el área es en barco, con taxis acuáticos y tours privados disponibles para llevar a los visitantes a las muchas atracciones a lo largo del río. Para quienes llegan desde la costa caribeña, los barcos conectan regularmente Livingston con Rio Dulce, proporcionando una forma escénica y agradable de viajar entre ambos pueblos.

En conclusión, Rio Dulce es un destino que ofrece una combinación perfecta de belleza natural, aventura y riqueza cultural. Ya sea explorando el histórico Castillo de San Felipe, navegando por el impresionante Cañón del Rio Dulce o disfrutando de la cultura local en Livingston, esta región ofrece una experiencia única e inolvidable. Su importancia tanto como sitio natural como histórico, combinada con su atmósfera tranquila y su abundante vida silvestre, hace que Rio Dulce sea un destino imprescindible para quienes buscan una auténtica experiencia guatemalteca.

112. Rivas: Puerta a la Belleza y la Historia

Rivas, una encantadora ciudad en el suroeste de Nicaragua, tiene un lugar especial en el paisaje cultural y geográfico del país. Conocida por su arquitectura colonial, su vibrante cultura local y su proximidad tanto al Lago de Nicaragua como al océano Pacífico, Rivas es una puerta de entrada a algunos de los destinos turísticos más famosos de Nicaragua, como la Isla de Ometepe y las playas de San Juan del Sur. Con una población de aproximadamente 50,000 habitantes, Rivas ofrece una sensación de pequeño pueblo mientras conserva una rica importancia histórica.

Ubicada estratégicamente entre dos importantes cuerpos de agua, el Lago de Nicaragua (el lago de agua dulce más grande de Centroamérica) al este y el océano Pacífico al oeste, Rivas ha sido un importante centro de comercio y transporte durante siglos. Aún hoy, sigue siendo un cruce vital para los viajeros que se desplazan entre la costa de Nicaragua y el interior del país. A unos 110 kilómetros al sur de la capital, Managua, y a solo 35 kilómetros de las playas de San Juan del Sur, Rivas es fácilmente accesible y una parada obligatoria para quienes buscan explorar esta región.

El clima en Rivas es tropical, con temperaturas cálidas durante todo el año. La ciudad tiene dos estaciones bien definidas: la estación seca, de noviembre a abril, y la estación lluviosa, de mayo a octubre. Durante la estación seca, las temperaturas rondan entre 28°C y 32°C, con poca lluvia y cielos despejados, ideales para los amantes de la playa y la aventura al aire libre. En la estación lluviosa, aunque más húmeda y con lluvias ocasionales por la tarde, el clima sigue siendo cálido, ofreciendo un paisaje exuberante y verde, perfecto para quienes disfrutan de la naturaleza.

Una de las atracciones más populares cerca de Rivas es la Isla de Ometepe, una isla volcánica en medio del Lago de Nicaragua. Formada por los imponentes volcanes Concepción y Maderas, Ometepe es conocida por sus paisajes impresionantes, su biodiversidad y sus antiguos petroglifos. Un corto viaje en ferry desde el puerto de San Jorge, ubicado a las afueras de Rivas, lleva a los visitantes a este paraíso natural, donde pueden hacer senderismo en los volcanes, explorar cascadas y visitar fincas de café. Las playas vírgenes y el ambiente tranquilo de la isla también la convierten en un lugar ideal para relajarse.

Otro destino imperdible cercano es San Juan del Sur, un tranquilo pueblo costero en la costa del Pacífico que se ha convertido en un punto de referencia para el surf y el turismo de playa. Conocido por su vibrante vida nocturna, restaurantes de mariscos y atardeceres espectaculares, San Juan del Sur es una parada obligatoria para cualquier viajero en la región. Sus playas ofrecen una variedad de deportes acuáticos, desde surf hasta vela, y las colinas que rodean la ciudad brindan vistas panorámicas de la costa.

Dentro de Rivas, el parque central es el corazón de la vida social y cultural de la ciudad. Rodeado de edificios coloniales y la Iglesia de San Pedro, el parque es un lugar de encuentro popular para los lugareños. La iglesia, con su llamativa fachada blanca, es uno de los hitos más emblemáticos de Rivas y un testimonio de su herencia colonial. Los visitantes pueden disfrutar de un tranquilo paseo por el parque, detenerse en uno de los cafés locales o probar las delicias tradicionales como el quesillo o el vigorón, platos típicos nicaragüenses.

Culturalmente, Rivas está profundamente arraigada en las tradiciones nicaragüenses, especialmente aquellas relacionadas con la agricultura y la religión. Las festividades locales, como la fiesta patronal en honor a San

Pedro, son eventos coloridos llenos de música, bailes y desfiles. Durante estas festividades, se realizan bailes tradicionales como el "Toro Huaco" y el "Palo de Mayo", que reflejan la mezcla de influencias indígenas, africanas y españolas de la región.

La gastronomía de Rivas refleja la riqueza agrícola de Nicaragua. El maíz, el arroz y los frijoles son la base de muchos platos, complementados con ingredientes como plátanos, cerdo y pescado fresco. Rivas, situada cerca de fuentes tanto de agua dulce como salada, tiene una gastronomía que destaca por el uso de mariscos, con pescado fresco del Lago de Nicaragua que a menudo se sirve a la parrilla o en estofados, acompañado de especias locales.

La flora y fauna alrededor de Rivas son tan diversas como sus paisajes. La cercanía tanto al lago como a la costa del Pacífico crea un ecosistema único donde los bosques tropicales, humedales y paisajes volcánicos convergen. La fauna en el área incluye monos aulladores, iguanas y una gran variedad de aves, como garzas y garcetas. El Lago de Nicaragua es famoso por albergar una especie inusual de tiburón de agua dulce, el tiburón toro, capaz de sobrevivir tanto en agua salada como dulce.

El turismo ha tenido un impacto social positivo en Rivas, proporcionando oportunidades económicas para muchos locales a través de empleos en la hospitalidad, transporte y como guías turísticos. La ubicación de la ciudad en rutas principales hacia destinos como Ometepe y San Juan del Sur asegura un flujo constante de visitantes, lo que ha contribuido al crecimiento de pequeños negocios, hoteles y restaurantes. Sin embargo, como en muchas áreas en desarrollo, Rivas enfrenta desafíos, especialmente en términos de mantener su infraestructura durante las temporadas altas de turismo, cuando el flujo de visitantes puede poner presión sobre los servicios locales.

Uno de los retos urbanos que enfrenta Rivas es la necesidad de mejorar la infraestructura, particularmente en términos de mantenimiento de carreteras y gestión de residuos. Las calles de la ciudad pueden congestionarse, especialmente en días de mercado o durante festividades, y las condiciones de las carreteras fuera del centro pueden ser difíciles, especialmente después de lluvias fuertes. Las autoridades locales están trabajando en mejorar estos servicios, promoviendo un turismo más sostenible.

Un hecho poco conocido sobre Rivas es su importancia histórica en el pasado de Nicaragua. La ciudad fue el sitio de la Batalla de Rivas en 1856, donde las fuerzas nicaragüenses, lideradas por el general José Dolores Estrada, derrotaron al ejército del filibustero estadounidense William Walker, quien buscaba controlar Centroamérica. Esta victoria se celebra como un momento clave en la historia de Nicaragua, y un monumento al general Estrada se encuentra en el parque central de la ciudad.

Llegar a Rivas es relativamente fácil, ya que la ciudad está bien conectada por carretera con otros destinos importantes en Nicaragua. La Carretera Panamericana atraviesa Rivas, lo que la convierte en una parada conveniente para los viajeros que se dirigen entre Managua y la frontera sur con Costa Rica. Los autobuses circulan regularmente entre Rivas y ciudades como Granada, Managua y San Juan del Sur. Para los viajeros internacionales, el aeropuerto más cercano es el Aeropuerto Internacional Augusto C. Sandino en Managua, a unas dos horas en coche de Rivas. Desde Rivas, los visitantes pueden tomar ferries a la Isla de Ometepe desde el puerto de San Jorge, ubicado a solo 10 kilómetros de la ciudad.

En conclusión, Rivas es una ciudad que ofrece una combinación única de significancia histórica, belleza natural y riqueza cultural. Ya sea explorando las calles coloniales de la ciudad, disfrutando de las vistas desde las laderas de los volcanes de Ometepe, o relajándose en las playas de San Juan del Sur, Rivas es la base perfecta para descubrir el suroeste de Nicaragua. Su importancia como centro de transporte y su proximidad a algunos de los paisajes más impresionantes del país la convierten en una parada esencial para los viajeros que buscan tanto aventura como relajación en esta hermosa parte de Centroamérica.

113. Roatán: Paraíso Tropical y Aventura

Roatán, una isla ubicada frente a la costa norte de Honduras, es un auténtico paraíso tropical en el mar Caribe, conocido por sus playas de ensueño, aguas cristalinas y vibrantes arrecifes de coral. Como la isla más grande del archipiélago de Islas de la Bahía, Roatán tiene aproximadamente 77 kilómetros de largo y 8 kilómetros de ancho en su punto más amplio. Aunque pequeña en tamaño, la isla ha ganado fama internacional como un destino ideal para buceadores, amantes del esnórquel y aquellos que buscan relajarse en playas paradisíacas, gracias a su cercanía con el Arrecife Mesoamericano, el segundo sistema de arrecifes más grande del mundo.

Geográficamente, Roatán está situada a unos 65 kilómetros de la costa norte de Honduras, en pleno mar Caribe. La isla forma parte del Departamento de las Islas de la Bahía, junto a las islas vecinas de Utila y Guanaja. Esta ubicación estratégica facilita el acceso tanto para los viajeros provenientes de Honduras continental como para los visitantes internacionales que buscan una escapada tropical. Su proximidad al Arrecife Mesoamericano ofrece experiencias submarinas inigualables, atrayendo a entusiastas del buceo de todas partes del mundo.

Roatán goza de un clima tropical con temperaturas que oscilan entre los 25°C y los 30°C durante todo el año. La isla tiene dos estaciones bien diferenciadas: la temporada seca, que va de febrero a junio, y la temporada de lluvias, de septiembre a enero. Aunque durante los meses lluviosos las precipitaciones son más frecuentes, suelen ser breves y seguidas de cielos despejados. La mejor época para visitar Roatán es durante la temporada seca, cuando el clima es soleado y las condiciones del mar son ideales para el buceo, el esnórquel y otras actividades acuáticas.

West Bay Beach es, sin duda, el centro turístico más famoso de Roatán, conocido por sus arenas blancas y aguas turquesas calmadas. Esta playa ha sido consistentemente clasificada como una de las mejores del Caribe, ofreciendo el escenario perfecto para tomar el sol, nadar y disfrutar de deportes acuáticos. La playa está rodeada de resorts, restaurantes y tiendas de buceo, lo que la convierte en un centro de relajación y aventura. Ya sea que prefieras esnórquel cerca de los vibrantes arrecifes de coral o disfrutar de un cóctel en un bar junto al mar, West Bay Beach ofrece una auténtica experiencia caribeña.

El buceo es una de las actividades más populares en Roatán, y la isla es considerada un paraíso para los buceadores gracias a su cercanía con el Arrecife Mesoamericano. Este arrecife alberga una increíble diversidad de vida marina, incluyendo coloridos jardines de coral, peces tropicales, tortugas marinas e incluso tiburones ballena en ciertas épocas del año. Entre los sitios de buceo más conocidos están el West End Wall, Mary's Place y el pecio del Aguila, un barco carguero hundido que se ha convertido en uno de los favoritos para la exploración submarina. Roatán también cuenta con numerosas escuelas de buceo donde los principiantes pueden obtener su certificación y los más experimentados disfrutar de inmersiones más desafiantes.

Más allá de sus playas y maravillas submarinas, Roatán tiene una rica herencia cultural. La población de la isla es una mezcla de influencias afrocaribeñas, españolas e indígenas, lo que ha dado lugar a una cultura única que se refleja en la música, la danza y la gastronomía local. El inglés es ampliamente hablado en la isla, junto con el español y el garífuna, una lengua de los pueblos garífunas, descendientes de africanos, caribes y arawak. La atmósfera relajada y acogedora de Roatán la convierte en un destino favorito para quienes buscan sumergirse en la cultura caribeña.

Uno de los aspectos más destacados de la gastronomía de Roatán es su marisco fresco, que desempeña un papel central en muchos platos locales. La langosta, el camarón y el pescado se preparan en platos tradicionales como las baleadas (tortillas de harina rellenas de frijoles, queso y, a veces, mariscos o carne) y guisos cocinados con coco. Los visitantes también pueden disfrutar de especialidades locales como el machuca, un plato garífuna hecho de plátanos machacados y pescado, o el tapado, una sopa de mariscos rica cocinada con leche de coco. Los restaurantes frente a la playa ofrecen el entorno ideal para saborear estos sabores caribeños.

Roatán también es hogar de una impresionante variedad de flora y fauna. El interior de la isla está cubierto de selvas tropicales que albergan vida silvestre como iguanas, loros y monos. El Instituto de Ciencias Marinas de Roatán trabaja para proteger el entorno marino local y ofrece programas educativos sobre la biodiversidad de la isla. Los visitantes también pueden explorar los jardines botánicos, que muestran las plantas nativas de la región, incluyendo orquídeas, helechos y hierbas medicinales.

El impacto del turismo en Roatán ha sido significativo, transformando la isla en uno de los destinos turísticos más importantes de Honduras. El desarrollo de hoteles, resorts y negocios relacionados con el turismo ha traído oportunidades económicas para los habitantes de la isla, muchos de los cuales trabajan en la industria de la hospitalidad. Sin embargo, el rápido crecimiento del turismo también ha presentado desafíos, particularmente en términos de sostenibilidad ambiental. Las organizaciones locales están trabajando para promover prácticas de turismo ecológico, como la protección de los arrecifes de coral y la reducción de residuos plásticos en las playas de la isla.

La ubicación de Roatán en el Caribe también la hace vulnerable a desafíos naturales como huracanes y tormentas tropicales. Aunque la isla ha logrado recuperarse de tormentas anteriores, se siguen realizando mejoras en la infraestructura para asegurar que Roatán esté preparada para futuros eventos climáticos. Además, la creciente popularidad de la isla ha generado algunos desafíos urbanos, como la congestión en las zonas turísticas y la necesidad de sistemas de gestión de residuos más eficientes.

150 DESTINOS TURÍSTICOS POPULARES DE NORTEAMÉRICA

Un dato poco conocido sobre Roatán es su historia como refugio pirata en los siglos XVII y XVIII. La ubicación remota de la isla y sus numerosas calas escondidas la convertían en una base ideal para los piratas que saqueaban barcos españoles en su ruta entre el Nuevo Mundo y Europa. Hoy en día, los visitantes pueden explorar algunos de los sitios históricos de piratas de la isla, incluidos cuevas y playas apartadas que alguna vez sirvieron como escondites para figuras infames como Henry Morgan.

Llegar a Roatán es relativamente fácil gracias a su aeropuerto internacional, el Aeropuerto Internacional Juan Manuel Gálvez. Este aeropuerto ofrece vuelos directos desde ciudades importantes de Estados Unidos, Canadá y Centroamérica, lo que lo convierte en un destino conveniente para los viajeros internacionales. Para aquellos que llegan desde el territorio continental de Honduras, hay vuelos frecuentes desde Tegucigalpa y San Pedro Sula. Además, Roatán es una parada popular para cruceros, con su puerto recibiendo miles de visitantes cada año.

En conclusión, Roatán es un tesoro tropical que ofrece una mezcla perfecta de belleza natural, riqueza cultural y aventura. Ya sea buceando en los vibrantes arrecifes de coral, relajándose en las arenas blancas de West Bay Beach o explorando las selvas tropicales de la isla, Roatán brinda una experiencia inolvidable para los viajeros que buscan la escapada caribeña definitiva. Su importancia como destino de buceo y playa, combinada con su cálida hospitalidad y rica herencia, hace de Roatán un lugar imprescindible para cualquier persona que viaje a Centroamérica o el Caribe.

114. Ruta de Las Flores: Belleza y Cultura en El Salvador

La Ruta de Las Flores, ubicada en las tierras altas del oeste de El Salvador, es uno de los destinos más pintorescos y culturalmente vibrantes del país. Este encantador recorrido se extiende por unos 36 kilómetros a través de una serie de pequeños pueblos y aldeas, cada uno ofreciendo una combinación única de belleza natural, mercados artesanales y encanto histórico. El nombre de la ruta proviene de las flores silvestres que florecen a lo largo del camino, especialmente durante los meses más frescos, y es famosa por sus plantaciones de café, festivales tradicionales y vistas impresionantes del campo salvadoreño.

Geográficamente, la Ruta de Las Flores serpentea a través de los departamentos de Ahuachapán y Sonsonate, pasando por pueblos principales como Juayúa, Apaneca, Ataco y Nahuizalco. La región se encuentra a una altitud de aproximadamente 1,200 metros sobre el nivel del mar, lo que la hace más fresca que las zonas bajas de El Salvador. La ruta atraviesa colinas verdes, fincas de café y valles, ofreciendo a los visitantes impresionantes vistas del paisaje circundante.

El clima en la Ruta de Las Flores es relativamente templado en comparación con el resto del país. Las temperaturas varían entre 18°C y

150 DESTINOS TURÍSTICOS POPULARES DE NORTEAMÉRICA

28°C a lo largo del año. La estación seca, de noviembre a abril, es la mejor época para visitar, con cielos despejados y clima perfecto para actividades al aire libre. Durante la estación lluviosa, de mayo a octubre, las lluvias son más frecuentes, pero también resaltan el verdor de la región, haciendo que el paisaje sea aún más vibrante. Los meses de noviembre y diciembre son especialmente hermosos, ya que las flores silvestres que dan nombre a la ruta florecen por completo, llenando las colinas de color.

Juayúa es quizás la parada más famosa de la Ruta de Las Flores. Conocido por su festival gastronómico de fin de semana, Juayúa atrae tanto a locales como a turistas que buscan degustar platos tradicionales salvadoreños, como las pupusas, carnes asadas y mariscos frescos. La iglesia colonial del pueblo, dedicada al Cristo Negro, es otro de los principales atractivos. Los visitantes también pueden explorar las cercanas Cascadas de Los Chorros de la Calera, un refugio natural donde las aguas cristalinas ofrecen una escapada refrescante en plena naturaleza.

Más adelante en la ruta se encuentra Apaneca, un pueblo conocido por el turismo de aventura. Apaneca es un centro para actividades como tirolesa, ciclismo de montaña y senderismo. Uno de los senderos más populares es el que lleva a la Laguna Verde, un tranquilo lago volcánico rodeado de colinas boscosas. Los amantes del café también disfrutarán visitando las fincas locales, donde pueden aprender sobre el proceso de producción del café y degustar algunos de los mejores granos que El Salvador tiene para ofrecer.

Ataco, otro encantador pueblo en la Ruta de Las Flores, es famoso por sus vibrantes murales que adornan las paredes de los edificios. Las coloridas calles del pueblo están llenas de tiendas artesanales que venden productos hechos a mano, como textiles, cerámicas y recuerdos. Los visitantes pueden pasar horas explorando los mercados de Ataco, disfrutando del café local y sumergiéndose en el ambiente artístico del pueblo. Ataco también alberga varios festivales culturales a lo largo del año, incluyendo procesiones religiosas y presentaciones de danza folklórica, que ofrecen una visión de las tradiciones locales.

Nahuizalco, uno de los pueblos más antiguos a lo largo de la ruta, es conocido por su herencia indígena y sus artesanías tradicionales. El mercado nocturno del pueblo es un punto destacado, donde los artesanos venden cestas tejidas a mano, muebles de madera y cerámica. La historia de Nahuizalco está profundamente arraigada en la cultura pipil, y los visitantes pueden aprender sobre el pasado precolombino del pueblo a través de museos locales y recorridos culturales.

La flora y fauna a lo largo de la Ruta de Las Flores son tan diversas como los pueblos que la rodean. La ruta atraviesa una rica región agrícola, con plantaciones de café, huertos de frutas y flores silvestres que salpican el paisaje. El suelo fértil y el clima fresco de la región lo hacen ideal para el cultivo de café, que ha sido un importante motor económico durante siglos. Además del café, la región alberga una variedad de especies vegetales, incluidas orquídeas, helechos y bromelias. Los observadores de aves encontrarán la ruta particularmente atractiva, ya que los bosques y colinas albergan especies como tucanes, halcones y colibríes.

El impacto social y económico del turismo en la Ruta de Las Flores ha sido significativo, proporcionando una fuente de ingresos para muchos artesanos locales, agricultores y propietarios de pequeñas empresas. El crecimiento del ecoturismo en la región también ha ayudado a preservar el medio ambiente natural, con las comunidades locales desempeñando un papel activo en la protección de los bosques, ríos y vida silvestre de la zona. Sin embargo, el aumento de la popularidad de la ruta también ha traído desafíos, especialmente en cuanto a la gestión de residuos y el mantenimiento de la infraestructura, como carreteras y servicios públicos.

A pesar de su creciente popularidad, la Ruta de Las Flores sigue siendo relativamente desconocida para el turismo masivo, lo que aumenta su encanto. Los pueblos de la región han logrado conservar su carácter tradicional, y los visitantes a menudo quedan impresionados por la calidez y hospitalidad de los locales. Un hecho poco conocido sobre la ruta es su conexión con el pueblo indígena pipil, que ha vivido en la región durante siglos. Muchos de los pueblos a lo largo de la ruta aún celebran festivales indígenas y mantienen prácticas tradicionales, como el tejido y la alfarería.

Uno de los desafíos urbanos a lo largo de la Ruta de Las Flores es mantener el equilibrio entre la preservación del patrimonio cultural de la región y la creciente necesidad de atender a un número creciente de turistas. A medida que más visitantes descubren la belleza de la ruta, hay una mayor demanda de alojamiento, transporte e infraestructura. Los gobiernos locales y las organizaciones comunitarias están trabajando para asegurar que el crecimiento del turismo sea sostenible y que los recursos naturales y culturales de la región se protejan para las futuras generaciones.

Llegar a la Ruta de Las Flores es relativamente sencillo, ya que se encuentra a solo unas horas en coche de San Salvador, la capital de El Salvador. La mayoría de los visitantes llegan en automóvil o uniéndose a uno de los muchos tours guiados que operan desde la capital. Los autobuses públicos también conectan los pueblos a lo largo de la ruta, proporcionando una opción asequible para los viajeros con un presupuesto limitado. Para quienes llegan desde el extranjero, el Aeropuerto Internacional de El Salvador es el aeropuerto más cercano, y desde allí, los visitantes pueden tomar un autobús o taxi hasta el inicio de la ruta.

En conclusión, la Ruta de Las Flores ofrece una mezcla única de belleza natural, riqueza cultural y aventura, convirtiéndose en uno de los principales destinos turísticos de El Salvador. Ya sea explorando las coloridas calles de Ataco, haciendo senderismo hacia un lago volcánico en Apaneca o saboreando las delicias locales en el festival gastronómico de Juayúa, la ruta brinda una experiencia inolvidable para los viajeros que buscan sumergirse en la belleza y cultura de esta joya centroamericana. Su importancia como centro cultural y económico, combinada con sus impresionantes paisajes y cálida hospitalidad, hace de la Ruta de Las Flores un destino imprescindible para cualquier persona que viaje a El Salvador.

115. Samaná: El Paraíso Escondido del Caribe

La península de Samaná, situada en la costa noreste de la República Dominicana, es un paraíso tropical que sigue siendo un destino relativamente poco conocido en comparación con otras áreas del país. Conocida por sus playas vírgenes, paisajes exuberantes y vibrante vida marina, la península se extiende a lo largo de 65 kilómetros y ofrece una mezcla única de belleza natural y riqueza cultural. Con una población de alrededor de 100,000 personas, Samaná es un escape tranquilo de las zonas más turísticas de la República Dominicana, ofreciendo una experiencia caribeña más auténtica y relajada.

Geográficamente, la península de Samaná se adentra en el océano Atlántico, con la bahía de Samaná al sur y el océano abierto al norte. La región es famosa por sus colinas onduladas, plantaciones de cocoteros y su costa accidentada, lo que la convierte en un refugio para los amantes de la naturaleza y los aventureros. El pueblo de Santa Bárbara de Samaná, comúnmente conocido como Samaná, es el centro urbano principal y sirve como puerta de entrada a las muchas atracciones de la península.

El clima en Samaná es tropical, con temperaturas cálidas durante todo el año. La temperatura promedio oscila entre los 25°C y 30°C, lo que la convierte en un destino ideal para los amantes de la playa y las actividades al aire libre. La temporada seca, de diciembre a abril, es la mejor época para visitar, ya que el clima es soleado y agradable con poca lluvia. La temporada de lluvias, de mayo a noviembre, trae más chubascos, pero suelen ser breves y seguidos de cielos despejados, lo que deja el paisaje verde y exuberante.

Uno de los mayores atractivos de Samaná es la migración anual de ballenas jorobadas. Cada año, de enero a marzo, miles de ballenas jorobadas migran a las cálidas aguas de la bahía de Samaná para reproducirse y dar a luz. Los visitantes pueden embarcarse en excursiones en barco para observar de cerca a estas majestuosas criaturas, lo que convierte esta experiencia en una de las actividades más populares durante los meses de invierno.

Para los amantes de la playa, Samaná ofrece algunas de las playas más hermosas y vírgenes de la República Dominicana. Playa Rincón, a menudo citada como una de las mejores playas del Caribe, es una extensa franja de arena blanca y aguas turquesas, respaldada por palmeras y montañas verdes. A pesar de su belleza, Playa Rincón sigue siendo relativamente poco desarrollada, ofreciendo a los visitantes una experiencia tranquila y aislada. Otra playa popular es Playa Las Galeras, situada en el extremo este de la península, conocida por sus aguas calmadas y espectaculares atardeceres.

Además de sus playas, la península de Samaná es un paraíso para el ecoturismo. El cercano Parque Nacional Los Haitises es un área protegida conocida por sus densos bosques de manglares, formaciones kársticas de piedra caliza y rica biodiversidad. El parque alberga una variedad de vida silvestre, incluidos pelícanos, manatíes y especies de aves endémicas. Los visitantes pueden explorar el parque en bote, navegando a través de los manglares y visitando cuevas que contienen petroglifos taínos antiguos, ofreciendo una visión del pasado indígena de la región.

Otro paraíso natural en la península es la Cascada El Limón, una impresionante caída de agua de 40 metros rodeada de selva tropical. La caminata hacia la cascada es una de las actividades más populares en Samaná, y los visitantes pueden llegar caminando o a caballo a través de la jungla para disfrutar de este espectacular sitio. Una vez allí, es posible darse un refrescante baño en la piscina natural al pie de la cascada, rodeado por los sonidos y paisajes de la naturaleza.

Culturalmente, la península de Samaná ofrece una fascinante mezcla de influencias afrocaribeñas, españolas y francesas. El pueblo de Samaná tiene una rica historia, habiendo sido asentado por afroamericanos liberados en el siglo XIX. Esta singular mezcla cultural se refleja en la arquitectura, la música y la comida local. Los visitantes pueden recorrer las coloridas calles, llenas de casas de madera de estilo victoriano, y visitar los mercados locales donde los artesanos venden productos hechos a mano, joyas y textiles.

La gastronomía de Samaná es un deleite para muchos visitantes, con el marisco fresco como protagonista de la cocina local. El pescado, el camarón y la langosta se preparan a menudo con salsas a base de coco, lo que refleja la abundancia de palmeras en la región. Uno de los platos emblemáticos de Samaná es el pescado con coco, un delicioso plato de pescado cocido en una salsa de coco con especias. Los visitantes también pueden disfrutar de platos dominicanos tradicionales como el mangú (puré de plátanos), el sancocho (un suculento guiso de carne) y las empanadas rellenas de mariscos o carne.

La flora y fauna de la península de Samaná son increíblemente diversas gracias a su clima tropical y variados paisajes. La región alberga densas selvas tropicales, cocoteros y manglares, que proporcionan hábitats para una amplia variedad de especies vegetales y animales. Los observadores de aves encontrarán la península particularmente gratificante, ya que es hogar de varias especies endémicas, como el carpintero de La Española y el cuervo de cuello blanco.

El turismo juega un papel importante en la economía de Samaná, proporcionando empleos y oportunidades para los residentes locales. El desarrollo de hoteles y resorts ecológicos ha ayudado a aumentar el perfil de la región como un destino de turismo sostenible. Sin embargo, el crecimiento del turismo también ha traído desafíos, especialmente en términos de equilibrar el desarrollo con la conservación ambiental. Existen iniciativas locales para promover prácticas de turismo sostenible, como la protección de los arrecifes de coral y los manglares, y el fomento del uso de fuentes de energía renovable.

Uno de los desafíos urbanos que enfrenta la península de Samaná es la necesidad de mejorar la infraestructura para acomodar al creciente número de visitantes. Aunque la región sigue siendo relativamente poco desarrollada en comparación con otros destinos turísticos de la República Dominicana, existen preocupaciones sobre el impacto del aumento del turismo en los recursos locales y el medio ambiente. Se están realizando esfuerzos para mejorar las carreteras, la gestión de residuos y los servicios públicos para asegurar que el crecimiento del turismo sea sostenible y beneficioso para la comunidad local.

Un dato menos conocido sobre la península de Samaná es su conexión con la Revolución Haitiana. A principios del siglo XIX, la península sirvió como refugio para personas que huían de la violencia de la revolución, incluidos afroamericanos liberados que se asentaron en la región. Esta historia sigue siendo evidente hoy en día en la composición cultural de la población local, que incluye descendientes de estos colonos. Llegar a la península de Samaná es relativamente fácil gracias al Aeropuerto Internacional de Samaná El Catey, que ofrece vuelos directos desde varias ciudades importantes de América del Norte y Europa. Alternativamente, los viajeros pueden volar a Santo Domingo y hacer un pintoresco viaje de unas dos horas y media hasta la península. Una vez en Samaná, desplazarse es sencillo, con taxis, autos de alquiler y autobuses disponibles para explorar las ciudades y atracciones.

En conclusión, la península de Samaná es una joya escondida en el Caribe, que ofrece una mezcla perfecta de belleza natural, cultura rica y aventura. Ya sea observando ballenas jorobadas en la bahía de Samaná, caminando hacia la cascada El Limón o relajándose en las playas vírgenes de Playa Rincón, la península brinda una experiencia inolvidable para los viajeros que buscan un destino caribeño auténtico y sin aglomeraciones. Su importancia como centro de ecoturismo y su compromiso con la sostenibilidad hacen de Samaná un lugar imprescindible para quienes deseen explorar las maravillas naturales de la República Dominicana.

116. San Blas: Paraíso Natural y Cultural

Las islas de San Blas, un deslumbrante archipiélago en la costa caribeña de Panamá, son un verdadero paraíso tropical. Con alrededor de 365 islas y cayos, las islas de San Blas son famosas por sus aguas cristalinas, playas de arena blanca y la vibrante cultura de los indígenas Guna, que habitan la región. A pesar de su belleza natural, las islas siguen estando mayormente intactas por el turismo masivo, ofreciendo a los viajeros una experiencia auténtica y serena lejos de las rutas convencionales.

Situadas a lo largo de la costa noreste de Panamá, las islas de San Blas se extienden por el mar Caribe, desde el continente cercano a Colón hasta la frontera con Colombia. Las islas forman parte de la región autónoma de Guna Yala, gobernada por los propios Guna. Aunque solo unas 49 de las islas están habitadas, las demás permanecen prístinas y sin desarrollar, lo que las convierte en un lugar ideal para hacer excursiones de isla en isla, practicar esnórquel o simplemente relajarse en la naturaleza.

El clima de las islas de San Blas es tropical, con temperaturas cálidas durante todo el año, que oscilan entre los 25°C y 30°C, creando condiciones ideales para los amantes de la playa. La temporada seca va de diciembre a abril, siendo la mejor época para visitarlas, ya que los cielos son despejados y los mares tranquilos. La temporada de lluvias, de mayo a noviembre, trae lluvias ocasionales y tormentas, pero las islas permanecen cálidas y acogedoras. A pesar de las lluvias, muchos viajeros encuentran en esta época un momento de paz, ya que las islas están más tranquilas y menos concurridas.

Las islas de San Blas son famosas por sus aguas turquesas, perfectas para esnórquel y buceo. Los arrecifes de coral que rodean las islas son hogar de una gran variedad de vida marina, como peces de colores, tortugas marinas y rayas. Entre los puntos más populares para el esnórquel se encuentran Isla Perro y los Cayos Holandeses, donde los visitantes pueden explorar jardines de coral vibrantes y pecios (restos de naufragios) submarinos. Las aguas poco profundas y tranquilas hacen que las islas sean accesibles para esnorquelistas de todos los niveles, y muchos tours ofrecen equipos de esnórquel y excursiones guiadas.

La cultura es un aspecto clave en cualquier visita a las islas de San Blas, ya que son hogar de los Guna, uno de los grupos indígenas más importantes de Panamá. Los Guna son conocidos por su fuerte sentido de identidad cultural y autonomía. Los visitantes tienen la oportunidad única de aprender sobre las costumbres Guna, sus artesanías tradicionales y la vida comunitaria. Los Guna son famosos por sus molas, telas hechas a mano con intrincados diseños que se crean superponiendo capas de telas de colores. Estas vibrantes obras de arte suelen venderse en los mercados locales, ofreciendo una excelente oportunidad para llevarse a casa un pedazo de la cultura Guna.

El estilo de vida tradicional de los Guna se centra en la pesca, la agricultura y las artesanías. Muchas de las familias viven en pequeñas chozas de madera con techos de palma, y las islas están cubiertas de cocoteros y vegetación tropical. La dieta de los Guna se basa principalmente en pescado fresco, mariscos y coco, con platos que incluyen arroz, plátanos y frutas tropicales. Los visitantes pueden disfrutar de pescado recién capturado y langosta, a menudo a la parrilla o preparada en salsa de coco, un ingrediente básico de la cocina local.

La flora y fauna de las islas de San Blas son diversas a pesar del pequeño tamaño de las islas individuales. Los bosques tropicales y manglares son hogar de varias especies de aves, como garzas, pelícanos y loros, mientras que los arrecifes de coral albergan una gran variedad de vida marina. Además de practicar esnórquel y buceo, los visitantes pueden explorar las islas en kayak, paddleboard o velero, disfrutando de la tranquilidad que ofrece este impresionante archipiélago.

El turismo ha comenzado a desempeñar un papel importante en la economía de los Guna, quienes operan muchas de las cabañas, tours y servicios de transporte en las islas. Los Guna controlan cuidadosamente el turismo en su región, asegurándose de que el desarrollo sea mínimo y que el medio ambiente y su patrimonio cultural se conserven. Como resultado, las islas han mantenido su encanto intacto, con alojamientos ecológicos que se integran en el paisaje natural.

A pesar de ser un paraíso para los viajeros, las islas de San Blas enfrentan algunos desafíos, particularmente en términos de infraestructura. Muchas de las islas carecen de comodidades modernas como electricidad, agua corriente y acceso a Internet, lo que puede ser un ajuste para algunos visitantes. Sin embargo, estas limitaciones forman parte del atractivo de las islas para aquellos que buscan desconectarse del mundo moderno. Los paneles solares y los sistemas de recolección de agua de lluvia son comunes, reflejando el compromiso de los Guna con la sostenibilidad.

Un hecho menos conocido sobre las islas de San Blas es que están ubicadas a lo largo de una importante ruta migratoria de delfines y ballenas. De julio a noviembre, los visitantes pueden tener la suerte de ver ballenas jorobadas durante su migración a través de las cálidas aguas del Caribe. Además, la ubicación remota de las islas y la limitada contaminación lumínica las convierten en un excelente lugar para la observación de estrellas, con la Vía Láctea visible en el cielo nocturno.

Llegar a las islas de San Blas requiere algo de planificación, pero el viaje vale la pena. La mayoría de los visitantes viajan desde la ciudad de Panamá, un trayecto de aproximadamente dos horas hasta el puerto de Cartí en el continente. Desde allí, pequeñas embarcaciones conocidas como lanchas transportan a los visitantes a las islas, con un trayecto que generalmente dura entre 30 y 60 minutos, dependiendo del destino. También hay vuelos disponibles desde la ciudad de Panamá hasta el cercano pueblo de El Porvenir, que sirve como puerta de entrada a las islas. Para aquellos que buscan una ruta más aventurera, veleros viajan desde Colombia hasta las islas de San Blas, ofreciendo viajes de varios días que incluyen exploración de islas y navegación.

En conclusión, las islas de San Blas son un paraíso tropical que ofrece una experiencia inolvidable para los viajeros que buscan belleza natural, inmersión cultural y aventura. Ya sea explorando los arrecifes de coral, relajándose en una playa aislada o aprendiendo sobre las ricas tradiciones del pueblo Guna, las islas de San Blas brindan una rara oportunidad para desconectarse del mundo moderno y reconectar con la naturaleza.

117. San Francisco: Belleza, Cultura e Innovación

San Francisco, una de las ciudades más icónicas de Estados Unidos, es famosa por sus paisajes impresionantes, rica herencia cultural y vibrante atmósfera. Con una extensión de casi 121 kilómetros cuadrados, la ciudad está ubicada en el norte de California, en la punta de la península de San Francisco, rodeada por el océano Pacífico al oeste y la bahía de San Francisco al este. A pesar de su tamaño relativamente pequeño, San Francisco cuenta con una población de más de 800,000 personas, lo que la convierte en una de las ciudades más densamente pobladas del país.

Lo que más define a San Francisco es su geografía. La ciudad está construida sobre más de 40 colinas, entre las cuales destacan Nob Hill, Russian Hill y Telegraph Hill. Estas colinas crean paisajes dramáticos y ofrecen vistas impresionantes de la bahía, el océano y los muchos monumentos de la ciudad. Uno de los más reconocidos es el Puente Golden Gate, que se extiende 2.7 kilómetros sobre el estrecho de Golden Gate, conectando San Francisco con el condado de Marin al norte.

El clima en San Francisco está caracterizado por veranos frescos e inviernos suaves, influenciados por el océano Pacífico. Las temperaturas generalmente varían entre 10°C y 21°C, con los meses más cálidos siendo

150 DESTINOS TURÍSTICOS POPULARES DE NORTEAMÉRICA

septiembre y octubre. Uno de los fenómenos meteorológicos más famosos de la ciudad es la niebla, a la que los locales cariñosamente llaman "Karl the Fog". Esta niebla se desplaza desde el Pacífico, especialmente en los meses de verano, otorgándole a la ciudad su distintivo encanto brumoso. A pesar de la niebla, la ciudad disfruta de mucho sol y el clima es cómodo durante todo el año, lo que la convierte en un destino atractivo en cualquier temporada.

San Francisco alberga numerosos lugares turísticos mundialmente conocidos. El Puente Golden Gate es una visita obligada, y cruzarlo a pie o en bicicleta ofrece vistas espectaculares de la bahía y la ciudad. Otro sitio icónico es la Isla de Alcatraz, que alguna vez fue una infame prisión federal que albergó a criminales como Al Capone. Hoy en día, Alcatraz es una atracción turística popular donde los visitantes pueden tomar recorridos guiados para conocer su historia.

Fisherman's Wharf es otro punto turístico importante, donde se mezclan restaurantes de mariscos, tiendas y atracciones como el famoso Pier 39, donde se pueden ver leones marinos tomando el sol. Cerca de allí, en Ghirardelli Square, una antigua fábrica de chocolate transformada en un complejo de tiendas, es un excelente lugar para disfrutar de dulces mientras se contemplan las vistas de la bahía. Para una experiencia cultural, una visita al barrio chino de San Francisco es esencial. Este es el barrio chino más antiguo de América del Norte y ofrece una mezcla única de cultura, gastronomía y arquitectura china.

Uno de los lugares más pintorescos de la ciudad es el Presidio, una antigua base militar convertida en parque nacional, que cuenta con kilómetros de senderos para caminar y andar en bicicleta, áreas de picnic y miradores escénicos. Desde allí, los visitantes pueden explorar Crissy Field, una zona costera con bellas vistas del Puente Golden Gate. Para los amantes de la naturaleza, el Parque Golden Gate es una visita obligada. Con más de 1,000 acres, alberga jardines, museos e incluso un recinto para bisontes.

La cultura de San Francisco es una rica mezcla de influencias diversas, que reflejan su historia como crisol de inmigrantes de todo el mundo. La ciudad ha sido durante mucho tiempo un centro de movimientos progresistas, desde la Generación Beat en los años 50 hasta el Verano del Amor en 1967, cuando Haight-Ashbury se convirtió en el epicentro del movimiento contracultural. Hoy en día, San Francisco sigue siendo un faro de diversidad e inclusión, conocido por su próspera comunidad LGBTQ+, su vibrante escena artística y su innovadora industria tecnológica.

La escena gastronómica de la ciudad es igualmente diversa, ofreciendo desde restaurantes con estrellas Michelin hasta adorados locales de comida tradicional. Los mariscos son un plato esencial, con delicias como la sopa de almejas en pan de masa madre y el cangrejo Dungeness siendo los favoritos locales. El Ferry Building Marketplace es un excelente lugar para probar algunos de los mejores alimentos de la ciudad, con una amplia oferta que incluye quesos artesanales y productos frescos. San Francisco también es famosa por su cocina internacional, con barrios como el Distrito de la Misión ofreciendo auténtica comida mexicana, mientras que Japantown alberga algunos de los mejores lugares de sushi en la ciudad.

El entorno natural de San Francisco es tan diverso como su cultura. Las aguas circundantes del océano Pacífico y la bahía de San Francisco son hogar de una variedad de vida marina, como focas, delfines y aves migratorias. La ciudad cuenta con numerosos parques y espacios verdes que proporcionan refugio para la fauna local. El Parque Golden Gate, por ejemplo, alberga aves, ardillas e incluso coyotes. Las cercanas Marin Headlands y Point Reyes National Seashore, a solo un corto trayecto en coche al otro lado del Puente Golden Gate, ofrecen oportunidades para ver ballenas, alces y leones marinos en sus hábitats naturales.

El crecimiento y la prominencia de San Francisco como una ciudad global han tenido un impacto social significativo. La creciente industria tecnológica de la ciudad, centrada en el cercano Silicon Valley, ha atraído a personas de todo el mundo, impulsando un rápido crecimiento económico. Sin embargo, este crecimiento también ha traído desafíos, particularmente en términos de la asequibilidad de la vivienda y la crisis de personas sin hogar. San Francisco ocupa consistentemente uno de los primeros lugares entre las ciudades más caras de Estados Unidos, lo que dificulta que muchos residentes puedan permitirse un hogar. La ciudad ha hecho esfuerzos por abordar estos problemas, pero siguen siendo desafíos continuos.

San Francisco también enfrenta desafíos urbanos relacionados con la gestión de su envejecida infraestructura. Los famosos tranvías de la ciudad, aunque encantadores e icónicos, forman parte de un sistema de transporte público que requiere mantenimiento constante. Además, la ubicación de la ciudad a lo largo de la Falla de San Andrés la hace vulnerable a los terremotos. El terremoto de 1906 sigue siendo uno de los más devastadores en la historia de la ciudad, y el refuerzo sísmico de edificios y puentes continúa siendo una prioridad para mitigar futuros riesgos.

A pesar de estos desafíos, San Francisco sigue siendo uno de los centros culturales y económicos más importantes de Estados Unidos. La proximidad de la ciudad a Silicon Valley la convierte en un líder global en tecnología e innovación, mientras que sus universidades de clase mundial, como la Universidad de Stanford y la Universidad de California, Berkeley, contribuyen a su reputación como centro educativo y de investigación.

Un dato menos conocido sobre San Francisco es su papel en el desarrollo de las Naciones Unidas. En 1945, delegados de 50 países se reunieron en la ciudad para redactar y firmar la Carta de las Naciones Unidas, estableciendo oficialmente la organización. El compromiso de la ciudad con la diplomacia internacional y los valores progresistas continúa hasta el día de hoy.

Llegar a San Francisco es fácil, ya que está bien conectada por aire, carretera y ferrocarril. El Aeropuerto Internacional de San Francisco (SFO) es uno de los más concurridos de Estados Unidos, ofreciendo vuelos desde y hacia ciudades importantes de todo el mundo. La ciudad también es accesible por coche a través de importantes autopistas como la US 101 y la Interestatal 80. Para quienes llegan en tren, Amtrak ofrece servicios a la cercana estación de Emeryville, con conexiones en autobús a San Francisco. Una vez en la ciudad, las opciones de transporte público incluyen autobuses, el sistema BART (Bay Area Rapid Transit) y los famosos tranvías.

En conclusión, San Francisco es una ciudad que ofrece algo para todos. Ya sea que estés admirando el Puente Golden Gate, explorando la Isla de Alcatraz o disfrutando de la diversa oferta culinaria de la ciudad, San Francisco brinda una experiencia inolvidable. Su mezcla única de belleza natural, riqueza cultural e innovación la convierte en una de las ciudades más dinámicas del mundo y en un destino imprescindible para los viajeros que buscan descubrir el verdadero sabor de California.

118. San Juan del Sur: Paraíso Costero en Nicaragua

San Juan del Sur, ubicado en la costa suroeste de Nicaragua, es un pintoresco pueblo costero conocido por sus impresionantes playas, ambiente relajado y espíritu aventurero. Con su bahía en forma de herradura y colinas onduladas, San Juan del Sur se ha convertido en uno de los destinos turísticos más populares de Nicaragua. Este encantador lugar es el favorito de surfistas, mochileros y vacacionistas que buscan disfrutar de la belleza de la costa del Pacífico mientras experimentan el encanto único de la cultura nicaragüense.

Geográficamente, San Juan del Sur se encuentra en el departamento de Rivas, a unos 140 kilómetros al sur de Managua, la capital de Nicaragua. El pueblo se asienta a nivel del mar, rodeado de colinas verdes que ofrecen vistas panorámicas de la bahía y del océano Pacífico. Con una población de poco más de 15,000 habitantes, San Juan del Sur mantiene una atmósfera acogedora y familiar, que invita a los visitantes a sentirse como en casa.

El clima en San Juan del Sur es tropical, con dos estaciones claramente diferenciadas: la estación seca, de noviembre a abril, y la estación lluviosa, de mayo a octubre. Durante la estación seca, las temperaturas oscilan entre 28°C y 32°C, lo que lo convierte en el momento perfecto para los amantes de la playa y las actividades al aire libre. En la temporada de lluvias, aunque las tardes suelen traer chubascos, las mañanas son soleadas, y la vegetación se torna más exuberante, añadiendo una vibrante belleza al paisaje. Aunque la temporada húmeda es más tranquila en términos de turismo, sigue siendo un buen momento para visitar, especialmente si se busca una experiencia más relajada y sin multitudes.

Las playas de San Juan del Sur son su principal atracción. Playa San Juan del Sur, la playa principal del pueblo, ofrece aguas tranquilas, perfectas para nadar y relajarse bajo el sol. Está bordeada por coloridos barcos de pesca, restaurantes y bares donde locales y turistas se reúnen para disfrutar de mariscos frescos y bebidas tropicales. A solo unos minutos en coche desde el pueblo se encuentran otras playas que tienen su propio encanto. Playa Maderas, conocida por sus olas constantes, es la preferida de los surfistas, mientras que Playa Hermosa ofrece una experiencia más apartada, con arenas prístinas y aguas cristalinas, ideales para quienes buscan tranquilidad.

Para los amantes de la aventura, San Juan del Sur ofrece una variedad de actividades emocionantes, desde deslizarse en tirolesa a través de la selva hasta montar a caballo por la playa. Los senderistas pueden ascender hasta la icónica estatua del Cristo de la Misericordia, que se alza sobre una colina con vista a la bahía. Esta estatua, una de las más grandes de Centroamérica, ofrece vistas impresionantes del pueblo y del océano Pacífico, especialmente al atardecer, convirtiéndose en un punto imprescindible para los visitantes.

San Juan del Sur tiene una rica historia cultural, moldeada por sus raíces indígenas y su desarrollo como puerto. El pueblo ha sido un lugar de paso para viajeros desde el siglo XIX, cuando fue una parada clave para los que buscaban llegar a California durante la fiebre del oro. Hoy en día, la cultura de San Juan del Sur refleja una mezcla de costumbres nicaragüenses tradicionales y la influencia de los viajeros internacionales que han hecho del pueblo su hogar.

La escena culinaria en San Juan del Sur es un delicioso reflejo de esta mezcla cultural. Los mariscos son un elemento básico, con platos como pescado a la parrilla, camarones y ceviche que se sirven en restaurantes junto a la playa. Un plato típico podría incluir gallo pinto (una combinación tradicional de arroz y frijoles), plátanos y frutas tropicales frescas. Además, muchos restaurantes ofrecen cocina internacional, lo que refleja la diversidad de la comunidad de expatriados y viajeros. Los visitantes pueden disfrutar de una comida informal en la playa o cenar en uno de los restaurantes más elegantes del pueblo, que a menudo cuentan con menús de la granja a la mesa, utilizando ingredientes locales.

La flora y fauna de la región de San Juan del Sur son típicas de la costa del Pacífico de Nicaragua, con bosques tropicales secos que rodean el pueblo. La vida silvestre incluye monos aulladores, iguanas y una variedad de especies de aves, como pelícanos, loros y halcones. Las playas cercanas también son importantes sitios de anidación para tortugas marinas, especialmente durante la temporada de lluvias. Varios proyectos de conservación en la zona permiten a los visitantes participar en programas de liberación de tortugas, donde las crías recién nacidas son guiadas hacia el océano.

El turismo ha tenido un impacto social y económico significativo en San Juan del Sur, transformando lo que alguna vez fue un tranquilo pueblo pesquero en uno de los destinos más populares de Nicaragua. La llegada de turistas ha proporcionado oportunidades laborales para los lugareños en los sectores de la hospitalidad, restaurantes y guías turísticos. Sin embargo, el rápido crecimiento del turismo también ha traído desafíos, especialmente en términos de sostenibilidad ambiental y el equilibrio entre el desarrollo y la preservación de la belleza natural del pueblo.

Los desafíos urbanos en San Juan del Sur incluyen el mantenimiento de la infraestructura para acomodar el creciente número de visitantes. Las carreteras pueden estar en malas condiciones, especialmente durante la temporada de lluvias, y los sistemas de gestión de residuos y agua del pueblo han sido sometidos a una gran presión debido al aumento de la demanda. Se están realizando esfuerzos para abordar estos problemas mediante iniciativas locales que promueven el turismo ecológico y el desarrollo sostenible. A pesar de estos desafíos, el pueblo ha logrado mantener gran parte de su encanto original, lo que sigue atrayendo a los viajeros que buscan autenticidad.

Un dato poco conocido sobre San Juan del Sur es que se ha convertido en un lugar destacado para retiros de yoga y bienestar. Varios estudios de yoga y centros de retiro han abierto en y alrededor del pueblo, ofreciendo clases y programas que atraen a visitantes de todo el mundo. El entorno sereno y los hermosos paisajes lo convierten en un destino ideal para aquellos que buscan relajación y rejuvenecimiento.

San Juan del Sur es fácilmente accesible tanto desde Nicaragua como desde la vecina Costa Rica. Para los visitantes internacionales, el aeropuerto más cercano es el Aeropuerto Internacional Augusto C. Sandino en Managua, que está a unas dos horas en coche. Muchos viajeros optan por tomar un transporte o contratar un automóvil privado para llegar a San Juan del Sur desde el aeropuerto. El pueblo también está cerca de la frontera con Costa Rica, y muchos visitantes de Costa Rica aprovechan su proximidad para una escapada de fin de semana. Una vez en San Juan del Sur, moverse por el pueblo es fácil, con taxis, bicicletas e incluso tuk-tuks disponibles para realizar viajes cortos dentro del pueblo y a las playas cercanas.

En conclusión, San Juan del Sur es un destino vibrante y hermoso que ofrece algo para todos. Ya sea que estés buscando aventura, relajación o sumergirte en la cultura nicaragüense, este pueblo costero lo tiene todo. Desde sus impresionantes playas y puntos de surf hasta su rica herencia cultural y ambiente relajado, San Juan del Sur continúa capturando los corazones de viajeros de todo el mundo.

119. San Juan: Entre Historia y Modernidad

San Juan, la capital de Puerto Rico, es una ciudad vibrante y llena de historia que ha cautivado a los visitantes durante siglos. Conocida por su colorida arquitectura colonial, calles empedradas y ambiente animado, San Juan es uno de los destinos más populares del Caribe. Con una población de alrededor de 340,000 personas, es la ciudad más grande de Puerto Rico, y combina una rica herencia cultural con modernas comodidades, lo que la convierte en el destino perfecto para quienes buscan historia, relajación y aventura.

Ubicada en la costa norte de Puerto Rico, San Juan se extiende a lo largo de unas 76 millas cuadradas y está rodeada por el océano Atlántico. La ciudad está dividida en varios distritos, cada uno con su propio encanto. El Viejo San Juan, el corazón histórico de la ciudad, está situado en un pequeño islote conectado a la parte continental por puentes. Esta área es famosa por sus bien conservados edificios coloniales, calles estrechas y monumentos históricos que te transportan a siglos pasados.

El clima de San Juan es tropical, con temperaturas cálidas todo el año. Las temperaturas promedio oscilan entre 24°C y 29°C, lo que la convierte en un destino ideal para los amantes de la playa y los entusiastas de las actividades al aire libre. La mejor época para visitar es durante la temporada seca, de diciembre a abril, cuando el cielo está despejado y el clima es agradable. Aunque la temporada de lluvias, de mayo a noviembre, trae más humedad y algunas tormentas, los chubascos suelen ser breves, seguidos de cielos despejados.

Uno de los hitos más icónicos de San Juan es El Morro, una imponente fortaleza construida por los españoles en el siglo XVI para proteger la ciudad de los ataques por mar. Este castillo, ubicado en un promontorio con vistas al Atlántico, ofrece impresionantes vistas de la costa y es un testimonio de la importancia estratégica de Puerto Rico durante la era colonial. Los visitantes pueden explorar los túneles, barracas y cañones de El Morro, mientras aprenden sobre su fascinante historia.

A poca distancia de El Morro se encuentra otra fortaleza histórica, el Castillo de San Cristóbal. Junto con El Morro, San Cristóbal forma parte del Sitio Histórico Nacional de San Juan, que ha sido declarado Patrimonio de la Humanidad por la UNESCO. Estas fortalezas están rodeadas por antiguas murallas que una vez protegieron la ciudad, y caminar por ellas ofrece no solo una inmersión en la historia, sino también vistas panorámicas del océano y la ciudad.

El Viejo San Juan es sin duda uno de los mayores atractivos de la ciudad. Sus coloridos edificios coloniales, muchos de ellos construidos en los siglos XVI y XVII, son una muestra del patrimonio arquitectónico de la ciudad. Pasear por sus calles empedradas, repletas de cafeterías, tiendas y galerías de arte, es como viajar en el tiempo. Entre los sitios más notables se encuentran La Fortaleza, residencia del gobernador de Puerto Rico, y la Catedral de San Juan Bautista, que alberga la tumba del explorador español Juan Ponce de León.

Para quienes buscan relajarse en la playa, San Juan ofrece una mezcla de playas hermosas a poca distancia de la ciudad. La Playa del Condado, ubicada en el elegante distrito del mismo nombre, es una de las más populares por su arena suave y aguas tranquilas, perfectas para nadar. Ocean Park, un poco más tranquila, es una de las favoritas tanto de locales como de turistas que buscan un ambiente relajado. Y para los más aventureros, Isla Verde es el lugar ideal para practicar deportes acuáticos como el jet ski, paddleboard y el parasailing.

La cultura de San Juan es una mezcla única de influencias indígenas taínas, africanas y españolas. La vibrante escena artística de la ciudad refleja esta diversidad, con numerosos festivales, espectáculos y exposiciones a lo largo del año. La música y el baile son parte integral de la identidad de San Juan, donde géneros como la salsa, el reggaetón y la bomba resuenan en clubes locales y reuniones al aire libre. Uno de los festivales culturales más importantes es la Fiesta de la Calle San Sebastián, que se celebra cada enero, donde miles de personas llenan las calles del Viejo San Juan para disfrutar de música, desfiles y exposiciones de arte.

La gastronomía en San Juan es otro de los grandes atractivos de la ciudad. La cocina criolla puertorriqueña es una deliciosa fusión de tradiciones indígenas, africanas y españolas. Platos típicos como el mofongo (plátanos machacados con ajo y carne o mariscos), el lechón asado (cerdo asado) y el arroz con gandules son imprescindibles para quienes visitan la ciudad. San Juan también alberga una creciente cantidad de restaurantes de alta cocina, donde chefs innovadores combinan los sabores tradicionales con técnicas modernas. Para una experiencia más casual, no te pierdas la comida callejera como las alcapurrias y los bacalaítos, auténticos manjares locales.

La flora y fauna de San Juan y sus alrededores son típicas de un ambiente tropical. Aunque la ciudad está urbanizada, áreas cercanas como el Bosque Nacional El Yunque, a solo una hora en coche, ofrecen selvas tropicales exuberantes llenas de plantas exóticas, cascadas y vida silvestre. Los visitantes pueden hacer senderismo en El Yunque y observar aves tropicales, coquíes (pequeñas ranas endémicas de Puerto Rico) e incluso plantas raras que solo se encuentran en esta región.

El turismo desempeña un papel vital en la economía de San Juan, proporcionando empleo y apoyando a las empresas locales. La ciudad es un importante puerto de cruceros, recibiendo más de un millón de visitantes cada año. Aunque esta afluencia de turistas ha tenido un impacto positivo en la economía local, también ha generado desafíos, especialmente en términos de preservar el encanto histórico de la ciudad y su belleza natural.

Uno de los desafíos urbanos que enfrenta San Juan es gestionar su infraestructura frente a huracanes y el cambio climático. La ciudad ha experimentado huracanes devastadores en los últimos años, como el

Huracán María en 2017, que causó daños generalizados. Aunque los esfuerzos de recuperación han sido exitosos, la ciudad sigue trabajando en mejorar su infraestructura, especialmente en lo que respecta al suministro de energía y agua, para volverse más resiliente ante futuras tormentas.

Un dato menos conocido sobre San Juan es su conexión con la industria del ron. Puerto Rico es conocido como la "Capital Mundial del Ron", y San Juan alberga la Casa Bacardí, una de las destilerías de ron más grandes y famosas del mundo. Los visitantes pueden hacer un recorrido por la destilería, aprender sobre el proceso de elaboración del ron y degustar los productos más emblemáticos de Bacardí.

Llegar a San Juan es fácil, ya que está servido por el Aeropuerto Internacional Luis Muñoz Marín (SJU), el aeropuerto más transitado del Caribe. El aeropuerto ofrece vuelos directos desde y hacia las principales ciudades de América del Norte, América Latina y Europa, lo que hace que San Juan sea fácilmente accesible para los viajeros internacionales. Una vez en la ciudad, las opciones de transporte público incluyen autobuses y taxis, aunque muchos visitantes prefieren explorar el Viejo San Juan a pie debido a su tamaño compacto y calles amigables para los peatones.

En conclusión, San Juan es una ciudad que combina a la perfección lo antiguo con lo moderno, ofreciendo a los visitantes una rica experiencia histórica mientras brinda todas las comodidades modernas y una vibrante cultura. Desde la impresionante arquitectura colonial del Viejo San Juan hasta sus playas prístinas y su gastronomía de clase mundial, San Juan es un destino que atrae a una amplia variedad de viajeros. Su importancia como centro cultural y económico en el Caribe, junto con su resiliencia frente a los desafíos, garantiza que San Juan siga siendo uno de los destinos turísticos más importantes de América del Norte.

120. San Miguel de Allende: Arte, Historia y Encanto

San Miguel de Allende, ubicada en el corazón de las tierras altas centrales de México, es una ciudad que combina con gracia el encanto histórico, la vibrante vida artística y la riqueza cultural. Considerada uno de los destinos más queridos de México, atrae tanto a turistas internacionales como a locales que buscan experimentar su magia. Con una población de alrededor de 170,000 personas, San Miguel de Allende es una ciudad relativamente pequeña, pero su impacto en la cultura e historia de México es inmenso.

Situada en el estado de Guanajuato, a unos 274 kilómetros al noroeste de la Ciudad de México, San Miguel de Allende se asienta a una altitud de 1,900 metros sobre el nivel del mar. Esta ubicación le otorga un clima templado y agradable durante todo el año, lo que la convierte en un destino atractivo para visitar en cualquier momento. Su posición estratégica en el Bajío también la hace un punto de parada conveniente para quienes exploran otras ciudades cercanas como Querétaro y Guanajuato.

El clima en San Miguel de Allende es uno de sus principales atractivos. Las temperaturas oscilan entre los 15°C y 25°C durante todo el año.

La temporada seca, de noviembre a abril, es la más popular, con cielos soleados y días cálidos, ideales para caminar por sus calles adoquinadas y admirar los monumentos históricos. Durante la temporada de lluvias, de mayo a octubre, las temperaturas son más frescas y las lluvias por la tarde refrescan el aire, dejando los paisajes verdes y llenos de vida.

San Miguel de Allende es conocida por su impresionante arquitectura colonial, y el edificio más emblemático de la ciudad es la Parroquia de San Miguel Arcángel. Esta iglesia neogótica, de color rosa, con sus imponentes torres, se encuentra en la plaza principal, el Jardín Principal. La Parroquia es el símbolo de la ciudad y uno de los monumentos más fotografiados de todo México. Su diseño único, inspirado en catedrales europeas, destaca contra el fondo de los coloridos edificios coloniales y las calles adoquinadas que la rodean.

El centro histórico de la ciudad es un laberinto de calles estrechas bordeadas de casas coloniales, iglesias y pequeñas plazas, cada una con su propia historia. Un lugar imperdible es la Casa de Allende, el lugar de nacimiento de Ignacio Allende, uno de los héroes de la Independencia de México. Hoy en día, esta casa es un museo que ofrece una fascinante visión de la historia del movimiento independentista y del papel crucial que jugó San Miguel en él.

Además de su historia, San Miguel de Allende es conocida por su floreciente escena artística. Durante mucho tiempo, ha sido un refugio para artistas, escritores y músicos, y este espíritu creativo se refleja en la gran cantidad de galerías, talleres y eventos culturales que ofrece la ciudad. El Instituto Allende, una escuela de arte fundada en la década de 1950, atrae a estudiantes de todo el mundo que vienen a estudiar pintura, escultura y otras artes. Las galerías de arte de la ciudad exhiben obras tanto de artistas locales como internacionales, y la Conferencia de Escritores de San Miguel, que se celebra anualmente, es un evento de renombre en el mundo literario.

La riqueza cultural de San Miguel también se refleja en sus festivales y celebraciones. Uno de los más conocidos es el Día de los Muertos, durante el cual las calles se llenan de coloridos altares, música y procesiones. Otro evento destacado es el Festival de Música de Cámara, que atrae a músicos de renombre mundial para tocar en los históricos espacios de la ciudad. A lo largo del año, hay una variedad de eventos culturales que los visitantes pueden disfrutar, desde inauguraciones de arte hasta conciertos de música clásica.

San Miguel de Allende es un paraíso gastronómico. La escena culinaria de la ciudad es una fusión de sabores mexicanos tradicionales e influencias internacionales, con un enfoque en ingredientes frescos y locales. Los visitantes pueden disfrutar de platos regionales como las enchiladas mineras, hechas con tortillas bañadas en salsa de chile rojo y rellenas de queso o pollo, o los chiles en nogada, un platillo de temporada que combina chiles poblanos rellenos de carne y frutas con una deliciosa salsa de nuez. La ciudad también cuenta con una creciente oferta de restaurantes gourmet que ofrecen versiones creativas de la cocina tradicional mexicana.

La flora y fauna de los alrededores de San Miguel de Allende son características de las tierras altas centrales de México. La región alberga cactus, agaves y mezquites, junto con una variedad de flores silvestres que florecen durante la temporada de lluvias. Los amantes de las aves disfrutarán especialmente la zona, que es hogar de especies como colibríes, halcones y bolseros. Un lugar especial para observar la flora local es el Charco del Ingenio, un jardín botánico protegido que también sirve como refugio para la vida silvestre.

El paisaje social y económico de San Miguel de Allende ha sido moldeado por su popularidad como destino turístico y por su creciente comunidad de expatriados. Durante décadas, la ciudad ha sido un lugar favorito para jubilados, especialmente de Estados Unidos y Canadá, atraídos por su clima templado, oferta cultural y costo de vida relativamente bajo. Esta afluencia ha impulsado el crecimiento de los sectores inmobiliario y hotelero, aunque también ha generado preocupaciones sobre la gentrificación y el aumento del costo de vida para los residentes locales.

Uno de los desafíos urbanos que enfrenta San Miguel es la gestión de su infraestructura ante el creciente turismo. Las estrechas calles adoquinadas que le dan su encanto suelen congestionarse, especialmente en las temporadas turísticas altas. Además, el suministro de agua de la ciudad ha sido puesto a prueba por la creciente población, y se están implementando esfuerzos para promover prácticas de desarrollo sostenible que protejan los recursos naturales de la región.

Un dato poco conocido sobre San Miguel de Allende es que estuvo a punto de ser abandonada a principios del siglo XX. Después de la Revolución Mexicana, la población de la ciudad disminuyó drásticamente y muchos de sus edificios históricos cayeron en el abandono. Sin embargo, su suerte cambió en las décadas de 1930 y 1940, cuando artistas y expatriados comenzaron a establecerse en la ciudad, atraídos por su belleza y asequibilidad. Este flujo de individuos creativos ayudó a revitalizar San Miguel y sentó las bases de su reputación como centro cultural y artístico.

Hoy en día, San Miguel de Allende es una ciudad que atrae a visitantes de todo el mundo. Llegar a la ciudad es relativamente fácil, con varios aeropuertos cercanos. El aeropuerto más cercano es el Aeropuerto Internacional de Querétaro, que está a una hora y media en coche. Otra opción es el Aeropuerto Internacional de Del Bajío, en León, que se encuentra a unos 90 minutos de la ciudad. Desde la Ciudad de México, el trayecto en coche o autobús dura aproximadamente tres horas. Una vez en San Miguel, la mayoría de las atracciones están a poca distancia a pie, y el tamaño compacto de la ciudad facilita la exploración a pie.

En resumen, San Miguel de Allende es una ciudad que ofrece una combinación única de historia, cultura y belleza natural. Ya sea admirando la icónica Parroquia de San Miguel Arcángel, explorando sus galerías de arte o simplemente relajándose en una de sus encantadoras plazas, esta ciudad ofrece una experiencia inolvidable para los viajeros. Su importancia como centro de arte y cultura, junto con su entorno pintoresco y su ambiente acogedor, la convierten en uno de los destinos más queridos de México.

121. San Miguel: Corazón Vibrante del Oriente Salvadoreño

San Miguel, la tercera ciudad más grande de El Salvador, es un centro urbano bullicioso situado en la región oriental del país. Conocida por su vibrante cultura, monumentos históricos y el imponente volcán de San Miguel, esta ciudad ofrece una mezcla única de tradición y modernidad. Con una población que supera los 250,000 habitantes, San Miguel es un importante núcleo de comercio, cultura y turismo en el este del país. Su ubicación estratégica la convierte en una puerta vital para visitantes locales e internacionales que desean explorar la belleza natural y el rico patrimonio de la región.

Ubicada geográficamente a unos 138 kilómetros al este de San Salvador, la capital del país, San Miguel se encuentra cerca de la base del volcán de San Miguel, también conocido como Chaparrastique. Este volcán, que se eleva a 2,130 metros sobre el nivel del mar, es uno de los más activos de El Salvador y se ha convertido en un símbolo de la ciudad. Su presencia imponente agrega un toque dramático al paisaje de San Miguel, ofreciendo tanto un recordatorio del poder natural de la región como una atracción única para los turistas aventureros.

El clima de San Miguel es tropical, con temperaturas cálidas durante todo el año. La temperatura promedio oscila entre los 27°C y los 32°C, lo que la convierte en una de las ciudades más calurosas de El Salvador. La temporada seca, que va de noviembre a abril, es el mejor momento para visitar, ya que ofrece cielos despejados y menor humedad. La temporada de lluvias, de mayo a octubre, trae más humedad y frecuentes lluvias por la tarde, pero también añade un vibrante color verde a los paisajes circundantes.

Uno de los puntos más emblemáticos de San Miguel es la Catedral Basílica de la Reina de la Paz. Ubicada en el corazón de la ciudad, esta impresionante catedral blanca domina la Plaza Barrios, el principal centro de reunión de la ciudad. Con su fachada neoclásica y sus imponentes torres, es uno de los edificios más fotografiados de San Miguel. Los visitantes pueden explorar el interior de la catedral, que cuenta con hermosos altares y vitrales, o simplemente disfrutar del animado ambiente de la plaza, donde los locales se reúnen para socializar y relajarse.

Para los más aventureros, una visita obligada es el volcán de San Miguel. Los turistas pueden aventurarse en una caminata hasta la cima del volcán, donde serán recompensados con impresionantes vistas panorámicas de la ciudad, el campo circundante e incluso el Océano Pacífico en los días despejados. Aunque el volcán sigue activo, los guías locales ofrecen excursiones seguras e informativas para aquellos interesados en experimentar de cerca la belleza natural de la región.

San Miguel es famosa por su Carnaval de San Miguel, celebrado en noviembre en honor a la patrona de la ciudad, la Virgen de la Paz. Este evento es uno de los festivales más grandes y conocidos de El Salvador, atrayendo a miles de visitantes de todo el país y del extranjero. El carnaval incluye desfiles, música tradicional, bailes, puestos de comida y fuegos artificiales, convirtiendo a la ciudad en una gran fiesta llena de color y alegría. Es una oportunidad perfecta para sumergirse en la energía y hospitalidad de San Miguel.

La cultura de San Miguel está profundamente arraigada en las tradiciones salvadoreñas, con un fuerte énfasis en la familia, la religión y la comunidad. Los mercados de la ciudad reflejan este patrimonio cultural, ofreciendo a los visitantes la oportunidad de probar sabores locales y comprar artesanías tradicionales. El Mercado Central es un bullicioso centro donde los locales compran productos frescos, carnes y bienes hechos a mano. Los visitantes pueden degustar platos típicos salvadoreños como las pupusas, yuca frita y empanadas de leche, y también comprar recuerdos y textiles artesanales.

La flora y fauna de la región de San Miguel son características del entorno tropical de El Salvador. Los bosques y colinas que rodean la ciudad son hogar de una variedad de especies de aves, pequeños mamíferos y reptiles. Durante la temporada de lluvias, el paisaje cobra vida con un verde exuberante, proporcionando un hermoso telón de fondo para actividades al aire libre como el senderismo y la observación de aves. Un lugar cercano de gran interés ecológico es la Bahía de Jiquilisco, un área protegida donde los turistas pueden disfrutar de recorridos en kayak, avistamientos de vida silvestre y visitas a los manglares que albergan especies diversas.

El turismo en San Miguel ha tenido un impacto positivo en la economía local, proporcionando empleos y oportunidades para muchos residentes. El creciente sector turístico ha dado lugar al desarrollo de hoteles, restaurantes y operadores turísticos, facilitando la exploración de la región para los visitantes. Sin embargo, como ocurre en muchas áreas en desarrollo, San Miguel enfrenta el desafío de equilibrar el turismo con el desarrollo sostenible. Se están realizando esfuerzos para promover prácticas turísticas ecológicas y preservar el entorno natural, al tiempo que se acomoda al creciente número de turistas.

Los desafíos urbanos en San Miguel incluyen la gestión de la infraestructura y los servicios públicos en una ciudad en constante crecimiento. La congestión del tráfico, especialmente durante el carnaval y otros eventos importantes, es un problema frecuente, y las carreteras y el sistema de transporte público de la ciudad necesitan mejoras. Además, la proximidad de la ciudad al activo volcán de San Miguel presenta un conjunto único de desafíos, particularmente en términos de preparación para desastres y seguridad. Las autoridades locales trabajan para monitorear la actividad del volcán y garantizar que los residentes y visitantes estén informados sobre las rutas de evacuación y los procedimientos de seguridad.

Un hecho poco conocido sobre San Miguel es su papel como importante centro económico y comercial para el oriente de El Salvador. La ciudad ha sido durante mucho tiempo un centro agrícola, particularmente para la producción de café, caña de azúcar y algodón. En años recientes, también se ha convertido en un centro comercial e industrial, con el desarrollo de fábricas, centros comerciales e instituciones financieras. A pesar de su crecimiento moderno, San Miguel ha logrado conservar su encanto tradicional y su rico patrimonio cultural, lo que la convierte en un destino atractivo tanto para viajeros de negocios como para turistas.

Llegar a San Miguel es relativamente sencillo. La ciudad está a unas dos horas de San Salvador en coche o autobús, con servicios regulares de autobús que conectan ambas ciudades. El aeropuerto más cercano es el Aeropuerto Internacional de El Salvador, ubicado cerca de San Salvador, que ofrece vuelos a y desde las principales ciudades de América del Norte y Central. Desde el aeropuerto, los visitantes pueden tomar un autobús o alquilar un coche para llegar a San Miguel. Una vez en la ciudad, los taxis y autobuses son los medios de transporte más comunes, aunque muchas de las atracciones de la ciudad están a poca distancia de la plaza central.

En conclusión, San Miguel es una ciudad dinámica que ofrece una combinación única de belleza natural, riqueza cultural y desarrollo moderno. Ya sea explorando la histórica Catedral Basílica, caminando por el volcán de San Miguel o sumergiéndose en la vibrante atmósfera del carnaval anual, San Miguel ofrece una experiencia inolvidable para los visitantes. Su importancia como centro comercial y cultural, junto con su cálida hospitalidad y paisajes impresionantes, la convierten en uno de los destinos más intrigantes de El Salvador.

122. San Salvador: Encanto Urbano y Naturaleza Salvaje

San Salvador, la capital y ciudad más grande de El Salvador, es un destino dinámico y culturalmente rico que actúa como el corazón político, económico y cultural del país. Con una población de alrededor de 2.4 millones de personas en su área metropolitana, San Salvador es un centro urbano lleno de vida que ofrece una mezcla única de historia, modernidad y belleza natural. Situada en el Valle de las Hamacas y rodeada de colinas verdes, la ciudad está dominada por el imponente volcán de San Salvador, que se erige como un majestuoso guardián sobre el horizonte.

Geográficamente, San Salvador está ubicada en la región oeste-central de El Salvador, a unos 50 kilómetros del Océano Pacífico. Con una altitud de 700 metros sobre el nivel del mar, la ciudad disfruta de un clima más templado en comparación con las tierras bajas costeras. Las temperaturas promedio oscilan entre los 21°C y los 30°C durante todo el año, creando un ambiente agradable para quienes la visitan. La temporada seca, de noviembre a abril, ofrece cielos despejados y días cálidos, mientras que la temporada de lluvias, de mayo a octubre, trae chubascos tropicales que, aunque breves, refrescan el paisaje.

Uno de los íconos más reconocibles de San Salvador es la Catedral Metropolitana del Divino Salvador del Mundo, que se encuentra en el corazón del centro histórico de la ciudad. Esta catedral no solo es un símbolo religioso, sino también un emblema cultural y patrimonial de la nación. Es aquí donde se encuentra la tumba del Arzobispo Óscar Romero, una figura querida y reverenciada por los salvadoreños por su lucha contra la injusticia social. Su legado de paz y derechos humanos sigue vivo en cada rincón de la catedral. Los visitantes pueden rendir homenaje en su tumba mientras disfrutan de los hermosos mosaicos y la impresionante arquitectura de este monumento.

El Palacio Nacional, otro tesoro histórico, está ubicado cerca de la catedral y solía ser la sede del gobierno. Este edificio neoclásico ahora funciona como un museo que invita a los visitantes a sumergirse en la historia política del país. Muy cerca, el Teatro Nacional de El Salvador, una joya arquitectónica restaurada, es el lugar ideal para disfrutar de actuaciones de música, danza y teatro, reflejando la vibrante vida artística de la ciudad.

Otro lugar imperdible es el Monumento al Divino Salvador del Mundo, que se alza en la Plaza Salvador del Mundo. Este monumento es una estatua de Cristo que se posa sobre un globo terráqueo, y es uno de los símbolos más representativos de la ciudad. Es un lugar frecuentado tanto por locales como por turistas, y a menudo es escenario de eventos públicos y celebraciones nacionales, mostrando el carácter social y festivo de la población de San Salvador.

A pesar de ser una ciudad urbana, San Salvador también es una excelente base para explorar la naturaleza circundante. El volcán San Salvador, conocido como El Boquerón, es una de las principales atracciones naturales. El cráter tiene aproximadamente 1.5 kilómetros de diámetro y ofrece vistas espectaculares de la ciudad y del valle circundante. Para los amantes del senderismo, El Boquerón es un lugar ideal, donde se pueden explorar senderos naturales rodeados de plantas tropicales y vida silvestre autóctona en el Parque Nacional El Boquerón.

Para quienes aman la historia, una visita a Joya de Cerén es indispensable. Este sitio, conocido como la "Pompeya de América", es una antigua aldea maya que fue sepultada por cenizas volcánicas alrededor del año 600 d.C. Este sitio arqueológico, declarado Patrimonio de la Humanidad por la UNESCO, ofrece una fascinante visión de la vida cotidiana de los habitantes precolombinos de la región, con artefactos y estructuras bien conservadas.

San Salvador también tiene una próspera escena cultural. El Museo de Arte de El Salvador (MARTE) es uno de los principales centros culturales del país y exhibe tanto arte contemporáneo como histórico salvadoreño. El museo ofrece una amplia gama de pinturas, esculturas e instalaciones que reflejan el desarrollo artístico del país y su conexión con los movimientos artísticos de América Latina.

La gastronomía en San Salvador es un deleite para los sentidos. Las pupusas son el plato más emblemático de la ciudad y del país: gruesas tortillas de maíz rellenas con queso, frijoles o carne, y acompañadas de curtido, una ensalada de col encurtida, y salsa de tomate. Estos manjares se pueden encontrar en cada rincón de la ciudad, desde mercados hasta restaurantes. Otros platos populares incluyen la yuca frita y empanadas dulces o saladas. Para los amantes del marisco, los platillos a base de pescado y mariscos frescos reflejan la cercanía de la ciudad a la costa.

La flora y fauna de la región son típicas de un entorno tropical. Las colinas y volcanes que rodean San Salvador albergan una variedad de especies de plantas tropicales, como orquídeas, helechos y árboles frutales. Entre los animales más comunes se encuentran aves como colibríes, pequeños mamíferos y reptiles. Las reservas naturales cercanas son perfectas para el avistamiento de aves y otras actividades al aire libre.

Como capital, San Salvador es el epicentro económico y político de El Salvador. Es el hogar de las principales empresas, bancos y oficinas gubernamentales del país. Sin embargo, el rápido crecimiento de la ciudad ha traído consigo desafíos. El tráfico, especialmente durante las horas pico, puede ser un problema, aunque el sistema de transporte público, incluido el SITRAMSS, busca aliviar esta congestión. Además, la seguridad pública ha sido una preocupación, pero las autoridades han implementado medidas para mejorar la situación y reducir los niveles de delincuencia mediante programas sociales y refuerzos policiales.

A pesar de estos desafíos, San Salvador sigue siendo una ciudad acogedora y llena de vida. Su rica historia cultural, sus impresionantes paisajes naturales y la calidez de sus habitantes hacen de esta capital un destino atractivo para aquellos que buscan una experiencia auténtica en El Salvador. Un dato curioso sobre la ciudad es su creciente escena tecnológica y de startups. En los últimos años, San Salvador se ha convertido en un centro de innovación, con numerosos jóvenes emprendedores que impulsan la modernización de la economía local.

Llegar a San Salvador es fácil gracias al Aeropuerto Internacional de El Salvador, ubicado a unos 45 minutos de la ciudad. Este aeropuerto conecta a San Salvador con las principales ciudades de América del Norte, América del Sur y Europa. Una vez en la ciudad, los taxis, autobuses y servicios de transporte privado están disponibles para moverse por la capital. Si bien el transporte público es accesible, muchos visitantes prefieren alquilar un automóvil o utilizar servicios de transporte privado para mayor comodidad.

En conclusión, San Salvador es una ciudad que combina historia, cultura y belleza natural de una manera fascinante. Ya sea explorando su centro histórico, ascendiendo el volcán de San Salvador o disfrutando de la deliciosa comida local, hay algo para todos en esta vibrante capital. Su importancia como centro cultural y económico, junto con su rica herencia y paisajes impresionantes, hacen de San Salvador un destino imperdible en Centroamérica.

123. Santa Ana: Encanto entre Volcanes y Tradición

Santa Ana, la segunda ciudad más grande de El Salvador, es un destino vibrante conocido por su rica historia, arquitectura impresionante y belleza natural. Ubicada en la parte occidental del país, Santa Ana es la capital del departamento del mismo nombre y cuenta con una población de alrededor de 275,000 personas. Esta ciudad ofrece a los visitantes una combinación perfecta de encanto colonial, comodidades modernas y acceso a algunos de los paisajes más espectaculares del país, incluidos volcanes, lagos y plantaciones de café.

Geográficamente, Santa Ana está a unos 65 kilómetros al noroeste de la capital, San Salvador, y se encuentra a una altitud de 665 metros sobre el nivel del mar. Gracias a esta ubicación, la ciudad disfruta de un clima más suave en comparación con las regiones costeras, con temperaturas que oscilan entre los 18°C y los 28°C durante todo el año. La temporada seca, que va de noviembre a abril, es la mejor época para visitarla, con días soleados y cálidos, ideales para explorar las atracciones al aire libre de la ciudad. La temporada de lluvias, de mayo a octubre, trae humedad y algunas lluvias ocasionales, pero también realza la belleza verde de los alrededores.

Uno de los monumentos más icónicos de Santa Ana es la Catedral de Santa Ana, una impresionante estructura neogótica que domina la plaza central. Con su fachada blanca y elegantes torres, la catedral es considerada una de las iglesias más hermosas de Centroamérica. Su construcción comenzó en 1906 y se completó en la década de 1950, con claras influencias de la arquitectura europea. Los visitantes pueden admirar el diseño detallado tanto en su interior como en su exterior, y sigue siendo un importante centro de devoción para la comunidad local. Otro tesoro arquitectónico de la ciudad es el Teatro de Santa Ana, un elegante edificio neoclásico construido a principios del siglo XX, que sigue siendo uno de los lugares más preciados de la ciudad. El teatro alberga actuaciones de música, teatro y danza a lo largo del año, y es un símbolo del patrimonio cultural y artístico de la ciudad. Los visitantes pueden realizar visitas guiadas para conocer su historia o asistir a alguno de los muchos eventos que se celebran allí.

Santa Ana también es la puerta de entrada a algunas de las atracciones naturales más impresionantes de El Salvador. A poca distancia de la ciudad se encuentra el Volcán de Santa Ana (Volcán Ilamatepec), el más alto del país, con 2,381 metros de altura. Los viajeros más aventureros pueden hacer una caminata hasta la cumbre, donde son recompensados con impresionantes vistas del paisaje circundante, incluyendo el cráter del lago de Coatepeque, el cercano Volcán Izalco y, en días despejados, el Océano Pacífico a lo lejos. La caminata dura aproximadamente de cuatro a cinco horas y ofrece una experiencia desafiante pero gratificante para quienes desean explorar el terreno volcánico de El Salvador.

El Lago de Coatepeque es otro destino imperdible. Este hermoso lago de cráter, ubicado a unos 20 kilómetros de Santa Ana, es conocido por sus aguas cristalinas y su belleza serena. Los visitantes pueden disfrutar de actividades como nadar, hacer kayak o simplemente relajarse a orillas del lago. Además, los restaurantes locales ofrecen mariscos frescos y platos tradicionales salvadoreños, brindando una experiencia culinaria única junto al lago. Coatepeque también es un lugar popular para escapadas de fin de semana, con casas de vacaciones y alojamientos ecológicos que atraen a turistas y locales por igual.

Culturalmente, Santa Ana es una ciudad que celebra con orgullo sus tradiciones y su herencia. Cada julio, la ciudad cobra vida con las Fiestas Julias, una de las festividades más importantes de la región, en honor a la patrona Santa Ana. Durante una semana, las calles se llenan de coloridos desfiles, música, puestos de comida y eventos religiosos, ofreciendo a los visitantes la oportunidad de sumergirse en la vibrante cultura local y experimentar el espíritu festivo de la ciudad.

La escena gastronómica de Santa Ana es una deliciosa muestra de la cocina tradicional salvadoreña. Las pupusas, esas gruesas tortillas de maíz rellenas de queso, frijoles o carne, son el plato estrella y se pueden disfrutar en numerosos locales de comida de la ciudad. Otros platos populares incluyen la yuca frita, las empanadas de plátano y el tamal de elote, una delicia dulce hecha de maíz. Los mercados de la ciudad son también un excelente lugar para explorar los sabores locales, comprar café fresco y adquirir artesanías hechas a mano.

Hablando de café, la región que rodea a Santa Ana es famosa por sus plantaciones de café, y la producción de este ha desempeñado un papel fundamental en la historia y economía de la ciudad. Los visitantes pueden realizar recorridos por las fincas de café locales, donde aprenderán sobre el proceso de cultivo, cosecha y tostado del café. El café de Santa Ana es altamente valorado por su calidad, y sigue siendo uno de los productos agrícolas más importantes de El Salvador.

La flora y fauna de la región de Santa Ana son diversas y típicas del entorno tropical de El Salvador. La ciudad está rodeada de colinas verdes, paisajes volcánicos y tierras agrícolas fértiles. Entre la fauna local se encuentran aves, pequeños mamíferos y reptiles, y la observación de aves es una actividad popular, especialmente en el Parque Nacional Montecristo, una reserva natural cercana que alberga un ecosistema de bosque nublado con especies únicas de plantas y animales.

El turismo ha tenido un impacto positivo en Santa Ana, generando empleo y oportunidades económicas para muchos de sus residentes. La ciudad ha visto una inversión significativa en infraestructura y servicios de hospitalidad, con nuevos hoteles, restaurantes y operadores turísticos que atienden a la creciente cantidad de visitantes. Sin embargo, como muchas ciudades en desarrollo, Santa Ana enfrenta desafíos relacionados con la urbanización, como la congestión del tráfico y la necesidad de mejorar los servicios públicos.

Uno de los retos urbanos que enfrenta Santa Ana es la preservación de sus edificios históricos, al tiempo que se adapta al crecimiento moderno. Se han realizado esfuerzos para restaurar y mantener el patrimonio arquitectónico de la ciudad, pero existe un delicado equilibrio entre conservar el pasado y abrazar el futuro. Además, la proximidad de la ciudad al volcán de Santa Ana presenta riesgos potenciales, y las autoridades locales están atentas al monitoreo de la actividad volcánica para garantizar la seguridad de los residentes y los visitantes.

Un dato menos conocido sobre Santa Ana es su papel clave en el auge del café en El Salvador durante el siglo XIX y principios del XX. La ciudad se convirtió en un centro de producción de café, y muchas de sus imponentes edificaciones coloniales fueron financiadas por acaudalados barones del café. Hoy en día, la industria cafetalera de Santa Ana sigue prosperando, y la cultura del café sigue siendo una parte importante de la identidad de la ciudad.

Llegar a Santa Ana es fácil, ya que la ciudad está bien conectada por carretera con otros destinos importantes de El Salvador. Está a solo una hora y media en coche desde San Salvador, y los autobuses circulan regularmente entre ambas ciudades. Para los viajeros internacionales, el aeropuerto más cercano es el Aeropuerto Internacional de El Salvador, ubicado cerca de la capital. Desde allí, los visitantes pueden tomar un autobús, taxi o alquilar un coche para llegar a Santa Ana. Una vez en la ciudad, los taxis y autobuses locales facilitan el transporte, aunque muchas de las atracciones están a poca distancia de la plaza central.

En conclusión, Santa Ana es una ciudad que ofrece una mezcla única de historia, cultura y belleza natural. Ya sea explorando el esplendor neogótico de la catedral, ascendiendo al cráter del volcán o relajándose junto a las aguas cristalinas del Lago de Coatepeque, esta ciudad brinda una experiencia inolvidable para los viajeros. Su importancia como centro cultural y económico, junto con su encantadora arquitectura y acceso a emocionantes aventuras al aire libre, convierte a Santa Ana en uno de los destinos más destacados de El Salvador.

124. Santa Rosa de Copán: Encanto Colonial y Café

Santa Rosa de Copán, ubicada en la región montañosa del occidente de Honduras, es una ciudad colonial encantadora que sirve como la capital del departamento de Copán. Con una población de alrededor de 50,000 personas, esta ciudad de tamaño mediano es conocida por su bien conservada arquitectura colonial, la producción de café y su importancia cultural. La combinación de historia, belleza natural y tradiciones locales la convierte en un destino popular tanto para turistas como para locales.

Geográficamente, Santa Rosa de Copán se encuentra en la Sierra de Merendón, a una altitud de aproximadamente 1,150 metros sobre el nivel del mar. Gracias a su ubicación, disfruta de un clima agradable y templado, con temperaturas que oscilan entre los 18°C y 28°C durante todo el año. Las frescas temperaturas y el aire limpio de montaña la convierten en un escape ideal del calor de las tierras bajas de Honduras. La estación seca, de noviembre a abril, es el mejor momento para visitarla, con cielos despejados y días cálidos. Durante la estación lluviosa, de mayo a octubre, los alrededores se cubren de un verde vibrante, aunque también es común encontrar lluvias por la tarde.

Uno de los puntos más icónicos de Santa Rosa de Copán es su catedral, la Catedral de Santa Rosa, que se alza en el corazón de la ciudad. Esta hermosa iglesia blanca, con su arquitectura colonial y torres de campanario prominentes, domina la Plaza Central. La plaza es un animado punto de encuentro donde locales y turistas pueden relajarse, disfrutar de un café en los cafés cercanos o simplemente observar la vida de la ciudad. Alrededor de la plaza, los coloridos edificios coloniales albergan restaurantes, tiendas y comercios, ofreciendo un vistazo al rico patrimonio cultural de la ciudad.

Santa Rosa de Copán es famosa por su producción de café, y la región circundante es una de las áreas cafetaleras más importantes de Honduras. Los visitantes pueden recorrer las fincas de café locales y aprender todo sobre el proceso, desde la siembra hasta el tostado, y, por supuesto, degustar algunos de los mejores cafés del país. El suelo fértil y el clima de alta altitud hacen que esta región sea ideal para la producción de café de alta calidad, que se exporta a nivel mundial. La cultura del café está profundamente arraigada en la comunidad local, y hay muchas cafeterías en la ciudad donde los visitantes pueden disfrutar de una taza mientras se relajan en el ambiente tranquilo.

Para aquellos interesados en la historia, Santa Rosa de Copán ofrece un fascinante vistazo al pasado colonial de Honduras. La ciudad fue fundada en el siglo XVIII y jugó un papel importante en el desarrollo regional como centro de comercio. Muchas de las edificaciones de la ciudad datan de esta época, y su arquitectura colonial ha sido cuidadosamente preservada. Al caminar por las calles de Santa Rosa, los visitantes pueden ver casas bellamente restauradas con balcones ornamentados, calles empedradas y fachadas coloridas, lo que ofrece la sensación de viajar en el tiempo.

Santa Rosa de Copán también tiene una vibrante escena cultural, con festivales, arte y música tradicional que forman parte fundamental de la vida de la ciudad. Un evento destacado es la Feria de Octubre, que se celebra en honor a la patrona de la ciudad, Santa Rosa de Lima. Durante esta festividad, las calles se llenan de desfiles, música, puestos de comida y presentaciones culturales, brindando a los visitantes la oportunidad de sumergirse en las tradiciones vibrantes de la región.

La gastronomía local es otro de los puntos fuertes de Santa Rosa de Copán. Los platos tradicionales hondureños, como las baleadas, tortillas gruesas de harina rellenas de frijoles, queso y crema, son imperdibles. Otros platos populares incluyen la yuca con chicharrón y los tamales, hechos de masa de maíz y rellenos con carne o verduras. Los mercados de la ciudad son excelentes lugares para explorar los sabores locales y comprar productos frescos, incluyendo los famosos granos de café de la región.

La flora y fauna de los alrededores de Santa Rosa de Copán son características de las zonas montañosas de Honduras. Las colinas y bosques que rodean la ciudad albergan una variedad de vida silvestre, incluidas aves como tucanes, loros y colibríes. Los observadores de aves encontrarán la región especialmente atractiva. A poca distancia en coche de la ciudad, se encuentra el Parque Nacional Celaque, donde los visitantes pueden caminar por senderos a través de bosques nubosos y contemplar el Cerro Las Minas, la montaña más alta de Honduras.

El impacto social del turismo en Santa Rosa de Copán ha sido en su mayoría positivo, creando oportunidades económicas para muchos residentes locales. El crecimiento del ecoturismo y el turismo cultural ha propiciado el desarrollo de nuevos negocios, incluidos hoteles, restaurantes y operadores turísticos, que contribuyen a la economía local. Sin embargo, como en muchas ciudades en desarrollo, Santa Rosa enfrenta desafíos relacionados con la urbanización, como la necesidad de mejorar la infraestructura y los servicios públicos.

Uno de los retos urbanos que enfrenta Santa Rosa de Copán es la congestión del tráfico, especialmente durante las temporadas altas de turismo y los festivales locales. Las calles empedradas y angostas del centro histórico pueden volverse concurridas, y el sistema de transporte público de la ciudad es limitado. Aunque se están realizando esfuerzos para mejorar la infraestructura y el transporte, estos desafíos persisten. Además, a medida que la ciudad sigue creciendo, es necesario equilibrar la modernización con la preservación de su herencia colonial.

Un dato menos conocido sobre Santa Rosa de Copán es su antiguo papel como uno de los principales centros de procesamiento de tabaco en la región. Durante los siglos XIX y principios del XX, la producción de tabaco fue una industria importante en el área, y Santa Rosa desempeñó un papel clave en la exportación de cigarros y productos de tabaco. Aunque la industria del tabaco ha disminuido, la historia de la ciudad como centro del comercio del tabaco aún se recuerda, y algunas empresas locales continúan produciendo cigarros artesanales.

Llegar a Santa Rosa de Copán es relativamente sencillo, con servicios regulares de autobuses que conectan la ciudad con otros destinos importantes en Honduras. La ciudad está a unas tres horas en coche de San Pedro Sula, la segunda ciudad más grande del país, y los autobuses circulan frecuentemente entre ambas ciudades. Para los viajeros internacionales, el aeropuerto más cercano es el Aeropuerto Internacional Ramón Villeda Morales en San Pedro Sula, que ofrece vuelos a y desde las principales ciudades de América del Norte y Central. Desde el aeropuerto, los visitantes pueden tomar un autobús, un taxi o alquilar un coche para llegar a Santa Rosa.

En conclusión, Santa Rosa de Copán es una ciudad que ofrece una mezcla única de historia, cultura y belleza natural. Ya sea que estés explorando sus calles coloniales, disfrutando de una taza de café local o recorriendo las montañas circundantes, Santa Rosa de Copán brinda una experiencia inolvidable para los viajeros. Su importancia como centro cultural y económico, combinada con su encantadora arquitectura y atmósfera relajada, la convierte en uno de los principales destinos de Honduras para aquellos que buscan experimentar lo mejor de las tierras altas del occidente del país.

125. Santiago de Cuba: Historia, Cultura y Belleza

Santiago de Cuba, la segunda ciudad más grande de Cuba, es un destino fascinante y vibrante, lleno de historia, cultura y belleza natural. Ubicada en la parte sureste de la isla, Santiago de Cuba es conocida por su rica cultura afrocubana, su historia revolucionaria y sus impresionantes paisajes costeros. Con una población de aproximadamente 500,000 personas y una extensión de unos 1,000 kilómetros cuadrados, Santiago ofrece a los visitantes una experiencia única que combina el encanto colonial, la música alegre y un entorno natural espectacular.

Geográficamente, Santiago de Cuba se encuentra entre la cadena montañosa de la Sierra Maestra y el Mar Caribe, lo que le otorga un paisaje dramático de colinas, montañas y vistas costeras. La ciudad está construida sobre una serie de colinas, con calles empinadas y sinuosas que añaden un encanto pintoresco a su apariencia. Santiago está ubicada a unos 870 kilómetros al sureste de La Habana, la capital de Cuba, y sirve como la capital de la provincia de Santiago de Cuba.

El clima de Santiago de Cuba es tropical, con temperaturas cálidas durante todo el año. Las temperaturas promedio oscilan entre 25°C y 30°C, lo que la convierte en un destino caluroso durante todas las estaciones. La mejor época para visitarla es durante la temporada seca, que va de noviembre a abril, cuando los cielos están despejados y las brisas del Caribe refrescan la ciudad. Durante la temporada de lluvias, de mayo a octubre, hay más humedad y ocasionales tormentas tropicales, pero Santiago mantiene su energía y hospitalidad incluso en esos meses.

Uno de los monumentos más icónicos de Santiago de Cuba es el Castillo del Morro, también conocido como Castillo de San Pedro de la Roca, una fortaleza masiva de piedra que se encuentra en un acantilado con vistas a la Bahía de Santiago. Construido en el siglo XVII para defender la ciudad de los ataques piratas, este sitio declarado Patrimonio de la Humanidad por la UNESCO ofrece impresionantes vistas del Mar Caribe y la costa circundante. El castillo es un impresionante ejemplo de arquitectura militar, con sus muros de piedra, fosos y cañones que permiten a los visitantes sumergirse en el pasado colonial de la ciudad. Hoy en día, el Castillo del Morro es una atracción turística popular, y los visitantes pueden explorar sus salas y pasillos, aprendiendo sobre su historia y el papel que jugó en la defensa de la ciudad.

Santiago de Cuba también es conocida por su historia revolucionaria. La ciudad fue un centro clave de actividad durante la lucha por la independencia de Cuba contra España, y tuvo un papel importante en la Revolución Cubana. Un sitio histórico esencial es el Cuartel Moncada, donde Fidel Castro y su grupo revolucionario lanzaron un fallido ataque el 26 de julio de 1953, marcando el comienzo de la Revolución. Hoy, el cuartel ha sido convertido en museo, donde los visitantes pueden aprender sobre los eventos que moldearon la historia moderna de Cuba.

Otro lugar imperdible en Santiago es la Casa de Diego Velázquez, una de las edificaciones coloniales más antiguas de Cuba. Construida en el siglo XVI, esta histórica casa ahora funciona como museo, mostrando muebles antiguos, arte y artefactos del período colonial. La arquitectura de la casa es impresionante, con balcones de madera, intrincados trabajos de hierro y un patio lleno de plantas tropicales.

Para los amantes de la música y la danza, Santiago de Cuba es considerada la cuna de importantes géneros musicales cubanos como el son y la trova. La Casa de la Trova, un famoso local de música en la ciudad, es el lugar perfecto para disfrutar de actuaciones en vivo de música cubana tradicional. Los ritmos alegres y las melodías llenas de alma crean una atmósfera única, permitiendo a los visitantes sumergirse en la vibrante escena cultural de la ciudad.

El famoso Carnaval de Santiago de Cuba es uno de los más vibrantes y significativos de todo el país. Celebrado cada julio, el carnaval incluye desfiles coloridos, música animada y bailes tradicionales como la conga. Las calles de la ciudad se llenan de energía, y los visitantes pueden unirse a los lugareños para celebrar este evento cultural tan importante, que refleja el profundo legado afrocubano de la ciudad.

La gastronomía de Santiago de Cuba es un reflejo de sus diversas influencias culturales. Los platos tradicionales incluyen arroz, frijoles y plátanos, acompañados de cerdo, pollo o mariscos. Uno de los platos emblemáticos de la ciudad es el ajiaco santiaguero, un guiso contundente hecho con carne, vegetales y una mezcla de especias locales. Los visitantes también pueden disfrutar de mariscos frescos, como la langosta y el camarón, preparados con sabores tropicales. Muchos restaurantes de la ciudad ofrecen cenas al aire libre, donde los comensales pueden disfrutar de una comida mientras contemplan las colinas y la costa circundante.

La flora y fauna de la región de Santiago de Cuba son diversas, gracias a su entorno costero y montañoso. La cercana cadena montañosa de la Sierra Maestra alberga una variedad de especies de plantas y animales, incluidos aves, reptiles y árboles tropicales. Los amantes de la naturaleza pueden explorar los parques nacionales y reservas que rodean la ciudad, como el Parque Baconao, que ha sido declarado Reserva de la Biosfera por la UNESCO. Este parque ofrece senderos para caminatas, jardines botánicos e incluso atracciones temáticas prehistóricas, proporcionando a los visitantes la oportunidad de disfrutar tanto del patrimonio natural como cultural de la región.

Santiago de Cuba desempeña un papel importante en la economía y la cultura de Cuba. La ciudad es un centro de comercio, educación e industria en el oriente del país. También es un importante puerto, con la Bahía de Santiago sirviendo como un punto clave para el transporte marítimo en la región. La importancia de la ciudad como centro cultural se refleja en sus museos, galerías y locales de música, que muestran lo mejor del arte, la historia y la cultura cubana.

Como muchas ciudades en Cuba, Santiago de Cuba enfrenta algunos desafíos urbanos, especialmente relacionados con la infraestructura y el transporte. El terreno montañoso y las calles estrechas de la ciudad pueden hacer que la congestión de tráfico sea un problema, especialmente durante las temporadas altas de turismo y festivales. El transporte público está disponible en forma de autobuses y taxis compartidos, pero muchos visitantes eligen explorar la ciudad a pie o alquilar una bicicleta o scooter. Se están realizando esfuerzos para mejorar la infraestructura de la ciudad, pero, al igual que en gran parte de Cuba, Santiago todavía experimenta escasez periódica de bienes y servicios básicos.

Un hecho poco conocido sobre Santiago de Cuba es que fue la capital de Cuba durante el período colonial temprano, antes de que La Habana asumiera ese papel. Esta importancia histórica añade valor al rico patrimonio cultural de la ciudad y refuerza su relevancia como uno de los asentamientos más antiguos de Cuba. Las influencias multiculturales de la ciudad, especialmente su herencia africana y haitiana, han moldeado su identidad única y han contribuido a su animada escena cultural.

Llegar a Santiago de Cuba es relativamente sencillo gracias al Aeropuerto Internacional Antonio Maceo, que ofrece vuelos desde varios destinos internacionales. La ciudad también es accesible por autobús y tren desde La Habana y otras partes de Cuba. Para quienes llegan por mar, la Bahía de Santiago es un puerto popular para cruceros, ofreciendo un pintoresco punto de entrada a la ciudad. Una vez en Santiago, los visitantes pueden usar taxis, autobuses o coches privados para explorar la ciudad y sus alrededores.

En conclusión, Santiago de Cuba es una ciudad que ofrece una rica mezcla de historia, cultura y belleza natural. Ya sea explorando sus fortalezas coloniales, disfrutando de música cubana en vivo o recorriendo las montañas cercanas, la ciudad brinda una experiencia única e inolvidable. Su importancia como centro cultural e histórico, combinada con su impresionante entorno costero, hacen de Santiago de Cuba uno de los destinos más intrigantes y emocionantes del Caribe.

126. Santiago de Veraguas: Historia y Naturaleza

Santiago de Veraguas, ubicada en el corazón de Panamá, es una ciudad encantadora y de gran importancia histórica que sirve como la capital de la provincia de Veraguas. Con una población de aproximadamente 100,000 habitantes, esta ciudad de tamaño medio es conocida por su arquitectura colonial, ambiente relajado y su cercanía a algunas de las atracciones naturales más hermosas de Panamá. Santiago de Veraguas es considerada la puerta de entrada a los diversos paisajes de la provincia, que incluyen playas, montañas y selvas tropicales, lo que la convierte en un destino ideal para los viajeros que desean explorar las partes menos conocidas de Panamá.

Geográficamente, Santiago se encuentra en la parte central del país, a unos 250 kilómetros al oeste de Ciudad de Panamá. La ciudad está ubicada a lo largo de la Carretera Panamericana, lo que la hace fácilmente accesible por carretera y bien conectada con otras regiones del país. Veraguas es única en Panamá porque es la única provincia que tiene costas tanto en el Océano Pacífico como en el Mar Caribe, aunque Santiago está situada tierra adentro, rodeada de colinas verdes y campos agrícolas.

El clima de Santiago de Veraguas es tropical, con temperaturas cálidas durante todo el año. Las temperaturas promedio varían entre los 25°C y 30°C, lo que la convierte en un destino cálido en cualquier época del año. La temporada seca, que va de diciembre a abril, es la más popular para visitar, ya que el clima es soleado y agradable. Durante la temporada de lluvias, de mayo a noviembre, las lluvias frecuentes transforman el paisaje circundante en un paraíso verde, lo que hace que sea un momento ideal para los amantes de la naturaleza.

Uno de los puntos de referencia más destacados en Santiago de Veraguas es la Iglesia de San Francisco, una iglesia colonial situada en el corazón de la ciudad. Esta hermosa iglesia blanca, con su estilo arquitectónico clásico, es un punto central de la plaza principal de Santiago. La plaza es un lugar de encuentro animado, donde tanto los locales como los turistas se relajan bajo la sombra de las palmeras, disfrutando del ambiente tranquilo de la ciudad. Alrededor de la plaza se encuentran coloridos edificios de estilo colonial, que albergan tiendas, cafés y oficinas gubernamentales.

La ciudad también cuenta con varios museos pequeños y centros culturales que ofrecen una visión de la historia y el patrimonio de la provincia de Veraguas. El Museo Regional de Veraguas es una institución destacada que exhibe artefactos precolombinos, la historia colonial de la región y la cultura de sus pueblos indígenas. Los visitantes pueden aprender sobre el papel de Veraguas en la historia de Panamá, incluyendo sus contribuciones a la agricultura, el comercio y las artes.

Santiago de Veraguas es famosa por sus festivales vibrantes y celebraciones culturales. Uno de los eventos más importantes es el Festival de Santiago Apóstol, que tiene lugar en julio. Este festival celebra al santo patrono de la ciudad, Santiago Apóstol, con una semana de procesiones religiosas, danzas tradicionales, música y fuegos artificiales. Las calles se llenan de vida, brindando a los visitantes la oportunidad de experimentar las ricas tradiciones y el patrimonio cultural de la región.

Para los amantes de la naturaleza y la aventura, Santiago de Veraguas es el punto de partida perfecto para explorar las atracciones naturales cercanas. Uno de los destinos más populares es el Parque Nacional Coiba, un sitio declarado Patrimonio de la Humanidad por la UNESCO ubicado frente a la costa del Pacífico. El parque es conocido por sus playas prístinas, arrecifes de coral y abundante vida marina, lo que lo convierte en un paraíso para el esnórquel, el buceo y la observación de fauna marina. Los visitantes pueden tomar tours en bote desde Santiago hacia el parque, donde pueden nadar con tortugas marinas y observar delfines y ballenas.

Otra atracción natural cercana es el Parque Nacional Santa Fe, ubicado a aproximadamente una hora en coche desde la ciudad. Este parque es famoso por sus bosques nubosos, cascadas y fauna diversa, incluidos monos aulladores, tucanes y orquídeas. Hacer senderismo en el Parque Nacional Santa Fe ofrece a los visitantes la oportunidad de sumergirse en la biodiversidad de Panamá mientras disfrutan del aire fresco de las montañas y las impresionantes vistas.

Santiago de Veraguas también es un centro agrícola, especialmente para la producción de café, caña de azúcar y ganado. Los visitantes pueden realizar recorridos por fincas cafetaleras locales, donde aprenden sobre el proceso de cultivo del café y degustan algunos de los mejores cafés de Panamá. Los suelos fértiles y el clima favorable de la provincia de Veraguas hacen que sea una región agrícola clave, y los mercados locales en Santiago son un excelente lugar para explorar productos frescos, artesanías y disfrutar de la comida tradicional panameña.

La escena gastronómica en Santiago de Veraguas refleja la cocina tradicional panameña, con un énfasis en ingredientes locales. Algunos de los platos más populares en la región incluyen el sancocho (una sopa de pollo tradicional), arroz con pollo y carimañolas (yuca frita rellena de carne o queso). Los mariscos frescos también son un elemento destacado de la cocina local, con pescado, camarones y langosta en muchos menús. Los visitantes pueden disfrutar de estos platos en restaurantes locales o en los mercados de la ciudad, donde puestos de comida ofrecen comidas preparadas al momento.

La flora y fauna de la región de Santiago de Veraguas son típicas del entorno tropical de Panamá. Los bosques y colinas que rodean la ciudad albergan una variedad de especies vegetales, incluidos árboles tropicales y plantas con flores. La fauna incluye aves, reptiles y pequeños mamíferos, lo que convierte a la región en un destino atractivo para los observadores de aves y los entusiastas de la naturaleza. Los parques nacionales cercanos ofrecen oportunidades para ver algunos de los animales más emblemáticos de Panamá, como monos, perezosos y loros coloridos.

El impacto social del turismo en Santiago de Veraguas ha sido positivo, proporcionando empleos y oportunidades económicas para muchos residentes locales. El sector turístico en crecimiento ha llevado al desarrollo de hoteles, restaurantes y operadores turísticos, que contribuyen a la economía local. Sin embargo, como muchas ciudades en desarrollo, Santiago enfrenta desafíos relacionados con la urbanización, como la congestión del tráfico y la necesidad de mejorar la infraestructura. La ciudad está trabajando para abordar estos desafíos mientras preserva su patrimonio cultural y belleza natural.

Uno de los desafíos urbanos de Santiago de Veraguas es gestionar el crecimiento de la ciudad manteniendo su encanto de pueblo pequeño. A medida que más turistas descubren la región, surge la necesidad de mejorar los servicios públicos, como el transporte y la gestión de residuos. Se están realizando esfuerzos para promover prácticas de turismo sostenible, garantizando que el entorno natural y el patrimonio cultural de la región se preserven para las generaciones futuras.

Un hecho poco conocido sobre Santiago de Veraguas es que es la única ciudad de Panamá ubicada en una provincia que toca tanto el Océano Pacífico como el Mar Caribe. Esta característica geográfica única ha moldeado la historia y la cultura de la región, ya que Santiago ha sido durante mucho tiempo un centro de comercio y agricultura. Su ubicación estratégica a lo largo de la Carretera Panamericana la convierte en un importante centro de transporte, conectando Ciudad de Panamá con las provincias occidentales de Chiriquí y Bocas del Toro.

Llegar a Santiago de Veraguas es relativamente fácil, gracias a su ubicación a lo largo de la Carretera Panamericana. La ciudad está a unas cuatro horas en coche desde Ciudad de Panamá, y los autobuses circulan regularmente entre las dos ciudades. Para los viajeros internacionales, el aeropuerto más cercano es el Aeropuerto Internacional de Tocumen en Ciudad de Panamá, que ofrece vuelos a y desde las principales ciudades del mundo. Desde el aeropuerto, los visitantes pueden tomar un autobús o alquilar un coche para llegar a Santiago. Una vez en la ciudad, los taxis y autobuses son los medios de transporte más comunes, aunque muchas de las atracciones de la ciudad están a poca distancia de la plaza central.

En conclusión, Santiago de Veraguas es una ciudad que ofrece una mezcla única de historia, cultura y belleza natural. Ya sea explorando las calles coloniales, haciendo senderismo en los parques nacionales cercanos o disfrutando de una comida en la plaza central, Santiago ofrece una experiencia inolvidable para los viajeros. Su importancia como centro cultural y económico en Panamá, combinada con su proximidad a algunas de las atracciones naturales más impresionantes del país, hace de Santiago de Veraguas un destino imperdible para quienes buscan conocer lo mejor de Panamá.

127. Santo Domingo: Historia y Cultura Viva

Santo Domingo, la capital de la República Dominicana, es la ciudad más antigua de América habitada de manera continua por europeos y uno de los destinos más vibrantes del Caribe. Con una población de aproximadamente 3 millones de personas, Santo Domingo no solo es la ciudad más grande del país, sino también un importante centro cultural, económico y político. La ciudad ofrece una mezcla fascinante de historia, cultura y modernidad, lo que la convierte en un destino emocionante para los turistas.

Geográficamente, Santo Domingo se encuentra en la costa sur de la República Dominicana, bañada por el Mar Caribe. La ciudad está dividida en dos partes por el río Ozama: al oeste se encuentra la histórica Zona Colonial, mientras que al este se extiende la parte más moderna. Su ubicación costera la convierte en un lugar accesible por mar y le otorga un clima tropical con temperaturas cálidas durante todo el año. Las temperaturas promedio oscilan entre los 25°C y 30°C, lo que lo convierte en un destino perfecto para quienes buscan sol y calor. La temporada seca, que va de noviembre a abril, es la mejor para visitar, ya que el clima es agradable y las lluvias son mínimas. Aunque la temporada de lluvias, de mayo a octubre, trae mayor humedad y tormentas tropicales, la ciudad mantiene su dinamismo.

Uno de los lugares más visitados de la ciudad es la Zona Colonial, el corazón histórico de Santo Domingo y Patrimonio de la Humanidad por la UNESCO. La Zona Colonial alberga edificios coloniales bien conservados, entre ellos el Alcázar de Colón, un majestuoso palacio fortificado que alguna vez fue el hogar de Diego Colón, hijo de Cristóbal Colón. Este barrio es una joya histórica, con calles adoquinadas, coloridos edificios y antiguas iglesias, como la Catedral Primada de América, la primera catedral construida en el Nuevo Mundo. Esta combinación de historia y vida urbana vibrante hace que la Zona Colonial sea uno de los principales puntos turísticos de la ciudad.

Otro lugar destacado es el Malecón, un extenso boulevard frente al mar que recorre la costa caribeña. Es un lugar popular tanto para locales como para turistas, con vistas al océano, parques y una gran variedad de restaurantes, cafés y opciones de entretenimiento nocturno. El Malecón es el sitio perfecto para disfrutar del ambiente relajado de la ciudad, especialmente al atardecer, cuando el cielo se tiñe de tonos dorados. Los fines de semana, la zona cobra vida con música en vivo, artistas callejeros y personas que pasean a lo largo del paseo marítimo.

Para los interesados en la historia y la cultura dominicana, una visita al Panteón Nacional, ubicado en la Zona Colonial, es imprescindible. Originalmente construido como una iglesia jesuita, hoy en día es un mausoleo donde descansan importantes figuras dominicanas, incluidos héroes nacionales y líderes históricos. Otro tesoro cultural es el Museo de las Casas Reales, que ofrece una visión fascinante del pasado colonial del país, con exhibiciones que abarcan desde las primeras civilizaciones indígenas hasta la colonización española y la lucha por la independencia. La cultura de Santo Domingo es una mezcla vibrante de influencias españolas, africanas y taínas, que se refleja en su música, arte y gastronomía. La ciudad es la cuna del merengue y la bachata, dos formas populares de música y baile dominicanos. No es raro escuchar música en vivo en bares locales, restaurantes o plazas públicas, ofreciendo a los visitantes un auténtico vistazo a la vida nocturna llena de ritmo y alegría. En febrero, la ciudad celebra su famoso Carnaval, una colorida fiesta con desfiles, música y disfraces elaborados que destacan la herencia afro-dominicana de la ciudad.

En cuanto a la gastronomía, Santo Domingo ofrece una deliciosa variedad de platos tradicionales dominicanos. Uno de los más icónicos es el mangú, un puré de plátano verde que se sirve generalmente con huevos, queso y salami. Otros platos populares incluyen el sancocho, un guiso espeso preparado con diversas carnes y vegetales, y el arroz con habichuelas. Los mariscos frescos también son parte esencial de la cocina local, con pescado, camarones y langosta preparados con sabores tropicales como el coco y la lima. Los mercados y puestos callejeros son lugares excelentes para degustar lo mejor de la comida dominicana.

La flora y fauna de la región de Santo Domingo son típicas del Caribe, con palmeras, flores tropicales y una gran variedad de especies de aves que adornan el paisaje urbano. Aunque la ciudad es mayormente urbanizada, sitios cercanos como el Parque Nacional Los Tres Ojos permiten a los visitantes explorar cuevas naturales y lagunas de agua dulce. El Jardín Botánico Nacional es otro refugio de paz, con una amplia variedad de plantas nativas de la República Dominicana, incluidas orquídeas y helechos tropicales.

Santo Domingo es fundamental para la economía y la sociedad de la República Dominicana. Como centro financiero del país, la ciudad alberga a numerosos bancos, empresas e instituciones internacionales. Su rápido crecimiento y desarrollo urbano atraen a personas de todo el país, contribuyendo a su estilo de vida acelerado. Sin embargo, como muchas ciudades grandes del Caribe, Santo Domingo enfrenta desafíos urbanos, incluidos los embotellamientos de tráfico y cortes ocasionales de electricidad. Además, la ciudad es vulnerable a huracanes durante los meses de verano, por lo que las autoridades locales trabajan arduamente en prepararse para condiciones climáticas extremas.

A pesar de estos desafíos, Santo Domingo sigue prosperando, combinando su rica herencia colonial con un desarrollo moderno. En particular, la Zona Colonial ha experimentado un renacimiento turístico, con proyectos de restauración que han preservado edificios históricos al tiempo que se incorporan nuevos hoteles, restaurantes y atracciones culturales. Estos esfuerzos de renovación urbana están en marcha, con el objetivo de hacer que la ciudad sea más accesible y atractiva tanto para los turistas como para los residentes.

Un hecho poco conocido sobre Santo Domingo es que fue el lugar donde se fundaron la primera universidad, el primer hospital y la primera fortaleza en las Américas. La rica historia de la ciudad como cuna de la civilización europea en el Nuevo Mundo sigue siendo evidente hoy en día, lo que la convierte en una de las ciudades más importantes en términos históricos en todo el Caribe.

Llegar a Santo Domingo es fácil, gracias a su Aeropuerto Internacional Las Américas, ubicado a las afueras de la ciudad. El aeropuerto ofrece vuelos directos desde y hacia las principales ciudades de Norteamérica, Europa y América Latina. Desde el aeropuerto, los visitantes pueden llegar al centro de la ciudad en taxi, servicio de transporte o automóvil alquilado. Una vez en la ciudad, el transporte público incluye autobuses, el Metro de Santo Domingo y taxis compartidos conocidos como conchos. Muchas de las principales atracciones de la ciudad, especialmente en la Zona Colonial, están a poca distancia, lo que facilita la exploración a pie.

En conclusión, Santo Domingo es una ciudad que ofrece una mezcla única de historia, cultura y belleza natural. Desde su arquitectura colonial centenaria hasta su animada escena musical y de baile, la ciudad brinda a los visitantes una experiencia auténtica de la vida dominicana. Ya sea paseando por las históricas calles de la Zona Colonial, disfrutando de una comida en el Malecón o bailando al ritmo del merengue, Santo Domingo es un destino que promete emoción y descubrimiento en cada rincón. Su papel como el corazón cultural y económico de la República Dominicana, combinado con su rica herencia, la convierte en una de las ciudades más fascinantes del Caribe.

128. Semuc Champey: Paraíso Escondido en Guatemala

Semuc Champey, ubicado en lo profundo de la selva guatemalteca, es un verdadero tesoro natural y uno de los destinos más impresionantes y ocultos del país. Situado en el departamento de Alta Verapaz, este lugar remoto y encantador ha cautivado a viajeros de todo el mundo con sus piscinas de piedra caliza de color turquesa, su exuberante vegetación y su belleza intacta. Aunque no es una ciudad, Semuc Champey es una parada obligatoria en la ruta turística de Guatemala, ofreciendo una escapada serena a la naturaleza para aquellos dispuestos a emprender el viaje.

A pesar de ser un área relativamente pequeña, Semuc Champey forma parte de una reserva natural más grande que incluye bosques, ríos y colinas circundantes. Su principal atracción es un puente de piedra caliza de 300 metros de largo, bajo el cual fluye el río Cahabón. Encima de este puente se encuentran varias piscinas naturales llenas de agua cristalina, que varían en color desde verde esmeralda hasta turquesa intenso, dependiendo de la luz solar y los minerales presentes en el agua. Estas piscinas forman terrazas que se conectan entre sí, ofreciendo a los visitantes la oportunidad de nadar, relajarse y disfrutar de la increíble belleza natural de este lugar.

150 DESTINOS TURÍSTICOS POPULARES DE NORTEAMÉRICA

Geográficamente, Semuc Champey se encuentra cerca del pueblo de Lanquín, que sirve como puerta de entrada para los viajeros que desean explorar el área. Está situado a unos 280 kilómetros al norte de la Ciudad de Guatemala, en la región montañosa de Alta Verapaz. La ubicación de Semuc Champey es remota, rodeada de densa selva tropical, acantilados imponentes y terreno accidentado, lo que añade a su atractivo como un paraíso oculto. El viaje a Semuc Champey no es fácil: implica varias horas de viaje por carreteras sinuosas de montaña, pero el destino vale completamente la pena.

El clima en Semuc Champey es tropical, con temperaturas cálidas durante todo el año. Las temperaturas promedio oscilan entre los 22°C y los 30°C, con alta humedad debido al entorno selvático. La temporada de lluvias, que va de mayo a octubre, trae lluvias frecuentes, pero también embellece la zona, haciendo que el bosque circundante sea aún más exuberante. La temporada seca, de noviembre a abril, es el mejor momento para visitar, ya que el clima es más estable y las piscinas son claras e ideales para nadar.

Una de las principales actividades en Semuc Champey es explorar las piscinas naturales. Los visitantes pueden nadar en las frescas y refrescantes aguas, escalar las rocas y disfrutar de las increíbles vistas de la selva y del río Cahabón. El senderismo es otra actividad popular, con varios caminos que conducen a miradores que ofrecen vistas panorámicas de toda el área. El Mirador es un lugar que no se puede dejar de visitar, ya que proporciona una vista de pájaro de las piscinas y del río serpenteando a través de la selva.

Otro atractivo cercano es la Cueva de Kanba, ubicada a corta distancia de Semuc Champey. Estas cuevas están llenas de ríos subterráneos, cascadas y estalactitas, ofreciendo una experiencia aventurera para los que disfrutan del espeleísmo. Los recorridos guiados por las cuevas generalmente implican caminar a través de agua hasta la cintura, escalar rocas e incluso nadar en algunas secciones. Es una manera emocionante e inmersiva de explorar la belleza subterránea de la región.

La cultura local en torno a Semuc Champey está influenciada predominantemente por los indígenas Q'eqchi' Maya, quienes han habitado esta región durante siglos. El pueblo de Lanquín, el asentamiento más cercano, es hogar de muchas familias Q'eqchi' que han preservado su estilo de vida tradicional. Los visitantes pueden experimentar la rica herencia cultural de los Q'eqchi' visitando los mercados locales, interactuando con la comunidad y aprendiendo sobre sus costumbres y tradiciones.

En cuanto a la gastronomía, los visitantes de Semuc Champey pueden disfrutar de la cocina tradicional guatemalteca, con énfasis en comidas sencillas y sustanciosas elaboradas con ingredientes locales. Entre los platos más comunes se encuentran los tamales, el caldo de gallina y los chuchitos. Las frutas tropicales frescas, como el mango, la papaya y el plátano, abundan en la región, y muchos comedores locales sirven tortillas recién hechas, frijoles y carnes a la parrilla.

La flora y fauna en el área de Semuc Champey son diversas y típicas de un entorno de selva tropical. El bosque circundante alberga una gran variedad de especies vegetales, incluyendo los imponentes árboles de ceiba, helechos y orquídeas. La vida silvestre es abundante, con monos aulladores, tucanes y varias especies de aves que se pueden ver con frecuencia en la zona. La densa selva también ofrece hábitat para reptiles, anfibios e insectos, lo que convierte a Semuc Champey en un destino perfecto para los amantes de la naturaleza y la observación de aves.

El impacto social y económico del turismo en Semuc Champey ha sido significativo, proporcionando oportunidades de empleo e ingresos para la comunidad local Q'eqchi' Maya. Muchos lugareños trabajan como guías, conductores o en el sector de la hospitalidad, ayudando a los visitantes a explorar el área y ofreciendo información sobre la cultura y la historia de la región. Sin embargo, la creciente popularidad de Semuc Champey también ha generado preocupaciones sobre la necesidad de prácticas de turismo sostenible para proteger el frágil entorno natural y asegurar que la belleza del área se preserve para las futuras generaciones.

A pesar de su creciente popularidad, Semuc Champey sigue siendo un destino relativamente poco desarrollado, lo que añade a su encanto. Sin embargo, esto también significa que los visitantes deben estar preparados para los desafíos de viajar a una zona remota. Las carreteras que conducen a Semuc Champey pueden ser difíciles, especialmente durante la temporada de lluvias, y las opciones de alojamiento y servicios en la zona son limitadas. La mayoría de los visitantes se hospedan en eco-albergues o casas de huéspedes en Lanquín, que ofrecen instalaciones básicas pero cómodas.

Un dato curioso sobre Semuc Champey es que el río Cahabón, que fluye bajo el puente de piedra caliza y reaparece río abajo, es uno de los ríos más largos de Guatemala. El río es una fuente vital de agua para las comunidades locales y juega un papel importante en el ecosistema de la región. El nombre "Semuc Champey" significa "donde el río se esconde bajo la tierra" en el idioma Q'eqchi' Maya, lo que refleja la formación geológica única del área.

Llegar a Semuc Champey desde destinos internacionales generalmente implica volar al Aeropuerto Internacional La Aurora en la Ciudad de Guatemala, el principal aeropuerto internacional del país. Desde allí, los viajeros pueden tomar un autobús o contratar un vehículo privado para llegar a Lanquín, un viaje que toma aproximadamente 9 horas. Una vez en Lanquín, los visitantes pueden organizar transporte a Semuc Champey, ya sea en un autobús local o en un vehículo 4x4, ya que la última parte del trayecto implica navegar por terreno empinado y accidentado.

En resumen, Semuc Champey es un paraíso oculto en Guatemala que ofrece una oportunidad inigualable para conectarse con la naturaleza. Sus piscinas turquesas, su exuberante selva y su ambiente tranquilo lo convierten en un destino imperdible para los viajeros que buscan aventura y tranquilidad. La riqueza cultural de la región, combinada con su belleza natural, asegura que los visitantes se vayan con una profunda apreciación tanto por el paisaje como por las personas que llaman hogar a esta región. Aunque es un destino remoto y desafiante de alcanzar, las recompensas que ofrece Semuc Champey valen cada esfuerzo, convirtiéndolo en uno de los lugares más mágicos e inolvidables de América Central.

129. Sierra de Luquillo: El Corazón Verde de Puerto Rico

La Sierra de Luquillo, hogar del icónico Bosque Nacional El Yunque, es uno de los destinos naturales más impresionantes de Puerto Rico. Este paraíso tropical, situado en la región noreste de la isla, se extiende aproximadamente por 113 kilómetros cuadrados y es famoso por sus frondosas selvas tropicales, cascadas cristalinas y diversa vida silvestre. Aunque no es una ciudad en el sentido tradicional, la Sierra de Luquillo es un punto turístico imprescindible para quienes buscan explorar el único bosque tropical dentro del Sistema de Bosques Nacionales de los Estados Unidos.

Ubicada a unos 40 kilómetros al este de San Juan, la capital de Puerto Rico, la Sierra de Luquillo se alza a una altura de 1,080 metros en su punto más alto, el Pico El Yunque. Parte de la cordillera de Luquillo, esta zona abarca varios municipios, como Río Grande, Luquillo y Fajardo. Su cercanía a la costa le otorga vistas espectaculares del Océano Atlántico por un lado y del Mar Caribe por el otro, creando un paisaje tan diverso como impresionante.

El clima de la Sierra de Luquillo es tropical lluvioso, con abundantes precipitaciones a lo largo del año. Las lluvias anuales varían entre los

150 DESTINOS TURÍSTICOS POPULARES DE NORTEAMÉRICA

3,500 y los 5,000 milímetros, y las temperaturas oscilan entre los 21°C y los 30°C, proporcionando un ambiente cálido pero agradable. En las cumbres más altas, como el Pico El Yunque, las temperaturas son más frescas, lo que convierte al lugar en un escape refrescante del calor de las zonas más bajas. La mejor época para visitarlo es durante la estación seca, de diciembre a abril, cuando el clima es más estable, ideal para caminar y explorar los senderos del bosque.

El Bosque Nacional El Yunque, la joya de la Sierra de Luquillo, es uno de los centros turísticos más populares de Puerto Rico. Este bosque es conocido por su deslumbrante belleza natural, que incluye un denso dosel de árboles tropicales, helechos gigantes y orquídeas coloridas. Los senderos que recorren el bosque permiten a los visitantes adentrarse en este paraíso natural a su propio ritmo. Uno de los senderos más conocidos, La Mina, conduce a las impresionantes cascadas de La Mina, donde los excursionistas pueden darse un refrescante baño en las frescas aguas de la montaña.

Otro atractivo imprescindible es la Torre Yokahú, un mirador histórico que ofrece vistas panorámicas del bosque y de los paisajes circundantes. Desde la cima de esta torre, los visitantes pueden admirar las colinas onduladas de la Sierra de Luquillo, los pueblos cercanos y, en días despejados, la costa distante. La Torre Yokahú es un lugar perfecto para los fotógrafos y para quienes desean capturar la vasta belleza de la región desde una vista privilegiada.

La cultura en torno a la Sierra de Luquillo está profundamente arraigada en el patrimonio rico de Puerto Rico. Los taínos, los antiguos habitantes indígenas de la isla, consideraban la montaña como un lugar sagrado. El nombre "Yunque" proviene de la palabra taína "yu-ke", que significa "tierras blancas", posiblemente en referencia a la frecuente niebla que cubre la cima de la montaña. Hoy en día, la Sierra sigue siendo un símbolo de la belleza natural y la diversidad ecológica de Puerto Rico, y representa el orgullo cultural de la isla.

Los viajeros que visitan la zona pueden disfrutar de la deliciosa gastronomía puertorriqueña en los pueblos cercanos. Entre los platos más populares están el mofongo, hecho de plátanos majados con ajo y acompañado de cerdo o mariscos; el lechón asado, y el pastelón, una especie de lasaña de plátano. En los pueblos de los alrededores, como Luquillo, muchos restaurantes ofrecen mariscos frescos, preparados con sabores tropicales como el limón y el coco.

La flora y fauna de la Sierra de Luquillo son de las más diversas del Caribe. El Yunque alberga más de 240 especies de plantas, muchas de las cuales son endémicas de Puerto Rico. Este bosque es un paraíso para los observadores de aves, ya que es el hogar del loro puertorriqueño, una de las especies de aves más amenazadas del mundo. También es común ver en la zona al colorido todi puertorriqueño, las emblemáticas ranas coquí y una gran variedad de murciélagos y reptiles. La biodiversidad del bosque lo convierte en un destino destacado para el ecoturismo y los esfuerzos de conservación.

La Sierra de Luquillo y El Yunque juegan un papel crucial en el ecosistema de Puerto Rico. El bosque actúa como un reservorio natural de agua, proporcionando agua fresca a las comunidades circundantes y apoyando la agricultura de la isla. Además, ayuda a regular el clima de Puerto Rico y proporciona hábitat para innumerables especies, lo que lo convierte en una zona vital tanto para la sostenibilidad ambiental como social.

Sin embargo, como muchas áreas naturales del mundo, la región de la Sierra de Luquillo enfrenta desafíos urbanos. A medida que el turismo a El Yunque ha crecido, también ha aumentado la necesidad de gestionar el impacto de los visitantes en el medio ambiente. El delicado ecosistema del bosque es vulnerable al uso excesivo, y los esfuerzos de conservación se centran en garantizar que el área siga protegida para las futuras generaciones. En los últimos años, las autoridades del parque han implementado medidas para controlar el número de visitantes y reducir su huella ambiental, como limitar el acceso a ciertas áreas durante las temporadas más concurridas.

Otro desafío es la amenaza de los fenómenos meteorológicos extremos, en particular los huracanes. El huracán María, en 2017, causó graves daños a El Yunque, derribando árboles, erosionando senderos y afectando los hábitats de la fauna local. Aunque los esfuerzos de recuperación han continuado, el bosque todavía está en proceso de regeneración, lo que subraya la importancia de proteger este ecosistema ante futuras amenazas ambientales.

Un dato menos conocido sobre la Sierra de Luquillo es su papel como centro de investigación científica. La región ha atraído durante mucho tiempo a botánicos, ecólogos y conservacionistas de todo el mundo, interesados en estudiar su biodiversidad única. El Yunque ha sido designado como Reserva de la Biosfera por la UNESCO, lo que destaca su importancia global como un centro para la investigación ecológica y la conservación.

Llegar a la Sierra de Luquillo es relativamente fácil debido a su proximidad a San Juan. El Aeropuerto Internacional Luis Muñoz Marín, ubicado a las afueras de la capital, es la principal puerta de entrada para los viajeros internacionales. Desde San Juan, los visitantes pueden alquilar un coche o tomar un tour guiado hasta El Yunque, un trayecto de aproximadamente una hora a lo largo de carreteras costeras escénicas. El transporte público es limitado en la zona, por lo que alquilar un coche suele ser la mejor opción para explorar tanto el bosque como las playas y pueblos cercanos.

En conclusión, la Sierra de Luquillo es uno de los destinos naturales más preciados de Puerto Rico. Con sus exuberantes selvas, impresionantes cascadas y vibrante biodiversidad, ofrece a los visitantes la oportunidad de experimentar la belleza inigualable del Caribe. Ya sea caminando por El Yunque, maravillándose con las vistas panorámicas desde la Torre Yokahú o simplemente disfrutando de la serenidad natural, los viajeros se irán con una profunda apreciación por este paraíso tropical. Como símbolo cultural y ecológico, la Sierra de Luquillo representa la duradera conexión de Puerto Rico con la naturaleza.

130. Cañón de Somoto: Aventura y Belleza Natural

El Cañón de Somoto, ubicado en el norte de Nicaragua, es una maravilla natural y uno de los tesoros mejor guardados del país. Oficialmente conocido como Cañón de Somoto, este profundo desfiladero se extiende por más de 3 kilómetros y ha sido esculpido por el río Coco, uno de los ríos más largos de Centroamérica. Este cañón es un lugar de belleza salvaje y natural, que ofrece a los aventureros la oportunidad única de explorar sus imponentes acantilados, aguas cristalinas y senderos accidentados. Aunque ha sido descubierto recientemente por el turismo internacional, rápidamente se ha convertido en un destino favorito para quienes buscan una mezcla de naturaleza y aventura.

El Cañón de Somoto está situado a unos 15 kilómetros al noroeste de la pequeña ciudad de Somoto, la capital del departamento de Madriz. Se encuentra cerca de la frontera con Honduras, en una zona remota de Nicaragua, lejos del bullicio de destinos turísticos más conocidos como Granada o San Juan del Sur. Este aislamiento es parte de su encanto, ya que el cañón sigue siendo un área serena y en gran parte virgen, ideal para quienes buscan una experiencia en contacto directo con la naturaleza.

150 DESTINOS TURÍSTICOS POPULARES DE NORTEAMÉRICA

El clima en la región es tropical, con temperaturas que oscilan entre los 22°C y los 30°C durante todo el año. La mejor época para visitar el cañón es durante la estación seca, de noviembre a abril, cuando el clima es más predecible y el río está lo suficientemente calmado para actividades como nadar, hacer tubing y paseos en kayak. Durante la temporada de lluvias, de mayo a octubre, los niveles de agua aumentan, lo que hace que algunas actividades sean más desafiantes, pero también crea un paisaje más dramático mientras el río atraviesa el estrecho desfiladero.

Uno de los pasatiempos más populares en el Cañón de Somoto es explorar el río en bote, kayak o neumático. Las tranquilas aguas turquesas invitan a los visitantes a deslizarse pacíficamente por el cañón, rodeados de imponentes paredes de roca que alcanzan hasta 200 metros de altura. Para los más aventureros, hay oportunidades para saltar desde los acantilados en las piscinas naturales, ofreciendo una forma emocionante de experimentar la belleza del cañón. Caminar también es una actividad muy solicitada, con senderos que corren a lo largo del borde del cañón y que ofrecen vistas impresionantes del río y el paisaje circundante.

La cultura local en torno a Somoto está profundamente ligada a las tradiciones agrícolas de Nicaragua, y la zona es conocida por su encanto rural. Somoto en sí es un pueblo pequeño y tranquilo, donde los visitantes pueden experimentar la calidez y hospitalidad del pueblo nicaragüense. La ciudad es famosa por sus rosquillas, un tipo de galleta crujiente y salada hecha de maíz y queso, que es un bocadillo tradicional en esta parte del país. Los visitantes pueden detenerse en las panaderías locales para probar rosquillas recién hechas y otros platos regionales, como el gallo pinto (arroz con frijoles) y el vigorón (yuca con chicharrón y ensalada de repollo).

La flora y fauna del Cañón de Somoto son características del bosque tropical seco de Nicaragua. El cañón está rodeado de una mezcla de árboles caducifolios, cactus y arbustos, creando un paisaje accidentado pero verde. La fauna incluye diversas especies de aves, como halcones, tucanes y periquitos, lo que hace que la zona sea ideal para la observación de aves. Los visitantes también pueden encontrar reptiles como iguanas o mamíferos pequeños como armadillos y agutíes mientras caminan por los senderos.

El descubrimiento del Cañón de Somoto como destino turístico es relativamente reciente. Aunque ha sido conocido por los lugareños durante siglos, no fue hasta 2004 que el cañón fue completamente explorado y reconocido como un sitio de interés internacional. Desde entonces, ha captado la atención de buscadores de aventuras, ecoturistas y viajeros que buscan experiencias fuera de los caminos tradicionales. El área ha sido declarada monumento nacional, asegurando que se realicen esfuerzos para preservar su belleza natural y proteger su frágil ecosistema. El impacto social del turismo en Somoto ha sido en su mayoría positivo, brindando nuevas oportunidades a las comunidades locales que dependen principalmente de la agricultura. La afluencia de visitantes ha llevado al desarrollo de alojamientos ecológicos, empresas turísticas locales y pequeños restaurantes que atienden a los turistas. Muchos lugareños trabajan como guías, ofreciendo recorridos por el cañón y compartiendo su conocimiento sobre la historia y las características naturales del área. Sin embargo, la lejanía de la región significa que la infraestructura sigue siendo básica, y las comodidades en la zona son sencillas pero cómodas.

Uno de los desafíos urbanos que enfrenta el Cañón de Somoto y sus alrededores es la necesidad de mejorar el acceso y el transporte. Los caminos que conducen al cañón no siempre están en las mejores condiciones, especialmente durante la temporada de lluvias, cuando los deslizamientos de tierra y las inundaciones pueden dificultar los viajes. Si bien esto añade un sentido de aventura para algunos, también limita el potencial para un turismo a mayor escala. No obstante, la naturaleza rústica de la experiencia es parte de lo que hace que el Cañón de Somoto sea tan atractivo para quienes lo visitan.

Un dato menos conocido sobre el Cañón de Somoto es su importancia geológica. Las formaciones rocosas del cañón son algunas de las más antiguas de Centroamérica, con millones de años de antigüedad. El paisaje único fue formado por una combinación de actividad volcánica y la erosión del río, lo que creó los impresionantes acantilados y estrechos pasadizos que hacen del cañón un lugar tan distintivo en la actualidad.

Llegar al Cañón de Somoto desde destinos internacionales generalmente implica volar al Aeropuerto Internacional Augusto C. Sandino en

Managua, la capital de Nicaragua. Desde Managua, los visitantes pueden tomar un autobús o alquilar un coche privado para el viaje de 4 a 5 horas hacia el norte hasta Somoto. Una vez en Somoto, los guías locales y las empresas turísticas ofrecen transporte al cañón, que está a poca distancia del pueblo. Para quienes viajan por tierra, Somoto también es accesible en autobús desde Honduras, lo que lo convierte en una parada conveniente para los viajeros que exploran Centroamérica.

En conclusión, el Cañón de Somoto es una maravilla natural que ofrece una mezcla perfecta de aventura, belleza y serenidad. Su profundo desfiladero, río tranquilo y acantilados imponentes lo convierten en uno de los destinos más espectaculares de Nicaragua. Ya sea haciendo kayak por el cañón, caminando por sus senderos accidentados o simplemente disfrutando de la paz y tranquilidad del entorno, el Cañón de Somoto ofrece una experiencia inolvidable para los viajeros que buscan conectarse con la naturaleza. A pesar de su creciente popularidad, sigue siendo una joya escondida, ofreciendo un vistazo a los paisajes salvajes y sin tocar de Nicaragua.

131. Suchitoto: Encanto Colonial y Naturaleza

Suchitoto, un pequeño y encantador pueblo en el corazón de El Salvador, es conocido por su bien conservada arquitectura colonial, sus calles empedradas y las impresionantes vistas del lago Suchitlán. Aunque es de tamaño modesto, Suchitoto es uno de los destinos turísticos más queridos del país, ofreciendo un escape tranquilo del bullicio de la capital, mientras muestra la belleza natural y la importancia histórica de El Salvador. Con una población de alrededor de 25,000 personas, el pueblo tiene una atmósfera íntima que encanta a los visitantes con su estilo de vida pausado y su ambiente tradicional.

Geográficamente, Suchitoto se encuentra a unos 47 kilómetros al noreste de San Salvador, la capital de El Salvador, lo que lo hace fácilmente accesible por carretera. El pueblo está ubicado en una meseta con vistas al lago Suchitlán, un embalse artificial creado por la construcción de la represa Cerrón Grande. El lago y las colinas que lo rodean brindan un paisaje espectacular para el pueblo y ofrecen numerosas oportunidades para actividades al aire libre, como paseos en bote, observación de aves y senderismo.

El clima en Suchitoto es tropical, con temperaturas cálidas durante todo el año. La temperatura promedio varía entre los 23°C y los 32°C, lo que lo convierte en un destino agradable sin importar la temporada. La temporada seca, que va de noviembre a abril, es la más popular para los visitantes, ya que el clima es cálido y soleado, con pocas lluvias. Durante la temporada de lluvias, de mayo a octubre, las tardes suelen traer lluvias, lo que transforma el paisaje en un paraíso verde exuberante, acentuando la belleza de la región. Sin embargo, el pueblo sigue siendo accesible y encantador incluso en esta época del año.

Uno de los principales atractivos turísticos de Suchitoto es la Iglesia Santa Lucía, que se encuentra en el corazón de la plaza central del pueblo. Esta icónica iglesia blanca, construida en el siglo XIX, es un ejemplo sobresaliente de la arquitectura colonial, con su impresionante fachada y sus torres que atraen a visitantes de todo el mundo. La plaza en sí es un lugar de encuentro animado, rodeada de cafés, restaurantes y pequeñas tiendas que venden artesanías locales. La serenidad de la plaza, combinada con las impresionantes vistas del lago Suchitlán en la distancia, crea un ambiente tranquilo que invita a la relajación y la reflexión.

Otro punto destacado de Suchitoto es el lago Suchitlán, que se ha convertido en un centro de ecoturismo y actividades al aire libre. Los visitantes pueden disfrutar de paseos en bote por el lago, explorando sus pequeñas islas y observando la diversidad de aves que habitan la zona. El lago es hogar de una gran variedad de especies de aves, como garzas, martines pescadores y halcones, lo que lo convierte en un destino ideal para los amantes de la observación de aves. Además, las colinas circundantes ofrecen senderos para caminar que brindan vistas panorámicas del lago y el pueblo, permitiendo a los visitantes disfrutar de la belleza natural de la región.

Culturalmente, Suchitoto es un centro de arte y creatividad en El Salvador. El pueblo alberga numerosas galerías de arte, centros culturales y talleres donde artistas locales e internacionales exhiben sus obras. También es conocido por sus festivales culturales anuales, como el Festival de las Artes, que presenta música, danza, teatro y artes visuales de todo el país. Esta vibrante escena cultural ha convertido a Suchitoto en un refugio para artistas y creativos, muchos de los cuales han decidido hacer del pueblo su hogar.

La gastronomía tradicional salvadoreña es otro de los puntos fuertes de cualquier visita a Suchitoto. Los restaurantes y vendedores ambulantes del pueblo ofrecen una amplia variedad de platos locales, siendo las pupusas el más famoso. Las pupusas son gruesas tortillas de maíz rellenas de queso, frijoles o cerdo, y suelen servirse con curtido, una ensalada de repollo avinagrada, y salsa. Los visitantes también pueden disfrutar de otros platos tradicionales como la yuca frita, tamales y la sopa de gallina. El mercado del pueblo es un excelente lugar para degustar productos frescos y deliciosos manjares caseros, ofreciendo un vistazo a la vida rural salvadoreña.

La flora y fauna de Suchitoto y sus alrededores son diversas, gracias a la proximidad del pueblo tanto al lago Suchitlán como a las verdes colinas del campo salvadoreño. Los alrededores del lago albergan una variedad de plantas, incluyendo árboles tropicales, arbustos florales y lirios acuáticos. La fauna es abundante, con aves, reptiles y pequeños mamíferos que se pueden ver frecuentemente en la zona. La biodiversidad de la región ha hecho de Suchitoto un destino popular para los ecoturistas, quienes vienen a explorar la belleza natural del lago y sus alrededores.

Suchitoto tiene una gran importancia histórica en El Salvador. Durante la época colonial española, el pueblo era un próspero centro agrícola y comercial, conocido por la producción de tinte de añil. Sin embargo, gran parte del pueblo fue abandonado durante la guerra civil salvadoreña (1980-1992), ya que se convirtió en un campo de batalla entre las fuerzas gubernamentales y los combatientes guerrilleros. Después de la guerra, Suchitoto fue reconstruido y desde entonces se ha convertido en un símbolo de resistencia y paz, atrayendo a visitantes interesados en la historia del país y en sus esfuerzos por avanzar después del conflicto.

A pesar de su pequeño tamaño, Suchitoto juega un papel importante en la industria turística de El Salvador. La bien preservada arquitectura colonial del pueblo y su rico patrimonio cultural lo convierten en un destino popular tanto para turistas salvadoreños como internacionales. Su éxito como destino turístico ha tenido un impacto social positivo, proporcionando oportunidades económicas para los residentes locales a través del desarrollo de hoteles, restaurantes y tours guiados. El pueblo ha logrado mantener un equilibrio entre recibir a los visitantes y preservar su carácter tradicional, convirtiéndolo en un modelo de turismo sostenible en El Salvador.

Como muchos pueblos pequeños, Suchitoto enfrenta desafíos urbanos relacionados con la infraestructura y el desarrollo. Las calles empedradas del pueblo, aunque encantadoras, pueden hacer que el transporte sea difícil, especialmente para vehículos más grandes. El transporte público hacia el pueblo está disponible, pero es limitado, por lo que muchos visitantes optan por alquilar un coche o contratar un conductor privado para llegar a Suchitoto desde San Salvador. Se están realizando esfuerzos para mejorar el acceso vial y los servicios públicos, pero el pueblo sigue comprometido en preservar su encanto histórico y su estilo de vida pausado.

Un hecho poco conocido sobre Suchitoto es que alguna vez fue considerado como una posible ubicación para la capital de El Salvador antes de que se eligiera a San Salvador. Esta importancia histórica añade aún más riqueza cultural al pueblo, que sigue siendo uno de los más preservados del país. El nombre "Suchitoto" proviene del idioma náhuatl y significa "lugar de flores y pájaros", reflejando la belleza natural del pueblo y su conexión con la herencia indígena de la región.

Llegar a Suchitoto desde San Salvador es relativamente fácil. Los autobuses circulan regularmente entre ambas ciudades, y el viaje dura alrededor de una hora y media. Para los viajeros internacionales, el aeropuerto más cercano es el Aeropuerto Internacional Monseñor Óscar Arnulfo Romero, ubicado cerca de San Salvador. Desde allí, los visitantes pueden tomar un autobús o alquilar un coche para llegar a Suchitoto. Una vez en el pueblo, la mayoría de las atracciones están a poca distancia, y los visitantes pueden explorar fácilmente las calles empedradas a pie.

En conclusión, Suchitoto es un pueblo que ofrece una mezcla perfecta de historia, cultura y belleza natural. Su arquitectura colonial, su ambiente tranquilo y su vibrante escena cultural lo convierten en uno de los destinos más encantadores de El Salvador. Ya sea explorando la Iglesia Santa Lucía, navegando por el lago Suchitlán o disfrutando de la comida tradicional salvadoreña en la plaza central, Suchitoto brinda una experiencia inolvidable a sus visitantes. Su importancia como símbolo de paz y resistencia, junto con sus impresionantes alrededores naturales, lo convierten en un destino imperdible para quienes buscan descubrir el corazón de El Salvador.

132. Tamarindo: Paraíso de Playa y Surf

Tamarindo, situado en la impresionante costa del Pacífico de Costa Rica, es un vibrante pueblo de playa conocido por su hermosa costa, su ambiente animado y su fama mundial como destino de surf. Este pequeño pero bullicioso pueblo forma parte de la provincia de Guanacaste, una de las regiones más visitadas del país por su belleza natural y su fácil acceso. Tamarindo, con sus playas doradas y su entorno tropical exuberante, ha pasado de ser una tranquila aldea de pescadores a uno de los destinos turísticos más populares de Costa Rica. A pesar de su tamaño relativamente pequeño, Tamarindo ofrece una amplia gama de actividades, cultura y atracciones naturales, lo que lo convierte en un destino imprescindible tanto para los amantes de la aventura como para quienes buscan relajación o una mezcla de ambas.

Geográficamente, Tamarindo se encuentra en la Península de Nicoya, aproximadamente a 260 kilómetros al oeste de San José, la capital de Costa Rica. Forma parte de la región de Guanacaste, conocida por sus bosques secos tropicales, colinas onduladas y playas espectaculares. Tamarindo se extiende a lo largo de Playa Tamarindo, una larga franja de arena dorada bañada por las cálidas aguas del Océano Pacífico. Su ubicación privilegiada a lo largo de la costa lo convierte en un paraíso para surfistas, nadadores y aquellos que simplemente desean disfrutar del sol y la playa.

El clima en Tamarindo es tropical, con estaciones húmedas y secas bien definidas. La temporada seca, de noviembre a abril, es la más popular para los turistas, ya que el clima es soleado, cálido y seco, con temperaturas que oscilan entre los 24°C y los 34°C. La temporada de lluvias, de mayo a octubre, trae más humedad y lluvias frecuentes, aunque suelen caer por la tarde o noche, lo que permite disfrutar de actividades al aire libre durante el día. A pesar de la lluvia, muchos viajeros eligen visitar en esta época porque el paisaje se vuelve más verde y exuberante, y hay menos turistas.

La principal atracción de Tamarindo es, sin duda, su playa, Playa Tamarindo. Conocida por sus suaves y constantes olas, es un lugar popular tanto para surfistas principiantes como experimentados. Las escuelas de surf y tiendas de alquiler de equipos se alinean en la playa, ofreciendo clases y equipos para quienes desean atrapar su primera ola. Para los surfistas más avanzados, las cercanas playas de Playa Grande y Playa Langosta ofrecen olas más desafiantes. Además del surf, Playa Tamarindo es perfecta para nadar, tomar el sol y pasear por la orilla en busca de conchas y paisajes.

Más allá de la playa, Tamarindo ofrece una variedad de actividades para los amantes de la naturaleza. Una de las excursiones más populares es visitar el cercano Parque Nacional Marino Las Baulas, famoso por ser un sitio de anidación de tortugas baulas en peligro de extinción. Entre octubre y febrero, los visitantes pueden presenciar el impresionante espectáculo de estas tortugas gigantes que llegan a la orilla para poner sus huevos, una experiencia inolvidable para los amantes de la vida silvestre. El parque también alberga diversas especies de aves, manglares y estuarios, lo que lo convierte en un lugar ideal para la observación de aves y los ecotours.

Otra actividad turística muy popular en Tamarindo es el esnórquel y el buceo. Las cercanas Islas Catalinas, a solo un corto paseo en bote, son un destino de primer nivel para los buceadores gracias a su rica vida marina. Aquí, los buceadores pueden encontrarse con mantarrayas, tiburones y bancos de peces tropicales de colores. También se ofrecen tours de esnórquel para aquellos que prefieren quedarse más cerca de la superficie, brindando la oportunidad de explorar arrecifes de coral y formaciones rocosas submarinas.

Culturalmente, Tamarindo es un crisol de influencias locales e internacionales. La población del pueblo incluye tanto a costarricenses nativos, conocidos como "ticos", como a una gran cantidad de expatriados de todo el mundo que han hecho de Tamarindo su hogar. Esta mezcla internacional se refleja en la vibrante escena gastronómica del pueblo, donde los visitantes pueden encontrar desde comida costarricense tradicional hasta cocina internacional. Los platos locales como el gallo pinto (arroz con frijoles), el ceviche (mariscos frescos marinados en jugo de limón) y los casados (plato tradicional de arroz, frijoles, ensalada y carne) son opciones populares, mientras que las alternativas internacionales incluyen comida española, mediterránea, sushi y pizza.

La flora y fauna de Tamarindo y sus alrededores son típicas del ecosistema de bosque seco tropical de Costa Rica. La región alberga una variedad de especies de plantas, incluidos imponentes árboles de ceiba, cactus y arbustos con flores. La fauna local incluye monos aulladores, iguanas y aves tropicales como tucanes, loros y pelícanos. Los cercanos estuarios y manglares también albergan cocodrilos y diversas especies de peces y crustáceos, lo que los convierte en un destino fascinante para los tours de naturaleza.

El auge de Tamarindo como un punto caliente para los turistas ha tenido un impacto social significativo en la comunidad local. La afluencia de visitantes ha traído oportunidades económicas a la región, con muchos residentes locales encontrando empleo en las industrias de turismo y hospitalidad. Sin embargo, el rápido desarrollo también ha generado preocupaciones sobre la sostenibilidad y la preservación del medio ambiente. Se están llevando a cabo esfuerzos para promover prácticas de turismo ecológico en Tamarindo, incluidas iniciativas para reducir los desechos plásticos, proteger las playas y conservar los recursos naturales de la zona.

A pesar de su atractivo, Tamarindo enfrenta varios desafíos urbanos, particularmente relacionados con la infraestructura y el desarrollo. A medida que el pueblo continúa creciendo en popularidad, aumenta la demanda de mejores carreteras, transporte público y sistemas de gestión de residuos. La congestión del tráfico durante las temporadas altas de turismo también es una preocupación, ya que las calles estrechas del pueblo no fueron diseñadas para acomodar la gran cantidad de visitantes que ahora recibe Tamarindo. Las autoridades locales y las organizaciones ambientales están trabajando juntas para abordar estos problemas y garantizar que Tamarindo siga siendo un destino sostenible y agradable tanto para los residentes como para los turistas.

Un dato poco conocido sobre Tamarindo es que originalmente era un pequeño pueblo de pescadores, y no fue sino hasta la década de 1990 que comenzó a desarrollarse como destino turístico. El crecimiento del pueblo fue impulsado en gran medida por los surfistas, que se sintieron atraídos por las olas consistentes y el ambiente relajado de la zona. Desde entonces, Tamarindo ha evolucionado para convertirse en un bullicioso pueblo de playa que atrae a una amplia gama de visitantes, desde mochileros y surfistas hasta familias y viajeros de lujo.

Llegar a Tamarindo es relativamente fácil gracias a su proximidad al Aeropuerto Internacional Daniel Oduber Quirós en Liberia, ubicado a aproximadamente una hora en coche. El aeropuerto ofrece vuelos directos desde y hacia varias ciudades importantes de América del Norte, lo que lo convierte en una puerta de entrada conveniente para los viajeros internacionales. Desde el aeropuerto, los visitantes pueden alquilar un coche, tomar un taxi o utilizar servicios de transporte para llegar a Tamarindo. Una vez en el pueblo, desplazarse es sencillo, ya que la mayoría de las atracciones están a poca distancia a pie, y los taxis están disponibles para viajes más largos.

En conclusión, Tamarindo es un pueblo de playa vibrante y hermoso que ofrece algo para todos. Ya sea surfeando las olas, explorando la belleza natural de los parques nacionales cercanos o simplemente relajándose en la playa con una bebida fría en la mano, Tamarindo brinda una experiencia inolvidable a sus visitantes. Sus playas impresionantes, su rica vida silvestre y su vibrante cultura lo convierten en uno de los principales destinos de Costa Rica, y a pesar de los desafíos del rápido desarrollo, Tamarindo sigue prosperando como un refugio tanto para los buscadores de aventuras como para quienes buscan relajarse en el paraíso.

133. Tegucigalpa: Corazón vibrante de Honduras

Tegucigalpa, la bulliciosa capital de Honduras, es una ciudad llena de contrastes, donde la modernidad se encuentra con el encanto colonial, y la belleza natural de las montañas circundantes añade un fondo único. Con una población de más de 1.5 millones de personas, Tegucigalpa, a menudo llamada cariñosamente "Tegus" por los locales, es la ciudad más grande del país y su principal centro político, cultural y económico. Ubicada en un valle rodeado de colinas verdes, Tegucigalpa ofrece una combinación única de historia, cultura y naturaleza que atrae tanto a locales como a viajeros internacionales.

Geográficamente, Tegucigalpa se encuentra en un valle a una altitud de aproximadamente 990 metros sobre el nivel del mar, lo que le otorga un clima templado durante todo el año. La ciudad está rodeada por la cordillera de Sierra de Montecillos, ofreciendo un entorno pintoresco. Esta proximidad a las montañas significa que las temperaturas son más frescas en comparación con las regiones bajas y más cálidas de Honduras. El clima de Tegucigalpa se caracteriza por días cálidos y noches frescas, con temperaturas promedio que oscilan entre los 18°C y los 28°C. La mejor época para visitarla es durante la temporada seca, de noviembre a abril, cuando los cielos están despejados y el clima es agradable. La temporada de lluvias, de mayo a octubre, trae frecuentes lluvias por la tarde, pero también rejuvenece el paisaje circundante.

Uno de los lugares más emblemáticos de Tegucigalpa es la Basílica de Suyapa, una majestuosa iglesia católica dedicada a la Virgen de Suyapa, la patrona de Honduras. Esta basílica atrae a miles de peregrinos cada año, especialmente en febrero, cuando se celebra la Fiesta de Suyapa con grandes eventos religiosos. La estructura es una mezcla de estilos arquitectónicos modernos y tradicionales, y su presencia imponente en una colina que domina la ciudad la convierte en un sitio imperdible tanto por motivos espirituales como culturales.

Además de la Basílica, el centro histórico de Tegucigalpa alberga varios monumentos coloniales, como la Catedral de San Miguel Arcángel, una impresionante iglesia del siglo XVIII ubicada en el corazón de la ciudad. Este área, conocida como el Parque Central, es una plaza bulliciosa rodeada de cafés, edificios gubernamentales y museos, ofreciendo una ventana al pasado colonial de la ciudad. El Museo para la Identidad Nacional, ubicado cerca, es uno de los mejores lugares para aprender sobre la historia, el arte y la cultura de Honduras a través de sus exhibiciones.

Sin embargo, Tegucigalpa no se limita a la historia y la religión; también es una ciudad moderna y vibrante con una escena cultural dinámica. La ciudad cuenta con teatros, galerías de arte y espacios para espectáculos que exhiben tanto talento local como internacional. La Galería Nacional de Arte es un excelente lugar para los amantes del arte, donde se pueden admirar obras de algunos de los artistas más destacados de Honduras. En los últimos años, Tegucigalpa también se ha hecho famosa por su creciente escena de arte callejero, con coloridos murales que adornan muchos edificios del centro, reflejando la creatividad de la juventud de la ciudad.

La comida es una parte integral de la experiencia cultural en Tegucigalpa, y la ciudad ofrece una amplia variedad de platos tradicionales hondureños. Entre las especialidades locales destacan las baleadas (una tortilla rellena de frijoles, queso y crema), la carne asada y la yuca con chicharrón. Los mercados locales, como el Mercado San Isidro, son lugares ideales para probar la auténtica comida hondureña, comprar productos frescos y sumergirse en el ambiente animado de la vida diaria en la ciudad.

Tegucigalpa está rodeada de una belleza natural impresionante, y quienes deseen explorar al aire libre no tienen que alejarse mucho para encontrar parques y senderos para caminatas. Uno de los destinos más populares es el Parque Nacional La Tigra, ubicado a solo 20 kilómetros del centro de la ciudad. Esta área protegida es un bosque nuboso que ofrece senderos para caminatas, cascadas y oportunidades para observar la vida silvestre. El parque alberga una gran variedad de especies de plantas y animales, incluyendo jaguares, pumas y más de 200 especies de aves, lo que lo convierte en un paraíso para los amantes de la naturaleza y los observadores de aves.

A pesar de su importancia económica y cultural, Tegucigalpa enfrenta varios desafíos urbanos. Uno de los mayores problemas es la congestión del tráfico, especialmente durante las horas pico, ya que las calles estrechas de la ciudad y su terreno montañoso pueden dificultar la navegación. El transporte público está disponible, pero a menudo está abarrotado y es poco confiable, lo que lleva a muchos residentes y visitantes a depender de taxis o servicios de transporte compartido. Se están realizando esfuerzos para mejorar la infraestructura de la ciudad, como la expansión de carreteras y la mejora de las opciones de transporte público, pero estos siguen siendo desafíos en curso.

Otro de los problemas urbanos que enfrenta Tegucigalpa es la pobreza y la desigualdad, que son visibles en algunas partes de la ciudad. Si bien existen barrios acomodados con modernas comodidades, también hay asentamientos informales en las afueras donde el acceso a servicios básicos como agua potable, atención médica y educación puede ser limitado. A pesar de estos desafíos, los habitantes de Tegucigalpa son conocidos por su calidez, hospitalidad y resiliencia, y el espíritu comunitario de la ciudad es evidente en sus mercados, festivales y la vida diaria.

Un hecho poco conocido sobre Tegucigalpa es que fue fundada en 1578 como un pueblo minero durante el período colonial español. La zona era rica en plata y oro, y el crecimiento temprano de la ciudad fue impulsado por estos metales preciosos. Aunque la industria minera ha disminuido desde hace mucho tiempo, esta historia temprana ha dejado una marca en la identidad de la ciudad y en su nombre: Tegucigalpa proviene del náhuatl y significa "colinas de plata".

Tegucigalpa también alberga varias universidades e instituciones educativas, lo que la convierte en un importante centro de aprendizaje en Honduras. La Universidad Nacional Autónoma de Honduras, la universidad más grande y prestigiosa del país, se encuentra en la ciudad, atrayendo a estudiantes de todo el país y del extranjero. Esto le da a la ciudad un ambiente juvenil y dinámico, con muchos eventos culturales e intelectuales que tienen lugar durante todo el año.

Llegar a Tegucigalpa es relativamente fácil, ya que la ciudad cuenta con el Aeropuerto Internacional Toncontín, ubicado a pocos kilómetros del centro. El aeropuerto ofrece vuelos a varias ciudades importantes de América Central, América del Norte y otros destinos. Para aquellos que viajan por tierra, Tegucigalpa está bien conectada por autobús con otras ciudades importantes de Honduras y países vecinos, aunque el terreno montañoso puede hacer que el viaje sea sinuoso y, a veces, desafiante. Una vez en la ciudad, hay taxis, autobuses y servicios de transporte compartido para desplazarse, aunque el tamaño compacto de la ciudad permite explorar muchas áreas a pie.

En conclusión, Tegucigalpa es una ciudad que ofrece una rica mezcla de historia, cultura y belleza natural. Desde su arquitectura colonial y sus monumentos religiosos hasta su escena cultural moderna y sus parques nacionales cercanos, la ciudad brinda a los visitantes una experiencia multifacética. Si bien enfrenta los desafíos típicos de un centro urbano en crecimiento, el encanto de Tegucigalpa radica en su atmósfera vibrante, su gente acogedora y su entorno escénico en el corazón de las tierras altas hondureñas.

134. Las majestuosas Montañas Azules de Jamaica

Las Montañas Azules de Jamaica, uno de los paisajes naturales más icónicos y cautivadores de la isla, forman una majestuosa cadena montañosa que se extiende por la parte oriental del país. Estas montañas, nombradas por el tono azulado que aparece sobre sus picos debido a la niebla y la distancia, albergan algunas de las vistas más impresionantes, exuberantes selvas tropicales y las mundialmente famosas plantaciones de café. Forman parte del Parque Nacional de las Montañas Azules y John Crow, que cubre un área de más de 495 kilómetros cuadrados y ha sido designado como Patrimonio de la Humanidad por la UNESCO.

Geográficamente, las Montañas Azules se encuentran al noreste de Kingston, la capital de Jamaica, y se extienden hacia las parroquias orientales de St. Thomas y Portland. El pico más alto de la cadena, Blue Mountain Peak, se eleva a unos impresionantes 2,256 metros sobre el nivel del mar, lo que lo convierte en el punto más alto de Jamaica y uno de los picos más altos del Caribe. En un día despejado, los excursionistas que llegan a la cumbre son recompensados con una vista panorámica que se extiende hasta Cuba, a unos 210 kilómetros de distancia.

El clima en las Montañas Azules varía según la altitud. A niveles más bajos, el clima es tropical y húmedo, mientras que en las altitudes más altas, las temperaturas son más frescas, oscilando entre los 10°C y los 22°C. Las montañas reciben abundantes lluvias, especialmente entre mayo y octubre, lo que contribuye a su frondosa y verde apariencia. La niebla que frecuentemente cubre los picos añade un aire de misterio al paisaje y nutre la flora única que prospera en la zona. La mejor época para visitar las Montañas Azules es durante la estación seca, de diciembre a abril, cuando los senderos están menos embarrados y el cielo es más claro. Una de las actividades más populares para los visitantes es la caminata hacia el Blue Mountain Peak, un recorrido que toma alrededor de cuatro a cinco horas desde la base, dependiendo del ritmo del excursionista. La travesía a través de la densa selva y las plantaciones de café ofrece una experiencia inmersiva, con vistas de aves exóticas, flores tropicales vibrantes y cascadas. Alcanzar la cumbre al amanecer es una experiencia inigualable, cuando el sol naciente baña las montañas en luz dorada y ofrece una vista que parece extenderse infinitamente hacia el horizonte.

Las Montañas Azules son mundialmente famosas por su café, considerado uno de los mejores del mundo. El rico suelo volcánico, las temperaturas frescas y el ambiente brumoso crean las condiciones ideales para cultivar granos de café con un perfil de sabor único. Las plantaciones de café salpican las laderas, y muchas de ellas ofrecen recorridos donde los visitantes pueden aprender sobre el proceso de elaboración del café, desde la recolección de los granos hasta el tostado. Probar una taza de café recién preparado mientras se disfruta del paisaje desde una plantación es una experiencia inolvidable para cualquier amante del café. Además del café, las Montañas Azules son conocidas por su rica biodiversidad. El bosque alberga una amplia variedad de especies vegetales, incluidos helechos, orquídeas y majestuosos árboles de caoba. Muchas de estas especies son endémicas de Jamaica, lo que convierte a las Montañas Azules en un área crucial para la conservación. Para los amantes de las aves, las montañas son un paraíso, con más de 200 especies de aves, incluidas el mirlo jamaicano, en peligro de extinción, y el espectacular colibrí pico de sable, también conocido como "doctor bird", que es el ave nacional de Jamaica.

Culturalmente, las Montañas Azules tienen un profundo significado para Jamaica. Durante siglos, las montañas fueron un refugio para los cimarrones, africanos esclavizados que escaparon de las plantaciones y formaron comunidades independientes en el terreno accidentado. Los cimarrones desempeñaron un papel crucial en la resistencia al dominio colonial británico, y su legado sigue siendo celebrado en la región hoy en día. Los visitantes pueden explorar aldeas cimarronas, como Moore Town, y aprender sobre la historia, cultura y tradiciones del pueblo cimarrón, que ha mantenido su identidad distinta a lo largo de los siglos. La gastronomía jamaicana es otro atractivo de cualquier visita a las Montañas Azules. Los restaurantes locales en la región sirven platos tradicionales jamaicanos, como pollo jerk, ackee con pescado salado (el plato nacional) y cabrito al curry, todos preparados con ingredientes frescos de la región. El aire de montaña realza los sabores, y muchos restaurantes ofrecen comidas al aire libre con impresionantes vistas del paisaje circundante. Además de los platos tradicionales, los visitantes pueden degustar postres y cócteles a base de café local, añadiendo un toque único a la experiencia culinaria.

Las Montañas Azules no solo son un tesoro natural y cultural; también son de gran importancia económica para Jamaica. La industria del café, en particular, es un importante motor económico, proporcionando empleos a muchos residentes de la región. La industria del turismo sostenible, que incluye eco-lodges, tours de senderismo y excursiones culturales, también ha traído beneficios económicos a la zona mientras se promueve la conservación y prácticas de viaje responsables.

Sin embargo, las Montañas Azules enfrentan varios desafíos. La expansión urbana y la deforestación son preocupaciones constantes, ya que la creciente demanda de tierras y recursos pone presión sobre el entorno natural. Además, la infraestructura en la región es limitada, con caminos estrechos y sinuosos que dificultan el transporte, especialmente durante la temporada de lluvias. Se están llevando a cabo esfuerzos para abordar estos desafíos, incluidas iniciativas para promover la agricultura sostenible y proteger la biodiversidad a través de programas de conservación.

Un hecho poco conocido sobre las Montañas Azules es que albergan uno de los jardines botánicos más antiguos del hemisferio occidental, los Jardines Botánicos de Cinchona. Establecidos en la década de 1860, los jardines originalmente estaban destinados al cultivo de árboles de quina, que producen quinina, un tratamiento para la malaria. Hoy en día, los jardines son un refugio de paz lleno de plantas y flores exóticas, y ofrecen vistas impresionantes de las montañas circundantes.

Llegar a las Montañas Azules es relativamente sencillo para los visitantes internacionales. El Aeropuerto Internacional Norman Manley en Kingston es el aeropuerto principal más cercano, y desde allí, son aproximadamente dos horas en coche hasta las montañas. Para aquellos que vienen desde Montego Bay u Ocho Ríos, el trayecto es más largo pero igualmente pintoresco, serpenteando a través de pueblos rurales y ofreciendo vistas de los diversos paisajes de Jamaica. Una vez en las Montañas Azules, guías locales están disponibles para llevar a los visitantes en caminatas y tours, asegurando que experimenten lo mejor que la región tiene para ofrecer.

En conclusión, las Montañas Azules de Jamaica son un destino que ofrece algo para todos. Ya seas amante de la naturaleza, entusiasta de la historia, aficionado al café o simplemente busques una escapada pacífica de las bulliciosas ciudades, las Montañas Azules brindan una combinación única de belleza natural, patrimonio cultural y aventura. Con sus picos envueltos en niebla, frondosos bosques y café de renombre mundial, las Montañas Azules son una joya en la corona de Jamaica, y su importancia tanto para el país como para el mundo no puede ser subestimada.

135. El Parque Nacional Tikal

El Parque Nacional Tikal, reconocido como Patrimonio de la Humanidad por la UNESCO, es uno de los tesoros arqueológicos más impresionantes de Centroamérica. Aunque a menudo se asocia con la región de Belice, Tikal está en realidad ubicado en Guatemala, en lo profundo de la densa selva tropical de la región de Petén. Esta vasta extensión de ruinas antiguas fue en su momento una de las ciudades más poderosas de la civilización maya. Hoy en día, no solo es un sitio histórico de gran importancia, sino también una reserva natural próspera, que atrae a visitantes de todo el mundo deseosos de explorar sus monumentales estructuras y sumergirse en su rica historia y abundante vida silvestre.

Tikal se encuentra aproximadamente a 64 kilómetros al noroeste de Flores, la ciudad más cercana, y a unos 575 kilómetros al norte de Ciudad de Guatemala. El parque cubre una extensión de alrededor de 575 kilómetros cuadrados, lo que ofrece a los visitantes no solo impresionantes ruinas arqueológicas, sino también un ecosistema vibrante que alberga diversas especies de fauna y flora. Esto convierte a Tikal en una atracción doble, tanto para los amantes de la historia como para los aficionados a la naturaleza.

El clima en Tikal es típico de la selva tropical, con temperaturas cálidas durante todo el año. Oscilan entre los 22°C y los 30°C, con alta humedad debido al entorno selvático. La temporada de lluvias, de mayo a octubre, trae frecuentes aguaceros, lo que puede dificultar la exploración, aunque también embellece el verdor vibrante del bosque. Por otro lado, la temporada seca, de noviembre a abril, es el mejor momento para visitar, con cielos despejados que ofrecen impresionantes vistas de las pirámides elevándose sobre el fondo selvático.

El corazón de la atracción de Tikal radica en sus antiguas ruinas, con más de 3,000 estructuras dispersas por todo el parque. La más famosa de ellas es el Templo I, también conocido como el Templo del Gran Jaguar, que se erige con orgullo en la Gran Plaza. Esta pirámide, que alcanza una altura de 47 metros, fue construida en el siglo VIII como la tumba del gran gobernante Jasaw Chan K'awiil I. Los visitantes pueden subir al cercano Templo II, llamado el Templo de las Máscaras, que ofrece una vista espectacular del Templo I y de la selva circundante.

Otra estructura impresionante es el Templo IV, la pirámide más alta de Tikal, con 70 metros de altura. Subir hasta la cima recompensa a los visitantes con una vista inolvidable del dosel de la selva que se extiende interminablemente abajo, con los picos de las antiguas pirámides emergiendo a través de las copas de los árboles. Este mirador, a menudo envuelto en niebla al amanecer, ofrece una experiencia surrealista que transporta a los viajeros al tiempo en que Tikal era una metrópolis próspera del mundo maya.

Además de las pirámides, el Parque Nacional Tikal alberga numerosas otras estructuras, como palacios, juegos de pelota y edificios residenciales. La Acrópolis Central es un laberinto de patios y habitaciones interconectadas que una vez sirvieron como el centro administrativo y residencial de la élite de la ciudad. Explorar estas ruinas ofrece una visión fascinante de la vida cotidiana de los mayas, quienes vivieron y prosperaron en Tikal durante más de mil años, desde alrededor del 600 a.C. hasta el 900 d.C.

Culturalmente, Tikal fue un importante centro de la civilización maya, desempeñando un papel político, económico y religioso crucial. La ciudad fue testigo de alianzas y conflictos con otras poderosas ciudades-estado mayas como Calakmul y Caracol. Su influencia se extendió mucho más allá de sus fronteras, y sus logros arquitectónicos y artísticos dejaron un legado que sigue cautivando a historiadores y arqueólogos hasta el día de hoy.

El Parque Nacional Tikal no solo es un asombro arqueológico, sino también un refugio de vida silvestre. La densa selva que rodea las ruinas está repleta de flora y fauna diversas, incluidos majestuosos árboles de ceiba, orquídeas y helechos. El parque está lleno de vida, con el sonido característico de los monos aulladores, los monos araña y una variedad de aves como tucanes, loros y el emblemático quetzal, ave nacional de Guatemala. Los visitantes que recorren los senderos del parque a menudo tienen la oportunidad de encontrarse con estas criaturas, lo que convierte la experiencia en un viaje tanto histórico como natural.

La biodiversidad del parque está cuidadosamente protegida, y los esfuerzos de conservación han sido fundamentales para preservar tanto las ruinas como el entorno natural que las rodea. La integración del patrimonio cultural de Tikal con su belleza natural lo convierte en un destino único que atrae a una amplia variedad de viajeros, desde aquellos interesados en la arqueología hasta los ecoturistas ansiosos por explorar el ecosistema selvático.

A pesar de su importancia, Tikal enfrenta varios desafíos, particularmente en cuanto a la gestión del impacto del turismo en su frágil entorno. Si bien las ruinas han sido restauradas y mantenidas, la selva circundante requiere una gestión cuidadosa para proteger su biodiversidad. Además, la ubicación remota de Tikal significa que la infraestructura, como los caminos y las instalaciones para visitantes, todavía está en desarrollo. El acceso al parque puede ser limitado durante la temporada de lluvias, cuando los caminos se vuelven difíciles de transitar, y existen esfuerzos continuos para mejorar las opciones de transporte y alojamiento para los turistas.

Un hecho poco conocido sobre Tikal es su importancia astronómica. Los antiguos mayas eran astrónomos hábiles, y varias estructuras dentro del parque estaban alineadas con eventos celestiales. Por ejemplo, la alineación de las pirámides en la Gran Plaza fue diseñada para seguir los movimientos del sol durante los solsticios y equinoccios, lo que desempeñó un papel vital en las ceremonias religiosas mayas y la planificación agrícola. Esta profunda conexión entre la arquitectura de la ciudad y el cosmos añade otra capa de fascinación al sitio, resaltando la sofisticación de la civilización maya.

Llegar al Parque Nacional Tikal es relativamente sencillo para los viajeros internacionales. La mayoría de los visitantes vuelan al Aeropuerto Internacional Mundo Maya en Flores, Guatemala, y desde allí, se realiza un trayecto de aproximadamente una hora y media hasta el parque. Hay muchas visitas guiadas disponibles desde Flores, que ofrecen transporte y valiosos conocimientos sobre la historia y la importancia del sitio. Para aquellos que vienen desde Belice, Tikal está a unos 120 kilómetros de la frontera, y también se pueden organizar visitas desde Belice City o San Ignacio, lo que lo convierte en una parada conveniente para quienes exploran ambos países.

En conclusión, el Parque Nacional Tikal es un destino que ofrece una combinación inigualable de historia, cultura y naturaleza. Ya sea explorando las antiguas ruinas de la civilización maya, recorriendo la densa selva en busca de vida silvestre o simplemente disfrutando de las impresionantes vistas desde la cima de una pirámide, Tikal ofrece una experiencia que resuena tanto en el corazón como en la mente.

136. Tesoro de Historia y Naturaleza

El Parque Nacional Tikal, situado en el corazón de la selva guatemalteca, es uno de los tesoros arqueológicos y naturales más impresionantes de Centroamérica. Este sitio, declarado Patrimonio de la Humanidad por la UNESCO, abarca más de 575 kilómetros cuadrados y fue alguna vez el epicentro de la poderosa civilización maya. Con sus pirámides imponentes, plazas intrincadas y ruinas dispersas, Tikal está rodeado de una densa selva tropical que alberga una abundante fauna y flora. Este parque ofrece una combinación única de historia antigua y belleza natural, atrayendo tanto a los amantes de la historia como a los apasionados de la naturaleza.

Ubicado en el norte de Guatemala, en la región de Petén, Tikal está a unos 64 kilómetros de la ciudad de Flores. El parque está rodeado por una espesa jungla, con árboles que alcanzan más de 40 metros de altura, y las antiguas ruinas emergen majestuosamente del dosel forestal. La ubicación geográfica del parque lo coloca en el corazón de la Reserva de la Biosfera Maya, una zona protegida que incluye otros importantes sitios arqueológicos y hábitats cruciales para la vida silvestre.

El clima de Tikal es tropical, con temperaturas cálidas y alta humedad durante todo el año. Las temperaturas suelen oscilar entre los 22°C y los 30°C, con una temporada de lluvias que va de mayo a octubre. Durante este periodo, las lluvias frecuentes enriquecen el verdor de la selva, pero pueden hacer que la exploración sea un desafío. La temporada seca, de noviembre a abril, es la más popular para los visitantes, ya que el clima es más predecible y las vistas desde lo alto de las pirámides antiguas son más despejadas.

Una de las características más impactantes de Tikal es su impresionante arquitectura. La ciudad alberga más de 3,000 estructuras, incluyendo pirámides, templos, palacios y plazas. El Templo I, también conocido como el Templo del Gran Jaguar, es el más icónico de estos monumentos. Con una altura de 47 metros, esta pirámide domina la Gran Plaza y fue construida en el siglo VIII como tumba para el gobernante maya Jasaw Chan K'awiil. Frente a él, se encuentra el Templo II, conocido como el Templo de las Máscaras, desde donde los visitantes pueden obtener una vista panorámica del Templo I y de la jungla circundante.

Explorar la Acrópolis Central, un complejo de palacios interconectados, patios y edificios residenciales, permite a los visitantes imaginar la vida cotidiana de la élite de Tikal. La Gran Plaza, el corazón de la ciudad, fue un centro de actividad religiosa, política y social durante la época de mayor poder de Tikal. Además, el Complejo Mundo Perdido y el Templo V revelan los conocimientos astronómicos y arquitectónicos avanzados de los mayas, quienes utilizaban sus construcciones para seguir los movimientos de los cuerpos celestes.

Tikal fue una de las ciudades más poderosas de la civilización maya, y floreció entre el 600 a.C. y el 900 d.C. Fue un centro de comercio, política y religión, y su influencia se extendía por una vasta región que incluía lo que hoy es México y Belice. Los mayas de Tikal dejaron un legado de inscripciones jeroglíficas, complejos grabados y una profunda conexión con los astros, lo que se refleja en la alineación de muchos de sus templos con eventos celestiales.

Además de su importancia cultural, Tikal es un punto clave para la biodiversidad. La selva tropical que rodea el parque está repleta de una gran variedad de plantas y animales. Entre los árboles más majestuosos se encuentran los ceibas, palmas y orquídeas que prosperan en el ambiente húmedo, mientras que el suelo del bosque está cubierto de helechos y otras plantas exóticas. Tikal es también un santuario para numerosos animales, incluidos monos aulladores y araña, tucanes, loros e incluso jaguares, lo que lo convierte en un paraíso para los entusiastas de la fauna silvestre.

Los observadores de aves disfrutan especialmente de Tikal, ya que el parque alberga más de 300 especies de aves. Entre ellas, destaca el quetzal resplandeciente, el ave nacional de Guatemala, que es una de las más buscadas por los visitantes. Las caminatas al amanecer por el parque ofrecen las mejores oportunidades para avistar estas aves raras y coloridas, así como para escuchar los misteriosos gritos de los monos aulladores resonando a través de la jungla.

Tikal no solo es un asombro arqueológico, sino que también se encuentra dentro de la Reserva de la Biosfera Maya, lo que subraya su importancia tanto ambiental como cultural. La reserva protege no solo el sitio arqueológico, sino también los ecosistemas circundantes, asegurando que la biodiversidad de la región se mantenga intacta. Los esfuerzos para promover el turismo sostenible han sido esenciales para preservar el delicado equilibrio entre la actividad humana y la conservación ambiental.

Visitar Tikal permite a los viajeros experimentar la grandeza de la antigua civilización maya mientras se sumergen en la belleza natural de la selva guatemalteca. Sin embargo, la ubicación remota del parque presenta ciertos desafíos para los turistas. Las carreteras que conducen a Tikal pueden ser difíciles de transitar, especialmente durante la temporada de lluvias, y las opciones de alojamiento dentro del parque son limitadas. La mayoría de los visitantes opta por hospedarse en la cercana ciudad de Flores, que ofrece una variedad de hoteles, restaurantes y servicios de guías turísticos.

A pesar de estos desafíos, Tikal sigue siendo uno de los destinos turísticos más importantes de Guatemala, atrayendo a visitantes de todo el mundo que vienen a maravillarse con las antiguas ruinas y a explorar la naturaleza circundante. El impacto económico del turismo ha sido significativo para la región, proporcionando empleos e ingresos para las comunidades locales, muchas de las cuales trabajan como guías, conductores o empleados en el parque.

Un dato poco conocido sobre Tikal es que fue utilizado como escenario de rodaje para la película original de Star Wars en 1977. La vista desde la cima del Templo IV, que da una panorámica de la jungla y las ruinas emergiendo de entre las copas de los árboles, fue utilizada como telón de fondo para la base rebelde en el planeta Yavin 4. Esta conexión con la cultura popular añade una capa adicional de intriga para algunos visitantes.

Para llegar al Parque Nacional Tikal, la mayoría de los viajeros internacionales vuelan al Aeropuerto Internacional Mundo Maya en Flores. Desde Flores, se tarda aproximadamente una hora y media en llegar al parque, y muchas excursiones guiadas ofrecen transporte y valiosa información sobre la historia del sitio. Para quienes viajan desde Belice, Tikal está a unos 120 kilómetros de la frontera, y los recorridos de un día desde la ciudad de Belice o San Ignacio son opciones populares.

En conclusión, el Parque Nacional Tikal es un destino que ofrece una conexión profunda con la historia, la cultura y la naturaleza. Sus imponentes pirámides, escondidas en la densa selva, proporcionan un vínculo tangible con la antigua civilización maya, mientras que su selva tropical, rica en biodiversidad, ofrece un refugio para la vida silvestre. Ya sea explorando las ruinas, observando aves o caminando por senderos selváticos, Tikal brinda una experiencia inolvidable para cualquier viajero.

137. Toronto: La Ciudad del Multiculturalismo y la Modernidad

Toronto, la ciudad más grande de Canadá y uno de los centros urbanos más vibrantes de América del Norte, es una metrópoli que ofrece una combinación única de diversidad cultural, arquitectura moderna y belleza natural. Situada en la costa noroeste del lago Ontario, Toronto es el hogar de casi 3 millones de residentes y se ha consolidado como un importante centro económico, cultural y político, tanto para Canadá como para la comunidad internacional. Con más de 140 idiomas hablados y comunidades de casi todos los rincones del mundo, se le considera una de las ciudades más multiculturales del planeta.

Geográficamente, Toronto está ubicada en el sur de la provincia de Ontario, y su límite sur está marcado por el lago Ontario. Esta ubicación privilegiada le otorga impresionantes vistas al agua y acceso fácil a la región de los Grandes Lagos. El área metropolitana de Toronto, conocida como el Gran Área de Toronto (GTA), se extiende más allá de la ciudad principal e incluye suburbios y zonas rurales. Con una población de más de 6 millones de personas, es una de las áreas metropolitanas más grandes de América del Norte.

El clima de Toronto es continental, con cuatro estaciones bien definidas. Los inviernos son fríos, con temperaturas que a menudo descienden por debajo de cero y ocasionales tormentas de nieve, especialmente de diciembre a marzo. Las temperaturas promedio en invierno oscilan entre -5°C y -1°C, aunque pueden bajar más durante los eventos de vórtices polares. Por otro lado, los veranos son cálidos y húmedos, con temperaturas que varían entre 20°C y 30°C de junio a septiembre. La primavera y el otoño ofrecen un clima más templado y agradable, lo que convierte estas estaciones en ideales para disfrutar de actividades al aire libre. La mejor época para visitar Toronto depende de las preferencias personales, pero la mayoría de los turistas acuden entre mayo y septiembre, cuando el clima es cálido y la ciudad ofrece numerosos festivales y eventos al aire libre.

Uno de los íconos más reconocidos de Toronto es la Torre CN, una estructura de 553 metros de altura que alguna vez fue la torre más alta del mundo. La Torre CN domina el horizonte de la ciudad y ofrece vistas panorámicas impresionantes de Toronto y el lago Ontario desde su plataforma de observación. Para los más aventureros, el EdgeWalk, una caminata al aire libre alrededor del borde de la torre, es una atracción emocionante. Por la noche, la torre se ilumina y se convierte en un espectáculo visual contra el fondo urbano.

El paseo marítimo de Toronto es otro de sus principales atractivos, con kilómetros de parques, senderos y áreas recreativas a lo largo de la orilla del lago Ontario. Los visitantes pueden disfrutar de actividades como paseos en bote, kayak y paddleboarding, o simplemente relajarse en una de las playas de la ciudad. Las Islas de Toronto, situadas a un corto viaje en ferry desde el centro, ofrecen un refugio tranquilo lejos del bullicio de la ciudad. Las islas cuentan con hermosas playas, áreas de picnic y pintorescos senderos para bicicletas, lo que las convierte en un destino ideal tanto para los locales como para los turistas.

Toronto también es un importante centro cultural, con museos, galerías y teatros de renombre mundial. El Museo Real de Ontario (ROM), uno de los museos más grandes de América del Norte, alberga una impresionante colección de arte, cultura e historia natural. Por otro lado, la Galería de Arte de Ontario (AGO) cuenta con una vasta colección de arte canadiense e internacional, con obras de artistas famosos como el Grupo de los Siete y maestros europeos. En cuanto a las artes escénicas, el distrito teatral de Toronto es el segundo más grande de América del Norte, solo superado por Broadway en Nueva York, en cuanto al número de espectáculos ofrecidos cada año.

La gastronomía en Toronto refleja su población multicultural, con una amplia variedad de restaurantes que sirven cocina de todo el mundo. Desde el dim sum de Chinatown hasta las pizzas y pastas de Little Italy, pasando por el souvlaki de Greektown y los curries de Little India, la ciudad tiene algo para todos los gustos. Entre los platos locales más populares se encuentran los sándwiches de tocino de peameal, las tartas de mantequilla y el famoso poutine, un platillo canadiense hecho de papas fritas, cuajada de queso y salsa.

La flora y fauna en Toronto son típicas de un clima templado. Los parques de la ciudad, como High Park y Edwards Gardens, albergan una variedad de árboles, incluidos arces, robles y pinos. La vida silvestre incluye ardillas, mapaches y una gran variedad de aves, especialmente a lo largo del paseo marítimo. Las Islas de Toronto también ofrecen un refugio para las aves migratorias, lo que las convierte en un destino popular para los observadores de aves.

Toronto juega un papel crucial en la economía de Canadá, siendo un centro financiero que alberga la Bolsa de Valores de Toronto y numerosas corporaciones multinacionales. También es un centro de educación e investigación, con instituciones de renombre como la Universidad de Toronto y la Universidad Ryerson. La diversidad de la ciudad y su fortaleza económica la convierten en un actor clave a nivel global, con creciente influencia en industrias como la tecnología, el cine y los medios de comunicación.

Sin embargo, al igual que muchas ciudades importantes, Toronto enfrenta varios desafíos urbanos. La congestión del tráfico es un problema importante, especialmente durante las horas pico. El sistema de transporte público de la ciudad, operado por la Comisión de Tránsito de Toronto (TTC), incluye subterráneos, autobuses y tranvías, pero la sobrecarga y los retrasos son preocupaciones comunes para los viajeros. La asequibilidad de la vivienda es otro desafío importante, ya que el mercado inmobiliario ha experimentado un rápido aumento de precios en los últimos años, lo que dificulta que muchos residentes encuentren viviendas accesibles.

A pesar de estos desafíos, Toronto sigue prosperando y atrayendo nuevos residentes y visitantes. Su diversidad cultural, combinada con su belleza natural y oportunidades económicas, la convierten en un lugar emocionante para vivir y visitar. La ciudad ha adoptado iniciativas ecológicas con proyectos destinados a reducir las emisiones de carbono y expandir los espacios verdes. Los esfuerzos para mejorar el transporte público y la infraestructura están en marcha, y la ciudad sigue evolucionando para satisfacer las necesidades de su creciente población.

Un dato menos conocido sobre Toronto es su conexión con la industria cinematográfica. La ciudad a menudo sirve como doble para Nueva York o Chicago en películas debido a su versátil horizonte y menores costos de producción. Toronto también es sede del Festival Internacional de Cine de Toronto (TIFF), uno de los festivales de cine más prestigiosos del mundo, que atrae a celebridades y cineastas de renombre cada septiembre.

Llegar a Toronto es fácil gracias a sus dos aeropuertos internacionales: el Aeropuerto Internacional Pearson de Toronto y el Aeropuerto Billy Bishop de Toronto. Pearson es el principal centro para vuelos internacionales y se encuentra a unos 30 minutos del centro en coche o tren. Billy Bishop, ubicado en las Islas de Toronto, ofrece principalmente vuelos regionales y acceso conveniente al núcleo de la ciudad. Toronto también está bien conectada por tren, con VIA Rail ofreciendo servicio a las principales ciudades canadienses y Amtrak brindando rutas hacia Estados Unidos.

En conclusión, Toronto es una ciudad vibrante y cosmopolita que ofrece un poco de todo. Ya sea explorando sus diversos vecindarios, disfrutando de la vista desde la Torre CN o relajándote en el paseo marítimo, la combinación de energía urbana y belleza natural de Toronto la convierte en un destino que deja una impresión duradera. Como ciudad de importancia global, sigue creciendo y adaptándose, sin perder de vista sus raíces multiculturales.

138. Tortuguero: Paraíso Natural de Costa Rica

Tortuguero, un parque nacional enclavado en la costa noreste de Costa Rica, es uno de los destinos más prístinos y biodiversos del país. Conocido como el "Amazonas de Costa Rica", este paraíso tropical es famoso por sus serpenteantes canales, densos bosques lluviosos y su vital papel en la conservación de tortugas marinas. El parque cubre aproximadamente 312 kilómetros cuadrados y abarca una mezcla de lagunas de agua dulce, pantanos, playas y frondosos bosques, convirtiéndose en un refugio tanto para la fauna salvaje como para los ecoturistas que buscan una conexión cercana con la naturaleza.

Tortuguero está ubicado en la provincia de Limón y limita al este con el Mar Caribe. Su aislamiento geográfico le añade un encanto especial, ya que no existen carreteras que lleven directamente al parque. Los visitantes solo pueden llegar a Tortuguero en bote o en avión pequeño, lo que intensifica el sentido de aventura. Los canales y ríos que atraviesan el parque son parte de un intrincado sistema de vías fluviales que conectan Tortuguero con pueblos y alojamientos cercanos.

El clima en Tortuguero es típico de un bosque tropical lluvioso, con temperaturas cálidas y alta humedad durante todo el año. Las temperaturas oscilan entre los 25°C y los 30°C. Aunque el parque puede visitarse en cualquier época del año, la temporada de lluvias, que va de mayo a noviembre, es la más húmeda, especialmente en septiembre y octubre. Por otro lado, la estación seca, de diciembre a abril, es la más popular entre los turistas, ya que las lluvias son menos frecuentes y las oportunidades para explorar los canales y playas son mayores.

Una de las razones principales por las que Tortuguero es tan conocido es su importante rol como sitio de anidación para tortugas marinas en peligro de extinción, especialmente la tortuga verde. Cada año, entre julio y octubre, miles de tortugas llegan a las playas del parque para depositar sus huevos, lo que atrae a visitantes de todo el mundo que desean presenciar este impresionante fenómeno natural. Además de las tortugas verdes, el parque también alberga a otras especies como la tortuga baula, carey y caguama, cada una con sus propias temporadas de anidación.

La biodiversidad de Tortuguero es asombrosa, con más de 400 especies de aves, 160 especies de mamíferos y una infinidad de reptiles, anfibios y peces. Entre los animales que los visitantes suelen avistar se encuentran los monos aulladores, monos araña, perezosos, caimanes y coloridas ranas venenosas. Para los amantes de las aves, el parque es un paraíso, ya que es hogar de tucanes, garzas y el majestuoso guacamayo verde. Los tours en bote por los canales ofrecen una perspectiva única para observar la vida salvaje en su hábitat natural, permitiendo una experiencia tranquila y envolvente mientras se navega por la densa jungla.

Además de sus maravillas naturales, Tortuguero tiene una rica historia cultural. El cercano pueblo de Tortuguero, con unos 1,200 residentes, es la puerta de entrada al parque. El pueblo tiene fuertes raíces afrocaribeñas, que se reflejan en su cultura, comida y música. Los platos tradicionales, como el arroz y frijoles preparados con leche de coco y el patí, un pastel de carne especiada, ofrecen a los visitantes una deliciosa muestra de la herencia cultural de la región. Muchos de los habitantes locales están involucrados en el ecoturismo, trabajando como guías, operadores de botes y conservacionistas, garantizando que el entorno único de Tortuguero siga protegido para las futuras generaciones.

El impacto social de Tortuguero está profundamente ligado a la conservación. El parque desempeña un papel crucial en la protección de especies en peligro de extinción y en la preservación de la rica biodiversidad de Costa Rica. Los esfuerzos de conservación de tortugas marinas han sido particularmente exitosos, con organizaciones locales e internacionales que trabajan juntas para proteger los sitios de anidación, monitorear las poblaciones de tortugas y educar a los visitantes sobre la importancia de la conservación. El turismo se ha convertido en una fuente clave de ingresos para la comunidad local, y el modelo sostenible de ecoturismo practicado en Tortuguero ha tenido un impacto positivo tanto en el medio ambiente como en la economía.

Sin embargo, el parque enfrenta desafíos relacionados con su ubicación remota y el creciente número de visitantes. La infraestructura dentro del parque es limitada, y la mayoría de los turistas se alojan en eco-lodges ubicados a lo largo de los canales. El transporte hacia y dentro del parque puede verse afectado por las fuertes lluvias, lo que puede ocasionar inundaciones o dificultades para navegar las vías fluviales. Los esfuerzos para equilibrar la promoción del ecoturismo con el mantenimiento del frágil ecosistema de Tortuguero siguen en marcha.

Un hecho poco conocido sobre Tortuguero es su conexión histórica con la explotación de la madera y el cultivo de bananos. Antes de convertirse en un área protegida en 1975, la región fue explotada por sus recursos naturales, y gran parte del terreno fue despejado para la agricultura. La creación del Parque Nacional Tortuguero marcó un punto de inflexión en los esfuerzos de conservación de Costa Rica, transformando la región en un refugio para la fauna salvaje y asegurando la protección de su entorno natural.

Para llegar al Parque Nacional Tortuguero, la mayoría de los visitantes vuelan al Aeropuerto Internacional Juan Santamaría en San José, la capital de Costa Rica. Desde allí, los viajeros pueden tomar un vuelo doméstico hacia Tortuguero o un viaje en autobús hasta los pueblos de La Pavona o Moín, donde salen los botes hacia Tortuguero. El trayecto en bote a través de los canales es visto a menudo como parte de la aventura, ya que permite a los visitantes experimentar la belleza de las vías fluviales y la jungla circundante antes de llegar al parque.

ANI DEE

En conclusión, el Parque Nacional Tortuguero es un destino que ofrece una combinación rara de belleza natural, diversidad de fauna y riqueza cultural. Ya sea explorando los serpenteantes canales en bote, caminando por las playas de anidación de tortugas o sumergiéndose en la vibrante cultura local, Tortuguero brinda una experiencia inolvidable de ecoturismo. Su importancia como centro de conservación y su papel en la protección de especies en peligro de extinción subrayan la necesidad de preservar entornos tan únicos para que las futuras generaciones también puedan disfrutarlos.

139. Treasure Beach: Un Refugio de Paz en Jamaica

Treasure Beach, en la costa sur de Jamaica, es un auténtico tesoro escondido. A diferencia de los bulliciosos centros turísticos de Montego Bay o Negril, este rincón tranquilo ofrece una atmósfera relajada, ideal para quienes buscan una experiencia jamaicana más genuina y menos comercializada. Con unos seis kilómetros de costa, Treasure Beach se distingue por sus playas tranquilas, su cálida comunidad y su belleza natural virgen.

Ubicado en la parroquia de St. Elizabeth, Treasure Beach está a unas dos horas en coche desde Montego Bay y a tres horas desde Kingston. Este destino se encuentra apartado de los grandes complejos turísticos que dominan la costa norte y oeste de la isla, dándole un encanto único y apartado de las rutas turísticas tradicionales. Treasure Beach no es solo una playa, sino un conjunto de bahías, entre ellas Frenchman's Bay, Calabash Bay, Great Pedro Bay y Billy's Bay, cada una con su propio ambiente y atractivo.

El clima en Treasure Beach es tropical, pero más seco en comparación con otras partes de Jamaica. Esto lo convierte en un lugar ideal para quienes prefieren un clima más cálido y soleado. Las temperaturas suelen oscilar entre los 26°C y los 32°C durante todo el año. Aunque la zona recibe lluvias ocasionales, especialmente de mayo a octubre, las condiciones secas hacen que Treasure Beach sea un lugar único en la isla. La mejor época para visitar es entre diciembre y abril, cuando el clima es más agradable, aunque en temporada baja, las playas están más tranquilas y los precios más bajos, perfectos para quienes no les molesta el calor.

Uno de los aspectos más atractivos de Treasure Beach es su ritmo pausado y la ausencia de grandes desarrollos turísticos. Aquí, las playas no están abarrotadas, y los visitantes suelen encontrarse más con pescadores locales que con grupos de turistas. Frenchman's Bay es una de las áreas más populares, con una pequeña colección de casas de huéspedes, restaurantes y bares. Calabash Bay, por su parte, es famosa por sus arenas doradas y aguas cristalinas. Los visitantes pueden dar largos paseos por la orilla, nadar en el cálido mar o explorar las calas rocosas que adornan la costa.

La cultura en Treasure Beach está profundamente arraigada en su comunidad local. Durante mucho tiempo, el área ha sido un pueblo pesquero, y muchos de sus residentes aún dependen del mar para ganarse la vida. El ambiente aquí es cálido y acogedor, con los lugareños recibiendo a los visitantes como si fueran amigos de toda la vida. Este sentido de comunidad es evidente en los pequeños negocios familiares, desde cafés junto a la playa hasta casas de huéspedes. Además, Treasure Beach es conocido por su compromiso con el turismo sostenible, con esfuerzos dedicados a preservar la belleza natural y la cultura local.

La gastronomía de Treasure Beach es uno de los puntos destacados de cualquier visita, ofreciendo una auténtica muestra de los platos tradicionales jamaicanos con un enfoque en ingredientes frescos y locales. El marisco es un elemento básico, con platos como la langosta a la parrilla, el pescado al vapor y el cangrejo al curry entre las opciones más populares. El famoso pollo y cerdo jerk también son imperdibles, cocinados a la perfección con una mezcla de especias que deleita el paladar. Muchos restaurantes a la orilla de la playa sirven estos platos acompañados de bammy (un pan tradicional jamaicano hecho de yuca) y festival (un tipo de bollo frito), lo que brinda a los visitantes un verdadero sabor de la herencia culinaria de la isla.

La flora y fauna de Treasure Beach son típicas de las regiones costeras secas de Jamaica. La zona alberga una variedad de cactus, palmeras y otras plantas resistentes a la sequía, que prosperan en el cálido y soleado clima. Las playas y aguas poco profundas están llenas de vida marina, y es común avistar tortugas marinas, mantarrayas y peces de colores mientras se hace esnórquel o se nada. Tierra adentro, las colinas que rodean Treasure Beach albergan pequeñas fincas donde los lugareños cultivan frutas como mangos, cocos y plátanos.

El impacto social de Treasure Beach es notable, especialmente debido a su enfoque en el turismo comunitario. Muchos de los alojamientos son pequeñas casas de huéspedes locales o resorts ecológicos que trabajan en estrecha colaboración con la comunidad. Este enfoque turístico asegura que los beneficios económicos permanezcan en la zona, apoyando a los negocios locales y preservando la integridad cultural de Treasure Beach. En los últimos años, iniciativas como el Grupo de Mujeres de Treasure Beach han empoderado a las mujeres locales, brindándoles capacitación y oportunidades en la industria de la hospitalidad.

Aunque el entorno es idílico, Treasure Beach también enfrenta algunos desafíos. La ubicación remota significa que la infraestructura es limitada, y el acceso a la región puede ser complicado, especialmente durante la temporada de lluvias, cuando las carreteras pueden volverse difíciles de transitar. La falta de desarrollos a gran escala es una decisión consciente de la comunidad local para mantener el encanto y la belleza natural de la zona, pero también implica que los visitantes deben estar preparados para una experiencia más rústica. Los cortes de energía y la limitada conexión a internet son comunes, pero muchos visitantes ven esto como parte del atractivo relajado y fuera de lo común de Treasure Beach.

Un dato poco conocido sobre Treasure Beach es su conexión con la historia literaria. El área ha sido un refugio favorito para escritores y artistas que buscan soledad e inspiración, y el cercano pueblo de Great Pedro Bay fue el hogar del poeta y novelista jamaicano Roger Mais. Hoy en día, Treasure Beach alberga el Festival Internacional de Literatura Calabash, que atrae a autores y amantes de los libros de todo el mundo para celebrar la literatura, la música y la cultura caribeña.

Aunque Treasure Beach está en una ubicación remota, es accesible en coche o taxi desde Montego Bay o Kingston. El Aeropuerto Internacional Sangster en Montego Bay es el punto de entrada más común para los visitantes internacionales. Desde allí, el trayecto en coche dura aproximadamente dos horas a través de carreteras sinuosas que ofrecen impresionantes vistas del exuberante campo de Jamaica. Aunque las opciones de transporte público son limitadas, muchas casas de huéspedes y hoteles ofrecen servicios de traslado para sus huéspedes, y se pueden organizar taxis para quienes prefieren no conducir.

En conclusión, Treasure Beach ofrece una cara diferente de Jamaica: tranquila, centrada en la comunidad y profundamente conectada con la naturaleza. Ya sea relajándote en una playa serena, disfrutando de mariscos frescos en un restaurante local o explorando las colinas y calas que definen el área, Treasure Beach brinda una experiencia única e inolvidable para quienes buscan una escapada jamaicana más auténtica. Es un lugar donde el tiempo parece desacelerarse, permitiendo a los visitantes sumergirse completamente en la belleza y cultura de la isla, lejos de las multitudes y el comercialismo de los destinos más conocidos.

140. Trinidad: Encanto Colonial en Cuba

Trinidad, una de las ciudades más cautivadoras de Cuba, parece haber detenido el tiempo con sus coloridos edificios coloniales, calles empedradas y rica historia. Ubicada en la provincia de Sancti Spíritus, en el centro de Cuba, Trinidad es uno de los pueblos mejor conservados de la isla, que data del siglo XVI. Con una población de alrededor de 73,000 personas, el tamaño compacto y la belleza pintoresca de Trinidad la convierten en uno de los principales destinos turísticos del país. Ofrece a los visitantes una ventana al pasado cubano, con su vibrante cultura, arquitectura impresionante y un entorno natural único.

Trinidad se encuentra cerca de la costa sur de Cuba, a solo unos kilómetros del Mar Caribe. Está bordeada al norte por las exuberantes montañas del Escambray y al sur por las hermosas playas de la Península de Ancón. Esta ubicación ideal brinda fácil acceso tanto a las montañas como al mar, convirtiendo a Trinidad en un destino versátil para los amantes de la naturaleza, el senderismo y los que disfrutan de relajarse en la playa.

El clima en Trinidad es tropical, con temperaturas cálidas durante todo el año. La temperatura media oscila entre los 24°C y 30°C, lo que lo convierte en un destino agradable en cualquier estación. La temporada seca, de noviembre a abril, es el mejor momento para visitar, con días soleados y noches frescas. La temporada de lluvias, de mayo a octubre, trae más humedad y lluvias ocasionales por las tardes, pero también da al paisaje un aspecto verde y exuberante.

El corazón de Trinidad se encuentra en su centro histórico, que ha sido designado como Patrimonio de la Humanidad por la UNESCO desde 1988. La Plaza Mayor, una encantadora plaza rodeada de majestuosos edificios coloniales y museos, es el principal punto de interés de la ciudad. Uno de los monumentos más icónicos es la Iglesia y Convento de San Francisco, cuyo campanario ofrece vistas panorámicas de la ciudad y el campo circundante. Alrededor de la plaza también se encuentran el Museo Romántico, en el Palacio Brunet, y el Museo de Arquitectura, que brindan una mirada profunda a la historia colonial de la ciudad.

Otro atractivo cercano es el Valle de los Ingenios, una extensa llanura que fue el centro de la industria azucarera cubana en los siglos XVIII y XIX. Este valle fue el hogar de numerosas plantaciones de azúcar, muchas de las cuales hoy en día son ruinas que recuerdan el pasado colonial de Cuba. Los visitantes pueden realizar un recorrido en tren por el valle y explorar sitios históricos como la Torre Manaca Iznaga, que se utilizaba para vigilar a los trabajadores esclavizados en las plantaciones. Este recorrido ofrece una conmovedora reflexión sobre la historia del comercio de azúcar en Cuba.

La cultura de Trinidad es una mezcla vibrante de influencias coloniales españolas y tradiciones afrocubanas. La ciudad cobra vida por la noche, con música en vivo en las calles desde lugares al aire libre como la Casa de la Música. Los ritmos del son, la salsa y otros géneros tradicionales cubanos llenan el aire, y tanto los locales como los turistas se unen al baile. Trinidad también es famosa por sus festivales coloridos, como la Fiesta San Juan en junio y la Semana de la Cultura en enero, que celebran el rico patrimonio cultural de la ciudad con música, danza y arte.

La gastronomía local en Trinidad refleja los sabores más amplios de la comida cubana, con énfasis en ingredientes frescos y preparaciones sencillas. Platos populares incluyen ropa vieja (carne desmenuzada en una salsa de tomate), moros y cristianos (frijoles negros con arroz) y lechón asado (cerdo asado). Los mariscos también son abundantes, especialmente cerca de la costa, donde el pescado a la parrilla y los camarones son básicos en los menús. Muchos restaurantes en Trinidad ofrecen cenas en terrazas con vistas a la ciudad y al campo, lo que añade un toque especial a la experiencia gastronómica.

La flora y fauna de Trinidad son típicas del entorno tropical cubano. Las montañas del Escambray están cubiertas de una variedad de especies de plantas, como helechos, orquídeas y palmeras. En cuanto a la fauna, se pueden encontrar especies endémicas como el trogón cubano, el ave nacional de Cuba, así como iguanas y varias especies de lagartijas. La cercana Reserva Natural de Topes de Collantes es un lugar popular para el senderismo y la observación de aves, con senderos escénicos que conducen a cascadas y pozas naturales.

El impacto social del turismo en Trinidad ha sido significativo. Si bien el turismo ha traído oportunidades económicas a la ciudad, también ha presentado desafíos en términos de mantener la integridad histórica del lugar. Los esfuerzos para preservar los edificios coloniales y proteger el sitio de la UNESCO han sido continuos, pero el aumento en la cantidad de visitantes ha puesto presión sobre la infraestructura y la vivienda. A pesar de estos desafíos, la comunidad local ha abrazado el turismo como un medio para apoyar el crecimiento económico mientras preserva el patrimonio cultural de la ciudad.

Un dato curioso sobre Trinidad es que en el siglo XVII, fue un importante centro para la piratería. Debido a su ubicación estratégica y al comercio de azúcar, la ciudad fue blanco de ataques piratas. Este legado de piratería todavía está presente en algunas de las leyendas y el folclore de la ciudad, lo que añade un aire de misterio a su rica historia.

Llegar a Trinidad es relativamente sencillo, con servicios de autobús regulares que conectan la ciudad con La Habana, Cienfuegos y otras ciudades importantes de Cuba. El aeropuerto más cercano está en Cienfuegos, a unos 80 kilómetros de Trinidad, lo que lo convierte en un punto de entrada conveniente para los viajeros internacionales. Muchos visitantes también optan por viajar en coche o taxi desde La Habana, lo que toma aproximadamente cuatro horas.

En conclusión, Trinidad es una ciudad que ofrece una mezcla perfecta de historia, cultura y belleza natural. Ya sea explorando sus calles empedradas y arquitectura colonial, bailando al ritmo de la música en vivo en la plaza o caminando por las montañas cercanas, Trinidad brinda una experiencia rica e inmersiva. Su estatus como Patrimonio de la Humanidad garantiza que su encanto histórico se preserve para las generaciones futuras, mientras que su vibrante escena cultural mantiene vivo el espíritu de la ciudad.

141. Tulum: Un Paraíso Histórico y Natural

Tulum, en México, es un destino fascinante que combina perfectamente las maravillas de la historia antigua con la serena belleza de su costa caribeña. Este pequeño pueblo en la península de Yucatán es conocido por sus ruinas mayas, que se alzan sobre dramáticos acantilados con vistas al azul turquesa del Mar Caribe. Aunque Tulum solía ser un tranquilo pueblo de pescadores, se ha convertido en uno de los lugares turísticos más populares de México, atrayendo a visitantes de todo el mundo con sus playas pintorescas, rica herencia cultural y su ambiente eco-amigable. Geográficamente, Tulum se encuentra en el estado de Quintana Roo, a unos 130 kilómetros al sur de Cancún y 65 kilómetros de Playa del Carmen. La ciudad se extiende a lo largo de la costa oriental de la península, con el Mar Caribe al este y una densa selva tropical al oeste. Tulum se divide en tres áreas principales: la Zona Arqueológica de Tulum, donde se encuentran las famosas ruinas mayas; Tulum Pueblo, que es el centro de la ciudad con tiendas, restaurantes y hoteles; y Tulum Playa, una larga franja de costa repleta de clubes de playa, hoteles boutique y restaurantes.

El clima de Tulum es tropical, con temperaturas cálidas durante todo el año. La temperatura promedio varía entre 24°C y 32°C, lo que lo convierte en un destino de playa ideal. La temporada seca, que va de noviembre a abril, es el mejor momento para visitarlo, ya que ofrece días soleados y agradables con baja humedad. La temporada de lluvias, de mayo a octubre, trae una mayor humedad y lluvias frecuentes por las tardes, pero también embellece el paisaje, llenando la selva de verdor. A pesar de las lluvias, muchos viajeros disfrutan de la temporada baja por su tranquilidad y menores multitudes.

Una de las atracciones más icónicas de Tulum es la Zona Arqueológica de Tulum. Esta antigua ciudad maya fue un importante puerto comercial entre los siglos XIII y XV, siendo un centro de intercambio de bienes como turquesa y jade. Las ruinas están situadas sobre un acantilado de 12 metros de altura, lo que ofrece impresionantes vistas del Caribe. El Castillo, la pirámide central, se destaca en el borde del acantilado y servía tanto como templo como faro para guiar a los barcos a través del arrecife. Los visitantes pueden explorar las estructuras bien conservadas, como el Templo de los Frescos, que aún conserva intrincados murales, y el Templo del Dios Descendente.

Tulum no es solo historia antigua; su cultura playera moderna también atrae a muchos. Tulum Playa es conocida por sus resorts ecológicos, retiros de yoga y un ambiente relajado. A diferencia de los hoteles de gran altura que se encuentran en Cancún, los alojamientos en Tulum están en su mayoría integrados al entorno natural, con cabañas de techos de paja y servicios impulsados por energía solar. Las playas de suave arena blanca y aguas cristalinas son perfectas para tomar el sol, nadar y hacer esnórquel. Además de sus playas y ruinas, Tulum está rodeado de maravillas naturales que valen la pena explorar. Una de las más singulares son los cenotes, pozos naturales de agua dulce que los antiguos mayas consideraban sagrados. Hoy en día, los cenotes son populares para nadar y bucear. Entre los más famosos cercanos a Tulum se encuentran el Gran Cenote, Dos Ojos y Cenote Calavera. Las frescas y claras aguas de estos cenotes ofrecen un respiro del calor tropical y son una visita obligada para los aventureros y amantes de la naturaleza.

Culturalmente, Tulum es conocida por su ambiente bohemio y su estilo de vida eco-consciente. La ciudad se ha convertido en un centro para retiros de bienestar, ofreciendo clases de yoga, meditación y tratamientos de spa enfocados en la curación holística. La escena artística local también es vibrante, con murales de arte callejero, galerías y mercados artesanales que exhiben el trabajo de artistas locales e internacionales. La combinación de la cultura antigua y el estilo de vida bohemio moderno ha creado una atmósfera única que atrae a viajeros de todo el mundo.

La gastronomía local en Tulum es un reflejo delicioso de los sabores tradicionales mexicanos, con un enfoque en los mariscos frescos e ingredientes regionales. Platos como el ceviche, los tacos al pastor y la cochinita pibil son algunos de los favoritos de la zona. Muchos restaurantes enfatizan la cocina de la granja a la mesa, utilizando productos orgánicos y mariscos sostenibles. Para una experiencia más informal, los vendedores de comida callejera ofrecen opciones sabrosas y asequibles, como tacos de pescado recién asado y tamales.

La flora y fauna de Tulum son típicas de un entorno costero tropical. La región está llena de manglares, palmeras y flores tropicales como hibiscos y buganvillas. En las áreas selváticas alrededor de Tulum se pueden encontrar diversas especies de vida silvestre, como iguanas, monos araña y aves tropicales como tucanes y loros. La cercana Reserva de la Biosfera de Sian Ka'an, un sitio del Patrimonio Mundial de la UNESCO, ofrece a los visitantes la oportunidad de explorar ecosistemas diversos, desde humedales hasta arrecifes de coral, y observar especies como manatíes, delfines y tortugas marinas.

El auge de Tulum como destino turístico ha tenido un impacto social significativo en la comunidad local. Si bien el turismo ha traído oportunidades económicas, también ha planteado desafíos relacionados con la infraestructura y la sostenibilidad. El rápido crecimiento de la industria turística ha generado una mayor demanda de recursos naturales, especialmente agua y electricidad. Sin embargo, muchas empresas locales y organizaciones medioambientales están trabajando para promover prácticas de turismo sostenible y preservar la belleza natural del área para las generaciones futuras.

Uno de los retos urbanos que enfrenta Tulum es la presión sobre su infraestructura debido al aumento de visitantes. Las carreteras pueden congestionarse durante la temporada alta y ha habido preocupaciones sobre el impacto ambiental del desarrollo excesivo. Además, el costo de vida en Tulum ha aumentado a medida que la ciudad ha ganado popularidad, lo que ha creado problemas de asequibilidad para algunos locales. A pesar de estos desafíos, Tulum sigue comprometido con equilibrar el turismo con la conservación ambiental, y existen muchas iniciativas para abordar estos problemas.

Un dato menos conocido sobre Tulum es que el nombre original de la ciudad en maya era Zama, que significa "Ciudad del Amanecer", debido a su orientación hacia el este, donde el sol sale sobre el Mar Caribe. El nombre actual, Tulum, significa "muro" en maya, en referencia a las murallas que rodeaban la antigua ciudad. Estas murallas eran una estructura defensiva importante, ya que Tulum fue una de las últimas ciudades construidas e habitadas por los mayas antes de la conquista española.

Llegar a Tulum es relativamente fácil, con varias opciones de transporte disponibles. El aeropuerto internacional más cercano es el Aeropuerto Internacional de Cancún, a aproximadamente 1.5 horas en coche de Tulum. Desde el aeropuerto, los viajeros pueden alquilar un coche, tomar un autobús o contratar servicios de transporte privado para llegar a Tulum. Una vez en la ciudad, moverse es sencillo con taxis, bicicletas y alquiler de scooters disponibles. Muchos visitantes prefieren recorrer en bicicleta entre el pueblo, la playa y las ruinas, ya que Tulum es lo suficientemente pequeño para explorar fácilmente.

En conclusión, Tulum es un destino que ofrece una combinación única de historia, belleza natural y encanto moderno. Ya sea explorando las antiguas ruinas mayas, relajándose en una playa paradisíaca o buceando en las frescas aguas de un cenote, Tulum brinda una variedad de experiencias que atraen a todo tipo de viajeros. Su compromiso con el turismo eco-consciente, junto con su rica herencia cultural, asegura que Tulum siga siendo un lugar querido y buscado durante muchos años.

142. Utila: Un Paraíso Caribeño Escondido

Utila, una pequeña isla frente a la costa norte de Honduras, es uno de los destinos caribeños más encantadores y queridos del país. Con solo 11 kilómetros de largo y 4 kilómetros de ancho, Utila es la más pequeña de las Islas de la Bahía, pero su reputación es inmensa gracias a su increíble vida marina, su ambiente relajado y sus oportunidades de buceo asequibles. Con aguas cristalinas de color turquesa, vibrantes arrecifes de coral y una comunidad acogedora, Utila se ha convertido en un lugar de visita obligada para mochileros, buceadores y ecoturistas de todo el mundo.

Geográficamente, Utila se encuentra a unos 29 kilómetros del puerto de La Ceiba en el continente y forma parte del archipiélago de las Islas de la Bahía, que incluye también a Roatán y Guanaja. Utila se sitúa en el extremo sur del Sistema Arrecifal Mesoamericano, el segundo sistema de arrecifes de coral más grande del mundo, lo que lo convierte en un destino soñado para buceadores y aficionados al esnórquel. La pequeña isla es fácil de recorrer, y la mayoría de los visitantes se alojan en el pueblo de Utila, ubicado en el lado este de la isla.

El clima en Utila es tropical, con temperaturas cálidas durante todo el año. La temperatura promedio varía entre 25°C y 30°C, y una suave brisa marina mantiene la isla agradable incluso en los meses más calurosos. La temporada seca, de febrero a junio, es la más popular para visitar, con días soleados y aguas tranquilas, ideales para el buceo y el esnórquel. La temporada de lluvias, de septiembre a enero, trae ocasionales aguaceros, pero la lluvia generalmente pasa rápidamente, y muchos visitantes disfrutan de este período más tranquilo.

El buceo es, sin duda, la principal atracción de Utila. La isla es considerada uno de los lugares más asequibles del mundo para obtener una certificación de buceo, y decenas de centros de buceo a lo largo de la calle principal ofrecen cursos tanto para principiantes como para buceadores experimentados. Las aguas alrededor de Utila están llenas de vida marina, incluyendo coloridos arrecifes de coral, peces tropicales, tortugas marinas y delfines. Una de las mayores atracciones es la posibilidad de avistar tiburones ballena, los peces más grandes del mundo. Estos gentiles gigantes migran por las aguas de Utila entre marzo y abril, y nuevamente de septiembre a diciembre, ofreciendo a los visitantes la rara oportunidad de nadar junto a ellos.

Además de sus maravillas submarinas, Utila ofrece una cultura relajada y encantadora que la distingue de otros destinos turísticos más comercializados. Con una población de alrededor de 4,000 personas, la comunidad local es una mezcla de isleños, expatriados y viajeros que han quedado enamorados del estilo de vida tranquilo de la isla. El pueblo principal está lleno de casas de madera coloridas, pequeños cafés y bares de playa donde tanto locales como visitantes se reúnen para disfrutar de música en vivo, bailar y socializar. El ritmo de vida en la isla es pausado, con la mayoría de las personas desplazándose a pie, en bicicleta o en moto.

Culturalmente, Utila está influenciada por su diversa historia, que incluye una mezcla de raíces indígenas, españolas, británicas y garífunas. El inglés es ampliamente hablado en la isla, junto con el español, y los isleños se sienten orgullosos de su herencia cultural. Las festividades locales, como el Carnaval en julio y las celebraciones de Semana Santa, reúnen a la comunidad y ofrecen a los visitantes una oportunidad de experimentar las vibrantes tradiciones de la isla.

La gastronomía de Utila refleja su ubicación caribeña, con un enfoque en mariscos frescos y sabores locales. Entre los platos más populares se encuentran la langosta a la parrilla, los buñuelos de caracol y las baleadas, que son tortillas de harina rellenas de frijoles, queso y otros ingredientes. Los restaurantes de la isla, muchos de ellos ubicados junto a la playa, ofrecen una mezcla de cocina tradicional hondureña y platos internacionales, lo que permite a los visitantes disfrutar de una gran variedad de sabores.

La flora y fauna de Utila son típicas de un entorno tropical. La isla está cubierta de palmeras, cocoteros y manglares, que proporcionan un hermoso telón de fondo para las playas. Las aguas que rodean Utila albergan una diversa gama de especies marinas, como peces loro, peces ángel, rayas y barracudas. En el interior, los pequeños bosques de la isla son el hogar de aves, iguanas y otros animales salvajes. Además, Utila es parte del Centro de Investigación Oceánica y del Tiburón Ballena, que trabaja para proteger la biodiversidad marina de la región a través de la investigación y los esfuerzos de conservación.

El auge del buceo en Utila ha traído beneficios económicos a la isla, proporcionando empleo e ingresos a los locales y atrayendo a visitantes internacionales. Sin embargo, este crecimiento también ha planteado desafíos, particularmente en términos de infraestructura y sostenibilidad ambiental. El aumento del turismo ha ejercido presión sobre los recursos de la isla, especialmente en la gestión del agua y los desechos. A pesar de esto, la comunidad local se esfuerza por mantener un equilibrio entre el crecimiento y la conservación del entorno natural.

Un hecho poco conocido sobre Utila es su historia como escondite de piratas. En los siglos XVII y XVIII, las Islas de la Bahía eran un refugio para piratas ingleses y franceses, que utilizaban la ubicación remota de las islas para esconder sus tesoros y evitar a las autoridades españolas. Hoy en día, las leyendas sobre tesoros enterrados y piratas añaden un toque de misterio a la rica historia de la isla.

A pesar de su pequeño tamaño, Utila desempeña un papel importante en la industria turística de Honduras. Su reputación como un paraíso para el buceo atrae a visitantes de todo el mundo, muchos de los cuales llegan para obtener certificaciones de buceo a precios asequibles y se quedan por el ambiente relajado y amigable de la isla. Utila también ha puesto énfasis en el ecoturismo y la conservación marina, lo que ha ayudado a aumentar la conciencia sobre la importancia de proteger el frágil ecosistema de la isla.

Llegar a Utila es relativamente sencillo, con servicios regulares de ferry desde La Ceiba en el continente. El viaje en ferry dura aproximadamente una hora y ofrece impresionantes vistas del Mar Caribe. Para los viajeros internacionales, hay vuelos disponibles al Aeropuerto Internacional Ramón Villeda Morales en San Pedro Sula, desde donde se puede tomar un vuelo doméstico a La Ceiba. Una vez en La Ceiba, el ferry a Utila es un corto y pintoresco viaje. La isla también cuenta con una pequeña pista de aterrizaje, con vuelos domésticos desde San Pedro Sula y Roatán.

En conclusión, Utila es un paraíso caribeño escondido que ofrece una combinación única de buceo de clase mundial, una cultura isleña relajada y una belleza natural impresionante. Ya sea explorando sus vibrantes arrecifes de coral, nadando con tiburones ballena o simplemente relajándose en una hamaca junto a la playa, Utila brinda una experiencia inolvidable para los viajeros que buscan una escapada tropical. Su comunidad amigable, su compromiso con el ecoturismo y su rica biodiversidad marina hacen de este destino un lugar que deja una impresión duradera en todos los que lo visitan.

143. Vancouver: Naturaleza y Modernidad en Armonía

Vancouver, ubicada en la costa oeste de Canadá en la provincia de Columbia Británica, es una ciudad cosmopolita que constantemente se encuentra entre las más habitables del mundo. Conocida por su impresionante belleza natural, rodeada de montañas y agua, Vancouver ofrece una combinación única de sofisticación urbana y aventuras al aire libre. La ciudad abarca un área de aproximadamente 115 kilómetros cuadrados y es hogar de más de 630,000 residentes dentro de sus límites, mientras que el área metropolitana de Vancouver tiene una población de alrededor de 2.5 millones.

Vancouver está situada en la península de Burrard, con el Burrard Inlet al norte, el río Fraser al sur y el estrecho de Georgia al oeste. La ciudad está enmarcada por las Montañas del Litoral Norte, que proporcionan un impresionante telón de fondo y ofrecen infinitas oportunidades para actividades al aire libre como senderismo, esquí y ciclismo de montaña. La ubicación geográfica de Vancouver también la coloca cerca de la isla de Vancouver, a un corto trayecto en ferry, lo que la convierte en una puerta de entrada a algunos de los paisajes costeros más pintorescos de Canadá.

El clima de Vancouver es oceánico, lo que significa que experimenta inviernos suaves y veranos relativamente frescos. Las temperaturas promedio en invierno varían entre 1°C y 6°C, con nevadas ocasionales, aunque la lluvia es más común. Los veranos son agradables y templados, con temperaturas que oscilan entre los 15°C y 25°C, lo que hace que sea el momento ideal para explorar los parques y playas de la ciudad. La mejor época para visitar Vancouver es entre mayo y septiembre, cuando el clima es cálido y seco, y la ciudad cobra vida con festivales y actividades al aire libre.

Uno de los principales atractivos turísticos de Vancouver es el Parque Stanley, un parque urbano de 405 hectáreas que ofrece a los visitantes un escape natural en el corazón de la ciudad. El parque está rodeado por un malecón de 9 kilómetros, perfecto para caminar, andar en bicicleta o correr mientras se disfrutan las impresionantes vistas de la ciudad, las montañas y el océano. Dentro del parque, los visitantes pueden explorar bosques antiguos, jardines y el famoso Acuario de Vancouver, que alberga una gran variedad de vida marina. El Parque Stanley no solo es un tesoro local; es considerado uno de los mejores parques urbanos del mundo.

Otro lugar imperdible en Vancouver es Granville Island, un vibrante centro cultural ubicado bajo el puente de la calle Granville. Originalmente un área industrial, Granville Island ahora alberga mercados públicos, talleres de artesanos, teatros y restaurantes. El Mercado Público de Granville Island es particularmente popular entre los locales y turistas, ofreciendo productos frescos, productos horneados y artesanías hechas a mano. Los artistas callejeros y músicos añaden al ambiente animado, convirtiendo este lugar en un favorito para aquellos que buscan una experiencia auténtica y local.

Para los interesados en la historia y la cultura, los diversos barrios de Vancouver están llenos de patrimonio. Gastown, el vecindario más antiguo de la ciudad, es conocido por sus calles adoquinadas, arquitectura histórica y el famoso reloj de vapor de Gastown. El barrio chino de Vancouver, uno de los más grandes de América del Norte, ofrece una inmersiva experiencia cultural con mercados tradicionales, tiendas de medicina herbal y deliciosa gastronomía china. El Jardín Chino Clásico Dr. Sun Yat-Sen, un tranquilo refugio en el corazón del barrio chino, es una visita obligada para aquellos que buscan un momento de paz.

La escena culinaria de Vancouver refleja la multiculturalidad de la ciudad, ofreciendo una amplia gama de cocinas internacionales. Desde sushi y dim sum hasta mariscos frescos de la costa oeste y platillos locales de la granja a la mesa, la gastronomía de Vancouver es diversa e innovadora. La ciudad es particularmente conocida por sus mariscos frescos, como el salmón del Pacífico, el cangrejo Dungeness y las gambas, que se destacan en muchos de sus mejores restaurantes.

La flora y fauna de Vancouver son típicas del noroeste del Pacífico. Los parques y jardines de la ciudad están llenos de árboles de hoja perenne, helechos y vibrantes rododendros, que prosperan en el clima suave y húmedo. La vida silvestre en el área incluye mapaches, águilas calvas y, ocasionalmente, osos negros en las montañas circundantes. Las aguas que rodean a Vancouver son hogar de orcas, focas y otras especies marinas, y los tours de avistamiento de ballenas son una actividad popular para los visitantes que desean ver estas magníficas criaturas en su hábitat natural.

Vancouver es también un importante centro económico, con industrias como la tecnología, el cine y el comercio impulsando el crecimiento de la ciudad. Es conocida como "Hollywood del Norte" debido a las numerosas películas y programas de televisión que se producen aquí, gracias a sus paisajes versátiles e incentivos fiscales. El puerto de Vancouver es uno de los más activos de América del Norte, lo que lo convierte en una puerta de enlace crucial para el comercio con Asia. La economía de la ciudad también se beneficia de su estatus como centro de innovación tecnológica, con muchas empresas emergentes y consolidadas establecidas aquí.

A pesar de su belleza natural y prosperidad económica, Vancouver enfrenta varios desafíos urbanos. La asequibilidad de la vivienda es un problema importante, ya que la popularidad de la ciudad y el espacio limitado han llevado a un aumento vertiginoso en los precios de bienes raíces. La congestión del tráfico es otra preocupación, aunque el extenso sistema de transporte público de Vancouver, que incluye autobuses, el SkyTrain y transbordadores, ayuda a aliviar parte de la presión. La ciudad también trabaja en la sostenibilidad ambiental mediante iniciativas como normas de construcción ecológica, programas de reducción de residuos y esfuerzos para convertirse en una ciudad con emisiones cero para 2050.

Un dato poco conocido sobre Vancouver es que tiene una de las estaciones de esquí urbanas más grandes del mundo, Grouse Mountain, ubicada a solo 20 minutos en coche del centro. Durante los meses de invierno, los visitantes pueden esquiar y hacer snowboard con impresionantes vistas de la ciudad y el océano debajo, mientras que en verano, la montaña ofrece senderismo, tirolesa y encuentros con la vida silvestre.

La importancia de Vancouver va más allá de su belleza y economía. Como una de las ciudades más diversas étnicamente en Canadá, juega un papel vital en la formación del paisaje cultural del país. La ciudad alberga numerosos festivales culturales a lo largo del año, celebrando sus diversas comunidades, incluyendo el Festival Internacional de Cine de Vancouver, el Festival de Música Folk de Vancouver y las celebraciones del Año Nuevo Chino en Chinatown.

Para los viajeros que llegan de todo el mundo, el Aeropuerto Internacional de Vancouver (YVR) es la principal puerta de entrada a la ciudad. El aeropuerto está ubicado a unos 15 kilómetros del centro y está bien conectado por la línea SkyTrain Canada Line, que ofrece una forma rápida y conveniente de llegar al centro de la ciudad. Vancouver también es accesible por carretera desde Seattle, que está a unas dos horas al sur, y en ferry desde la isla de Vancouver.

En conclusión, Vancouver es una ciudad que ofrece algo para todos, desde aventureros al aire libre y amantes de la comida hasta aficionados a la historia y entusiastas de la cultura. Su combinación única de sofisticación urbana y belleza natural la convierte en una de las ciudades más deseables para vivir y visitar. Ya sea que estés recorriendo en bicicleta el Parque Stanley, cenando en un restaurante frente al mar o esquiando en Grouse Mountain, Vancouver promete una experiencia inolvidable que captura la esencia de la vida en la costa oeste de Canadá.

144. Varadero: Playa, Cultura y Naturaleza

Varadero, uno de los destinos de playa más icónicos de Cuba, es una larga y hermosa península ubicada en la costa norte de la isla, que se extiende hacia las aguas turquesas del mar Caribe. Conocido por sus arenas blancas y suaves, y sus aguas cristalinas, Varadero se ha convertido en un imán para turistas que buscan unas vacaciones tropicales relajantes. Con una mezcla de lujosos resorts, vibrante cultura local y una belleza natural incomparable, este paraíso cubano ofrece una experiencia rica para todo tipo de viajeros.

Varadero se encuentra en la provincia de Matanzas, a unos 140 kilómetros al este de La Habana. La península se extiende por unos 20 kilómetros, con la Reserva Ecológica de la Península de Hicacos en su extremo. A lo largo de esta franja de tierra, se encuentran numerosos resorts, restaurantes y lugares de entretenimiento, lo que lo convierte en uno de los destinos de playa más desarrollados y populares del Caribe. A pesar de su tamaño pequeño, Varadero atrae a cientos de miles de visitantes cada año, lo que lo convierte en una parte crucial de la industria turística de Cuba.

El clima en Varadero es tropical, con temperaturas cálidas durante todo el año. La temperatura promedio oscila entre los 22°C y los 30°C, siendo los meses más calurosos entre junio y septiembre. La temporada seca, que va de noviembre a abril, es el momento más favorable para visitar, ya que el clima es soleado y agradable, con menor humedad. La temporada de lluvias, de mayo a octubre, puede traer lluvias por la tarde y ocasionalmente huracanes, pero generalmente las lluvias se disipan rápidamente y los visitantes pueden seguir disfrutando de la playa.

La principal atracción de Varadero son sus playas. Las largas extensiones de arena blanca y suave, y las aguas tranquilas y poco profundas, son perfectas para tomar el sol, nadar y practicar deportes acuáticos. A lo largo de la costa, numerosos resorts ofrecen acceso directo a la playa, lujosas comodidades y una variedad de actividades. Muchos visitantes acuden a Varadero por la experiencia todo incluido, donde pueden disfrutar de cócteles junto a la piscina o excursiones de snorkel sin salir de su hotel. Entre las actividades acuáticas más populares se encuentran el jet ski, el paddleboarding y los paseos en catamarán, que permiten a los visitantes experimentar la belleza del Caribe de cerca.

Además de sus playas, Varadero ofrece varias otras atracciones que permiten conocer la rica cultura e historia de Cuba. El Parque Ecológico Varahicacos, ubicado en el extremo este de la península, alberga una variedad de flora y fauna nativa, incluidos aves, reptiles y vida marina. El parque es una área protegida y los visitantes pueden explorar sus senderos para aprender más sobre los ecosistemas únicos de la región. Para aquellos interesados en la historia, la cercana Cueva de Ambrosio es un sistema de cuevas que contiene antiguas pinturas indígenas, ofreciendo una visión del pasado precolombino de la isla.

Otro de los aspectos destacados de Varadero es su conexión con el famoso escritor estadounidense Ernest Hemingway. Aunque la mayoría de los vínculos de Hemingway con Cuba están asociados con La Habana, Varadero era uno de sus lugares favoritos para pescar, y su amor por el mar se refleja en gran parte de su obra literaria. Los visitantes pueden realizar excursiones en barco que recorren las rutas de pesca de Hemingway, agregando un toque literario a sus vacaciones tropicales.

La cultura de Varadero es una mezcla de tradiciones cubanas e influencias cosmopolitas traídas por el turismo. La vida nocturna en el pueblo es vibrante, con bares y clubes que ofrecen música y baile hasta altas horas de la noche. La música en vivo, especialmente los estilos tradicionales cubanos como la salsa y el son, resuena por todo el pueblo, y muchos hoteles organizan espectáculos nocturnos con músicos y bailarines locales. Los mercados del pueblo también brindan una oportunidad para que los visitantes experimenten la artesanía cubana, con puestos que venden joyería hecha a mano, textiles y arte.

En cuanto a la gastronomía, Varadero ofrece una mezcla de cocina cubana tradicional y sabores internacionales. Los mariscos frescos son un plato principal, con opciones como langosta, camarones y pescado a la parrilla, acompañados de arroz, frijoles y frutas tropicales. Muchos restaurantes también sirven platos cubanos clásicos como ropa vieja (carne desmenuzada), lechón asado (cerdo asado) y yuca con mojo (yuca con salsa de ajo). En los últimos años, un creciente número de restaurantes privados, conocidos como paladares, han surgido en Varadero, ofreciendo a los visitantes una experiencia más auténtica de la cocina casera cubana.

La flora y fauna de Varadero son típicas de los ambientes costeros del Caribe. Las palmeras y los manglares bordean las playas, mientras que las flores tropicales como el hibisco y la buganvilla añaden estallidos de color al paisaje. Las aguas circundantes albergan una variedad de vida marina, incluidos arrecifes de coral, peces tropicales y tortugas marinas. Para los amantes de la naturaleza, una excursión a la Reserva Ecológica Varahicacos ofrece la oportunidad de explorar las plantas y animales nativos de la isla, así como cuevas que contienen antiguos fósiles y petroglifos.

El papel de Varadero en la industria turística de Cuba ha tenido un impacto social y económico significativo. El turismo es una de las principales fuentes de ingresos del país, y Varadero, con sus resorts de lujo y su atractivo internacional, juega un papel clave en este sector. La afluencia de turistas ha proporcionado empleos y oportunidades para los residentes locales, muchos de los cuales trabajan en la industria hotelera. Sin embargo, el desarrollo de grandes resorts también ha planteado desafíos, particularmente en términos de sostenibilidad ambiental y la presión sobre los recursos locales.

Un dato menos conocido sobre Varadero es su conexión con la Revolución Cubana. En los años posteriores a la revolución, muchas de las grandes villas y mansiones que bordeaban las playas de Varadero fueron nacionalizadas por el gobierno y convertidas en casas de vacaciones para los ciudadanos cubanos. Hoy en día, algunos de estos edificios históricos aún permanecen, ofreciendo una visión del pasado glamoroso del pueblo.

Acceder a Varadero es fácil para los viajeros internacionales. El Aeropuerto Internacional Juan Gualberto Gómez se encuentra a solo 20 kilómetros del centro de la ciudad, con vuelos regulares desde Canadá, Europa y América Latina. Desde el aeropuerto, los visitantes pueden tomar un taxi o autobús hasta su hotel o resort. Para aquellos que viajan desde La Habana, Varadero está a unas dos horas en coche, y los autobuses y traslados privados están fácilmente disponibles.

En conclusión, Varadero es un destino que ofrece la combinación perfecta de sol, playa y cultura. Ya sea que estés descansando en sus arenas blancas, explorando sus reservas naturales o sumergiéndote en la música y gastronomía cubanas, Varadero promete una experiencia tropical que es tanto relajante como enriquecedora.

145. Vieques: Encanto Natural y Serenidad

Vieques, una isla serena y pintoresca situada al este de Puerto Rico, es un paraíso tropical que cautiva a los visitantes con su belleza inmaculada, su rica historia y su ambiente tranquilo. Con playas prístinas, vibrante vida marina y una bahía bioluminiscente única en el mundo, Vieques ofrece una escapada pacífica lejos del bullicio de la vida en el continente. La isla es relativamente pequeña, con solo 34 kilómetros de largo y 7 kilómetros de ancho, lo que facilita explorar sus muchos tesoros escondidos en poco tiempo.

Ubicada a unos 13 kilómetros de la costa sureste de Puerto Rico, Vieques está rodeada por las cálidas aguas del mar Caribe. Es parte del archipiélago puertorriqueño y es famosa por sus aguas cristalinas, arenas blancas y colinas verdes exuberantes. Su cercanía al continente la hace accesible, mientras que su aislamiento proporciona el encanto de un retiro tropical donde el tiempo parece detenerse.

El clima de Vieques es típicamente tropical, con temperaturas cálidas durante todo el año. Las temperaturas promedio oscilan entre los 24°C y los 30°C, lo que la convierte en un destino perfecto para los amantes de la playa y el sol. La temporada seca, de diciembre a abril, es la más popular para los visitantes, ya que el clima es soleado y agradable con poca lluvia. La temporada de lluvias, de mayo a noviembre, trae ocasionales lluvias vespertinas, pero incluso durante estos meses, Vieques sigue siendo un destino encantador, con muchos días soleados para disfrutar.

Una de las mayores atracciones de Vieques son sus playas, muchas de las cuales permanecen vírgenes y sin desarrollar. Playa Caracas, también conocida como Red Beach, es una de las favoritas por su arena blanca suave y aguas tranquilas, perfectas para nadar y tomar el sol. Otra playa popular es Playa La Chiva, famosa por sus impresionantes aguas azules y excelentes oportunidades para hacer esnórquel. Para quienes buscan una experiencia más remota, Playa Negra, con su arena oscura de origen volcánico y sus acantilados escarpados, ofrece un paisaje único que impresiona a todos los visitantes.

Vieques también alberga la mundialmente famosa Bahía Mosquito, considerada la bahía bioluminiscente más brillante del mundo. Las aguas brillantes de la bahía, causadas por organismos microscópicos llamados dinoflagelados, crean una experiencia mágica y surrealista. Los visitantes pueden realizar recorridos en kayak por la noche para presenciar este fenómeno natural, donde el agua se ilumina con cada golpe de remo, creando un resplandor que parece de otro mundo.

Además de sus playas, Vieques tiene una rica herencia cultural. La isla fue habitada por los indígenas taínos antes de la llegada de los colonizadores españoles en el siglo XV. A lo largo de los siglos, Vieques se convirtió en un centro de producción de azúcar, y los restos de las plantaciones de azúcar aún se pueden encontrar por toda la isla. En la historia más reciente, Vieques fue utilizada como base militar por la Marina de los EE. UU., que llevó a cabo ejercicios de entrenamiento y pruebas de armas en la isla durante décadas. Este uso militar provocó protestas de los residentes locales, lo que llevó a la partida de la Marina en 2003. Hoy en día, gran parte de las tierras que antes eran utilizadas por la Marina se han convertido en el Refugio Nacional de Vida Silvestre de Vieques, que protege los ecosistemas de la isla y ofrece a los visitantes la oportunidad de explorar senderos escénicos y calas ocultas.

La cultura en Vieques es una mezcla de tradiciones puertorriqueñas y el relajado estilo de vida isleño. La población local es pequeña, con alrededor de 9,000 residentes, muchos de los cuales son descendientes de los primeros colonos de la isla. Isabel Segunda, en la costa norte de la isla, es el principal centro de actividad, donde los visitantes pueden encontrar pequeñas tiendas, restaurantes locales y el histórico Fortín Conde de Mirasol, un fuerte colonial español que ahora funciona como museo y centro cultural.

En cuanto a la gastronomía, Vieques ofrece una muestra de la cocina tradicional puertorriqueña, con un enfoque en mariscos frescos. Los platos locales como el mofongo, el arroz con gandules y las empanadillas son elecciones populares. Muchos de los restaurantes de la isla son de gestión familiar, lo que brinda una cálida y auténtica experiencia culinaria. Para los amantes de los mariscos, el pescado fresco, la langosta y el carrucho son a menudo parte del menú, servidos en una variedad de deliciosas preparaciones.

Vieques también es famosa por su fauna y flora, gran parte de la cual está protegida dentro del Refugio Nacional de Vida Silvestre. Los ecosistemas diversos de la isla incluyen manglares, lagunas costeras y bosques secos, que proporcionan hábitats para una amplia gama de especies de plantas y animales. Los visitantes pueden observar aves como pelícanos, garzas y águilas pescadoras, así como iguanas, caballos salvajes y tortugas marinas. Las aguas que rodean a Vieques albergan arrecifes de coral llenos de vida marina, lo que la convierte en un destino popular para el buceo y el esnórquel.

La transformación de Vieques de una base militar a un destino turístico ha tenido un impacto social significativo. La economía de la isla ahora depende en gran medida del turismo, y se están haciendo esfuerzos para garantizar que el desarrollo sea sostenible y respetuoso con el medio ambiente. Muchos residentes trabajan en la industria del turismo, como guías, en hoteles o como propietarios de restaurantes, mientras que otros se dedican a la agricultura y la pesca. El alejamiento de las actividades militares ha permitido a Vieques recuperar su belleza natural y centrarse en la preservación de su entorno único.

Un hecho poco conocido sobre Vieques es que alberga una población de caballos salvajes que deambulan libremente por la isla. Estos caballos son descendientes de los animales traídos a la isla por los colonos españoles hace siglos, y hoy en día son una parte icónica del paisaje de Vieques. Los visitantes de la isla a menudo se encuentran con estos caballos pastando junto a la carretera o trotando por la playa, lo que añade un encanto rústico al entorno.

A pesar de su belleza natural y atmósfera pacífica, Vieques enfrenta varios desafíos urbanos. La infraestructura de la isla es limitada, con pocas carreteras pavimentadas y servicios básicos. Los apagones no son raros, y el acceso a la atención médica y la educación puede ser difícil para los residentes. Además, si bien el turismo ha traído beneficios económicos, existen preocupaciones sobre el impacto ambiental del desarrollo y la necesidad de equilibrar el crecimiento con la conservación.

Llegar a Vieques es relativamente fácil, aunque requiere algo de planificación. Se puede acceder a la isla en ferry desde el pueblo de Ceiba en el continente de Puerto Rico, con servicios de ferry que salen varias veces al día. Alternativamente, los visitantes pueden tomar un avión pequeño desde San Juan o Ceiba, con vuelos que duran alrededor de 30 minutos. Una vez en la isla, las opciones de transporte incluyen alquileres de autos, scooters y bicicletas, todas formas populares de explorar las playas y reservas naturales de Vieques.

En conclusión, Vieques es una joya escondida en el Caribe, que ofrece a los visitantes un refugio pacífico rodeado de belleza natural y rica historia cultural. Ya sea que estés descansando en sus playas aisladas, navegando por las aguas brillantes de la Bahía Mosquito o explorando las reservas de vida silvestre de la isla, Vieques proporciona una experiencia inolvidable. Su compromiso con la preservación del medio ambiente, junto con su enfoque en el turismo sostenible, asegura que siga siendo un destino tranquilo y encantador por muchos años más.

146. Viñales: Naturaleza y Tradición Cubana

El Valle de Viñales, ubicado en la provincia de Pinar del Río, al oeste de Cuba, es un destino fascinante, conocido por sus paisajes asombrosos y su rica herencia cultural. Este sitio declarado Patrimonio de la Humanidad por la UNESCO abarca unos 132 kilómetros cuadrados y es famoso por sus campos verdes, las majestuosas montañas de piedra caliza conocidas como "mogotes" y las tradicionales plantaciones de tabaco. Con su encanto rural y belleza escénica, Viñales se ha convertido en un lugar popular para los amantes de la naturaleza, aventureros y aquellos que buscan experimentar la vida auténtica del campo cubano.

Aproximadamente a 180 kilómetros al oeste de La Habana, Viñales se encuentra en la cordillera de la Sierra de los Órganos. La geografía única de la región está definida por los mogotes, enormes colinas redondeadas de piedra caliza que se elevan abruptamente desde el suelo plano del valle. Estos paisajes, junto con los vibrantes campos de tabaco y las palmeras, crean un entorno que es a la vez impactante y tranquilo.

Viñales disfruta de un clima tropical, con temperaturas cálidas durante todo el año. Las temperaturas promedio oscilan entre los 22°C y los 29°C, lo que lo convierte en un destino atractivo en cualquier estación. La mejor época para visitar es durante la temporada seca, de noviembre a abril, cuando los días son soleados y las noches más frescas. Durante la temporada de lluvias, de mayo a octubre, aunque la humedad es mayor y hay lluvias por la tarde, el paisaje se torna más verde y exuberante, realzando aún más la belleza del valle.

Uno de los mayores atractivos de Viñales es su próspera industria tabacalera. El valle alberga algunas de las mejores plantaciones de tabaco en Cuba, donde se cultivan las hojas utilizadas para producir los famosos puros cubanos. Los visitantes pueden recorrer estas fincas y aprender sobre los métodos tradicionales de cultivo de tabaco, que han permanecido prácticamente inalterados durante siglos. Muchos agricultores aún usan bueyes para arar los campos, lo que añade un aire rústico y atemporal al valle. Visitar una casa de tabaco, donde se secan las hojas, es una experiencia fascinante que muestra el proceso de elaboración de los puros, desde la cosecha de las hojas hasta su fermentación y secado.

El Parque Nacional Viñales, que abarca gran parte del valle, es un lugar ideal para practicar senderismo, montar a caballo y explorar la rica flora y fauna de la región. El valle es hogar de diversas especies de plantas endémicas, así como animales como el tocororo (ave nacional de Cuba), lagartijas y ranas. La Cueva del Indio, una cueva de piedra caliza con un río subterráneo, es otra atracción imperdible. Los visitantes pueden tomar un paseo en bote a través de la cueva y admirar sus impresionantes estalactitas y estalagmitas.

Culturalmente, Viñales mantiene sus profundas raíces rurales. El pueblo de Viñales, situado cerca del valle, es un encantador pueblo con casas coloniales coloridas, calles adoquinadas y un ambiente relajado. La vida aquí transcurre despacio, y la comunidad es muy unida, con muchas familias que han vivido en la zona durante generaciones. El pueblo es el centro de la actividad turística, ofreciendo una variedad de alojamientos, desde acogedoras casas de huéspedes hasta ecolodges. Una de las experiencias más destacadas al visitar Viñales es alojarse en una casa particular, donde los viajeros pueden experimentar de primera mano la hospitalidad cubana.

La gastronomía en Viñales es sencilla pero sabrosa, con un enfoque en ingredientes frescos y locales. Los platos cubanos tradicionales como la ropa vieja, el lechón asado y la yuca con mojo se sirven comúnmente en los restaurantes del pueblo y en pequeños comedores familiares. Muchos de los ingredientes provienen de cultivos locales, y los suelos fértiles del valle proporcionan productos frescos como frijoles, verduras y frutas. Los visitantes también pueden disfrutar de un vaso de guarapo, una bebida hecha de jugo de caña de azúcar recién prensado, que es muy popular en la región.

Viñales desempeña un papel importante en la preservación del patrimonio cultural y agrícola de Cuba. El paisaje del valle ha sido moldeado por siglos de agricultura, y los métodos tradicionales utilizados por los agricultores de tabaco son reconocidos como una parte importante de la identidad cultural cubana. La inclusión del Valle de Viñales en la lista de la UNESCO en 1999 subrayó la importancia de proteger este paisaje único y la forma de vida que ha prosperado aquí.

A pesar de su entorno tranquilo, Viñales no está exento de desafíos. Uno de los principales problemas que enfrenta el valle es la presión del aumento del turismo. Si bien el turismo ha traído beneficios económicos a la región, también hay preocupaciones sobre el impacto del desarrollo en el medio ambiente y las prácticas agrícolas tradicionales que definen el valle. Se están realizando esfuerzos para equilibrar el crecimiento del turismo con la preservación del patrimonio cultural y natural del valle.

Un hecho poco conocido sobre Viñales es su conexión con la Revolución Cubana. El valle fue un bastión para las fuerzas guerrilleras de Fidel Castro durante la revolución, y algunas de las cuevas de la región fueron utilizadas como refugios por los rebeldes. Hoy en día, estas cuevas sirven como recordatorios del papel que desempeñó el valle en la tumultuosa historia de Cuba, añadiendo una capa adicional de intriga a su ya rica herencia cultural.

Llegar a Viñales es relativamente fácil para los viajeros internacionales. La mayoría de los visitantes vuelan al Aeropuerto Internacional José Martí en La Habana, que está a unas dos horas en coche del valle. Desde La Habana, los turistas pueden tomar un autobús o contratar un taxi privado para llegar a Viñales. Una vez en el valle, moverse es sencillo, y muchos viajeros eligen explorar el área a pie, en bicicleta o a caballo. Montar a caballo es una forma popular de experimentar la belleza del valle, permitiendo a los visitantes disfrutar del paisaje a un ritmo tranquilo y sentirse conectados con la herencia rural de la región.

En conclusión, el Valle de Viñales es un destino que ofrece una mezcla única de belleza natural, importancia cultural y encanto rural. Ya sea explorando sus campos de tabaco, caminando por sus paisajes dramáticos o relajándose en el ambiente acogedor del pueblo, Viñales ofrece una mirada inolvidable al corazón del campo cubano. Su compromiso con la preservación de las prácticas agrícolas tradicionales y su papel como tesoro cultural y ecológico lo convierten en uno de los destinos más importantes y cautivadores de Cuba.

147. Washington, D.C.: Historia y Cultura en Cada Esquina

Washington, D.C., la capital de los Estados Unidos, es una ciudad llena de historia, cultura y una enorme relevancia política. Con una población de más de 700,000 habitantes, esta ciudad compacta alberga algunos de los monumentos más icónicos del mundo. Abarcando solo 177 kilómetros cuadrados, Washington, D.C. está situada entre Virginia y Maryland, a orillas del río Potomac. Su ubicación en la costa este, al sur de la línea Mason-Dixon, la convierte en un cruce significativo entre el norte y el sur de los Estados Unidos.

La ciudad tiene un clima subtropical húmedo, con veranos calurosos y húmedos, e inviernos templados a fríos. Las temperaturas promedio en verano oscilan entre 25°C y 35°C, mientras que en invierno suelen estar entre 2°C y 10°C, con algunas nevadas ocasionales. Las estaciones de primavera y otoño son ideales para los visitantes, con temperaturas moderadas y el atractivo adicional de los cerezos en flor en primavera y el vibrante follaje otoñal.

Washington, D.C. es hogar de numerosos monumentos mundialmente conocidos. El National Mall, una extensa franja de espacio verde de casi tres kilómetros, está rodeado de algunos de los monumentos y museos más famosos de la ciudad. El Monumento a Washington, un obelisco que honra al primer presidente de la nación, se eleva sobre el paisaje. El Memorial de Lincoln rinde homenaje al liderazgo de Abraham Lincoln durante la Guerra Civil. En uno de los extremos del Mall se encuentra el Capitolio de los Estados Unidos, con su cúpula emblemática, mientras que la Casa Blanca, hogar de cada presidente desde John Adams, está a poca distancia a pie.

Los museos de la ciudad, muchos de los cuales forman parte del Instituto Smithsonian, son un tesoro de conocimiento y cultura. El Museo Nacional de Historia Americana, el Museo Nacional del Aire y del Espacio, y la Galería Nacional de Arte son solo algunos de los muchos museos gratuitos que atraen a millones de visitantes cada año. El Museo Nacional de Historia y Cultura Afroamericana, una de las adiciones más recientes a la colección del Smithsonian, se ha convertido rápidamente en una parada obligatoria, ofreciendo una visión completa de la historia afroamericana y su influencia en la cultura de Estados Unidos.

Culturalmente, Washington, D.C. es un crisol de culturas. Como capital de una nación diversa, atrae a personas de todas partes del mundo. Esta diversidad se refleja en su escena culinaria, que ofrece una amplia variedad de cocinas internacionales. Desde la comida etíope hasta la salvadoreña, Washington, D.C. tiene un paisaje culinario rico y variado. También es conocida por sus platos locales, como los "half-smokes" (una especie de salchicha picante), los pasteles de cangrejo y el chili. La vibrante escena gastronómica de la ciudad le ha ganado una reputación como destino para los amantes de la comida, con restaurantes galardonados con estrellas Michelin y lugares locales muy queridos.

Washington, D.C. es una ciudad de parques y espacios verdes, con un diseño urbano que incluye numerosos parques, jardines y calles arboladas. Además del National Mall, el Parque Rock Creek, una extensa área de bosque urbano, ofrece oportunidades para hacer senderismo, ciclismo y observar la naturaleza. La fauna de la ciudad incluye ardillas, aves y, ocasionalmente, ciervos en las zonas boscosas. El río Potomac añade belleza natural a la ciudad, proporcionando oportunidades para practicar kayak, paseos en bote y caminatas escénicas a lo largo de sus orillas.

El impacto social de Washington, D.C. está profundamente ligado a su papel como sede del gobierno de los Estados Unidos. Es el centro del poder ejecutivo, legislativo y judicial, lo que la convierte en un núcleo de actividad política y toma de decisiones que no solo afecta a los Estados Unidos, sino también al mundo. También alberga numerosas organizaciones internacionales, como el Banco Mundial y el Fondo Monetario Internacional (FMI), lo que refuerza su importancia global.

Sin embargo, la ciudad enfrenta varios desafíos urbanos. Al igual que muchas grandes ciudades, Washington, D.C. se enfrenta a problemas como la asequibilidad de la vivienda, la gentrificación y la congestión del tráfico. Si bien el transporte público, a través del Metro, es muy utilizado, las carreteras de la ciudad pueden llenarse de tráfico, especialmente durante las horas punta y eventos políticos. Además, la ciudad ha experimentado cambios demográficos significativos, con barrios que han visto un rápido desarrollo, lo que ha desplazado a algunos residentes de toda la vida.

Un hecho poco conocido sobre Washington, D.C. es que fue diseñada originalmente por el arquitecto francés Pierre Charles L'Enfant, quien imaginó una ciudad con amplias avenidas, espacios públicos y edificios monumentales. Su influencia aún es evidente hoy en día en las amplias calles y los grandes espacios públicos de la ciudad. Otro aspecto interesante de la ciudad es su falta de rascacielos, ya que la Ley de Altura de Edificios de 1910 limita la altura de las construcciones, asegurando que ninguna estructura eclipse al Capitolio de los Estados Unidos.

La importancia de Washington, D.C. como centro político y cultural no puede ser subestimada. Además de ser el corazón de la democracia estadounidense, sirve como símbolo de la historia, los ideales y los valores de la nación. La ciudad ha sido testigo de eventos históricos, desde el famoso discurso "I Have a Dream" de Martin Luther King Jr. en el Memorial de Lincoln hasta inauguraciones presidenciales y protestas por la justicia social. Estos eventos subrayan el papel de la ciudad como lugar donde se hace historia.

Para aquellos que visitan desde todo el mundo, Washington, D.C. es fácilmente accesible. El Aeropuerto Nacional Ronald Reagan, ubicado justo al otro lado del río Potomac en Virginia, ofrece vuelos nacionales, mientras que el Aeropuerto Internacional Washington Dulles, a unos 40 kilómetros de la ciudad, maneja el tráfico internacional. La estación Union es un importante centro de transporte para Amtrak, conectando a D.C. con ciudades de la costa este y más allá. Una vez en la ciudad, los visitantes pueden utilizar el extenso sistema de Metro, autobuses y taxis para moverse, con muchas atracciones a poca distancia entre sí.

En conclusión, Washington, D.C. es una ciudad donde convergen la historia, la cultura y la política. Ya sea explorando sus monumentos, sumergiéndose en sus museos o disfrutando de su variada escena gastronómica, la capital de los Estados Unidos ofrece una experiencia rica que refleja la historia de la nación. Su importancia como centro de poder y su belleza como ciudad planificada la convierten en un destino que inspira tanto como educa.

148. Whistler: Aventura y Naturaleza en Cada Rincón

Whistler, ubicado en las Montañas Costeras de Columbia Británica, Canadá, es uno de los destinos de esquí más importantes de América del Norte y un paraíso para los amantes del aire libre durante todo el año. Situado a unos 121 kilómetros al norte de Vancouver, este famoso lugar atrae a visitantes de todo el mundo gracias a su impresionante belleza natural, increíbles terrenos montañosos y encantadora atmósfera alpina. Whistler es conocido por sus dos imponentes montañas—Whistler y Blackcomb—que ofrecen algunas de las mejores condiciones de esquí y snowboard del mundo.

El pueblo de Whistler tiene alrededor de 12,000 residentes permanentes, pero durante las temporadas altas, ese número aumenta considerablemente debido a la llegada de turistas. El resort Whistler Blackcomb cubre más de 8,100 acres, lo que lo convierte en uno de los centros de esquí más grandes de América del Norte. Este resort es famoso por sus extensas pistas de esquí, sistemas de elevación modernos y una variedad de terrenos que se adaptan a esquiadores y snowboarders de todos los niveles, desde principiantes hasta expertos.

Geográficamente, Whistler se encuentra a 675 metros sobre el nivel del mar, con las cimas de las montañas Whistler y Blackcomb elevándose a más de 2,100 metros. Esta ubicación en la cordillera del Pacífico Costero genera un clima perfecto para deportes de invierno, con abundantes nevadas y temperaturas suaves. En invierno, las temperaturas varían entre -5°C y 5°C, lo que lo convierte en un lugar ideal para esquiar, hacer snowboard y participar en otras actividades invernales. En los meses de verano, las temperaturas varían entre 10°C y 25°C, atrayendo a excursionistas, ciclistas de montaña y buscadores de aventuras.

Pero Whistler no es solo un destino de invierno. Durante el verano, los senderos de montaña se transforman en uno de los mejores terrenos para ciclismo de montaña del mundo, atrayendo a miles de ciclistas que vienen a disfrutar de las pistas de descenso y cross-country. Las caminatas también son populares, con senderos que llevan a lagos alpinos, cascadas y vistas impresionantes de los picos circundantes. En el valle, se encuentran campos de golf, lagos para nadar y remar, y el famoso pueblo de Whistler, una zona peatonal repleta de tiendas, restaurantes y galerías. El centro turístico más popular de Whistler es sin duda Whistler Village. Esta encantadora área es el corazón del resort, con calles adoquinadas bordeadas de tiendas boutique, cafés, bares y hoteles de lujo. Los visitantes pueden disfrutar de todo, desde cenas gourmet hasta bebidas après-ski, mientras disfrutan de las vistas panorámicas de las montañas. El pueblo tiene un ambiente alpino europeo, pero con un toque canadiense distintivo. La Plaza Olímpica de Whistler, construida para los Juegos Olímpicos de Invierno de 2010, es otro punto destacado del pueblo, ofreciendo un espacio para conciertos, festivales y eventos públicos durante todo el año.

Para aquellos interesados en la cultura, Whistler cuenta con el Museo de Arte Audain, un edificio contemporáneo que exhibe una impresionante colección de arte de Columbia Británica, incluidas obras de artistas indígenas. El Centro Cultural Squamish Lil'wat es otro lugar imperdible, celebrando la cultura de los pueblos indígenas locales a través de exhibiciones, talleres y actuaciones.

La cultura de Whistler está profundamente conectada con la aventura al aire libre. El pueblo tiene una energía juvenil y vibrante, con una población que abraza los deportes al aire libre y la sostenibilidad ambiental. Los visitantes rápidamente se sumergen en este estilo de vida activo, ya sea esquiando en las pistas, montando en bicicleta por los senderos o simplemente disfrutando del aire fresco de la montaña. Además, el pueblo cuenta con una fuerte comunidad artística, con galerías e instalaciones de arte público repartidas por todo Whistler, reflejando su espíritu creativo.

La escena gastronómica en Whistler es diversa e impresionante, con opciones que van desde restaurantes informales hasta cenas de lujo. La cocina canadiense local es celebrada en muchos restaurantes, con platos que incluyen mariscos frescos, carnes de caza y ingredientes de temporada. Algunos de los platos populares incluyen el salmón, el venado, el bisonte y el poutine, un favorito canadiense hecho con papas fritas, cuajada de queso y salsa. La escena culinaria de Whistler también incorpora sabores internacionales, con sushi, cocina española y francesa disponibles, lo que refleja la naturaleza cosmopolita de sus visitantes.

La flora y fauna de Whistler son típicas de un bosque lluvioso templado costero. Las elevaciones más bajas están cubiertas de densos bosques de abetos de Douglas, cedros rojos del oeste y cicutas, mientras que los prados alpinos florecen con flores silvestres en los meses más cálidos. Es común avistar osos negros, ciervos y marmotas en la zona, y los ríos y lagos del valle albergan truchas y salmones. Para los interesados en la vida silvestre, los tours guiados de osos son una actividad popular, ofreciendo la oportunidad de ver osos negros en su hábitat natural.

El impacto social de Whistler es significativo, especialmente en términos de turismo y sostenibilidad ambiental. Whistler es un motor importante para la economía turística de Columbia Británica, atrayendo a más de 2 millones de visitantes cada año. El enfoque del resort en prácticas ecológicas y turismo sostenible le ha valido reconocimiento internacional como líder en la gestión ambiental. Whistler Blackcomb ha tomado medidas para reducir su huella de carbono mediante iniciativas como la reducción de desechos, la eficiencia energética y la protección del hábitat.

A pesar de sus muchas atracciones, Whistler enfrenta algunos desafíos urbanos, especialmente en cuanto a la vivienda asequible y el alto costo de vida. La popularidad del pueblo entre los turistas ha disparado los precios inmobiliarios, lo que dificulta que los residentes locales, especialmente los trabajadores estacionales, encuentren viviendas asequibles. La congestión del tráfico durante las temporadas turísticas altas es otro problema, particularmente en la carretera Sea-to-Sky, la ruta escénica que conecta Whistler con Vancouver.

Un dato menos conocido sobre Whistler es que fue considerado como un posible sitio para los Juegos Olímpicos de Invierno ya en la década de 1960. Sin embargo, no fue hasta 2010 cuando Whistler, junto con Vancouver, fue sede de los Juegos Olímpicos de Invierno, lo que consolidó su reputación como uno de los principales destinos de deportes de invierno del mundo. El legado de los Juegos Olímpicos aún se puede ver hoy en las instalaciones e infraestructuras construidas para el evento, incluidos el Centro de Deslizamiento de Whistler y el Parque Olímpico de Whistler.

En términos de transporte, llegar a Whistler es relativamente sencillo. El aeropuerto internacional más cercano es el Aeropuerto Internacional de Vancouver (YVR), ubicado a unas dos horas al sur de Whistler en automóvil. Los visitantes pueden tomar un autobús, un servicio de transporte o alquilar un automóvil para viajar por la carretera Sea-to-Sky, que ofrece vistas impresionantes de montañas, bosques y el Océano Pacífico a lo largo del camino. Una vez en Whistler, el pueblo es amigable para los peatones, y hay autobuses locales y taxis disponibles para el transporte.

En conclusión, Whistler es un destino que ofrece algo para todos, desde aventuras llenas de adrenalina en las pistas hasta tranquilos paseos por prados alpinos. Su combinación única de esquí de clase mundial, cultura vibrante y belleza natural lo convierte en uno de los lugares vacacionales más queridos de Canadá. Ya sea que visites en invierno para disfrutar del esquí o en verano para explorar los senderos de montaña, el encanto, la energía y el estilo de vida al aire libre de Whistler crean una experiencia inolvidable.

149. Xunantunich: Misterio y Grandeza Maya

Xunantunich, uno de los sitios arqueológicos mayas más importantes de Belice, es una joya escondida en las exuberantes selvas del Distrito de Cayo. Su nombre, que significa "Mujer de Piedra" en lengua maya, evoca el misterio y la atracción de esta antigua ciudad, que una vez fue un importante centro ceremonial durante el Período Clásico de la civilización maya. Aunque no es tan extenso como otros sitios mayas más conocidos en Centroamérica, Xunantunich ofrece a los visitantes la oportunidad de retroceder en el tiempo y maravillarse con la impresionante arquitectura y la historia de los mayas.

Ubicado a unos 130 kilómetros al oeste de la Ciudad de Belice, cerca de la frontera con Guatemala, Xunantunich se encuentra a orillas del pintoresco río Mopan. El sitio cubre aproximadamente 2.6 kilómetros cuadrados y cuenta con varias estructuras bien conservadas, incluyendo la icónica pirámide El Castillo, que se eleva a una impresionante altura de 40 metros. Esta estructura, una de las más altas de Belice, ofrece vistas panorámicas espectaculares de la selva circundante y las montañas vecinas de Guatemala.

El clima en Xunantunich es tropical, con temperaturas cálidas durante todo el año. Las temperaturas promedio oscilan entre los 21°C y los 29°C, con los meses más cálidos entre marzo y mayo. La temporada de lluvias, que va de junio a noviembre, trae lluvias intensas y alta humedad, pero el sitio sigue siendo accesible y encantador incluso durante estos meses más húmedos. La temporada seca, de diciembre a mayo, es la época más popular para visitar, con un clima soleado y agradable, y la frondosa vegetación de la selva crea un contraste impresionante con las antiguas estructuras de piedra.

Uno de los mayores atractivos de Xunantunich es la posibilidad de escalar El Castillo. Esta pirámide no solo era una estructura ceremonial, sino también un símbolo del poder e influencia de los gobernantes de la ciudad. En la cima de la pirámide, los visitantes son recompensados con vistas impresionantes de la copa de los árboles de la selva, el río Mopan y las colinas del Distrito de Cayo. El sitio también cuenta con otros fascinantes edificios, como templos, palacios y plazas que alguna vez fueron el corazón vibrante de esta antigua ciudad maya.

Xunantunich es culturalmente significativo no solo por su importancia arqueológica, sino también por su conexión con los descendientes modernos de los mayas. Hoy en día, los mayas continúan viviendo en Belice, especialmente en las regiones del sur, donde mantienen sus prácticas y lenguas tradicionales. Visitar Xunantunich brinda una visión profunda de las raíces históricas de Belice y ofrece una ventana al rico patrimonio cultural de los mayas, cuya influencia sigue siendo una parte esencial de la identidad del país.

La comida local en la región alrededor de Xunantunich refleja la mezcla de culturas mayas, criollas y mestizas. Platillos tradicionales como tamales, pupusas (tortillas gruesas rellenas de frijoles, carne o queso) y arroz con frijoles son comunes. Los platos suelen ir acompañados de frutas tropicales frescas como el mango, la papaya y la piña. Belice también es conocido por sus mariscos, con platos como buñuelos de caracol y pescado a la parrilla siendo opciones populares. Para los que visitan la zona, probar la cocina local es una parte integral de la experiencia.

La flora y fauna de la zona son típicas de la selva tropical de tierras bajas. Xunantunich está rodeado de densos bosques llenos de imponentes árboles ceiba, considerados sagrados por los mayas. Las palmeras, helechos y orquídeas coloridas también son abundantes. Los entusiastas de la vida silvestre pueden observar una variedad de animales, incluidos monos aulladores, tucanes, loros e iguanas. El río Mopan, que fluye cerca del sitio, alberga peces, tortugas y, ocasionalmente, manatíes, lo que hace que el área sea rica en biodiversidad.

El impacto social de Xunantunich como destino turístico ha sido en su mayoría positivo para las comunidades circundantes. El turismo genera empleos y oportunidades económicas para los residentes locales, muchos de los cuales trabajan como guías, artesanos o en la industria hotelera. La ciudad de San Ignacio, situada a poca distancia de Xunantunich, es la base principal para los visitantes que exploran la zona. Ofrece una variedad de alojamientos, desde casas de huéspedes económicas hasta eco-lodges, y sirve como punto de partida conveniente para visitar no solo Xunantunich, sino también otras atracciones cercanas como la cueva Actun Tunichil Muknal y la Reserva Forestal Mountain Pine Ridge.

Un hecho menos conocido sobre Xunantunich es su conexión con las tradiciones espirituales de Belice. La leyenda dice que el sitio está embrujado por el fantasma de una mujer que aparece al pie de El Castillo y luego sube las escaleras, desapareciendo en la pared de piedra. Esta "Mujer de Piedra" supuestamente ha sido vista por varios visitantes y arqueólogos a lo largo de los años, lo que agrega un aire de misterio a las enigmáticas ruinas.

A pesar de su importancia, Xunantunich ha enfrentado algunos desafíos, particularmente relacionados con la preservación. El clima tropical, junto con el crecimiento de la vegetación, representa una amenaza constante para la integridad de las estructuras. Se están realizando esfuerzos continuos para preservar el sitio, incluida la restauración de algunas de las áreas más frágiles. Además, aunque el turismo trae beneficios económicos, siempre existe la necesidad de equilibrar el desarrollo con la preservación del patrimonio natural y cultural de la zona.

En cuanto a la accesibilidad, Xunantunich es relativamente fácil de alcanzar. Los visitantes suelen comenzar su viaje desde la Ciudad de Belice o San Ignacio. Desde San Ignacio, el sitio está a solo un corto trayecto en coche, y los visitantes deben cruzar el río Mopan en un ferry manual para acceder al sitio. El ferry añade un toque de aventura y encanto a la visita, ya que es una experiencia poco común en los viajes modernos. Una vez cruzado el río, se trata de una corta caminata hasta la entrada del sitio arqueológico.

En conclusión, Xunantunich no solo es un testimonio de la grandeza de los antiguos mayas, sino también un símbolo del rico patrimonio cultural de Belice. Sus imponentes pirámides, el entorno selvático exuberante y sus profundas raíces históricas lo convierten en un destino de visita obligada para quienes están interesados en la arqueología, la historia y la belleza natural. Ya sea que estés escalando hasta la cima de El Castillo, explorando las ruinas o simplemente disfrutando de la atmósfera pacífica, Xunantunich ofrece una mirada al pasado mientras conecta a los visitantes con la vibrante cultura y los impresionantes paisajes de Belice.

150. Yellowstone: Naturaleza y Aventura Inolvidable

Yellowstone, uno de los parques nacionales más famosos e icónicos del mundo, se encuentra principalmente en el estado de Wyoming, en los Estados Unidos, aunque también se extiende por pequeñas partes de Montana e Idaho. Este parque cubre un área de más de 8,983 kilómetros cuadrados, siendo el primer parque nacional de Estados Unidos y del mundo, establecido en 1872. Su inmensa extensión, paisajes variados y características geotérmicas únicas lo convierten en un destino extraordinario para los amantes de la naturaleza, los aventureros y turistas de todo el mundo.

El parque de Yellowstone se asienta sobre un punto caliente volcánico, lo que es responsable de su impresionante actividad geotérmica. Este lugar contiene la mitad de los fenómenos geotérmicos conocidos del mundo, con más de 10,000 sitios termales, entre ellos géiseres, aguas termales, ollas de barro y fumarolas. Uno de sus atractivos más famosos es el géiser Old Faithful, que erupciona regularmente y atrae a miles de visitantes deseosos de presenciar este increíble espectáculo natural. Otro fenómeno natural destacado es la Gran Fuente Prismática, la mayor fuente termal de los Estados Unidos, conocida por sus llamativas bandas de colores arcoíris: azul profundo, naranja, amarillo y verde, causadas por las bacterias termófilas que habitan en sus aguas.

El clima en Yellowstone varía considerablemente dependiendo de la época del año. Los inviernos son largos, fríos y nevados, con temperaturas promedio que oscilan entre -20°C y -5°C. Los veranos, de junio a septiembre, son cálidos, con temperaturas que van de 5°C a 25°C, aunque las noches pueden ser frescas. La primavera y el otoño son estaciones de transición cortas, marcadas por un clima impredecible, incluyendo ocasionales tormentas de nieve en mayo u octubre. Aunque la mayoría de los visitantes prefieren los meses de verano, cuando el clima es más suave y las carreteras principales están abiertas, el paisaje invernal de Yellowstone, con sus valles nevados y géiseres humeantes, ofrece una experiencia mágica para aquellos que se atreven a desafiar el frío.

Dentro del parque hay diversos centros turísticos populares que ofrecen diferentes atractivos para los visitantes. La zona del Old Faithful es una de las paradas favoritas, donde los turistas pueden disfrutar de las erupciones del famoso géiser y explorar el Old Faithful Inn, un rústico albergue construido en 1904. El Gran Cañón de Yellowstone, con sus imponentes cascadas y paredes de cañón de colores vibrantes, es otro destino imperdible dentro del parque. Otros lugares populares incluyen Mammoth Hot Springs, el Norris Geyser Basin y el Valle de Lamar, conocido como el "Serengeti de América del Norte" debido a su abundante fauna, que incluye bisontes, alces, lobos y osos.

La cultura de Yellowstone refleja los valores de conservación y cuidado del medio ambiente. Como el lugar de nacimiento del movimiento de los parques nacionales, Yellowstone ha inspirado a generaciones de naturalistas, conservacionistas y entusiastas del aire libre para preservar y proteger la naturaleza. El parque es un símbolo del compromiso de Estados Unidos con la protección de su belleza natural, y los visitantes son alentados a respetar el entorno siguiendo los principios de Leave No Trace, minimizando su impacto en el ecosistema.

La comida en Yellowstone es sencilla pero abundante, con opciones que van desde restaurantes informales hasta comidas en los albergues del parque. Los platos tradicionales estadounidenses son comunes, con hamburguesas de bisonte, trucha y filetes disponibles en muchos menús.

Varios albergues y restaurantes del parque ofrecen ingredientes locales y prácticas alimentarias sostenibles. Además, muchos visitantes disfrutan de hacer picnics en áreas designadas, aprovechando el hermoso entorno natural mientras disfrutan de un almuerzo al aire libre.

Yellowstone alberga una asombrosa variedad de flora y fauna, con más de 1,300 especies de plantas nativas y más de 300 especies de aves, peces y mamíferos. Los visitantes tienen la posibilidad de ver bisontes, alces, osos grizzly, osos negros, lobos, coyotes y berrendos, especialmente en los valles de Lamar y Hayden. Los observadores de aves pueden avistar águilas calvas, águilas pescadoras y halcones peregrinos sobrevolando el parque. La vegetación del parque varía desde praderas de arbustos y pastizales hasta bosques subalpinos, con hermosas exhibiciones de flores silvestres en los meses de verano.

El parque de Yellowstone juega un papel vital tanto social como económicamente, atrayendo a más de cuatro millones de visitantes al año, lo que lo convierte en uno de los parques nacionales más visitados de los Estados Unidos. La influencia del parque va más allá del turismo, ya que es un símbolo de la importancia de la preservación de la naturaleza y la protección del medio ambiente. Muchos visitantes se marchan con un mayor aprecio por la naturaleza y una comprensión más profunda del delicado equilibrio entre los seres humanos y el mundo natural.

A pesar de su belleza y significado, Yellowstone enfrenta varios desafíos, tanto urbanos como ambientales. El creciente número de visitantes ha ejercido presión sobre la infraestructura del parque, lo que ha provocado congestión vehicular, sobrecarga en los sitios más populares y degradación ambiental en algunas áreas. Además, las características geotérmicas y los ecosistemas del parque son altamente sensibles al cambio climático, lo que ha provocado cambios en los patrones de precipitación, aumento de las temperaturas y alteraciones en la migración y comportamiento de los animales. Los esfuerzos para mitigar estos desafíos incluyen fomentar que los visitantes exploren áreas menos concurridas del parque, mejorar los sistemas de transporte y continuar con las iniciativas de conservación.

Un hecho poco conocido sobre Yellowstone es que se asienta sobre uno de los supervolcanes activos más grandes del mundo. La caldera de

Yellowstone, que se formó durante una masiva erupción volcánica hace aproximadamente 640,000 años, sigue siendo una área de gran interés geológico. Aunque no existe una amenaza inminente de erupción, los científicos monitorean de cerca la región en busca de señales de actividad volcánica. La presencia del supervolcán es responsable de las características geotérmicas del parque, incluidos sus famosos géiseres y fuentes termales.

La importancia de Yellowstone como destino turístico y maravilla natural no puede subestimarse. Sus vastos paisajes, rica biodiversidad e inigualable actividad geotérmica lo convierten en un lugar de significancia mundial. El parque ha sido designado como Patrimonio de la Humanidad por la UNESCO desde 1978, lo que enfatiza aún más su valor como tesoro natural.

Llegar a Yellowstone es relativamente sencillo, con varias opciones disponibles para los visitantes. El parque tiene cinco puertas de entrada: Norte, Noreste, Este, Sur y Oeste, cada una de las cuales proporciona acceso a diferentes áreas del parque. La mayoría de los visitantes llegan en coche, con los aeropuertos más cercanos ubicados en Bozeman, Montana; Jackson, Wyoming; y Idaho Falls, Idaho. Desde estos aeropuertos, hay servicios de alquiler de coches y transporte para llevar a los viajeros al parque. Yellowstone también es accesible en autobús, con varias compañías de tours que ofrecen viajes guiados al parque y dentro de él.

En conclusión, el Parque Nacional Yellowstone es un lugar de inmensa belleza natural e importancia ecológica. Como el primer parque nacional del mundo, Yellowstone sigue siendo un poderoso símbolo del movimiento de conservación global, inspirando a generaciones a apreciar y proteger el patrimonio natural de nuestro planeta.

——

———

Milton Keynes UK
Ingram Content Group UK Ltd.
UKHW020121221024
449869UK00010B/387

9 798227 756183